Management-Reihe Corporate Social Responsibility

Reihe herausgegeben von

Prof. Dr. René Schmidpeter, M3TRIX, Köln, Deutschland

Das Thema der gesellschaftlichen Verantwortung gewinnt in der Wirtschaft und Wissenschaft gleichermaßen an Bedeutung. Die Management-Reihe Corporate Social Responsibility geht davon aus, dass die Wettbewerbsfähigkeit eines jeden Unternehmens davon abhängen wird, wie es den gegenwärtigen ökonomischen, sozialen und ökologischen Herausforderungen in allen Geschäftsfeldern begegnet. Unternehmer und Manager sind im eigenen Interesse dazu aufgerufen, ihre Produkte und Märkte weiter zu entwickeln, die Wertschöpfung ihres Unternehmens den neuen Herausforderungen anzupassen sowie ihr Unternehmen strategisch in den neuen Themenfeldern CSR und Nachhaltigkeit zu positionieren. Dazu ist es notwendig, generelles Managementwissen zum Thema CSR mit einzelnen betriebswirtschaftlichen Spezialdisziplinen (z.B. Finanzen, HR, PR, Marketing etc.) zu verknüpfen. Die CSR-Reihe möchte genau hier ansetzen und Unternehmenslenker, Manager der verschiedenen Bereiche sowie zukünftige Fach- und Führungskräfte dabei unterstützen, ihr Wissen und ihre Kompetenz im immer wichtiger werdenden Themenfeld CSR zu erweitern. Denn nur, wenn Unternehmen in ihrem gesamten Handeln und allen Bereichen gesellschaftlichen Mehrwert generieren, können sie auch in Zukunft erfolgreich Geschäfte machen. Die Verknüpfung dieser aktuellen Managementdiskussion mit dem breiten Managementwissen der Betriebswirtschaftslehre ist Ziel dieser Reihe. Die Reihe hat somit den Anspruch, die bestehenden Managementansätze durch neue Ideen und Konzepte zu ergänzen, um so durch das Paradigma eines nachhaltigen Managements einen neuen Standard in der Managementliteratur zu setzen.

Weitere Bände in der Reihe http://www.springer.com/series/11764

Adrian Boos · Mare van den Eeden · Tobias Viere
(Hrsg.)

CSR und Hochschullehre

Transdisziplinäre und innovative Konzepte und Fallbeispiele

Hrsg.
Adrian Boos
Hochschule Darmstadt
Darmstadt, Deutschland

Mare van den Eeden
Bonn, Deutschland

Tobias Viere
Institut für Industrial Ecology
Hochschule Pforzheim
Pforzheim, Deutschland

ISSN 2197-4322 ISSN 2197-4330 (electronic)
Management-Reihe Corporate Social Responsibility
ISBN 978-3-662-62678-8 ISBN 978-3-662-62679-5 (eBook)
https://doi.org/10.1007/978-3-662-62679-5

Die Deutsche Nationalbibliothek verzeichnet diese Publikation in der Deutschen Nationalbibliografie; detaillierte bibliografische Daten sind im Internet über http://dnb.d-nb.de abrufbar.

Planung/Lektorat: Christine Sheppard
Springer Gabler ist ein Imprint der eingetragenen Gesellschaft Springer-Verlag GmbH, DE und ist ein Teil von Springer Nature.
Die Anschrift der Gesellschaft ist: Heidelberger Platz 3, 14197 Berlin, Germany

Vorwort

Hochschulen als Pioniere eines neuen Managementmodells – Illusion oder Wirklichkeit?

Unsere Gesellschaft wandelt sich aufgrund der Digitalisierung in rasender Geschwindigkeit. Internet der Dinge, Big Data, Roboter und Industrie 4.0 werden immer mehr zur Realität. Die neuen Wirtschafts- und Lebenswelten werden immer mehr geprägt durch Vernetzung sowie flache Hierarchien. Einst stabile Märkte (wie Energiewirtschaft, Finanzwirtschaft, Printmedien und Einzelhandel) sind heute mehr denn je geprägt von Volatilität, Komplexität und globalem Industrie-übergreifendem Wettbewerb. Die COVID19-Pandemie verstärkt die gegenwärtigen Unsicherheiten und globalen Strukturveränderungen. In dieser unsicheren und oft auch widersprüchlichen Welt zählen die Fähigkeiten zum Umgang mit Veränderung, Unsicherheit und Ambivalenz sowie Kompetenzen im ganzheitlichen systemischen Denken.

Diese Veränderungen führen insbesondere auch zu einer steigenden Verantwortung jedes Einzelnen. Die Geschwindigkeit und Komplexität mit welcher unternehmerische Lösungen erarbeitet werden müssen, benötigen ein weitreichendes Umdenken in der Art und Weise der Entscheidungsfindung. Diese neuen Herausforderungen werden erst dann händelbar, wenn auch die Bildung die zunehmende Vernetzung, Selbstorganisation und Verantwortung jedes Einzelnen stärker in der Wissensvermittlung und Persönlichkeitsentwicklung berücksichtigt. Methoden des selbstbestimmten Wissenserwerbs und der innovativen Informationsgewinnung und –verarbeitung gewinnen somit in der zukünftigen Arbeitswelt und Bildung immer mehr an Bedeutung.

Wie in jeder großen gesellschaftlichen Transformation ist ein innovatives Bildungsparadigma abermals der wichtigste Schlüssel um neue mentale Modelle zu entwickeln und so die Zukunft gemeinsam nachhaltig zu gestalten. So hat sich in der Vergangenheit gezeigt, dass Managementtheorien die Macht haben die Realität zu verändern! Managementansätze, wie zum Beispiel der Shareholder Value Ansatz oder die Principal Agent Theorie, hatten sich in den ausgehenden 90er Jahren an den Hochschulen insbesondere in der Managementausbildung durchgesetzt.

Diese Theorien haben damit in ihrer Zeit nicht nur das Denken und Handeln einer ganzen Managergeneration, sondern auch unser aller Realität verändert. Was vor rund 20

Jahren in den Führungsschmieden gelehrt wurde, bestimmt die damalige als auch heutige Sichtweise auf die Wirtschaft und damit das gemeinhin akzeptierte Managementhandeln. Diese Management-Ansätze und Sichtweisen aus dem letzten Jahrhundert hatten in einer Zeit der vermeintlich grenzenlosen Ressourcen zunächst große Erfolge gefeiert. Dies änderte sich jedoch spätestens mit dem Zeitpunkt, in dem die globalen Bedingungen sich massiv veränderten. Knappe Ressourcen, demografische Veränderungen und nicht zuletzt die Finanzkrise haben aufgezeigt, dass Gewinne nicht auf Dauer zu Lasten Dritter bzw. der Umwelt gemacht werden können. Wir brauchen daher ein Management-Denken, dass das klassische Gegensatz-Denken überwindet und Unternehmen und Gesellschaft als Einheit denkt. Es ist Zeit die Gegenwart aus der Zukunft zu denken, und nicht mehr auf bereits überholte Modelle der Vergangenheit aufzubauen.

Aus der Digitalisierung und Globalisierung ergeben sich nicht nur für die Unternehmen, sondern auch für die Hochschulen ganz neue Herausforderungen. Insbesondere die heutigen Studierenden, d. h. die nachkommenden Manager-Generation wird neue Dimensionen (Soziales, Umwelt, Ethik, Wirtschaftlichkeit) in der Strategieformulierung gleichermaßen berücksichtigen. Denn Manager müssen heute aufgrund der gestiegenen Transparenz auf den Märkten stärker als früher darauf achten, dass ihr Handeln nicht nur marktkonform ist, sondern auch gesellschaftlich zustimmungsfähig bleibt.

Vorausdenkende Entscheider fordern daher, die bis dato oftmals erfolgreichen Geschäftsmodelle (zum Beispiel in der Automobil-, Energie, Finanzbranche) innerhalb kurzer Zeit den veränderten Rahmenbedingungen anzupassen, d. h. die bestehenden Geschäftsmodelle sowohl auf den unternehmerischen als auch gesellschaftlichen Mehrwert neu auszurichten. Denn neueste Studien zeigen, dass Gesellschaftliche Verantwortung und CSR zutiefst mit dem Unternehmenserfolg zusammenhängen. CSR entwickelt sich in dieser neuen Perspektive zu einem nachhaltigen Managementansatz, in welchem die gesellschaftliche Dimension unternehmerischen Handelns explizit in die Unternehmensstrategie integriert wird. Insbesondere die neueren, chancenorientierten CSR-Ansätze der Betriebswirtschaftslehre fördern daher, sowohl die Wettbewerbs- als auch die Kooperationsfähigkeit von Unternehmen und zeigen eine hohe wirtschaftliche Relevanz von CSR für die Unternehmen auf.

Diese neuen Erkenntnisse haben auch Konsequenzen für die Hochschulen, die ihr eigenes Handeln überdenken und die bestehenden Curricula überarbeiten müssen. Unterstützung bekommen Sie dabei von den Vereinten Nationen im Rahmen der Principles for Responsible Management Education (PRME) sowie der Sustainable Development Goals (SDG), die von immer mehr Universitäten Beachtung finden. Das damit verbundene neue Managementparadigma bedeutet auch, dass alle wissenschaftlichen Einzeldisziplinen das Thema Verantwortung und Nachhaltigkeit in ihren jeweiligen Fachdiskurs aufnehmen. Diese Vielzahl von fachspezifischen Kenntnissen wird in weiterer Folge zu einem neuen Managementparadigma „Nachhaltiges Management“ aggregiert. Bestehende Hochschulstrategien und Bildungsdiskurse werden vor diesem Hintergrund neu gedacht und organisiert werden. Nur wenn es Hochschulen schaffen, in ihrer Ausbildung sowohl den unternehmerischen, als auch einen gesellschaftlichen Mehrwert zu adressieren, werden wir ein nachhaltiges Bildungsparadigma schaffen, welches zukunftsfähig ist.

Dieses neue Primat der „Nachhaltigen Bildung“ wird auch in Anbetracht der globalen Herausforderungen immer notwendiger. Aus all diesen Entwicklungen ergeben sich weitreichende Herausforderungen an die Neugestaltung der Wertschöpfungsstrategien und -prozesse im Bildungssystem. Das erfordert auch einen ganz neuen Zugang in der Managementlehre und deren Vermittlung an Hochschulen. Nur so werden Hochschulen zu Pionieren eines gesellschaftlichen und wirtschaftlichen Wandels. Sind die oben ausgeführten Gedanken nur Illusion, dann werden Hochschulen weiter an Zuspruch und Bedeutung verlieren. Es ist nun an der Zeit zu wählen – zwischen Illusion und Wirklichkeit.

In der Management Reihe Corporate Social Responsibility fokussiert die nun vorliegende Publikation mit dem Titel „CSR und Hochschullehre“ auf diese für die Transformation der Wirtschaftsbildung wichtige Nachhaltigkeitsdiskussion. Alle Leserinnen und Leser sind nunmehr herzlich eingeladen, die in der Publikation dargelegten Gedanken aufzugreifen und für die nachhaltige Entwicklung ihrer Hochschule zu nutzen. Ich möchte mich last but not least sehr herzlich bei den Herausgebern Dr. Adrian Boos, Dr. Mare van den Eeden und Prof. Dr. Tobias Viere sowie bei allen Autorinnen und Autoren für ihr großes Engagement, bei Christine Sheppard, Madhipriya Kumaran und Nirmal Iyer vom Springer Gabler Verlag für die gute Zusammenarbeit sowie bei allen Unterstützern der Reihe aufrichtig bedanken und wünsche Ihnen, werte Leserinnen und werter Leser, nun eine interessante Lektüre.

Köln, Deutschland

Prof. Dr. René Schmidpeter
schmidpeter@m3trix.de

Inhaltsverzeichnis

CSR und Nachhaltigkeit als Treiber innovativer und transdisziplinärer Hochschullehre

Adrian Boos, Mare van den Eeden und Tobias Viere

1 Einleitung

Die Hochschullandschaft verändert sich so schnell und kontinuierlich, dass es schwierig ist, den Überblick zu behalten. Allein in Deutschland sind aktuell fast 13.000 Studiengänge an über 500 Universitäten, Fachhochschulen, pädagogischen Hochschulen und weiteren Hochschultypen akkreditiert.[1] Auch die Anforderungen und Erwartungen an Hochschulen ändern sich permanent und spiegeln gesellschaftliche und technologische Veränderungsprozesse wider. So wies schon vor Jahrzehnten der Philosoph Jean-François Lyotard auf die immensen Auswirkungen der Digitalisierung auf Forschung und Lehre hin (Lyotard und Engelmann 1986). Im Jahr 2020 ist klar, dass diese Auswirkungen weder bereits vollkommen verstanden noch in allen ihren Möglichkeiten

[1]Die Zahlen entstammen der Datenbank des Akkreditierungsrats https://akkreditierungsrat.de/; im weiteren Verlauf wird Hochschule als übergeordnete Begrifflichkeit für alle Hochschultypen verwendet.

A. Boos
Sozial- und Kulturwissenschaftliches Begleitstudium (SuK) der Hochschule Darmstadt, Darmstadt, Deutschland
E-Mail: adrian.boos@h-da.de

M. van den Eeden
Bonn, Deutschland
E-Mail: m.vandeneeden@web.de

T. Viere (✉)
Institut für Industrial Ecology (INEC), Hochschule Pforzheim, Pforzheim, Deutschland
E-Mail: tobias.viere@hs-pforzheim.de

A. Boos et al. (Hrsg.), *CSR und Hochschullehre,* Management-Reihe Corporate Social Responsibility, https://doi.org/10.1007/978-3-662-62679-5_1

genutzt werden. Demografischer Wandel, Globalisierung und Internationalisierung oder die Flexibilisierung der Arbeitswelt sind weitere wichtige Themen, die den Diskurs um die Zukunft und Zukunftsfähigkeit von Hochschullehre und der durch sie zu vermittelnden Kompetenzen und Fähigkeiten prägen (vgl. z. B. Dittler und Kreidl 2018; Ehlers 2020; Teichler 2002).

Ein elementarer Bestandteil des Diskurses um die Zukunft von Hochschulen ist ihre Rolle bei der Bewältigung der sogenannten großen gesellschaftlichen Herausforderungen (Wissenschaftsrat 2015), die nach Meinung einiger Akteure den Wandel zu „transformativen Hochschulen" bedingt (vgl. Schneidewind 2014). Dieser Themenkomplex ist eng mit der allgemeinen Diskussion um Hochschulen und nachhaltige Entwicklung verbunden, in deren Kontext die Notwendigkeit inter- und transdisziplinärer Forschungs- und Lehransätze hervorgehoben wird (vgl. hierzu beispielsweise Beecroft und Parodi 2016).

Dieser Beitrag und der gesamte Band beschäftigen sich mit inter- und transdisziplinären Ansätzen und Innovationen in der deutschen Hochschullandschaft und insbesondere der Hochschullehre. Die enge Verzahnung mit der Nachhaltigkeitsthematik wird dabei offensichtlich, zugleich werden Bezüge auch aus anderen Fachrichtungen und Blickwinkeln hergestellt. Die Idee zu diesem Band entstand im Januar 2019 am Rande des Symposiums „Lehre – Transfer – Innovation: Die Rolle der Hochschule in der Gesellschaft" an der Hochschule Pforzheim.

In diesem Beitrag und im gesamten Buch wird das generische Maskulinum verwendet und schließt dabei alle Genderformen ein. Das entspricht der bisherigen Praxis dieser Buchserie. Alle Beiträge dieses Sammelbands wurden einer oder mehreren Begutachtungsrunden (Peer-Review) unterzogen. Wir danken den anonymen Gutachtern für ihren Beitrag zur wissenschaftlichen Qualitätssicherung dieses Buchs.

2 Nachhaltigkeit und Transdisziplinarität an Hochschulen

Inter- und Transdisziplinarität haben in der Wissenschaft in den letzten Jahren insgesamt erheblich an Bedeutung gewonnen, wie Abb. 1 belegt. Interdisziplinarität beschreibt, vereinfacht gesagt, die Zusammenarbeit unterschiedlicher Fachrichtungen und Fachwissenschaftler zur Erreichung eines Forschungsziels bzw. Lösung eines Forschungsproblems (vgl. beispielsweise Defila und Di Giulio 1998). Transdisziplinarität kann als Weiterentwicklung der Interdisziplinarität verstanden werden, die gesellschaftliche Akteure in den gesamten Forschungsprozess integriert und komplexe realweltliche Probleme adressiert. Sie ist somit ein Wissenschaftsprinzip, das vor allem dann zielführend ist, wenn rein fachliche und „wissenschaftsinterne" Lösungsansätze nicht ausreichen (vgl. beispielsweise Mittelstraß 2003; Vilsmaier und Lang 2014). Anders gesagt: Transdisziplinäre Forschung und auch Lehre basieren immer auf einer Problemwahrnehmung im Praxisfeld. Und die Resultate der Bearbeitung des Problems sollten nicht nur zu neuen Erkenntnissen, sondern auch zu Handlungsempfehlungen

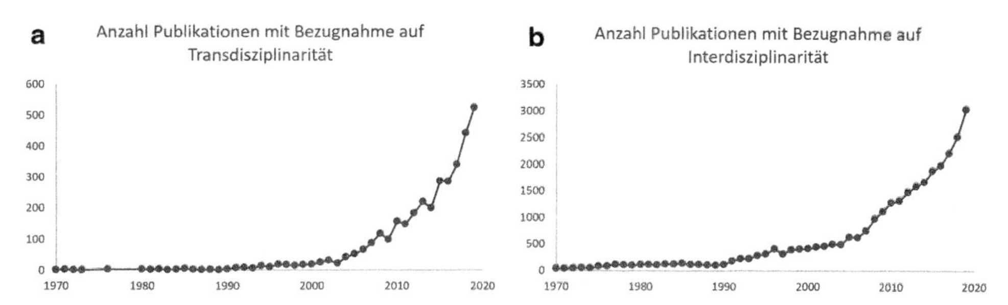

Abb. 1 Anzahl wissenschaftlicher Veröffentlichungen mit Bezugnahme auf Trans- bzw. Interdisziplinarität 1970–2019 (Suche nach TOPIC = transdisciplinar* (**a**) bzw. interdisciplinar* (**b**) in Web of Science SSCI [Social Sciences CItation Index] und A&HCI [Arts & Humanities Citation Index])

oder -konsequenzen führen. Man entwickelt die Inhalte und Ergebnisse in Kooperation mit den Betroffenen entlang der Erfordernisse von Problemstellungen und der Kontexte, in denen sie eingebettet sind (vgl. Krainz und Ukowitz 2014, S. 98). Wissenschaft definiert sich hier also nicht als Suche nach der letztgültigen Erkenntnis, sondern sie ist dazu da, die konkreten Probleme ihrer eigenen Gesellschaft zu bearbeiten.[2]

Transdisziplinäre Ansätze eignen sich folglich generell für die Auseinandersetzung mit wichtigen gesellschaftlichen Herausforderungen; ihr Hauptanwendungsfeld stellt jedoch die Umwelt- und Nachhaltigkeitsforschung dar (vgl. u. a. Jahn 2008; Lang et al. 2014). Das zeigt sich in Sammelbänden wie dem von Kluwick und Zemanek (2019), das mehr als 20 Fachrichtungen versammelt, ebenso wie in einschlägigen Lehrbüchern zur Nachhaltigkeit, wie beispielsweise Heinrichs und Michelsen (2014); Pufé (2017); Sachs (2015) oder von Hauff (2014), die u. a. natur-, wirtschafts-, sozial-, rechts- und politikwissenschaftliche sowie philosophische und ethische Grundlagen vereinen. Um es etwas überspitzt auf den Punkt zu bringen: Nachhaltigkeit ist Inter- und Transdisziplinarität schlechthin und in jeder Hochschuldisziplin zu Hause.

Die gesellschaftliche Verantwortung von Unternehmen insbesondere für nachhaltige Entwicklung wird unter dem Begriff Corporate Social Responsibility (CSR) subsumiert. Auch CSR ist im Kern interdisziplinär und vereint betriebs- und volkswirtschaftliche,

[2]Das theoretische Rüstzeug für die Funktionsweisen und die Ausgestaltung transdisziplinärer Forschung und Lehre ist schon erstaunlich alt, aber heute mehr denn je relevant. Man findet es bereits bei dem berühmten amerikanischen Denker John Dewey (1859–1952). Für Dewey sind wissenschaftliche Gegenstände keine „finalen Gegenstände" der menschlichen Erkenntnis und des menschlichen Handelns. Sie sind vielmehr Mittel. Wissenschaftliche Gegenstände sind Teile von infiniten Forschungsprozessen, die nie in eine letzte Gewissheit münden. (Wissenschaftliche) Erkenntnis ist für Dewey immer Experimentieren und Eingreifen, eine praktische Einflussnahme auf die Wirklichkeit, die diese verändert. Diese Art des Denkens wird mit dem Begriff des prozessualen Charakters von Erkenntnis zusammengefasst. Erkenntnis geht immer weiter und kommt nie zu einem endgültigen Abschluss (vgl. Hampe 2017).

soziologische und ethische Komponenten (Blowfield und Murray 2014; Giseri und Seppala 2010; Schneider und Schmidpeter 2015). Um Nachhaltigkeitsherausforderungen und den damit einhergehenden gesellschaftlichen Forderungen und Bedürfnissen auf der Ebene von Unternehmen umfassend begegnen zu können, sind transdisziplinäre Ansätze auch in der CSR und dem Nachhaltigkeitsmanagement unabdingbar (Schaltegger et al. 2013).

Ähnlich wie die Frage nach unternehmerischer Verantwortung im Sinne von CSR ist auch die Diskussion um die gesellschaftliche Verankerung und Verantwortung von Hochschulen und insbesondere ihrer Rollen und Funktionen im Kontext nachhaltiger Entwicklung kein neues Thema. Schon 1994 forderte die europäische Rektorenkonferenz ihre Hochschulen dazu auf, sich am Leitbild der nachhaltigen Entwicklung zu orientieren (CRE 1994). Bereits vor der Jahrtausendwende führten Hochschulen wie die Universitäten in Lüneburg oder Osnabrück Umweltmanagementsysteme ein (Viebahn und Matthies 1999; Müller et al. 2001) oder berechneten, wie beispielsweise die Hochschule Pforzheim bereits 1995, ihre Ökobilanz (Boos 2018, S. 7). Diesen umweltorientierten Ansätzen im Betrieb der Hochschulen folgten Konzepte und Maßnahmen zur Verankerung von Nachhaltigkeit in der Lehre und in der Forschung, zur Nachhaltigkeitsberichterstattung usw. (vgl. z. B. Altner 2004; Müller-Christ et al. 2009; von Hauff und Nguyen 2018, Leal Filho 2018), aus denen die heute üblichen nachhaltigkeitspezifischen Gestaltungsfelder Lehre, Forschung, Transfer, Betrieb und Governance hervorgingen.[3]

Die Bemühungen von Hochschulen, Nachhaltigkeit stärker in ihren Strukturen und Angeboten zu verankern, führt in vielen Fällen zu der Einsicht, dass es hierfür fächerübergreifender Angebote und inter- und transdisziplinärer Lehr- und Forschungsformate bedarf. In diesem Sinne ist die zunehmende Bedeutung der Nachhaltigkeitsthematik an Hochschulen zugleich ein Treiber für innovative und transdisziplinäre Hochschullehre geworden. Nachhaltige Entwicklung ist aber keinesfalls das einzige Themenfeld, das von inter- und transdisziplinären Elementen in Lehre und Forschung profitiert. Viele gesellschaftliche Herausforderungen wie die Digitalisierung, der demografische Wandel oder aktuell die Pandemiebekämpfung stellen Hochschulen didaktisch, organisatorisch, aber auch in ihrem Selbstbild vor umfassende Herausforderungen. Diese Herausforderungen werden von jeder Hochschule anders angegangen, aber keine Bildungseinrichtung kann sich ihnen entziehen.

3 Transdisziplinäre und innovative Konzepte und Fallbeispiele

Die Beiträge dieses Sammelbands präsentieren vielfältige Antworten auf die Frage, wie Hochschulen eine adäquate Antwort auf die großen politischen, sozialen, technischen und wirtschaftlichen Herausforderungen heutiger Gesellschaften geben können.

[3]Eine frühe Nennung dieser Gestaltungsfelder findet sich in Wörz (2012); für einen aktuellen Gestaltungsfeldüberblick vgl. beispielsweise Netzwerk-N (2018).

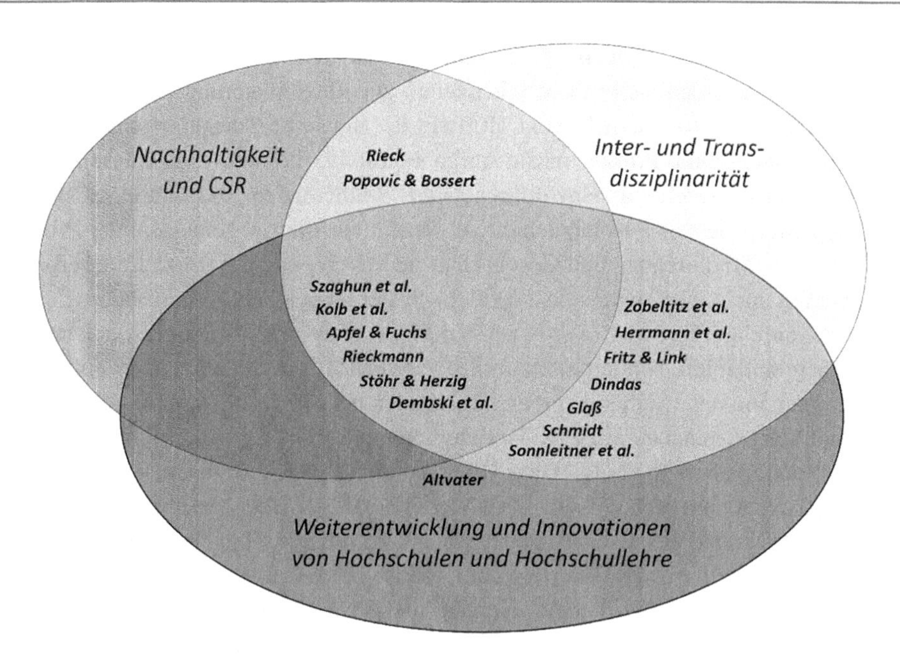

Abb. 2 Verortung der Sammelbandbeiträge im Schnittfeld von Inter- und Transdisziplinarität, Nachhaltigkeit und CSR und Weiterentwicklung und Innovation von Hochschulen und Hochschullehre

Dabei richtet sich der Blick vor allem auf die Lehre und somit die Herausforderung, Studierende darauf vorzubereiten, gesellschaftliche Probleme zu bewältigen und zukunftsträchtige Lösungsansätze zu entwickeln. Auf der inhaltlichen Ebene spielt dabei das Thema Nachhaltigkeit eine besondere und besonders wichtige Rolle; auf der methodischen und didaktischen Ebene bedarf es innovativer Ansätze in der Lehre, die Inter- und Transdisziplinarität sowie Transfer ermöglichen und die sogenannte *Third Mission* der Hochschulen stärken. Abb. 2 verortet die einzelnen Beiträge in diesem Zusammenspiel.

Zu Beginn nimmt **Peter Altvater** die allgemeine Veränderungsdynamik der deutschen Hochschullandschaft vor dem Hintergrund gesellschaftlicher Veränderungsprozesse in den Blick und konzentriert sich dabei auf die „Entwicklungsdynamik" von Fachhochschulen hin zu Hochschulen für Angewandte Wissenschaften und deren Bedeutungszuwachs innerhalb der deutschen Hochschullandschaft. Diese Dynamik trägt maßgeblich zur Weiterentwicklung der gesamten Hochschullandschaft bei, die auch den Bedeutungszuwachs inter- und transdisziplinärer Ansätze stärkt.

Es folgen 2 Aufsätze zur Öffnung der Hochschulen für wissenschaftliche und gesellschaftliche Herausforderungen durch fachübergreifende Ansätze in Lehre und Forschung.

Katrin Sonnleitner, Adrian Boos, Mare van den Eeden, Tobias Viere und **Hanno Weber** befassen sich mit Möglichkeiten zur Flexibilisierung der oft disziplinär organisierten Lehre. Mit dem Projekt HOTSPOT (House of Transdisciplinary Studies) hat sich die Hochschule Pforzheim die Aufgabe gestellt, die inter- und transdisziplinäre Lehre fakultätsübergreifend einzuführen, den Studierenden die damit zusammenhängenden Methoden und Kompetenzen zu vermitteln und in gemeinsamen Projekten von Lehrenden, Studierenden und Gesellschaft neue Lehr- und Lernmodelle zu erproben. Dazu werden nicht nur themenbezogene Semester entwickelt, fakultätsübergreifende Workshops durchgeführt und interdisziplinäre, von mehreren Professoren gelehrte Veranstaltungen konzipiert, sondern gleichzeitig gesellschaftliche Akteure aktiv einbezogen, um zusammen mit den Studierenden und Lehrenden neue Projekte zu gestalten.

Anhand der sogenannten FLiK-Module (Module zum Forschen und Lernen im interdisziplinären Kontext) zeigt **Hans-Jörg Schmidt,** wie die Technische Universität Dresden versucht, mit neuen Lehr-Lern-Modulen die Brücke zwischen wissenschaftlichem Fortschritt und gesellschaftlichem Wandel zu schlagen, um Studierende so besser auf Phänomene wie die Digitalisierung der Gesellschaft vorzubereiten. Dabei möchte die TU Dresden die wissenschaftliche Forschung und deren Erkenntnisse schon früh in die Lehre einbringen und zeigen, dass gesellschaftliche Phänomene oft nur durch mehrere Disziplinen gemeinsam, also interdisziplinär, erforscht und letztendlich auch gelehrt werden können.

Hierauf aufbauend beschäftigen sich die anschließenden 3 Aufsätze mit der Integration gesellschaftlicher Akteure in den Lehr- und Forschungsbetrieb von Hochschulen.

Kea Glaß zeigt, dass dafür nicht nur die frühe Integration von Forschung in die Lehre (forschendes Lernen) relevant ist, sondern auch die Anwendung des erlernten Wissens in der Praxis. Konkret untersucht sie, inwiefern ein Community-based Research-Ansatz, kurz CBR, das professionelle Handeln von Studierenden in den Sozialwissenschaften fördern kann. Lehrformate sollten – so ihr Fazit – so gestaltet werden, dass Studierende nicht nur forschend lernen, sondern ihr erlerntes Wissen auch in der Praxis und gemeinsam mit den (erforschten) Akteuren anwenden können.

In die gleiche Richtung geht der Beitrag von **Henrik Dindas,** der sich mit Wissenstransfer und Transferkompetenz in Studium und Lehre beschäftigt. Am Beispiel der FOM Hochschule für Oekonomie und Management in Essen legt er die Bedeutung einer anwendungsorientierten Gestaltung der Lehre und einer sinnvollen Verknüpfung von Theorie und Praxis bei der Vorbereitung der Studierenden auf ihre berufliche Zukunft dar.

Nadine Dembski, Jan-Hendrik Skroblin und **Benjamin Nölting** zeigen anschließend die Möglichkeiten auf, als Hochschule durch Transfer in die Gesellschaft hineinzuwirken und Kompetenzen aus Lehre und Forschung in gesellschaftliche Gestaltungsprozesse einzubringen. Anhand von Beispielen der Hochschule für nachhaltige Entwicklung Eberswalde belegen sie, dass das Konzept Bildung für nachhaltige Entwicklung, wenn es in die Lehre Einzug findet, den Nachhaltigkeitstransfer in einer

Region vorantreiben kann und Akteure vor Ort in ihrer Handlungsfähigkeit im Bereich Nachhaltigkeit stärkt. Die Autoren zeigen neue Formate und ein neues Rollenverständnis innerhalb des Hochschulsystems auf, um den Bedürfnissen der Gesellschaft und den Ansprüchen nachhaltiger Entwicklung gerecht zu werden.

Nachhaltigkeit ist auch Kernthema der folgenden 5 Aufsätze, die dazu jeweils spezifische Lehrmethoden vorstellen.

Johanna Stöhr und **Christian Herzig** rücken die Förderung nachhaltigkeitsrelevanter Kompetenzen durch Service Learning und Transdisziplinarität in den Fokus. Anhand einer detaillierten Evaluation eines 2019 durchgeführten Service-Learning-Projektseminars zur Gemeinwohl-Ökonomie an der Universität Kassel zeigen die Autoren, wie erfolgreich der hochschuldidaktische Service-Learning-Ansatz in Kombination mit dem forschungsmethodischen Ansatz der Transdisziplinarität für das akademische Lernen, die soziale Entwicklung, die Persönlichkeitsentwicklung und den Kompetenzerwerb sein kann.

In eine ähnliche Richtung geht der Beitrag von **Marco Rieckmann.** Er greift Beispiele der Universität Vechta auf, in denen sich Studierende in Service-Learning-Projekten mit realen Nachhaltigkeitsherausforderungen auseinandersetzen. Gerade der transdisziplinäre Bereich der Nachhaltigkeit bietet ein reichhaltiges Lernumfeld, in dem Studierende mithilfe des Service-Learning-Ansatzes den Ausbau ihrer wissenschaftlichen Kompetenzen mit gesellschaftlich relevanter Problemlösung verbinden.

Im Projekt „PHOENIX – Problemorientierte Hochschullehre im Nachhaltigkeitskontext" der Hochschule für Wirtschaft und Umwelt Nürtingen-Geislingen lernen Studierende, gesellschaftliche Herausforderungen wissenschaftlich zu reflektieren. **Dorothee Apfel** und **Johannes Fuchs** beschreiben, wie PHOENIX mittels problemorientierter Lehre in verschiedenen Veranstaltungen den Nachhaltigkeitsdiskurs vorantreiben will. Das Projekt ist synonym für „Aktivierende Lehre" und möchte nicht nur eine tiefe Auseinandersetzung mit den Wissensinhalten sowie eine Perspektivenvielfalt ermöglichen, sondern auch die Kompetenzentwicklung der Studierenden fördern.

Monika Kolb, Silvia Damme, Marina Schmitz und **Lisa Fröhlich** beschäftigen sich mit kooperativen Ansätzen zur Entwicklung nachhaltiger und innovativer Lehr- und Lernkonzepte. Sie betonen die Notwendigkeit, in der Bildung neue Wege zu gehen, damit Studierende als zukünftige Entscheidungsträger in der Lage sind, gesellschaftliche Veränderungen und vor allem Transformationen im Sinne umfassender Nachhaltigkeit anzustoßen. Am Beispiel der Cologne Business School wird die Rolle nationaler und internationaler Partnerschaften mit wissenschaftlichen Institutionen und der Zivilgesellschaft bei der Entwicklung innovativer und praxisnaher Lehr- und Lernkonzepte reflektiert.

Markus Szaguhn, Maike Sippel und **Thomas Wöhler** stellen das als Experimentierfeld gedachte Lehrformat *#climatechallenge* an der Hochschule Konstanz vor, in dem nicht nur das Bewusstsein für Klimafragen gestärkt werden soll, sondern auch Denk- und Handlungsmuster erlernt werden sollen, die Studierende später im Unternehmenskontext anwenden oder transferieren können. Im Rahmen von (Selbst-)Experimenten können Teilnehmende einen nachhaltigen Lebensstil ausprobieren. Sie protokollieren und reflektieren diesen und präsentieren so auch Erfahrungen in strukturverändernden Prozessen.

Reallabore und Innovation Labs sind methodische und institutionelle Konzepte, mit denen Hochschulen neue Räume für Experimente und Partnerschaften schaffen, die zu innovativen Forschungsfragen und neuen Formen der angewandten Lehre führen.

Oliver Fritz und **Frauke Link** beschreiben die Entstehung und Entwicklung des erfolgreichen Open Innovation Labs an der Hochschule Konstanz, das die Selbst- und Eigenständigkeit, die Neugier, die Kreativität und die Eigenverantwortung der Studierenden sowie die Zusammenarbeit zwischen Lehrenden und Studierenden fördern und die Trennlinien zwischen Disziplinen sowie Fakultäten aufheben soll.

Tobias Popovic und **Michael Bossert** stellen transdisziplinäre Reallabore als Forschungsdesign vor und erörtern anhand von 3 an der Hochschule für Technik Stuttgart angesiedelten transdisziplinären Reallaboren mit Nachhaltigkeitsbezug, inwieweit Hochschulen auf diese Weise die Funktion eines Netzwerkknotenpunkts oder „Hubs" übernehmen und zwischen Politik, Gesellschaft und Wirtschaft vermitteln können.

Im Bereich experimenteller Nachhaltigkeitsforschung mit Bezügen zum Themenfeld CSR kann auch der Beitrag von **Ina Rieck** angesiedelt werden. Sie diskutiert Erkundungsaufstellungen als innovatives und transdisziplinäres Instrument am Beispiel des Marketings.

Anette Hermann, Magdalena Eckes, Claudia Bahmer und **Dorothee Schöpflin** nehmen die Zusammenarbeit zwischen Hochschule und Schule in den Blick. Sie konzentrieren sich auf das Lehramtsstudium an der Staatlichen Akademie der Bildenden Künste Stuttgart und das dort stattfindende Forschungs-Labor-Akademie-Gymnasien (FLAG) und erläutern, wie eine lehramtsausbildende Kunsthochschule in trialogischer Form ihrer Aufgabe an der Schnittstelle zur Gesellschaft gerecht werden kann.

Abschließend führen **André von Zobeltitz, Michael Städler, Eva Veldboer** und **Knut Linke** in das Open-IT-Projekt der Hochschule Weserbergland ein. Im Rahmen einer Bund-Länder-Initiative für offene Hochschulen wird innerhalb dieses Projekts Studierenden in verschiedenen Studiengängen ermöglicht, sich ihre IT-Praxiserfahrung für einen kürzeren Studienverlauf anrechnen zu lassen und damit die Praktiker gezielt an die Hochschule gebracht. Der Gedanke hinter dem Projekt, Hochschulbildung offener und gesellschaftlich integrierter zu organisieren, deckt sich mit dem des gesamten Sammelbands.

4 Fazit und Ausblick

Die in diesem Buch gesammelten Beiträge bieten einen umfassenden Einblick in die Vielfalt der Herausforderungen und Lösungsansätze im Schnittfeld von Inter- und Transdisziplinarität, nachhaltiger Entwicklung sowie Innovation und Weiterentwicklung von

Hochschulen und Hochschullehre. In diesem Band sind Beispiele fast aller gängigen Hochschultypen versammelt und die Bandbreite der Ansätze geht von der Konzeption einzelner Lehrveranstaltungen bis zur hochschulweiten Institutionalisierung transdisziplinärer Lehrkonzepte und Innovationslabore. Dabei werden inter- und transdisziplinäre Methoden zielgerichtet als Ergänzung zu den Inhalten der einzelnen Fachdisziplinen und Studiengänge eingesetzt. Transdisziplinarität ist hierbei kein Selbstzweck, sondern ein Wissenschaftsprinzip, das die Bearbeitung von Forschungsfragen unterstützt, die auf gesellschaftliche Herausforderungen ausgerichtet sind.

Hier zeigt sich erneut der inhaltliche Bezug zu CSR als Klammer dieser Buchserie. Letztendlich sind die Fragen nach der gesellschaftlichen Verantwortung von Unternehmen und dem Umgang mit ihr nicht weit von eben dieser Verantwortung und dem Umgang damit seitens der Hochschulen entfernt.

Insgesamt wird in diesem Sammelband eine pragmatische Herangehensweise an Fragen der Transdisziplinarität und Nachhaltigkeit in der Lehre deutlich. Hochschulen und einzelne Lehrende fördern diese und setzen sie gezielt ein. Für eine Reformation oder gar Revolution der Hochschulen in Richtung einer transformativen Hochschule und Wissenschaft (Schneidewind 2014; Schneidewind und Singer-Brodowski 2014) sind das vergleichsweise kleine Schritte, wobei an dieser Stelle auch darauf hingewiesen werden soll, dass die Vision einer transformativen Hochschule, u. a. aufgrund des normativen Charakters von Nachhaltigkeit und des möglichen Widerspruchs von gesellschaftlichem Engagement und „neutraler" Erkenntnis, kontrovers diskutiert wird (vgl. zu dieser Kontroverse beispielsweise Strohschneider 2014; Strunz und Gawel 2017; Grunwald 2018). In jedem Fall veranschaulichen die Beiträge dieses Buchs, dass es Hochschulen gelingen kann, im Sinne der Forderungen der HRK (2017) ihre zentrale Rolle im steten Dialog mit allen gesellschaftlichen Kräften weiter zu entwickeln und zu definieren.

Viele der Beiträge verdeutlichen, dass innovative und transdisziplinäre Ansätze in der Lehre ressourcenintensiv sind. Das äußert sich beispielsweise im erhöhten Zeitaufwand für die Einbindung gesellschaftlicher Akteure, für neue Lehrformate wie dem service-based Learning oder der Notwendigkeit des Einbezugs mehrerer Dozenten im Co-Teaching, aber auch in organisatorisch-institutionellen Herausforderungen, beispielsweise für die hochschulweite Umstellung von Curricula, Fragen der Anerkennung neuer Formen von Studienleistungen oder der Schaffung von Zeitfenstern für hochschulweite Veranstaltungsformate. Dieser Aufwand ist gerechtfertigt, wenn diese neuen Ansätze ihre Ziele erreichen, also die Studierenden, Lehrenden, Forschenden und gesellschaftlichen Akteure befähigen, wissenschaftlich fundierte Antworten und tragfähige Lösungen auf gesellschaftliche Herausforderungen zu finden. Die Herausforderungen inter- und transdiziplinärer Forschung und derer wissenschaftlicher und praktischer Erfolgsmessung (vgl. hierzu beispielsweise Lang et al. 2012; Singer-Brodowski und Schneidewind 2019) gelten also gleichermaßen für Lehr- und Lernkonzepte in diesem Feld.

Trotz dieser Herausforderungen zeigt der Sammelband klar auf, dass inter- und transdisziplinäre Konzepte in der Hochschullehre umsetzbar sind und dazu beitragen können, nachhaltige Entwicklung voranzutreiben, den Dialog der Hochschulen mit der Gesellschaft zu fördern und gesellschaftliche Veränderungsprozesse und Trends proaktiv in die Aus- und Weiterbildung zu integrieren. Hochschullehre kann auf diese Weise vielseitiger und handlungsorientierter werden.

Literatur

Altner G (2004) Nachhaltigkeit – eine Herausforderung für die Universitäten. GAIA Ecol Perspect Sci Soc 13(2):87–91

Beecroft R, Parodi O (2016) Reallabore als Orte der Nachhaltigkeitsforschung und Transformation – Einführung in den Schwerpunkt. Technologiefolgenabschätzung – Theorie und Praxis (TATuP) 25(3):4–8

Blowfield M, Murray A (2014) Corporate responsibility, 3. Aufl. Pearson, Oxford

Boos A (2018) Nachhaltigkeit (an) der Hochschule Pforzheim 2015–2017, Pforzheim, März 2018. https://businesspf.hs-pforzheim.de/fileadmin/user_upload/uploads_redakteur_wirtschaft/PRME/Dokumente/2019/Nachhaltigkeitsbericht_HS_PF_-_2015-17.pdf. Zugegriffen: 15. Juli 2020

CRE (1994) The University Charter of Sustainable Development of the Conference of European Rectors (CRE). Genf

Defila R, Di Giulio A (1998) Interdisziplinarität und Disziplinarität. In: Olbertz JH (Hrsg) Zwischen den Fächern – über den Dingen? Universalisierung versus Spezialisierung akademischer Bildung. Leske + Budrich, Opladen

Dittler U, Kreidl C (2018) Hochschule der Zukunft. ZDF, Wiesbaden

Ehlers U-D (2020) FUTURE SKILLS: lernen der Zukunft – Hochschule der Zukunft. VS Verlag, Berlin

Griseri P, Seppala N (2010) Business ethics and corporate social responsibility. Andover, Hampshire

Grunwald A (2018) Transformative Wissenschaft als honest broker? Das passt! GAIA Ecol Perspect Sci Soc 27(1):113–116

Hampe M (2017) John Dewey: Erfahrung und Natur. De Gruyter, Berlin

Heinrichs H, Michelsen G (Hrsg) (2014) Nachhaltigkeitswissenschaften. Springer Spektrum, Berlin

HRK – Hochschulrektorenkonferenz (2017) Transfer und Kooperation als Aufgaben der Hochschulen – Entschließung der HRK-Mitgliederversammlung vom 14.11.2017. https://www.hrk.de/positionen/beschluss/detail/transfer-und-kooperation-als-aufgaben-der-hochschulen/. Zugegriffen: 02. Febr. 2021

Jahn T (2008) Transdisziplinarität in der Forschungspraxis. In: Bergmann M (Hrsg) Transdisziplinäre Forschung. Integrative Forschungsprozesse verstehen und bewerten. Campus, Frankfurt a. M.

Kluwick U, Zemanek E (Hrsg) (2019) Nachhaltigkeit interdisziplinär – Konzepte Diskurse Praktiken. Weimar, Wien

Krainz EE, Ukowitz M (2014) Produktive Irritation. Differenzen in der transdisziplinären Forschung handhaben. In: Dressel G, Berger W, Heimerl K, Winiwarter V (Hrsg) Interdisziplinär und transdisziplinär Forschen. Praktiken und Methode. transcript, Bielefeld

Lang DJ, Rode H, Wehrden H (2014) Methoden und Methodologie in den Nachhaltigkeitswissenschaften. Springer, Berlin

Lang DJ, Wiek A, Bergmann M, Stauffacher M, Martens P, Moll P, Thomas CJ (2012) Transdisciplinary research in sustainability science: practice, principles, and challenges. Sustain sci 7(1):25–43
Leal Filho W (2018) Nachhaltigkeit in der Lehre. Springer, Berlin
Lyotard J-F, Engelmann P (1986) Das postmoderne Wissen: Ein Bericht. Passagen, Böhlau
Mittelstraß J (2003) Transdisziplinarität – wissenschaftliche Zukunft und institutionelle Wirklichkeit. UVK, Konstanz
Müller J, Gilch H, Bastenhorst K (2001) Umweltmanagement an Hochschulen. Grin, Frankfurt a. M.
Müller-Christ G, Isenmann R, Dembski N (2009) Nachhaltigkeitsberichterstattung von Universitäten Öko-Effizienz Konzept, Anwendungen und Best Practice. Hampp, München
Netzwerk-N e. V. (Hrsg) (2018) Zukunftsfähige Hochschulen gestalten – Beispiele des Gelingens aus Lehre, Forschung, Betrieb, Governance und Transfer.https://netzwerk-n.org/good-practice-sammlung/. Zugegriffen: 15. Juli 2020
Pufé I (2017) Nachhaltigkeit, 3. Aufl. Konstanz, München
Sachs JD (2015) The age of sustainable development. Columbia University Press, New York
Schaltegger S, Beckmann M, Hansen EG (2013) Transdisciplinarity in corporate sustainability: Mapping the field. Bus Strategy Environ 22(4):219–229
Schneider A, Schmidpeter R (2015) Corporate Social Responsibility Verantwortungsvolle Unternehmensführung in Theorie und Praxis, 2. Aufl. Springer, Wiesbaden
Schneidewind U (2014) Von der nachhaltigen zur transformativen Hochschule: Perspektiven einer „True University Sustainability". Umweltwirtschaftsforum 22(4):221–225
Schneidewind U, Singer-Brodowski M (2014) Transformative Wissenschaft: Klimawandel im deutschen Wissenschafts- und Hochschulsystem, 2. Aufl. Metropolis, Marburg
Singer-Brodowski M, Schneidewind U (2019) Transformative Wissenschaft: Zurück ins Labor. GAIA Ecol Perspect Sci Soc 28(1):26–28
Strohschneider P (2014) Zur Politik der Transformativen Wissenschaft: Die Verfassung des Politischen. Springer VS, Wiesbaden
Strunz S, Gawel E (2017) Transformative Wissenschaft: Eine kritische Bestandsaufnahme der Debatte. GAIA Ecol Perspect Sci Soc 26(4):321–325
Teichler U (2002) Die Zukunft der Hochschulen in Deutschland. Was sich aus der Perspektive der Hochschulforschung dazu sagen lässt. Die Hochschule: J Wiss Bild 11(1):29–45
Viebahn P, Matthies M (1999) Umweltmanagement an Hochschulen Konzepte Strategien, Lösungen. Projekt, Bochum
Vilsmaier U, Lang DJ (2014) Transdisziplinäre Forschung Nachhaltigkeitswissenschaften. VS Verlag, Berlin
Von Hauff M (2014) Nachhaltige Entwicklung – Grundlagen und Umsetzung, 2. Aufl. De Gruyter, Oldenbourg
Von Hauff M, Nguyen T (Hrsg) (2018) Fortschritte in der Nachhaltigkeitsforschung. Nomos, Baden-Baden
Wissenschaftsrat (2015) Zum wissenschaftspolitischen Diskurs über Große gesellschaftliche Herausforderungen – Positionspapier. Drucksache, Stuttgart
Wörz M (2012) Empfehlungen für nachhaltigkeitsspezifische Gestaltungsfelder an Hochschulen rtwe, HNE-Flyer 7. https://www.rtwe.de/index.php?eID=tx_nawsecuredl&u=0&file=fileadmin/doc/06-HNE/hne-7-gf.pdf&t=1596749738&hash=0b0fc8ced85c5de15131b7eaab5b97f84f0e5d51. Zugegriffen: 15. Juli 2020

Dr. Adrian Boos ist Volkswirt und Politikwissenschaftler. An der Hochschule Pforzheim war er für Nachhaltigkeitsberichterstattung und für die Unterstützung und Verbreitung transdisziplinärer Lehre zuständig. Aktuell ist er Vertretungsprofessor für Ökonomie an der Hochschule Darmstadt, wo er unter anderem Nachhaltige Entwicklung lehrt.

Dr. Mare van den Eeden ist promovierte Historikerin und hat an der Hochschule Pforzheim das inter- und transdisziplinäre Projekt HOTSPOT (House of Transdisciplinary Studies) koordiniert und gestaltet. Als Referentin der Deutschen Forschungsgemeinschaft betreut sie inzwischen Sonderforschungsbereiche, Forschungszentren und Exzellenzcluster.

Prof. Dr. Tobias Viere lehrt und forscht an der Hochschule Pforzheim in den Bereichen Corporate Social Responsibility und Industrial Ecology. Er hat hochschulweite Initiativen zu transdisziplinärer Lehre initiiert und ist in Hochschulnetzwerken in den genannten Bereichen aktiv.

Ein Hochschultyp im Quantensprung – Zur Dynamik von Hochschulen für Angewandte Wissenschaften

Peter Altvater

1 Einleitung

Die fulminante Entwicklung des Hochschultyps „Fachhochschulen“ in den letzten 10–15 Jahren lässt sich treffend nur mit dem Begriff Quantensprung beschreiben. Denn die größte Entwicklungs- und Veränderungsdynamik im Hochschulsystem der Bundesrepublik ist gegenwärtig im Sektor der Hochschulen für Angewandte Wissenschaften zu beobachten. Schon in den sich verändernden Begrifflichkeiten deutet sich ein Paradigmenwechsel an, der von einem binären Verständnis des bundesrepublikanischen Hochschulwesens wegführt und auf eine Transformation des Typus Fachhochschule verweist. Die Grundlagen für eine normative Differenzierung des Hochschulwesens, die lehrbezogene Fachhochschulen[1] und forschungsorientierte Universitäten vorsah, löst sich mit der forcierten Profilbildung von Hochschulen für Angewandte Wissenschaften auf. Hochschulen für Angewandte Wissenschaften befinden sich vor dem Hintergrund veränderter gesellschaftlicher Rahmenbedingungen und Herausforderungen in einem Prozess der Neufindung und Neuerfindung, in dem sie ein eigenständiges Profil angewandter Forschung und Entwicklung etablieren. Doch erodiert mit diesem forcierten Profilbildungsprozess nicht nur das binär strukturierte Hochschulsystem. Auch der Grad der Ausdifferenzierung in den bisherigen Teilsystemen steigt, was sich unter anderem an

[1]Hierzu siehe u. a. Klockner 2012, S. 9.

P. Altvater (✉)
aktuell HIS-Institut für Hochschulentwicklung, ab 2021 Praxis für Supervision, Coaching und Organisationsberatung, Bremen, Deutschland
E-Mail: altvater@uni-bremen.de

A. Boos et al. (Hrsg.), *CSR und Hochschullehre,* Management-Reihe Corporate Social Responsibility, https://doi.org/10.1007/978-3-662-62679-5_2

der Exzellenzinitiative und der Leitlinie „Die Starken stärken" des BMBF zeigt. Auch begünstigt das föderale System der Bundesrepublik mit seinen je spezifischen Landeshochschulgesetzen und damit unterschiedlichen Schwerpunktsetzungen und Förderinhalten die Ausdifferenzierung. Niederdrenk (2013, S. 11) hat darauf hingewiesen, dass ein Strukturwandel das gesamte tertiäre Bildungssystem durchzieht und dass im Rahmen dieses Strukturwandels im Ergebnis zahlreiche neue Hochschulprofile entstehen und die Hochschullandschaft insgesamt unübersichtlicher wird.

Die Bemühungen um eine Weiterentwicklung und Profilschärfung zeigen sich auch in einer veränderten Namensgebung. So hat der Freistaat Bayern in 2015 fünf Hochschulen für Angewandte Wissenschaften (HAW) nach einem wettbewerblichen Verfahren zu sogenannten Technischen Hochschulen gekürt.[2] Die Bezeichnung „Technische Hochschule" verweist aber auch auf Differenzierungstendenzen innerhalb der Landschaft der Hochschulen für Angewandte Wissenschaften.

Zudem wird der Begriff Fachhochschule häufig nur noch für die Bezeichnung des Hochschultyps verwendet. Die allermeisten Einrichtungen dieses Hochschultyps haben sich schon vor Jahren in Hochschulen für Angewandte Wissenschaften unter Verwendung des englischsprachigen Titels „University of Applied Sciences" umbenannt. Als erstes Landeshochschulgesetz verwendet das Hessische Hochschulgesetz die Bezeichnung „Fachhochschulen" nur noch in Klammern hinter der Bezeichnung „Hochschulen für angewandte Wissenschaften"[3] zur Erläuterung des Hochschultyps. Auch wenn sich die Debatte um die Differenzierungstendenzen im Hochschulbereich augenscheinlich nach der letzten diesbezüglichen Veröffentlichung des Wissenschaftsrates (siehe Wissenschaftsrat 2010a) etwas beruhigt hat, so zeigt sich der Trend der Erosion der binären Strukturierung des Hochschulwesens auch in den zunehmend häufiger werdenden Sonderfällen. So ist der Hochschule Geisenheim, ehemals ein Fachbereich der Hochschule RheinMain, im Hessischen Hochschulgesetz eine besondere Stellung eingeräumt worden. Sie firmiert dort weder in der Gruppe der Universitäten noch in der Gruppe der Hochschulen für Angewandte Wissenschaften, verfügt als Einrichtung über das Promotionsrecht, übt dies aber z. Zt. nur in kooperativen Verfahren mit einer Universität aus und bezeichnet sich selber als Hochschule „neuen Typs".[4] Auch sind

---

[2]Dies sind die Technischen Hochschulen Deggendorf, Ingolstadt und Nürnberg. Auch die gemeinsame Bewerbung der Hochschule Amberg-Weiden zusammen mit der Hochschule Regensburg hatte Erfolg. Diese beiden Hochschulen tragen nun den Titel OTH Amberg-Weiden bzw. OTH Regensburg. Inzwischen haben eine Reihe weiterer bundesrepublikanischer Hochschulen für Angewandte Wissenschaften für ihre Einrichtung die Bezeichnung Technische Hochschule gewählt. Unter anderem sind dies Hochschulen an den Standorten Brandenburg, Köln, Ostwestfalen-Lippe, Mittelhessen, Lübeck, Bingen, Rosenheim, Bochum, Ulm und Wildau.

[3]Siehe §2, Abs. 1. https://www.rv.hessenrecht.hessen.de/lexsoft/default/hessenrecht_rv.html#lawid:3917776,1.

[4]Siehe: https://www.hs-geisenheim.de/hochschule/mitteilungen-veranstaltungen-termine/nachrichten/archiv/detail/n/der-countdown-laeuft-nur-noch-25-tage-2-stunden-9-minuten-bis-zum-start-der-ersten-hochschule-neu/#.

in Baden-Württemberg mit einer Entscheidung des damaligen Ministers Frankenberg die Berufsakademien dieses Bundeslandes in den Hochschulrang gehoben worden und firmieren nun mit einer Vielzahl von Standorten als Duale Hochschule Baden-Württemberg (DHBW). Laut des Gesetzes über die Hochschulen in Baden-Württemberg sind sie ein eigenständiger Hochschultyp. Auch die Verleihung des gleichwohl an besondere Bedingungen geknüpften Promotionsrechts[5] an Hochschulen für Angewandte Wissenschaften in Hessen verdeutlicht ein Verschwimmen jener Topoi, die früher gemeinhin mit einer eindeutigen Zuordnung zu einem Hochschultyp verbunden waren.

Versucht man die Rahmenbedingungen der Transformation von Hochschulen für Angewandte Wissenschaften zu erfassen, so stößt man relativ schnell auf zwei zentrale Treiber, die zu einer solch tiefgreifend Weiterentwicklung beigetragen haben: die Bologna-Reform und die Übertragung der Aufgabe Forschung an die Fachhochschulen in den 1990er Jahren.

Zentrales Signum der Bologna-Reform ist neben der Stufung der Studiengänge die Konvergenz der Hochschulabschlüsse. Bachelor- und Masterabschlüsse mit anwendungs- oder forschungsorientierter Ausrichtung lassen sich seit der Einführung gestufter Studienabschlüsse sowohl an Universitäten als auch an Hochschulen für Angewandte Wissenschaften studieren. Im Zuge dessen haben sich die beiden Hochschultypen insofern angenähert, als dass Universitäten vor allem im Bachelorbereich nun auch Studiengänge mit anwendungsorientierter Ausrichtung[6] anbieten und Hochschulen für Angewandte Wissenschaften auch solche mit einer Forschungsausrichtung.[7] „Es verwischen sich die Grenzen zwischen 'Universität' und 'Fachhochschule'" (Kerres 2006, S. 118). Mit der Konvergenz der Studienabschlüsse wurde letztlich auch die Gründungsphilosophie des Fachhochschulbereichs mit dem vielzitierten Mantra: „Andersartig, aber gleichwertig" (Gellert 1991) eingelöst, auch hat sich das spezifische Profil von Hochschulen für Angewandte Wissenschaften damit grundlegend verändert und „institutionelle Eigendynamiken" (Niederdrenk 2013, S. 18) verstärkt. Auf eine mit der Konvergenz der Hochschulabschlüsse einhergehende Konvergenz der Hochschultypen hatte bereits Mandler hingewiesen. Er betont, dass nun „statt einer institutionellen

[5]Siehe Hessisches Hochschulgesetz §4, Abs. 3, Satz 3: „Darüber hinaus kann der Hochschule für angewandte Wissenschaften durch besonderen Verleihungsakt des Ministeriums ein befristetes und an Bedingungen geknüpftes Promotionsrecht für solche Fachrichtungen zuerkannt werden, in denen sie eine ausreichende Forschungsstärke nachgewiesen hat."

[6]Ein Anlass, der Clemens Klockner (2006) dazu veranlasst hat, einem Aufsatz den ironischen Titel: Wozu noch Fachhochschulen? zu geben.

[7]Die Öffnung der Universitäten für Fragen der Anwendungsorientierung zeigt sich gleichwohl auch in der Forschung. Beispiele sind hier u.a. die Armutsberichterstattung, die in der Bundesrepublik vor allem an Universitäten erfolgt sowie die Ingenieurwissenschaften, denen eine Nähe zu Anwendungsproblemen industrieller Produktionstechniken und Distributionsverfahren inhärent sind.

Parallelität von Anwendungs- und Forschungsorientierung diese jetzt in eine Stufenfolge gebracht werden können: auf einen eher anwendungsorientierten, berufsqualifizierend auszurichtenden Bachelor kann ein im Vergleich dazu stärker forschungsorientiert konzipierter (konsekutiver) Master-Studiengang folgen" (Mandler 2006, S. 125 f.). Als Konsequenz stellt sich für Mandler „damit die Frage nach der Aufhebung der institutionellen Schranken zwischen Fachhochschulen und Universitäten" (Mandler 2006, S. 126).

Die Ausweitung des Aufgabenspektrums von Hochschulen für Angewandte Wissenschaften, die sukzessive seit den 1990er Jahren erfolgt ist, markiert einen zweiten, gleichwohl früher erfolgten und ebenso zentralen Meilenstein für die Weiterentwicklung. Die Wirkungen der Übertragung der Aufgabe Forschung an die Hochschulen für Angewandte Wissenschaften, vollzogen mit schlichten Änderungen in den Landeshochschulgesetzen, ohne monetäre Auswirkungen auf die Grundfinanzierung und damit ohne Konsequenzen für eine verbesserte Laborausstattung, haben sich zunächst nur zögerlich eingestellt. Erst mit der Ankunft einer neuen Hochschullehrergeneration an den Hochschulen für Angewandte Wissenschaften ist sie dann aber umso vehementer zum Tragen gekommen. Neben der Bologna-Reform ist die Forschung, verstanden in ihrer spezifischen Diktion als Forschung und Entwicklung, der zentrale Treiber für eine Transformation dieses Hochschultyps. Die Landschaft von Hochschulen für Angewandte Wissenschaften hat sich unter dieser Perspektive nicht nur enorm ausdifferenziert, sie hat auch in einigen Kernbereichen durch eine integrierte Forschungszusammenarbeit mit „Klein- und Mittelständischen Unternehmen (KMU)" zur regionalwirtschaftlichen Strukturentwicklung in nicht unerheblichem Maße beigetragen, und geholfen, den Unternehmenstyp KMU bei der Bewältigung der anstehenden Innovationsherausforderungen (u. a. Industrie 4.0) zu unterstützen. Insofern sind Hochschulen für Angewandte Wissenschaften auch für die regionale Wirtschaftsentwicklung von Bedeutung. Diese Bedeutung lässt sich in direkter Form an Forschungs- und Transferprojekten mit regionalen Industrieunternehmen ablesen. Zudem kann eine Reihe indirekter Wirkungen konstatiert werden. So zeigen sich beispielsweise Einkommens- und Multiplikatoreffekte auch dadurch, dass Humankapital von der Region angezogen wird und qualifizierte Arbeitskräfte (Absolventen) in der Region verbleiben (hierzu siehe beispielsweise Fritsch 2013; Warnecke 2019; Hamm und Wenke 2002).

2 Entwicklungstendenzen von Hochschulen für Angewandte Wissenschaften in Studium und Lehre

Die Entwicklungstendenzen an Hochschulen für Angewandte Wissenschaften haben zu Veränderungen und Verschiebungen im gesamten Hochschulsystem der Bundesrepublik geführt. Zunehmend rückt die Frage nach dem Ausmaß der Verlagerung von Studienplätzen an Universitäten hin zu Hochschulen für Angewandte Wissenschaften wieder ins Zentrum hochschulpolitischer Diskussionen. Zwar hatte der Wissenschaftsrat schon zu

Beginn der 1990er Jahre einen Ausbau der Studienplätze an Fachhochschulen gefordert (siehe Wissenschaftsrat 1991) und diese Forderung zu Beginn der 2000er Jahre wiederholt (siehe Wissenschaftsrat 2002), passiert ist dies jedoch zunächst nicht. Die Politik ist ihrem zentralen Beratungsgremium in Fragen der Hochschulbildung an dieser Stelle nicht gefolgt. Erst mit der Debatte hinsichtlich der Leistungsfähigkeit des bundesdeutschen Hochschulsystems im internationalen Maßstab (Exzellenzdebatte) und des starken Anstiegs der Studierendenzahlen aufgrund erhöhter Studierneigung und zusätzlich befeuert durch den mit dem G8-Abitur verbundenem doppelten Abiturjahrgang sowie dem Ende der Wehrpflicht, ist die Diskussion wieder aufgebrochen. In diesem Zusammenhang sind auch Fragen nach den Zielsetzungen der Hochschulbildung und die Frage nach einer adäquaten Differenzierung des Hochschulsystems im Hinblick auf die Anforderungen von Wirtschaft und Gesellschaft als Abnehmersysteme thematisiert worden. Dabei ist auch die Debatte um eine Verlagerung von Studienplätzen von Universitäten an Hochschulen für Angewandte Wissenschaften neu entbrannt (hierzu siehe u. a. Burtscheidt 2010).

Nicht zuletzt durch den Hochschulpakt 2020 sowie die weiteren verschiedenen Förderlinien des Bundes und der Länder ist das Studienplatzangebot an Hochschulen für Angewandte Wissenschaften massiv ausgebaut worden. Dieser Ausbau ist auch eine Reaktion auf die Bedürfnisse vieler Studierender, die sich eine stärkere Anwendungsorientierung in ihrem Studium wünschen und diese allenthalben einfordern. Die stärkere Praxisorientierung war konstitutiv für die Studieninhalte in der Gründungsphase der Fachhochschulen, für die die Frage der „Employability" eigentlich nie ein Problem darstellte. Die Absolventen fanden aufgrund ihrer Vorerfahrung (häufig Ausbildung plus Studium) und der Praxisbezogenheit der Studieninhalte stets schneller ihren Weg in den Arbeitsmarkt (siehe Homolkova und Niebuhr 2018). Gleichwohl deckt der Ausbau der Studienplätze an Hochschulen für Angewandte Wissenschaften vielfach immer noch nicht den Bedarf; die Attraktivität eines Studiums an einer HAW ist ungebrochen groß und häufig bildet das Studium an einer Universität nur die zweite Wahl, da die gewünschte Zulassung zu einem Studium an einer Hochschule für Angewandte Wissenschaften nicht erfolgreich war.

2.1 Aufwuchs der Anzahl an Studierenden und Studienanfängern an HAW

Mit der Steigerung des Anteils der Studienberechtigten eines Jahrgangs, der 2016 bei 52,2 % lag,[8] und in Zeiten steigender Studierneigung der Studienberechtigten, sieht sich das Hochschulsystem der Bundesrepublik mit der Herausforderungen konfrontiert,

[8]Quelle: Statistisches Bundesamt (2018): Schulen auf einen Blick, S. 32 f., abgerufen am 7. Januar 2019.

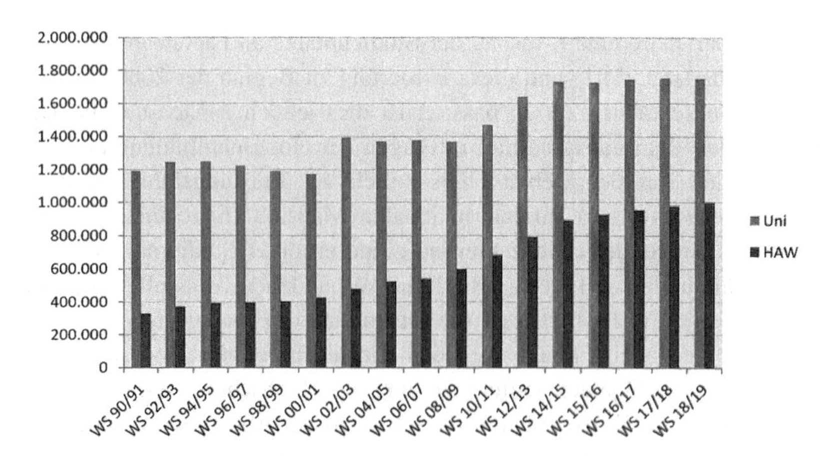

Abb. 1 Anzahl Studierende an Universitäten und Fachhochschulen

bei steigendem Trend zur Akademisierung möglichst vielen Studierwilligen auch ein Studienangebot zu unterbreiten.

Aus Abb. 1 sind die seit den 1990er Jahren steigenden Studierendenzahlen sowie deren Verteilung auf die beiden Hochschultypen Universität und Fachhochschule zu entnehmen. Deutlich wird, dass die Hochschulen für Angewandte Wissenschaften die Anzahl ihrer Studierenden seit Beginn der 1990er Jahre nahezu verdreifacht und vor allem seit 2008/2009 den Großteil der zusätzlich an die Hochschulen gekommenen Studierenden ausgebildet haben. Waren zu Beginn in den 1990er Jahren knapp 20 % der Studierenden an Hochschulen für Angewandte Wissenschaften eingeschrieben, so ist dieser Anteil in den folgenden Jahren zwar langsam, aber kontinuierlich angewachsen. Im Wintersemester 2017/2018 lag der Anteil der Studierenden an Fachhochschulen bei 34 %.

Die besonderen Leistungen von Hochschulen für Angewandte Wissenschaften bei der Bewältigung der „Studierendenwelle" treten aber auch bei der Betrachtung der Studienanfängerzahlen hervor. Dabei sind die zu diesem Hochschultyp gehörenden Verwaltungsfachhochschulen noch nicht mitberücksichtigt. Abb. 2 verdeutlicht den enormen Aufwuchs der Studienanfängerzahlen an Hochschulen für Angewandte Wissenschaften und verweist darauf, dass sich die Anzahl der Studienanfänger an diesem Hochschultyp in den vergangenen 12 Jahren verdoppelt hat. Betrachtet man die Anzahl der Studienanfänger im 1. Hochschulsemester, so lag der Anteil der Studienanfänger an Hochschulen für Angewandte Wissenschaften Anfang der 1990er Jahre bei etwas über 25 %. Im Wintersemester 2018/19 betrug der Anteil der Studienanfänger an Hochschulen für Angewandte Wissenschaften hingegen 39,77 %.

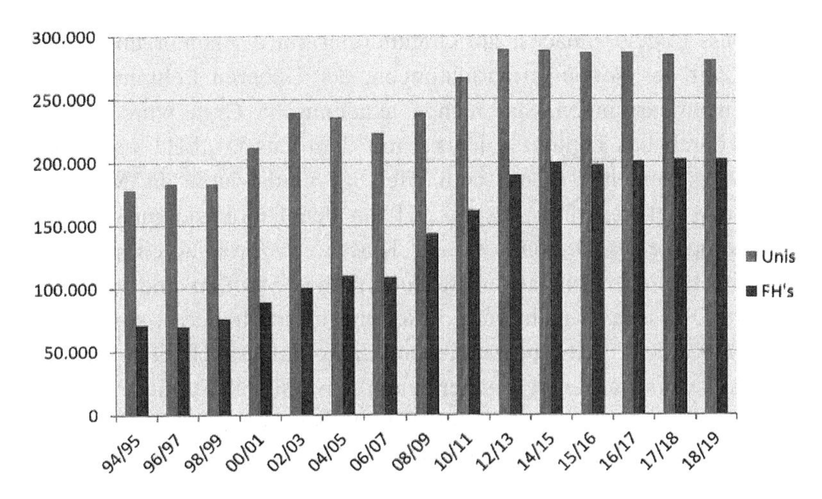

Abb. 2 Anzahl Studienanfänger an Universitäten und Fachhochschulen

2.2 Entwicklungstendenzen im Studienangebot der HAW

Neben dem Aufwuchs der Studierendenzahl und der Zahl der Studienanfänger lassen sich vor allem in der Weiterentwicklung des Studienangebots gravierende Veränderungen des Hochschultyps Fachhochschule konstatieren. Sieht man sich heute retrospektiv das Profil einer eher klassisch aufgestellten Fachhochschule in den 1970er Jahren an, so stellte sich das Angebotsprofil in etwa folgendermaßen dar (siehe Abb. 3): Neben Wirtschaftswissenschaften, Ingenieurwissenschaften, Studiengängen im Bereich der Architektur und des Bauingenieurwesens sowie des Sozialwesens konnten an einigen Fachhochschulen weitere Fächer wie Bibliothekswesen, Rechtspflege oder Gartenbau studiert werden.

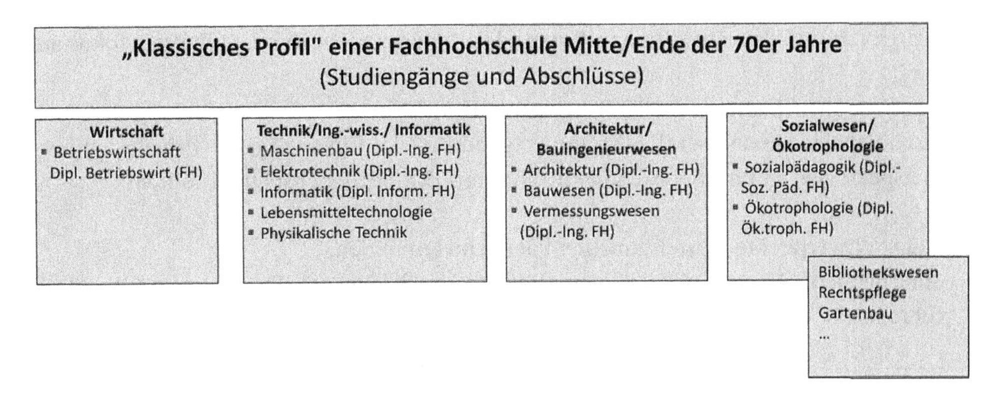

Abb. 3 Klassisches Profil einer Fachhochschule der 1970er Jahre

Den Abschluss bildete zunächst die Graduierung mit der Abkürzung (grad.). Dieser noch aus der Zeit der Vorgängereinrichtungen, der Höheren Lehranstalten, also vorwiegend der Ingenieurschulen, stammende akademische Grad wurde bereits in den 1970er Jahren durch das Diplom – jedoch mit dem Zusatz „FH" versehen – ersetzt. Den früheren Absolventen z. B. mit dem Titel Ing.-grad. wurde die Möglichkeit einer Nachdiplomierung geboten. Der Zusatz „FH" in den Diplomzeugnissen konnte indes leicht den Eindruck eines Diploms zweiter Klasse erwecken. Auch galt das Studium an einer Fachhochschule nicht als wissenschaftliches Studium und berechtigte daher im Öffentlichen Dienst auch nicht zur Einstellung in den höheren, sondern nur in den gehobenen Dienst, was mit substanziellen Einkommensnachteilen und stark eingeschränkten Aufstiegschancen gegenüber einem universitären Studium verbunden war.

Der Charakter der Fachhochschule in den 1970er Jahren war eindeutig der einer „akademischen Lehranstalt". Das humboldtsche Ideal der Einheit von Forschung und Lehre hatte in dieser Zeit an den Fachhochschulen keinen Platz. Die Aufgabe der Fachhochschulen lässt sich für diesen Zeitraum am treffendsten mit dem Topos Qualifikation, statt dem der Bildung beschreiben. Auch die Hochschullehrer verstanden sich in allererster Linie als Lehrende und zum größten Teil eben nicht zugleich als Lehrende und Forschende. Damit wurde den Fachhochschulen ein Ausbildungsparadigma zugeschrieben, das die potenziellen Aufgaben der Absolventen in der späteren Berufspraxis in der „Anwendung wissenschaftlicher Methoden und Erkenntnisse zur Lösung von Aufgaben und Problemen der Praxis"[9] sah. Dies entsprach allerdings schon in den 1970er Jahren nicht der gelebten betrieblichen Praxis in der Industrie, in der die Absolventen von Universitäten und Fachhochschulen häufig in den gleichen inhaltlichen Feldern zum Einsatz kamen.

Mit dem Ausbau der Studienplätze an Hochschulen für Angewandte Wissenschaften haben sich auch die Studienangebote und damit letztlich auch die Profile dieses Hochschultyps stark verändert. Hochschulen für Angewandte Wissenschaften haben nicht nur mehr Studierende in den herkömmlichen Studienfächern aufgenommen, sie haben die Gunst der Stunde genutzt, eine weitere zentrale Empfehlung des Wissenschaftsrates aus den 1990er Jahren zu realisieren, indem sie ihre Studienangebote inhaltlich ausgeweitet und zugleich auf den spezifischen Typus der Angewandten Wissenschaften fokussiert haben.

Der Wissenschaftsrat hatte 1991 in seinen Empfehlungen zur Entwicklung der Fachhochschulen in den 1990er Jahren die folgenden 4 Leitlinien für die Erweiterung des Fächerspektrums an Fachhochschulen formuliert. Die Fachhochschulen sollten:

- neue Schwerpunkte in traditionellen Fachgebieten bilden,
- eine fachliche Erweiterung an den Rändern des bisherigen Fächerspektrums durchführen,

[9]Wissenschaftsrat (1991): Empfehlungen zur Entwicklung der Fachhochschulen in den 90er Jahren. Köln, S. 9.

- integrierte Auslandsstudiengänge anbieten sowie
- berufsorientierte Studiengänge mit sprach-, kultur- und sozialwissenschaftlichen Inhalten entwickeln, die auf Tätigkeiten in der Wirtschaft vorbereiten (siehe Wissenschaftsrat 1991, S. 75 f.).

Diesen Empfehlungen sind die Hochschulen für Angewandte Wissenschaften sukzessive, vor allem aber im Zuge des jüngsten Ausbaus der Studienplätze an Hochschulen für Angewandte Wissenschaften nachgekommen. Betrachtet man heute deren Fächerspektrum und Studienangebot, so fällt einerseits die fulminante Ausweitung des Fächerspektrums, vor allem aber die fachliche Ausdifferenzierung des Studienangebots auf.

Neben dem weiter oben in Abb. 3 dargelegten klassischen Studienangebot an Fachhochschulen in den 1970er Jahren, haben Hochschulen für Angewandte Wissenschaften viele zusätzliche Studienangebote entwickelt.

Das in Abb. 4 aufgeführte Studienangebot markiert die im Vergleich zu den 1970er Jahren neu entstandenen Studiengänge zweier Hochschulen für Angewandte Wissenschaften in Hessen. Insgesamt sind die Fachdisziplinen dabei einigermaßen konstant geblieben. Mit Ausnahme von Studiengängen in den Bereichen Medien, Design und Management können nach wie vor Schwerpunkte in den Wirtschaftswissenschaften, den Ingenieur- und Naturwissenschaften, im Bauwesen sowie in den Sozial- und Gesundheitswissenschaften beobachtet werden. Dabei lassen sich 5 zentrale Entwicklungstendenzen beobachten:

1. Erkennbar ist eine deutliche Tendenz zur Ausdifferenzierung und Spezialisierung in den einzelnen Wissenschaftsdisziplinen. Am Beispiel der Informatik sind dies im obigen Schaubild z. B. Studiengänge wie Angewandte Informatik, Data Science und Strategisches Informationsmanagement.

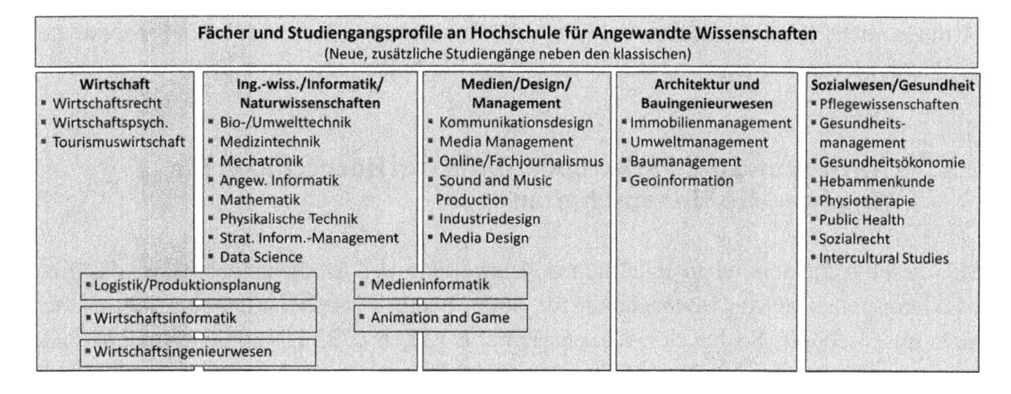

Abb. 4 Diversifiziertes Profil einer Hochschule für Angewandte Wissenschaften

2. Die Abnehmersysteme aus Privatwirtschaft und Gesellschaft benötigen offenkundig verstärkt Absolventen, die neben einer fachlich-inhaltlichen Ausbildung auch über Management- und Steuerungskompetenzen verfügen. Die Hochschulen für Angewandte Wissenschaften haben darauf mit der Entwicklung von sogenannten Hybridstudiengängen reagiert. Also mit dem Angebot von Studiengängen, in denen neben einer fundierten fachlichen Ausbildung in einer Wissenschaftsdisziplin auch Managementkompetenzen und -techniken vermittelt werden. Beispiele hierfür sind die oben aufgeführten Studiengänge wie Immobilienmanagement, Umweltmanagement, Baumanagement, Gesundheitsmanagement und Studiengänge wie das Strategische Informationsmanagement.
3. Die Berufspraxis verlangt zunehmend nach disziplinübergreifendem Know-how. Darauf haben die HAW mit Studienangeboten reagiert wie u. a. der Wirtschaftsinformatik, dem Wirtschaftsingenieurwesen sowie mit Studiengängen, in denen neben ingenieurwissenschaftlichem Know-how auch wirtschaftswissenschaftliche Kompetenzen vermittelt werden. Beispiele sind hier Studiengänge wie Logistik/Produktionsplanung, Wirtschafts- und Sozialrecht, Wirtschaftspsychologie oder Gesundheitsökonomie.
4. Deutlich ist eine Tendenz zur weiteren Akademisierung und Professionalisierung von bis dato nicht explizit wissenschaftlichen Berufen. Die Akademisierung folgt dabei der fortschreitenden Verwissenschaftlichung weiter Bereiche der Arbeitswelt. Beispiele sind hier u. a. Berufe der Gesundheitswissenschaften wie die Pflegewissenschaften, die Physiotherapie oder die Hebammenkunde. Speziell mit der Akademisierung der Berufe des Gesundheitswesens haben die bundesdeutschen Hochschulen allerdings im europäischen Vergleich extrem spät begonnen. In Ländern wie Großbritannien können beispielsweise die sogenannten „Nursing Studies“ seit einigen Jahrzehnten sowohl im Bachelor als auch im Master an den Universitäten studiert werden; selbst ein PhD ist an etlichen Universitäten möglich.
5. Mit dem Eindringen des Megatrends Digitalisierung in letztlich alle Wissenschaftsdisziplinen verändern sich deren Inhalte und Methoden gravierend. So ist ein Maschinenbaustudium ohne weitreichende Informatikkenntnisse heute schlechterdings nicht mehr denkbar. Auch in den Buchwissenschaften führen Prozesse der Digitalisierung zu einer rapiden Veränderung der Forschungsmethoden.

2.3 Ausweitung des Fächerspektrums von Hochschulen für Angewandte Wissenschaften

Mit dieser recht deutlichen inhaltlichen Ausweitung des Studienangebots ist das Entwicklungspotenzial von Hochschulen für Angewandte Wissenschaften aber längst noch nicht ausgeschöpft. So hat der Wissenschaftsrat (2000, S. 25 f.) zur Jahrhundertwende in seinen „Thesen zur künftigen Entwicklung des Wissenschaftssystems in Deutschland“ eine zahlenmäßige Verschiebung und Schwerpunktsetzung der Anzahl der Studienplätze zwischen Universitäten und Hochschulen für Angewandte Wissenschaften in den Fächern Architektur, Bauingenieurwesen und Betriebswirtschaftslehre empfohlen. In Analogie zur Situation in den Ingenieurswissenschaften, wo ein Drittel der Studierenden an Universitäten und zwei Drittel an Hochschulen für Angewandte Wissenschaften ausgebildet werden, lässt sich vonseiten der Arbeitsmärkte denn auch ein größerer Bedarf an eher anwendungsorientiert ausgebildeten Absolventen dieser Fächer erkennen. Dies würde eine Verlagerung der Studienplätze von Universitäten an Hochschulen für Angewandte Wissenschaften in den genannten Bereichen nach sich ziehen.

Zudem hat sich der Wissenschaftsrat (2010b, S. 50 f.) in seinen Empfehlungen zur Rolle der Fachhochschulen in der Bundesrepublik intensiv mit Fragen einer möglichen weiteren Ausweitung des Fächerspektrums an Hochschulen für Angewandte Wissenschaften auseinandergesetzt und hält eine Erweiterung in etlichen Feldern für denk- und machbar. Zum einen nennt der Wissenschaftsrat den Bereich der Berufsschullehrerausbildung, indem er die laufenden Kooperationen zwischen Hochschulen für Angewandte Wissenschaften und Universitäten, die sich in Nordrhein-Westfalen etabliert haben, ausdrücklich begrüßt. Vergleichbare Kooperationen haben sich auch in Baden-Württemberg zwischen Hochschulen für Angewandte Wissenschaften und den dortigen Pädagogischen Hochschulen etabliert. In den hochschultypübergreifenden Kooperationen der beiden genannten Bundesländer werden die erziehungswissenschaftlichen und gesellschaftswissenschaftlichen Studienanteile an den Universitäten resp. Pädagogischen Hochschulen gelehrt, die fachlich-inhaltlichen Studienanteile, wie beispielsweise die technischen und wirtschaftswissenschaftlichen Studienkomponenten, hingegen an den Hochschulen für Angewandte Wissenschaften.

Gleichwohl geht der Wissenschaftsrat davon aus, dass die an den Hochschulen für Angewandte Wissenschaften vorhandenen Potenziale weit umfangreicher sind als die oben beschriebenen Beispiele aus den Ingenieur- und Wirtschaftswissenschaften. Der Wissenschaftsrat empfiehlt denn auch „eine stärkere Beteiligung der Fachhochschulen in weiteren Bereichen der Lehrerbildung … insbesondere in der Primarstufe und Sekundarstufe I“ (Wissenschaftsrat 2010a, b, S. 50). Im Blick hat er dabei „die erheblichen Kompetenzen und Ressourcen, die an Fachhochschulen in jüngster Zeit in frühkindlicher Bildung und Erziehung aufgebaut worden sind“ (Wissenschaftsrat 2010a, b, S. 51) und die aus seiner Sicht für kooperative Studiengänge fruchtbar gemacht werden können. Insbesondere könnte so der Bereich der akademischen Ausbildung im Elementarbereich und in der Primarstufe besser miteinander vernetzt werden. Auch in der Ausbildung für das Lehramt der Sekundarstufe I können nach Auffassung des Wissenschaftsrates dort, wo „die fachlichen Voraussetzungen gegeben sind … Teile des fachwissenschaftlichen Angebots an Fachhochschulen vorgehalten werden“ (Wissenschaftsrat 2010a, b, S. 51). Der Wissenschaftsrat nennt hier explizit die Fächer Technik, Informatik und Wirtschaft.

Betrachtet man die Realität des Schulalltags, so sind Lehrer in allen Schulstufen seit vielen Jahren und in zunehmendem Maße nicht mehr ausschließlich als Wissensvermittler gefragt. Vielmehr sind die pädagogischen Anforderungen, die der Schulalltag stellt, sehr viel komplexer geworden. Um diese Anforderungen auch in den Curricula der Lehrerausbildung besser abzubilden, regt der Wissenschaftsrat nachdrücklich an, an Standorten, an denen die Voraussetzungen dafür gegeben sind, die Lehrerbildung für die Sekundarstufe I um Anteile in Sozialpädagogik bzw. Sozialer Arbeit, die an Hochschulen für Angewandte Wissenschaften durchgeführt werden, zu erweitern.

3 Entwicklungstendenzen von Hochschulen für Angewandte Wissenschaften in der Forschung

3.1 Forschungsbegriff und Rahmenbedingungen für die Forschung an Hochschulen für Angewandte Wissenschaften

Seit langem galt an Hochschulen für Angewandte Wissenschaften ein Forschungsbegriff, der sich in Anlehnung an ihren spezifischen Auftrag der Anwendungsorientierung und der Lösung von Problemen der betrieblichen Praxis verschrieben hat. Dieser Forschungsbegriff wurde vonseiten der Hochschulen für Angewandte Wissenschaften mit dem Begriffspaar „Forschung und Entwicklung“ (FuE) bezeichnet; er beschreibt auch heute noch einen Großteil der an Hochschulen für Angewandte Wissenschaften durchgeführten Forschungsaktivitäten. Hinzugekommen sind aber an etlichen HAW auch Forschungsvorhaben, die der Hoch- und Spitzentechnologie zugerechnet werden können. Etliche Autoren weisen darauf hin, dass die Gleichung: Universitäten = Grundlagenforschung und Hochschulen für Angewandte Wissenschaften = Angewandte Forschung „in Schwierigkeiten [gerät], wenn die Grenze zwischen anwendungsorientierter Forschung und Grundlagenforschung verschwimmt“ (Ziegele et al. 2017, S. 2) bzw. „schon lange nicht mehr [gilt]“ (Niederdrenk 2013, S. 22).

Die Rahmenbedingungen für die Forschung an Hochschulen für Angewandte Wissenschaften sind bereits vielfach in Stellungnahmen, Aufsätzen und Vorträgen nachdrücklich kommentiert worden. Deshalb soll an dieser Stelle nur kurz und knapp auf die fehlende Grundfinanzierung für Forschung, den, wenn überhaupt vorhandenen, extrem kleinen Mittelbau (in vielen Fächern ist dieser Mittelbau gar nicht vorhanden) und die mit 18 SWS doppelt so hohe Lehrbelastung der Hochschullehrer an Hochschulen für Angewandte Wissenschaften hingewiesen werden. Dass trotz dieser nicht gerade förderlichen Rahmenbedingungen beachtliche Forschungsleistungen an Hochschulen für Angewandte Wissenschaften erbracht werden, ist dem außerordentlichen Engagement, der Kreativität und der Einsatzbereitschaft der Hochschullehrer an diesen Hochschulen zu verdanken.

Die Policy der Forschungsförderung in der Bundesrepublik zielt bis zu Beginn der 2000er Jahre neben der Quadriga der außeruniversitären Verbünde und Forschungsgemeinschaften (Helmholtz-Gemeinschaft, Leibniz-Gemeinschaft, Fraunhofer-Gesellschaft und Max-Planck-Gesellschaft) nahezu ausschließlich auf universitäre Forscher und Forschungsinfrastrukturen. Hier ist die Deutsche Forschungsgemeinschaft (DFG), die sich als „die zentrale Selbstverwaltungsorganisation der Wissenschaft in

Deutschland"[10] versteht, der größte Mittelgeber für die hochschulische Forschung in der Bundesrepublik; 2017 umfasste der Etat der DFG rund 3 Mrd. € (Deutsche Forschungsgemeinschaft 2018). Die Förderchancen von Forschern an Fachhochschulen sind demgegenüber allerdings extrem begrenzt. Die Begutachtungen in den Fachkollegien werden von universitären Forschern dominiert, die gegenüber anwendungsorientierter Forschung mit ihrem spezifischen Forschungsbegriff wenig Offenheit zeigen. Zum Teil werden von Gutachtern exzellente Anträge aus nicht nachvollziehbaren Gründen nicht zur Förderung empfohlen. Ob die HAW-Herkunft der Forscher hierfür ausschlaggebend war, kann nur vermutet werden. In jedem Fall gingen in 2016 nur gut 1 % der DFG-Bewilligungen auf das Konto von Forschern an HAW. Hochschulen für Angewandte Wissenschaften waren 2016 mit einer Förderquote von nur 0,5 % an der DFG-Förderung beteiligt. Die Zahlen zeigen weiter, dass in 2016 die universitären Forscher rund 2 Mrd. € an DFG-Fördermittel erhielten, während auf jene an den HAW eine DFG-Förderung im Umfang von 10 Mio. € entfielen.[11]

Insofern ist es nicht verwunderlich, dass aus dem Kreis der Hochschulen für Angewandte Wissenschaften seit einiger Zeit die Forderung nach der Gründung einer Deutschen Transfergemeinschaft erhoben wird, welche aber nicht ausschließlich eine Forschungsförderung für HAW betreiben soll, sondern die vielmehr den Anforderungen an den spezifischen Forschungsbegriff angewandter Forschung und Entwicklung gerecht wird. Hans-Henning von Grünberg (2017) hat die Besonderheiten dieses Forschungsbegriffs und die Notwendigkeit einer spezifischen Förderinstitution sehr eindrucksvoll beschrieben. Sie ist gewissermaßen als Umkehrung des Forschungsprozesses zu verstehen, bei dem der Wissenschaftler nicht nach grundlegendem Erkenntnisgewinn (Grundlagenforschung) strebt, sondern mit einem Anwendungsproblem aus der betrieblichen Praxis konfrontiert ist, für das eine Lösung gefunden werden muss.

3.2 Die Kennzahl Drittmittelausgaben als Synonym für den Forschungserfolg

Gleichwohl ist die Forschungsförderung für Hochschulen für Angewandte Wissenschaften in den letzten Jahren deutlich ausgeweitet worden. So haben der Bund mit seinem Programm „Forschung an Fachhochschulen" und einzelne Bundesländer (z. B. Niedersachsen, Bayern) spezifische Programme für die Forschungsförderung an Hochschulen für Angewandte Wissenschaften aufgelegt. Von diesen explizit auf die Forschung an Hochschulen für Angewandte Wissenschaften zugeschnittenen Programmen haben die Hochschulen profitiert. Im Rahmen der Förderinitiative FH-Impuls sind für 4 Jahre

[10] Siehe https://www.dfg.de/dfg_profil/aufgaben/index.html zuletzt aufgerufen am 19.03.2019.

[11] DFG-Statistik 2016 zitiert nach https://www.bundestag.de/blob/493148/a57d06bc23c777f12f8ced5bf1695ca9/ihne_stellungnahme-data.pdf. zuletzt abgerufen am 19.03.2019.

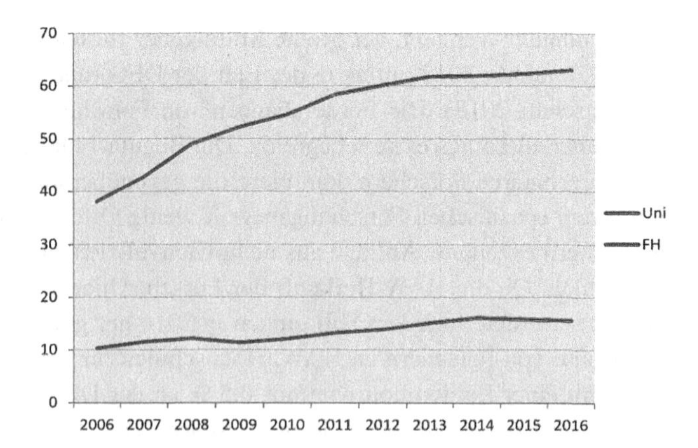

Abb. 5 Drittmittel je wissenschaftliches Personal in Tausend €

Finanzmittel im Umfang von je ca. 4–4,5 Mio. € vergeben worden. Insgesamt will der Bund in der Förderlinie FH-Impuls in den nächsten 8 Jahren 100 Mio. € investieren.

Bei der Analyse des Forschungserfolgs von Hochschulen findet eine Kennzahl stets ganz besondere Betrachtung – die Höhe der verausgabten Drittmittel. Betrachtet man die Forschungsleistungen von Hochschulen für Angewandte Wissenschaften an dieser zentralen Kennzahl, so ergibt sich basierend auf Daten von Destatis (2014, 2018) die Darstellung in Abb. 5.

Fokussiert man die Drittmittel auf die zu verwendende Kennzahl „Drittmittel je wissenschaftliches Personal", so zeigt sich, dass die Universitäten im bundesweiten Vergleich zu dem Hochschultyp Fachhochschule über den gesamten betrachteten Zeitraum 2006–2016 etwa das 3,8-Fache an Drittmitteln verausgabt haben. Vor dem Hintergrund einer bescheidenen Forschungsinfrastruktur und den wenig forschungsfördernden Rahmenbedingungen an Hochschulen für Angewandte Wissenschaften ist die Steigerung der Drittmittel um 66 % respektabel.

Aber die Verhältnisse stellen sich bei differenzierter Betrachtung durchaus nicht flächendeckend so homogen dar. Betrachtet man beispielsweise die Drittmittelausgaben je wissenschaftliches Personal auf der Ebene einzelner Bundesländer, so geriert sich mitunter ein Bild, bei dem die Drittmittelquote der beiden unterschiedlichen Hochschultypen gar nicht mehr so weit voneinander entfernt ist. Abb. 6 zeigt die Kennzahl für das Bundesland Brandenburg.

Abb. 6 zeigt, dass die Hochschulen für Angewandte Wissenschaften in Brandenburg seit 2007 erheblich steigende Drittmittelausgaben zu verzeichnen hatten und zwischenzeitlich sogar über eine höhere Drittmittelbilanz als die Universitäten des Bundeslandes verfügten. Aufgrund der Fusion der Fachhochschule Lausitz mit der Brandenburgischen Technischen Universität zur Brandenburgischen Technischen Universität Cottbus-Senftenberg haben sich die Drittmittelbilanzen des HAW-Sektors allerdings wieder deutlich abgesenkt. Auch den universitären Sektor hat diese Fusion offenkundig negativ beeinflusst. Herausgehoben muss gleichwohl, dass die Hochschulen für Angewandte

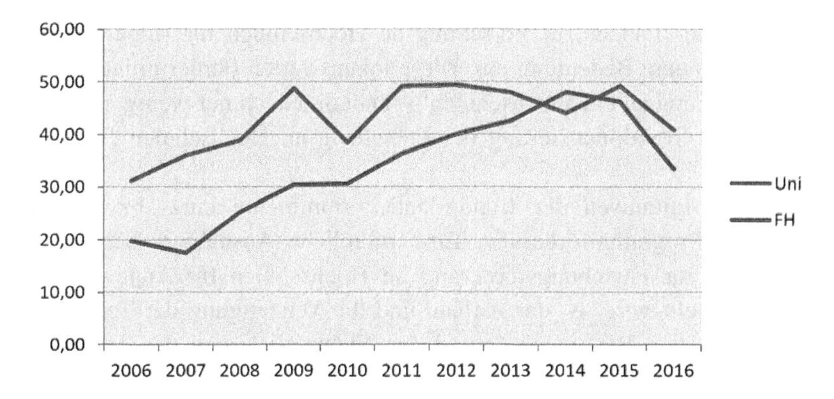

Abb. 6 Drittmittel je wissenschaftliches Personal an Unis und FHs in Brandenburg in Tausend € (Destatis (2016): Bildung und Kultur. Fachserie 11 Reihe 4.3.2. Monetäre hochschulstatistische Kennzahlen 2014. Wiesbaden sowie: Destatis (2014): Bildung und Kultur. Fachserie 11 Reihe 4.3.2. Monetäre hochschulstatistische Kennzahlen 2012. Wiesbaden)

Wissenschaften auf der Basis der oben beschriebenen deutlich schlechteren Rahmenbedingungen für Forschung nur über einen geringfügigen Abstand zu den Kennzahlen der Universitäten verfügen.

3.3 Forschung und Technologietransfer an Hochschulen für Angewandte Wissenschaften

An den Hochschulen für Angewandte Wissenschaften kann seit Beginn der 2000er Jahre eine zunehmend steigende Neigung des wissenschaftlichen Personals (vor allem der Hochschullehrer) beobachtet werden, sich die in den Landeshochschulgesetzen niedergelegte Aufgabe Forschung anzueignen und auszufüllen. Hierfür gibt es viele auffallend positive Beispiele. So waren bislang 3 Hochschulen für Angewandte Wissenschaften im Programm Forschungsbauten der Gemeinsamen Wissenschaftskonferenz (GWK) erfolgreich: Das Zentrum innovativer Materialien und Technologien für effiziente elektrische Energiewandler-Maschinen (ZiMATE) der Hochschule Aalen, das Center of Automotive Research on Integrated Safety Systems and Measurement Area (CARISSMA) der Technischen Hochschule Ingolstadt und das Institut für Lasertechnik der Hochschule Mittweida. Alle 3 Forschungsbauten sind in der Zwischenzeit realisiert. Für eine Aufnahme in die Förderung sind unter anderem bereits bestehende umfangreiche Forschungsaktivitäten, ein stringentes Forschungskonzept sowie der Nachweis der herausragenden wissenschaftlichen Qualität und der nationalen Bedeutung der Vorhaben Voraussetzung.

Aufgrund einer fehlenden Grundfinanzierung der Aufgabe Forschung an den Hochschulen für Angewandte Wissenschaften nehmen die verschiedenen Förderlinien des Bundes und der Länder zur Forschung an Hochschulen für Angewandte Wissenschaften eine besondere Bedeutung ein. Diese lobenswerten Förderinitiativen – u. a. das Programm „Forschung an Fachhochschulen" – ändern jedoch nur wenig an dem Problem einer mangelnden Grundfinanzierung der Forschung an Hochschulen für Angewandte Wissenschaften.

Auch bei den Initiativen der Bundesländer dominieren kurz- bzw. mittelfristige Maßnahmen der Programmförderung. Eine rühmliche Ausnahme, bei der dauerhaft finanzielle Mittel zur Forschungsförderung an Hochschulen für Angewandte Wissenschaften bereitgestellt wird, ist der Aufbau und die Verstetigung der Technologietransferzentren im Freistaat Bayern. Aufgrund der Nichtrealisierung der Transrapidstrecke vom Hauptbahnhof zum Flughafen München sind die dadurch freigewordenen Finanzmittel in die Regionalentwicklung und in die Forschung sowie in den Technologietransfer umgeleitet worden. Dabei sind bis heute insgesamt 17 Technologietransferzentren an bayerischen Hochschulen für Angewandte Wissenschaften entstanden. Zunächst mit einer Anschubfinanzierung von maximal 5 Mio. € für einen Zeitraum von 5 Jahren ausgestattet, bekommen erfolgreich evaluierte Technologietransferzentren im Normalfall eine jährliche Grundfinanzierung von 300.000 €, in Ausnahmefällen bis zu 800.000 €. Die Idee hinter Technologietransferzentren (TTZ) ist, das kleine und mittlere Unternehmen (KMU) in den ländlichen Regionen des Freistaates mit dem TTZ einer Hochschule für Angewandte Wissenschaften einen wissenschaftsaffinen Partner vor Ort haben, der ihnen hilft, Anwendungsprobleme zu lösen und Innovationseffekte zu generieren, um auf dem Markt auch weiterhin erfolgreich agieren zu können. Voraussetzung für eine erfolgreiche Arbeit der TTZ – das zeigen die Beispiele – ist ein wissenschaftliches Profil, das an vielen TTZ gut erkennbar ist. Die Spanne der inhaltlichen Profile der TTZ reichen von der Präzisionsoptik, über innovative Glastechnologie, Elektromobilität und Autonomes Fahren bis hin zur Leistungselektronik und der Energiespeicherung. Dabei leisten die Technologietransferzentren einen nicht unerheblichen Beitrag zum Technologie- und Innovationstransfer, der in etlichen Spielarten stattfindet. Die Innovationseffekte für die Region sind unübersehbar; neben kooperativen Forschungsprojekten wirken die TTZ über Abschlussarbeiten und Promotionsvorhaben in die Unternehmen. Zudem verbleiben viele der Absolventen, die früher in die industriellen Zentren abgewandert sind, heute in der Region und beeinflussen ebenso das regionale Innovationssystem positiv, wie gemeinsame Forschungsprojekte von TTZ und KMU zur Sicherung der Zukunftsfähigkeit der Unternehmen beitragen. Ausgründungen von Absolventen und/oder Hochschullehrern sind ein weiterer potenzieller innovationsträchtiger Transferkanal der Hochschule in die Region hinein.

Die dynamische Entwicklung der TTZ zeigt sich u. a. darin, dass für jeden Euro Anschubfinanzierung mindestens 1, häufig 2, mitunter sogar bis zu 3 € an Drittmitteln eingeworben wurden und sich die TTZ, bis auf eine gewährte Grundfinanzierung, finanziell eigenständig tragen. Die Innovationseffekte für die Region sind unübersehbar und werden von Unternehmen und Unternehmensverbänden sowie der lokalen und regionalen Politik extrem positiv bewertet.

3.4 Promotionen und Hochschulen für Angewandte Wissenschaften

Verlässliche Daten über die Zahl der abgeschlossenen Promotionsverfahren von HAW-Absolventen liegen leider nicht vor. Alleinige Datengrundlage bildet die im Dreijahresrhythmus von der Hochschulrektorenkonferenz (HRK) (zuletzt in 2018) durchgeführte Befragung der 150 promotionsberechtigten Hochschulen in der Bundesrepublik zur Entwicklung der abgeschlossenen Promotionen. Von den 150 zur Promotion berechtigten Hochschulen haben zuletzt nur noch 87 Hochschulen an der Umfrage teilgenommen. Insofern kann davon ausgegangen werden, dass die reale Anzahl der FH-Absolventen, die eine Promotion abgeschlossen haben, in allen Dreijahreszyklen deutlich höher liegt.

Abb. 7 ist die in allen betrachteten Dreijahreszyklen gestiegene Promotionsneigung von Fachhochschulabsolventen zu entnehmen.

Der im Titel des Aufsatzes angemerkte Begriff „Quantensprung" zielt neben den Leistungen der Hochschulen für Angewandte Wissenschaften in Studium und Lehre sowie in der Frage der Forschungsleistungen vor allem auf die Bewegung, die in der Frage eines Promotionsrechts für Hochschulen für Angewandte Wissenschaften zu konstatieren ist.

Ausschlaggebend für Überlegungen zur Einführung eines Promotionsrechts für Hochschulen für Angewandte Wissenschaften in einigen Ministerialbürokratien bzw. in der Landespolitik waren die immensen Schwierigkeiten von hervorragend qualifizierten Absolventen von Hochschulen für Angewandte Wissenschaften zur Zulassung zu einer Promotion an einem Fachbereich einer Universität. Häufig wurden von den Fachbereichsakteuren in diesem Zusammenhang inakzeptable Forderungen nach einer vermeintlich notwendigen Nachqualifizierung gestellt. In diesem Zusammenhang werden Aspekte der Konkurrenz und der Verhandlung des Status der Hochschultypen deutlich. Holuscha sieht in der Selbstbeschreibung von Rektoren von

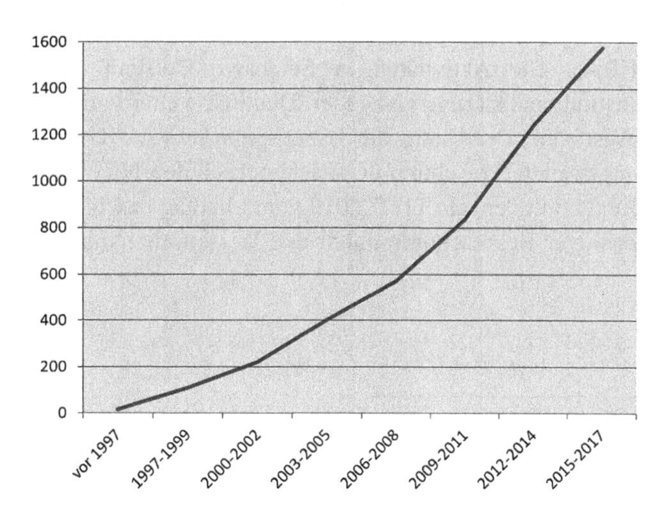

Abb. 7 Entwicklung abgeschl. Promotionen von Absolventen der Fachhochschulen (Quelle: HRK (2013/2017/2019): Promotionen von Fachhochschulabsolventinnen und Fachhochschulabsolventen in den Prüfungsjahren 2009, 2010 und 2011, 2012, 2013, 2014 sowie 2015, 2016, 2017. Bonn)

Hochschulen für Angewandte Wissenschaften den Universitäten gegenüber eine Tendenz der Stigmatisierung bzw. der Selbststigmatisierung als „minderwertige Hochschulart" (Holuscha 2012, S. 154), die stets mitschwinge, da Universitäten als Referenzgruppe für Hochschulen für Angewandte Wissenschaften wahrgenommen werden.

Ein anderes veritables Problem war die Einbindung von betreuenden Hochschullehrern der Hochschulen für Angewandte Wissenschaften in den Betreuungs- und Begutachtungsprozess. Dass die universitären Hochschulleitungen häufig versucht haben, die Fachbereiche zu einer anderen, sprich kooperativeren Haltung zu bewegen, soll hier nicht verschwiegen werden.

Mit der Blockadehaltung vieler Fachbereiche wurde eine Beschädigung des wissenschaftlichen Nachwuchses von Hochschulen für Angewandte Wissenschaften und des Wissenschaftssystems insgesamt bewusst in Kauf genommen. Diese, von den universitären Fachbereichen zu vertretende Fehlsteuerung im Wissenschaftssystem war denn auch für etliche Landesregierungen der Anlass, über Veränderungen im Promotionsrecht nachzudenken, um ein Ausweichen der Promovenden auf andere europäische Länder zu verhindern, in denen diese als engagierte und innovative Forscher gern gesehene Gäste waren.

Bereits 2008 enthielt der Koalitionsvertrag von CDU und Grünen in Hamburg die folgende, letztlich doch nicht umgesetzte Klausel: „Die HAW soll für einzelne Exzellenzbereiche in einem Modellversuch die Promotionsbefugnis erhalten."[12] Gleichwohl war dies der erste in einer politischen Stellungnahme von Regierungsparteien schriftlich formulierte Wunsch über eine Verleihung des Promotionsrechts an Hochschulen für Angewandte Wissenschaften. Es dauerte dann noch einige Zeit, bis in anderen Bundesländern wie Baden-Württemberg und Schleswig-Holstein die Frage eines eigenständigen Promotionsrechts für HAW intensiv diskutiert, dann allerdings jeweils zugunsten von kooperativen Promotionsmodellen beerdigt worden ist. Diese kooperativen Promotionsmodelle finden sich nunmehr u. a. in Bayern (Bayerisches Wissenschaftsforum, Bay WISS), in Baden-Württemberg (Baden-Württemberg Center of Applied Research, BW-CAR) und in Hamburg (Hamburg Research Academy, HRA). Die Aktivitäten in Schleswig-Holstein sind noch nicht in eine formelle Institutionalisierung gemündet. Deutlich weiter gerieten die Überlegungen in Nordrhein-Westfalen. Dort hatte die Landesregierung die Gründung des Graduierteninstituts für angewandte Forschung der Fachhochschulen NRW (GI NRW) unterstützt, dem nach 5 Jahren mit dem am 11.07.2019 vom Landtag beschlossenen neuen Hochschulgesetz nach positiver Begutachtung durch den Wissenschaftsrat ein eigenständiges Promotionsrecht

[12]Vertrag über die Zusammenarbeit in der 19. Wahlperiode der Hamburgischen Bürgerschaft zwischen der Christlich Demokratischen Union, Landesverband Hamburg und Bündnis 90/Die Grünen, Landesverband Hamburg, GAL 2008.

verliehen werden soll. Damit wären in NRW erstmals Promotionen an einem von den Hochschulen für Angewandte Wissenschaften getragenen Promotionskolleg möglich, ohne dass eine zwingende institutionelle Beteiligung der Universitäten vorgeschrieben ist.

Das Bundesland Hessen hat sich in der Frage eines Promotionsrechts für HAW zweifellos am weitesten vorgewagt und mit einer Änderung des Hessischen Hochschulgesetzes die Möglichkeit eröffnet, dass Hochschulen für Angewandte Wissenschaften „durch besonderen Verleihungsakt des Ministeriums ein befristetes und an Bedingungen geknüpftes Promotionsrecht für solche Fachrichtungen zuerkannt werden (kann), in denen sie eine ausreichende Forschungsstärke nachgewiesen“[13] haben. Nachdem das Hessische Ministerium für Wissenschaft und Kunst in einer Verordnung die Voraussetzungen für die Einrichtung von Promotionszentren geregelt hat, wurde in 2016 der Hochschule Fulda als erster HAW für das Promotionszentrum „Globalisierung, Europäische Integration und Interkulturalität“ das Promotionsrecht erteilt. Inzwischen haben 2 weitere hochschulübergreifende Promotionszentren (das Promotionszentrum Soziale Arbeit der 3 Hochschulen Frankfurt, Fulda und RheinMain und das Promotionszentrum Angewandte Informatik der Hochschulen Darmstadt, Frankfurt, Fulda und RheinMain) das Promotionsrecht für die genannten Fachgebiete durch das Hessische Ministerium für Wissenschaft und Kunst erhalten. Auch im Rahmen der aktuellen Novellierung des Hochschulgesetzes in Nordrhein-Westfalen wird es Veränderungen zum Promotionsrecht geben. Das neue Hochschulgesetz sieht vor, das bestehende Graduierteninstitut für angewandte Forschung in ein Promotionskolleg zu überführen und diesem nach positiver Begutachtung durch den Wissenschaftsrat das Promotionsrecht zu verleihen.

Die Verleihung eines Promotionsrechts an ein Promotionskolleg in Hessen beinhaltet zwingend einen Nachweis der Forschungsstärke der beteiligten Wissenschaftler. Zwei Kriterien sind in diesem Zusammenhang maßgebend: Drittmittel und Publikationen. In beiden Kriterien wird zwischen technischen und nichttechnischen Fächern unterschieden.

- Kriterium Drittmittel: Bei den technischen Fächern ist eine Summe der eingeworbenen Drittmittel über 3 Jahre in Höhe von mindestens 300.000 € bzw. über 6 Jahre von durchschnittlich 100.000 € pro Jahr Voraussetzung für die Erteilung des Promotionsrechts. In den nichttechnischen Fächern liegt die Summe über 3 Jahre bei 150.000 € bzw. über 6 Jahre bei durchschnittlich 50.000 € pro Jahr.

[13]Siehe Hessisches Hochschulgesetz, §4 Abs. 3, Satz 3.

- Das Kriterium Publikationen für nichttechnische Fächer verlangt mindestens 2 Publikationspunkte pro Jahr, in der Summe über 3 Jahre mindestens 6 Punkte bzw. über die letzten 6 Jahre mindestens durchschnittlich 2 Punkte pro Jahr. Für die nichttechnischen Fächer werden eine Publikation mit Peer-Review pro Jahr, eine Summe von 15 Publikationspunkten über 3 Jahre bzw. über die letzten 6 Jahre durchschnittlich 5 Punkte pro Jahr verlangt.[14]

Weitere zentrale Rahmenbedingungen sehen eine Trennung von Begutachtung und Betreuung, den Nachweis der Beteiligung als Gutachter/Betreuer an mindestens einem kooperativen oder abgeschlossenen eigenständigem Promotionsverfahren und eine universitäre Beteiligung im Promotionsausschuss vor. Zudem orientiert sich das Verfahren an den vom Wissenschaftsrat (2011) empfohlenen Anforderungen für die Qualitätssicherung der Promotion.

Die emotional stark aufgeladene Debatte[15] um ein Promotionsrecht für Hochschulen für Angewandte Wissenschaften soll hier insofern versachlicht werden, als dass im Folgenden herausgearbeitet werden soll, was 1) die sachliche Basis für eine mögliche Verleihung des Promotionsrechts an Hochschulen für Angewandte Wissenschaften sein sollte, sowie 2) warum diese Hochschulen überhaupt ein Promotionsrecht benötigen. In diesem Zusammenhang sei darauf hingewiesen, dass „eine exklusive Bindung des Promotionsrechts an Universitäten im 20. Jahrhundert in Deutschland nicht gegeben war" (Wissenschaftsrat 2009, S. 12).

Die Verleihung des Promotionsrechts folgte stets – und dies zeigt ein kurzer Blick in die Universitätsgeschichte – einer Verwissenschaftlichung einzelner Fachdisziplinen sowie der damit untrennbar verknüpften methodischen und theoretischen Grundlagen.[16] Mit der systematischen Erforschung der Grundlagen der Natur- und Ingenieurwissenschaften wurde denn auch in diesen Wissenschaftsdisziplinen die Basis für eine spätere Verleihung des Promotionsrechts geschaffen. Gleichwohl begleitet von heftigen Protesten der „artes liberales"-Universitäten verlieh der König von Preußen 1899 das Promotionsrechts an die erste Technische Hochschule[17] in Deutschland – so entstand

[14]Quelle: Erlass: Voraussetzungen und Rahmenbedingungen der Verleihung eines Promotionsrechts an hessische Hochschulen für angewandte Wissenschaften.

https://wissenschaft.hessen.de/sites/default/files/media/hmwk/20160318_vorausssetzungen_promotionsrecht_hess_haw.pdf zuletzt abgefragt am 10.01.2019.

[15]Siehe u. a. die diversen stark polemischen, argumentativ jedoch dünnbrettartigen Kommentare von George Turner im Berliner Tagesspiegel.

[16]In meiner Argumentation folge ich inhaltlich den Thesen des Präsidenten der Hochschule RheinMain – Prof. Dr. Detlef Reymann –, die dieser auf der Tagung des HIS-Instituts für Hochschulentwicklung: „Strategische Entwicklung von Hochschulen für Angewandte Wissenschaften – Innovative Tendenzen in Lehre, Forschung und Hochschulsteuerung" am 9. September 2016 in Hannover gehalten hat.

[17]Dabei handelte es sich um die TH Charlottenburg, einer der Vorgängereinrichtungen der TU Berlin.

der wissenschaftliche Grad eines Doktors der Ingenieurwissenschaften (Dr.-Ing.), den es zuvor nicht gegeben hatte.

Auch der Prozess der Professionalisierung des Lehrerberufes und der Entwicklung der pädagogischen Wissenschaften lässt sich nur unter der Perspektive der Verwissenschaftlichung, also einer Differenzierung und Spezialisierung in den entsprechenden Fachdisziplinen verstehen. Mit der Gründung der Massenuniversitäten Ende der 1960er Jahre beginnt denn auch ein Integrationsprozess der Pädagogischen Hochschulen in die Universitäten der – mit Ausnahme Baden-Württembergs – bis zu Beginn der 1980er Jahre abgeschlossen ist. Gesk (1999, S. 85) weist in diesem Zusammenhang darauf hin: „Zu Recht wurde bemerkt, dass diese zum Zeitpunkt ihrer Integration längst keine Pädagogischen Hochschulen im ursprünglichen Sinne mehr waren ... Den entscheidenden Durchbruch zur verwissenschaftlichten Lehrerbildung hatten sie über die Stadien ihrer Entkonfessionalisierung, fachlichen Spezialisierung und der Erhöhung ihrer Studiendauer bereits vorher erreicht." Auch an dem Hochschultyp der Pädagogischen Hochschule kann also unter dem Signum der „Nichteilbarkeit der Wissenschaft" eine Entwicklung beobachtet werden, bei der im Prozess der Verwissenschaftlichung der Fachdisziplinen auch ein Prozess der organisationalen Weiterentwicklung der Institution einsetzt, mit dem dann – ähnlich den Technischen Hochschulen – die Verleihung von Privilegien verbunden ist, die zuvor vonseiten der Ministerialbürokratie nicht zugestanden wurden.

Um den Bogen zu schließen, sei an dieser Stelle darauf hingewiesen, dass mit der Bologna-Reform und im Zuge der Konvergenz der Hochschulabschlüsse Hochschulen für Angewandte Wissenschaften eben auch „wissenschaftliche Ausbildungsstätten"[18] geworden sind, mit durchaus weitreichenden und letztlich noch nicht absehbaren Folgen für das Wissenschaftssystem der Bundesrepublik insgesamt – Teil des tertiären Bildungssystem waren sie ohnehin schon seit ihrer Gründung.

Nun erfolgt in der Bundesrepublik die Verleihung des Promotionsrechts an eine Institution; sie erfolgt nicht an die in dieser Institution tätigen Personen (Wissenschaftsrat 2009, S. 9). Zudem ist die Verleihung an Standards geknüpft. Hier unterscheidet der Wissenschaftsrat zwischen „strukturelle(n) Voraussetzungen" und „Leistungskriterien" (Wissenschaftsrat 2009, S. 18).

- Strukturelle Voraussetzungen sieht der Wissenschaftsrat darin, dass auf organisatorischer und struktureller Ebene Freiräume für die Forschung vorhanden sind und dementsprechend andere Aufgaben (Lehre, Administration, Selbstverwaltung) geringer bemessen sind. Neben einer ganzen Reihe weiterer Anforderungen stellt der Wissenschaftsrat auch eine notwendige „Forschungsinfrastruktur in technischer, räumlicher, bibliothekarischer und personeller Hinsicht" (Wissenschaftsrat 2009, S. 19) heraus.

[18]Beschluss des Bundeverfassungsgerichts vom 13. April 2010 - 1 BvR 216/07, S. 48.

- Als Leistungskriterien beschreibt der Wissenschaftsrat zunächst die bloße Zuweisung des Forschungsauftrags an die Hochschule und den Nachweis der Erfüllung dieses Auftrags. Die Forschungen haben in diesem Zusammenhang „quantitativ und qualitativ den national und international anerkannten Standards in den jeweiligen wissenschaftlichen Disziplinen" (Wissenschaftsrat 2009, S. 21) zu entsprechen. Als messbare bzw. deskriptive Indikatoren wissenschaftlicher Produktivität nennt der Wissenschaftsrat eine Fülle möglicher Aktivitäten bzw. Leistungen: „Forschungsergebnisse, Publikationen, Zitationen, Promotionen, eingeworbene Drittmittel, Forschungskooperationen und Forschungsaufenthalte, Patente, Patentanmeldungen und Messebeteiligungen, Vorträge auf wissenschaftlichen Fachtagungen, Ausrichtung wissenschaftlicher Konferenzen, Tätigkeiten als Sachverständige oder Fachgutachter, von außen erteilte Rufe, Forschungspreise, wissenschaftliche Ehrungen und Anerkennungen, Forschungsstipendien" (Wissenschaftsrat 2009, S. 21).

Neben explizit nachgewiesenen Forschungsleistungen (Forschungsprojekte, Veröffentlichungen) von an den Fachbereichen tätigen Wissenschaftlern, ist auch die Verfügbarkeit über eine den Forschungsvorhaben entsprechende Forschungsinfrastruktur notwendig. Das Hessische Verfahren rekurriert genau auf diesen Voraussetzungen und verlangt, wie oben beschrieben, Nachweise über eingeworbene Drittmittel und eine hinreichende Veröffentlichungspraxis. Was für die Universitäten eine voraussetzungslose und nicht überprüfte Praxis ist, sind die HAW in Hessen bereit zu liefern. Vor diesem Hintergrund und den oben beschriebenen und in Hessen eingesetzten Instrumenten und Verfahren der Qualitätssicherung ist die Aufregung um ein Promotionsrecht für Hochschulen für Angewandte Wissenschaften doch überraschend. Dass Hochschulen für Angewandte Wissenschaften das Promotionsrecht benötigen – besonders in Feldern, in denen keine entsprechenden Wissenschaftsdisziplinen an Universitäten existieren (z. B. Sozialarbeitswissenschaft und den neuen Gesundheitsberufen) –, um ihren Absolventen geeignete Karriereperspektiven zu bieten und eigenständig wissenschaftlichen Nachwuchs auszubilden, steht außer Frage. Die Beharrungskräfte scheinen in den meisten Bundesländern momentan noch zu dominieren; man wartet zunächst einmal die hessischen Erfahrungen und die anstehende Evaluation dieses spezifischen Verfahrens ab.

4 Zur Entwicklung der Governancestrukturen von Hochschulen für Angewandte Wissenschaften

4.1 Zur Fähigkeit der Weiterentwicklung von Hochschulen für Angewandte Wissenschaften

Eine entwicklungsfähige, innovative Hochschule setzt effiziente und wirksame Governancestrukturen in allen Bereichen und auf allen Organisationsebenen der Hochschule voraus, die insbesondere Leitungs-, Entscheidungs-, Kommunikations-,

Partizipations- und Organisationsstrukturen einschließen. Zwar hat die zunehmende Autonomie der Hochschulen – insbesondere in den letzten zwei Jahrzehnten – die notwendigen Rahmenbedingungen geschaffen, um gelingende Prozesse von Hochschulentwicklung und Profilbildung voranzutreiben und innovative Projekte in Studium und Lehre sowie Forschung und Technologietransfer zu initiieren, doch sind die Governancestrukturen von Hochschulen für Angewandte Wissenschaften längst noch nicht angemessen professionell organisiert. Dies liegt an einer Vielzahl von Faktoren, die im Folgenden beschrieben werden sollen.

4.2 Fachbereiche als strategiefähige Einheiten einer innovativen Hochschule

Analog des Rückzugs aus der Detailsteuerung von Hochschulen durch die Wissenschaftsministerien der Länder, haben sich in den letzten 2 Jahrzehnten auch in den internen Governancestrukturen der Hochschulen erhebliche Veränderungen ergeben. Nicht nur sind an größeren Hochschulen für Angewandte Wissenschaften wesentliche strategische Funktionen einer inhaltlichen, methodischen und strukturellen Weiterentwicklung des Studienangebots und der Schaffung von profilbildenden Forschungsschwerpunkten an die Dekanate in den Fachbereichen übergegangen. Eine Hochschulleitung, die über Kompetenzen und Erfahrungen in der gesamten Palette der wissenschaftlichen Disziplinen einer Hochschule für Angewandte Wissenschaften verfügt, ist heute nicht mehr denkbar, wenn es sie denn je gab. Insofern sind die Dekanate und Selbstverwaltungsorgane der Fachbereiche in viel stärkerem Maße gefordert, diese strategischen Entwicklungsprozesse in partizipativ organisierten Vorhaben gemeinsam mit dem wissenschaftlichen Personal und in Rückkoppelung mit der Hochschulleitung voranzutreiben. Von bis dato „unzureichenden Zielbildungsprozessen" in den Fachbereichen spricht auch Bayer (2002, S. 132). Zwar ist der Alltag an Hochschulen für Angewandte Wissenschaften in den vergangenen Jahren vorrangig von der Abarbeitung des sogenannten „Studierendenberges" bestimmt gewesen. Fachbereiche, die den Aufwuchs an Studierenden gleichzeitig dazu benutzt haben, ihr Studienangebot zu überprüfen, Inhalte vorhandener Studiengänge zu modernisieren, neue Studienangebote zu implementieren und die Grundlagenveranstaltungen von Studiengängen miteinander zu verzahnen, stehen heute ungleich besser da als Fachbereiche, die ihre Profilbildungsprozesse vor dem Hintergrund der beschriebenen Alltagsbelastung haben schleifen lassen. Zwar können Hochschulleitungen strategische Entwicklungsprozesse in den Fachbereichen[19] anregen und Anstöße geben, die eigentliche Beobachtung des Marktumfeldes, also des Arbeitsmarktes mit seinen sich dynamisch verändernden Anforderungen und die Beobachtung der Angebote konkurrierender Hochschulen

[19]Zum Konzept der rückgekoppelten Autonomie siehe Kern (2000).

müssen die Dekanate eigenständig betreiben und daraus Konsequenzen für eine Anpassung der Studieninhalte und der Entwicklung neuer Studiengänge ziehen. Wenngleich gerade in den letzten Jahren verstärkte strategische Anstrengungen auf der Ebene von Fachbereichen zu beobachten sind, so gilt dies aber leider nicht flächendeckend.

4.3 Möglichkeiten und Grenzen interner Steuerungsinstrumente

Ein zentrales Element der Umsetzung des New Public Managements an Hochschulen ist die Einführung von Ziel- und Leistungsvereinbarungen und Entwicklungsplanungen zwischen Hochschulleitung und Fachbereichen. Dabei sollen die Ziel- und Leistungsvereinbarungen einen kürzeren Zeitraum von etwa 2–3 Jahren in den Blick nehmen und entschieden quantitativ ausgerichtet sein. Dagegen zielen die Entwicklungsplanungen auf eine Zeitperiode von etwa 5–7 Jahren und nehmen die qualitativ-deskriptive Entwicklung strategischer Ziele in den Fokus. Beobachtet man die Umsetzung dieser Steuerungsverfahren in der Praxis von Hochschulen für Angewandte Wissenschaften, so stellt man fest, dass diese 2 Steuerungselemente noch immer vielfältig miteinander vermischt werden. Ziel- und Leistungsvereinbarungen orientieren sich leider häufig immer noch nicht an den sogenannten SMART-Prinzipien; sie sind häufig eben nicht spezifisch, messbar, attraktiv (also auch erreichbar und akzeptiert), realistisch und terminiert. Neben einer Vielzahl von schwammig bis unspezifisch beschriebenen Zielen, fehlen vielfach auch exakte Kennzahlen, die eine Überprüfung der Zielerreichung überhaupt erst möglich machen. Hier kann immer noch erhebliches Optimierungspotenzial eines wichtigen und hilfreichen methodischen Instrumentariums der Hochschulsteuerung beobachtet werden.

Insgesamt verbessert – wenn auch nicht flächendeckend – haben sich hingegen die internen Prozesse in den Fachbereichen von Hochschulen für Angewandte Wissenschaften bei der Verständigung über eine Entwicklungsplanung des Fachbereichs. Vonseiten des HIS-Instituts für Hochschulentwicklung beobachten wir in diesem Feld eine Anzahl von Anfragen und Beauftragungen, bei denen HIS-HE gebeten wird, die Moderation von Fachbereichsklausuren zu übernehmen und darüber hinaus fachlichen Input zur Weiterentwicklung einzuspeisen. Die Erfahrungen dabei zeigen, dass in den Fachbereichen häufig auf eine strukturierte Analyse der Anforderungen der Abnehmersysteme und des Marktumfeldes verzichtet wird und neuere Entwicklungstendenzen in den Wissenschaftsdisziplinen erst mit z. T. deutlicher Verzögerung in die Curricula einfließen.

Gleichwohl zeigt sich das ganze Dilemma der internen Steuerung mithilfe von Zielvereinbarungen und Entwicklungsplanungen auch darin, dass bei (z. T. sogar dauerhafter) Nichterreichung der Ziele die Möglichkeiten der Hochschulleitung zur Intervention gering sind. Ein Fachbereich, der sich längerfristig nicht um die eigene Weiterentwicklung von Studienangeboten und um Forschungsprojekte bemüht, kann von der Hochschulleitung letztlich nur sehr begrenzt sanktioniert werden. Vielmehr bestehen mögliche Konsequenzen allenfalls darin, bei Nichterreichen der Ziele nur eben nicht zu honorieren.

4.4 Das Wissenschaftsmanagement und die Hochschulverwaltung

Die Konzeption von Fachhochschulen als reine akademische Lehranstalten in der Gründungsphase bildete sich auch in der Personalausstattung der Hochschulverwaltung ab. Neben den klassischen Verwaltungsfunktionen Haushalt/Finanzen, Personal, Studierenden- und Prüfungsangelegenheiten und Gebäudemanagement waren der Hochschulleitung die strategischen Managementfunktionen zugeordnet. Weitere strategische Managementfunktionen waren allenfalls marginal oder kontingent vorhanden. Erst nach und nach – und mit deutlicher Verzögerung im Vergleich mit Universitäten – haben sich Hochschulen für Angewandte Wissenschaften systematisch beispielsweise mit Fragen des Hochschulcontrollings, des Hochschulmarketings, des Akademischen Personalmanagements, des Forschungsmanagements, der Struktur- und Entwicklungsplanung und der Internationalisierung beschäftigt und sich personell entsprechend aufgestellt. Noch immer ist an allen Hochschulen für Angewandte Wissenschaften wissenschaftlich qualifiziertes Personal im Hochschulmanagement eher dünn gesät, das, nahe der Hochschulleitung, Steuerungs- und Managementfunktionen wahrnimmt.

In diesem Zusammenhang spielen Mitarbeiter des Hochschul- und Wissenschaftsmanagements, der sogenannte Third Space bzw. die New Professionals, für die Verbesserung der Strategie- und Steuerungsfähigkeit und zur Unterstützung der Hochschulleitung eine besondere Rolle (siehe Heuer 2017). Die Mitarbeiter des Third Space verfügen dafür neben einer wissenschaftlichen Qualifikation (z. T. auch mit Promotion) über methodisches und wissenschaftspolitisches Know-how sowie Problemlösungs- und Umsetzungskompetenzen und damit über Managementkompetenzen, die auf Entscheidungsvorbereitung und -umsetzung zielen. Ein systematischer Aufbau des Hochschulmanagements an Hochschulen für Angewandte Wissenschaften mit der oben beschriebenen inhaltlichen und methodischen Ausrichtung scheitert allerdings noch viel zu häufig an den knappen monetären Ressourcen. Dabei wäre ein professionelles Hochschulmanagement auch in der Lage, den vielfach beschriebenen strukturellen Konflikt zwischen Wissenschaft und Verwaltung zumindest tendenziell und im Einzelfall zu versöhnen. Denn die Mitarbeiter im Third Space haben sowohl eine Affinität zur Hochschulverwaltung, mit der sie tagtäglich zusammenarbeiten, sie kennen aber auch die Sphäre und die Anforderungen der Wissenschaft.

Denn strukturell sind einer auf Zweckprogrammierung ausgerichteten Wissenschaft nach Luhmann (2000) Fliehkräfte inhärent, die beispielsweise nach möglichst optimalen

Rahmenbedingungen von Forschung und Lehre (beispielsweise dem Wunsch nach bestmöglicher ressourcieller Ausstattung) streben. Diese Fliehkräfte müssen allerdings von der Institution Hochschule eingefangen und durch die auf die sogenannte Konditionalprogrammierung (wenn>dann) verpflichtete Hochschulverwaltung gewissermaßen geerdet werden, damit eine Hochschule organisational überhaupt noch funktionsfähig ist. Die Hochschulverwaltung wird also im Vollzug von Verwaltungsakten Handlungsregeln einsetzen, die nach vorher festgelegten, relativ einfachen und standardisierten Prinzipien arbeiten.[20] Die Durchsetzung dieser Handlungsregeln, ohne die eine Organisation nicht funktionieren würde, produziert gleichwohl Spannungen und Konflikte. Die Rolle des Wissenschaftsmanagements könnte nun im besten Fall darin bestehen, jene Brücken bauen, die eine Verständigung über die jeweiligen Bezugssysteme hinweg ermöglicht.

Nun ist in den Verwaltungen der Hochschulen für Angewandte Wissenschaften allerdings häufig noch ein Verwaltungshandeln aufzufinden, das sich vor allem an den fraglos notwendigen Prinzipien von Rechtmäßigkeit, Wirtschaftlichkeit und Sparsamkeit orientiert, ohne den Servicegedanken bzw. das Ermöglichen von sinnvollen Handlungsmaximen gegenüber der Wissenschaft ausreichend zu berücksichtigen. Zwar würde nahezu jede Hochschulverwaltung von sich behaupten, serviceorientiert zu arbeiten. Fragt man aber in Hochschulverwaltungen nach, ob die Serviceprozesse unter der Beteiligung der Kunden bzw. Nutzer gestaltet und ob beim Design der Geschäftsprozesse Wissenschaftler oder Studierende beteiligt waren, um deren Anforderungen zu ermitteln, sind die Reaktionen häufig ablehnend. Im Normalfall gehen die Akteure in den Hochschulverwaltungen davon aus, die Anforderungen der Kunden bzw. Nutzer zu kennen, ohne allerdings mit deren direkter Arbeitsrealität vertraut zu sein.

Das New Public Management stellt nun eine ganze Reihe von Instrumenten zur Verfügung, die eine solche Entwicklung hin zu einer serviceorientierten Hochschulverwaltung unterstützen – wie z. B. Verwaltungsleitbilder, konkrete explizite Serviceversprechen, Geschäftsordnungen mit Handlungsanweisungen, Ziel- und Leistungsvereinbarungen zwischen Hochschulleitung und einzelnen Verwaltungseinheiten, Budgetierung von Verwaltungseinheiten, Prozessmanagement (hierzu siehe Altvater et al. 2011) sowie Benchmarkingverfahren (siehe Stratmann et al. 2007) zum quantitativen und qualitativen Vergleich und des Lernens von anderen Hochschulen – indes kommen diese Instrumente in den Hochschulverwaltungen noch viel zu selten zum Einsatz. Dabei stellen sie den Verwaltungsmitarbeitern einen reflexiven Orientierungsrahmen zur Verfügung, an dem diese ihr alltägliches Verwaltungshandeln überprüfen und ausrichten könnten.

[20]Zum Beispiel: **Wenn** die zuvor zugeteilten Finanzmittel erschöpft sind, **dann** darf kein weiteres Geld ausgegeben werden.

5 Perspektiven für Hochschulen für Angewandte Wissenschaften

5.1 Veränderungen in den Rahmenbedingungen für HAW

Die strategische Entwicklung von Hochschulen für Angewandte Wissenschaften ist lange Zeit durch eine Reihe von Rahmenbedingungen beeinflusst und begrenzt worden, die in den Ziel- und Leistungsvereinbarungen zwischen Ministerium und Hochschule tabuisiert waren und von den HAW nicht angesprochen werden durften, ohne nicht auf sofortige Ablehnung der Ministerialen zu stoßen. Zu diesen Tabus zählten 1) eine Grundfinanzierung für die Forschung an den HAW und damit auch eine Finanzierung der Forschungsinfrastruktur, 2) eine Absenkung des Lehrdeputats der Hochschullehrer an HAW von 18 SWS, 3) der Aufbau eines Mittelbaus und 4) ein Promotionsrecht für forschungsaktive Bereiche.

5.1.1 Grundfinanzierung für Forschung

Allerdings haben diese Tabus in den letzten Jahren zunehmend ihre Kraft verloren. So erfolgt in Bayern bereits seit einigen Jahren zunächst eine Anschubfinanzierung für Forschungsaktivitäten an Technologietransferzentren, die inzwischen in eine – wenn auch mit 300.000 € pro Jahr und Transferzentrum relativ geringe Grundfinanzierung übergegangen ist. Zudem sieht der gerade abgeschlossene Koalitionsvertrag in Hessen vor: „Die Forschungsförderung an den Hochschulen für angewandte Wissenschaften werden wir weiterhin konsequent unterstützen und in der Grundfinanzierung eigenständige Mittel vorsehen und verstärken" (Koalitionsvertrag Hessen 2018, S. 186). Mit diesem hoffentlich auch eingelösten Versprechen ist ein Ansatz erkennbar, dass die in den 1990er Jahren übertragene Aufgabe Forschung an Hochschulen für Angewandte Wissenschaften auch etatisiert wird und zu einer Finanzierung der modernisierungsbedürftigen Forschungsinfrastruktur führt, die bislang häufig aus Industriespenden resultiert. Mit einer Grundfinanzierung für Forschung wäre auf verschiedenen Ebenen viel erreicht: Sie würde die Hochschulen in die Lage versetzen notwendige Anlagen und Geräte für die Forschung zu beschaffen, sie würde auf der ideellen Ebene Anerkennung und Wertschätzung für jene Wissenschaftler ausdrücken, die an den Hochschulen gegenwärtig unter z. T. erbärmlichen Bedingungen forschen müssen, und sie würde auf hochschulpolitischer Ebene endlich anerkennen, dass Forschung an Hochschulen für Angewandte Wissenschaften nicht nur über zeitlich befristete Sonderprogramme (wie dem BMBF-Programm Forschung an Fachhochschulen) machbar ist, sondern nach einer grundständigen Finanzierung verlangt, wie sie ja an Universitäten seit eh und je selbstverständlich ist.

5.1.2 Absenkung der Lehrverpflichtung

In seinen Empfehlungen zur Personalgewinnung und -entwicklung an Hochschulen für Angewandte Wissenschaften hat der Wissenschaftsrat (2016, S. 6) auf Rekrutierungsprobleme bei der Besetzung von HAW-Professuren insbesondere in Fächern wie Mathematik, Informatik, Natur- und Ingenieurwissenschaften hingewiesen. Um die Attraktivität der HAW-Professur zu verbessern, damit die Hochschulen für Angewandte Wissenschaften weiterhin ihren gesellschaftlichen Auftrag, „technische und soziale Innovationen (zu generieren) und als Vernetzungsinstanzen von Wissenschaft und Arbeitswelt qualitätsgerecht erfüllen können" (Wissenschaftsrat 2016, S. 6), hat der Wissenschaftsrat eine ganze Reihe von Maßnahmen vorgeschlagen. An dieser Stelle sollen aber vor allem jene Vorschläge interessieren, die auf einen Zusammenhang zwischen der Höhe der Lehrverpflichtung von 18 SWS und der mangelnden Attraktivität der HAW-Professur eingehen. Zur Empfehlung einer generellen Absenkung der Lehrverpflichtung konnte sich der Wissenschaftsrat offenkundig nicht durchringen. Daher muten die Vorschläge zur Absenkung der Lehrverpflichtung von Schwerpunkt und Forschungsprofessuren ein wenig halbherzig an. Aber immerhin kommt auch an dieser Stelle durch die Empfehlungen des Wissenschaftsrates ein wenig Bewegung in die Sache. Schwerpunktprofessuren sind für den Wissenschaftsrat Funktionen, in denen die Inhaber „Aufgabenschwerpunkte in definierten Leistungsdimensionen übernehmen und so dazu beitragen …, die Profilbereiche der Fachhochschulen zu stärken" (Wissenschaftsrat 2016, S. 10). Die definierten Leistungsdimensionen, die der Wissenschaftsrat dabei im Blick hat, sind Technologietransfer, Weiterbildung sowie Forschung und Entwicklung, wobei die Professuren mit einem reduzierten Lehrdeputat von durchschnittlich 11 h ausgestattet sein sollten und die spezifischen Profilmerkmale der Hochschule fokussiert unterstützen sollten.

In etlichen Bundesländern existieren bereits vielfältige Möglichkeiten, durch ausgewiesene Forschungsaktivitäten bzw. eingeworbene Drittmittelprojekte das Lehrdeputat durch umfangreiche Forschungsaktivitäten abzusenken. An einige Hochschulen werden dabei Ermäßigungen erzielt, die die HAW-Professur vom Lehrdeputat her in die Nähe der Universitätsprofessur bringen.

Grundsätzlich sollten die Gesetzgeber darüber nachdenken, ob vor dem Hintergrund der besonderen Anforderungen an eine HAW-Professur und von Aufgabe, Funktion und Bedeutung der Hochschulen für Angewandte Wissenschaften für die Gesellschaft eine flächige Absenkung der Lehrverpflichtung nicht dringend geboten ist, um eine bestmögliche Ausbildung der Studierenden, Zeit für Forschung und Technologietransfer sicherzustellen.

5.1.3 Finanzierung eines Mittelbaus

Neben dem Koalitionsvertrag in Hessen waren es in letzter Zeit die Hochschulverträge in Berlin, die für einen Paradigmenwechsel in der Finanzierung von Hochschulen für Angewandte Wissenschaften gesorgt haben. In den von 2018–2022 geltenden Hochschulverträgen sind insgesamt 28 Mio. € für den Aufbau eines Mittelbaus an HAW vorgesehen, dies entspricht etwa 180–200 Stellen. Damit können die Hochschulen für Angewandte Wissenschaften erstmals finanzierte Stellen für wissenschaftliche Mitarbeiter schaffen, wobei rechnerisch 0,25 Vollzeitäquivalente auf eine Professur entfallen sollen. Diese Mittelbaustellen sind für die Aufgaben in Lehre, Forschung und dem Wissenschaftsmanagement vorgesehen. Sie sind vor allem deshalb ein wichtiger Meilenstein, da unterhalb der Professur nun grundfinanziertes Personal auch für die Vorbereitung und Durchführung von Forschungsprojekten zur Verfügung steht, dass es vorher nicht gegeben hat.

5.2 Gestiegene gesellschaftliche Anforderungen an Hochschulen für Angewandte Wissenschaften

Neben der Kernaufgabe der Hochschulen für Angewandte Wissenschaften, die wissenschaftliche und praxisorientierte Ausbildung von Fachkräften für Wirtschaft, Industrie, öffentliche Verwaltung und gesellschaftliche Institutionen sicherzustellen, sind in den letzten Jahrzehnten eine ganze Reihe von zusätzlichen Aufgaben hinzugekommen, die die Hochschulen für Angewandte Wissenschaften noch längst nicht angenommen und zufriedenstellend bearbeitet haben. Dazu zählen die Entwicklung von spezifischen Angeboten für lebenslanges Lernen, bei denen Personen mit einer ersten, aber länger zurückliegenden wissenschaftlichen Ausbildung, jene Qualifikationen aktualisieren bzw. neu erwerben können, die aufgrund der wissenschaftlich-technischen Entwicklung nunmehr zum Standardrepertoire ihres Berufsfeldes gehören.

Auch beim Technologietransfer zwischen Hochschulen und kleinen und mittleren Unternehmen (KMU), der sich in den vergangenen Jahren zwar entwickelt hat, sind Formen intensiverer, auch institutionalisierter Zusammenarbeit denkbar. Dies ist nicht nur fehlender Anstrengungen aufseiten der Hochschulen für Angewandte Wissenschaften geschuldet. Auch die KMU haben die Hochschulen für Angewandte Wissenschaften längst noch nicht als ihre eigentlichen strategischen Partner ausgemacht. Gerade vor dem Hintergrund der digitalen Transformation aller zentralen Geschäftsprozesse in Unternehmen, öffentlichen Verwaltungen und Einrichtungen muten die bislang praktizierten Formen einer Zusammenarbeit von Hochschulen und KMU geradezu sporadisch an. Hier bedarf es grundlegenderer Anstrengungen und Initiativen aller Beteiligten – einschließlich des Bundes und der Länder – um Formen kontinuierlicher und institutionalisierter Zusammenarbeit und Partnerschaft zu implementieren und damit die nächsten technologischen Transformationen erfolgreich zu bewältigen.

Die Hochschulen für Angewandte Wissenschaften sind aufgerufen, sich stärker als bisher in gesellschaftliche Transformationsprozesse einzumischen, sie müssen näher an die Gesellschaft heran, selbstverständlicher Teil der jeweiligen Ortsgesellschaften werden, sichtbar für die Bürger sein und sich auch an Diskussions- und Entwicklungsprozessen der Ortsgesellschaft beteiligen. Prädestiniert dazu sind sie aufgrund ihres Fokus' auf Anwendungsorientierung und Praxisbezug allemal.

Literatur

Altvater P, Hamschmidt M, Stratmann F (2011) Prozessorientierung in Hochschulen - mehr als Tools und Referenzmodelle, Hannover, Dezember 2011. https://his-he.de/fileadmin/user_upload/Publikationen/Forum_Hochschulentwicklung/fh-201112.pdf. Zugegriffen: 15. Juli 2020

Bayer I (2002) Strategische und operative Führung von Fakultäten – Herausforderungen durch Autonomie und Wettbewerb. Hemmer, Frankenthal

Burtscheidt C (2010) Humboldts falsche Erben Eine Bilanz der deutschen Hochschulreform. Campus, New York

Destatis (2014) Bildung und Kultur. Fachserie 11 Reihe 4.3.2. Monetäre hochschulstatistische Kennzahlen 2012. Destatis, Wiesbaden

Destatis (2018) Bildung und Kultur. Fachserie 11 Reihe 4.3.2. Monetäre hochschulstatistische Kennzahlen 2016. Destatis, Wiesbaden

Deutsche Forschungsgemeinschaft (2018) Förderatlas 2018. Kennzahlen zur öffentlich finanzierten Forschung in Deutschland, Bonn. https://www.dfg.de/sites/foerderatlas2018/epaper/files/assets/common/downloads/publication.pdf. Zugegriffen: 15. Juli 2020

Fritsch M (2013) Das regionale Innovationssystem. HoF-Handreichungen 2. Beiheft „die hochschule“

Gellert C (1991) Andersartig, aber gleichwertig. Beiträge zur Hochschulforschung. Bayerisches Institut für Hochschulforschung und Hochschulplanung (Hrsg) 1:1–25

Gesk I (1999) Studienabbruch an Pädagogischen Hochschulen. Dissertation, Heidelberg

Hamm R, Wenke M (2002) Die Bedeutung von Fachhochschulen für die regionale Wirtschaftsentwicklung. Raumforschung und Raumordnung 60(1):28–36

Heuer C (2017) New Professionals an der deutschen Universität. Dissertation, Osnabrück, Februar 2017. https://repositorium.ub.uni-osnabrueck.de/bitstream/urn:nbn:de:gbv:700-2017032415660/7/thesis_heuer.pdf. Zugegriffen: 15. Juli 2020

Homolkova K, Niebuhr A (2018) Der Arbeitsmarkteintritt von Fachhochschulabsolvent(inn)en. Befunde für die Fachhochschule Kiel. In: Cai J, Lackner H (Hrsg) Jahrbuch Angewandte Hochschulbildung 2016. Springer Fachmedien, Wiesbaden

Kern H (2000) Rückgekoppelte Autonomie. Steuerungsprobleme in rückgekoppelten Systemen. In: Hanft A (Hrsg) Hochschulen managen? Zur Reformierbarkeit der Hochschulen nach Managementprinzipien. Kriftel Luchterhand, Neuwied

Kerres M (2006) Fachhochschule, Universität? Die Hochschulwelt ordnet sich neu. Das Hochschulwesen 4:118–121

Klockner C (2006) Wozu noch Fachhochschule? In: Stifterverband für die Deutsche Wissenschaft (Hrsg) Wirtschaft & Wissenschaft spezial. Fachhochschulen der Zukunft. Stifterverband für die Deutsche Wissenschaft, Essen

Klockner C (2012) Die Gründerzeit ist schon Geschichte Eine exemplarische Betrachtung der Vorgeschichte und der Anfangsjahre der Fachhochschule Wiesbaden. RheinMain, Wiesbaden

Koalitionsvertrag zwischen CDU Hessen und BÜNDNIS 90/DIE GRÜNEN Hessen für die 20. Legislaturperiode. Aufbruch im Wandel durch Haltung, Orientierung und Zusammenhalt (2018) Wiesbaden. https://www.hessen.de/sites/default/files/media/staatskanzlei/koalitionsvertrag_20._wahlperiode.pdf. Zugegriffen: 15. Juli 2020

Luhmann N (2000) Organisation und Entscheidung. VS Verlag, Wiesbaden

Mandler U (2006) Gestufte Studiengänge und Hochschulreform: Ergebnisse einer Befragung wirtschaftswissenschaftlicher Fachbereiche an Universitäten und Fachhochschulen. Das Hochschulwesen 4:122–127

Niederdrenk K (2013) Zur Rolle der Fachhochschulen im deutschen Bildungssystem. In: Baden-Württemberg-Stiftung gGmbH (Hrsg) Gleichartig – aber anderswertig? Zur künftigen Rolle der (Fach-)Hochschulen im deutschen Bildungssystem. Baden-Württemberg-Stiftung gGmbH, Bielefeld, S 11–31

Stratmann F, Altvater P, Bartels C, Bauer Y (2007) Benchmarking von Supportprozessen in Hochschulen, Hannover, Juni 2007. https://his-he.de/fileadmin/user_upload/Publikationen/Forum_Hochschulentwicklung/fh-200706.pdf. Zugegriffen: 15. Juli 2020

von Grünberg H-H (2017) Zur Notwendigkeit einer Deutschen Transfergemeinschaft. In: HIS-Institut für Hochschulentwicklung e. V. (Hrsg) Mag Hochschulentwicklung 2:6–9

Warnecke C (2019) Welche Rolle nehmen Universitäten und Fachhochschulen in regionalen Innovationssystemen ein? In: Cai J, Lackner H (Hrsg) Jahrbuch Angewandte Hochschulbildung 2017. Springer Fachmedien, Wiesbaden

Wissenschaftsrat (1991) Empfehlungen zur Entwicklung der Fachhochschulen in den 90er Jahren. Wissenschaftsrat, Köln

Wissenschaftsrat (2000) Thesen zur künftigen Entwicklung des Wissenschaftssystems in Deutschland. Wissenschaftsrat, Berlin

Wissenschaftsrat (2002) Empfehlungen zur Entwicklung der Fachhochschulen. Wissenschaftsrat, Berlin

Wissenschaftsrat (2009) Empfehlungen zur Vergabe des Promotionsrechts an nichtstaatliche Hochschulen. Wissenschaftsrat, Berlin

Wissenschaftsrat (2010a) Empfehlungen zur Differenzierung der Hochschulen, Lübeck, November 2010. https://www.wissenschaftsrat.de/download/archiv/10387-10.pdf. Zugegriffen: 15. Juli 2020

Wissenschaftsrat (2010b) Empfehlungen zur Rolle der Fachhochschulen im Hochschulsystem. Wissenschaftsrat, Berlin

Wissenschaftsrat (2011) Anforderungen an die Qualitätssicherung der Promotion. Wissenschaftsrat, Halle

Wissenschaftsrat (2016) Empfehlungen zur Personalgewinnung und -entwicklung an Fachhochschulen. Wissenschaftsrat, Weimar

Ziegele F, Roessler I, Mordhorst L (2017) Hochschultyp im Wandel? Zur zukünftigen Rolle der Fachhochschulen im deutschen Hochschulsystem, August 2017. https://www.che.de/wp-content/uploads/upload/Zukunft_der_Fachhochschulen_in_Deutschland_AOHER.pdf. Zugegriffen: 15. Juli 2020

Dr. Peter Altvater (Jg. 1955) ist Sozialwissenschaftler. Er arbeitet als Organisationsberater am HIS-Institut für Hochschulentwicklung und freiberuflich als Supervisor. Im Hochschulbereich begleitet er komplexe Reorganisationsprozesse. Schwerpunkte seiner Tätigkeit sind strategische Entwicklungsprojekte, Evaluationen sowie die Vorbereitung und Begleitung von Kooperations- und Fusionsprozessen. Er lebt in Bremen.

Inter- und Transdisziplinäre Lehre im *House of Transdisciplinary Studies* (HOTSPOT)

Katrin Sonnleitner, Adrian Boos, Mare van den Eeden, Tobias Viere und Hanno Weber

1 Einleitung

In einer vernetzten Welt benötigen wir vernetztes Denken und Handeln. Betrachten wir tiefgreifende globale Herausforderungen (z. B. Klimawandel, Energiegewinnung, Mobilität), bewegen sich diese meist innerhalb komplexer Systeme bzw. können selbst als solche Systeme betrachtet werden. Vor dem Hintergrund dieser stetig in Veränderung begriffenen vernetzten Lebenswelt erscheint auch die Rolle der Hochschule in einem neuen Licht: Sie sieht sich in der Verantwortung, dem individuellen Potenzial ihrer Studierenden Entfaltung zu ermöglichen, um es in Transformationsprozessen für eine nachhaltige (u. a. gesellschaftliche) Entwicklung einsetzen zu können. Studierende

K. Sonnleitner
Karlsruhe, Deutschland
E-Mail: info@katrin-sonnleitner.com

A. Boos
Sozial- und Kulturwissenschaftliches Begleitstudium (SuK) der Hochschule Darmstadt, Darmstadt, Deutschland
E-Mail: adrian.boos@h-da.de

M. van den Eeden
Bonn, Deutschland
E-Mail: m.vandeneeden@web.de

T. Viere (✉) · H. Weber
Hochschule Pforzheim, Pforzheim, Deutschland
E-Mail: tobias.viere@hs-pforzheim.de

H. Weber
E-Mail: hanno.weber@hs-pforzheim.de

A. Boos et al. (Hrsg.), *CSR und Hochschullehre,* Management-Reihe Corporate Social Responsibility, https://doi.org/10.1007/978-3-662-62679-5_3

sollen sich der Wirkungen und Folgen ihres beruflichen oder gesellschaftlichen Handelns bewusst werden und diese bei der Entscheidung und Umsetzung von Lösungsstrategien berücksichtigen. Dieser Artikel untersucht, welche Veränderungen dies für die Lehre und das Lernen an einer Hochschule erfordert und welche Chancen daraus entspringen können. Anhand von Erfahrungen aus dem Projekt HOTSPOT[1] an der Hochschule Pforzheim werden Praktiken aufgezeigt, Lehre und Lernen neu inter- und transdisziplinär zu organisieren.

Insbesondere zwei Haltungen kennzeichnen die Ausbildung an einer Hochschule für angewandte Wissenschaft (HAW): Disziplinarität als Grundeinstellung für den Erwerb fachlicher Expertise – aus der vormaligen Bezeichnung „Fachhochschule" ging dies noch deutlich hervor – sowie ein starker Bezug zum praxisnahen Lehren und Lernen.

Komplexe Probleme unterliegen häufig einer nichtlinearen Ordnung und können daher nicht allein aus disziplinärer Perspektive beurteilt, geschweige denn mit der damit zusammenhängenden linearen Logik bearbeitet werden (Hofmann 2017, S. 141). Die disziplinäre Denkweise erweist sich hier im Wortsinn als zu beschränkt. Um innovative und nachhaltige Lösungen für solche Herausforderungen zu entwickeln und in der realen Welt zu implementieren, bedarf es vielmehr eines erweiterten Blickwinkels, welcher die Perspektiven aller Anspruchsgruppen einbezieht und deren unterschiedliche Ansprüche sinnstiftend miteinander zu verquicken vermag, um ihnen mit kreativem Geist neue Lösungsansätze zu entlocken. Bereits 1967 prägte Edward de Bono, britischer Experte für kreatives Denken, den Begriff des lateralen bzw. des Querdenkens, dessen Ansatz ein breiter Blickwinkel sei (vgl. de Bono 2009, S. 25). Die Fähigkeit zum Perspektivwechsel sieht Sebastian Lerch, ein Fachmann für lebenslanges Lernen, zudem als maßgeblich „in einer komplexen Welt, in der es oftmals keine einfachen Antworten gibt und manchmal auch divergierende Standpunkte ausgehalten werden müssen" (Lerch 2019, S. 5).

Wenn der Stifterverband untersucht, welche Kompetenzen Menschen in naher Zukunft für ein erfolgreiches berufliches Leben und gelingende gesellschaftliche Teilhabe benötigen, spricht er von sogenannten „future skills", die neben den fachspezifischen Kenntnissen von den Hochschulen vermittelt werden müssten (Stifterverband 2020, o. S.). Zugleich dokumentiert die Shell Jugendstudie (Albert et al. 2019) das Interesse der jugendlichen Bevölkerung, an gesellschaftlicher Veränderung maßgebend mitzuwirken, besonders bezogen auf Aspekte nachhaltiger Entwicklung (z. B. Umweltschutz). Eine zeitgemäße Hochschule sollte demnach ihre Studierenden neben der Ausbildung zu Experten in ihren Fächern auch zu verantwortungsbewussten, kooperativen

[1]Das House of Transdisciplinary Studies and practice-oriented teaching and learning (HOTSPOT) wurde von der Hochschule Pforzheim im Rahmen der Ausschreibung „Wissenschaft lernen und lehren" (WILLE) erfolgreich beantragt und wird seit 2016 mit Fördermitteln des Ministeriums für Forschung Wissenschaft und Kunst Baden-Württemberg gefördert.

An dieser Stelle sei auch das restliche Team HOTSPOT für ihr unerlässliches Engagement, für ihre Anregungen und für ihre Informationen herzlichst gedankt: Silke Gudrun Meyer, Stefan Simon und Stefanie Wetzke.

und kreativen Menschen sozialisieren und ihnen dazu entsprechende Handlungsspielräume offerieren. All dies erfordert Veränderungen in der Lehre, z. B. neue Formen der Interaktion zwischen Lehrenden und Studierenden. Es bedeutet Veränderungen für die Curricula, wie etwa Flexibilisierung, um auf neue Inhalte und Themen eingehen zu können und Öffnung, um Begegnungs- und Reflexionsmöglichkeiten für unterschiedliche Sichtweisen zu schaffen. Und es erfordert eine neue Art der Organisation von Bildungs- und Kommunikationsprozessen. Dazu gehört eine neue Art der Interaktion von Wissenschaft und Gesellschaft, z. B. anhand der Bearbeitung lebensweltlicher Fragen unter Einbezug gesellschaftlicher bzw. außerhochschulischer Akteure in den Lehrbetrieb. Um sich hierzu in die Lage zu versetzen, sollte die Institution selbst eine interdisziplinäre Arbeitsweise entwickeln und bei ihren Angehörigen einen entsprechenden Denkstil und diesem zuträgliche Kompetenzen fördern.

Um diesen Ansprüchen Rechnung zu tragen, wurde an der Hochschule Pforzheim 2016 das House of Transdisciplinary Studies for practice-oriented teaching and learning (HOTSPOT) gegründet. Die Hochschule Pforzheim bildet mit ihren 3 Fakultäten für Gestaltung, Technik und Wirtschaft & Recht ein breites Spektrum an Lebens- und Wissensbereichen ab. Diese gebündelten Kompetenzen ermöglichen, dass im Rahmen von anwendungsorientierten Projekten beispielsweise innovative Produktideen konzipiert, entwickelt und gestaltet sowie deren Produktionsprozesse, rechtliche Fragestellungen, Vermarktung und Logistiklösungen diskutiert werden. Über den Gebrauch der Produkte bis hin zu ihrer Entsorgung bzw. Verwertung werden auch Fragen der Nachhaltigkeit und gesellschaftliche Zusammenhänge berücksichtigt. Als ideelles und institutionelles Dach verknüpft HOTSPOT folglich Wissen, Kompetenzen und Methoden aller Fakultäten innerhalb eines fachübergreifenden Studienprogramms und bereitet einen Spielraum für inter- und transdisziplinäre Lernerfahrungen, in den externe Partner aus zivilgesellschaftlichen Organisationen, Stadt und Unternehmen einbezogen werden. Das Ziel ist, den Perspektivwechsel über die Disziplinen und über die eigene Organisation hinaus zu provozieren, damit Studierende ein interdisziplinäres Kompetenzrepertoire ausbilden, welches sie zur fachübergreifenden Zusammenarbeit befähigt.

Dieser Beitrag erläutert die Konzeption, Umsetzung und Erfahrungen des durch HOTSPOT eingeleiteten Veränderungsprozesses. Als Ausgangsbasis wird zunächst auf wichtige Begrifflichkeiten und die Bedeutung interdisziplinärer Kompetenzen eingegangen.

2 Multi-, Inter- und Transdisziplinarität

Multi-, Inter- und Transdisziplinarität sind drei Begriffe, die nahe beieinanderliegen, allerdings unterschiedliche Schwerpunkte setzen und so auch einen anderen Anspruch an einen Veränderungsprozess in der Lehre haben.

Etwas verkürzt kann man sagen, dass Multidisziplinarität die parallele Arbeit an einem gemeinsamen Thema beschreibt, jedoch aus der Sicht unterschiedlicher Disziplinen (Günther und Honekamp 2013). In einem multidisziplinären Ansatz erforschen unterschiedliche Disziplinen ein Thema mit ihren eigenen Methoden, Zugängen und ihrem eigenen Hintergrundwissen und arbeiten dabei weitestgehend getrennt voneinander. Interdisziplinarität kann man sodann als ein integrationsorientiertes Zusammenwirken verschiedener Disziplinen bezeichnen, bei dem disziplinäre Sichtweisen zu einer Gesamtsicht verschmelzen (Defila und Di Giulio 1998). Die verschiedenen Blickwinkel des multidisziplinären Ansatzes werden in der Interdisziplinarität daher quasi zusammengeführt.

Eine möglichst breite Definition von Interdisziplinarität stammt von Philip Balsiger. Er beschreibt Interdisziplinarität als „eine Form wissenschaftlicher Kooperation in Bezug auf gemeinsam zu erarbeitende Inhalte und Methoden, welche darauf ausgerichtet ist, durch Zusammenwirken geeigneter Wissenschaftler unterschiedlicher fachlicher Herkunft das jeweils angemessenste Problemlösungspotential für gemeinsam bestimmte Zielstellungen bereitzustellen" (Balsiger, in: Defila und Di Giulio 1998, S. 114). Erst durch die Kombination unterschiedlicher Sichtweisen und (Er-)Kenntnisse werden innovative Lösungen formuliert. Das heißt Perspektiven, Wissen und Methoden sollen sich durchdringen und zu einem Mehrwert bei der Entwicklung innovativer Lösungen für komplexe Aufgaben führen.

Transdisziplinarität erweitert diesen Ansatz und bezieht nicht nur unterschiedliche wissenschaftliche Disziplinen mit ein, sondern bedenkt explizit die Anwenderperspektive. In transdisziplinären Projekten wird ausdrücklich mit Partnern aus der Praxis kooperiert. Nach dem Soziologen Thomas Jahn (2008, S. 35) liegt Transdisziplinarität dann vor, wenn „gesellschaftliche Sachverhalte als lebensweltliche Problemlagen aufgegriffen und wissenschaftlich bearbeitet" werden und somit Interessen gesellschaftlicher, wirtschaftlicher und politischer Akteure konstitutiv in Forschung und Lehre eingehen. Dies soll nicht nur zu neuen wissenschaftlichen Kenntnissen führen, sondern auch zu originellen und praxisbezogenen Lösungsansätzen, die aus der Forschung in die Anwendung gebracht werden können (vgl. Weber et al. 2017, S. 74, siehe auch Abb. 1). Wenn solche Herangehensweisen nicht nur in die Forschung, sondern auch in die Lehre einfließen, werden Studierende in die Lage versetzt, gesellschaftliche Probleme ganzheitlich zu bearbeiten und letztendlich auf Basis ihres Wissens und ihrer Kompetenzen Handlungsempfehlungen zu formulieren.

3 Konzeption und Umsetzung des House of Transdisciplinary Studies

Die Aufgabe einer Hochschule besteht neben der intellektuellen Durchdringung eines Fachgebiets auch in dessen didaktischer und studienorganisatorischer Umsetzung. Hochschulen müssen sich folglich überlegen, wie sie inter- und transdisziplinäre

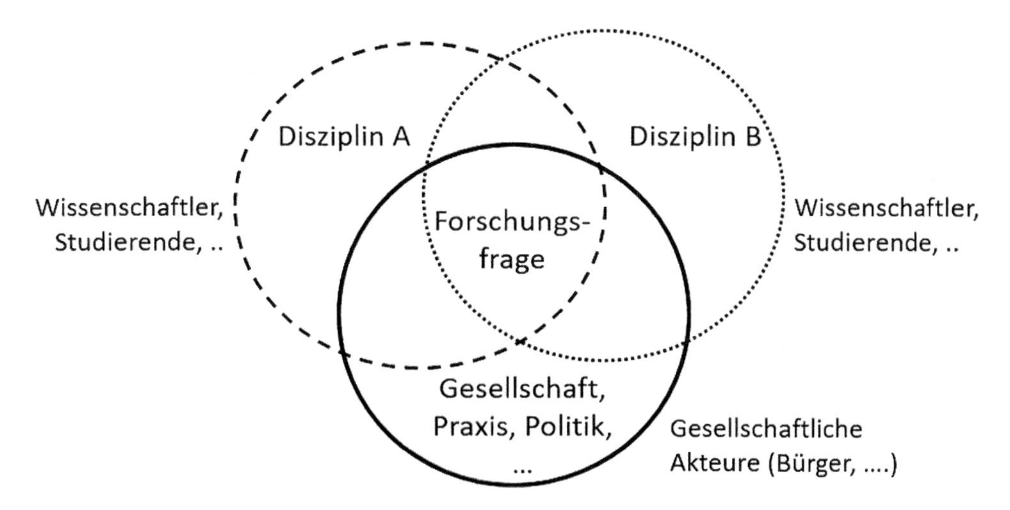

Abb. 1 Schematische Darstellung der Transdisziplinarität

Kompetenzen vermitteln und bewerten wollen. Inter- und transdisziplinäre Zusammenarbeit bedarf offener und flexibler Lehr- und Lernformate mit handlungsorientierten Ansätzen (z. B. Forschendes Lernen, Service oder Social Learning, Action Based Learning oder Problem Based Learning), in denen Studierende in interdisziplinären Teams gemeinsam ihr Fachwissen anwenden, erkunden, sich gegenseitig erläutern und dabei ihr eigenes, aber auch das Fachwissen anderer kritisch hinterfragen und anhand realer Problemstellungen erproben. So entwickeln sie ihren eigenen (persönlichen und fachlichen) Standpunkt und lernen, ihn vor dem Hintergrund anderer Disziplinen einzuschätzen und sich in der Zusammenarbeit mit diesen zu positionieren. Sie sollen lernen, die Konventionen ihrer disziplinären Spezialisierung offen und flexibel „im Hinblick auf eine punktuelle, themen- und problembezogene Universalisierung" zu kultivieren (Defila und Di Giulio 1998, S. 123). Neben ihrer Persönlichkeit schulen die Studierenden auf diese Weise auch ihr Denken und ihre Wahrnehmung. Indem man sie „machen lässt" und aktiv an der Lehre beteiligt, wird den Studierenden ermöglicht, ihren eigenen Talenten und Interessen zu folgen und idealerweise ihre eigenen Berufsbilder zu entwickeln oder Unternehmensgründungen zu initiieren. Sie ihre Projektergebnisse selbst argumentieren und verantworten zu lassen, motiviert zur Selbstständigkeit und zur kritischen und kreativen Auseinandersetzung.

Inter- und auch transdisziplinäre Kompetenzen lassen sich also benennen und in Studium und Lehre integrieren. Seit seiner Gründung 2016 hat sich HOTSPOT an der Hochschule Pforzheim etabliert und viele Angebote generiert. Es sind mehr als 50 Veranstaltungen entstanden, die alle das Ziel verfolgen, bei den Studierenden ein Bewusstsein für gesellschaftliche Fragestellungen zu entwickeln und die fächerübergreifende Problemlösungskompetenz zu fördern. Inhaltlich liegt das Hauptaugenmerk auf den

Herausforderungen und Chancen der immer komplexer werdenden Gesellschaft. Dieser Komplexität will HOTSPOT gerecht werden, indem es in der Lehre für fächerübergreifende Veranstaltungen Räume schafft. Lehrende, Studierende und externe Akteure unterschiedlicher Fachrichtungen und Hintergründe sollen an realitätsbezogenen Themenstellungen und Projekten arbeiten. Diese Projekte sind im Verlauf der Projektlaufzeit als HOTSPOT-Lehrveranstaltungen fester Bestandteil der Curricula der Hochschule Pforzheim geworden.

3.1 Kompetenzen und Methoden

Um Studierende zu befähigen, inter- und transdisziplinär zu denken und zu handeln, müssen ihnen die Aneignung entsprechender Kompetenzen im Studium ermöglicht werden. Lerch (2019) beschreibt interdisziplinäre Kompetenz(en) als die Mischung aus Fach-, Methoden-, Sozial- und Selbstkompetenzen, erweitert durch einen interdisziplinären Denkstil und die Bereitschaft, sich auf interdisziplinäre Arbeit einzulassen. Diese Bereitschaft wird durch bestimmte Überzeugungen bzw. Einstellungen charakterisiert, die gekennzeichnet sind von einer grundsätzlich offenen, ja neugierigen Einstellung fremden Fachgebieten und ungewohnten Arbeitsweisen gegenüber, dem Vertrauen in die Kompetenz anderer, dem Respektieren konträrer Sichtweisen sowie der Fähigkeit, andere Perspektiven einzunehmen und diese bei der Bearbeitung einer Aufgabenstellung zu integrieren (vgl. Misra et al. 2015).

HOTSPOT hat eine aktive Auseinandersetzung mit praktischen Fragestellungen ermöglicht. Service and Social Learning (Lernen durch Verantwortung und Engagement in praxisrelevanten Problemstellungen) und Action Based Learning (reflektierendes Lernen organisiert entlang des Handelns) haben sich durch HOTSPOT an der Hochschule etabliert. Auch hat die Entwicklung von neuen fakultätsübergreifenden Kooperationen mit Studierenden aus allen Fakultäten dazu geführt, dass methodische Herangehensweisen überdacht und angepasst wurden. Die Studierenden werden für gesellschaftliche Themen sensibilisiert und lernen, kritisch, eigenständig und selbstreflexiv zu denken. In den Veranstaltungen werden die Studierenden aktiv in die Lehre und Forschung mit einbezogen. Gemeinsam mit Akteuren aus Wirtschaft und Zivilgesellschaft haben sie und die Lehrenden transdisziplinäre Schwerpunktthemen und gesellschaftlich relevante Fragestellungen formuliert. In Zukunft sollen immer mehr Lehrinhalte, die vergleichsweise einfach strukturiert sind, durch komplexere Aufgaben und Lehrinhalte ohne festgelegte Strukturen ausgetauscht werden. Zur Anwendung von Methoden aus anderen Fachgebieten entwickeln die Studierenden individuelle Arbeitsmethoden und Problemlösungsstrategien, die sie für ihr späteres Berufsleben auf unterschiedlichste Anforderungen zu übertragen lernen. Sie tragen damit selbst aktiv zum Arbeits- und Lernkontext bei und erwerben durch die Zusammenarbeit mit gesellschaftlichen, wirtschaftlichen und politischen Akteuren unmittelbare Praxis- und Berufserfahrung.

Tab. 1 Überblick HOTSPOT Veranstaltungen und Beteiligung

HOTSPOT-Lehrveranstaltungen	Schwerpunktthema	Anzahl Veranstaltungen	Beteiligte Fachbereiche	Beteiligte externe Partner
SoSe 2017	Luxus!?	7	9	4
WiSe 2017/2018	Integration{}	14	15	13
SoSe 2018	#Digitalisierung	24	18	15
WiSe 2018/2019	Nachhaltigkeit∞	27	18	14
SoSe 2019	Spiel♠	27	20	16
WiSe 2019/2020	Arbeit	31	19	5

Um Kooperationen innerhalb und außerhalb der Hochschule zu fördern und zur Entwicklung neuer inter- und transdisziplinärer Lehrinhalte wurde in den ersten Semestern jeweils ein übergeordnetes hochschulweites Oberthema definiert; konkret lauteten die bisherigen Oberthemen Luxus!?, Integration{}, #Digitalisierung, Nachhaltigkeit∞, Spiel♠ und Arbeit (siehe auch Tab. 1). Zu den Themenschwerpunkten wurden an die Methode von Zukunftswerkstätten angelehnte Workshops organisiert, die Studierende und Lehrende verschiedener Disziplinen und externe Akteure wie Unternehmensvertreter und Vertreter zivilgesellschaftlicher Organisationen in einem kreativen und kommunikativen Setting zusammengebrachten, um aus dem abstrakten Oberthema konkrete Fragestellungen zu formulieren und Lehrveranstaltungen zu planen. Daneben dienten diese Workshops allen Beteiligten auch als Forum zum Netzwerken – aus dem entstandenen Netzwerk gedeihen fortwährend neue Projektideen. Mittlerweile blickt HOTSPOT auf die Erfahrung aus sechs Semestern, die unter solchen Schwerpunktthemen begangen wurden. Das entstandene Konvolut von Veranstaltungen (siehe auch Hochschule Pforzheim o. J.a) ist Grundlage für das inter- und transdisziplinäre Programm und wird fortwährend weiterentwickelt. So bauen Lehrveranstaltungen zunehmend aufeinander auf. Indem sie über mehrere Semester hinweg entwickelt werden, können Erfahrungen unmittelbar angewendet werden. Die jeweiligen (interdisziplinär zusammengesetzten) Projektgruppen beziehen sich auf Arbeitsergebnisse von Gruppen vorheriger Semester. Methoden der Vorgänger werden verfeinert, deren gesammelte Daten ausgewertet oder Ideen zur Umsetzung gebracht.

3.2 Umsetzungsbeispiele

Im Wintersemester 2017/2018 wurde in einem Workshop das Thema „Integration{}“ als Schwerpunkt für die Arbeit im HOTSPOT ausgewählt und fand seinen „Abschluss“ in einer Veranstaltung, an der Vertreter aus Stadt und Politik, von Kirchen- und Wohlfahrtsverbänden, Menschen mit Flucht- und Migrationshintergrund, Hochschulangehörige sowie Studierende teilnahmen.

Die umfassendste Einzelmaßnahme innerhalb dieses Oberthemas war die Entwicklung des wissenschaftlichen (Lehr-)Projekts „Interviews mit Geflüchteten" gemeinsam mit dem Weltethos-Institut der Universität Tübingen. Schon seit dem Wintersemester 2016/2017 führten hierfür Studierende der Hochschule Pforzheim und der Universität Tübingen mit – bis heute – insgesamt 76 Geflüchteten eineinhalbstündige qualitative Interviews, um zu erfahren, „was ihnen für ihr Leben persönlich wichtig ist, welche ihrer Lebenspläne sie glauben, realisieren zu können oder bereits realisiert haben, aber auch, worin sie sich in Deutschland aus welchen Gründen mit Einschränkungen und Grenzen konfrontiert sehen" (Schirovsky et al. 2020, S. 15 f.). In vorbereitenden Seminaren wurden die interdisziplinären Teams von Studierenden nicht nur in qualitativen Interviews ausgebildet und interkulturell geschult, sie suchten sich hierbei auch den Schwerpunkt der Befragungen gemeinsam aus und erstellten den Leitfaden für die Interviews unter Berücksichtigung der Kernforschungsfragen der beteiligten Lehrenden selbst. Dabei kam es zu interessanten interdisziplinären Zusammensetzungen der Studierenden-Gruppen. Beispielsweise betreute einer der Autoren des vorliegenden Kapitels eine kleinere Gruppe, die sich aus Studierenden der Gestaltung, der BWL und des Maschinenbaus zusammensetzte und sich nach langen Diskussionen, die sehr interdisziplinär geführt wurden, für das Schwerpunktthema verwirklichbarer Chancen in Deutschland für alphabetisierte Geflüchtete im Vergleich zu Analphabeten entschied. In umfassender Kleinstarbeit wurden Partner in Pforzheim gesucht, die helfen konnten, Interviews zu diesem Thema zu realisieren. Mit der Hilfe von Sprachmittlern (Geflüchtete mit ausreichenden Sprachkenntnissen und demselben kulturellen Hintergrund) wurden insgesamt fünf qualitative Interviews mit Geflüchteten aus Syrien und dem Irak geführt und die Ergebnisse in einem ausführlichen Ergebnisbericht dargestellt (Bajohr et al. 2018). Der organisatorische Weg zu den fünf Interviews war dabei so aufwendig, dass die Studierenden nebenbei Elemente des organisatorischen Netzwerkens für spätere Berufe kennenlernten.

Insgesamt sind die Ergebnisse des Gesamtprojekts in einer umfangreichen Veröffentlichung „Nicht nur über, auch mit Geflüchteten reden" (Schirovsky et al. 2020) dargestellt, das auch auf weitere Veröffentlichungen zum Projekt verweist. Die Ergebnisse sollen hier nicht weiter ausgebreitet werden, dieses Projekt stellt aber ein gutes Beispiel dafür dar, wie HOTSPOT transdisziplinäre forschende Lehre erfolgreich in das Curriculum der Hochschule Pforzheim integriert hat, da das Projekt zum Zeitpunkt dieser Veröffentlichung immer noch läuft und weiterhin neue Ergebnisse produziert.

Neben dem Kernprojekt fanden zahlreiche begleitende inter- und transdisziplinäre Veranstaltungen statt, die das Thema Integration vertieften. Beispielsweise bot HOTSPOT im Wintersemester 2017/2018 und im Sommersemester 2018 ein wirtschaftspolitisches Seminar zu den ökonomischen Hintergründen von Flucht, Migration und Integration an, im BA-Studiengang Media Management und Werbepsychologie wurde in einem Praxisprojekt eine digitale Integrationsplattform entwickelt, und eine Vielzahl an Institutionen entwickelte mit der Hochschule ein Netzwerk integrativer Gärten in Pforzheim. In Zusammenarbeit mit der Studierendeninitiative InitiAID e. V. (www.

initiaid.de) wurden außerdem unter der Beteiligung von Studierenden verschiedenster Fächer mehrere Projekte und Workshops für und mit Geflüchteten organisiert, wie beispielsweise ein hochschulweites Buddy-Programm und ein Werteworkshop, der vom Jugend- und Sozialamt der Stadt Pforzheim getragen wurde.

Ein weiteres Anwendungsbeispiel betrifft das Wintersemester 2018/2019, in dem Nachhaltigkeit als sehr allgemeines Oberthema gewählt wurde, zu dem an der Hochschule bereits viel geforscht und gelehrt wird. Um einen Rahmen für transdisziplinäre Projekte im Zusammenhang mit nachhaltiger gesellschaftlicher Entwicklung und in Partnerschaft mit außerhochschulischen Akteuren (wie beispielsweise der Stadt Pforzheim, Fridays for Future, dem Familienzentrum Au u. ä.) zu gestalten, wurde ein Reallabor in der Pforzheimer Innenstadt eingerichtet (Hochschule Pforzheim o. J.b). Als Schnittstelle von Hochschule und Öffentlichkeit verkörpert dieser Raum das House of Transdisciplinary Studies, welches bislang „nur" ein ideelles Dach dargestellt hatte. Hier wird Hochschule in der Gesellschaft sichtbar, und Gesellschaft partizipiert an der Hochschule.

Lehrende aller 3 Fakultäten boten Lehrveranstaltungen in verschiedenen Ausführungen zum Oberthema, die noch weit mehr als bisher eine praktische Umsetzung und Zusammenarbeit verschiedener Fachbereiche und Akteure förderten. Auf „neutralem Terrain" durften sich Studierende gemeinsam mit der Pforzheimer Stadtgesellschaft an eigenen, realen Experimenten versuchen. Sie waren ausdrücklich aufgefordert, Themen einzubringen, die ihrem ureigenen Interesse entspringen – beispielsweise aus privatem ehrenamtlichem Engagement oder aus ihrer Arbeit in Studierendeninitiativen. So kuratierten und organisierten sie in Eigenregie Ausstellungen und Workshops mit Bürgern oder Pop-up-Stores zum Verkauf studentischer Kunstwerke und Produkte.

So experimentell der Aufbau dieses Reallabors verfolgt wurde, spiegelt er doch die Erfahrungen des Gesamtprojekts wider: Die Arbeit an realen Projekten mit realen Partnern und Ergebnissen motiviert Studierende zu außerordentlicher Einsatzbereitschaft. Diese praktische Arbeit führte bereits zu unterschiedlichen forschungsbezogenen und umsetzungsorientierten Folgeprojekten, wie z. B. zur Nutzung der Stadt als kreativer temporärer Spielraum im Rahmen des vom Ministerium für Wissenschaft, Forschung und Kunst Baden-Württemberg geförderten Projekts SPIEL MAL. HOTSPOT wurde so zur Basis für neue Partnerschaften sowie zum Katalysator für neuartige (Lehr-)Veranstaltungen und stadtgesellschaftliche Transformation(en).

4 Herausforderungen bei der curricularen Verankerung von Inter- und Transdisziplinarität an der Hochschule Pforzheim

Bei der Konzipierung und Weiterentwicklung inter- und transdisziplinärer Lehrveranstaltungen und deren curricularer Verankerung an der Hochschule Pforzheim im Rahmen von HOTSPOT ergaben sich einige Herausforderungen, auf die im Folgenden näher eingegangen wird. Sie betreffen die hochschulweite Akzeptanz und das Verständnis in Studiengängen und Fakultäten und die Organisation der Veränderung (Changemanagement), sowohl bezogen auf die einzelnen Lehrveranstaltungen als auch auf die Curricula.

An der Hochschule Pforzheim basiert die grundsätzliche Bestrebung, interdisziplinäre Lehre auszubauen, auf einem gemeinsam und transparent vollzogenen Strategieprozess (Hochschule Pforzheim o. J.c) und damit auf einem breiten Konsens aller Hochschulangehörigen. Dennoch bedurfte es der Klärung dessen, was unter inter- und transdisziplinärer Lehre und den entsprechenden Kompetenzen verstanden wird, welche Lernziele daran geknüpft sein sollten und in welche Inhalte sich diese kleiden sollten. Trotz allgemeiner Übereinstimmung über das Ziel, ein interdisziplinäres Lehrprogramm aufzubauen, und obwohl Einigkeit darüber besteht, dass Persönlichkeitsentwicklung und die Reflexion des eigenen Standpunkts bedeutsam für den interdisziplinären Kompetenzerwerb sind, muss die Anrechenbarkeit konkreter Lehrveranstaltungen innerhalb der einzelnen Studiengänge gut argumentiert werden. An der Hochschule Pforzheim stellte sich die fortwährende Kommunikation mit den Studiengang- und Fakultätsleitungen als maßgeblich heraus, um einen für alle Beteiligten gangbaren Weg zu entwerfen. Eine Kultur des systematischen Querdenkens und kooperativen Innovierens innerhalb fester Strukturen zu begründen, stellte sich als Aufgabe heraus, die Zeit, Mut, Resilienz und Willen bei allen Beteiligten erfordert. Eine Aufgabe, die interdisziplinäre Kompetenz und die Bereitschaft zur interdisziplinären Arbeit nicht nur als Lernziel bei Studierenden verfolgt, sondern auch auf Seite der Lehrenden einfordert.

Angesichts bis zum Rand mit Fachwissen angefüllter Curricula kann eine Veränderung im laufenden Betrieb nur schrittweise vonstattengehen. Zunächst wurde untersucht, wo an der Hochschule (curricularer) Raum für Kooperationen zwischen Fakultäten, Fachbereichen und Studiengängen vorhanden ist. Die „Durchlässigkeitsprüfung" an der Hochschule Pforzheim mit ihren 30 Bachelor- und 19 Master-Studiengängen an den 3 Fakultäten für Gestaltung, Technik und Wirtschaft & Recht ergab, dass zwar in vielen Bereichen unabhängig voneinander gelehrt wurde, jedoch Ansätze für wechselseitige Beziehungen existierten: Jede Fakultät verfügte bereits über fakultätsinterne interdisziplinäre Formate, die als Grundlage für den Aufbau eines fakultätsübergreifenden Programms herangezogen werden konnten, um sie in einem nächsten Schritt zu synchronisieren. Weiterhin konnte auf einen Fundus von disziplinären Lehrveranstaltungen zugegriffen werden, die bereits von bestimmten Studiengängen für die Teilnahme von Studierenden aus anderen Studiengängen geöffnet waren. An diesen Schnittstellen setzte das Team von HOTSPOT gemeinsam mit interessierten Lehrenden an und unterstützte mit koordinativer und methodisch-didaktischer Beratung die Anpassung der entsprechenden Veranstaltungen hinsichtlich Öffnung, inhaltlicher Flexibilität, interdisziplinär bearbeitbarer Themen und teilweise auch der Einbindung externer Partner.

Inter- und transdisziplinäre Veranstaltungen stellen eine Herausforderung für Studierende dar. Viele Studierende, die einmal erfolgreich an HOTSPOT-Lehrveranstaltungen teilgenommen haben, tun dies erneut. Oftmals sind dies Studierende, die bereits vorher in der Lage waren, sich gut selbst zu organisieren, zielführend zu kommunizieren, Kritik sinnstiftend für sich zu nutzen, empathisch im Team zu interagieren etc., also bereits interdisziplinäre Kompetenz mitbringen. Auf der anderen Seite zeigte sich ein recht hohes Frustrationspotential bei Projektteilnehmern, deren Teams nicht in der Lage waren, Konflikte auszuleben oder bei denen vereinbarte Gruppentermine als eher unverbindlich wahrgenommen wurden. Immer wieder zeigte sich auch, dass Studierende der eigenständigen Formulierung von Aufgabenstellungen und Zielen nicht gewachsen waren (oder dies schlicht nicht wollten) und die Projekte ohne Fortschritte abbrachen. Solche negativen Erfahrungen gilt es zu vermeiden, um die Bereitschaft zu interdisziplinärer Arbeit zu fördern.

Studierende als Experten ihrer Disziplin anzusehen, bringt großes pädagogisches Potenzial mit sich. Doch auch wenn sie dabei sehr professionell agieren, muss im Lernprozess die Möglichkeit des Scheiterns einkalkuliert werden und die dazugehörige Reflektion des Prozesses zum Bestandteil der gemeinsamen Auseinandersetzung mit einem Thema gemacht werden. Insofern darf (und kann) der Rahmen einer Lehrveranstaltung mit externen Partnern nicht für das Erbringen einer reinen Beratungs- oder Dienstleistung verstanden werden, sondern vielmehr müssen allseitige Erwartungen abgesprochen und die Aufgabenstellung und der Projektfortschritt offen verhandelt und ständig nachjustiert werden.

5 Schlussfolgerungen und Fazit

HOTSPOT ist der Versuch, Inter- und Transdisziplinarität dauerhaft an einer Hochschule zu verankern, Studierenden den Erwerb entsprechender und für zukünftige Aufgaben unabdingbarer Kompetenzen zu ermöglichen und gemeinsam mit Studierenden, Lehrenden und gesellschaftlichen Akteuren Innovations- und Transformationsprozesse zu gestalten. Die ersten Erfahrungen zeigen, dass es möglich ist, Hochschulen auf diese Weise weiterzuentwickeln, aber auch, dass solche Prozesse ein großes Maß an Veränderungswillen und Unterstützung bedürfen.

Im gemeinsamen Arbeitsprozess verändern sich die Erfahrungen und Sichtweisen aller Beteiligten. Deshalb erfordert Inter- und Transdisziplinarität fortwährende Beziehungsarbeit, die nicht zu einem bestimmten Zeitpunkt als abgeschlossen betrachtet werden kann. Sich selbst auf Veränderung einzulassen, auf das Sich-verändern-lassen und Verändert-werden ist die große Herausforderung, nicht nur für den Einzelnen, sondern auch für die Organisation Hochschule im System Gesellschaft.

Dies bezieht sich auch auf die durch ein Programm wie HOTSPOT initiierten Veränderungen, die es zu erhalten und iterativ auszubauen gilt. Nicht umsonst ist die inkrementelle Vorgehensweise kennzeichnend für sogenannte agile Organisationen, die in ständiger Veränderungsbereitschaft den Wandel als Chance ansehen. Dabei verhält es sich wie beim Sport: Wer seine Beweglichkeit bewahren möchte, muss täglich trainieren. Und um den Trainingseffekt zu steuern braucht es Coaches. Selbst wenn inter- und transdisziplinäre Lehrveranstaltungen mit möglichst wenig zusätzlichen Kapazitäten geschaffen werden, benötigen sie dauerhafte Betreuung für didaktische Beratung, wissenschaftliche Begleitung und Koordination.

Literatur

Albert M, Hurrelmann K, Quenzel G (2019) Jugend 2019–18. Shell Jugendstudie: Eine Generation meldet sich zu Wort. Beltz, Frankfurt a. M.

Bajohr L, Burgemeister J, Reichle J, Weistroffer J, Williges L (2018) Interviews mit Geflüchteten – Analphabeten vs. Alphabeten: Welche Chancen, Ziele, Möglichkeiten, Herausforderungen gibt es und wie wirkt sich dies auf deren Spracherwerb in Deutschland aus?, unveröffentlichter Projektbericht aus dem Wahlpflichtfach Ethik und Gesellschaftliche Verantwortung und der Interdisziplinären Projektarbeit an der Hochschule Pforzheim, abgegeben bei Adrian Boos am 18.08.2018

de Bono E (2009) De Bonos neue Denkschule. Kreativer denken, effektiver arbeiten, mehr erreichen. Mvg, München

Defila R, Di Giulio A (1998) Interdisziplinarität und Disziplinarität. In: Olbertz JH (Hrsg) Zwischen den Fächern – über den Dingen? Universalisierung versus Spezialisierung akademischer Bildung. Leske + Budrich, Opladen

Günther A, Honekamp W (2013) Interdisziplinäre Lehre: Theorien, Erfahrungen, Meinungen. HDS Journal 1:31–38

Hochschule Pforzheim (o. J.a) HOTSPOT Lehrveranstaltungen und Projekte. https://www.hs-pforzheim.de/studium/im_studium/hotspot/lehrveranstaltungen_projekte. Zugegriffen 18. Sept 2020

Hochschule Pforzheim (o. J.b) Reallabor Pforzheim. https://www.hs-pforzheim.de/reallabor. Zugegriffen 18. Sept 2020. Zugegriffen: 15. Juli 2020

Hochschule Pforzheim (o. J.c) Führend durch Perspektivenwechsel. https://www.hs-pforzheim.de/hochschule/fuehrend_durch_perspektivenwechsel. Zugegriffen: 15. Juli 2020

Hofmann MJ (2017) Human centered design. Innovationen entwickeln, statt Trends zu folgen. Wilhelm Fink, Paderborn

Jahn T (2008) Transdisziplinarität in der Forschungspraxis. In: Bergmann M, Schramm E (Hrsg) Transdisziplinäre Forschung. Integrative Forschungsprozesse verstehen und bewerten, Frankfurt a. M. https://hrkll.ch/WordPress/situierte-kompetenzen/. Zugegriffen: 15. Juli 2020

Lerch S (2019) nexus Impulse für die Praxis Nr. 18: Interdisziplinäre Kompetenzbildung – Fächerübergreifendes Denken und Handeln in der Lehre fördern, begleiten und feststellen, Berlin

Misra S, Stokols D, Cheng L (2015) The transdisciplinary orientation scale: factor structure and relation to the integrative quality and scope of scientific publications. J Transl Med Epidemiol 3(2):1042

Schirovsky H, Schmidtke J, Volkert J (Hrsg) (2020) Nicht nur über, auch *mit* Geflüchteten reden – Verwirklichungschancen. Weltethos-Institut Universität Tübingen, Hochschule Pforzheim HOTSPOT, Einschränkungen und Integration aus der Sicht Geflüchteter

Stifterverband für die deutsche Wissenschaft e. V. (2020) Schwerpunktthema: Future Skills – Für morgen befähigen – Hochschul-Bildungs-Report 2020. https://www.hochschulbildungs-report2020.de/2019/schwerpunktthema-future-skills. Zugegriffen: 15. Juli 2020
Weber H, Thumser-Dauth K, van den Eeden M, Sonnleitner K, Gerlach T (2017) Perspektivenwechsel in der Lehre durch inter- und transdisziplinäres Lernen. In: Konturen 2017. https://www.hs-pforzheim.de/fileadmin/user_upload/uploads_redakteur/Die_Hochschule/Oeffentlichkeit/05.Publikationen/KONTUREN/KONTUREN2017/Perspektivenwechsel.pdf. Zugegriffen: 15. Juli 2020

Katrin Sonnleitner ist Produktdesignerin. 2007 gründete sie ihr Designstudio in Karlsruhe. Ihre Arbeiten bewegen sich häufig im Grenzbereich zwischen Kunst und Design und werden weltweit ausgestellt. Nach Lehrtätigkeiten an der HfG Karlsruhe und einer Vertretungsprofessur an der HS Mainz hatte sie bis Juli 2020 die Projektkoordination des House of Transdisciplinary Studies (HOTSPOT) an der Hochschule Pforzheim inne.

Dr. Adrian Boos ist Volkswirt und Politikwissenschaftler. An der Hochschule Pforzheim war er für Nachhaltigkeitsberichterstattung und für die Unterstützung und Verbreitung transdisziplinärer Lehre zuständig. Aktuell ist er Vertretungsprofessor für Ökonomie an der Hochschule Darmstadt, wo er unter anderem Nachhaltige Entwicklung lehrt.

Dr. Mare van den Eeden ist promovierte Historikerin und hat an der Hochschule Pforzheim das inter- und transdisziplinäre Projekt HOTSPOT koordiniert und gestaltet. Als Referentin der Deutschen Forschungsgemeinschaft betreut sie inzwischen Sonderforschungsbereiche, Forschungszentren und Exzellenzcluster.

Prof. Dr. Tobias Viere lehrt und forscht an der Hochschule Pforzheim in den Bereichen Corporate Social Responsibility und Industrial Ecology. Er hat hochschulweite Initiativen zu transdisziplinärer Lehre initiiert und ist in Hochschulnetzwerken in den genannten Bereichen aktiv.

Prof. Dr.-Ing. Hanno Weber lehrt seit 2001 an der Hochschule Pforzheim u. a. das Fach „Entwurf komplexer Systeme“. Sein Lehr- und Forschungsschwerpunkt ist die Zusammenarbeit in interdisziplinär zusammengesetzten Teams. Dort befasst er sich mit Systemmodellen als gemeinsame Sprache für die interdisziplinäre Zusammenarbeit. Seit 2011 leitet er als Prorektor das Ressort Studium und Lehre.

Forschen und Lernen im interdisziplinären Kontext – Öffnung für wissenschaftliche und gesellschaftliche Herausforderungen durch fachübergreifende Module an der Technischen Universität Dresden

Hans Jörg Schmidt

1 Einleitung

Wissenschaftlicher Fortschritt und gesellschaftlicher Wandel stehen in engem Bezug zueinander. Gegenwärtig besonders deutlich sichtbar wird dieser Konnex an den tiefgreifenden Veränderungsdynamiken, die von einem in vielerlei Hinsicht disruptiven Phänomen wie der Digitalisierung ausgehen. Um die zukünftige Rolle von Hochschulen im Kontext dieser weitreichenden Veränderungsprozesse zu reflektieren und über längerfristige Entwicklungspotenziale im Bereich tertiärer Bildungsinstitutionen zu diskutieren, hat das von Stifterverband, CHE und HRK getragene Hochschulforum Digitalisierung im September 2018 „3 plus 10 Thesen zu gesellschaftlichen Trends und der zukünftigen Rolle der Hochschulen" erarbeitet (Baumgartner et al. 2018). In der 9. These formulieren die Autoren des Diskussionspapiers, dass „[z]ukünftige Hochschulen … sich nicht mehr nach Fakultäten, Instituten und Lehrstühlen [gliedern werden], sondern um interdisziplinär organisierte Design-Studios." Nicht mehr „die Vermittlung trägen Wissens" werde dabei im Vordergrund stehen, „sondern die interdisziplinäre Suche nach Lösungen komplexer Probleme"; „Studierende wählen keinen Studiengang," spitzt die Verfassergruppe die antizipierte Entwicklung von hochschulischem Lehren und Lernen zu, „sondern ein Problem, zu dessen Lösung sie beitragen wollen, eine Mission, die sie erfüllen wollen" (ebd., S. 4).

Sicherlich handelt es sich hierbei noch in vielerlei Hinsicht um eine Zukunftsvision, die vor allem auch an den Durchdringungsgrad der Hochschulen mit der digitalen

H. J. Schmidt (✉)
Technische Universität Dresden, Zentrum für interdisziplinäres Lernen und Lehren, Dresden, Deutschland
E-Mail: hans_joerg.schmidt@tu-dresden.de

A. Boos et al. (Hrsg.), *CSR und Hochschullehre,* Management-Reihe Corporate Social Responsibility, https://doi.org/10.1007/978-3-662-62679-5_4

Technologie, deren intellektuelles Verständnis und die allgemeine Einstellung gegenüber dem Phänomen der Digitalisierung gekoppelt ist, insgesamt also stark mit dem Fortschritt der Digitalisierung korreliert. Doch gibt es von der Frage der Digitalisierung einmal losgelöst im Rahmen gegenwärtig bestehender (größtenteils noch analog geprägter) Hochschulstrukturen bereits erfolgreich erprobte Ansätze zur inter- und transdisziplinären Auseinandersetzung mit zentralen Fragestellungen der Zeit, die aus der geschickten Verknüpfung wissenschaftlicher und gesellschaftlicher Perspektiven schöpfen – und somit in die vom Hochschulforum Digitalisierung skizzierte Zukunft von hochschulischem Lernen und Lehren weisen. Im Folgenden soll deshalb das Konzept der an der Technischen Universität Dresden entwickelten Module zum Forschen und Lernen im interdisziplinären Kontext (kurz: FLiK) und das mit ihnen verbundene Lehr-Lern-Modell ausführlich vorgestellt werden. Daran schließen sich einige Reflexionen zum Verhältnis von Inter- und Transdisziplinarität an und es wird auf offene Fragestellungen und interessante Perspektiven für die weitere wissenschaftliche Bearbeitung des skizzierten Feldes hingewiesen. Zunächst jedoch erfolgt eine kurze Verortung des Ansatzes im aktuellen Diskurs um wissenschaftliche und gesellschaftliche Herausforderungen.

2 Der Diskurs um wissenschaftliche und gesellschaftliche Herausforderungen als Referenzpunkt

In jüngerer Zeit wurde in einer Vielzahl hochschulpolitischer Statements auf „sich rasant wandelnde[.] gesellschaftliche[.], demographische[.] und technologische[.] Herausforderungen" hingewiesen (Wissenschaftsrat 2017a, S. 8). In einer Pressemitteilung des Wissenschaftsrats zur Herbstsitzung desselben Jahres tritt neben den Bezug auf Globalisierung, Beschleunigung und Wandel die explizite Aufforderung, die „Rolle der Wissenschaft in der Gesellschaft verantwortungsbewusst wahr[zu]nehmen" (Wissenschaftsrat 2017b, S. 1). Mit ausdrücklicher Referenz auf Artikel 5 Absatz 3 des Grundgesetzes konstatierte DFG-Präsident Peter Strohschneider nahezu zeitgleich in einer weithin beachteten Rede auf der DFG-Jahresversammlung vor dem Hintergrund von Populismus, Wissenschaftsfeindlichkeit und Anti-Intellektualismus, dass „zu einer drängenden Herausforderung geworden ist, was hierzulande als Grundrecht gewährleistet ist" (Strohschneider 2017, S. 2). Mit ähnlichem Tenor erinnerte Bundespräsident Frank Walter Steinmeier in seiner Rede zum 200. Jubiläum der Universität Bonn im Oktober 2018 daran, dass trotz aller Vorgaben der Bologna-Reform die „Freiheit zur Debatte und die Freiheit zum Austausch, auch über die Grenzen des eigenen Fachs, der eigenen Hochschule und des eigenen Landes hinweg" (DIE ZEIT 43/2018), nicht vernachlässigt werden dürfe. Die Gemeinsame Wissenschaftskonferenz betont ebenfalls, dass der Wert von Wissenschaft „für die Zukunftssicherung unseres Landes" nicht hoch genug geschätzt werden könne, insbesondere „für den gesellschaftlichen Fortschritt und die wirtschaftliche Entwicklung, für Wohlstand und Innovationsfähigkeit sowie die Lösung globaler Herausforderungen“ (GWK 2020). Und Ende 2018 erklärte die Europäische Rektorenkonferenz mit Verweis auf „wachsende Ungleichheiten, Nationalismus, Populismus, Rassismus, Antisemitismus, Intoleranz, Polarisierung und Radikalisierung, Pseudo-Wissenschaft und Pseudo-Fakten, die die demokratische und wissenschaftliche Kultur bedrohen“, dass die Hochschulen als „tragende Elemente von Gesellschaft und Demokratie“ aufgefordert sind, diesen Entwicklungen „im Zeichen der Aufklärung“ entgegentreten (HRK 2018a, S. 1).

Wie anhand der Verlautbarungen verschiedener hochschulpolitischer Akteure deutlich geworden sein sollte, gibt es aktuell viele Herausforderungen, die die Wissenschaft unter Legitimationsdruck setzen. Dennoch sind die zitierten Statements stets auch vom Vertrauen auf die erprobten und noch zu entwickelnden Problemlösungskompetenzen getragen und betonen den großen Nutzen der Wissenschaft für die Gesellschaft. Eine Besinnung auf die Rolle der Hochschulen als zentrale institutionelle Akteure von Wissenschaft und ihre Wechselwirkungen mit der Gesellschaft ist infolge des skizzierten Kontextes durchaus geboten.

Einen strukturierten Rahmen dazu hat der Senat der Hochschulrektorenkonferenz in einem Eckpunktepapier vorgelegt (HRK 2018b). Neben den Kernaufgaben der Wissenschaft, nämlich: herausragende Lehre und exzellente Forschung, werden darin 8 weitere Rollen der Hochschulen mit Bezug auf die Gesellschaft definiert. Sie adressieren den Transfer und die Eigenschaft der Hochschulen als Impulsgeber für Innovationen, sei es z. B. durch Wissenstransfer, Ausgründungen oder in Gestalt von gut ausgebildeten Studierenden. Damit verbunden ist die Förderung der beruflichen Entwicklung. In Richtung des angesprochenen Legitimationsaspektes weist der Punkt zum allgemeinen Bildungsauftrag und zur Stärkung des Dialogs zwischen Wissenschaft und Gesellschaft. Die Übernahme von Verantwortung in der Region ist ebenso eine Aufgabe, die der HRK zufolge von Hochschulen im Austausch mit der Gesellschaft wahrgenommen wird, wie sich Hochschulen als traditionssichernde gleichwie zukunftsoffene Institutionen der Bewahrung und Entwicklung des kulturellen Erbes widmen und somit eine wichtige Rolle in der Stiftung von Identität einnehmen. Mit Blick auf weitere gesellschaftliche Herausforderungen sind für die HRK die Förderung von Integration auf allen Stufen und die Pflege der internationalen Zusammenarbeit von großer Bedeutung. Als Reaktion auf die Erosion des europäischen Gemeinschaftsgedankens betont der Zusammenschluss der Hochschulrektoren außerdem die Verortung ihrer Mitgliedsinstitutionen als „Hochschulen in Europa“ – sei es bezogen auf formale Rahmenbedingungen wie die Weiterentwicklung des Bologna-Prozesses und die damit einhergehende Schaffung eines vergleichbaren Hochschulsystems im Allgemeinen oder die Etablierung konkreter europäischer Hochschulen im Speziellen (vgl. Abb. 1).

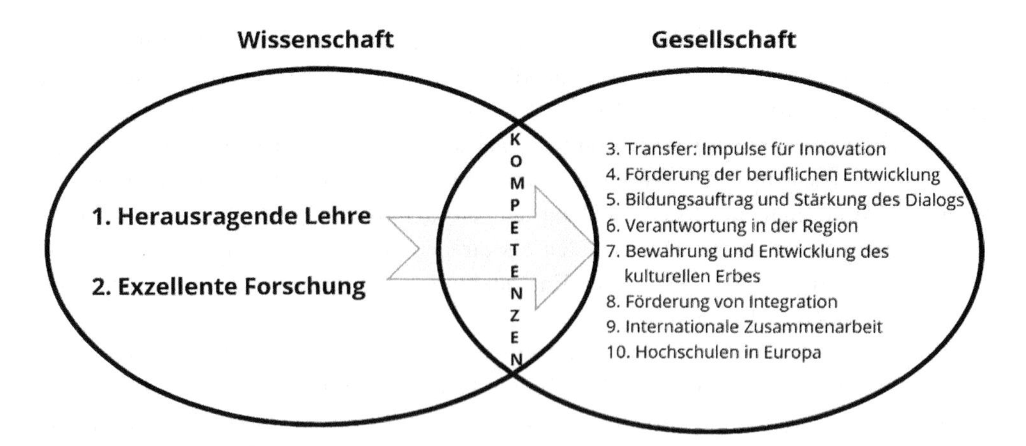

Abb. 1 Die Rolle von Hochschulen in Wissenschaft und Gesellschaft. (Eigene Darstellung, vgl. HRK 2018b, Anm. 10)

3 Die Module zum Forschen und Lernen im interdisziplinären Kontext: Konzept und Umsetzung

Ein instruktives Beispiel für die Öffnung der universitären Lehre für Herausforderungen in Wissenschaft und Gesellschaft durch fachübergreifende Formate sind die Module zum Forschen und Lernen im interdisziplinären Kontext an der Technischen Universität Dresden. Sie und ihr Beitrag zur Auseinandersetzung mit inter- gleichwie transdisziplinären Herausforderungen sollen im Folgenden näher dargestellt werden.

Als theoretische Grundlage für die Entwicklung der Module, die den engen Konnex zwischen Forschung und Lehre aufgreifen und aus einer studierendenzentrierten Perspektive denken, wurden die Arbeiten von Healey und Jenkins zur Charakterisierung unterschiedlicher Zugangsweisen von Studierenden zur Forschung herangezogen, aber auch auf Hubers Studien zum forschenden und forschungsorientierten Lernen und Lehren zurückgegriffen (Healey 2005; Jenkins und Healey 2009; Healey und Jenkins 2009; Huber 2004, 2009, 2014; Mieg 2017; Ruess et al. 2016). Erstgenannte unterscheiden anhand einer Vierfeldmatrix die verschiedenen Rollen, die Studierende in Bezug auf Forschung einnehmen können. Konkret kategorisieren sie auf einer Achse ihrer Matrix zwischen der Fokussierung auf Forschungsinhalte oder den Forschungsprozess und eventuell dabei auftretende Probleme. Bezogen auf den Aktivitäts- bzw. Teilhabegrad tragen sie auf der anderen Achse ab, ob die Studierenden entweder eine rezeptive Rolle als Publikum oder eine aktive Rolle als Ausführende einnehmen. Der inhaltsbezogen-rezeptive Typus wird als forschungsvermittelnd („research-led“) bezeichnet (vgl. Tab. 1). Hier lernen die Studierenden aktuelle Forschung kennen. Beispiele für didaktische Umsetzungsformen sind etwa Exkursionen zu außeruniversitären Forschungseinrichtungen und Ring- oder Staffelvorlesungen. Nehmen die Studierenden

Tab. 1 *Verschiedene Zugänge der Studierenden zur Forschung.* (Eigene, um Beispiele ergänzte Darstellung nach Healey und Jenkins 2009, Anm. 11)

Verschiedene Zugänge der Studierenden zur Forschung **(eigene, um Beispiele ergänzte Darstellung nach** Healey und Jenkins 2009, **Anm. 11**)				
	Research-led (forschungs-vermittelnd)	**Research-tutored (forschungs-begleitend)**	**Research-oriented (forschungs-orientiert)**	**Research-based (forschungs-basiert)**
Definition	Aktuelle Forschung **kennenlernen**	**Kritische Diskussion** von Forschung im eigenen Fach	Forschungsfähigkeiten und -techniken **entwickeln**	**Selbst forschen**
Fokus	Forschungs**inhalte**	Forschungs**inhalte**	Forschungs**prozess** und -probleme	Forschungs**prozess** und -probleme
Aktivitätsniveau Studierende	**Rezeptiv** (häufig als Publikum)	**Aktiv** (beteiligt)	**Rezeptiv** (häufig als Publikum, Aus-führende)	**Aktiv** (beteiligt)
Beispiele	Exkursionen zu außeruniversitären Forschungseinrichtungen, Ring- oder Staffelvorlesung	„Journal Club" zur Lektüre und Diskussion von Forschung Übungen, Praktika	Methoden- und Schreib-workshops Übungen, Praktika	Stud. Forschungs-Wett-bewerbe/ Werkstätten, Forschungsmodule

dahingegen als direkt Beteiligte aktiv an der kritischen Diskussion von Forschungsinhalten im eigenen Fach teil, wird dies von Healey und Jenkins als „research-tutored“ (forschungsbegleitend) bezeichnet. Journal Clubs zur Lektüre und Diskussion aktueller Forschungsresultate oder auch die Simulation einer studentischen Tagung sind didaktische Umsetzungsvarianten davon. Das forschungsorientierte Entwickeln von Forschungsfähigkeiten und -techniken fokussiert dahingegen prozedurale Aspekte und konkrete Problemstellungen. Das Aktivitätsniveau der Studierenden ist dabei eher gering ausgeprägt und auf die Rezeption von Vorgegebenem gerichtet. Übungen und Praktika unter Anleitung sind klassische Umsetzungsformen davon. Methoden- und Schreibworkshops können als weitere Beispiele dieses prozessbezogen-rezeptiven Typus' angeführt werden. Den größten Aktivierungs- und Involvierungsgrad weisen Studierende auf, wenn sie selbst forschen – sich also im Rahmen des Forschungsprozesses selbstwirksam einbringen und eigene Themen bearbeiten. Diese (wesentliche Erfahrungen aus den vorherigen Stufen voraussetzende) Herangehensweise findet sich beispielsweise umgesetzt in der Teilnahme an studentischen Forschungswettbewerben oder im Rahmen von umfangreicheren Forschungsmodulen, wie im Ansatz des Forschens und Lernens im interdisziplinären Kontext.

In ihrer konkreten Ausgestaltung sind die FLiK-Module zweisemestrige Formate, die sich an Querschnittsthemen der Bereiche bzw. Forschungsprofillinien der Technischen Universität Dresden orientieren und darin enthaltene wissenschaftliche und gesellschaftliche Herausforderungen adressieren. Entstanden ist die Konzeption im Rahmen des Zukunftskonzepts „Die Synergetische Universität“ am Zentrum für interdisziplinäres Lernen und Lehren (ZiLL).[1] Das ZiLL wurde als Maßnahme der Exzellenzinitiative gegründet, um forschungsnahe Lehr-Leuchtturm-Projekte zu initiieren und dadurch die Ergebnisse exzellenter Forschung an die Lehre zurück zu koppeln. In diesem Rahmen wird an Forschung interessierten Studierenden – auch im Sinn einer möglichst frühzeitigen Eröffnung wissenschaftlicher Karriereoptionen – anhand von paradigmatischen Themenformationen der Kosmos exzellenter Forschung zugänglich gemacht. Umgesetzt werden die Module jeweils von interdisziplinären Dozententeams der TU Dresden, unter Einbeziehung von „Lehrfreiwilligen“ des aktuell aus 28 zumeist außeruniversitären Forschungseinrichtungen bestehenden DRESDEN-concept-Verbundes (www.dresden-concept.de). Analog zu den interdisziplinären Lehrendengruppen rekrutieren sich die Studierenden ebenfalls aus verschiedenen Studiengängen der in ihrer fachlichen Breite als Volluniversität aufgestellten, besonders forschungsstarken Technischen Universität Dresden.

Im Rahmen der FLiK-Module finden zahlreiche experimentelle Lehr- und Lernformen Eingang in die forschungsorientierte Lehre. Beispielhaft sei hier die Staffelvorlesung zum Auftakt der zweisemestrigen Veranstaltungsreihe genannt (s. u.) oder

[1]Maßgeblich entwickelt wurde der Ansatz des „Forschens und Lernens im interdisziplinären Kontext“ an der TU Dresden von Dr. Petra Tallafuss-Koch.

der Einsatz von Methoden des Team-Teachings, Peer-Learnings bzw. Peer-Feedbacks. Angereichert werden die Module teilweise auch noch durch inhaltsspezifisch ausgerichtete Lehr-Lern-Features wie Wikis, Ideen-Speed-Datings, Podiumsdiskussionen, Poster-Sessions oder auch durch die öffentliche Verteidigung und Ausstellungen der in ihnen erarbeiteten studentischen Forschungsergebnisse. Flankierend hinzukommen Workshops und tutorielle Begleitangebote für die Studierenden sowie hochschuldidaktische Weiterbildungsangebote für die Lehrenden.

Die Struktur der FLiK-Module (vgl. Abb. 2) leitet sich aus den 4 idealtypisch unterschiedenen Zugangsweisen von Studierenden zur Forschung ab (vgl. Tab. 1). Im 1. Semester steht eine forschungsvermittelnde Staffelvorlesung im Zentrum der Module (vgl. Tab. 2). Ergänzt wird sie durch begleitende Praxisworkshops, die den Studierenden forschungsorientierte Tätigkeiten ermöglichen. Beispielsweise können

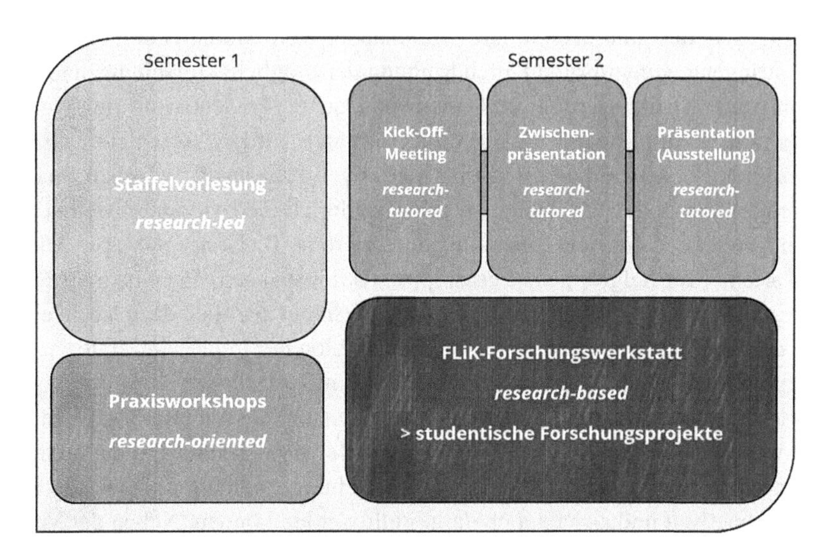

Abb. 2 Struktur eines auf 2 Semester angelegten FLiK-Moduls

Tab. 2 Vergleich der Vorlesungsformen Ring- und Staffelvorlesung

Ringvorlesung	Staffelvorlesung
Multidisziplinär: nacheinander, Reihung	Interdisziplinär: miteinander, Vernetzung
Frontal	Dialogisch
Grundlagenorientiert	Forschungsorientiert
Zufällige Gliederung	Themenadäquate Struktur
Didaktik eher inzidentell und individuell unterschiedlich stark ausgeprägt	Didaktik als stringentes und interpersonell geplantes Gestaltungselement
–	Fachübergreifende Synthesebemühungen
–	Staffelübergaben

dies Mikroskopierübungen oder kleinere Feldforschungsaufträge wie die Durchführung von Befragungen in Kombination mit Methodenworkshops sein. Die Workshop-Angebote der FLiK-Module werden häufig in Kooperation mit außeruniversitären Forschungsinstitutionen veranstaltet. Vertreter dieser Einrichtungen führen im Rahmen der Staffelvorlesung einen forschungsbezogenen Dialog mit ihren universitären Kollegen und stellen aktuelle Forschungsergebnisse vor. Zur inhaltlichen Ergänzung der Staffelvorlesung, aber auch zur Sichtbarmachung der Forschungslandschaft des DRESDEN-concepts wird Wert darauf gelegt, selbstwirksame Vertiefungsoptionen an außeruniversitären Lernorten anzubieten.

Die Staffelvorlesung ist im Kontrast zu klassischen Ringvorlesungen zu verstehen, die in multidisziplinärer Weise nacheinander folgen, einzelne Themen nur lose miteinander verbinden und oft durch eine sich zufällig (infolge terminlicher Setzungen) ergebende Sukzession disparater Vorlesungseinheiten gekennzeichnet sind. Bei Staffelvorlesungen steht dahingegen das interdisziplinäre Miteinander von Studierenden und Lehrenden sowie die stringente gemeinsame Durchdringung der möglichst forschungsnahen Inhalte, deren kohärente Strukturierung und themenadäquate Präsentation im Vordergrund. Anders als in herkömmlichen Ringvorlesungsformaten wird Wissen nicht ausschließlich frontal vermittelt, sondern dialogisch und im aktiven Austausch zwischen Studierenden und Lehrenden erarbeitet. Zusätzlich werden zahlreiche aktivierende Methoden in die abwechslungsreiche Unterrichtsgestaltung integriert (z. B. Concept-Maps, Mind-Maps, Fachlandkarten, Murmelgruppen, Lernstopps, Aktionspausen, Peer-Instruction, Think-Pair-Share oder One-Minute-Papers). Bei Bedarf findet parallel dazu auch eine hochschuldidaktische Beratung, Begleitung und Supervision der Lehrenden statt.

Im Vergleich zur Grundlagenorientierung bei Ringvorlesungen wird das Konzept der Staffelvorlesung also wesentlich stärker von der Forschungsorientierung getragen. Ausdrücklich wird von den Beteiligten erwartet, aktuelle wissenschaftliche Erkenntnisse einzubeziehen, die idealerweise aus der eigenen Forschung stammen und deshalb besonders lebendig, authentisch und anschaulich dargestellt werden können. Neben der Vermittlung und Erarbeitung eng aufeinander abgestimmter Fachinhalte sind fachübergreifende Synthesebemühungen eine weitere Besonderheit des Formats. Von großer Bedeutung sind deshalb die Staffelübergaben, die eine wesentliche Grundlage des interdisziplinären Team-Teaching-Ansatzes bilden. Ziel der Staffelübergaben ist es, für die unterschiedlichen Herangehensweisen und Konzepte der beteiligten Disziplinen zu sensibilisieren, indem Einblicke in gemeinsame oder unterschiedliche Forschungsgebiete bezüglich der Gesamtthematik gegeben werden. Weitere Ziele dieser für das Gelingen des interdisziplinären Ansatzes wichtigen Scharnierstellen sind die kooperative Vermittlung von Wissen und Kompetenzen, die interpersonelle Interaktion und die Übersetzung zwischen den beteiligten Disziplinen. Insofern sind, um die Spezifika des Formats zu resümieren, interdisziplinäre Staffelvorlesungen geprägt vom stringenten Einsatz didaktischer Elemente gegenüber einer vielfach auf situativen Zufällen beruhenden multidisziplinären Aneinanderreihung von Einzelvorlesungen. Auch ermuntert die

Kopräsenz der Lehrenden die Studierenden zum Perspektivwechsel und hilft dabei, verbindende Elemente im Sinne eines die gesamte Staffelvorlesung durchziehenden „roten Fadens" herzustellen.

Durch Ko- oder Mehrfachpräsenz können Lehrende unterschiedliche zeitliche und inhaltliche Rollen einnehmen, um dadurch die ganze Bandbreite und Variationsmöglichkeiten interdisziplinärer Interaktion abzubilden und didaktisch zu gestalten: Sei es beispielsweise als dialogisch arrangierte Vorlesung mit direkter Bezugnahme der Lehrenden aufeinander oder in Form von durch unterschiedliche Lehrende markierte und kommentierte (Perspektiv-)Wechsel zwischen 2 Blöcken innerhalb einer Vorlesungsdoppelstunde. Die Anfechtung von Inhalten aus jeweils disziplinärer Perspektive durch einen „Advocatus Diaboli" ist eine weitere Gestaltungsoption. Auch hat sich die Einbindung von Podiumsdiskussionen zur Sammlung und Aufbereitung wesentlicher Inhalte – etwa in Vorbereitung auf die Abschlussklausur – und als Möglichkeit zur direkten Interaktion mit allen beteiligten Lehrenden vor der Prüfung bewährt. Andere Varianten zur Förderung der interdisziplinären Bezugnahme im Rahmen der Staffelvorlesung sind etwa der disziplinenkreuzende Tausch von Forschungsliteratur, die im Rahmen der Veranstaltung besprochen wird, oder die Wahl von gemeinsamen Beispielen und Demonstrationsobjekten als Ausgangspunkt für theoretische Erläuterungen in den jeweiligen Disziplinen. Zur Steigerung der Neugierde auf die kommende Vorlesung werden außerdem sogenannte „Cliffhanger" integriert, die etwa in Form einer nicht zu Ende erzählten Geschichte oder eines unterbrochenen Einspielers gezielt spannungssteigernd eingesetzt und in der kommenden Vorlesungseinheit wieder aufgegriffen werden können, um so die Erwartungshaltung der Studierenden zu steigern und eine Rückkopplung zu den Inhalten der vorigen Einheit zu gewährleisten.

Das 2. Semester der FLiK-Module steht im Zeichen eigenständiger studentischer Forschungsprojekte. Strukturiert wird es durch 3 begleitende Veranstaltungsblöcke, in denen die Themen und Gruppenzusammensetzung der Forschungsprojekte im Kreis der Studierenden und aller beteiligter Experten erarbeitet und bei einer Zwischenpräsentation, ungefähr zur Semestermitte, vorgestellt und diskutiert werden. Zusätzlich gibt es die ständige Möglichkeit zu Gruppenkonsultationen bei den jeweiligen Themenbetreuern. Auch steht jederzeit ein direkter Ansprechpartner für die Belange der Gruppen zur Verfügung, um beispielsweise Laborzeiten oder Gruppenarbeitsräume zu vermitteln oder in Problemsituationen zu beraten. Ergänzend werden im Verlauf des 2. Semesters weitere Angebote unterbreitet, die etwa das Präsentieren von Forschungsergebnissen und die Gestaltung wissenschaftlicher Plakate thematisieren oder wissenschaftliche Methoden und Verfahren vertiefen. Zum Beispiel sind das ergänzende Veranstaltungen zu den Eigenschaften und Fähigkeiten verschiedener Materialien, die in Kooperation mit universitären und außeruniversitären Institutionen durchgeführt werden und Hilfestellungen bei der Herstellung von Demonstratoren bieten.

Zum Abschluss findet eine Veranstaltung statt, in der alle Teams ihre Projektergebnisse im Rahmen einer bewerteten Präsentation vorstellen und ihre Plakate und Forschungsergebnisse gegenüber den beteiligten Lehrenden verteidigen. Im Rahmen des

Bionik-Moduls besteht zusätzlich die Gelegenheit, die Plakate und konstruktiven Ergebnisse öffentlich im Foyer des Biologie-Gebäudes auszustellen, wodurch die Resultate der studentischen Forschungsarbeiten, die in den meisten Fällen direkt an der Schnittstelle von Wissenschaft und Gesellschaft angesiedelt sind (s. u. 4.), in ihrem Charakter als inter- und transdisziplinäre Herausforderung auch öffentlich sichtbar werden.

Auf mehrjährige Durchführungserfahrung können die FLiK-Module zu den Themen „Risikokommunikation und Risikonarrative“ sowie zur „Bionik“ zurückgreifen. Aktuell in Umsetzung befinden sich Formate zu den Themen „Mensch-Maschine-Interaktion in Produktionsanlagen“ und „Invektivität“[2]. An der Durchführung des „Risiko-Moduls“ waren Umwelt-, Literatur-, Kultur- und Wirtschaftswissenschaften beteiligt sowie Vertreter der Lebensmittelchemie. Die Veranstaltungen zur Bionik werden von Lehrenden aus den Ingenieurwissenschaften und den Bereichen Bau und Umwelt sowie Mathematik und Naturwissenschaften getragen und um außeruniversitäre Experten ergänzt.

Um die Modulinhalte zu skizzieren, setzte sich das Risiko-Modul mit Risikobegriffen und Bearbeitungsstrategien unterschiedlicher Disziplinen auseinander. Besonders wichtig ist dabei die begriffliche Abgrenzung zu verwandten Phänomenen, wie z. B. „Gefahr“. Insgesamt sollen die Studierenden „riskante“ Konstellationen und sich daraus ergebende Problemzusammenhänge interpretieren.

Das Bionik-Modul befasst sich mit (Funktions-)Merkmalen und zugrunde liegenden Prinzipien natürlicher Erscheinungen. Von zentraler Bedeutung in der per se interdisziplinären Herangehensweise der Bionik ist der sogenannte „bionische Dreischritt“. Dieser geht entweder von der Analyse der biologischen Prinzipien (1) und deren (gestalterischer) Übertragung auf die Produktentwicklung (2) aus, um dadurch methodisch strukturiert zu technischen Anwendungen (3) zu gelangen (sogenannter Biology Push) oder startet mit der Idee zu einer technischen Lösung (sogenannter Technology Pull). Wegen der international geprägten Forschungslandschaft und einer internationalen Studierendenschaft im Bereich der Biologie (so gibt es mehrere englischsprachige Biologie-Studiengangsangebote an der TUD sowie zahlreiche international zusammengesetzte Arbeitsgruppen an universitären, außeruniversitären oder kollaborativen Forschungseinrichtungen) wurde die 1. Staffelvorlesung des Bionik-Moduls auf Englisch angeboten.

Übergeordnete Lernziele beider Module sind der Erwerb von Methoden- und Fachkompetenzen im interdisziplinären Austausch durch forschungsorientierte Tätigkeiten sowie die kritisch-reflexive Anwendung spezifischer fachlicher Kompetenzen und theoretischer Ansätze. Neben der Verortung in der Fachlichkeit des eigenen Studiengebiets und damit verknüpften domänenspezifischen Kompetenzen erlangen die Studierenden der FLiK-Module auch Überblickswissen zu Theorien und Entwicklungen fachverwandter Disziplinen und erwerben, etwa mit Blick auf die Aufgabe der Berufsorientierung, generische Kompetenzen.

[2]Vgl. TU Dresden (2020) zum Konzept „Invektivität“.

Allgemein kann in Rückgriff auf die Ausführungen am Schluss von Abschn. 2 die Bereitstellung und Vermittlung von personengebundenen Kompetenzen (vgl. Abb. 1) als wichtiger Transferbeitrag der Wissenschaft für die Gesellschaft angesehen werden. Schaut man, um diesen Ansatz zu konkretisieren, auf die Modulbeschreibung des Lehr-Lernformats zum Thema „Risiko und Risikonarrative“, wird die zwischen Wissenschaft und Gesellschaft vermittelnde Rolle einer kompetenzorientierten Herangehensweise fassbar. Denn die FLiK-Module verbinden – ausgehend von der engen Verknüpfung herausragender Lehre und exzellenter Forschung an der TU Dresden – beide Domänen miteinander und sind auf den Erwerb von inter- und transdisziplinär ausgerichteten Kompetenzen angelegt. Bezogen auf den Kompetenzenkatalog stellt sich der skizzierte Ansatz folgendermaßen dar (vgl. Abb. 3):

Um die spezifischen Anforderungen der Interdisziplinarität zu berücksichtigen, setzen die FLiK-Module, wie weiter oben ausgeführt wurde, adäquate Lern- und Lehrformen ein, die die verschiedenen Zugänge der Studierenden zur Forschung integrieren (vgl. Tab. 1). Besonderer Wert wird dabei auf die Frage der fachübergreifenden Kommunikation gelegt, was sich insbesondere in der ausführlichen Verständigung über Begriffe, Methoden, Modelle und Theorien der beteiligten Disziplinen und mögliche Abgrenzungen und Differenzierungen zwischen Fachinhalten, fachverwandten und fremdfachlichen Inhalten zeigt. Ziel dieses Vorgehens ist es, interdisziplinäre

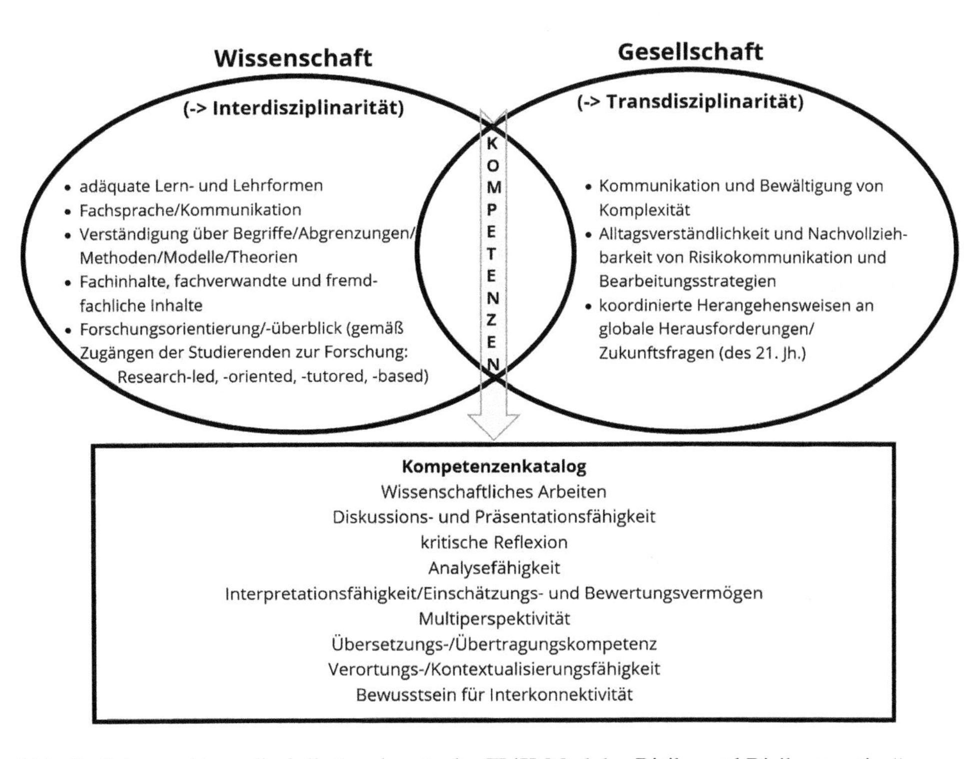

Abb. 3 Inter- und transdisziplinärer Ansatz des FLiK-Moduls „Risiko und Risikonarrative“

Sprachfähigkeit herzustellen. So lässt sich anhand der Modulbeschreibung des FLiK-Moduls „Risiko“ der auf gesellschaftliche Wirksamkeit gerichtete, transdisziplinäre Ansatz nachvollziehen, da das Format auf fachübergreifende Kommunikation und die Bewältigung von Komplexität zielt. In der Alltagsverständlichkeit und Nachvollziehbarkeit von Risikokommunikation und Bearbeitungsstrategien finden sich weitere wichtige, damit einhergehende Erfordernisse für das Gelingen transdisziplinärer Wissenschaftskommunikation. Als 3. Ziel mit besonders großer gesellschaftlicher Relevanz ist die Auseinandersetzung mit globalen Herausforderungen und Zukunftsfragen (des 21. Jahrhunderts) zu nennen. Aus diesem inter- und transdisziplinären Rahmen abgeleitete Kompetenzen (vgl. Kasten in Abb. 3) sind die Fähigkeit zu wissenschaftlichem Arbeiten, die Erlangung von Diskussions- und Präsentationsfähigkeit, kritisches Reflexionsvermögen und Analysefähigkeit. Des Weiteren sollen die Studierenden durch die Teilnahme an dem zweisemestrigen Veranstaltungszyklus Interpretationsfähigkeit sowie Einschätzungs- und Bewertungsvermögen erlangen und zu Multiperspektivität angeregt werden. Mit der für interdisziplinäre Kooperationen und transdisziplinäre Vermittlungsaufgaben entscheidenden Frage der Kommunikations- und Sprachfähigkeit geht das Ziel einher, dass die Studierenden eine „Translationskompetenz“ erwerben, um damit zwischen verschiedenen wissenschaftlichen Fächern, insbesondere aber auch zwischen Wissenschaft und Gesellschaft übersetzen und vermitteln zu können. Zur Bestimmung des eigenen Standortes ist außerdem Verortungskompetenz wichtig, mithin also, dass die Studierenden sich in ihrer gesellschaftlichen Rolle und mit ihrem fachdisziplinären Expertenwissen im Rahmen von Wissenschaft und Gesellschaft kontextualisieren können. Dies findet außerdem Ausdruck in einem durch das Modul-Setting geförderten Bewusstsein für die Interkonnektivität und Interdependenz von Wissenschaft und Gesellschaft.

Ablesen lassen sich, um die Ausführungen an Beispielen aus der Praxis zu konkretisieren, die zu erwerbende „Inter- und Transdisziplinaritätskompetenzen“ anhand studentischer Forschungsthemen. Im Risiko-Modul wurde z. B. von einem interdisziplinären Studierendenteam das Projekt mit dem Titel „Risiko Chemiewaffen – Darstellung der Effektivität und Folgen von Chemiewaffeneinsätzen am Beispiel des Sarin-Anschlags in Tokio 1995“ bearbeitet. Weitere Projekte beschäftigten sich mit der „Risikokommunikation der Paleo-Ernährung – Getreide vom Heilsversprechen zur Bedrohung“ oder mit dem Thema „Mediendiskurse nach einem Terroranschlag“. Andere Zukunftsfragen mit inter- und transdisziplinärer Erstreckung wie etwa zu „Diabetes mellitus Typ 2“ oder zur „klimawandelbeeinflussten Trinkwassersituation in Europa“ ergänzen den zunächst interdisziplinären Ansatz der FLiK-Module um eine transdisziplinäre Komponente. Im Feld der Bionik wurden von Studierenden gleichfalls prägende Fragen an der Schnittstelle von Wissenschaft und Gesellschaft aufgeworfen und eigenständig bearbeitet, wie z. B. kraftstoffautarke Pumpen zur Bewässerung, Trinkwassergewinnung in der Wüste, faltbare Behausungen oder Fluchtwegplanungen nach dem Vorbild von Schwärmen.

4 Inter- und Transdisziplinarität als Mehrwert für Studierende und Lehrende

Mit den Beispielen der von interdisziplinären Studierendengruppen bearbeiteten Themen sollte hervorgehoben werden, dass diese ohne Vorgaben der Lehrenden (lediglich im jeweiligen vom Moduloberthema abgesteckten Rahmenthema) selbst auf transdisziplinäre Fragestellungen und Herausforderungen aufmerksam werden. Die Studierenden bringen ihre gesellschaftsbezogenen Interessen von sich aus in den interdisziplinären Forschungsprozess ein und rücken diesen damit in eine dezidiert transdisziplinäre Perspektive.

Als Mehrwert ihres Engagements im Rahmen der FLIK-Module haben die Studierenden die Möglichkeit zur fachübergreifenden Zusammenarbeit mit Kommilitonen anderer Studienrichtungen, was im Rahmen von Evaluationen als große Bereicherung eingeschätzt wird. Außerdem erhalten sie unmittelbare Einblicke in den aktuellen Stand der Forschung. Im Rahmen der Staffelvorlesungen gibt es genügend Raum für Nachfragen und aktives Nachvollziehen mit dem Ziel, forschungsinteressierte Studierende an selbstwirksame Forschungstätigkeiten heranzuführen und in eigenverantwortlich zu bearbeitende Forschungsprojekte zu integrieren. Somit durchlaufen die Teilnehmenden der zweisemestrigen FLiK-Module alle wesentlichen Stufen eines Forschungsprozesses – ggf. auch inklusive dabei auftretender Schwierigkeiten und Rückschritte – und entwickeln dabei einen forschenden Habitus und einen interdisziplinären Denkstil (Lerch 2017). Ergänzend wird ihnen die praktische Anwendung von Forschungsergebnissen durch vorlesungsbegleitende Workshops und Projektseminare ermöglicht sowie eine offene Werkstatt zum Experimentieren angeboten. In der Übung der Präsentationsfähigkeit wissenschaftlicher Ergebnisse werden inter- und transdisziplinäre Perspektiven vertieft, was dazu beiträgt, frühzeitig und eigenständig Themen für wissenschaftliche Abschlussarbeiten zu finden und etwa durch die Erstellung von Postern die wissenschaftliche Praxis und Wissenschaftskommunikation zu kultivieren. Die Einbeziehung außeruniversitärer Lehrender und Lernorte bietet Orientierung auf ergänzende Inhalte und zusätzliche berufliche Möglichkeiten, wodurch forschungsinteressierte Studierende auf die Karriereoption Wissenschaft aufmerksam werden.

Der Mehrwert eines FLiK-Moduls für Lehrende liegt neben der Teilnahme an einem Lehr-Leuchtturm-Projekt darin, eine enge Verknüpfung zwischen Forschung und Lehre herstellen zu können und sich durch die inhaltliche Abstimmung der Veranstaltung interdisziplinär zu vernetzen. Infolge der Betreuung in organisatorischen und didaktischen Fragen sowie in der Öffentlichkeitsarbeit bietet sich außerdem die Möglichkeit zur universitätsweiten Werbung für den Einsatz innovativer didaktischer Methoden. Erfahrungsgemäß sind die an den FLiK-Modulen beteiligten Studierenden besonders aktiv. Da für die Auseinandersetzung mit einem Themenbereich 2 Semester zur Verfügung stehen, ist Raum für ungewöhnliche Herangehensweisen vorhanden, was zu einer nachhaltigen Steigerung der Lerneffekte führt. Durch die gestufte Heranführung der Studierenden an eigenständige Forschungsprojekte bietet sich die Chance, frühzeitig qualifizierten und motivierten wissenschaftlichen Forschungsnachwuchs für die jeweiligen Forschungsschwerpunkte der Lehrenden zu gewinnen.

In den bisher durchgeführten FLiK-Modulen hat sich auch gezeigt, dass interdisziplinäre Lehrkooperationen neue Forschungskooperationen hervorbringen können. Somit fördert fachübergreifende, forschungsorientierte Lehre die Forschung. Interdisziplinäre Kollaborationen schaffen ein wissenschaftlich fundiertes Bewusstsein für transdisziplinäre Herausforderungen, ermöglichen allen Beteiligten neue Sichtweisen und regen zum Blick über den Tellerrand an. Kurzum: Forschen und Lernen im interdisziplinären Kontext öffnet für wissenschaftliche und gesellschaftliche Herausforderungen.

5 Zum Verhältnis von Inter- und Transdisziplinarität am Beispiel der FLiK-Module

Da die FLiK-Module an einer forschungsstarken Exzellenzuniversität wie der Technischen Universität Dresden entwickelt wurden, ist ihr primäres Kennzeichen eine wissenschaftsinterne Interdisziplinarität (gemäß Di Giulio et al. 2001, vgl. auch Jungert 2013), die über kooperative Lehr- und Lernsettings mit pragmatischem Bezug zu großen Herausforderungen in Wissenschaft und Gesellschaft hergestellt wird. Durch die Öffnung auf außeruniversitäre Forschungseinrichtungen und die thematische Einbeziehung unterschiedlicher Wissenschaftsbereiche (wie z. B. Geistes- und Naturwissenschaften) wird ein weiteres Verständnis von Interdisziplinarität evident. Die Verortung des Angebots innerhalb des institutionellen Rahmens der Wissenschaft korrespondiert, wie anhand des aus dem HRK-Eckpunktepapier entwickelten Modells gezeigt wurde, mit dem Kerngeschäft von Hochschulen, exzellente Forschung und herausragende Lehre zu erbringen (vgl. Abb. 1). Die direkt auf die 2 zentralen Leistungsdimensionen Bezug nehmende Spezifität der FLiK-Module ist, dass sie über das Format des forschungsorientierten Lernens und Lehrens einen besonders engen Konnex beider Kernaufgaben schaffen. Dem universitären Rahmen gemäß werden also wissenschaftliche Inhalte, der Forschungsprozess in seiner Gesamtheit und die kommunikative (Selbst-)Verständigung der beteiligten Disziplinen durch darauf abgestimmte Formen des interdisziplinären Lernens und Lehrens miteinander verknüpft. Aufgrund der Komplexität und Tragweite der behandelten Fragestellungen können die an eigenständige Forschungstätigkeit und kritische Reflexion herangeführten Studierenden selbst Gesellschaftsbezüge herstellen, ohne dass sie im Vorfeld autoritativ dazu verpflichtet wurden. Dieses gestaffelte Vorgehen (Disziplinarität – Interdisziplinarität – Transdisziplinarität) entspricht der Argumentation der Hochschulrektorenkonferenz zur Rolle von Hochschulen in Wissenschaft und Gesellschaft. Diese besagt, dass Hochschulen über ihre genuinen Aufgaben in Forschung und Lehre hinaus in verschiedenen zusätzlichen Dimensionen wirken und somit an weitere gesellschaftliche Teilbereiche (wie z. B. die Wirtschaft) rückgekoppelt sind. Zentral für die Gestaltung der Lehr-Lern-Settings der FLiK-Module ist die parallel stattfindende Vermittlung domänenspezifischer und generischer Kompetenzen (vgl. Abb. 3).

Ein instruktives Beispiel zur Veranschaulichung der Transferbeziehungen – um die über die wissenschaftsinterne Interdisziplinarität hinausreichende, transdisziplinäre Wirkung zu verdeutlichen – sind die durch den Erwerb domänenspezifischer und generischer Kompetenzen zu souveränem Handeln in Wissenschaft und Gesellschaft zu Befähigenden, nämlich die Studierenden selbst: Nur zu einem geringeren Teil verbleiben sie nach Beendigung ihres Studiums im Wissenschaftssystem. Zu Beginn des Studiums kommen sie überwiegend aus anderen Teilsystemen in die Wissenschaft. Und selbstverständlich auch während des Studienverlaufs und danach sind sie gleichzeitig bzw. sukzessive in anderen Bereichen neben der Wissenschaft aktiv. Unter der Prämisse interpersonell miteinander wechselwirkender gesellschaftlicher Teilsysteme, in welche sich die Lernenden entsprechend ihrer jeweiligen Kompetenzportfolios einbringen, können universitäre Lehr- und Lernformate also per se als transdisziplinär verstanden werden. Über ihre jeweiligen Akteursbeziehungen tragen sie zur facettenreichen Oszillation von Wissenschaft und Gesellschaft bei, wodurch Hochschule zu einem Ermöglichungs- und Erprobungsraum für wechselseitigen Transfer zwischen den Bereichen wird. Der studierendenzentrierte Ansatz der FLiK-Module setzt auf die Vielfalt von Lehr-Lern-Interaktionen und berücksichtigt die jeweiligen disziplinären, interdisziplinären und transdisziplinären Erfordernisse der wissenschaftlichen und gesellschaftlichen Herausforderungslage. Entscheidend für das Gelingen des Kompetenzenerwerbs der Studierenden ist die Qualität und Reichhaltigkeit der didaktischen Settings und die Berücksichtigung der individuellen und systemischen Voraussetzungen und Bedürfnisse. Von großer Bedeutung ist außerdem eine zur (Selbst-)Reflexion anregende Begleitung der Verständigungsprozesse zwischen den Akteuren und ihren jeweiligen Disziplinen. Ausdrücklich sollte in diesem Zusammenhang darauf aufmerksam gemacht werden, dass ein je individuell ausgeprägtes Spannungsfeld zwischen Disziplin und Person besteht, welches sich auf das Gelingen der Interdisziplinarität auswirkt (vgl. Lerch 2017). Mit Blick auf den Aspekt der Transdisziplinarität ist außerdem offenzulegen, dass diese Wissenschaft und Disziplinen gegebenenfalls auch wesentlich verändern kann (ebd.).

Im Vergleich zu einem genuin transdisziplinären Ansatz, der von der Angebotsseite her auf gesellschaftliche Wirksamkeit verpflichtet, oder gar auf einen systemverändernden Transformationsprozess ausrichten möchte (Schneidewind und Singer-Brodowski 2014), lässt sich für die FLiK-Module festhalten, dass sie – infolge ihres auf Offenheit und (curriculare) Freiwilligkeit angelegten Charakters – explizit nicht von einem normativen Modell „betreibender Wissenschaft“ bzw. einer Verpflichtung zu gesellschaftlichem Engagement ausgehen, vielmehr den Studierenden Zeit, Raum und die (Eigen-)Verantwortung überlassen und sie dabei unterstützen, ihre im Rahmen des Oberthemas selbstgewählten Projekte zu inter- und transdisziplinären Problemstellungen umzusetzen.

In einem empirisch fundierten Vergleich interdisziplinärer Settings mit transdisziplinären oder auf Transformation ausgerichteten Formaten wäre es von daher interessant zu erforschen, inwiefern insbesondere „Third Mission"-Ansätzen mit expliziter Aufforderung zu gesellschaftlichem Engagement eine handlungsleitende Moralität und ein bestimmtes, darauf abzielendes Wissenschaftsverständnis eingeschrieben ist – und gegebenenfalls auch Widerstände auslöst. In diesem Zusammenhang könnte fernerhin untersucht werden, ob bestimmte Formen – so eine erste These – überproportional aus dem Bereich von Hochschulprofessionellen des „Third Space" (Whitchurch 2008) oder aus dem akademischen Zentrum der Universität heraus angeboten werden und welche Auswirkungen das auf die Struktur und Wirksamkeit von Projekten hat.

Eine weitere Forschungsaufgabe wäre es, anhand von empirischen Studien eine tragfähige Systematisierung entlang eines Kontinuums von disziplinären, interdisziplinären, transdisziplinären und transformativen Lehrveranstaltungsformen zu generieren, mithilfe derer Formate aufgrund realtypischer Merkmale klassifiziert werden können. Neben explorativen empirischen Verfahren sind weitere Anhaltspunkte für eine differenzierte Beschreibung des Felds durch aggregierende Metastudien zu gewinnen.

Im Zusammenhang mit einem solchen, aus der Empirie gespeisten typologisch-klassifikatorischen Vorhaben ist die von Jürgen Mittelstraß angestoßene, inzwischen sehr umfangeiche Debatte um die Begriffsverständnisse, Abgrenzungen, Konzeptionen und Implikationen von Interdisziplinarität und Transdisziplinarität einzubeziehen und um neuere Entwicklungen in Richtung eines „transformativen Wissenschaftsverständnisses" zu ergänzen (Mittelstraß 2003, vgl. auch Mittelstraß 2018). Hilfreich dürfte dabei sicherlich eine auf Quantität bzw. Reichweite basierende Einteilung der Phänomene in Anlehnung zu der geläufigen Unterscheidung einer großen und kleinen bzw. weiteren und engeren Interdisziplinarität sein.

Ein ebenfalls lohnenswerter Aspekt, der sich aus der Empirie der FLiK-Module und den dazu durchgeführten Begleitforschungen, aber auch aus der Literatur zur Interdisziplinarität ergibt, ist die Frage nach der Rolle von Interaktion, Kooperation und Kommunikation (für eine aktuelle Arbeit zur Ausgestaltung interdisziplinärer Kooperationsbeziehungen in Forschungskontexten vgl. Dai und Boos 2019; Forschungen zur Thematik der interdisziplinären Kollaborationsbeziehungen im Rahmen von forschungsorientierter Lehre stehen noch weitgehend aus). Dies gilt insbesondere für den Kontext von Sprachlichkeit und Übersetzungsleistung (Lerch 2017), wo etwa anhand eines sprach- und kommunikationswissenschaftlichen Vergleichs besonders gut gelungene Kommunikation(sformen) respektive paradigmatische kommunikative Missverständnisse in inter- und transdisziplinären Kontexten zu untersuchen wären, um verallgemeinerbare Aussagen über Ge- und Misslingensbedingungen treffen zu können. Je stärker die Nähe der Wissenschaft zur Gesellschaft über Formen des wechselseitigen Wissenstransfers hergestellt werden soll – so eine weitere These –, umso voraussetzungsvoller und zeitaufwändiger wird die Kommunikations- und Übersetzungsleistung (Müller und Kaltenbrunner 2019). Das manifestiert sich insbesondere bei hochkomplexen, nicht auf den ersten Blick intelligiblen interdisziplinären Fragestellungen, was zugleich Ergänzungspotenzial des FLiK-Ansatzes um weitere Unterstützungsangebote für inter- und transdisziplinäre Wissenschaftskommunikation aufzeigt. In Anschluss daran ist zu konstatieren, dass zusätzliche Kommunikationsaufgaben Ressourcen von der Forschungstätigkeit weglenken. Die Beschäftigung mit Fragen der Kommunikation, Verständigungs- und Übersetzungsleistung sind – neben den darüber nicht zu vernachlässigenden grundlegenden Aspekten der Fachlichkeit und Überfachlichkeit – dennoch wichtige Forschungsthemen, deren zunehmende Berücksichtigung sich vor dem Hintergrund einer verschärften Herausforderungslage (vgl. Abschn. 2) in Zukunft noch wesentlich stärker konturierend auf die Wissenschaft als Gesamtsystem auswirken dürfte. Denn die aktuell mit besonderem Nachdruck seitens des BMBF vertretene Forderung nach einem „Kulturwandel hin zu einer kommunizierenden Wissenschaft" (BMBF 2019) deutet – einmal abgesehen von einer im Grundsatzpapier des BMBF latent mitschwingenden Skepsis am diesbezüglichen Leistungsvermögen der Wissenschaft – auf eine (politisch induzierte, anreizgesteuerte) Hinorientierung der Hochschulen auf das Themenfeld gesellschaftlicher Herausforderungen. Vielmehr noch: Sie signalisiert einen Shift zur Transdisziplinarität.

Literatur

Baumgartner P, Brei C, Lohse A, Kuhn S, Michel A, Pohlenz P, Quade S, Seidl T, Spinath B (2018) 3 plus 10 Thesen zu gesellschaftlichen Trends und der zukünftigen Rolle der Hochschulen. Diskussionspapier Nr. 4 Hochschulforum Digitalisierung. https://hochschulforumdigitalisierung.de/de/diskussionspapier-4-curriculum-40-3-plus-10-thesen-zu-gesellschaftlichen-trends. Zugegriffen: 25. Sept 2020

BMBF Bundesministerium für Bildung und Forschung (2019) Grundsatzpapier des Bundesministeriums für Bildung und Forschung zur Wissenschaftskommunikation. BMBF, Berlin. https://www.bmbf.de/upload_filestore/pub/Grundsatzpapier_zur_Wissenschaftskommunikation.pdf. Zugegriffen: 25. Sept 2020

Dai L, Boos M (2019) Mapping the right fit for knowledge sharing. Practical tips for effective interdisciplinary collaborations. Nature. https://www.nature.com/articles/d41586-019-03558-5

Di Giulio A, Defila R, Künzli C (2001) Was bedeutet eine interdisziplinäre Zusatzqualifikation im Rahmen eines Studiums? Das Beispiel der Allgemeinen Ökologie an der Universität Bern. In: Fischer A, Hahn G (Hrsg) Interdisziplinarität fängt im Kopf an. VAS, Frankfurt a. M., S 102–122

DIE ZEIT (2018) Frank-Walter Steinmeier: Universität braucht Freiheit, Die Zeit 43, 18. Oktober 2018, S 6

GWK Gemeinsame Wissenschaftskonferenz (2020) Die Gemeinsame Wissenschaftskonferenz. https://www.gwk-bonn.de/. Zugegriffen: 25. Sept 2020

Healey M (2005) Linking research and teaching: disciplinary spaces. In: Barnett R (Hrsg) Reshaping the university: new relationships between research, scholarship and teaching. Open University Press, New York, S 30–42

Healey M, Jenkins A (2009) Developing undergratuade research and inquiry. The York Higher Education Academy, Heslington

HRK Hochschulrektorenkonferenz (2018a) Wiener Erklärung: Europäische Rektorenkonferenz treten für Wissenschaftsfreiheit und Hochschulautonomie ein. https://www.hrk.de/fileadmin/redaktion/hrk/02-Dokumente/02-07-Internationales/Wiener-Erklaerung-Deutsch.pdf. Zugegriffen 25. Sept 2020

HRK Hochschulrektorenkonferenz (2018b) Die Hochschulen als zentrale Akteure in Wissenschaft und Gesellschaft. https://www.hrk.de/fileadmin/redaktion/hrk/02-Dokumente/02-01-Beschluesse/HRK_-_Eckpunkte_HS-System_2018.pdf. Zugegriffen: 25. Sept 2020

Huber L (2004) Forschendes Lernen. 10 Thesen zum Verhältnis von Forschung und Lehre aus der Perspektive des Studiums. die hochschule 2:29–49

Huber L (2009) Warum forschendes Lernen nötig und möglich ist. In: Huber L, Hellmer J, Schneider F (Hrsg) Forschendes Lernen im Studium. UVW, Bielefeld, S 9–35

Huber L (2014) Forschungsbasiertes, forschungsorientiertes, forschendes Lernen: Alles dasselbe? Ein Plädoyer für eine Verständigung über Begriffe und Unterscheidungen im Feld forschungsnahen Lehrens und Lernens. Das Hochschulwesen 1+2:22–29

Jenkins A, Healey M (2009) Developing the student as a researcher through the curriculum. In: Rust C (Hrsg) Improving student learning through the curriuculum. Oxford Centre for staff and learning development, Oxford

Jungert M (2013) Was zwischen wem und warum eigentlich? Grundsätzliche Fragen der Interdisziplinarität. In: Jungert M, Romfeld E, Sukopp T, Voigt U (Hrsg) Interdisziplinarität. Theorie, Praxis, Probleme, 2. Auf. WBG, Darmstadt, S 1–12

Lerch S (2017) Interdisziplinäre Kompetenzen. Eine Einführung. Waxmann, München

Mieg H (2017) Einleitung: Forschendes Lernen – erste Bilanz. In: Mieg H, Lehmann J (Hrsg) Forschendes Lernen. Wie die Lehre in Universität und Fachhochschule erneuert werden kann. Campus, Frankfurt a. M., S 15–31

Mittelstraß J (2003) Transdisziplinarität – wissenschaftliche Zukunft und institutionelle Wirklichkeit. UVK, Konstanz

Mittelstraß J (2018) The order of knowlege: from disciplinarity to transdisciplinarity and back. Eur Rev 26(S2):68–75

Müller R, Kaltenbrunner W (2019) Re-disciplinig academic careers. Interdisciplinary practice and career development at a swedish environmental science research center. Minerva 57:479–499

Ruess J, Gess C, Deicke W (2016) Forschendes Lernen und forschungsbezogene Lehre – empirisch gestützte Systematisierung des Forschungsbezugs hochschulischer Lehre. Z Hochschulentwicklung 11(2):23–44

Schneidewind U, Singer-Brodowski M (2014) Transformative Wissenschaft. Klimawandel im deutschen Wissenschafts- und Hochschulsystem, 2. Aufl. Metropolis, Marburg

Strohschneider P (2017) Über Wissenschaft in Zeiten des Populismus, Rede zur Jahresversammlung der DFG. https://www.dfg.de/download/pdf/dfg_im_profil/reden_stellungnahmen/2017/170704_rede_strohschneider_festveranstaltung.pdf. Zugegriffen: 25. Sept 2020

TU Dresden (2020) Sonderforschungsbereich 1285 „Invektivität. Konstellationen und Dynamiken der Herabsetzung". https://tu-dresden.de/gsw/sfb1285. Zugegriffen: 25. Sept 2020

Whitchurch C (2008) Shifting identities and blurring boundaries. The emergence of third space professionals in UK higher education. High Educ Q 62(4):377–396

Wissenschaftsrat (2017a) Positionspapier Strategien für die Hochschullehre. Drs. 6190–17. Wissenschaftsrat, Halle (Saale)

Wissenschaftsrat (2017b) Pressemitteilung 24 vom 23. Oktober 2017

Dr. Hans Jörg Schmidt, MBA, ist seit 2017 Wissenschaftlicher Referent am Zentrum für interdisziplinäres Lernen und Lehren (ZiLL) der Technischen Universität Dresden. Dort ist er schwerpunktmäßig mit strategischen Fragen der Lehrentwicklung und im Rahmen der Exzellenzstrategie „TUD 2028 – Synergy and beyond" mit den Programmen zur forschungsorientierten Lehre betraut. Außerdem ist er in den Bereichen inter- und transdisziplinäres, kooperatives sowie digitales Lernen und Lehren aktiv.

Community-based Research zur Förderung des professionellen Handels von sozialwissenschaftlichen Studierenden

Kea Glaß

1 Einleitung

Eines der Ziele, das ein Hochschulstudium nach der 1999 unterzeichneten Bologna-Erklärung erreichen soll, ist *Employability.* Damit ist gemeint, dass die Studierenden für ihr späteres Berufsleben beschäftigungsfähig werden sollen. Neben der Frage wie Studierende diese Beschäftigungsfähigkeit erlangen können, ist dabei auch zu bedenken, was das vor allem für Universitäten bedeutet. Während an Fachhochschulen der Praxisbezug allgegenwärtig ist, fehlt dieser an Universitäten. Wie sollen also Studierende wissenschaftlich ausgerichteter, universitärer Studiengänge, wie beispielsweise die der Sozialwissenschaften, auf das bevorstehende Berufsleben vorbereitet werden, wenn sich diese durch vielfältige und nicht vordefinierte Berufsfelder kennzeichnen?

Einen Ansatz, *Employability* für wissenschaftlich ausgerichtete Studiengänge wie die Sozialwissenschaften greifbar zu machen, stellt das Konzept des *professionellen Handelns* (vgl. Ludwig 2012) dar. Studierende werden zu professionell Handelnden, wenn sie in der Lage sind Theorie und Praxis miteinander zu verbinden, indem sie fachspezifische Inhalte und Methoden adressatengerecht auf Probleme konkreter Handlungsfelder anwenden. Als professionell Handelnde werden sie zu Mittlern zwischen Universität (Wissenschaft) und Gesellschaft (vgl. Ludwig 2014). Gleichzeitig nehmen sie in diesem Vermittlungsprozess die Rolle von Wissenstransformatoren ein.

Der Großteil aller Bachelor- und Masterabsolventen verlässt nach seinem Studium die Hochschule, um sein Wissen in der Praxis außerhalb der Wissenschaft anzuwenden (vgl. Ludwig 2014, S. 8). Um diese Vielzahl von Studierenden für ihr späteres

K. Glaß (✉)
Projektbüro Angewandte Sozialforschung, Universität Hamburg, Hamburg, Deutschland
E-Mail: kea.glass@uni-hamburg.de

A. Boos et al. (Hrsg.), *CSR und Hochschullehre,* Management-Reihe Corporate Social Responsibility, https://doi.org/10.1007/978-3-662-62679-5_5

Berufsleben zum professionellen Handeln zu befähigen, bedarf es innovativer Lehrkonzepte, die eine Vermittlung der dafür benötigten Kompetenzen umfassen. Lehrveranstaltungen, in denen die Studierenden Kontakt zu (zivil-)gesellschaftlichen Akteuren erhalten, ermöglichen es ihnen, sich mit praxisrelevanten Themen zu befassen und dabei unerlässliche Einblicke in potenzielle berufliche Arbeitsbereiche zu erhalten.

Der aus den USA stammende Forschungsansatz *Community-based Research (CBR)* bietet die Möglichkeit, bereits während des Studiums diese Brücke zwischen Universität und Praxis zu schlagen. Community-based Research ist durch einen Forschungsprozess gekennzeichnet, an dem Akteure aus der Gesellschaft und Angehörige von Hochschulen kooperativ und gleichberechtigt beteiligt sind. Diese untersuchen gemeinsam relevante Problemstellungen in der gesellschaftlichen Praxis und gestalten dabei soziale Änderungsprozesse, die idealerweise eine langfristige Wirkung entfalten.

Von der Partizipation an diesen Projekten profitieren beide Seiten: Zivilgesellschaftliche Akteure erhalten wissenschaftliche Unterstützung bei der Bearbeitung einer Frage bzw. eines Problems, während Studierende wichtige beschäftigungsrelevante Kompetenzen erwerben, die insbesondere in sozialwissenschaftlichen Studiengängen[1] richtungsweisend sein können. Zugleich habe die Anwendung des Ansatzes das Potenzial, weitere Kompetenzen zu befördern, die dem Konzept des professionellen Handelns entsprechen.

In diesem Kontext geht dieser Artikel der Frage nach, *inwiefern sich der CBR-Ansatz dazu eignet, Studierende der Sozialwissenschaften zum professionellen Handeln zu befähigen.*

Zur ausführlichen Beantwortung dieser Fragestellung wird zunächst *Employability* als eines der Ziele der Bologna-Reform mit den Aufgaben sowie dem Leitbild einer Universität in Verbindung gesetzt. Daran anschließend werden das Konzept des professionellen Handelns sowie der Forschungsansatz *Community-based Research* erläutert. Dabei wird zunächst auf den Entstehungsprozess und die disziplinäre Verortung des CBR-Ansatzes sowie die Definition von CBR eingegangen, bevor die in der Literatur diskutierten Argumente gegen und für den Ansatz thematisiert werden. Darauffolgend wird diskutiert, wie sich CBR vor allem für die Studierenden der Sozialwissenschaften zur Förderung des professionellen Handelns eignet. Der Artikel schließt mit einer kurzen Zusammenfassung.

Zentrale Erkenntnis dieses Beitrags ist es, dass Studierende mithilfe von CBR-Projekten zum professionellen Handeln befähigt werden können. Dies geschieht, indem sie mit der Gesellschaft gemeinsam forschend reale, gesellschaftsrelevante Problemstellungen bearbeiten und dabei disziplinspezifisches Fachwissen einbringen.

[1]Dieser Artikel beschränkt sich auf die wissenschaftsorientierten, universitären Studiengänge der Sozialwissenschaften, u. a. Soziologie und Politikwissenschaft. Diese praxisfernen Studiengänge mit ihrer empirischen Orientierung eignen sich für die Anwendung des *Community-based Research*-Ansatzes.

2 Employability und der Bildungsauftrag von Universitäten

Im Juni 1999 unterzeichneten 29 europäische Staaten die *Bologna-Erklärung,* mit der bis 2010 ein gemeinsamer europäischer Hochschulraum geschaffen werden sollte. Diese umfassende strukturelle Studienreform sollte die unterschiedlichen Hochschulsysteme innerhalb Europas angleichen, um die Mobilität europäischer Studierender und Wissenschaftler zu fördern sowie einen reibungslosen europaweiten Berufseinstieg zu ermöglichen. Dafür wurde eine gemeinsame Grundstruktur der Studienprogramme geschaffen, in der Bachelor- und Master-Stufen eingeführt und Qualitätssicherungssysteme aufgebaut wurden sowie ein einheitliches Leistungspunktesystem etabliert wurde (vgl. Toens 2009, S. 232).

Im Rahmen der Bologna-Reform gewann der Begriff *Employability* zunehmend an Bedeutung. Aus dem Englischen übersetzt bedeutet er u. a. „Berufsqualifizierung, Berufsbefähigung, Beschäftigungsfähigkeit, Arbeitsmarktrelevanz usw." (Schubarth et al. 2014, S. 12 f.). Diese vielfachen Übersetzungsmöglichkeiten verursachten eine Begriffsunschärfe, die neben weiteren Aspekten dazu führt, dass der Terminus hierzulande inhaltlich stark umstritten ist. Während *Employability* in der englischen Fassung der Bologna-Erklärung auf „eine internationale Mobilität und Beschäftigungsmöglichkeit" (ebd., S. 20) abzielt, intendiert er in der deutschen Fassung „vorrangig eine arbeitsmarktbezogene Qualifizierung bzw. arbeitsmarktrelevante Qualifikation" (ebd.). Erst 2005 wurde er in der deutschsprachigen Version der Bologna-Erklärung in *Beschäftigungsfähigkeit* übersetzt (vgl. ebd., S. 22).

Während *Employability* in der hochschulpolitischen Diskussion als Leitbild der Bologna-Reform fungiert, wird der Begriff in der Fachdebatte äußerst umstritten diskutiert (vgl. Schubarth et al. 2014, S. 14). Denn nach ihrem Selbstverständnis lebt die Universität von der Freiheit von Forschung und Lehre, welche „im Medium von Wissenschaft, nach Kriterien von Wissenschaft und durch Wissenschaftlerinnen und Wissenschaftler" (Wissenschaftsrat 2015, S. 44) ausgeübt werde. Dieses Selbstverständnis stehe häufig im engen Zusammenhang mit dem klassischen Bildungsbegriff von Wilhelm von Humboldt, für den *allgemeine Bildung* vor allem die „Entfaltung möglichst aller menschlichen Kräfte" (Koller 2012, S. 12) zum Ziel hat. Diese betrachtet Humboldt als vorrangig gegenüber der *speziellen Bildung,* die die berufliche Ausbildung umfasst. Aus diesem Grund sehen Kritiker der Bologna-Reform einen Widerspruch zwischen der charakteristischen Zweckfreiheit einer Universität und der berufsbezogenen Qualifizierung, die mit dem *Employability*-Begriff einhergeht.

Trotz gegensätzlicher Positionen hinsichtlich des klassischen Bildungsbegriffs und der Anforderungen der Bologna-Reform ist es dem Wissenschaftsrat zufolge die Aufgabe jeder Hochschule, ihr Selbstverständnis mit den drei Dimensionen hochschulischer Bildungsziele „(Fach-)Wissenschaft, Persönlichkeitsbildung und Arbeitsmarktvorbereitung" (Wissenschaftsrat 2015, S. 40) aufeinander abzustimmen. Die *fachwissenschaftliche Bildung* als Qualifizierungsziel ist an Hochschulen prioritär und beinhaltet die „situationsgerechte Auswahl, Anwendung und Anpassung fachspezifischer Theorien und Methoden“ (ebd.). Darüber hinaus umfasst sie den „selbständigen und kritischen Umgang mit wissenschaftlichen Erkenntnissen“ (ebd.) sowie den Wissenstransfer in die Gesellschaft. Die zweite Dimension der hochschulischen Bildungsziele betrifft die *Persönlichkeitsbildung,* welche die Wissenschaftssozialisation, Bildung einer Fachidentität sowie „Entwicklung eines wissenschaftlichen und beruflichen Ethos“ (ebd.) inkludiert. Des Weiteren beinhaltet sie den Ausbau sozialer Kompetenzen, wie beispielsweise Kommunikations- und Teamfähigkeit. Als dritte und letzte Dimension gilt die *Arbeitsmarktvorbereitung,* welche die gezielte Qualifizierung der Studierenden für das bevorstehende Berufsleben umfasst. Neben fachlichen Kompetenzen sollte ein Hochschulstudium auch „überfachliche Kompetenzen, wie Urteilsvermögen, Reflexionsfähigkeit oder auch Erfahrungen in Projekt- und Zeitmanagement […] vermitteln“ (ebd., S. 41). Je nach Hochschule und Studiengang können diese drei Dimensionen von hochschulischer Bildung unterschiedlich gewichtet sein und können auch zum Teil unterschiedlich stark miteinander konkurrieren (vgl. ebd., S. 40).

Bereits vor der Bologna-Reform und der damit einhergehenden Forderung nach *Employability,* gab es Studiengänge, die spezielle Berufsfelder zum Ziel hatten und die Studierenden auf ihre spätere Tätigkeit vorbereiteten. *Professionsorientierte Studiengänge* (vgl. Wissenschaftsrat 2015, S. 47), wie beispielsweise die Medizin und die Rechtswissenschaft, haben mit ihren eindeutig definierten Berufsbildern einen festen Platz auf dem stark strukturieren Arbeitsmarkt in Deutschland. Aber auch Studiengänge wie beispielsweise der Wirtschafts- und Ingenieurwissenschaften fügen sich optimal in diese Strukturen ein, weil diese zwar ein diverseres, aber dennoch klar definiertes Berufsfeld haben. Für diese Studiengänge scheint eine gezielte Berufsvorbereitung aufgrund der hohen Anwendungsorientierung und klar definierten Berufsbilder im Gegensatz zu wissenschaftlich ausgerichteten Studiengängen keine große Herausforderung zu sein. Zu den *wissenschaftlich ausgerichteten Studiengängen* zählen u. a. die Geistes- und Sozialwissenschaften, welche durch heterogene und zum Teil sogar vollständig fehlende Berufsbilder charakterisiert sind, wodurch die Vorbereitung auf den Arbeitsmarkt deutlich erschwert wird. Betrachtet man z. B. die Sozialwissenschaften, so fällt auf, dass diese gleichermaßen durch fachwissenschaftlich theoretische und empirisch methodische Inhalte geprägt sind. Bezüge zur aktuellen gesellschaftlichen Praxis tauchen dagegen oft nur in Form von Praktika oder durch die Präsenz von Praktikern in einer Lehrveranstaltung auf. Um Studierende der Sozialwissenschaften für ihr späteres Berufsleben vorzubereiten, bedarf es somit Lehr-Lern-Situationen, in denen sie mit realen, praktischen Problemen konfrontiert werden, die sie selbstständig bearbeiten können.

Joachim Ludwig nimmt sich der Wichtigkeit der Verbindung von Theorie und Praxis in seinem Konzept des *professionellen Handelns* (vgl. Ludwig 2012) an. Darin thematisiert er die Rolle der Studierenden in einem Vermittlungsprozess als Transformatoren von disziplinspezifischem Wissen. Mit diesem Ansatz kann die Verbindung aller drei hochschulischen Bildungsziele gelingen, da dieser die angeeignete

Wissenschaft als Ausgangspunkt der Problemlösung betrachtet, Arbeitsmarktperspektiven eröffnet und zugleich Effekte auf die Persönlichkeitsbildung haben kann. Das Konzept des professionellen Handelns wird im Folgenden näher vorgestellt.

3 Das Konzept des professionellen Handelns

Eine wichtige Voraussetzung für eine innovationsfähige Wissensgesellschaft ist der „Praxisbezug und [die] Transferstärke von Wissenschaft" (Ludwig 2008, S. 13). Es bedarf somit *professionell Handelnder,* die eine vermittelnde Position zwischen den wissenschaftlichen Disziplinen und der gesellschaftlichen Praxis einnehmen, damit Fachwissen nicht ausschließlich im „Elfenbeinturm" der Wissenschaft verbleibt. Professionell Handelnde nutzen das im Studium erworbene Wissen, um es auf praktische Situationen anzuwenden. Sie sind dadurch in der Lage, allgemeine Zusammenhänge zwischen einzelnen Fällen zu erkennen und somit befähigt, gesellschaftsrelevante Probleme zu lösen.

Damit die Lösungskonzepte, die von professionell Handelnden entwickelt werden, in der Praxis tauglich sein können, sich jedoch von denen der Laien unterscheiden, bedarf es im Studium der „Auseinandersetzung mit der funktionalen Differenz zwischen Wissenschaftswissen und Alltagswissen" (Ludwig 2014, S. 9). *Wissenschaftswissen* erfüllt in erster Linie eine „Erklärungsfunktion" (ebd., S. 8) und zeichnet sich durch „Reflexivität, kritische Distanz und Multiperspektivität" (Ludwig 2012, S. 48) aus. *Alltagswissen* umfasst hingegen praktische „handlungsleitende Konzepte" (Ludwig 2014, S. 9). Der universitären Lehre kommt dabei die reflexive Aufgabe zu, die unterschiedlichen Logiken beider Wissenskategorien zu verdeutlichen sowie Widersprüche und Konflikte aufzuzeigen. Professionell Handelnde sollen also in der Lage sein, ein komplexes Praxisfeld mithilfe der wissenschaftlichen Theorie zu erklären, zu analysieren und zu interpretieren.

Um Studierende zum professionellen Handeln zu befähigen, bedarf es ihrer sozialen und fachlichen Integration in die Hochschule. Die *fachliche Integration* umfasst die „Aneignung disziplinärer Theorien" (Ludwig 2012, S. 47) und die *soziale Integration,* die „Aneignung spezifische[r] wissenschaftliche[r] Denk- und Arbeitsweisen" (ebd.). Das Auswendiglernen von Fakten reicht an dieser Stelle nicht aus, um die Gesellschaft aus der Perspektive der entsprechenden Disziplin betrachten zu können. Es bedarf der Entwicklung einer Fachidentität, „die Kenntnisse über theoretische Zusammenhänge und spezifische Methoden sowie Haltungen einschließt" (ebd.). Erst durch die Identifikation mit einer Disziplin, deren Inhalten und Ethik, ist es Studierenden möglich eine professionelle Haltung zu entwickeln.

Neben Joachim Ludwig befasst sich auch Hans Tietgens mit dem Konzept der Professionalisierung. In der Erwachsenbildung beschreibt er, bezogen auf den beruflichen Kontext, „Professionalität als situative Kompetenz" (Tietgens 1988, S. 37). Dabei spricht er von *Professionalität,* wenn jemand die Fähigkeit besitzt „breit gelagerte, wissenschaftlich vertiefte und damit vielfältige abstrahierte Kenntnisse in konkreten Situationen angemessen anwenden zu können“ (ebd.). Die Herausforderung besteht darin, innerhalb einer praktischen Situation gekonnt aus dem bestehenden Wissensfundus das auszuwählen, was zur Lösung des Problems benötigt wird. Die „Professionalität erweist sich [somit] am Ausmaß des Wiedererkennungspotentials“ (ebd., S. 40). Um jedoch auf ein Hintergrundwissen als Verstehenshilfe zurückgreifen zu können, muss dieses stetig ausgebaut werden. Nach Tietgens erfolgt dies in einem hermeneutischen Prozess, in dem die entsprechenden Situationen anschließend reflektiert und verarbeitet werden. Damit reichert sich das bestehende Wissen an und dient im anschließenden Fall als erweiterte Wissensbasis.[2] Der Verarbeitungsprozess beginnt von vorn und wird in den darauffolgenden Situationen wiederholt. Dies führt zu einem umfangreichen Wissensarsenal, welches einer Person unabhängig vom Berufsfeld oder Berufswechsel zur Verfügung steht, um Situationen interpretieren und bewerten zu können. Eben dieses Wissensarsenal ist vor allem für Absolventen von Studiengängen mit heterogenen Berufsbildern von großer Bedeutung, wie die der Sozialwissenschaften, um für den späteren Arbeitsmarkt vorbereitet zu sein.

Damit sich Studierende also zu professionell Handelnden entwickeln können, müssen sie die Möglichkeit erhalten, selbst aktiv zu werden, um praktische Erfahrungen sammeln zu können und Verantwortung für ihr Lernen zu übernehmen. Traditionelle Lehrformate, in denen ausschließlich Faktenwissen vermittelt wird, reichen an dieser Stelle nicht aus. Es bedarf innovativer Lehr-Lern-Formen, um die Idee des professionellen Handelns in die Lehr-Praxis umzusetzen. Der aus den USA stammende Forschungsansatz *Community-based Research (CBR)* bietet nicht nur die Gelegenheit, forschend zu lernen, sondern ermöglicht den Studierenden zugleich ihr erlerntes Wissen in der Praxis anzuwenden, ganz im Sinne des professionellen Handelns. Der CBR-Ansatz wird im folgenden Kapitel ausführlich vorgestellt.

4 Der Forschungsansatz Community-based Research

Community-based Research stellt in Deutschland nach wie vor eine Innovation in der akademischen Lehre dar. Dabei forschen Studierende und Lehrende gemeinsam mit gesellschaftlichen Gruppen (Communities) auf Augenhöhe zu bevölkerungsrelevanten Themen. Im Folgenden wird die Entwicklung des Ansatzes kurz skizziert, wichtige Definitionen werden eingeführt und anschließend die in der Literatur diskutierten Argumente für und gegen den Ansatz vorgestellt.

[2] Der Wissensausbau findet hier zum einen auf der individuellen Ebene statt, wird jedoch zum anderen auch in einem kollaborativen Prozess angereichert (vgl. Eckardt und Finster 2019).

4.1 Entstehungsprozess und disziplinäre Verortung des CBR-Ansatzes

Der Forschungsansatz CBR ist als Reaktion auf die Krise des amerikanischen Bildungssystems in der 2. Hälfte des 20. Jahrhunderts entstanden und durch unterschiedliche Modelle beeinflusst worden (vgl. Altenschmidt und Stark 2016, S. 9). Neben Budd L. Halls *Participatory Research*-Modell aus den 1970er-Jahren (vgl. Hall 1992) und dem *Popular Education Model* von Paolo Freire (vgl. Freire 1996) baut CBR vor allem auf den Traditionen des partizipativen Forschungsansatzes des *Action Research* auf. Dieser Ansatz wurde vor allem von dem Psychologen Kurt Lewin, basierend auf seiner Feldtheorie und Theorie der Gruppendynamik, geprägt. Sein Ziel war es, „sozialwissenschaftliche Forschung für sozialemanzipatorische und demokratiefördernde Zwecke nutzbar zu machen“ (von Unger 2014, S. 13). Im deutschsprachigen Raum stieß der Ansatz des *Action Research* vor allem „in den Erziehungswissenschaften, der Soziologie, der Sozialen Arbeit, in der kritischen Psychologie, der Politikwissenschaft, der Frauenforschung und anderen Bereichen“ (ebd., S. 14) auf großes Interesse und wurde Mitte der 1960er-Jahre unter diversen Begrifflichkeiten, wie beispielsweise *Handlungsforschung, Aktionsforschung oder aktivierende Sozialforschung*, im Zuge der Studierendenbewegung diskutiert (vgl. Altrichter und Gstettner 1993, S. 332).

Im Fokus der Proteste Ende der 1960er- und Anfang der 1970er-Jahre stand in Deutschland u. a. die Kritik an den traditionellen, hauptsächlich positivistisch ausgerichteten Sozialwissenschaften und am autoritären, hierarchischen Hochschulsystem. In zeitlicher Nähe fand auch der Streit zwischen der kritischen Theorie (vertreten durch Theodor W. Adorno und Jürgen Habermas) und dem kritischen Rationalismus (vertreten durch Karl Popper und Hans Albert), dem sogenannten Positivismusstreit der deutschen Soziologie, seinen Höhepunkt. Die am Positivismusstreit beteiligte Kritische Theorie um Adorno lieferte den theoretischen Nährboden der Studierendenbewegung. Letztere setzte es sich u. a. zum Ziel, eine sozialverantwortlichere Gesellschaft zu entwickeln, was Auswirkungen auf die Findung neuer Forschungsmethoden in den Sozialwissenschaften hatte. Im Vergleich zu den USA und anderen europäischen Ländern fand die Aktionsforschung nur kurzzeitig Anwendung in Deutschland. Für einen Großteil von Wissenschaftlern war der Forschungsansatz durch die Studierendenbewegung zu linkspolitisch, aktivistisch und provokant geprägt. Darüber hinaus sah sich die Aktionsforschung mit methodischer Kritik konfrontiert, da es laut ihren Gegnern keine „richtige“ Wissenschaft sei. Weil die Entwicklung einer Methodologie und die Vernetzung mit verbündeten Wissenschaftlern aus dem Ausland aufgrund der aktivistischen Energie vernachlässigt worden war, verschwand die Aktionsforschung wieder aus der deutschsprachigen Forschungslandschaft (vgl. von Unger 2014, S. 4).

Mitte der 1980er-Jahre entwickelte sich in Österreich ein neuer Strang der Aktionsforschung, die sogenannte *Handlungsforschung,* die sich jedoch auf allgemeinbildende Schulen fokussierte. Kurt Lewin inspirierte mit seinem Konzept des Action Researchs diverse darauffolgende *partizipative Forschungsansätze* – u. a. Community-based Research.

Seit den 1990er-Jahren findet der CBR-Ansatz große Anwendung im Public Health-Bereich an US-amerikanischen Hochschulen, aber auch in der Krankenpflege-Ausbildung sowie in den akademischen Disziplinen der Soziologie, Sozialen Arbeit und Psychologie (vgl. Israel et al. 2012, S. 6). Neben der Begrifflichkeit des Community-based Researchs werden ebenfalls Termini wie *Community-based Participatory Research, Community-based Participatory Evaluation Research, Participatory Action Research* oder *Community-based Collaborative Action Research* verwendet. Alle diese Modelle beinhalten ähnliche Prinzipien, mit denen dasselbe Ziel einer partnerschaftlichen Erforschung und Beeinflussung der sozialen Wirklichkeit verfolgt wird. Sie sind in der Literatur jedoch zum Teil schwer voneinander abgrenzbar. Wie der CBR-Ansatz für den vorliegenden Artikel definiert wird und welche Bestandteile er umfasst, wird im Folgenden vorgestellt.

4.2 Die Definition von CBR

Community-based Research wird von Strand et al. als „collaborative, change-oriented research that engages faculty members, students, and community members in projects that address a community-identified need" (Strand et al. 2003, S. 5) definiert. Anders als in der herkömmlichen universitären Forschung wird hier nicht *über* eine Community, sondern *gemeinsam* mit ihr als gleichberechtigte Partnerin zu einem gesellschaftsrelevanten Thema geforscht.

Als *Community* werden Mitglieder einer Gruppierung definiert, die sich über ein soziales Konstrukt kollektiv miteinander identifizieren und ein gemeinsames Interesse hinsichtlich „soziale[r], politische[r], gesundheitliche[r] oder wirtschaftliche[r] Problemstellung[en]" (Anderson et al. 2016, S. 21) auf regionaler, nationaler oder globaler Ebene haben. Eine Community kann beispielsweise ein Freundeskreis, eine Bildungseinrichtung, eine zivilgesellschaftliche Organisation oder eine Nachbarschaftshilfe sein. Dabei ist es nicht notwendig, dass sich ihre Mitglieder räumlich nahe sind. Wichtig ist, dass sie sich über „common symbol systems, shared values and norms, mutual […] influences, common interests" (Israel et al. 1998, S. 178) miteinander identifizieren.

Community-based Research ist durch drei zentrale Merkmale gekennzeichnet: „collaboration, democratization of knowledge, and social change" (Strand et al. 2003, S. 6). *Collaboration* meint dabei die langfristige Zusammenarbeit zwischen Wissenschaftlern, Studierenden und der Community, die in allen einzelnen Projektschritten auf Augenhöhe erfolgt. Anders als in der herkömmlichen universitären Forschung wird hier die zu untersuchende Problemstellung aus der Gesellschaft heraus entwickelt. Auch an allen darauffolgenden Forschungsschritten soll die Community partizipieren, u. a. bei der Entwicklung eines Forschungsdesigns, der Methodenauswahl, der Erstellung des

Erhebungsinstrumentes, der Datenerhebung und -auswertung, der Dateninterpretation und der anschließenden Verschriftlichung in Form eines Forschungsberichtes. Im Laufe des Projektes nimmt jedes Gruppenmitglied zeitweilig die Rolle des Lehrenden und die des Lernenden ein, wodurch alle gleichermaßen befähigt bzw. ermächtigt werden, Verantwortung zu übernehmen und Entscheidungen zu treffen. Eine erfolgreiche und gleichberechtigte Zusammenarbeit setzt demzufolge ausgewogene Machtverhältnisse, eine klare Kommunikation, aufmerksames Zuhören, Empathie sowie Flexibilität voraus (vgl. ebd., S. 8). In diesem Format des kooperativen Forschungsprojektes unterscheidet sich CBR im Vergleich zu traditionellen Forschungsprojekten „weniger durch seinen (typischen) Ablauf, sondern vor allem durch die Haltung der Forschende[n] und [der] partizipative[n] Ausgestaltung" (Altenschmidt 2016, S. 45).

Democratization of knowledge bezieht sich darauf, dass aufgrund der heterogenen Hintergründe der Projektmitglieder multiple Wissensquellen in den Forschungsprozess eingebracht werden, was einen vertiefenden Einblick in das zu untersuchende Forschungsfeld ermöglicht. Um eine umfangreiche und tiefgreifende Datenerhebung zu gewährleisten, ist der Einsatz unterschiedlichster Methoden und innovatives Denken unerlässlich. Dabei kann beispielsweise auch auf unkonventionelle Methoden zurückgegriffen werden, um möglichst umfassend Daten zu generieren (vgl. Strand et al. 2003, S. 7). Anders als nach herkömmlichen wissenschaftlichen Standards, bei denen die Forschungsmethode anhand der Forschungsfrage ausgewählt wird, kann in CBR-Projekten die Methodenwahl auch anhand der Möglichkeit zur Erfassung multiplen Wissens erfolgen (vgl. ebd.). Aber auch um die gewonnenen Daten und Erkenntnisse adressatengerecht aufzubereiten, bedarf es innovativer Ideen.

Am Ende sollen die Ergebnisse dazu verwendet werden, einen sozialen Wandel *(social change)* und soziale Gerechtigkeit hervorzurufen. Die gemeinsam generierten Daten und Forschungsergebnisse dienen nicht ausschließlich dem universitären Zweck, d. h. der Wissenserweiterung einer akademischen Disziplin, sondern sind ebenfalls für die Belange der Community von zentraler Bedeutung. Diese kann anhand der Ergebnisse beispielsweise gezielt Programme verbessern, Interessen voranbringen oder Ressourcen generieren (vgl. Strand et al. 2003, S. 7). Eine wichtige Voraussetzung dafür ist, dass der Forschungsbericht nicht als wissenschaftliche Publikation verfasst wird, sondern sich in Aufbau, Sprache und Inhalt an den Bedarfen der Community orientiert.

In Deutschland ist der CBR-Forschungsansatz bisher noch nicht sehr verbreitet, gewinnt jedoch Rahmen der *Third Mission* immer mehr an Bedeutung. Neben den bisherigen zwei Missionen einer Hochschule – die Forschung *(First Mission)* und die Lehre *(Second Mission)* – gerät in den letzten Jahren auch der Aspekt der gesellschaftlich relevanten Funktion einer Hochschule in den Mittelpunkt sowie der damit verbundene wechselseitige Wissenstransfer zwischen Universität und Gesellschaft. Die bisher eher seltene Anwendung von CBR an deutschen Hochschulen könnte u. a. mit den im nächsten Kapitel dargestellten, kritischen Argumenten gegen den Ansatz zusammenhängen, wobei diesen einige befürwortende Argumente gegenüberstehen, die im darauffolgenden Kapitel vorgestellt werden.

4.3 Argumente gegen den CBR-Ansatz

In der Auseinandersetzung mit dem Konzept des CBR werden in der Literatur Argumente für und gegen den Ansatz beschrieben. Dabei beziehen sich die entgegnenden Argumente u. a. auf den 1) organisatorischen Aufwand aufseiten der Universität und dem der Community, 2) die wissenschaftliche Reputation und 3) die Heterogenität der Forschungsgruppe.

1) *Organisatorischer Aufwand aufseiten der Universität und der Community:* Nicht außer Acht zu lassen ist der erhöhte Zeitaufwand sowohl aufseiten der Universität als auch auf seiten der Community. Anders als in der herkömmlichen universitären Forschung arbeitet nicht ausschließlich ein Wissenschaftler oder ein Team aus Wissenschaftlern an einem Forschungsthema, sondern diverse gesellschaftliche Akteure sind involviert. Damit die Community in allen Forschungsschritten partizipieren kann, muss in einem ersten Schritt der Kontakt zu diesen geschaffen und Vertrauen aufgebaut werden (vgl. von Unger 2014, S. 95). Dies kostet zunächst sehr viel Zeit und erfordert auch im fortlaufenden Prozess einen erheblichen Mehraufwand aufgrund der zusätzlichen Abstimmungsprozesse. Dieser Zeitfaktor spielt vor allem dann eine zentrale Rolle, wenn CBR-Projekte in die Lehre integriert werden und aufgrund des Semesterturnus zeitlich begrenzt sind (vgl. Anderson et al. 2016, 28 f.).

Aber auch aufseiten der Community kann es an zeitlichen Ressourcen mangeln. Handelt es sich bei der Community beispielsweise um zivilgesellschaftliche Organisationen, so sind diese größtenteils unterfinanziert und oft durch ein hohes Arbeitsaufkommen stark belastet. Den Mitarbeitenden bleibt meist kaum Zeit, um über ihre eigene Arbeit hinaus im Rahmen des Projekts aktiv mitzuwirken. Dies kann dazu führen, dass Forschende eine aktivere Rolle einnehmen und der Community, wie im klassischen Forschungsgefüge, eine passivere Rolle zugesprochen wird (vgl. Anderson et al. 2016, S. 30). Das widerspricht jedoch dem Konzept des CBR und der darin proklamierten Zusammenarbeit auf Augenhöhe.

2) *Wissenschaftliche Reputation:* Engagement in der Lehre steht häufig in Konkurrenz zur eigenen Forschungsarbeit, mit der jedoch eine höhere Reputation verbunden ist. Der verstärkte Zeitaufwand in CBR-Projekten führt folglich dazu, dass den Wissenschaftlern weniger zeitliche Ressourcen für Publikationen und Konferenzbeiträge zur Verfügung stehen. Des Weiteren behaupten kritische Stimmen, dass es sich bei CBR nicht um valide, verlässliche und objektive Forschung handelt. Denn durch das Miteinbeziehen von Community-Mitgliedern kann es zu „blinden Flecken" kommen, wenn diese aufgrund ihrer persönlichen Involviertheit voreingenommen in den Forschungsprozess gehen und ihn dadurch beeinflussen (vgl. von Unger 2014, 95 f.). Deshalb wird CBR-Projekten vorgeworfen, sie würden einen geringeren wissenschaftlichen Beitrag zu einer Fachdisziplin leisten und somit zum mangelnden Ansehen der Universität beitragen (vgl. Anderson et al. 2016, S. 30). CBR-Projekten liegt demzufolge ein Dienstleistungscharakter zugrunde, durch den die Entwicklung von Theorien zu kurz kommen

würde (vgl. von Unger 2014, S. 96). Aufgrund dessen sei es schwierig, einigen Wissenschaftlern den wahren Nutzen und die hohe Qualität der Zusammenarbeit mit der Community zu verdeutlichen (vgl. Israel et al. 1998, 187 f.).

Darüber hinaus kann aus der heterogenen Forschungsgruppe „mitunter ein Zielkonflikt zwischen wissenschaftlicher Güte und argumentativer Verwendbarkeit für den angestrebten Wandel" (Altenschmidt 2016, S. 45) resultieren. Wissenschaftler streben demnach eher einen höheren Forschungsanteil an, wohingegen die Community vor allem ihren Fokus auf das Handeln legt und weniger auf die Forschung (vgl. ebd., S. 46).

3) *Heterogenität der Forschungsgruppe:* Studierenden wird fehlende fachliche Anwendungserfahrung sowie eine mangelnde interkulturelle Kompetenz hinsichtlich der Zusammenarbeit auf Augenhöhe mit den Community-Mitgliedern vorgeworfen (vgl. Anderson et al. 2016, S. 29). Grund dafür seien kulturelle Differenzen, weil Studierende häufig erstmals im Rahmen eines CBR-Projektes mit anderen ethnischen Gruppen oder Bürgern aus unterschiedlichen gesellschaftlichen Schichten in Kontakt kommen (vgl. ebd.). Des Weiteren werden auch bei Lehrenden die mangelnden Kenntnisse und Erfahrungen zur Mitgestaltung eines sozialen Wandels auf Basis der Forschungsergebnisse kritisiert (vgl. ebd.).

Aufgrund der Heterogenität der Forschungsgruppe kann es generell eine Herausforderung sein, mit einer Vielzahl von unterschiedlichen Charakteren und komplexen Machtverhältnissen in einem Projekt gleichberechtigt zusammenzuarbeiten. Dabei kann es vorkommen, dass unterschiedliche Machtverhältnisse nicht vollkommen überwunden werden bzw. andere Spannungsverhältnisse aufgrund unterschiedlicher ethnischer Herkünfte, sexueller Orientierungen oder divergenter Definitionen von Geschlechterrollen auftreten (vgl. Israel et al. 1998, S. 184). Solche Konflikte innerhalb der Forschungsgruppe können ein produktives Arbeiten erschweren und das gesamte gemeinsame Projekt gefährden.

Die in der Literatur genannten Einwände gegen den CBR-Ansatz beziehen sich größtenteils auf die Durchführung der Projekte sowie auf das Ansehen der publikationsorientierten Disziplinen. Der Effekt den diese Projekte haben können, gerät dabei jedoch in den Hintergrund. Im Folgenden werden nun die in der Literatur diskutierten Argumente für den CBR-Ansatz vorgestellt.

4.4 Argumente für den CBR-Ansatz

Den zuvor angebrachten kritischen Stimmen gegenüber dem CBR-Ansatz steht in der Literatur eine Vielzahl von befürwortenden Argumenten entgegen. Die Argumente für diesen Forschungsansatz umfassen 1) den gesellschaftlichen Mehrwert, 2) den persönlichen Mehrwert und 3) die Qualitätssteigerung der Forschungsergebnisse.

1) *Gesellschaftlicher Mehrwert:* In einem CBR-Projekt kann sich sowohl für die Hochschule als auch für die Zivilgesellschaft gleichermaßen ein vielschichtiger Mehrwert ergeben, in dem das „wissenschaftliche[s] Erkenntnisinteresse und der praktische

Nutzen dieser Initiativen gleichwertig nebeneinander“ (Krüger und Altenschmidt 2017, S. 1) stehen. Über die Grenzen des Wissenschaftssystems hinweg sollen zusätzlich zum wissenschaftlichen Erkenntnisinteresse sozialgesellschaftliche Änderungsprozesse mitgestaltet werden (vgl. von Unger 2014, S. 94). Israel et al. (1998) sehen in der Verbindung von Wissenschaft und Gesellschaft auch die Chance, gerade sozial marginalisierte Gruppen in den Forschungsprozess mit einzubinden. Indem diese Gruppen nicht lediglich als Forschungsobjekte angesehen werden, sondern eine aktive Rolle in einem Forschungsprojekt einnehmen, kann dies zum Abbau von Diskriminierung und Stigmatisierung führen (vgl. Roberts 2013, 21 ff.). Da das Forschungsprojekt auf die Bedürfnisse der Community zugeschnitten ist, können die Ergebnisse darüber hinaus auch als Argumentationsgrundlage für Veränderungsprozesse dienen (vgl. Krüger und Altenschmidt 2017, 5 f.).

2) *Persönlicher Mehrwert:* Die Mitarbeit in einem CBR-Projekt kann das gesellschaftliche Engagement fördern (vgl. Krüger und Altenschmidt 2017, S. 5) und kommunikative sowie gruppenbezogene Kompetenzen bei allen Mitarbeitenden steigern. Gerade durch die Heterogenität der Projektteilnehmenden wird das gegenseitige aufmerksame Zuhören, das Beratschlagen über Probleme und das gemeinsame Einstehen für Entscheidungen befördert, was u. a. wichtige Eigenschaften für die Zusammenarbeit im Team sind.

Für Studierende kann der Lerneffekt besonders hoch sein, da sie zum Großteil erstmals Studieninhalte und Forschungsmethoden in der Praxis anwenden können. Durch die Projektarbeit werden sie mit politischen und ideologischen Barrieren konfrontiert, die das strategische Denken und Handeln fördern (vgl. Strand et al. 2003, S. 11). In den Projekten können die Studierenden lernen, wie sie Zugang zu Informationen erhalten und diese sorgfältig evaluieren. Durch das Forschen auf Augenhöhe aller CBR-Mitglieder werden auch die Hierarchien zwischen Lehrenden und Studierenden abgebaut, wodurch die Studierenden zum eigenständigen Handeln ermächtigt werden (vgl. ebd.). Dies soll ihnen dabei helfen, wichtige Schlüsselkompetenzen für ihr späteres Berufsleben auszubauen und sich persönlich weiterzuentwickeln (vgl. Krüger und Altenschmidt 2017, S. 5).

Persönliche Mehrwerte für die Lehrenden bzw. Wissenschaftler durch CBR-Projekte ergeben sich beispielsweise durch die Möglichkeit, ihre Lehrinhalte und Forschungsfragen aus einer neuen Perspektive zu betrachten, indem neuer Input aus der Praxis miteinfließt. Daraus können sich wiederum neue Ideen für Anschlussprojekte oder Anschlussforschungen ergeben, welche die methodische und theoretische Weiterentwicklung von Forschungsbereichen positiv beeinflussen sowie zu Publikationen in neuen Themenfeldern führen können (vgl. Krüger und Altenschmidt 2017, S. 5).

Auch die Mitglieder der Community profitieren vom gemeinsamen Projekt, indem sie Team- und Kommunikationsfähigkeiten ausbauen können und darüber hinaus Einblicke in wissenschaftliche Praktiken erhalten. Dadurch werden sie befähigt, selbst forschend aktiv zu werden oder zumindest Einfluss auf den Forschungsprozess zu nehmen (vgl. Altenschmidt 2016, S. 45). Dies ermöglicht ihnen, für sich und die Community relevante, nutzbare Ergebnisse zu generieren, um damit einen sozialgesellschaftlichen Wandel gestalten zu können.

3) *Qualitätssteigerung der Forschungsergebnisse:* Der Argumentation, dass es sich bei CBR nicht um valide, verlässliche und objektive Forschung handele, kann entgegnet werden, dass der Einbezug der Community die Qualität der Forschung steigern kann. Die heterogenen Projektmitglieder bringen eine Vielzahl von neuen Ideen, Perspektiven, Wissen und Sprachen in den Forschungsprozess ein, was wiederum unabdingbar ist, um das Forschungsfeld optimal verstehen zu können. Dadurch kann eine umfangreichere und tiefergreifende Interpretation der Daten ermöglicht werden. Die Zusammenarbeit mit der Community eröffnet darüber hinaus den Feldzugang zu sozialen Minderheiten (vgl. von Unger 2014, S. 94), der den herkömmlichen universitären Forschern aufgrund schlechter Erfahrungen und großem Misstrauen[3] verwehrt bleiben kann.

5 CBR zur Förderung des professionellen Handelns

Um der Frage nachgehen zu können, wie sich der CBR-Ansatz dazu eignet, Studierende der Sozialwissenschaften zum professionellen Handeln zu befähigen, sollen zunächst die Dimensionen geklärt werden, die benötigt werden, um genau das erreichen zu können. Aus der Sicht der Verfasserin dieses Aufsatzes bedarf es eines Lehr-Lern-Raumes, in dem Studierende die Möglichkeit erhalten 1) an realen gesellschaftsrelevanten Problemstellungen zu arbeiten. Damit dies gelingt, müssen Studierende 2) mit der Gesellschaft in Interaktion treten, um zunächst eine Fragestellung zu identifizieren und um diese anschließend zu bearbeiten. Dem gesellschaftsrelevanten Problem sollen sich die Studierenden 3) selbstständig forschend nähern und dabei 4) disziplinspezifische Fachinhalte anwenden sowie ausbauen. Anhand dieser vier Dimensionen werden wichtige beschäftigungsrelevante Kompetenzen vermittelt, die Studierende zum professionellen Handeln befähigen.

1) *Bearbeitung von realen gesellschaftsrelevanten Problemen:* Damit die Studierenden zum professionellen Handeln befähigt werden können, müssen sie die Möglichkeit erhalten, an realen gesellschaftlichen Problem- und Fragestellungen zu arbeiten. Das Einbringen von Beispielen aus dem Lehrbuch oder das theoretische Diskutieren eines Problems reicht an dieser Stelle nicht aus. Im Rahmen eines CBR-Projektes erhalten die Studierenden die Gelegenheit, eine reale Problemstellung aus der Gesellschaft nach wissenschaftlichen Standards zu bearbeiten und im Anschluss mithilfe der Ergebnisse einen sozialen Wandel mitzugestalten. Bei dieser Gelegenheit

---

[3]Dieses Misstrauen von „Außenseitern" rührt daher, dass beispielsweise in der herkömmlichen universitären Forschung Inhalte aus dem Zusammenhang gerissen wurden oder der Fokus des Forschungsprojekts in der Gewinnung neuer Ressourcen lag und die Belange sowie Bedürfnisse der Community außen vor gelassen wurden (vgl. Roberts 2013, S. 22).

sammeln sie erste praktische Erfahrungen und erhalten zugleich tiefreichende Einblicke in gesellschaftliche sowie politische Strukturen außerhalb der Universität. Laut Tietgens ergänzen diese Informationen das bestehende Wissensarsenal, auf das im späteren Berufsleben zurückgegriffen werden kann, um praktische Situationen bewerten und entsprechend in ihnen handeln zu können (vgl. Tietgens 1988).

2) *Interaktion mit der Gesellschaft:* Anders als in der klassischen Forschung soll die Projektzusammenarbeit auf Augenhöhe mit der Community geschehen, indem diese in jeden Forschungsschritt eingebunden wird. Dabei entsteht eine heterogene Forschungsgruppe mit multiplem Wissen, diversen Charakteren und unterschiedlichen (Geschlechter-)Rollen. Die zuvor im Kapitel beschriebene Kritik am CBR-Ansatz hinsichtlich der Heterogenität birgt eine große Chance für die Studierenden. Indem sie sich situativ auf die Heterogenität einstellen und darauf reagieren, erlangen sie wichtige beschäftigungsrelevante Kompetenzen. Es bedarf Anpassungs-, Kommunikations- und Vermittlungsgeschick, um zunächst das Vertrauen aller Community-Vertreter zu gewinnen und auf mögliche Spannungen innerhalb der heterogenen Gruppe einzugehen. Dabei ist es vonnöten, je nach Zielgruppe die richtige Sprache in Wort und Schrift zu wählen, um auf Augenhöhe zu kommunizieren und fachspezifische Inhalte verständlich zu transferieren. All dies sind wichtige beschäftigungsrelevante Kompetenzen, die Studierende zum professionellen Handeln befähigen, indem sie in praktischen Situationen angemessen handeln können.

Darüber hinaus wird das zweite hochschulische Bildungsziel, die Persönlichkeitsbildung, in CBR-Projekten gefördert. Indem Studierende Einblicke in gesellschaftsrelevante Themenbereiche und Zugang zu Gruppen erhalten, mit denen sie zuvor vielleicht noch nicht in Kontakt getreten sind, können Vorurteile gegenüber diesen abgebaut werden und das eigene Handeln reflektiert werden. Dies kann u. a. die spätere Berufsfindung beeinflussen oder dazu führen, dass sich Studierende nach dem Projekt ehrenamtlich engagieren.

3) *Selbstständiges Forschen:* Der CBR-Ansatz eignet sich vor allem strukturell für die sozialwissenschaftliche Forschung. Die einzelnen Schritte in einem klassischen sozialwissenschaftlichen Forschungsprojekt[4] werden in einem CBR-Projekt durch den Aspekt der partizipierenden Community ergänzt. Ein klassisches Forschungsprojekt wird somit durch die Praxis-Komponente erweitert, in der Studierende die Möglichkeit erhalten, zu gesellschaftsrelevanten Themen zu forschen. Anders als in der klassischen Forschung kommt neben der partizipierenden Community auch den Studierenden eine eigene, aktive Rolle zu. Ganz im Sinne des didaktischen Ansatzes des forschenden

[4]Zu den Schritten eines klassischen sozialwissenschaftlichen Forschungsprozesses gehört die Formulierung einer Forschungsfrage, die Auswahl einer passenden Theorie, die Entwicklung eines Forschungsdesigns, das Aufstellen von Hypothesen oder forschungsleitenden Annahmen, die Gestaltung eines Erhebungsinstrumentes, die Datenerhebung und -aufbereitung, die Datenauswertung und -interpretation sowie das Verfassen eines Forschungsberichtes.

Lernens sollen sie den gesamten Forschungsprozess von Anfang bis Ende durchlaufen und dabei eigenständig (bzw. hier gemeinsam mit der Community und den lehrenden Wissenschaftlern) die Forschungsfrage bearbeiten. Dabei werden die Studierenden dazu befähigt, selbstständig Entscheidungen während des Forschungsprozesses zu treffen, welche anschließend in der Forschungsgruppe vertreten und verhandelt werden müssen. Dadurch können sie wichtige Erfahrungen für ihr späteres Berufsleben sammeln, um zukünftig eigenverantwortlich Probleme zu lösen.

4) *Disziplinspezifische Fachinhalte anwenden:* CBR tangiert zudem die erste Dimension der hochschulischen Bildungsziele, die (Fach-)Wissenschaft, indem fachwissenschaftliche Bildung bei CBR-Projekten in einem beidseitigen Wissenstransfer Anwendung findet. Die Idee des professionellen Handelns, Theorie und Praxis miteinander zu verbinden, gelingt in CBR-Projekten durch die Zusammenarbeit mit der Community zu gesellschaftsrelevanten Problemstellungen. Um diese zu lösen, muss auf einen bestehenden Wissensfundus zurückgegriffen werden (vgl. Tietgens 1988). Die dabei gewonnenen Erfahrungen ergänzen das bestehende Wissen, sodass es bei der Bearbeitung der nächsten praktischen Situation zur Verfügung steht. Das reine Auswendiglernen von Faktenwissen ist an dieser Stelle somit nicht ausreichend.

Versucht man diese vierte Dimensionen auf andere (didaktische) Konzepte anzuwenden, so wird erkennbar, dass das nur teilweise u. a. bei den Konzepten des *forschenden Lernens* (vgl. Huber 2014), *problembasierten Lernens* (vgl. Ceker und Ozdamli 2016) oder *Service Learnings* (vgl. Altenschmidt und Miller 2016) möglich ist. Der Ansatz des *forschenden Lernens* umfasst zwar das selbstständige Durchlaufen eines Forschungsprozesses von Anfang bis Ende, beinhaltet jedoch nicht notwendigerweise die Bearbeitung eines praktischen Problems und die Interaktion mit der Gesellschaft. Stattdessen werden überwiegend für Studierende interessante Themen, jedoch nicht aus der Gesellschaft heraus entwickelte Probleme, bearbeitet. Beim *problembasierten Lernen* werden zwar komplexe Problemstellungen bearbeitet und dafür erlerntes Wissen angewendet, jedoch werden diese Problemstellungen von Lehrenden vorgegeben und nicht selbst in gemeinsamen Überlegungen mit der Gesellschaft identifiziert und bearbeitet. Beim *Service Learning,* im Deutschen „Lernen durch Engagement", steht vor allem der „Service-Gedanke" sowie das Engagement im Vordergrund und weniger die Forschung. Im Gegensatz zu diesen drei ausgewählten Ansätzen, gelingt es hingegen in CBR-Projekten komplexe reale Problemstellungen aus der Gesellschaft selbstständig forschend zu bearbeiten und somit erlerntes Wissen auf Augenhöhe mit der Gesellschaft anzuwenden.

6 Zusammenfassung

Der Forschungsansatz CBR bietet Studierenden die Möglichkeit, an realen gesellschaftsrelevanten Problemstellungen auf Augenhöhe mit der Gesellschaft zu arbeiten. Dabei erhalten sie die Möglichkeit, selbstständig zu forschen und ihr erlerntes Fachwissen auf reale Probleme anzuwenden. Durch die Interaktion mit unterschiedlichen gesellschaftlichen Partnern gelingt es den Studierenden, tiefreichende Einblicke in gesellschaftliche Strukturen zu erhalten. In der Zusammenarbeit im heterogenen Forschungsteam sind die Studierenden dazu angehalten, situationsbedingt eigenständig zu handeln und Entscheidungen zu treffen. Diese Gesamtheit an gegebenen Lernbedingungen im Rahmen eines CBR-Projektes ermöglicht es Studierenden, ihre berufsrelevanten Kompetenzen auszubauen. Sie sammeln dabei wichtige Erfahrungen, die sie dazu befähigen, disziplinspezifische Fachinhalte zur Lösung gesellschaftsrelevanter Probleme einzubringen, ganz im Sinne des professionellen Handelns. *Community-based Research* scheint somit ein geeigneter Forschungsansatz zu sein, um Studierende der Sozialwissenschaften zum professionellen Handeln zu befähigen und sie im Sinne der Bologna-Reform beschäftigungsfähig (employable) zu machen.

Literatur

Altenschmidt K (2016) Community-based Research umsetzen. In: Wolfgang S (Hrsg) Altenschmidt K. Forschen und lehren mit der gesellschaft. community based research und service learning an hochschulen. Springer VS, Wiesbaden, S 43–60

Altenschmidt K, Miller J (2016) Service Learning – ein Konzept für die dritte Mission. die hochschule. J Wiss Bild 25(1):40–51. https://www.hof.uni-halle.de/journal/dhs116.htm. Zugegriffen: 15. Juli 2020

Altenschmidt K, Stark W (2016) Vorwort. In: Altenschmidt K, Stark W (Hrsg) Forschen und Lehren mit der Gesellschaft. Community Based Research und Service Learning an Hochschulen. Springer VS, Wiesbaden, S 9–15

Altrichter H, Gstettner P (1993) Action Research: a closed chapter in the history of German social science? Educ Action Res 1(3):329–360. https://doi.org/10.1080/0965079930010302

Anderson JB, Thorne T, Nyden P (2016) Community-based Research in den USA: ein Überblick über Prinzipien und Prozesse. In: Altenschmidt K, Stark W (Hrsg) Forschen und Lehren mit der Gesellschaft. Community Based Research und Service Learning an Hochschulen. Springer VS, Wiesbaden, S 19–42

Ceker E, Ozdamli F (2016) Features and characteristics of problem based learning. Cypriot J Educ 11(4):195–202

Eckardt L, Finster R (2019) Kollaboration oder Wettbewerb: ein Vergleich der Motivation beim Game-based Learning. HMD Prax Wirtsch 56(1):83–93. https://link.springer.com/article/10.1365%2Fs40702-018-00481-7. Zugegriffen: 15. Juli 2020

Freire P (1996) Pedagogy of the oppressed (New rev. ed.). Bloomsbury Academic, London

Hall BL (1992) From margins to center? The development and purpose of participatory reserach. Am Sociol 23(4):15–28

Huber L (2014) Forschungsbasiertes, Forschungsorientiertes, Forschendes Lernen: Alles dasselbe? Ein Plädoyer für eine Verständigung über Begriffe und Unterscheidungen im Feld forschungsnahen Lehrens und Lernens. Das Hochschulwesen (HSW) 62(1+2):32–39. https://www.google.com/search?q=huber+Forschungsbasiertes%2C+Forschungsorientiertes%2CForschendes+Lernen%3A+Alles+dasselbe%3FEin+Pl%C3%A4doyer+f%C3%BCr+eine+Verst%C3%A4ndigung+%C3%BCberBegriffe+und+Unterscheidungen+im+Feldforschungsnahen+Lehrens+und+Lernens&ie=utf-8&oe=utf-8&client=firefox-b-e. Zugegriffen: 15. Juli 2020

Israel B A, Eng E, Schulz A J, Parker E A (2012) Methods for community-based participatory research for health, 2. Aufl. Hoboken. https://gbv.eblib.com/patron/FullRecord.aspx?p=918182. Zugegriffen: 15. Juli 2020

Israel, B A, Schulz A J, Parker E A, Becker A B (1998) Review of sommunity-based research. Assessing partnership approaches to improve public health. Annu Rev Public Health 19:173–202. https://scholar.google.com/scholar_url?url=https://www.annualreviews.org/doi/pdf/10.1146/annurev.publhealth.19.1.173&hl=de&sa=T&oi=ucasa&ct=ufr&ei=UeL0XOzAMomwmwHAsavYBw&scisig=AAGBfm1UQC9tAviHrq6jcCYFullwkiac7Q. Zugegriffen: 15. Juli 2020

Koller H-C (2012) Bildung anders denken. Einführung in die Theorie transformatorischer Bildungsprozesse. Stuttgart. https://sub-hh.ciando.com/book/?bok_id=892329. Zugegriffen: 15. Juli 2020

Krüger T, Altenschmidt K (2017) Community-Based Reserach (CBR). https://www.uniaktiv.org/fileadmin/uniaktiv/Regio_ELF/regio_ELF_Wett-bewerb/RegioELF_Wettbewerb_CBR_Paper_01.pdf. Zugegriffen: 15. Juli 2020

Ludwig J (2008) Interdisziplinarität als Chance – Einführung in Projektkontext, Ziele, Fragestellungen. In J Ludwig (Hrsg) Interdisziplinarität als Chance. Wissenschaftstransfer und Beratung im lernenden Forschungszusammenhang. W. Bertelsmann Verlag, Bielefeld, S. 13–27

Ludwig J (2012) Studieneingangsphase als Professionalitätsproblem. In: Kossack P, Lehmann U, Ludwig J (Hrsg) Die Studieneingangsphase – Analyse. Gestaltung und Entwicklung, UVW, Bielefeld, S 45–56

Ludwig J (2014) Lehre im Format der Forschung. Potsdam: Universitätsverlag Potsdam (Brandenburger Beiträge zur Hochschuldidaktik, 7). https://www.faszination-lehre.de/info/handreichungen/beitraege-hochschuldidaktik/. Zugegriffen: 15. Juli 2020

Roberts LW (2013) Community-based participatory research for improved mental healthcare. A manual for clinicians and researchers. Springer, New York

Schubarth W, Speck K, Ulbricht J, Dudziak I, Zylla B (2014) Employability und Praxisbezüge im wissenschaftlichen Studium. Hochschulrektorenkonferenz-Fachgutachten. https://www.google.com/search?q=FACHGUTACHTENEmployability+und+Praxisbez%C3%BCgeim+wissenschaftlichen+Studium&ie=utf-8&oe=utf-8&client=firefox-b-e. Zugegriffen: 15. Juli 2020

Strand K, Marullo S, Cutforth N, Stoecker R, Donohue P (2003) Principles of best practice for community-based research. Michigan J Comm Serv Learn 9(3):5–15. https://quod.lib.umich.edu/m/mjcsl/3239521.0009.301/1. Zugegriffen: 15. Juli 2020

Tietgens H (1988) Professionalität für die Erwachsenenbildung. In: Gieseke W (Hrsg) Professionalität und Professionalisierung. J. Klinkhardt, Bad Heilbrunn/Obb., S 28–74

Toens K (2009) Hochschulpolitische Interessensvermittlung im Bologna-Prozess. Akteure, Strategien und machtpolitische Auswirkungen auf nationale Verbände. In: Rehder B, von Winter T, Willems U (Hrsg) Interessenvermittlung in Politikfeldern. Vergleichende Befunde der Policy- und Verbändenforschung, Wiesbaden, S 230–247

von Unger H (2014) Partizipative Forschung. Einführung in die Forschungspraxis.Springer Fachmedien Wiesbaden, Wiesbaden

Wissenschaftsrat (2015) Empfehlungen zum Verhältnis von Hochschulbildung und Arbeitsmarkt. Zweiter Teil der Empfehlungen zur Qualifizierung von Fachkräften vor dem Hintergrund des demographischen Wandels, Bielefeld. https://www.google.com/search?q=wissenschaftsrat+Empfehlungen+zumVerh%C3%A4ltnis+vonHochschulbildungund+Arbeitsmarkt&ie=utf-8&oe=utf-8&client=firefox-b-e. Zugegriffen: 15. Juli 2020

Kea Glaß ist Soziologin und leitet seit 2017 die Geschäftsstelle des „Projektbüros Angewandte Sozialforschung“ an der Universität Hamburg. Das Projektbüro versteht sich als Schnittstelle zwischen Wissenschaft und Gesellschaft: Es ermöglicht und vermittelt Kooperationsprojekte, in denen sich Akteur*innen aus Gesellschaft, Politik und Wirtschaft gemeinsam mit unabhängigen Forschenden und Studierenden der Bewältigung realer und relevanter Fragestellungen widmen. In ihren Lehrveranstaltungen ermöglicht sie Studierenden das forschende Lernen in Community-based Research-Projekten und untersucht im Rahmen ihrer Forschung die daraus resultierenden Lernergebnisse für die partizipierenden Studierenden.

Wissenstransfer und Transferkompetenz in Studium und Lehre – Grundlagen und Veranschaulichung am Beispiel der FOM Hochschule

Henrik Dindas

1 Einleitung und Zielsetzung

Seit vielen Jahren beschäftigen sich Schul- und Erwachsenenbildung sowie diverse hochschuldidaktische Ansätze intensiv mit den Themen Lehren und Lernen und deren Verbindung als auch Vermittlung und Transfer. Insbesondere Studien zur Entwicklung von Lernkulturen und Konzepten der Kompetenzentwicklung und -vermittlung haben komplexe historische Entwicklungsstufen durchlaufen, was beispielsweise Rolf Messerschmidt und Regina Grebe (2003) sowie Hermann Veith (2003) in ihren historiografischen Ausführungen verdeutlichen. Gleichzeitig erhalten die Themenkomplexe Kompetenz- und Wissenstransfer sowohl in europäischer Betrachtung als auch in der deutschen Hochschulpolitik größere Aufmerksamkeit, denn durch die ihnen zugewiesene neue Funktion, spielen Hochschulen in der Generierung, Weitergabe und dem Transfer von sowohl praxisorientiertem als auch theoriegeleitetem Wissen eine Schlüsselrolle:

> In Ausfüllung dieser Rolle erbringen sie [die Hochschulen] Leistungen, die für die wissenschaftliche, wirtschaftliche, soziale und kulturelle Entwicklung Deutschlands von entscheidender Bedeutung sind (Hochschulrektorenkonferenz 2018, S. 1).

Jussi Välimaa und David Hoffman (2008) argumentieren in diesem Zusammenhang, dass insbesondere die (Welt-)Wirtschaft die Rolle der Universitäten verändert:

H. Dindas (✉)
FOM Hochschule für Oekonomie & Management, Essen, Deutschland
E-Mail: henrik.dindas@fom.de

A. Boos et al. (Hrsg.), *CSR und Hochschullehre,* Management-Reihe Corporate Social Responsibility, https://doi.org/10.1007/978-3-662-62679-5_6

> The human capital aspect is seen as essential in the European Union where knowledge society discourse strongly emphasizes employment-related topics and themes. However, inside higher education institutions the discourse of the knowledge society challenges universities to develop and to adopt new collaborative teaching practices in the training of professionals. (Välimaa und Hoffman 2008, S. 279)

Hochschulen sollen dabei tiefgreifend auf Wirtschaft und Gesellschaft einwirken. Dies soll insbesondere durch die Vermittlung der Fähigkeit zur Analyse und Lösung komplexer Probleme im Studium, durch die praxisnahe Bildung von Führungs- und Spitzenkräften, durch die Zusammenarbeit mit Akteuren aus Wirtschaft und Gesellschaft in Lehre, Forschung, Entwicklung und Transfer und schließlich durch die umfassenden Veränderungen, die langfristig von der Grundlagenforschung ausgehen (vgl. Hochschulrektorenkonferenz 2018, S. 2). Neben die Generierung neuen Wissens, insbesondere durch angewandte Forschung und der Weitergabe dieses Wissens in praxisorientierter Lehre, tritt der Transfer, also die Erwartung an die Hochschule, dass die Ergebnisse ihres Tuns und Wirkens für die Wirtschaft und letztlich die Gesellschaft auch unmittelbar nutzbar gemacht werden. Hochschulbildung soll letztlich den Studierenden Kenntnisse und Fähigkeiten vermitteln, die sowohl im akademischen als auch im nichtakademischen Kontext anwendbar sind (vgl. Knight und Yorke 2004, S. 38).

Das Ziel des vorliegenden Beitrags besteht darin, durch die Verknüpfung der Anforderungen hochschulpolitischer und wirtschaftlicher Akteure (z. B. Deutsche Industrie- und Handelskammer, Hochschulrektorenkonferenz, Wissenschaftsrat, Kommission der Europäischen Gemeinschaften etc.) sowie diverser theoretischer Ansätze der Transfer- und Kompetenzforschung, ein Anforderungsmodell zur Erklärung der Bedeutung von Maßnahmen zur Förderung von Transferkompetenz in der hochschulischen Ausbildung zu entwickeln. Der Kern dieses Modells ist dabei das Konstrukt der Transferkompetenz. Die im theoretischen Rahmen gewonnen Erkenntnisse bilden die Grundlage zur Erläuterung der Anforderungen an Hochschulen. Anschließend sollen Strategie und konkrete Maßnahmen der FOM Hochschule vorgestellt werden, bei denen im Rahmen einer eigens entwickelten Didaktik (FOM Transferdidaktik) obligatorische und damit curricular verankerte Transferkonzepte in die Studiengangsgestaltung implementiert wurden. Abschließend sollen Ansätze zur Messbarkeit des Erfolgs der durchgeführten transferfördernden Maßnahmen anhand von Evaluationsdaten vorgestellt und diskutiert werden.

Zielführend auf diesem Weg sind die folgenden Fragestellungen:

- Welchen Beitrag können die vorgestellten theoretischen Ansätze der Kompetenz- und Transferforschung sowie die dargelegten hochschulpolitischen und wirtschaftlichen Forderungen zur Erklärung einer Fokussierung und Förderung des Transfers leisten und welche Implikationen ergeben sich für die konkrete Umsetzung in der hochschulischen Ausbildung?
- Haben die an der FOM durchgeführten Maßnahmen zur Förderung von Transferkompetenz einen positiven Effekt auf die Lehrqualität und können diese Effekte messbar gemacht werden?

2 Transferkompetenz und Transferdidaktik

Mit dem zuvor beschriebenen veränderten Anforderungsprofil stehen Hochschulen unter deutlichem Veränderungsdruck durch externe als auch interne Faktoren und sehen sich in Zeiten von Einflüssen aus Vernetzung und Globalisierung der Bildung und daraus resultierenden Reformen des Studiensystems mit neuen Herausforderungen konfrontiert (vgl. Stifterverband für die deutsche Wissenschaft 2013, S. 3). Die sich verändernde (Transfer-)Rolle wird ebenfalls in den Empfehlungen des Wissenschaftsrats „Perspektiven des deutschen Wissenschaftssystems" (2013) betont. Hans-Henning von Grünberg, Präsident der Hochschule Niederrhein und Hochschulmanager des Jahres 2017 (CHE), nennt die veränderte Fokussierung sogar die „Geburtsstunde eines Transferbegriffs", welcher in den Hochschulen eigenständig, gleichrangig und gleichwertig neben die klassischen Leistungsdimensionen Forschung und Lehre tritt (vgl. Grünberg 2019, S. 3). In diesem Zusammenhang sind der Transfer und die Forderung nach Nutzbarmachung wissenschaftlicher Ergebnisse mehr als nur eine kleinere, kosmetische Änderung des Hochschulsystems. Interessanterweise stellt von Grünberg hierbei fest, dass sich eine „Revolution" irgendwann zwischen 2010 und 2013 ereignet haben muss, denn noch 2010 empfahl der Wissenschaftsrat dem Hochschulsystem „ein Differenzierungsmuster, in dem die einzelnen Hochschulen unterschiedliche Leistungsdimensionen wie die Lehrqualität, den Wissenstransfer, die Weiterbildung, eine höhere Bildungsbeteiligung etc. als Schwerpunkte ihres Profils wählen" konnten. Folglich war „Transfer" noch einer von vielen Begriffen und weit entfernt von der herausgestellten Leistungsdimension, die Hochschulen nun erfüllen müssen (vgl. Grünberg 2019, S. 4). Als dynamische und auf Wandel eingestellte Einrichtungen müssen sie aktiv beitragen, indem sie sich dem Wettbewerb stellen, ihre Strukturen kontinuierlich weiterentwickeln und den Dialog mit allen wichtigen gesellschaftlichen Kräften sowie der Wirtschaft suchen (vgl. Hochschulrektorenkonferenz 2018, S. 4). Folglich steigen Erwartungen von und an Studierende(n), Lehrende(n), Hochschulmitarbeitende(n) sowie -partner(n), insbesondere durch die sich kontinuierlich verändernden Anforderungen des Arbeitsmarktes. Mit Blick auf die Ziele der Hochschulbildung wird somit ein Paradigmenwechsel angestrebt: Ergänzend zur traditionell im Mittelpunkt stehenden Fächerorientierung soll ein stärkerer Berufsfeldbezug und damit ein Transfer zwischen diesen beiden Welten angestrebt werden (vgl. HRK-nexus 2016, S. 4).

Die Diversität der Erwartungen macht es für den einzelnen Studierenden oder die einzelne Studierende nicht einfach, ein Studium auf den zukünftigen Berufswunsch hin auszurichten. Welche Kompetenzen in diesem Zusammenhang erwartet werden und welche eigenen Stärken der Studierenden bei einem potenziellen Arbeitgeber überhaupt von Interesse sind, hängt stark von der Branche, der zu besetzenden Position sowie der Größe des Unternehmens ab (vgl. Heidenreich 2016, S. 35). Die Vielfalt und diversifizierte inhaltliche Ausgestaltung von Stellenanzeigen verdeutlichen diese Schwierigkeit, denn „genauso schwierig ist es von Seiten der Wirtschaft, eindeutige Aussagen zu treffen“ (Heidenreich 2016, S. 35). Entscheidend für eine Einstellung sind folglich weniger konkretes fachliches Wissen und damit reine Fachkompetenz, sondern vielmehr persönliche, soziale und insbesondere Transferkompetenzen.

Eine vom Deutschen Industrie- und Handelskammertag (DIHK) durchgeführte Erhebung hat ebenfalls bestätigt, dass sich die Unternehmen insbesondere eine stärkere Anwendungsorientierung der vermittelten Inhalte wünschen und damit eine stärkere Orientierung auf die Vermittlung von Anwendungsbezügen der Theorie auf die Praxis befürworten. Ein Vergleich der Erwartungen mit denen von 2007 und 2011 verdeutlicht, dass die allgemeinen Anforderungen der Wirtschaft sogar gestiegen sind (vgl. Abb. 1). Dabei hält beispielsweise bei Bachelorabsolventen jedes 4. Unternehmen, bei Masterabsolventen jedes 5. Unternehmen, berufspraktische Erfahrungen für unverzichtbar (vgl. auch DIHK 2015; Heidenreich 2011; HRK-nexus 2016).

Zu einem Studium und damit insbesondere als (Learning-)Outcome eines Studiums gehört folglich die Vermittlung der Fähigkeit, Aufgaben in wissenschaftlich fundierten Tätigkeitsfeldern qualifiziert zu lösen, indem wissenschaftlich gewonnenes Bestandswissen angewendet und von Fall zu Fall fortgedacht bzw. transferiert wird (vgl. Heidenreich 2011, S. 16). Wesentliches Merkmal des Transfers ist also seine Brückenfunktion zwischen 2 Welten; der Welt des „Woher“, also des Ortes, wo das Wissen entsteht, und der Welt des „Wohin“, jenes Ortes, wo das Wissen genutzt wird (vgl. Grünberg 2019, S. 4). Neben der wissenschaftlichen Befähigung spielt hierbei die Vorbereitung auf ein berufliches Tätigkeitsfeld eine zentrale Rolle bei der Beantwortung der Frage, auf welche Bildungs- und Lernziele ein Hochschulstudium insgesamt ausgerichtet sein sollte. Dabei ist explizit nicht die Ausbildung für einen spezifischen (akademischen) Beruf gemeint, sondern

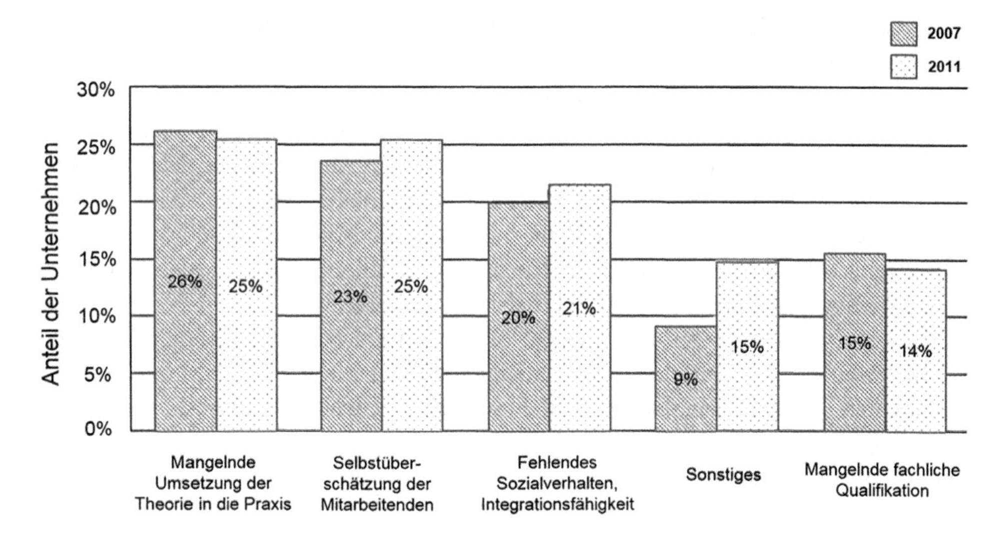

Abb. 1 Trennungsgründe von Unternehmen, die sich von Mitarbeitenden in der Probezeit wieder getrennt haben (inkl. Mehrfachnennungen) (Abbildung in Anlehnung an Heidenreich 2011, S. 16)

die Befähigung, in Arbeitswelt- und Tätigkeitsfelder einzutreten, die durch eine offene Gestaltung sowie ein breites Aufgabenspektrum gekennzeichnet sind und daher hohe Anforderungen an theoretisch und methodisch fundierte Problemlöse-, Handlungs- und letztlich Transferkompetenzen stellen (vgl. Schaper et al. 2012, S. I).

2.1 Theoretischer Rahmen

Die in Lernprozessen erworbenen Kenntnisse und Fertigkeiten sowie weitere persönliche, soziale und methodische Fähigkeiten, die ebenfalls für die berufliche und persönliche Entwicklung zu nutzen sind, werden als Kompetenzen bezeichnet (vgl. Schermutzki 2007, S. 5). Margret Schermutzki unterscheidet dabei überfachliche Kompetenzen (transferierbare Fertigkeiten) von fachbezogenen Kompetenzen. Johannes Wildt beschreibt Kompetenz als „Handeln in hochgradig komplexen, dynamischen und durch Unsicherheit gekennzeichneten Situationen" (Wildt 2006b, S. 8). Dieser Begriff wird z. B. durch Dieter Gnahs erweitert, der Kompetenz als die „erfolgreiche Bewältigung der komplexen Handlungsherausforderungen innerhalb der Situation" (Gnahs 2010, S. 21) verortet. In diesem Zusammenhang wird deutlich, dass sich Kompetenzen immer auf situative Kontexte beziehen, in denen Handlungsakteure mit ihren vorhandenen kognitiven, affektiven und psychomotorischen Dispositionen höchst situationsbedingte Herausforderungen bewältigen (vgl. Wildt 2006b, S. 7). Hierbei fügt Gnahs den Einsatz von Wissen zu den kognitiven und praktischen Fähigkeiten in das Kompetenzkonstrukt hinzu (vgl. Gnahs 2010, S. 21). Damit ist Kompetenz eine „kontextualisierte Fähigkeit" (Maag Merki 2009, S. 496), die sich auf die Bewältigung spezifischer Handlungssituationen bezieht und sich gleichbedeutend durch eine deutliche „Subjektorientierung" (Arnold 2010, S. 172) auszeichnet, die wiederum zwischen der Übernahme von Verantwortung und dem Grad der Selbstständigkeit ausdifferenziert werden muss. Diese Differenzierung untermauert ebenfalls der Europäische Qualifikationsrahmen (EQR):

> [Kompetenz umfasst] die nachgewiesene Fähigkeit, Kenntnisse, Fertigkeiten sowie persönliche, soziale und methodische Fähigkeiten in Arbeits- oder Lernsituationen und die berufliche und/oder persönliche Entwicklung zu nutzen (Kommission der Europäischen Gemeinschaften 2006, S. 17).

Das in dem vorliegenden Beitrag vorgestellte Konzept der Kompetenz umfasst folglich Fähigkeiten, Kenntnisse, Fertigkeiten sowie persönliche, soziale und/oder methodische Komponenten, die sich innerhalb der Bewältigung von (Handlungs-)Situationen zeigen und der beruflichen und/oder persönlichen Entwicklung nutzen (vgl. Wex in Rothe 2012, S. 12). Eine Förderung von Kompetenz fördert stets auch „die Entwicklung eines subjektiven Potenzials zum selbstständigen Handeln in unterschiedlichen Situationskontexten" (Arnold 2010, S. 173). Erpenbeck und Heyse (1999) sowie Wildt (2006a)

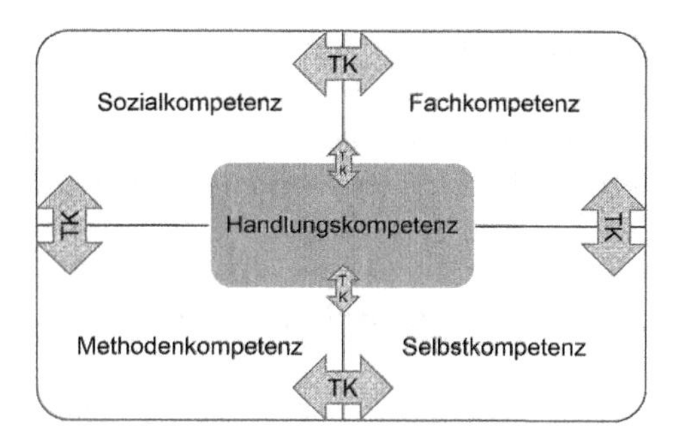

Abb. 2 Das Konstrukt der Transferkompetenz (TK). (Abbildung in Anlehnung an Wildt 2006b, S. 8)

untermauern in ihrem Kompetenzkonstrukt als vermittelnde Instanz die „Handlungskompetenz" als eine aus dem Zusammenwirken von Fach-, Methoden, Sozial- und Selbstkompetenz übergeordnete Facette (vgl. Wildt 2006b, S. 8), welche in heteronomen Lehr- und Lernszenarien sowie in Selbstorganisation autonom aufgebaut wird, wenn Fachkompetenz mit den fachübergreifenden Kompetenzen in Verbindung gebracht werden und diese interdependent zusammenwirken (vgl. Wildt 2006a, S. 11). Dieses Modell wird im vorliegenden Beitrag um das Konstrukt der Transferkompetenz erweitert. Hierbei wird Transfer als Phänomen betrachtet, das auf Basis von aktiven, emotionalen, selbstgesteuerten Lernprozessen abläuft und mit dessen Hilfe handlungsrelevantes Wissen konstruiert wird und somit alle Kompetenzfacetten betrifft (siehe auch Abb. 2).

Bedeutend für den Erwerb von Kompetenz ist stets der repetetive Grad und die Ausgestaltung von Übungs- und Lernprozessen, denn Kompetenz wird erfahrungsbasiert erworben bzw. entwickelt (vgl. Maag Merki 2009, S. 495), die „nur aus eigener Erfahrung plus Reflexion entstehen" (Gotzen et al. 2011, S. 18). Die Bedeutung der Erfahrung und Reflexion beschreibt auch David A. Kolb bereits 1984 in seinem Lernkonzept des „Learning cycle":

> Learners, if they are to be effective, need four different kinds of abilities – concrete experience abilities, reflective observation abilities, abstract conceptualization abilities, and active experimentation abilities. That is, they must be able to involve themselves fully, openly, and without bias in new experiences. They must be able to reflect and observe their experiences from many perspectives. They must be able to create concepts that integrate their observations into logically sound theories, and they must be able to use their theories to make decisions and solve problems (Kolb 1984, S. 30).

In diesem Zusammenhang hat auch die Perspektive der vermittelnden Instanz (z. B. Lehrende) eine große Bedeutung, denn auch Lehrende erweitern stets ihr Wissen und ihre (Lehr-)Kompetenzen und sind folglich auch immer selbst Lernende in einem gemeinsamen Prozess des Lehrens und Lernens. Walter Rüegg hat genau dieses Zusammenspiel bzw. diese Gemeinschaft in dem von ihm editierten Werk „Geschichte der Universität in Europa" mit folgendem einleitendem Satz beschrieben: „Die Universität ist eine, ja die europäische Institution par excellence: Als Gemeinschaft der Lehrenden und

Lernenden …“ (Rüegg 1993, S. 13) und greift damit die Grundgedanken Wilhelm von Humboldts auf, der den gemeinsamen Austausch mit den Studierenden als elementaren Bestandteil eines und einer Lehrenden beschreibt, um seine und ihre Arbeit angemessen zu vollziehen (vgl. Humboldt 2010, S. 230).

Universitäre Lehre zielt folglich nicht nur auf eine monodirektionale Vermittlung von Wissen ab, sondern transportiert in einer omnidirektionalen Weise und immer auch in ergebnisoffener Einstellung Wissen, was Michael Daxner ganz treffend mit der Metapher einer „Kontaktinfektion mit Wissenschaft“ (Daxner in Pasternack und Kreckel 2011, S. 144) als lebenslange Haltung des Lernens beschreibt. Danny Wildemeersch und Veerle Stroobants argumentieren in einem vergleichbaren Zusammenhang, dass Lernen auch immer ein Prozess ist, der nicht nur in der Person selbst, sondern insbesondere durch die Interaktion durch externe Akteure verursacht wird:

> … transitional learning is a process that takes place not only ‚in‘ the person, but also, to an important extent, through the interaction initiated by external people who ask for a response (Wildemeersch und Stroobants 2009, S. 231).

Die Kommunikation bzw. kommunikative Vermittlung des Wissens und der Kompetenzen findet folglich auf mehreren Ebenen statt: Wissen wird omnidirektional ausgetauscht und auch die Art und Weise, wie dieses Wissen vermittelt wird, ist stets im Kontext des eigenen Lernens eingebettet:

> Wann immer und wie immer wir im Lerndiskurs agieren, es sind und bleiben wir Menschen, die dort unter den Bedingungen ihrer Geschichten & Diskurse agieren. Menschen mit bestimmten Auffassungen, begrenztem Wissen, divergierenden Wahrheitsvorstellungen, unterschiedlichen Motiven und Erwartungen sowie verschiedenen emotionalen Befindlichkeiten und moralischen Orientierungen, die über das sprechen, was sie vom Wissen und Lernen, von Lernkulturen, von Kompetenzentwicklung zu wissen glauben und andere glauben machen möchten (Schmidt 2005, S. 82).

Es geht somit auch um das (Er-)Lernen der Transferierung des Wissens, welches insbesondere durch proaktiv angestoßene reflexive Prozesse ermöglicht wird:

> Transitional learning emerges when individuals are faced with unpredictable changes in the dynamics between their life course and the transforming context, and when they are confronted with the need to (learn to) anticipate, handle and reorganise these changing conditions. … It is about creating meaningful connections between one's narrative understanding of the self as an actor in past, present and future on the one side, and one's understanding of the context in which one operates and lives in terms of broader themes and issues on the other (Wildemeersch und Stroobants 2009, S. 222).

Für die zuvor umschriebenen Transferleistungen werden vom Lernenden spezifische Fertigkeiten verlangt, welche sich in den „klassischen“ Kompetenzfacetten Fach-, Methoden-, Sozialkompetenz und persönliche Kompetenz nicht vollständig wiederfinden. Eine auf den Transfer fokussierte Kompetenzvermittlung zielt daher explizit auf die (Weiter-)Entwicklung der eigenen Kompetenzfacette Transferkompetenz (vgl.

Fichtner-Rosada und Dindas 2018, S. 5). Unter „Transfer" wird allgemein der erfolgreiche Prozess der Übertragung einer Problemlösung auf eine andere, ähnliche und zugleich unterschiedliche Aufgabe verstanden (vgl. Renkl 1996, S. 82) und als „Lerntransfer" (vgl. Staehle 1999, S. 887) bezeichnet. Auch in der betrieblichen Weiterbildung wird Transfer häufig als Übertragung von erworbenen Kompetenzen aus einer dezidierten Trainingssituation in den beruflichen Anwendungsalltag (z. B. Law 2000) und damit als „Praxistransfer" (Gnefkow 2008, S. 29) bezeichnet. Diese Ansätze thematisieren jedoch im Schwerpunkt nur den jeweils einseitigen und monodirektionalen Transfer – also vom Studium in die Arbeitswelt – und greifen somit für die Bedarfe einer auf einen ganzheitlichen Transfer fokussierten Lehre zu kurz. Erfolgreicher Transfer soll folglich eine angestrebte, beobachtbare Verhaltensänderung von Personen in einem (Anwendungs-)Kontext aufgrund von Lernprozessen und Feedback in einem anderen Kontext bewirken, unter Berücksichtigung subjektiver internaler sowie externaler (im Besonderen: sozialer und organisationaler) Transferbedingungen (vgl. Schulte 2015, S. 13). Siegfried J. Schmidt zieht aus einem vergleichbaren Verständnis folgende Konsequenzen für die Gestaltung der Lehre:

> Daraus folgt für den Diskurs über Wissen, Lernen und Kompetenz ..., dass Wissen nicht (übertragungsmäßig) gelehrt ... werden kann. In allen Fällen geht es in Lehr-Lern-Konstellationen um reflexive Prozesse, die ihre Prozesswirklichkeiten erst in den interaktiven Bezugnahmen auf Sinn- und Prozessordnungen erzeugen ... (Schmidt 2005, S. 82).

Der Fokus der Ausgestaltung der Lehre sollte auf einer intensiven Bezugnahme der Lehrveranstaltungen auf die Praxis wie auch auf einer systematischen Einbindung theoretischer Elemente in Praxisphasen liegen (vgl. Meyer-Guckel et al. 2015, S. 23). Erfolgreicher Transfer bedingt letztlich die Überführung von kontextspezifischen Wissensinhalten und Fertigkeiten in kontextunabhängige Wissensinhalte und Fertigkeiten, die dann in anderen Kontexten genutzt werden (vgl. Schulte 2015, S. 23). Transferkompetenz ist folglich die Fähigkeit und der Wille, kontextspezifische Wissensinhalte und Fertigkeiten aus ihrem Kontext zu lösen, um sie dadurch kontextunspezifisch zu machen. Dabei wird sowohl im Lern- als auch Anwendungskontext Feedback genutzt, das bei der Anwendung der Wissensinhalte und Fertigkeiten sowohl im Ursprungs- als auch im Zielkontext gegeben wird (vgl. Schulte 2015, S. 27). Nur auf Grundlage von Feedback aus der Anwendung der Wissensinhalte und Fertigkeiten in den anderen Kontexten, kann ein solcher Transfer erfolgreich gelingen (vgl. Abb. 3).

Inhalte aus der Theorie – dies kann Lernort Hochschule, Akademie oder im Sinne des Modells von Frank. P. Schulte der Lernkontext sein – werden in die Praxis transferiert. Die Praxis ist z. B. das Unternehmen und damit im Sinne des Modells der Anwendungskontext. Hier werden die Theorieinhalte angewandt. Dabei wird Feedback über die umgesetzte Anwendung wiederum in der Theorie für weitere Lernprozesse genutzt:

> In der Vorlesung „Differentielle Psychologie“ lernen Studierende, welche Motivstruktur Führungskräfte aufweisen sollen. Diese Motivstruktur versuchen sie an ihren eigenen Führungskräften im Unternehmen zu identifizieren. Die Erfahrung, die sie dabei gemacht haben, bringen sie in die nächste Veranstaltung an der Hochschule mit in die Diskussion ein. Zugleich jedoch werden auch in der „Praxis“ systematisch Dinge gelernt, die wiederum am Lernort Hochschule/Akademie „angewandt“ werden können und sich dort dann bewähren (oder auch nicht). Feedback über diese Anwendung von in der Berufspraxis Gelerntem im akademischen Kontext wird ihnen bei den weiteren berufspraktischen Lernprozessen helfen (Schulte 2015, S. 22).

An dieser Stelle zeigen sich interessante Parallelen zu denkpsychologisch-philosophischen Ansätzen der Wissensrepräsentation in semantischen Netzen. Diese Modelle gehen davon aus, dass die geistige Repräsentation der Realität im Wesentlichen aus 2 Elementen besteht: Zum einen aus Objekten (in Form von Personen, Ereignissen oder Zuständen), zum anderen aus Relationen zwischen diesen, also Transferbezügen (vgl. Ballstaedt et al. 1981). Eine Weiterentwicklung der geistigen Handlungspläne kann in den Modellen der Schematheorie (vgl. Groeben 1981) gesehen werden. Schemata können als verallgemeinerte oder stereotype Ablaufmuster aufgefasst werden, die, mit den Variablen der aktuellen Situation besetzt, Handlungsanweisungen für die jeweilige Situation bereitstellen. Ebenfalls ermöglichen Schemata durch geistige Handlungspläne die Übertragung der erworbenen Erfahrung auf die aktuelle Situation.

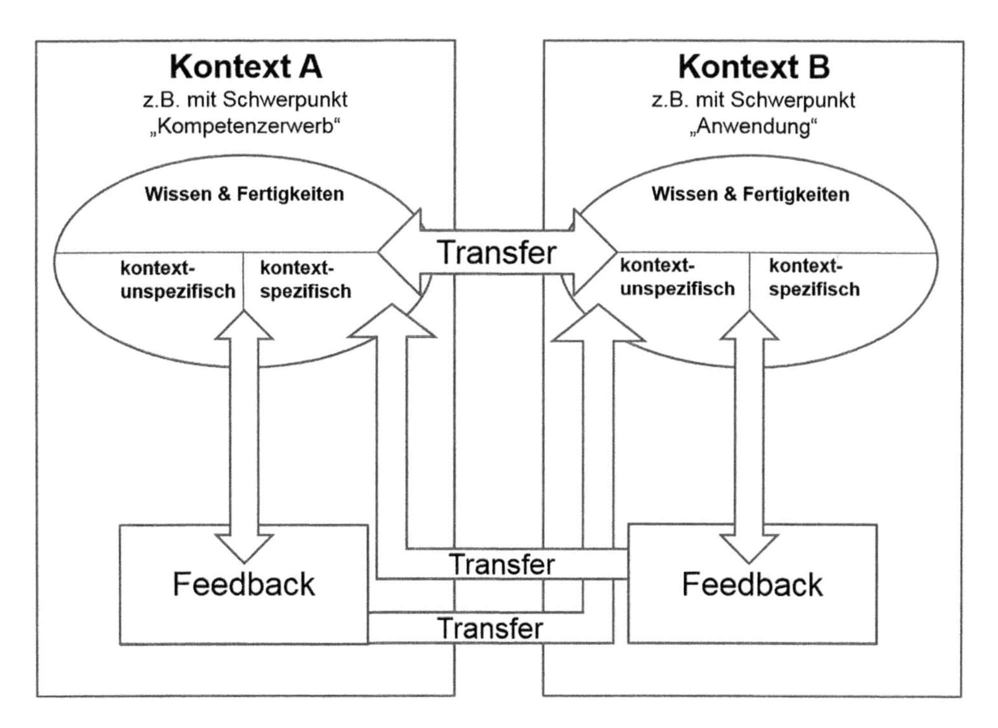

Abb. 3 Modell des Transferlernens (Abbildung in Anlehnung an Schulte 2019, S. 298)

2.2 Praxistransfer, Berufsfeldbezug und Arbeitsmarktrelevanz

Die zuvor beschriebene und theoretisch hergeleitete Bedeutung von Praxisbezügen und Transfer in Studium und Lehre ist spätestens seit Beginn des Bologna-Prozesses auch in der hochschulpolitischen Diskussion kontinuierlich gewachsen, wie es in zahlreichen Publikationen belegt wird (vgl. Wissenschaftsrat 2015, 1999; Wolter und Banscherus 2012; Bargel 2012; Koepernik und Wolter 2010; Teichler 2008; Jerewan Kommuniqué 2015). Für die Hochschulen ist diese neue Wertschätzung des Transfers von ganz besonderer Bedeutung, denn mit dem Transfer bekommen sie ihren eigenen, typenspezifischen Auftrag (vgl. Grünberg 2019, S. 4). Welche Kompetenzen der Absolventen in der Arbeitswelt 4.0 in Zukunft von Interesse sein werden, wurde z. B. in einer 2016 durch den Stifterverband für die Deutsche Wissenschaft durchgeführten Studie erhoben. Siebzig Prozent der befragten 303 Unternehmen in Deutschland geben an, dass Praxiserfahrungen für einen akademischen Berufseinsteiger im Lebenslauf an Bedeutung gewinnen werden, ebenso wie überfachliche Kompetenzen. Praxisorientierte und persönlichkeitsbildende Kompetenzen sollten daher aus Sicht der Unternehmen eine größere Rolle in der Hochschulbildung spielen (vgl. Stifterverband für die deutsche Wissenschaft 2016, S. 27). Die Forderung, Studium und Lehre transferorientiert zu gestalten, beinhaltet in diesem Zusammenhang, dass insbesondere Befähigungen zum Handeln in entsprechenden Anforderungssituationen zu entwickeln sind und dass die Bereiche der Kompetenzentwicklung curricular angemessen berücksichtigt werden (vgl. Schaper et al. 2012, S. I).

Folglich sind Praxistransfer, Berufsfeldbezug und Arbeitsmarktrelevanz des Studiums – und damit Transferkompetenz – zentrale Bestandteile der hochschulpolitischen Agenda (vgl. HRK-nexus 2017, S. 2) und Gegenstand diverser Konferenzen und wissenschaftlicher Diskurse (vgl. Ulbricht et al. 2015, S. 76). Dabei werden verschiedenartige Konzepte einer kompetenz- und transferorientierten Gestaltung von Lehr- und Lernprozessen einerseits auf der Grundlage lehr- und lerntheoretischer bzw. didaktischer Auffassungen und andererseits vor dem Hintergrund bildungspolitischer Bestrebungen breit diskutiert. Interessanterweise werden hierbei lehr- und lerntheoretische Ansätze, die als Grundlage für eine kompetenz- und transferorientierte Gestaltung herangezogen werden, vor allem durch eine Beschäftigung mit dem mangelnden Anwendungsbezug und unzureichenden Transferleistungen bei traditionellen, inhaltszentrierten Instruktionstheorien bzw. didaktischen Modellen diskutiert (vgl. Reinmann und Mandl in Schaper et al. 2012, S. II). Auch die Jerewan Konferenz (2015) betont den veränderten Outcome-Fokus der Lehre und bekräftigt hierdurch die Förderung von Employability (vgl. Schubarth et al. 2012, S. 9–16). Dies kann u. a. über die Implementation von Programmen mit guter Balance zwischen theoretischen und praktischen Elementen erfolgen:

> We need to ensure that, at the end of each study cycle, graduates possess competences suitable for entry into the labour market which also enable them to develop the new competences they may need for their employability later in throughout their working lives. We will support higher education institutions in exploring diverse measures to reach these goals, e.g. by strengthening their dialogue with employers, implementing programmes with a good balance between theoretical and practical components ... (Jerewan Kommuniqué 2015, S. 2).

Im aktuellen strategischen Rahmen für die europäische Zusammenarbeit „Allgemeine und berufliche Bildung 2020“ wird ebenfalls die Förderung von Fähigkeiten für Employability als ein neuer Schwerpunktbereich vorgeschlagen, um auf Veränderungen des Arbeitsmarktes vorzubereiten (vgl. European Commission 2015, S. 18). So ist es ebenfalls eine Grundannahme des Bologna-Prozesses, dass ein Anstieg des Bildungsniveaus der Bevölkerung eine Voraussetzung für Wirtschaftswachstum und Beschäftigungsmöglichkeiten ist (vgl. Stiwne und Alves 2010, S. 35). Dabei sind die Bereiche Weiterbildung, Wissens- bzw. Erkenntnis- und Technologietransfer sowie gesellschaftliches Engagement vorgeschriebener Teil des Aufgabenspektrums der Hochschulen (vgl. Hochschulrektorenkonferenz 2017), denn Studierende profitieren von der ständigen Auseinandersetzung mit den Problemen und Fragestellungen von Gesellschaft und Wirtschaft, vermittelt durch die Hochschullehre und auch der Stifterverband formuliert im „Hochschul-Bildungs-Report 2020“ auf der Basis einer von McKinsey & Company durchgeführten Studie die folgende These zur akademischen Arbeitswelt der Zukunft:

> Theorie und Praxis müssen im Studium viel früher miteinander verknüpft und die Berufsfeldorientierung stärker berücksichtigt werden. Hierzu bedarf es ... einer flächendeckenden Anwendung und Erweiterung bislang eher selektiv verwendeter Lehr-/Lernformate, die Anwendungsbezüge und Praxiserfahrungen ermöglichen (Stifterverband für die deutsche Wissenschaft 2017, 2018, S. 4).

2.3 Anforderungen und Ansätze zur Umsetzung an Hochschulen

Den zuvor dargelegten Theorien und hochschulpolitischen Aussagen folgend, ist für den beruflichen und akademischen Erfolg der systematische Transfer zwischen Theorie und Praxis entscheidend. Dieser wird vor allem dadurch erreicht, dass sowohl die Hochschule als auch die Arbeitswelt bei der Wissensvermittlung und -anwendung gegenseitig und systematisch Bezug aufeinander nehmen, um so das Wissen zu erweitern:

> Wissenschaftliche Lehre soll nicht das Bekannte „vermitteln“ (das Bekannte steht ja in Handbüchern, im Internet und kann jederzeit selbstständig angeeignet werden), sondern wissenschaftliche Lehre soll ein Fach so darstellen, dass der Studierende das Bekannte erweitern kann. ... Sie muss nicht Erkanntes, sondern das Erkennen lehren. Sie muss nicht „vermitteln“, sondern auffordern. ... Universitäre Lehre, die den Sinn der Universität ernst

> nimmt, entsteht immer aus dem Paradox, das Lernen dessen anstoßen zu müssen, was man nicht lehren kann: Wie man nämlich zu neuen Erkenntnissen gelangt. Die Universität muss lehren, was noch keiner kennt (Ladenthin 2019).

Um hierbei Probleme mit „trägem Wissen" (vgl. Renkl 1996, S. 79) zu vermeiden, d. h. mit einem Wissen, das zwar angeeignet, aber nicht handlungswirksam wird, müssen Lehr- und Lernarrangements sowie -settings konzipiert werden, die das Lernen von Beginn an in Anwendungsbezüge kontextualisieren und den Lernprozess in hohem Maße als aktiven, selbstgesteuerten, konstruktiven, situierten und sozialen Prozess gestalten (Schaper und Sonntag in Schaper et al. 2012, S. II). Dabei ist es von großer Bedeutung, dass die durchgeführten Maßnahmen im Einklang mit sowohl den Anforderungen der Arbeitswelt als auch den persönlichen Bedürfnisse der Lernenden stehen, wie es beispielsweise auch Knud Illeris in seiner Lerntheorie betont:

> … the programme offered must not only have an acceptable positioning in relation to contemporary trends on the youth lifestyle market, and it must be organised in ways and by teachers or the persons who are in harmony with the personal needs of the young learners (Illeris 2009, S. 18).

Ganz im Sinne eines Pendels, welches zwischen den 2 Ebenen Theorie und Praxis die Bereiche Eigenstudium, Lehre sowie Praxisprojekte einbezieht, sollten transferfokussierte Lehr- und Lernsettings Studierende bei der Entwicklung ihrer Fähigkeiten und Kompetenzen durch die Ermöglichung eines aktiven und eigenständigen Aufbaus von Gedächtnisstrukturen proaktiv fördern, um vor allem auch komplexe, problemoffene und uneindeutige Aufgaben und Herausforderungen der realen Lebens- und Arbeitswelt bewältigen zu können (vgl. Rebmann und Schlömer 2010, S. 338). Dabei sollte jeder einzelne Bereich Berührungspunkte und damit einen Einfluss auf den anderen haben und jeder Bezug hat wiederum Auswirkungen auf die entsprechend nachfolgende „Kugel" (vgl. Abb. 4).

Hochschulen begegnen diesen Anforderungen höchst unterschiedlich – gemeinsam ist ihnen jedoch ihr deutliches Streben nach Profilbildung, etwa durch Schwerpunktsetzungen in der Forschung, in innovativen Lehr- und Lernkonzepten oder in dem Transfer wissenschaftlicher Lösungsansätze in die Praxis (vgl. Fichtner-Rosada 2017, S. 3). Eine zentrale Herausforderung ist es in diesem Zusammenhang, dass ein Studium unabhängig von seiner disziplinären Ausrichtung die Employability der Studierenden fördern, sie auf breite berufliche Tätigkeitsfelder vorbereiten und sie befähigen sollte, beruflich Fuß zu fassen. Wie in den Abschn. 2.1 und 2.2 versucht wurde darzulegen, geht es folglich darum, dass Studierende neben fachlich-wissenschaftlichen Kompetenzen auch Fähigkeiten und Fertigkeiten erwerben sollten, mit denen sie ihr in der Hochschule erworbenes Wissen in praktischen Einsatzfeldern anwenden und anpassen sowie das vorhandene Wissen reflektieren und weiterentwickeln können. Hochschulbildung soll somit auch Metafähigkeiten entwickeln (fördern), die zur Bewältigung vielfältiger konkreter Anforderungen befähigen (vgl. Schaper et al. 2012, S. III). Durch die in

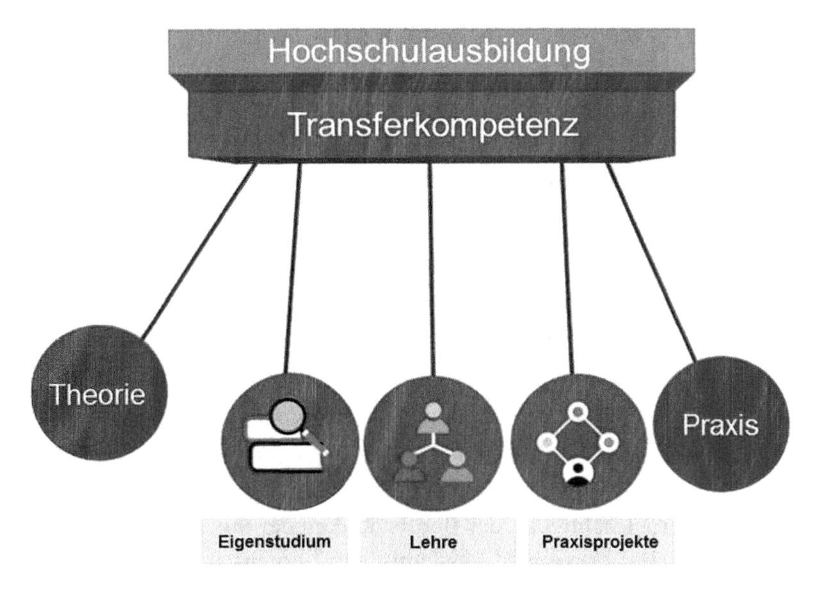

Abb. 4 Das Transferpendel zwischen Theorie und Praxis

diesem Zusammenhang entwickelten Maßnahmen sollte zudem deutlich werden, wie der entsprechende Studiengang und das damit einhergehende Curriculum die Berufsbefähigung der Studierenden konkret sicherstellen kann (vgl. Fichtner-Rosada und Dindas 2018, S. 7). Dies kann auf ganz verschiedenartige Weise erfolgen, z. B. über Pflichtpraktika, Praxisphasen, praxisorientierte Abschlussarbeiten, Kooperationen mit Unternehmen, Austausch mit Vertretern aus der Praxis bei der Erstellung von Modulen, Berufsberatung und insbesondere durch praxisorientierte Lehre (vgl. Akkreditierungsrat 2015; HRK-nexus 2016). Wie in Abschn. 2.3 dargelegt, thematisieren die vielen Ansätze diverser Hochschulen jedoch im Schwerpunkt nur einen jeweils einseitigen Transfer und greifen somit für einen Transfer, im Sinne eines ganzheitlichen (Transfer-)Kompetenzerwerbs, wie es beispielsweise in dem zuvor dargestellten Konstrukt des Transferlernens durch Schulte (2015, 2019) versucht wurde zu verdeutlichen, zu kurz. In vielen Studienkonzepten werden überwiegend nur die Lernenden im Kontext der Hochschule in den Lernprozess einbezogen. Für die Lernfelder Unternehmen und Gesellschaft wird hingegen versucht, eine Situiertheit durch Simulationen in z. B. Planspielen oder Cases herzustellen, die jedoch den notwendigen Lerntransfer nicht umfänglich sicherstellen können. Lernförderlicher wäre es daher, in den beiden vorgenannten Lernfeldern auf reale Anwendungsmöglichkeiten zurückzugreifen, beispielsweise durch berufspraktische Erfahrungen der Studierenden sowie durch eine besondere Zusammensetzung der Lehrendenschaft, die wiederum ihre außeruniversitären, berufspraktischen Kenntnisse in den Lehr- und Lernprozess einbringen (vgl. Fichtner-Rosada und Dindas 2018, S. 7). In Analogie zum problemorientierten Lernen sollen die Studierenden Fähigkeiten und

Methoden erlernen, um Transfermöglichkeiten selbstständig zu identifizieren und später eigenständig Transferleistungen zu erbringen. Insofern sind besondere Lehr- und Lernformate gefragt, die forschungs-, lehr-, dialog- und praxisorientierte Lehre – und damit einen solchen wechselseitigen Transfer zwischen Theorie und Praxis – ermöglichen. Wie eine solche auf den Transfer fokussierte Didaktik in der Praxis umgesetzt werden kann, zeigt das folgende Beispiel der FOM Hochschule.

3 Transferdidaktik am Beispiel der FOM

Die gemeinnützige und stiftungsgetragene FOM Hochschule für Oekonomie & Management wurde 1991 auf Initiative von Wirtschaftsverbänden im Ruhrgebiet gegründet. An der privaten Hochschule mit mittlerweile 34 Standorten und über 57.000 Studierenden werden wissenschaftliche Präsenzstudiengänge entwickelt, die unter organisatorischer Berücksichtigung der Berufstätigkeit der Studierenden die gegenseitige Bezugnahme beruflicher Praxis und akademischen Lernens in den Fokus der Studienganggestaltung im Allgemeinen und der Didaktik im Speziellen stellen. So zeichnet sich die Lehre an der FOM Hochschule durch eine systematische Kompetenzorientierung unter Berücksichtigung von Theorie-Praxis-Synergien aus. In der konkreten hochschulweiten Umsetzung bedeutet dies, dass Transfer durch systematisch implementierte und curricular verankerte Einsatzszenarien transferorientierter Lehr-, Lern- und Prüfungsformen sichergestellt wird. Hierbei ist ein bedeutendes Wesensmerkmal die bereits vorhandene Berufstätigkeit der Studierenden. Die FOM kann so in dem Lernfeld bzw. „Anwendungskontext" (Schulte 2015, S. 22) Unternehmen auf reale Anwendungsmöglichkeiten zurückgreifen, und zwar durch die beruflichen Erfahrungen ihrer Studierenden sowie die besondere Zusammensetzung der Lehrendenschaft. Denn neben den Studierenden verfügen FOM-Lehrende über eine enge Anbindung an die Unternehmenspraxis und nehmen darüber hinaus vielfältige Funktionen in der Wirtschaft wahr. Dies stellt aber auch besondere Anforderungen an die Wissensvermittlung. Einerseits sind die Fertigkeiten und Fähigkeiten, die bei den Studierenden bereits vorhanden sind, aufgrund der verschiedenartigen Arbeitsfelder heterogener als bei Studierenden an anderen Hochschulen. Andererseits haben die berufsbegleitenden Studierenden in der Regel bereits relevantes Vorwissen und verfügen über eine sehr gute Einschätzung der beruflich erforderlichen Kompetenzen. Diese Kompetenzen fließen in dem berufsbegleitenden FOM-Studium in die Lehre ein und sollen dadurch eine Verbindung dieser oftmals getrennten Lernfelder der Studierenden ermöglichen, wie es z. B. auch von Grünberg untermauert:

> Wie sich der junge Mensch bei Humboldt durch die aktive Teilhabe an der Forschung bildet, so wird er an einer modernen Fachhochschule für seine berufliche Tätigkeit akademisch ausgebildet, indem er teilnimmt an einem der vielen Transferprozesse aus der Hochschule hinein in die Wirtschaft, Gesellschaft oder Politik (Grünberg 2019, S. 4).

Der erfolgreiche Transfer von Wissen zwischen dem berufspraktischen und akademischen Lern- und Handlungsfeld ist Voraussetzung für eine sinnvolle Verknüpfung von Theorie und Praxis. Durch die zuvor genannte enge berufliche Anbindung kann das in Vorlesungen erlernte Wissen unmittelbar in der beruflichen Praxis angewandt werden und vice versa. Dabei verbinden sich die Berufserfahrungen sowohl der Lehrenden als auch der Studierenden zu Transfererkenntnissen, die in Lehrveranstaltungen und -projekten sowie im Eigenstudium das Verständnis und die Analyse-, Synthese- und Evaluierungsfähigkeit der Studierenden entwickeln und vertiefen sollen.

Die FOM-Lehre versucht den Transfer insbesondere dadurch zu fördern, dass Theorie-Praxis-/Praxis-Theorie-Schleifen über Feedback-Prozesse systematisch in alle Module in den Studienverlauf integriert werden. Diese flächendeckende Integration gelingt vorrangig über den Einsatz transferorientierter Lehr- und Prüfungsformen, die sowohl fakultativ formativ in der Lehre als auch als obligatorische Prüfungen eingesetzt werden. Die Studierenden erwerben zunächst Fähigkeiten und Methoden, um Transfermöglichkeiten selbstständig zu identifizieren und später eigenständig Transferleistungen zu erbringen. Ein zentrales Element dieser FOM-Transferdidaktik[1] ist die kontinuierliche Unterstützung des Lernprozesses über das gesamte Studium hinweg. Klausurbezogenes punktuelles Lernen soll dadurch vermindert, dagegen problemlösungsorientiertes Lernen in Zusammenhängen gefördert werden (vgl. Fichtner-Rosada und Dindas 2018, S. 16). Diese Prozesse versucht die FOM durch die Sichtbarmachung der subjektiv wahrgenommenen individuellen Kompetenzentwicklung der Studierenden anhand von 3 **Kompetenz-Checks,** die über den Studienverlauf hinweg verteilt sind und in einem digitalen Studienbuch zur Verfügung gestellt werden, zu unterstützen. In den Checks erfassen die Studierenden zu Studienbeginn, -mitte und -ende ihr subjektiv empfundenes Kompetenzniveau und ihre (selbst) eingeschätzte Kompetenzerwartung sowie -entwicklung. Die Kompetenz-Checks sollen den Studierenden eine Visualisierung ihres individuell empfundenen Könnens und ihrer Erwartungen hinsichtlich ihrer Kompetenzentwicklung ermöglichen. Dadurch sollen sie immer einen aktuellen Status darüber haben, welche Kompetenzen sie als bereits stark ausgeprägt und welche sie noch als ausbaufähig empfinden. Die Studierenden werden durch die Kompetenz-Checks zur kritischen Reflexion ihrer individuellen Kompetenzentwicklung in Hinblick auf ihre eigene Karriereentwicklung angehalten und so in ihrer gezielten Kompetenzentwicklung begleitet und unterstützt. Studienbegleitende **Übungs- und Transferaufgaben** sollen darüber hinaus zur Verfestigung des vermittelten Wissens sowie zur aktiven Anleitung eines erfolgreichen Transfers dienen. Sie werden in Lehrveranstaltungen als aktivierende Lernmethode und/oder unterstützend zum Selbststudium eingesetzt, ganz im Sinne des Erfahrungskonstrukts von David A. Kolb:

[1]Als eigenständiges didaktisches Lehrkonzept sowie als strategischer Rahmen für Lehren und Lernen an der FOM ist wesentliches Ziel der FOM Transferdidaktik die (Weiter-)Entwicklung der Transfer- und Problemlösekompetenz sowie des selbstständigen und selbstgesteuerten Lernens respektive Arbeitens.

> Immediate personal experience is the focal point for learning, giving life, texture, and subjective personal meaning to abstract concepts and at the same time providing a concrete, publicly shared reference point for testing the implications and validity of ideas created during the learning process (Kolb 1984, S. 21).

Um die Transferkompetenz systematisch über den gesamten Studienverlauf zu fördern, wurde zudem ein **Praxistransfer** als integrierte Prüfungsform entwickelt und ist fester Bestandteil der Modulprüfungen. So erhalten z. B. die Studierenden für die Modulprüfung „Klausur" im Semesterverlauf mindestens einen Rechercheauftrag mit explizitem Praxistransferbezug. In der Klausur wird die praktische Umsetzung in der eigenen betrieblichen Umwelt bzw. Branche mit den im Studium besprochenen Ansätzen reflektiert. Studiengangsabschließend erörtern die Studierenden im Rahmen des Kolloquiums in Form einer gesonderten Präsentation **(Theorie-Praxis-Reflexion)** ihre individuellen Transferleistungen und die Entwicklung ihrer Transferkompetenz im gesamten Studienverlauf. Grundlage dafür sind z. B. die zuvor durchgeführten Kompetenz-Checks sowie die in den Modulen absolvierten Praxistransferaufgaben.

Das besondere Merkmal der zuvor dargestellten Maßnahmen zur gezielten Förderung von Transferkompetenz ist die studiengangsübergreifende Implementierung sowie die curriculare Verankerung. Hingegen vieler vereinzelter (Leuchtturm-)Projekte anderer Hochschulen – z. B. im Rahmen von einzelnen Kooperationsprojekten mit externen Partnern, die oftmals aber nur auf vereinzelte Förder- und Unterstützungsstrukturen zurückgreifen können[2] – ist gerade die bewusste und obligatorische Auseinandersetzung ein klares Charakteristikum der FOM-Transferdidaktik. Vor dem Hintergrund ihres Fokus auf berufs- und ausbildungsbegleitende Studiengänge ist dies ein Kernelement des FOM-Qualifikationsprofils.

Im Fokus der FOM-Lehre steht also die Vermittlung bzw. Förderung von theoriebasierter und praxisorientierter Handlungs- bzw. Transferkompetenz für Berufstätige und dual Studierende. Entsprechend sind die Studiengänge der FOM in besonderem Maße auf die Anwendung der erworbenen Kompetenzen im beruflichen Umfeld ausgerichtet. Die FOM-Transferdidaktik unterstützt diesen Austausch zwischen Hochschul- und Arbeitswelt bereits während des gesamten Studiums. In der FOM-Transferdidaktik werden folglich nicht nur die Innenperspektive, d. h. ein Schwerpunkt auf dem Individuum innewohnende Phänomene wie Wissen, generelle Motivstruktur, aktuelle Motivation und Einstellungen berücksichtigt, sondern ebenfalls die Außenperspektive, also das aus den internen Bedingungen resultierende (Arbeits-)Verhalten der Lernenden, die Ergebnisse dieses Verhaltens sowie die auf dieses Verhalten einflussnehmenden situativen Bedingungen (vgl. Mutzeck 1988; Erpenbeck et al. 2007).

[2]Weitere Ausführungen z. B. in Thomas Hoffmeisters und Albert Kümmel-Schnurs Gastbeitrag „Bitte ehrlich machen" (2019), der im Nachgang an das Symposium „Transfer in der Lehre. Zumutung oder Chance?" das Fehlen der nötigen Strukturen sowie die Belastungen für die einzelnen Lehrenden thematisiert.

3.1 Konzeption

Derzeitige Forschungsdesigns zum Praxistransfer sind dadurch gekennzeichnet, dass theoretische Untersuchungen zum Thema in ganz verschiedenen Forschungsdisziplinen angesiedelt sind und jede dabei das Forschungsobjekt „Praxistransfer" über einen anderen Zugang (verschiedene Perspektiven und Operationalisierungsebenen) untersucht (vgl. Schubarth et al. 2012). Ihnen gemein ist die Forderung, dass eine Hochschulausbildung ein wissenschaftlich fundiertes und professionsbezogenes Fachwissen vermitteln soll, das zur Berufsbefähigung führt. Dazu bedarf es im Studium u. a. auch geeigneter Praxisbezüge (vgl. Multrus 2009, S. 1). Die Praxisbezüge sind dabei ein spezifischer Teilbereich der Lehr- und Studienqualität, im Sinne eines multidimensionalen Konzepts, deren Komponenten auf unterschiedlichen Ebenen miteinander interagieren. Hierzu gibt es diverse konzeptionelle sowie empirische Studien, die zu ganz unterschiedlichen Anzahlen und Benennungen der maßgeblichen Dimensionen kommen. Eine ausführliche Aufarbeitung wäre für den vorliegenden Beitrag zu weitreichend und würde auch der Bedeutung des Themas nicht gerecht werden. Nachfolgend soll dennoch der Praxisbezug als ein (kleiner) Teilbereich der Mehrdimensionalität von Lehr- und Studienqualität verstanden und abgebildet werden. Vor dem Hintergrund der Vielschichtigkeit können die Antworten dazu weder singulär noch abschließend sein. Sie können aber erste Anhaltspunkte aufzeigen. Dies bedeutet ebenfalls, dass die Bezüge nicht durch ein einzelnes Item ausreichend abgebildet werden können (vgl. Multrus 2009, S. 1). Sie müssen aus verschiedenen Perspektiven sowie unterschiedlichen Ebenen des Hochschulstudiums betrachtet werden. Die im vorliegenden Beitrag dargestellten Ebenen umfassen folglich die aktiven FOM-Studierenden sowie FOM-Absolventen. Die für die vorliegende Betrachtung verwendeten Daten stammen also aus unterschiedlichen Erhebungen, die jeweils eigene Informationen aus verschiedenen Blickwinkeln liefern. Somit setzt die Bewertung der Praxisbezüge die Analyse mehrerer Items voraus, die auch verschiedene inhaltliche Ansatzpunkte betreffen und auf verschiedenen Ebenen der Studiensituation angesiedelt sind (vgl. Multrus 2009, S. 2). Eine praxisorientierte Lehre soll nachfolgend bedeuten, dass sich Lehrinhalte nach der Praxis ausrichten und Studierende diese Bezüge miterleben können. Auf struktureller Ebene bedeutet dies die vorgeschriebene Herstellung von Bezügen auf modularer Ebene. Inhaltlich betrachtet, bezieht sich die Praxisanwendung auf die Lehrinhalte der einzelnen Veranstaltungen. Die Evaluation dieser Inhalte hängt dann von verschiedenen Faktoren ab. Darstellung, Verständnis und Anwendbarkeit wären unterschiedliche Perspektiven, während der Nutzen zusätzlich vom Bedarf abhängt. Der resultierende Outcome schließlich betrifft den Kenntnisstand und die (selbst eingeschätzten) erreichten Fertigkeiten im Bezug zur Anwendbarkeit auf die Praxis bzw. der Ausweis von erworbenen Kompetenzen.

3.2 Messbarkeit von Praxisbezügen und Praxistransfer

Praxisbezogene Lehre sowie die Erreichung von Zufriedenheit erfordert zunächst, dass den Studierenden die Learning Outcomes transparent gemacht werden, sodass deren (potenzielles) Erreichen auch retrospektiv beurteilt werden kann. Die Outcomes sollten so ausformuliert werden, dass ihre Erreichung auch überprüfbar ist (vgl. Kennedy et al. 2006). Die formulierten Lernziele müssen neben einer Inhalts- auch eine Verhaltenskomponente enthalten, denn nur anhand sichtbarer Verhaltensweisen sind die im Lernprozess entwickelten Kompetenzen messbar und damit der Lernerfolg überprüfbar. Als Hochschule der Wirtschaft legt die FOM traditionell besonderen Wert auf einen hohen Praxisbezug in ihren Studiengängen. Entsprechend wird in vielen Modulen insbesondere auch der Praxisbezug als explizites Lernziel eingebracht bzw. ausformuliert. So wird beispielsweise für das hochverzahnte Modul „Entscheidungsorientiertes Management", welches in den Master-Studiengängen „Human Resources Management", „Wirtschaftspsychologie", „Betriebliches Gesundheitsmanagement", „Big Data & Business Analytics", „Business Consulting & Digital Management", „Finance & Accounting", „IT Management", „Logistik & Supply Chain Management", „Marketing & Communication", „Medizinmanagement", „Public Health", „Risk Management & Treasury", „Sales Management", „Taxation", „Technologie- und Innovationsmanagement", „Unternehmensrecht, Mergers & Acquisitions", „Wirtschaftsingenieurwesen" sowie „Wirtschaftspsychologie & Beratung" Teil des Curriculums ist, das folgende Learning Outcome als Modulziel ausgegeben:

> Die Studierenden können nach erfolgreichem Abschluss des Moduls Entscheidungsverhalten im Sinne des Behavioral Management in konkreten Entscheidungssituationen reflektieren, in andere Kontexte transferieren und Handlungsempfehlungen ableiten.

Dieser Transfer- und Praxisbezug stellt für die Studierenden eines der bedeutsamsten Merkmale ihrer Ausbildung dar (vgl. Multrus 2009, S. 13):

> Besonders wichtig sind den Studierenden Praxisbezüge im Studium, ebenso wie spezielle Veranstaltungen oder Möglichkeiten zu praktischen Erfahrungen. Dadurch werden hohe Ansprüche an das Studium hinsichtlich einer Berufs- und Praxisvorbereitung ersichtlich. Die Bezüge sind an Fachhochschulen weit besser abgedeckt als an Universitäten, wodurch an den Universitäten eine erhebliche Diskrepanz zwischen Erwartung und Wirklichkeit entsteht. Besondere Defizite zeigen sich in der Umsetzung des Gelernten (Multrus 2009, S. 21).

In seiner Studie stellt Multrus in einem hochschulübergreifenden Vergleich fest, dass die Beurteilungen zu den Angeboten von Praxisbezügen deutlich Auskunft geben können, wie gut oder wie häufig sie im Studium Eingang finden. Interessanterweise stellt er in diesem Zusammenhang Defizite fest. Selbst die häufige Praxisnähe an Fachhochschulen fällt in den durch Multrus erhobenen Daten deutlich zurück (vgl. Multrus 2009, S. 51). Dabei sind 2 Ergebnisse besonders interessant: Zum einen sind Praxisbezüge „fast allen Studierenden wichtig, da sie auch als Berufsvorteil gelten" (Multrus 2009, S. 16).

Zum anderen hält die Mehrheit der Studierenden „die Einrichtung von festen Praktika zur Weiterentwicklung der Hochschulen für wichtig. An Universitäten unterstützen diese Forderung 65 %, an Fachhochschulen 73 % vehement" (Multrus 2009, S. 18). Studierende wünschen sich, so das Fazit von Multrus, mehr Praxisrelevanz und mehr Berufsbezogenheit im Studium. Dieser Forderung versucht die FOM im Rahmen verschiedener Maßnahmen nachzukommen, wie es in Kap. 2 versucht wurde darzulegen, und auch im Rahmen von verschiedenen Evaluationen zu überprüfen.

3.2.1 Fokus: FOM-Studierende

Gegen Ende eines jedes Studiensemesters werden die Studierenden der FOM im Rahmen der Studierendenbefragung eingeladen, ihren Eindruck und ihre Erfahrungen zur Lehre in den besuchten Modulen, zur Organisation und Beratung – sowohl zentral als auch vor Ort in ihrem Studienzentrum – und zu den Rahmenbedingungen ihres Studiums zu berichten. Der Praxisbezug wird dabei durch ein eigenes Item in der Studierendenbefragung folgendermaßen erfragt: „Der Praxisbezug der Veranstaltung war …" (Skala von −2 (viel zu gering) bis +2 (viel zu hoch/viel zu umfangreich), 0 = genau richtig, −1 zu gering und +1 zu hoch/zu umfangreich). Insgesamt beurteilen die Studierenden der FOM den Umfang des Praxisbezugs im Studium als „genau richtig", die Schwankungen in den vergangenen Semestern sind dabei relativ gering.

Auch in den Freitextkommentaren (Item: „Was hat Ihnen in diesem Modul im vergangenen Semester besonders gut gefallen?") betonen die Studierenden, z. B. im Sommersemester 2019 (ausgewählte Beispiele aus unterschiedlichen Modulen), dezidiert die Einbindung von Transfer- und Praxiserfahrungen, -beispielen sowie -bezug:

- Es wurden immer wieder Praxisbeispiele in die Vorlesung eingebracht, Dozent hat mit Engagement das Thema vermittelt und immer wieder versucht, es bei trockenem Themen mit Leben zu füllen, damit es interessanter wird (Modul „Arbeits- & Organisationspsychologie")
- Sehr viel Praxisbezug, dadurch sehr anschaulich (Modul „Differentielle Psychologie")
- Sehr guter Transfer zur Praxis und realen Projekten in meinem Unternehmen. Sehr guter Dozent! Meine Anwesenheit 100 %. (Modul „Grundlagen Digital Business")
- Das Thema wurde sehr verständlich und mit vielen Praxisbezügen erläutert. Besonders gut gefallen haben mir die Kreativitätstechniken und deren Anwendung während der Stunden. Diese Techniken kann man sehr leicht auf den Arbeitsalltag adaptieren und ermöglichen einen direkten Transfer des Gelernten (Modul „Trendforschung & Innovation")
- Sehr freundlicher und umgänglicher Dozent und super Praxistransfer, was man im späteren Berufsleben super gebrauchen kann (Modul „Markt- & Werbepsychologie")
- Wir hatten einen sehr hohen Praxisbezug durch zahlreiche Übungen, wie Bewerbungsgespräche oder unterschiedlichste AC-Übungen und Persönlichkeitstests. Durch diesen hohen Praxisbezug hat man die Vorlesung immer gerne besucht, da man

wusste, man geht mit vielen neuen Inhalten und Erfahrungen nach Hause (Modul „Psychologische Diagnostik")

- Interessante Veranstaltung mit einem fachlich hochkompetenten Dozenten, welcher dauerhaft den Praxistransfer gesucht hat. Auch wenn die Thematik eher psychologisch angehaucht war, ist der Praxistransfer laufend durch Beispiele und Veranschaulichungen gelungen (Modul „Behavioral Finance")
- Der Dozent konnte den Stoff gut vermitteln und einen guten Praxisbezug herstellen (Modul „Einführung Mathematik")
- Hoher Praxisbezug, tolle Vermittlungsweise ->sehr viel für den beruflichen Alltag mitgenommen (Modul „Projektmanagement & IT-Grundlagen")
- Komplexe Themen wurden gut verständlich vermittelt. Durch die Fallstudien war es viel einfacher, das vermittelte Wissen direkt in die Praxis umzusetzen (Modul „Strategisches Management")
- Sehr interessante Gestaltung der Veranstaltungen, hoher Praxisbezug mit passenden Beispielen ->tolle Vermittlungsart, es hat immer wieder sehr viel Spaß gemacht (Modul „Unternehmenskommunikation")
- Praxistransfer wurde hergestellt, Fragen wurden immer beantwortet, Einblick in Finanzierung und Sozialmarketing hat den Horizont erweitert im Hinblick auf das spätere Arbeitsfeld der sozialen Arbeit, sehr netter und gewissenhafter Dozent, der uns gut durch das Modul begleitet hat (Modul „Finanzierung & Sozialmarketing")

Interessanterweise fordern die Studierenden auch bei einem fehlenden Praxisbezug genau diesen ein. Dies ist vermutlich damit zu erklären, dass Studierende durch die auf den Praxisbezug bzw. Transfer fokussierten Ausformulierungen der Learning Outcomes sowie die in Kap. 2 dargestellten Maßnahmen auch kontinuierlich auf den Praxisbezug hingewiesen werden. In den Freitextkommentaren (Item: „Was hat Ihnen in diesem Modul im vergangenen Semester nicht gut gefallen? Was könnten die Beteiligten anders machen") untermauern die Studierenden, z. B. im Sommersemester 2019 (ausgewählte Beispiele aus unterschiedlichen Modulen),

- Bei der Lehrkraft gibt es noch ungeweckte Potenziale, die leider nicht zum Tragen kamen. Auch war die Präsentation des Lehrstoffs durch fehlende Praxis nur unzureichend. Es wäre schön, Dozenten vor sich zu haben, die aus ihrem beruflichen Erfahrungsschatz relevante Aspekte beleuchten (Modul „Grundlagen Pädagogik")
- Wenig bis keine Transferleistungen werden gefordert. Inflationärer Umgang mit dem Taschenrechner (Modul „Einführung Mathematik")
- Mehr direkter Praxisbezug wäre wünschenswert (Modul „Grundlagen Pädagogik")
- Ich hätte mir mehr Praxisbezug gewünscht auch in Bezug auf die Aufgaben (Modul „Steuerplanung & Steuergestaltung")
- Etwas mehr Praxisbezug herstellen (Modul „Arbeits- & Organisationspsychologie")
- Sehr zähe Lehrveranstaltung, Stoff wurde sehr trocken vorgetragen, kein Bezug zur Praxis (Modul „Wiss. Methoden – quantitative Datenanalyse")

- Es muss stark daran gearbeitet werden, den Bezug zur Praxis auszubauen. In unserem Arbeitsfeld sind wir immer mehr mit psychischen Entwicklungen konfrontiert. Gäbe es noch ein Aufbaumodul nach dieser Einführung, wäre das halb so schlimm (Modul „Grundlagen der Psychologie")
- Sie konnte ein paar Fragen leider nicht beantworten oder einen Praxisbezug herstellen, sodass manche Inhalte unverstanden blieben. Statt der häufigen Textarbeit (lesen und Fragen beantworten) hätte ich mir mehr Praxis gewünscht (Modul „Allgemeine Psychologie & Biopsychologie")

3.2.2 Fokus: FOM-Absolventen

Im Zuge der europaweit angestrebten Vergleichbarkeit von Bildungsinhalten und -abschlüssen vollzieht sich ein „Paradigmenwechsel" (Fuchs 2012, S. 3) von der Lernzielorientierung hin zur Lernergebnisorientierung. Die Lernergebnis- oder Outcome-Orientierung stellt die erworbenen Kompetenzen am Ende des Lernprozesses in den Fokus. Betrachtet man somit den Outcome der zuvor dargelegten Maßnahmen zur Förderung der Transferkompetenz, so ist insbesondere eine retrospektive Beurteilung förderlich. Entsprechend soll die FOM-Absolventenbefragung herangezogen werden. Die FOM Hochschule nimmt seit 2008 an dem Kooperationsprojekt Absolventenstudien (KOAB) teil, welches vom International Centre for Higher Education Research (INCHER) koordiniert wird, in dessen Rahmen seit 2009 jährlich etwa 150.000 Hochschulabsolventen ca. 1,5 Jahre nach ihrem Studienabschluss zum Studium und zum Berufsweg befragt werden. Im Rahmen des bundesweit angelegten Kooperationsprojekts unter Federführung des Internationalen Zentrums für Hochschulforschung, werden die Unabhängigkeit und Objektivität der Ergebnisse sowie des Benchmarks mit anderen Hochschulen gesichert. Neben der FOM beteiligen sich ca. 60 der – meist staatlichen – Hochschulen. Ziel der Absolventenstudien ist es unter anderem, einen zentralen Beitrag zur Qualitätsentwicklung der Hochschulausbildung zu leisten (z. B. für die Studiengangsentwicklung und die Akkreditierung). Hier geht es daher insbesondere um die Analyse der Wirkungen von Studienbedingungen und -angeboten auf den weiteren Lebensweg sowie den Berufserfolg der Absolventen. In der Absolventenbefragung (KOAB/INCHER) werden auch nach Einschätzungen der Praxisorientierung des absolvierten Studiums gefragt. Dafür wurde ein Index aus den folgenden Items gebildet: Praxisbezogene Lehrinhalte, Verknüpfung von Theorie und Praxis, Aktualität der vermittelten Lehrinhalte bezogen auf Praxisanforderungen, Vorbereitung auf den Beruf, Lehrende aus der Praxis, Projekte im Studium/Studienprojekte/Projektstudium sowie Pflichtpraktika/Praxissemester. Auf Basis der Absolventenbefragung werden die an der FOM erworbenen Kompetenzen einem systematischen Vergleich mit den tatsächlich geforderten Kompetenzen unterzogen. Die FOM-Absolventen schätzen ihre bei Studienabschluss vorhandenen Fertigkeiten und Fähigkeit hoch bis sehr hoch ein. Dies gilt besonders bei den Kompetenzen, die im hohen Maß für den Beruf erforderlich sind. Ein Vergleich mit den im Rahmen der KOAB/INCHER-Studie erhobenen Kompetenzprofilen anderer Hochschulen zeigt, dass die FOM-Absolventen die Erwartungen im

Beruf teils deutlich besser erfüllen als andere Absolventen. Zugleich berichten die Absolventen, dass sie im Rahmen ihres Hochschulstudiums an der FOM die im Beruf geforderten Kompetenzen erworben haben (Skala von 1 [in sehr hohem Maße] bis 5 [gar nicht]).

Die Ergebnisse der in diesem Beitrag dargestellten INCHER-Absolventenbefragung zeigen, dass die Kompetenzen der FOM-Absolventen sich näher an den im Beruf geforderten Kompetenzen orientieren als das verfügbare Kompetenzniveau anderer Fachhochschulen oder Universitäten. Die Absolventen der FOM (n = 379) haben folglich mit dem erfolgreichen Abschluss des Studiums eher die Kompetenzen erworben, die im beruflichen Alltag besonders stark gefordert werden, als FH-Absolventen (n = 3.357) bzw. Universitätsabsolventen (n = 18846 TN). Im Vergleich wird zudem deutlich, dass die Kompetenzen der FOM-Absolventen in vielen Bereichen deutlich zielgenauer auf die Anforderungen im Beruf ausgerichtet sind als die Kompetenzen der Absolventen anderer Hochschulen (vgl. Abb. 5).

Auch die Bewertung praxis- und berufsbezogener Studienelemente fällt für die FOM Hochschule im Vergleich zu allen an der KOAB/INCHER-Studie beteiligten Hochschulen ebenfalls positiv aus. Beispielsweise werden „Lehrende aus der Praxis“ für die FOM durchweg positiver bewertet als die Lehrenden anderer Fachhochschulen und Universitäten und dies auch konstant im Zeitverlauf.

Die KOAB/INCHER-Absolventenbefragung zeigt daher, dass den Lehrenden an der FOM die Verknüpfung von Theorie und Praxis in besonderem Maße gelingt und die Studierenden ihre Lehrenden aus der Praxis (vgl. Abb. 6) sowie die praxisbezogenen Lehrinhalte sehr positiv bewerten (vgl. Abb. 7).

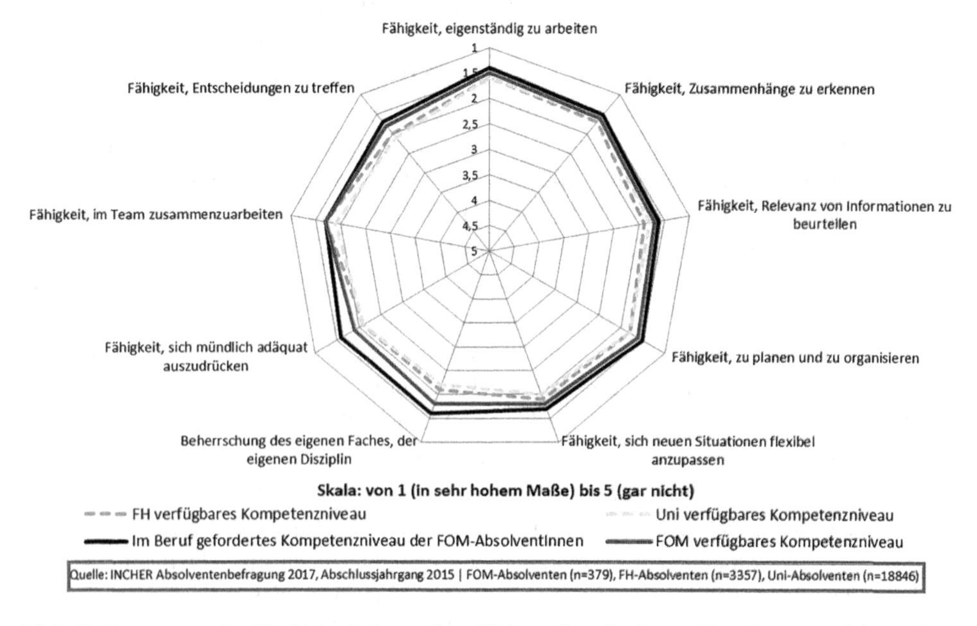

Abb. 5 Bewertung der Verfügbarkeit von beruflich stark geforderten Kompetenzen. (eigene Darstellung)

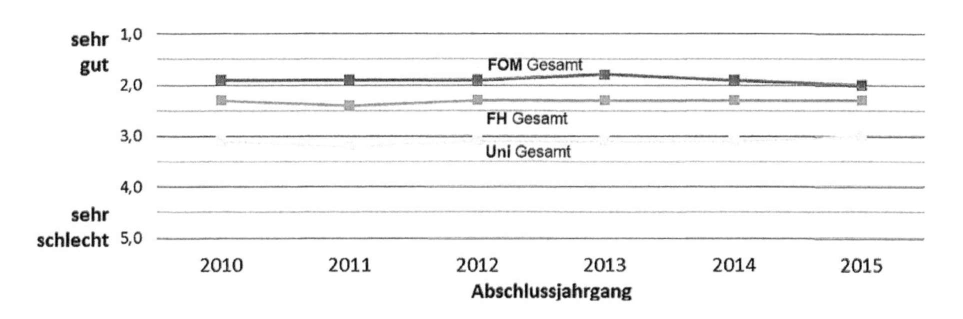

Quelle: INCHER Absolventenbefragung | FOM 2010 (n=584), 2011 (n=591), 2012 (n=842), 2013 (n=669), 2014 (n=440), 2015 (n=398) | FH 2010 (n=4338), 2011 (n=9954), 2012 (n=9901), 2013 (n=4665), 2014 (n=9668), 2015 (n=7199) | Uni 2010 (n=23503), 2011 (n=37742), 2012 (n=30926), 2013 (n=27457), 2014 (n=31226), 2015 (n=28659)

Abb. 6 Bewertung der Zufriedenheit mit Lehrenden aus der Praxis im Zeitverlauf. (eigene Abbildung)

Im Vergleich zu Absolventen von anderen Fachhochschulen, die traditionell auch einen stärkeren Bezug der akademischen Ausbildung zur beruflichen Handlungspraxis herstellen sollen, bewerten FOM-Absolventen auf einer Antwortskala von 1 (= positive Bewertung) bis 5 (= negative Bewertung) die Qualität der praxisbezogenen Lehrinhalte deutlich positiver. Ein Vergleich der Vorjahre zeigt, dass die FOM hier bereits seit vielen Jahren mit ihren Maßnahmen zur Förderung von Transfer erfolgreich ist. Bei der Interpretation der Ergebnisse ist aber auch zu berücksichtigen, dass sich in den Lehrveranstaltungen der FOM Hochschule in der Regel keine Studierenden befinden, die nicht schon mit „einem Bein in der beruflichen Praxis stehen“ (Schulte 2019, S. 294). Entsprechend sind Studierende der FOM schon direkt ab Studienbeginn auf eine unmittelbare Verknüpfung der Theorie in ihre eigene berufliche Praxis fokussiert und können einen potenziell gelungenen Praxisbezug

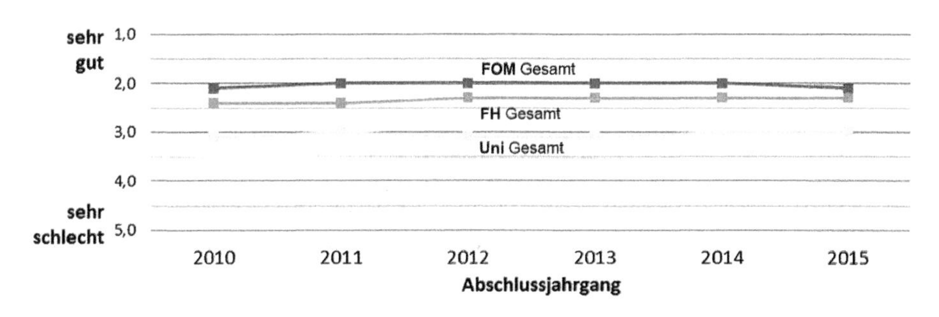

Quelle: INCHER Absolventenbefragung | FOM 2010 (n=584), 2011 (n=591), 2012 (n=842), 2013 (n=669), 2014 (n=440), 2015 (n=398) | FH 2010 (n=4338), 2011 (n=9954), 2012 (n=9901), 2013 (n=4665), 2014 (n=9668), 2015 (n=7199) | Uni 2010 (n=23503), 2011 (n=37742), 2012 (n=30926), 2013 (n=27457), 2014 (n=31226), 2015 (n=28659)

Abb. 7 Bewertung der praxisbezogenen Lehrinhalte im Zeitverlauf. (eigene Abbildung)

sowie die praktische Anwendbarkeit des Lehrstoffes auch deutlich besser mit ihrer beruflichen Erfahrung abgleichen als klassische Vollzeitstudierende, die keine inhaltlichen Verbindungen zwischen Hochschule und Arbeitswelt aufweisen können. FOM-Studierende haben also relevantes Vorwissen und verfügen über eine sehr gute Einschätzung der beruflich erforderlichen Kompetenzen. Folglich wäre es in einem nächsten Schritt sinnvoll, die zuvor dargestellten Ergebnisse mit anderen berufsbegleitenden Hochschulangeboten zu vergleichen.

4 Fazit und Ausblick

Hochschulen stehen vor einer komplexen Herausforderung. Gesetzgeber und Politik nehmen Hochschulen in die Pflicht, ihr Studienangebot berufsqualifizierend zu gestalten (vgl. beispielhaft §§ 3 und 58 HG in NRW), da die große Mehrheit der Absolventen nach ihrem Abschluss nicht in der Wissenschaft bleibt und entsprechend auch für den außeruniversitären Arbeitsmarkt bestmöglich ausgebildet sein möchte. Arbeitgeber legen hierbei weniger Wert auf den Inhalt der akademischen Qualifizierung, sondern auf persönliche Eigenschaften und Fähigkeiten:

> Thus employers define 'employability' as aspects of 'behavioural competence' and the students' capacities to show a range of personal, performative and organisational skills rather than the possession of traditional academic, theoretical knowledge and skills (Stiwne und Alves 2010, S. 36).

Folglich sind Hochschulen (auch gesetzlich) dazu verpflichtet, für eine Beschäftigungsfähigkeit zu sorgen. Allerdings haben sie keine klaren Handlungsempfehlungen, wie diese *Employability* zu erreichen ist. Sie werden stattdessen mit einer Vielzahl unterschiedlicher Definitionen und Stellungnahmen aus Politik und Wirtschaft sowie sich daraus ergebenden Interessenskonflikten konfrontiert (vgl. Kap. 2). In diesem Zusammenhang avancieren Praxisbezüge zu wesentlichen Elementen der Hochschulbildung und Theorie-Praxis-Verknüpfungen eignen sich in besonderer Weise dafür, eine Brücke von der Hochschule zum Arbeitsmarkt zu schlagen, die Arbeitsmarktrelevanz des Studiums zu erhöhen und Studierende auszubilden, den Übergang von der Hochschule in den Beruf zu bewältigen (vgl. HRK-nexus 2016, S. 66) und somit auf dem Arbeitsmarkt erfolgreich zu sein:

> Praxisbezüge können beim Thema „Employability" eine Art Scharnierfunktion einnehmen, indem sie das Thema für Hochschulen „erden" und anschlussfähig machen. Praxisbezüge sind für Hochschulen weitaus greifbarer als Employability und in vielen Formen von Lehre und Forschung bereits verankert (vgl. HRK-nexus 2014, S. 87).

Hochschulen sollten ihre Studienangebote folglich deutlich anwendungsorientierter gestalten – ohne die Wissenschaftlichkeit dabei zu verlieren. Hochschulpolitisch gibt es somit einiges zu tun, wenn man *Transfer in der Lehre* zum festen Programmbestandteil deutscher Hochschulen machen möchte, wie es z. B. auch Thomas Hoffmeister und Albert Kümmel-Schnur untermauern. Ganz konkret bedeutet dies, die curriculare Einbindung von Transferformaten in der Fachlehre, denn „wer Transfer will, darf es nicht als zusätzliches *Nice-to-have* betrachten, sondern muss es im Studium verankern, damit eine angemessene Kreditierung des Aufwands der Studierenden erfolgt" (vgl. Hoffmeister und Kümmel-Schnur 2019). In diesem Zusammenhang braucht es ebenfalls eine Wertschätzung der Arbeit von Lehrenden, die sich überdurchschnittlich in der Lehre engagieren: „Aufwändiger Einsatz in der Lehre muss endlich dem Einsatz in der Forschung gleichgestellt werden" (Hoffmeister und Kümmel-Schnur 2019). All dies bedeutet letztlich, dass sich eine Bereitschaft für die Implementierung einer übergeordneten Transferstrategie in den Hochschulen entwickeln muss. Dabei können und müssen Hochschulen von Vertretern aus der Arbeitswelt lernen, ganz im Sinne von Otto Kallioinen:

> In the competence production of the higher education institutions it is extremely important to identify proactively competence needs and new competence combinations for the future, so that we can fulfil the needs of the organisations as they transform and develop their core competences. This a challenging task but proactive curriculum development is one of the answers, if it is made in close cooperation with representatives from working life (Kallioinen 2010, S. 64).

In diesem Zusammenhang kommt insbesondere der wahrgenommenen Lehrqualität eine wesentliche Bedeutung für die Studienzufriedenheit zu. Beispielsweise konnten Wiers-Jenssen et al. (2002) anhand einer Befragung unter norwegischen Studierenden zeigen, dass die Zufriedenheit mit dem Studium neben dem wahrgenommenen Sozialklima vorrangig durch die Bewertung der inhaltlichen, didaktischen und curricularen Qualität vorhersagbar ist. Zu diesem Aspekt gehört u. a. auch der Praxisbezug, der sich in einigen Studien sogar als Prädiktor der Studienzufriedenheit erwiesen hat (vgl. Garcia-Aracil 2012 für 14 europäische Länder in Bernholt et al. 2018, S. 30). So konnten z. B. Multrus et al. (2012) für Deutschland zeigen, dass die Studienzufriedenheit der Studierenden sehr eng mit dem wahrgenommenen Praxisbezug zusammenhängt (vgl. Bernholt et al. 2018, S. 30). Der wahrgenommene Theorie-Praxis-Bezug stellt folglich ein entscheidendes Kriterium für die Studienzufriedenheit dar (vgl. Arnold et al. 2014; Hedtke 2000; Holtz 2014).

In der deutschen Hochschullandschaft finden diverse Bemühungen zur Erhöhung der Studienzufriedenheit auf den unterschiedlichsten Ebenen statt; strukturell beispielsweise durch die Einführung von Praxissemestern (vgl. Kleinespel 2014) und prozessbezogen z. B. durch die Entwicklung und Evaluation von Maßnahmen zur besseren Verzahnung zwischen universitärer Lehre und Praxis (vgl. Arnold et al. 2014). Darüber hinaus gilt es „Qualitätsinitiativen zur Förderung von Transfer" anzustoßen, um für (mehr) Qualität in der Lehre zu sorgen (vgl. Bernholt et al. 2018, S. 46). Mögliche Umsetzungsbeispiele wurden im vorliegenden Beitrag dargelegt, denn die Verknüpfung von Theorie und Praxis ist seit Gründung der FOM ein Konzeptmerkmal des berufsbegleitenden Studiums. Dies zeigt sich zum einen in der integrierten FOM-Transferdidaktik sowie in der ausgeprägten Praxisexpertise der Lehrenden an der FOM. Denn nur, wenn schon während des Studiums die Theorie mit der Praxis curricular verankert und damit obligatorisch verknüpft wird, kann die geforderte *Employability* der Absolventen in dem Sinne gefördert werden, wie es Hochschulpolitik, -didaktik und die Arbeitswelt fordern. Die Maßnahmen zum Erwerb sowie zur Förderung von Transferkompetenz spielen hierbei eine entscheidende Rolle, denn sie erfordern eine flexible Gestaltung der Lehre – sowohl inhaltlich, methodisch und didaktisch – und ermöglichen dadurch kontinuierlich Weiterentwicklung und Förderung der *Employability*.

Literatur

Akkreditierungsrat (2015) Fachlichkeit und Beruflichkeit in der Akkreditierung. Abschlussbericht und Empfehlungen der Arbeitsgruppe Fachlichkeit und Beruflichkeit des Akkreditierungsrates vom 06.02.2015. http:archiv.akkreditierungsrat.de/fileadmin/Seiteninhalte/AR/Veroeffentlichungen/Berichte/AR_Abschlussbericht_AGFachlichkeit.pdf. Zugegriffen: 15. Juli 2020

Arnold R (2010) Kompetenz. In: Arnold R, Nolda S, Nuissl E (Hrsg) Wörterbuch der Erwachsenenbildung. Klinkhardt, Bad Heilbrunn, S 172–173

Arnold K-H, Gröschner A, Hascher T (Hrsg) (2014) Schulpraktika in der Lehrerbildung: Theoretische Grundlagen, Konzeptionen, Prozesse und Effekte. Waxmann, Münster

Ballstaedt SP, Mandl H, Schnotz W (1981) Texte verstehen, Texte gestalten. Urban und Schwarzenberg, München

Bargel T, Ramm M, Multrus F (2012) Schwierigkeiten und Belastungen im Bachelorstudium – wie berechtigt sind die studentischen Klagen? Beitr Hochschulforsch 34(1):26–41

Bernholt A, Hagenauer G, Lohbeck A, Gläser-Zikuda M, Wolf N, Moschner B, Lüschen I, Klaß S, Dunker N (2018) Bedingungsfaktoren der Studienzufriedenheit von Lehramtsstudierenden. J Educ Res Online 10:24–51

Deutscher Industrie- und Handelskammertag (2011) Erwartungen der Wirtschaft an Hochschulabsolventen. Berlin 2011. https://www.uni-heidelberg.de/md/journal/2011/11/hochschulumfrage2011.pdf. Zugegriffen: 15. Juli 2020

Deutscher Industrie- und Handelskammertag (2015) Kompetent und praxisnah – Erwartungen der Wirtschaft an Hochschulabsolventen. Ergebnisse einer DIHK Online-Unternehmensbefragung. Berlin 2015. https://www.dihk.de/ressourcen/downloads/dihk-umfrage-hochschul-absolventen-2015.pdf. Zugegriffen: 15. Juli 2020

European Commission (2015) Joint report of the council and the commission on the implementation of the strategic framework for European cooperation in education and training (ET2020). New priorities for European cooperation in education and training. (2015/C 417/04), Brüssel

Erpenbeck J (2003) Der Programmbereich „Grundlagenforschung". Arbeitsgemeinschaft Betriebliche Weiterbildungsforschung (Hrsg) QUEM-Report 79, Berlin, S. 7–90

Erpenbeck J, Heyse V (1999) Die Kompetenzbiographie. Strategien der Kompetenzentwicklung durch selbstorganisiertes Lernen und multimediale Kommunikation. Waxmann, Münster

Erpenbeck J, Rosenstiel L, Grote S, Sauter W (Hrsg) (2007) Handbuch Kompetenzmessung. Erkennen, verstehen und bewerten von Kompetenzen in der betrieblichen, pädagogischen und psychologischen Praxis. Schäffer-Poeschel, Stuttgart

Fuchs S (2012) Leitfaden zur Formulierung von Lernergebnissen in der Erwachsenenbildung. www.mvhs.de/fileadmin/user_upload/importiert/8748/3125fa33225.pdf. Zugegriffen: 15. Juli 2020

Fichtner-Rosada S (Hrsg) (2017) Innovative Lehre an der FOM Hochschule anhand ausgewählter Praxisbeispiele, KCD-Schriftenreihe, Bd 1. Akademie, Essen

Fichtner-Rosada S (Hrsg) (2018) Transferdidaktik in Lehre & Prüfung – Konzepte und Anwendungen im Hochschulbereich, KCD-Schriftenreihe, Bd 2. Akademie, Essen

Fichtner-Rosada S, Dindas H (2018) Die Bedeutung einer transferorientierten Lehre an Hochschulen. In: Fichtner-Rosada S (Hrsg) Transferdidaktik in Lehre & Prüfung. KCD-Schriftenreihe, Bd 2, Akademie, Essen, S 1–26.

Garcia-Aracil A (2009) European graduates' level of satisfaction with higher education. High Educ 57:1–21

Garcia-Aracil A (2012) A comparative analysis of study satisfaction among young European higher education graduates. Irish Educ Stud 31(2):223–243

Gnahs D (2010) Kompetenzen – Erwerb, Erfassung, Instrumente. Springer, Bielefeld

Gnefkow T (2008) Lerntransfer in der betrieblichen Weiterbildung: Determinanten für den Erfolg externer betrieblicher Weiterbildungen im Lern- und Funktionsfeld aus Teilnehmerperspektive. VDM Verlag, Saarbrücken

Gotzen S, Kowalski S, Linde F (2011) Der KOMpetenzPASS – Fachintegrierte Förderung von Schlüsselkompetenzen. In: Berendt B, Voss H-P, Wildt J (Hrsg) Neues Handbuch Hochschullehre. Lehren und Lernen effizient gestalten. Raabe, Stuttgart

Groeben N (1981) Verständlichkeitsforschung unter Integrationsperspektive: Ein Plädoyer. In: Mandl H (Hrsg) Zur Psychologie der Textverarbeitung. Urban und Schwarzenberg, München, S 367–385

Gruber H, Law L-C, Mandl H, Renkl A (1996) Situated learning and transfer. In: Reimann P, Spada H (Hrsg) Learning in humans and machines: towards an Interdisciplinary Learning Science. Pergamon, Oxford, S 168–188

Grünberg H (2019) Bringen statt holen. In: DUZ TRANSFER (Hrsg) Wissenschaft wirksam machen. Magazin für Wissenschaft und Gesellschaft Ausgabe 01/19, Berlin, S. 3–5

Hedtke R (2000) Das unstillbare Verlangen nach Praxisbezug. Zum Theorie-Praxis Problem der Lehrerbildung am Exempel Schulpraktischer Studien. https://www.uni-bielefeld.de/soz/ag/hedtke/pdf/praxisbezug_lang.pdf. Zugegriffen: 15. Juli 2020

Heidenreich K (2011) Erwartungen der Wirtschaft an Hochschulabsolventen. In: Deutscher Industrie- und Handelskammertag (Hrsg) Erwartungen der Wirtschaft an Hochschulabsolventen. Berlin 2011. https://www.uni-heidelberg.de/md/journal/2011/11/hochschulumfrage2011.pdf. Zugegriffen: 15. Juli 2020

Heidenreich K (2016) Erwartungen der Wirtschaft an Absolventinnen und Absolventen. In: Breger W, Späte K, Wiesemann P (Hrsg) Handbuch Sozialwissenschaftliche Berufsfelder. Modelle zur Unterstützung beruflicher Orientierungsprozesse, Springer VS, Wiesbaden, S 35–43

Hochschulgesetz NRW (2014) https://www.mkw.nrw/mediathek/broschueren/3511/download/. Zugegriffen: 15. Juli 2020

Hoffmeister T, Kümmel-Schnur A (2019) Bitte ehrlich machen. Gastbeitrag zum Symposium „Transfer in der Lehre. Zumutung oder Chance?" vom 17.04.2019. https://www.jmwiarda.de/2019/04/17/bitte-ehrlich-machen/. Zugegriffen: 15. Juli 2020

Holtz P (2014) „Es heißt ja auch Praxissemester und nicht Theoriesemester": Quantitative und qualitative Befunde zum Spannungsfeld zwischen Theorie und Praxis im Jenaer Praxissemester.

In: Kleinespel AK (Hrsg) Ein Praxissemester in der Lehrerbildung: Konzepte. Befunde und Entwicklungsprozesse im Jenaer Modell der Lehrerbildung, Bad Heilbrunn, S 97–118

HRK-nexus (2014) Fachgutachten. Employability und Praxisbezüge im wissenschaftlichen Studium, September 2014. https://www.hrk-nexus.de/fileadmin/redaktion/hrk-nexus/07-Downloads/07-02-Publikationen/Fachgutachten_Employability-Praxisbezuege.pdf. Zugegriffen: 15. Juli 2020

HRK-nexus (2016) Fachgutachten. Qualitätsstandards für Praktika. Bestandsaufnahme und Empfehlungen. https://www.hrk-nexus.de/fileadmin/redaktion/hrk-nexus/07-Downloads/07-02-Publikationen/Praktika_Fachgutachten.pdf. Zugegriffen: 15. Juli 2020

HRK-nexus (2017) Programmentwurf: Praxisbezüge und Praktika im Studium. Eine Veranstaltung des Projekts nexus – „Übergänge gestalten, Studienerfolg verbessern" in Zusammenarbeit mit der Goethe-Universität Frankfurt a. M. am 28. November 2017. https://kops.uni-konstanz.de/bitstream/handle/123456789/32433/Zervakis_0-311716.pdf?sequence=3. Zugegriffen: 15. Juli 2020

Hochschulrektorenkonferenz (2017) Entschließung der 23. Mitgliederversammlung der HRK am 14. November 2017 in Potsdam. Transfer und Kooperation als Aufgaben der Hochschulen. https://www.hrk.de/positionen/beschluss/detail/transfer-und-kooperation-als-aufgaben-der-hochschulen/. Zugegriffen: 15. Juli 2020

Hochschulrektorenkonferenz (2018) Die Hochschule als zentrale Akteure in Wissenschaft und Gesellschaft. Eckpunkte zur Rolle und zu den Herausforderungen des Hochschulsystems (Stand 2018). Beschluss des Senats der Hochschulrektorenkonferenz vom 13. Oktober 2016 (fortgeschrieben mit Beschluss des Präsidenten der HRK vom 10. April 2018). https://www.hrk.de/fileadmin/redaktion/hrk/02-Dokumente/02-01-Beschluesse/HRK_-_Eckpunkte_HS-System_2018.pdf. Zugegriffen: 15. Juli 2020

Humboldt W (2010) Über die innere und äußere Organisation der höheren wissenschaftlichen Anstalten in Berlin (1809/1810). In: Humboldt-Universität zu Berlin (Hrsg) Gründungstexte. Johann Gottlieb Fichte, Friedrich Daniel Ernst Schleiermacher. Wilhelm von Humboldt, Berlin, S. 229–241. https://edoc.hu-berlin.de/miscellanies/g-texte-30372/229/PDF7229.pdf. Zugegriffen: 15. Juli 2020

Illeris K (2009) A comprehensive understanding of human learning. In: Illeris K (Hrsg) Contemporary theories of learning. Learning theorists… in their own words. Routledge, London, S. 7–20

Jerevan Communiqué (2015) European higher education area. Ministerial Conference Yerevan 2015. https://www.ehea.info/media.ehea.info/file/2015_Yerevan/70/7/YerevanCommuniqueFinal_613707.pdf. Zugegriffen: 15. Juli 2020

Kallioinen O (2010) Defining and comparing generic competences in higher education. European Educ Res J 9(1):56–68

Kennedy D, Hayland A, Ryan N (2006) Writing and using learning outcomes: a Pratical guide. https://www.tcd.ie/teaching-learning/academic-development/assets/pdf/. Zugegriffen: 15. Juli 2020

Kleinespel K (Hrsg) (2014) Ein Praxissemester in der Lehrerbildung. Verlag Julius Klinkhardt, Bad Heilbrunn

Knight P, Yorke M (2004) Learning. Curriculum and Employability in Higher Education, RoutledgeFalmer, London

Koepernik C, Wolter A (2010) Studium und Beruf. Arbeitspapier 210 der Hans-Böckler-Stiftung. Hans-Böckler-Stiftung, Düsseldorf

Kolb DA (1984) Experiental learning: experience as the source of learning and development. Prentice Hall, Englewood Cliffs

Kommission der Europäischen Gemeinschaften (2006) Vorschlag für eine Empfehlung des Europäischen Parlaments und des Rates zur Einrichtung eines Europäischen Qualifikationsrahmens für lebenslanges Lernen. Brüssel. https://eur-lex.europa.eu/legal-content/DE/TXT/PDF/?uri=CELEX:52006PC0479&from=EN. Zugegriffen: 15. Juli 2020

Ladenthin V (2019) Die Universität muss lehren, was noch keiner kennt. In: Forschung & Lehre Ausgabe 9/2019. https://www.forschung-und-lehre.de/die-universitaet-muss-lehren-was-noch-keiner-kennt-2128/. Zugegriffen: 15. Juli 2020

Law LC (2000) Die Überwindung der Kluft zwischen Wissen und Handeln aus situativer Sicht. In: Mandl H, Gerstenmaier J (Hrsg) Die Kluft zwischen Wissen und Handeln – Empirische und theoretische Lösungsansätze. Hogrefe Verl, Göttingen, S 253–287

Maag Merki K (2009) Kompetenz. In: Andresen S (Hrsg) Handwörterbuch Erziehungswissenschaft. Beltz, Weinheim, S 492–506

Messerschmidt R, Grebe R (2002) Abschlussbericht zum Thema ‚Historische Lernkulturen. Von der erzieherischen Lehrkultur zur selbstorganisierten Lernkultur?' im Rahmen des ABWF-Grundlagenprojekts Lernkultur Kompetenzentwicklung (LE.KOM), Universität Bonn

Messerschmidt R, Grebe R (2003) Historische Lernkulturen? Von der erzieherischen Lehrkultur zur selbst organisierten Lernkultur. In: Was kann ich wissen? Theorie und Geschichte von Lernkultur und Kompetenzentwicklung. QUEM-report Heft 82., Berlin 2003, S. 45–178.

Meyer-Guckel V, Nickel S, Püttmann V, Schröder-Kralemann A (Hrsg) (2015) Qualitätsentwicklung im dualen Studium – Ein Handbuch für die Praxis. Stifterverband, Essen

Multrus F (2009) Forschungs- und Praxisbezug im Studium. Erfassung und Befunde des Studierendensurveys und des Studienqualitätsmonitors, Arbeitsgruppe Hochschulforschung. Universität Konstanz, Konstanz

Multrus F, Simeaner H, Bargel T (2012) Studienqualitätsmonitor. Datenalmanach 2007–2010. Hefte zur Bildungs- und Hochschulforschung (64). Arbeitsgruppe Hochschulforschung. Universität Konstanz, Konstanz

Mutzeck W (1988) Von der Absicht zum Handeln. Deutscher Studienverlag, Weinheim

Pasternack P, Kreckel R (2011) Trends der Hochschulbildung: Gegenwartsdiagnose, Zukunftsprognose, Handlungserfordernisse. In: Hölscher B, Suchanek J (Hrsg) Wissenschaft und Hochschulbildung im Kontext von Wirtschaft und Medien. VS Verlag, Wiesbaden, S 143–164

Prager Communiqué (2001) Towards the European Higher Education Area. Communiqué of the meeting of European Ministers in charge of Higher Education in Prague on May 19th 2001. https://www.encore-edu.org/ENCoRE-documents/prague.pdf. Zugegriffen: 15. Juli 2020

Rebmann K, Schlömer T (2010) Konzeptualisierung der Lehrer/innen-Ausbildung der kaufmännischen Beruflichen Fachrichtungen. In: Pahl J-P, Herkner V (Hrsg) Handbuch Berufliche Fachrichtungen. W. Bertelsmann, Bielefeld, S 336–348

Renkl A (1996) Träges Wissen: Wenn Erlerntes nicht genutzt wird. Psychologische Rundschau 47:78–92

Rothe T (2012) Kompetenzorientierung im Europäischen Bildungsraum – Rückschlüsse für eine moderne Hochschuldidaktik. Masterarbeit an der Westfälischen Wilhelms-Universität Münster. https://repositorium.uni-muenster.de/document/miami/04ee6e6f-da33-4e05-916b-224f68936309/master_rothe_2012.pdf. Zugegriffen: 15. Juli 2020

Rüegg W (Hrsg) (1993) Geschichte der Universität in Europa, Bd I. Beck, München

Schaper N, Schlömer T, Paechter M (2012) Editorial: Kompetenzen, Kompetenzorientierung und Employability in der Hochschule. Zeitschrift für Hochschulentwicklung 7(4):I–X. https://www.zfhe.at/index.php/zfhe/article/view/506. Zugegriffen: 15. Juli 2020

Schermutzki M (2007) Learning outcomes - Lernergebnisse: Begriffe, Zusammenhänge, Umsetzung und Erfolgsermittlung. Lernergebnisse und Kompetenzvermittlung als elementare Orientierungen des Bologna-Prozesses. In: Benz W, Kohler J, Landfried K (Hrsg) Handbuch

Qualität in Studium und Lehre: Evaluation nutzen, Akkreditierung sichern, Profil schärfen. DUZ Medienhaus, Berlin, S 1–30

Schmidt SJ (2005) Lernen, Wissen, Kompetenz. Kultur. Vorschläge zur Bestimmung von vier Unbekannten, Carl Auer, Heidelberg

Schubarth W, Speck K, Seidel A, Gottmann C, Kamm C, Krohn M (Hrsg) (2012) Studium nach Bologna: Praxisbezüge stärken?! Praktika als Brücke zwischen Hochschule und Arbeitsmarkt. Springer VS, Wiesbaden

Schulte FP (2015) Die Bedeutung und Erfassung des Erwerbs Theorie-Praxis-/Praxis-Theorie-Transferkompetenz im Rahmen eines dualen Studiums. Expertise des Projekts „KompetenzDual" der FOM Hochschule, erstellt im Rahmen des Qualitätsnetzwerk Duales Studium des Stifterverbandes für die Deutsche Wissenschaft. www.stifterverband.de/pdf/hds-essen-transferkompetenz.pdf. Zugegriffen: 15. Juli 2020

Schulte FP (2019) Der Kompetenz-Brückenschlag zwischen den Welten – Studiengangsgestaltung für beruflich Qualifizierte an der FOM Hochschule. In: Hemkes B, Wilbers K (Hrsg) Durchlässigkeit in der beruflichen Bildung. BLK, Bonn, S 294–307

Staehle WH (1999) Management – Eine verhaltenswissenschaftliche Perspektive. Vahlen, München

Stifterverband für die Deutsche Wissenschaft (2013) Resümee. Wandel gestalten. Wie Veränderung an Hochschulen gelingt, Essen, https://www.stifterverband.org/resuemee-wandel-gestalten. Zugegriffen: 15. Juli 2020

Stifterverband für die Deutsche Wissenschaft (2016) Hochschulbildung für die Arbeitswelt 4.0. Hochschul-Bildungs-Report 2020. Jahresbericht 2016, Essen. https://www.stifterverband.org/download/file/fid/1720. Zugegriffen: 15. Juli 2020

Stifterverband für die Deutsche Wissenschaft (2017/2018) Hochschul-Bildungs-Report 2020. Jahresbericht 2017/2018, Essen. https://www.hochschulbildungsreport2020.de/ download/file/fid/154. Zugegriffen: 15. Juli 2020

Stiwne EE, Alves MG (2010) Higher Education and Employability of Gradudates: will Bolognia make a difference? European Educational Research Journal 9(1):32–44

Teichler U (2008) Der Jargon der Nützlichkeit. Zur Employability-Diskussion im Bologna-Prozess. Das Hochschulwesen 56(3):68–79

Ulbricht L, Kauffeld-Monz M, Kreibich M (2015) Profilbildung durch Transfer: Neue Entwicklungsmöglichkeiten für Hochschulen. Working Paper of the Institute for Innovation and Technology Nr. 25, Berlin

Välimaa J, Hoffman D (2008) Knowledge society discourse and higher education. High Educ 56:265–285

Veith H (2003) Lernkultur, Kompetenz, Kompetenzentwicklung und Selbstorganisation. Begriffshistorische Untersuchungen zur gesellschaftlichen und pädagogischen Konstruktion von Erziehungswirklichkeiten in Theorie und Praxis. In: Arbeitsgemeinschaft Betriebliche Weiterbildungsforschung (Hrsg) QUEM-Report 82., Berlin, S. 179–231

Wiers-Jenssen J, Stensaker B, Grogaard JB (2002) Student satisfaction: Towards an empirical deconstruction of the concept. Quality in Higher Education 8(2):183–195

Wildemeersch D, Stroobants V (2009) Transitional learning and reflexive facilitation: the case of learning for work. In: Illeris K (Hrsg) Contemporary theories of learning. Learning theorists… in their own words. Routledge, London, S. 219–232

Wildt J (2006a) Ein hochschuldidaktischer Blick auf Lehren und Lernen. Eine kurze Einführung in die Hochschuldidaktik. In: Berendt B, Voss H-P, Wildt J (Hrsg) Neues Handbuch Hochschullehre. Lehren und Lernen effizient gestalten. Raabe, Stuttgart

Wildt J (2006b) Kompetenzen als Learning Outcome. Journal für Hochschuldidaktik 17(1):6–9. https://www.zhb.tu-dortmund.de/hd/journal-hd/2006/journal_hd_2006_1.pdf. Zugegriffen: 15. Juli 2020

Wissenschaftsrat (1999) Stellungnahme zum Verhältnis von Hochschulausbildung und Beschäftigungssystem, Berlin. https://www.wissenschaftsrat.de/download/archiv/4099-99.pdf. Zugegriffen: 15. Juli 2020

Wissenschaftsrat (2015) Empfehlungen zum Verhältnis von Hochschulbildung und Arbeitsmarkt. Zweiter Teil der Empfehlungen zur Qualifizierung von Fachkräften vor dem Hintergrund des demographischen Wandels, Bielefeld, https://www.wissenschaftsrat.de/download/archiv/4925-15.pdf. Zugegriffen: 15. Juli 2020

Wolter A, Banscherus U (2012) Praxisbezug und Beschäftigungsfähigkeit im Bologna-Prozess – „A never ending story"? In: Schubarth W, Speck K, Seidel A, Gottmann C, Kamm C, Krohn M (Hrsg) Studium nach Bologna: Praxisbezüge stärken?! Praktika als Brücke zwischen Hochschule und Arbeitsmarkt. Springer VS, Wiesbaden, S 21–36

Dr. Henrik Dindas arbeitet als Rektoratskoordinator für Lehr- und Innovationsprojekte an der der *FOM Hochschule für Oekonomie & Management* in Essen sowie als freier Berater, Trainer und systemischer Coach für Hochschuldidaktik. An der FOM koordiniert er im *KompetenzCentrum für Didaktik in der Hochschullehre für Berufstätige (KCD)* die Entwicklung, Erprobung und Evaluation didaktischer Lehr- und Lernmethoden sowie innovativer Konzepte für die akademische Lehre. Seine Forschungsschwerpunkte sind die Interaktion und Kommunikation zwischen berufs- und anwendungspraktischer Lehr- und Lernerfahrung von Studierenden und Lehrenden, die im Rahmen einer auf Transferkompetenz fokussierten Lehre sowohl aus Arbeitsmarktsicht als auch aus motivationaler und lernpsychologischer Perspektive verfolgt werden.

Nachhaltigkeitstransfer in der Hochschullehre – konzeptionelle Entwicklung und Perspektiven für transdisziplinäre Lehr-Lern-Formate

Nadine Dembski, Jan-Hendrik Skroblin und Benjamin Nölting

1 Hochschulen im gesellschaftlichen Kontext – Transfer als Austausch mit der Praxis

Im Zuge einer sich rasch wandelnden Gesellschaft verändern sich die Ansprüche an Hochschulen, hier verstanden als Universitäten und Fachhochschulen. Jenseits von Lehre und Forschung übernehmen Hochschulen immer häufiger Aufgaben, die von der Gesellschaft eingefordert werden. Solche Aktivitäten sind charakterisiert durch Interaktionen zwischen Hochschulen und Akteuren aus anderen gesellschaftlichen Bereichen und werden hier als Transfer bezeichnet.

Viele Hochschulakteure engagieren sich in diesem Handlungsfeld, und bei den meisten Hochschulen gehört Transfer inzwischen zum Selbstverständnis. In der Auseinandersetzung mit Akteuren aus der Gesellschaft und mit deren Expertise und Fragen, deren Ideen, Werten und Interessen tritt der Wissenschaft das „wahre Leben" gegenüber, das sich nicht an Fachdisziplinen, Handbücher und Methoden hält, sondern quer dazu liegt. Das fordert das wissenschaftliche Denken heraus und bietet Möglichkeiten, Lehre

N. Dembski (✉)
Carl von Ossietzky Universität Oldenburg, C3L – Center für lebenslanges Lernen, Oldenburg, Deutschland
E-Mail: nadine.dembski@uni-oldenburg.de

J.-H. Skroblin · B. Nölting
Hochschule für nachhaltige Entwicklung Eberswalde, Eberswalde, Deutschland
E-Mail: jan-hendrik.skroblin@posteo.de

B. Nölting
E-Mail: benjamin.noelting@hnee.de

A. Boos et al. (Hrsg.), *CSR und Hochschullehre,* Management-Reihe Corporate Social Responsibility, https://doi.org/10.1007/978-3-662-62679-5_7

und Forschung weiterzuentwickeln, zu vertiefen, neue Akteure einzubeziehen und auf gesellschaftlichen Bedarf zu reagieren.

Auf diese Weise eröffnet Transfer der Hochschule Zugänge, um in die Gesellschaft hineinzuwirken und ihre Kompetenzen aus Lehre und Forschung in gesellschaftliche Gestaltungsprozesse einzubringen. In der Lehre können Praxis-Hochschul-Kooperationen die Anwendungsorientierung der Studiengänge erhöhen, die berufliche Qualifikation verbessern und eine ganzheitliche Kompetenzorientierung im Studium unterstützen (Nölting et al. 2020). In der Forschung können Wissenschaftler mittels Transfer wissenschaftliche Theorien, empirisches Wissen und methodische Kompetenz in der praktischen Anwendung testen, schärfen, infrage stellen und gegebenenfalls erneuern.

Umgekehrt erhalten Hochschulen durch die Auseinandersetzung mit der Praxis eine direkte Rückmeldung zum wissenschaftlichen Handeln. Beispielsweise geben gesellschaftliche Probleme Impulse für Forschungsfragen. Solche Beiträge können auch die Qualität der Lehre verbessern und die Ziele von Ausbildungsprogrammen mit dem gesellschaftlichen Bedarf abstimmen. In diesem Sinne kann Transfer zu einem Treiber für eine Weiterentwicklung von Hochschulen werden.

Hochschulen betreiben Transfer in den unterschiedlichsten Facetten und mit einer großen Bandbreite an Partnern aus der Praxis. Entsprechend vielfältig sind Formen von Transfer, wie z. B. Technologie- und Wissenstransfer, Weiterbildung, Beratung, Beteiligung am sozialen und kulturellen Leben, Teilnahme an Politikgestaltung, Wissenschaftskommunikation, Verträge mit Unternehmen, öffentlichen Trägern und Kommunen etc. (Roessler et al. 2015, S. 13). Angesichts dieser Vielfalt an Aktivitäten und Formen handelt es sich bei Transfer um ein offenes, vielleicht sogar schwammiges Handlungsfeld. Das Phänomen wird mit unterschiedlichen Begriffen bezeichnet, neben Transfer sind Third Mission, Praxis-Hochschul-Kooperationen, Hochschule im gesellschaftlichen Kontext, gesellschaftliche Verantwortung, societal collaboration etc. in der Diskussion (Nölting und Pape 2017). Die verschiedenen Konzepte weisen teilweise große Ähnlichkeiten und Überlappungen auf.

1.1 Transferverständnis und Beschreibungsmerkmale von Transfer

Beim traditionellen Verständnis von Transfer steht der Technologietransfer aus der Hochschule in die Wirtschaft im Vordergrund. Dabei werden naturwissenschaftlich-technische Erkenntnisse aus der Forschung meist in Unternehmen für die konkrete Anwendung im Produktionsprozess transferiert. Gerade Hochschulen für angewandte Wissenschaften verfügen traditionell über enge Kontakte zur Wirtschaft (Roessler et al. 2015). Der Begriff wurde auf Wissens- und Forschungstransfer ausgeweitet, worunter eine Weitergabe von Forschungserkenntnissen aus allen Wissenschaftsdisziplinen in die Praxis bzw. für praktische Anwendungen verstanden wird. Dies umfasst einen Transfer in

Einrichtungen der öffentlichen Hand wie Verwaltungen und Ministerien, z. B. in Form von Politikberatung, sowie in die Zivilgesellschaft. Regionale Wirtschaftscluster und Innovationssysteme um Hochschulen und Forschungseinrichtungen herum können ebenfalls dazugezählt werden.

Ganz allgemein charakterisieren Roessler et al. (2015) Transfer als Austauschbeziehungen, bei denen Leistungen von Hochschulen unmittelbar in Gesellschaft und Wirtschaft hineinwirken sowie Strömungen aus Wirtschaft und Gesellschaft sich in der Hochschule niederschlagen. Dies führt „im optimalen Fall zu gesellschaftlicher Weiterentwicklung" (Roessler et al. 2015, S. 39).

Der Stifterverband für die Deutsche Wissenschaft legt im Rahmen seines im Jahr 2015 erstmals durchgeführten Transfer-Audits ein breites Verständnis zugrunde. Dabei wird „Transfer ... als beidseitiger Austausch von Wissen, Dienstleistungen, Technologien und Personen verstanden. Er umfasst alle Formen der Kooperationsbeziehungen in den Bereichen Forschung und Lehre zwischen Hochschulen und externen Partnern in Wirtschaft, Politik, Kultur und öffentlichem Sektor" (Stifterverband für die Deutsche Wissenschaft e. V.; Heinz Nixdorf Stiftung o. J., S. 1).

Daran anknüpfend verstehen die Autoren des vorliegenden Textes unter Transfer „einen Austausch von Wissen, Ideen, Erfahrungen und Technologien zwischen Hochschulen und externen Partner*innen" (Nölting et al. 2018a). Dieser Austausch wird anhand folgender Merkmale spezifiziert:

Zu den **Transferakteuren** zählen aufseiten der Hochschulen alle Hochschulmitglieder: Forschende, Lehrende, Studierende, Hochschulleitung und -verwaltung. Aufseiten der außeruniversitären Partner gehören dazu Unternehmen und Akteure aus Wirtschaft, Politik, Verwaltungen, zivilgesellschaftlichen Organisationen und Initiativen sowie Bürger.

Die **Themen und Inhalte,** die transferiert werden, werden von den Interessen sowie dem wissenschaftlichen und/oder praktischen Bedarf der Transferpartner bestimmt. Weiter sind deren Expertise und disziplinäre Verortung wichtig. Dabei gibt es einen wissenschaftlichen Bezug mit einer zumindest losen Kopplung an Lehre und Forschung (Henke et al. 2016).

Die **Form der Zusammenarbeit** ist dadurch charakterisiert, dass die Transferaktivitäten in einem gesellschaftlichen Kontext erfolgen, in dem Transfer gemeinsam und zum gegenseitigen Nutzen der Transferpartner gestaltet wird. Sie arbeiten freiwillig zusammen und verfolgen gemeinsame und gegebenenfalls auch individuelle Ziele. Der Zeithorizont der Kooperation kann unterschieden werden in kurzfristige, einmalige Transferaktivitäten, mittelfristige, sich wiederholende Kooperationen und langfristigen, institutionalisierten Transfer. Da Hochschulen öffentlich finanziert sind, sollten die Ziele und Aktivitäten des Transfers im Sinne wissenschaftlicher Transparenz prinzipiell offengelegt werden. Allerdings kann es im Interesse eines Kooperationspartners liegen, die Transparenz einzuschränken, wenn z. B. ein Unternehmen eine Innovation für die Vermarktung mitentwickelt. Dann können Bedingungen für die Einschränkung der Transparenz vereinbart werden.

1.2 Nachhaltigkeitstransfer als spezifische Form von Transfer

Hochschulen sind zunehmend gefordert, sich mit gesellschaftlichen Fragen auseinanderzusetzen und Stellung zu beziehen, auch jenseits wissenschaftlicher Expertise und Exzellenz. Neben Themen wie demografischer Wandel, Digitalisierung oder offene, demokratische Gesellschaft gehört auch nachhaltige Entwicklung dazu. In die Hochschullehre findet Nachhaltigkeit Eingang durch das Konzept Bildung für nachhaltige Entwicklung (BNE). Das UNESCO-Weltaktionsprogramm BNE 2015–2019 setzt den Rahmen dafür (Deutsche UNESCO-Kommission e. V. 2015). Auf Empfehlung der Hochschulrektorenkonferenz vom 06.11.2018 sollen Nachhaltigkeitsziele an deutschen Hochschulen fest verankert werden. Hochschulen werden hier als „Zukunftswerkstätten der Gesellschaft" bezeichnet, die die Gesellschaft durch Lehre und Forschung für Nachhaltigkeitsthemen sensibilisiert und zur Lösung komplexer Herausforderungen befähigen bzw. selbst dazu beitragen soll. Dazu wird empfohlen, nachhaltige Entwicklung in den Leitbildern zu verankern und es sollten Ansätze in Lehre und Forschung gefördert werden, die auf eine nachhaltige Gesellschaftsentwicklung im Sinne der Agenda 2030 abzielen (HRK 2018). Hochschulen sind also aufgefordert, sich stärker mit nachhaltiger Entwicklung auseinanderzusetzen.

Transfer an Hochschulen kann einen wirkungsvollen Beitrag leisten, Kriterien nachhaltiger Entwicklung in Forschung und Lehre zu implementieren und zu verstetigen. Überlegungen zu Transfer für nachhaltige Entwicklung – nachfolgend als Nachhaltigkeitstransfer bezeichnet – können an den Fachdiskurs zur *Nachhaltigkeitswissenschaft* anknüpfen. Zentrales Element ist ein transdisziplinärer Wissenschaftsansatz, der auf einem intensiven Austausch mit Praxisakteuren gründet, bei dem unterschiedliche Akteursgruppen einschließlich der Wissenschaft ihre jeweiligen Kompetenzen in einen gemeinsamen Lern-, Gestaltungs- und Reflexionsprozess einbringen (Bergmann et al. 2010; Defila und Di Giulio 2016).

Die wissenschaftliche Debatte zu Nachhaltigkeitstransfer steht noch am Anfang. Im Leitfaden „Transfer für nachhaltige Entwicklung an Hochschulen" (Nölting et al. 2018b) wird Nachhaltigkeitstransfer als eine spezifische Ausformung von Transfer verstanden. Es handelt sich nicht um ein neues eigenständiges Konzept, sondern um eine Spezifizierung von Forschung (speziell transdisziplinärer Nachhaltigkeitsforschung) und Lehre (speziell BNE) im Austausch mit der Praxis.

Nachhaltigkeitstransfer ist kontextgebunden und hängt von den jeweils bearbeiteten Nachhaltigkeitsthemen und -problemen, den beteiligten Akteuren und Fachdisziplinen ab. Nachfolgend werden Beschreibungsmerkmale vorgelegt, mit denen das Spektrum von Nachhaltigkeitstransfer in seiner Bandbreite abgebildet werden kann, sodass es auf die unterschiedlichen Bedingungen und Herausforderungen an Hochschulen übertragen werden kann.

Nachhaltigkeitstransfer stellt eine spezifische Ausprägung von Transfer dar, nämlich diejenigen Transferaktivitäten, die einen Beitrag zu nachhaltiger Entwicklung leisten bzw. anstreben. Ziel von Nachhaltigkeitstransfer ist es, die Handlungsfähigkeit von

Akteuren im Hinblick auf Nachhaltigkeit zu stärken, das umfasst Schlüsselkompetenzen wie Innovationsfähigkeit, systemisches Denken, vorausschauendes Denken, Strategiefähigkeit und normative Kompetenz. Nachhaltigkeitstransfer richtet sich v. a. an diejenigen Akteure, die sich für Nachhaltigkeit in der Hochschule und der Gesellschaft einsetzen (möchten) (Nölting et al. 2018b).

Die grundlegende Frage für die Operationalisierung von Nachhaltigkeitstransfer ist, was jeweils unter nachhaltiger Entwicklung verstanden wird. Da Nachhaltigkeit ein politisch-normativ begründetes Konzept ist, das auf Gerechtigkeit abzielt, kann keine wissenschaftliche Definition verbindlich vorgegeben werden. Es ist davon auszugehen, dass die Transferpartner ein jeweils eigenes *Verständnis von nachhaltiger Entwicklung* haben. Auf Basis ihres Nachhaltigkeitsverständnisses können die Transferpartner diskursiv klären, inwiefern die Transferaktivität zu nachhaltiger Entwicklung beitragen kann und soll.

Auch wenn die Transferpartner voneinander abweichende Nachhaltigkeitsverständnisse haben oder keine eindeutige Position einnehmen, sind sie in jedem Fall aufgefordert, sich über die gemeinsamen Nachhaltigkeitsziele der geplanten Transferaktivität auszutauschen und zu begründen, worin der Beitrag zu nachhaltiger Entwicklung liegen kann. Hierbei kann auf *Nachhaltigkeitsziele* Dritter zurückgegriffen werden, z. B. die global anerkannten Sustainable Development Goals (SDGs). Auch ein Dissens sollte offengelegt werden. Der Nachhaltigkeitsbezug sollte im weiteren Verlauf regelmäßig geprüft werden. Die Klärung der Nachhaltigkeitsziele setzt die Bereitschaft der Transferpartner voraus, die Ziele auszuhandeln, zu benennen und möglichst auch öffentlich zu machen. Erst dann lässt sich darüber diskutieren, ob der Nachhaltigkeitstransfer einer kritischen Prüfung Stand halten kann oder ob es sich um Schönfärberei handelt.

Die Ziele von Nachhaltigkeitstransfer können entsprechend ihrer *Reichweite* unterschieden werden. Eine operative Zielsetzung strebt die Lösung für ein konkretes Problem oder eine Aufgabenstellung an, z. B. die Reduzierung des Energieverbrauchs einer Maschine oder eine umweltfreundlichere Produktionsform in der Landwirtschaft. Die Ziele können strukturell ausgerichtet sein auf die Steigerung der Handlungsfähigkeit und der Nachhaltigkeitskompetenzen der Transferpartner oder bei Dritten. Dies können z. B. Weiterbildungsmaßnahmen sein oder die Verbesserung von Rahmenbedingungen. Schließlich kann Nachhaltigkeitstransfer eine strategische Orientierung verfolgen und auf einen systemischen Beitrag zur Nachhaltigkeitstransformation abzielen. Dies kann die Entwicklung von Leitbildern, Nachhaltigkeitszielen oder Veränderungsszenarien sein. Umsetzungsbeispiele sind die Einrichtung eines Transferbeirats oder einer Transition-Arena, die über neue Nachhaltigkeitspfade nachdenkt (Loorbach 2010).

Nachhaltigkeitstransfer lässt sich in seiner Vielfalt anhand der Merkmale in Tab. 1 beschreiben.

Eng verknüpft mit den Zielen von Nachhaltigkeitstransfer ist der Nachweis der *Wirkung von Nachhaltigkeitstransfer.* Dies ist wichtig, um den tatsächlichen Beitrag zur

Tab. 1 Merkmale Nachhaltigkeitstransfer. (verändert nach Nölting et al. 2018b, S. 34)

Merkmale	Ausprägung der Merkmale von Nachhaltigkeitstransfer		
Transferakteure	Große Bandbreite möglicher Transferpartner		
Richtung des Austausches	Angebotsorientierung: einseitig	Austausch: wechselseitig, Feedbackschleifen	Ko-Produktion: gemeinsam, auf Augenhöhe
Häufigkeit	Einmalig, ad hoc	Mehrere Wiederholungen	Dauerhaft, institutionalisiert
Zielorientierung	Operativ (z. B. Lösung von Nachhaltigkeitsproblemen)	Strukturell (z. B. Handlungsfähigkeit, Nachhaltigkeitskompetenzen der Akteure)	Strategisch (z. B. Beitrag zur Nachhaltigkeitstransformation)
Reichweite in der Praxis	Hohe Reichweite	Mittlere Reichweite	Geringe Reichweite
Austauschintensität	Geringe Intensität	Mittlere Intensität	Hohe Intensität
Ressourcenaufwand	Geringer Ressourceneinsatz	Mittlerer Ressourceneinsatz	Hoher Ressourceneinsatz

Nachhaltigkeit überprüfen und diesen gegebenenfalls auch verbessern zu können. Dieser Reflexionsprozess kann dabei helfen, den Lernprozess der Transferbeteiligten zu verbessern und die Transferaktivitäten können weiter qualifiziert werden. Allerdings zeigen Bemühungen in der transdisziplinären Nachhaltigkeitsforschung, wie komplex und aufwendig diese Aufgabe ist, weil es sich meist um komplexe Wirkungsketten handelt, bei denen der Effekt einzelner Handlungen oder Interventionen nur schwer isoliert betrachtet oder gar gemessen werden kann (Krainer und Winiwarter 2016). Einen pragmatischen Zugang könnte die gemeinsame Formulierung einer Wirkungslogik für den jeweiligen Nachhaltigkeitstransfer sein, die vom Beginn der jeweiligen Projekte mitentwickelt wird (Kurz und Kubek 2015).

2 Bildung für nachhaltige Entwicklung als Basis für Nachhaltigkeitstransfer in der Lehre

Bildung für nachhaltige Entwicklung ist ein internationales werteorientiertes Konzept, mit dem das Ziel verfolgt wird, Menschen in die Lage zu versetzen, ihr Leben und ihre Umwelt im Sinne einer nachhaltigen Entwicklung gestalten zu können. Theoretische Überlegungen, wie innerhalb der BNE gelehrt und gelernt werden kann, werden durch didaktische Prinzipien fundiert. Zentral ist dabei das Prinzip der Selbstorganisation und Selbstbestimmung. Durch die Bearbeitung von wirklichkeitsnahen, berufs- bzw. ausbildungsbezogenen Problemen und Situationen, z. B. durch Projekte im lokalen/regionalen Umfeld, kann an die Lebens- und Erfahrungswelt der Lernenden angeknüpft und es können tatsächliche Probleme bearbeitet bzw. gelöst werden. Beteiligung, Dialogfähigkeit, Inter- und Transdisziplinarität und Selbstreflexion sowie ein Whole-Institution-Ansatz stellen damit wichtige Grundlagen von BNE-relevanten Lehr- und Lernprozessen dar (Molitor 2018). Im Leitfaden „Bildung für Nachhaltige Entwicklung (BNE) in der Hochschullehre" (Müller-Christ et al. 2018) werden u. a. ein Orientierungsrahmen und Gestaltungs- und Entwicklungsräume für die praktische Umsetzung einer Hochschul-BNE aufgezeigt. Im deutschen Diskurs wurde das Konzept der Gestaltungskompetenz entwickelt, das durch 12 Teilkompetenzen konkretisiert wird. Diese gehen deutlich über Fach- und Methodenwissen hinaus und beschreiben das Vermögen, die Gesellschaft, im der man lebt, im Sinne nachhaltiger Entwicklung mitzugestalten (de Haan und Harenberg 1999, S. 62).

Nachhaltigkeitstransfer in der Lehre, wie er in diesem Beitrag beschrieben wird, sollte im Sinne von BNE auf nachhaltige Entwicklung hinwirken. Das bringt beträchtliche inhaltliche und methodisch-didaktische Herausforderungen mit sich:

Ein erstes Element ist die *gemeinsame Definition* des zu bearbeitenden Nachhaltigkeitsproblems oder -gegenstands. Dies kann als gemeinsamer Suchprozess von Lehrenden, Studierenden und Praxis verstanden werden, bei dem die Aufgabenstellung bzw. Ziele für den Lernprozess in Verbindung mit Nachhaltigkeitstransfer formuliert werden. Hierbei kommt es darauf an, dass alle Akteure ihre Fragen so stellen und Lernziele formulieren, dass sie durch den gemeinsamen Lernprozess einen Mehrwert erzielen können. Die Herausforderung dabei ist, dass bereits in der Anbahnungsphase grundlegende Entscheidungen für den späteren Lernprozess zu treffen sind. Geteilte Vorstellungen vom Gegenstand, Wertvorstellungen bezüglich nachhaltiger Entwicklung und eine vertrauensvolle Zusammenarbeit erleichtern dies, sie bilden die Voraussetzungen dafür, dass etwas Neues entstehen kann.

Ein zweites Element ist ein *gemeinsamer Lernprozess auf Augenhöhe.* Im Sinne von BNE geht es darum, das Lernen in einem lebensweltlichen Kontext zu situieren. Genau dies kann Nachhaltigkeitstransfer leisten, weil dadurch verschiedene Beteiligte mit ihren jeweils unterschiedlichen Kompetenzen, Wissen, Interessen und Wertvorstellungen zusammenkommen. Ein gemeinsamer Lernprozess ist dann besonders ergiebig, wenn die verschiedenen Handlungslogiken der Beteiligten zunächst und prinzipiell als jeweils legitim und prinzipiell gleichwertig angesehen werden. Mit dieser Herangehensweise und Haltung lassen sich funktional weitgehend getrennte Bereiche wie Wissenschaft und Praxis sowie Lehren, Lernen und Forschen mittels Transfer integrieren. Entsprechend der BNE-Grundprinzipien Selbstorganisation und Selbstbestimmung erfordert eine solche Zusammenarbeit, dass die Beteiligten sich aufeinander einstellen und unterschiedliche Perspektiven einnehmen können.

Drittens schließlich ist die *systematische Reflexion des Lernprozesses* eine Qualität, die die Wissenschaft einbringen kann. Die beteiligten Gruppen werten in einer Selbstreflexion ihre inhaltlichen Lernergebnisse aus. Hierzu gehört eine Einordnung der erarbeiteten neuen Inhalte bzw. des Wissens in einem unübersichtlichen, weil lebensweltlichen Kontext und deren Bedeutung für nachhaltige Entwicklung einschließlich ethischer Reflexion (Müller-Christ et al. 2018). Auf dieser Basis können die erworbenen Kenntnisse und Kompetenzen im Sinne von BNE bewusst gemacht und die Erfahrungen ausgewertet werden. Eine solche angeleitete, (selbst-)kritische Reflexion macht die wissenschaftliche Fundierung und fachliche Qualität von Nachhaltigkeitstransfer aus.

Entsprechend dieser Überlegungen lässt sich Nachhaltigkeitstransfer in der Lehre idealtypisch in 4 Phasen konzipieren: 1) Initiierung von Transfer und Identifizierung der Akteure, 2) Konzeption und Ziele der Transferaktivität, 3) Umsetzung der Transferaktivität, 4) Ergebnissicherung und Dokumentation. Weiterhin sind 2 Querschnittsaufgaben über alle Phasen hinweg relevant: Prozessmanagement und Reflexion (Nölting et al. 2018a, b).

3 Umsetzung von Nachhaltigkeitstransfer in der Lehre

Beim Nachhaltigkeitstransfer in der Lehre werden Praxisakteure in Lernprozesse zu Nachhaltigkeit eingebunden. Die jeweiligen Praxis-Hochschul-Kooperationen können unterschiedlich ausgestaltet werden. Es wird zwischen *angebotsorientierten Transferformaten, wechselseitigem Austausch* und *Ko-Produktionen* unterschieden, wobei die Übergänge zwischen den Komplexitätsgraden als fließend aufgefasst werden (Nölting et al. 2018b).

Beim Komplexitätsgrad der Angebotsorientierung richtet sich Nachhaltigkeitstransfer an Praxisakteure, z. B. in der berufsbegleitenden Weiterbildung, oder Praxisaspekte werden in die Lehre mit eingebunden, z. B. berichten Praxisakteure im Hörsaal. Beim wechselseitigen Austausch können Probleme und Aufgabenstellungen aus der Praxis in der Lehre behandelt werden oder die Anwendung von theoretischem Wissen, Methoden und Ansätzen wird auf einen realen Kontext bezogen, z. B. in Fallstudien, bei denen Praxisakteure Aufgaben aus ihrem Umfeld mitbringen und über den Problemkontext informieren. Auf der Komplexitätsstufe der Ko-Produktion erfolgt der Lernprozess gemeinsam auf Augenhöhe. Alle Beteiligten – Studierende, Lehrende und Praxisakteure – können davon profitieren und in Bezug auf die Bearbeitung oder Lösung von Nachhaltigkeitsproblemen dazulernen, z. B. bei Projektarbeiten, Praktika oder forschendem Lernen. Dabei wird der Lernprozess im Sinne von BNE selbstorganisiert und fordert die Studierenden durch den Praxisbezug heraus. Sie erlernen und erproben ein breites Spektrum an Kompetenzen, auch solcher, die sich im Hörsaal nur schwer vermitteln lassen.

Wie die Umsetzung aussehen könnte, wird anhand eines Beispiels, das sich dem Komplexitätsgrad Ko-Produktion zuordnen lässt, skizziert. Das studentische Projekt wurde im Rahmen des Pflichtmoduls „Projektarbeit und ganzheitliche Projektgestaltung“ im dritten Fachsemester des Studiengangs Regionalentwicklung und Naturschutz (M.Sc.) an der Hochschule für nachhaltige Entwicklung Eberswalde (HNEE) im Wintersemester 2016/2017 durchgeführt. Die vierköpfige Arbeitsgruppe bearbeitete das Thema

„Das Hermann-Scheer-Haus mit Leben füllen – Roadmap zu einem neuen Nutzungskonzept für das Zentrum für Erneuerbare Energien“. Das Problem lag darin, dass das Zentrum für erneuerbare Energien (Hermann-Scheer-Haus) in Eberswalde als Ausstellungshaus zur Demonstration von Einsatzmöglichkeiten erneuerbarer Energien im Bereich Immobilien und Mobilität konzipiert worden war, aber kaum als solches genutzt wurde.

Die Aufgabe bestand darin, dem Trägerverein des Hauses Wege aufzuzeigen, wie das Ausstellungshaus zu einem Kommunikationszentrum für den Klimaschutz umstrukturiert werden kann. Ziel des Projektes war es, das wenig genutzte Gebäude wieder mit Leben zu füllen. Im Projekt wurden unter Beteiligung des Trägervereins und weiterer regionaler Akteure mögliche Entwicklungsoptionen diskutiert. Während dieser Zusammenarbeit stellte sich heraus, dass eine Nutzung als Kommunikationszentrum für den Klimaschutz nur unter aktiver Beteiligung regionaler Klimaschutzinitiativen funktionieren kann. Mit diesem Zwischenergebnis musste die Projektgruppe das Ziel in Abstimmung mit dem Trägerverein anpassen, um ein realistisches Nutzungskonzept zu entwickeln. Die weitere Arbeit der Projektgruppe bestand darin, ein Akteursnetzwerk aufzubauen und ein Steuerungsgremium u. a. mit Klimaschutzmanagern aus der Region für die weitere Netzwerkarbeit einzurichten. Hierzu wurden Befragungen unterschiedlicher Akteure – von Verwaltung über Immobilienwirtschaft bis hin zu Klimaschutzinitiativen und Vereinen – durchgeführt, um zunächst deren Kooperationsbereitschaft zu sondieren und Partizipationsmöglichkeiten im regionalen Klimaschutz über die jeweiligen Fachkompetenzen hinaus aufzuzeigen und gleichzeitig die Befragten für das Thema sensibilisieren. Außerdem konnte dem Trägerverein eine neue Perspektive zur Nutzung der eigenen Immobilie aufgezeigt werden.

In einem Workshop mit allen Befragten konnte schließlich, die durch die Studierenden erarbeitete Roadmap für ein neues Nutzungskonzept vorgestellt und gemeinsam mit den Teilnehmenden weiterentwickelt sowie eine Steuerungsgruppe zur Weiterentwicklung des Hauses ins Leben gerufen werden.

Auf diese Weise wendeten die Studierenden Kenntnisse aus ihrem Studium in der Praxis an und für die Praxispartner wurde ein hilfreiches Ergebnis erarbeitet. Durch den wechselseitigen Austausch auf Augenhöhe mit einem Praxispartner konnte dessen Problem in die Lehre integriert und die Inhalte des Studiengangs in die Praxis getragen werden. Die Bearbeitung der Problemstellung und das Zusammenführen unterschiedlicher Akteure aus dem Landkreis und darüber hinaus konnten die Studierenden einen Raum zur Entwicklung neuer Lösungen anbieten, der seitens der Beteiligten rege genutzt wurde. Die Studierenden konnten ihre Problemlösungskompetenz an einem realen Fall entwickeln und ausbauen.

Ein weiteres Beispiel für Nachhaltigkeitstransfer in der Lehre an der HNEE ist das Innovationsforum Ökolandbau Brandenburg. Die offene Plattform ermöglicht einen direkten formellen und informellen Austausch zwischen Praxis, Lehre und Forschung, zur Entwicklung innovativer Lösungen im Bereich der nachhaltigen Landnutzung.

Studierende des Fachbereichs Landschaftsnutzung und Naturschutz – aus den Studiengängen Ökolandbau und Vermarktung (B.Sc.) und Ökoagrarmanagement (M.Sc.) – bearbeiten im Rahmen von Projektarbeiten in Kooperation mit den beteiligten Betrieben reale Problemstellungen und entwickeln Lösungen, die direkt in der Praxis erprobt und umgesetzt werden. Außerdem ermöglicht das Forum einen wechselseitigen Austausch aller Beteiligten untereinander und eröffnet so neue Perspektiven für die Betriebe, die Studierenden und die Forschung an der HNEE gleichermaßen.

Die angeführten Beispiele zeigen, wie Hochschulen mit einem klaren Nachhaltigkeitsprofil auch durch angewandte Lehr- und Lernformen in Regionen hineinwirken können und Akteure vor Ort in ihrer Handlungsfähigkeit im Bereich Nachhaltigkeit stärken können. Um solche Formate zu etablieren und einen Nachhaltigkeitstransfer gewährleisten zu können, müssen jedoch organisatorische und strukturelle Rahmenbedingungen geschaffen werden, damit Hochschulen gesellschaftliche Gestaltungsprozesse im Sinne einer nachhaltigen Entwicklung mitgestalten können. Wie dies erfolgen kann, untersucht z. B. das Verbundprojekt „Nachhaltigkeit an Hochschulen ($HOCH^N$) – entwickeln – vernetzen – berichten". Elf deutschlandweite Hochschulen erforschen, welchen Beitrag zu nachhaltiger Entwicklung Hochschulen in den Handlungsfeldern Nachhaltigkeitsberichterstattung, Governance, Lehre, Forschung, Betrieb und Transfer leisten können.

4 Ausblick: Verknüpfung von Nachhaltigkeitstransfer mit anderen Handlungsfeldern

Die Hochschulrektorenkonferenz sieht Hochschulen im Nachhaltigkeitskontext in der Verantwortung (HRK 2018). Sie sollen den Transformationsprozess zu einer nachhaltigen Gesellschaft aktiver begleiten und gestalten. Hierbei kann Nachhaltigkeitstransfer eine wichtige Rolle spielen. So kann sie in der Lehre den Erwerb von Gestaltungskompetenzen für nachhaltige Entwicklung enorm stärken und Impulse für eine nachhaltige Entwicklung aus der Hochschullehre herausgeben.

Nachhaltigkeitstransfer in Lehre und Forschung benötigt ein anderes Rollenverständnis von Lehrenden und Studierenden, Hochschulleitung und -verwaltung sowie Politik und Praxisakteuren. Und es bedarf neuer Formate für die Kooperation zwischen Hochschule und Praxis, um schneller und flexibler auf gesellschaftliche Bedarfe reagieren und Lösungen anbieten zu können. Diese können auf ganz unterschiedlichen Stufen und Komplexitätsgraden von Nachhaltigkeitstransfer ansetzen. Nichtsdestotrotz ist damit in der Regel ein Mehraufwand verbunden. Hochschulen benötigen Ressourcen, um sich entsprechend strukturell und organisatorisch weiterentwickeln zu können. Zum einen ist die Politik gefordert, passende Rahmenbedingungen zu setzen. Zum anderen müssen die Hochschulen Voraussetzungen für innovative Lehr- und Lernformen schaffen sowie Lehrende und Studierende bei der Umsetzung von Nachhaltigkeitstransfer in der Lehre unterstützen.

Das HOCH^N-Projekt bietet verschiedene Leitfäden und Expertise zu nachhaltiger Entwicklung an Hochschulen an. Diese Handlungsfelder sollten mit Nachhaltigkeitstransfer in der Lehre im Sinne eines Whole-Institution-Ansatzes noch stärker miteinander verknüpft werden. Dadurch können einzelne Aktivitäten beim Nachhaltigkeitstransfer in der Lehre systematisch unterstützt werden, was auch einen Beitrag zur Weiterentwicklung der Hochschule leisten kann. Das HOCH^N-Netzwerk bietet hierzu einen Rahmen, solche Ansätze gemeinsam weiterzuentwickeln.

Danksagung Die vorgestellten Überlegungen wurden an der Hochschule für nachhaltige Entwicklung Eberswalde im Arbeitspaket Transfer im Rahmen des Verbundprojekts „Nachhaltigkeit an Hochschulen: entwickeln – vernetzen – berichten (HOCHN)“ entwickelt. Das Vorhaben wurde in der 1) Förderphase (01/2017–12/2018) vom Ministerium für Wissenschaft, Forschung und Kultur des Landes Brandenburg und in der 2) Förderphase (01/2019–10/2020) vom Bundesministerium für Bildung und Forschung gefördert.

Wir danken Kerstin Kräusche, Kerstin Lehmann, Heike Molitor, Jens Pape, Alexander Pfriem und Heike Walk für die produktive Zusammenarbeit, die vorgestellten Ergebnisse beruhen auf Teamarbeit.

Literatur

Bergmann M, Jahn T, Knobloch T, Krohn W, Pohl C, Schramm E (2010) Methoden transdisziplinärer Forschung, Ein Überblick mit Anwendungsbeispielen. Campus, Frankfurt a. M.

de Haan G, Harenberg D (1999) Bildung für eine nachhaltige Entwicklung: Materialien zur Bildungsplanung und zur Forschungsförderung. BLK, Bonn

Deutsche UNESCO-Kommission e. V. (DUK), (Hrsg) (2015) UNESCO Roadmap zur Umsetzung des Weltaktionsprogramms „Bildung für nachhaltige Entwicklung“. Deutsche Übersetzung, Bonn

Henke J, Pasternack P, Schmid S (2016) Third Mission bilanzieren. Die dritte Aufgabe der Hochschulen und ihre öffentliche Kommunikation (HoF-Handreichungen 8). Institut für Hochschulforschung Halle-Wittenberg, Halle-Wittenberg

HRK (2018) Für eine Kultur der Nachhaltigkeit. Empfehlung der 25. Mitgliederversammlung der HRK am 06. November 2018 in Lüneburg. https://www.hrk.de/positionen/beschluss/detail/fuer-eine-kultur-der-nachhaltigkeit. Zugegriffen: 15. Juli 2020

Defila R, Di Giulio A (Hrsg) (2016) Transdisziplinär forschen – zwischen Ideal und gelebter Praxis, Hotspots, Geschichten, Wirkungen. Campus, Frankfurt

Kurz B, Kubek D (2015) Kursbuch Wirkungen. Das Praxishandbuch für alle, die Gutes noch besser tun wollen (3. Aufl.). PHINEO gAG, Berlin

Krainer L, Winiwarter V (2016) Die Universität als Akteurin der transformativen Wissenschaft. GAIA 25(2):110–116

Loorbach D (2010) Transition management for sustainable development: a prescriptive, complexity-based governance framework. Governance 23(1):161–183

Molitor H (2018) Bildung für nachhaltige Entwicklung. In: Ibisch PL, Molitor H, Conrad A, Walk H, Mihotovic V, Geyer J (Hrsg) Der Mensch im globalen Ökosystem. Eine Einführung in die nachhaltige Entwicklung. Oekom, München, S 333–350

Bellina L, Tegeler MK, Müller-Christ G, Potthast T (2018) Bildung für Nachhaltige Entwicklung (BNE) in der Hochschullehre (Beta-Version). BMBF-Projekt „Nachhaltigkeit an Hochschulen: entwickeln – vernetzen – berichten (HOCH^N)“. Universität Bremen, Eberhardt Karls Universität Tübingen

Nölting B, Pape J (2017) Third Mission und Transfer als Impuls für nachhaltige Hochschulen. Dargestellt am Beispiel der Hochschule für nachhaltige Entwicklung Eberswalde. In: Leal W (Hrsg) Innovation in der Nachhaltigkeitsforschung. Ein Beitrag zur Umsetzung der UNO Nachhaltigkeitsziele. Springer Spektrum, Wiesbaden, S 265–280

Nölting B, Dembski N, Dodillet J, Holz J, Lehmann K, Molitor H, Pfriem A, Reimann J, Skroblin J-H (2018a) Transfer stärkt Lehre. Wie Nachhaltigkeitstransfer Hochschullehre inspirieren kann, Hochschule für nachhaltige Entwicklung Eberswalde

Nölting B, Dembski N, Kräusche K, Lehmann K, Molitor H, Pape J, Pfriem A, Reimann J, Skroblin J-H, Walk H (2018b) Transfer für nachhaltige Entwicklung an Hochschulen (Beta-Version). BMBF-Projekt „Nachhaltigkeit an Hochschulen: entwickeln – vernetzen – berichten (HOCH^{N})“. Hochschule für nachhaltige Entwicklung Eberswalde

Nölting B, Molitor H, Reimann J, Skroblin J-H, Dembski N (2020) Transfer for sustainable development at higher education institutions – untapped potential for education for sustainable development and for societal transformation. Sustainability 12(7):2925. https://doi.org/10.3390/su12072925. Zugegriffen: 15. Juli 2020

Roessler I, Duong S, Hachmeister C-D (2015) Welche Mission haben Hochschulen? Third Mission als Leistung der Fachhochschulen für die und mit der Gesellschaft. Arbeitspaper 182, CHE gemeinnütziges Centrum für Hochschulentwicklung Gütersloh

Stifterverband für die Deutsche Wissenschaft e. V., Heinz Nixdorf Stiftung (Hrsg) (o. J.) Transfer-Audit. https://www.stifterverband.org/download/file/fid/1715. Zugegriffen: 15. Juli 2020

Nadine Dembski arbeitet seit 2003 zu Nachhaltigkeitsthemen im Hochschulkontext. Sie war von 2016–2020 im Rahmen des Verbundprojekts HOCH^{N} an der konzeptionellen Weiterentwicklung von Transfer für nachhaltige Entwicklung an Hochschulen und von Praxis-Hochschul-Kooperationen beteiligt und hat Nachhaltigkeitstransfer in Lehre und Forschung an der HNEE mitgestaltet. Zudem war sie als Studiengangskoordinatorin des berufsbegleitenden Weiterbildungsmasters „Strategisches Nachhaltigkeitsmanagement“ tätig.

Jan-Hendrik Skroblin ist seit Anfang 2020 Koordinator für kommunale Entwicklungspolitik im Bezirksamt Spandau von Berlin und arbeitet zur Implementierung der Agenda 2030 und den SDGs auf kommunaler Ebene. Seit seiner Tätigkeit als studentischer Vizepräsident an der Hochschule für nachhaltige Entwicklung Eberswalde (HNEE) und seiner Mitarbeit im Verbundprojekt HOCH^{N} beschäftigt er sich mit nachhaltiger Regionalentwicklung, transdisziplinären Forschungsprojekten mit dem Schwerpunkt Transfer und der Transformation der Gesellschaft im Sinne einer nachhaltigen Entwicklung. Darüber hinaus beschäftigen ihn vor allem Fragen der Energiewende und der Digitalisierung. Dabei liegt sein Fokus stets auf den Schnittstellen zwischen Wissenschaft, Politik, Zivilgesellschaft und Wirtschaft.

Prof. Dr. Benjamin Nölting ist seit 2016 Professor für Governance regionaler Nachhaltigkeitstransformation an der Hochschule für nachhaltige Entwicklung Eberswalde (HNEE). Seit 2020 leitet er dort das Forschungszentrum [Nachhaltigkeit – Transformation – Transfer]. Seine Arbeitsschwerpunkte in Lehre und Forschung sind nachhaltige Regionalentwicklung, Nachhaltigkeitsmanagement, Governance- und Institutionenanalysen und transdisziplinäre Nachhaltigkeitsforschung. Im Rahmen des Verbundprojekts HOCH^{N} hat er an der konzeptionellen Weiterentwicklung von Transfer für nachhaltige Entwicklung an Hochschulen und von Praxis-Hochschul-Kooperationen gearbeitet und Nachhaltigkeitstransfer in Lehre und Forschung an der HNEE mitgestaltet.

Verantwortungsbewusste Unternehmensführung am Beispiel der Gemeinwohl-Ökonomie mithilfe von Service Learning und Transdisziplinarität lehren

Johanna Stöhr und Christian Herzig

1 Einleitung

Wie kann Transdisziplinarität in der Lehre angewandt und umgesetzt werden? Auf diese vielgestellte Frage (z. B. bei Etzkorn 2018), wie Hochschulen Lehre (und Forschung) so gestalten können, dass Fragen einer nachhaltigen Entwicklung gemeinsam von Wissenschaft und Praxis bearbeitet werden können, reagiert der vorliegende Beitrag und bietet eine mögliche Antwort. Mit dem hier vorgestellten und evaluierten Projektseminar wird exemplarisch aufgezeigt, wie das Prinzip der Transdisziplinarität in der universitären Lehre angewandt und Corporate Social Responsibility (CSR) bzw. eine nachhaltige Unternehmensführung über fachliche und universitäre Grenzen hinweg im Rahmen des hochschuldidaktischen Ansatzes von Service Learning gelehrt und gelernt werden kann. Der innovative Ansatz wurde für ein Projektseminar genutzt, um mit Studierenden regionale Unternehmen im Prozess der Gemeinwohl-Bilanzierung zu begleiten und dadurch die Bewegung der Gemeinwohl-Ökonomie (GWÖ) (s. Felber 2018) in der Region und insgesamt zu unterstützen. Die GWÖ ist ein ethisches Wirtschaftsmodell, das als oberstes Ziel allen Wirtschaftens das Wohl von Mensch und Umwelt setzt und mit der Gemeinwohl-Bilanz ein praxisnahes Tool zur unternehmerischen Nachhaltigkeitsbewertung bereitstellt, jenseits von rein monetärer Erfolgsmessung.

J. Stöhr (✉) · C. Herzig
Universität Kassel, Kassel, Deutschland
E-Mail: johanna.stoehr@uni-kassel.de

C. Herzig
E-Mail: herzig@uni-kassel.de

A. Boos et al. (Hrsg.), *CSR und Hochschullehre,* Management-Reihe Corporate Social Responsibility, https://doi.org/10.1007/978-3-662-62679-5_8

Im vorliegenden Beitrag wird ein Lehrkonzept vorgestellt und evaluiert, das sich mit diesem Ansatz befasst und in der didaktischen Umsetzung die Prinzipien der Transdisziplinarität sowie des Service Learnings verbindet. Damit wollen wir auch den Empfehlungen für eine Bildung für nachhaltige Entwicklung (BfnE) und Forderungen nach mehr „gesellschaftlicher Verantwortung" in Forschung, Lehre und Ausbildung Rechnung tragen (Etzkorn 2018, S. 2). In der verantwortungsbewussten Managementausbildung hat Service Learning als pädagogischer Ansatz in den letzten Jahren eine verstärkte Aufmerksamkeit erhalten (z. B. Godemann et al. 2011; Adomßent et al. 2014), wobei noch erheblicher Forschungsbedarf, z. B. im Hinblick auf die Lerneffekte, besteht. Aus der wissenschaftlichen Analyse der Lerneffekte und Erfahrungen aus dem Projektseminar möchten wir daher Empfehlungen für 1) praxisorientierte Lehrprojekte im Kontext von CSR und Nachhaltigkeit, 2) die weitere Durchführung des GWÖ-Lehrangebots an der eigenen Institution und an anderen Hochschulstandorten und 3) Service-Learning-Veranstaltungen allgemein ableiten. Methodisch wird dieses Vorhaben mit einer strukturierenden qualitativen Inhaltsanalyse (Kuckartz 2018; Mayring 2015) von Daten, die im Rahmen des Lehrprojekts gesammelt wurden, umgesetzt.

Im Folgenden beschreiben wir zuerst kurz das Kasseler Projektseminar, das die Grundlage für das gesamte Kapitel bildet. Danach erläutern wir das Konzept Service Learning und beschreiben, inwiefern das Seminar die Charakteristika von Service Learning erfüllt. Anschließend erarbeiten wir ein Verständnis von Transdisziplinarität für die Lehre und verorten das Projektseminar dahin gehend. Nach der Vorstellung der Methode und des Datenkorpus zeigen wir im Analyseteil an ausgewählten Zitaten, welche Lernentwicklungen wir bei den Studierenden ausmachen konnten und ziehen ein Fazit.

1.1 Kurze Projektseminarbeschreibung

Im Sommersemester 2019 wurde am Fachgebiet *Management in der internationalen Ernährungswirtschaft* (Ökologische Agrarwissenschaften, Universität Kassel) von Prof. Dr. Christian Herzig ein Service-Learning-Seminar zur GWÖ durchgeführt, mit dem die Themen einer verantwortungsbewussten Unternehmensführung praxisnah vermittelt wurden. Die Studierenden unterstützten in Kleingruppen 7 Pilotbetriebe aus der Land- und Lebensmittelwirtschaft dabei, Gemeinwohl-Bilanzen zu erstellen und Gemeinwohl-Berichte zu entwickeln. Die Seminarkonzeption war angelehnt an ein Lehrprojekt, das zuvor bereits von Prof. Dr. Petra Teitscheid an der Hochschule Münster durchgeführt wurde.

Der Ansatz der GWÖ basiert auf der Annahme, dass unser Wirtschaftssystem auf gemeinwohlfördernden Werten aufgebaut sein sollte: Menschenwürde, Solidarität, Gerechtigkeit, Ökologische Nachhaltigkeit, Transparenz und Mitentscheidung. Mit dem Ziel eine wertebezogene Berichterstattung und Organisationsentwicklung zu gewährleisten, misst die sogenannte Gemeinwohl-Bilanz den Organisationserfolg nach neuen

Maßstäben: Der individuelle Beitrag zum Gemeinwohl wird auf Basis einer Gemeinwohl-Matrix definiert und bewertbar gemacht. Punkte werden nur für solche Aktivitäten vergeben, die über die Erfüllung der gesetzlichen Mindeststandards hinausgehen. Mit diesem ganzheitlichen Managementansatz wird die Vision verfolgt, einen gesetzlichen Standard zur Internalisierung externer Kosten und Realisierung einer ethischen Preisbildung auf dem Markt zu schaffen.

In den begleitenden Lehrveranstaltungen wurden die Studierenden durch einen zertifizierten GWÖ-Berater in die Themenfelder der Gemeinwohl-Bilanzierung eingeführt und auf die Datenerhebung mit dem „Arbeitsbuch zur Gemeinwohl-Bilanz 5.0 Kompakt" (Blachfellner et al. 2017) vorbereitet. Da es in der Region Nordhessen zu Beginn des Projektes keinen zertifizierten GWÖ-Berater gab, wurde hierfür mit einem Berater aus Hamburg zusammengearbeitet. Die Studierenden erhielten durch die Lehrenden des Fachgebiets eine Einführung in das nachhaltige Wirtschaften sowie die Konzepte der Nachhaltigkeitsberichterstattung und -bilanzierung. Mit diesem Wissen und im Zuge der Zusammenarbeit mit den Betrieben erstellten die Studierenden GWÖ-Berichtsentwürfe, in denen die Leistungen der jeweiligen Betriebe anhand der 5 Themenfelder der Gemeinwohl-Bilanz (Lieferanten; Eigentümer und Finanzpartner; Mitarbeitende; Kunden und Mitunternehmen; Gesellschaftliches Umfeld) abgebildet und bewertet wurden. Für den weiteren Zusammenhang ist wichtig, dass das Ziel der Bewertung ist, „die Auswirkung von unternehmerischen Aktivitäten und Tätigkeiten auf das Gemeinwohl sichtbar zu machen. Im Bewertungsprozess ordnet sich das berichtende Unternehmen auf einer Werteskala ein. Die Bewertung ist daher keine Messung, sondern die Anwendung der Gemeinwohl-Werteskala auf die Aktivitäten von Unternehmen bzw. deren Wirkungen auf die unterschiedlichen Berührungsgruppen" (Blachfellner et al. 2017). Die Gemeinwohlbilanz stellt also in erster Linie eine *Selbst*bewertung bzw. *Selbst*einschätzung (der Unternehmen) dar.

Einen hohen Stellenwert im Seminar nahmen auch die gemeinsame Reflexion und Diskussion ein, um sicherzustellen, dass „aus dem Erfahrenen Gelerntes" wird (Mey et al. 2018). In gemischten Gruppen und mit anleitenden Fragen (und Methodenmaterial) sollten die Teilnehmenden in den Seminarsitzungen z. B. von ihren Eindrücken aus den Unternehmensbesuchen berichten, sie untereinander vergleichen und auch kritisch betrachten. Am Ende des Semesters stellten die Studierendengruppen ihre Bilanzierungsergebnisse in einer Abschlusspräsentation vor (mündliche Prüfungsleistung) und übergaben den in der Gruppe angefertigten Berichtsentwurf (schriftliche Prüfungsleistung) an die Betriebe. Im Unterschied zu Bachelorstudierenden mussten Masterstudierende eine zusätzliche schriftliche Reflexion einreichen, die zu 25 % in die schriftliche Note einfloss. Darin sollte die GWÖ-Bilanzierung und -Berichterstattung vor den gemachten Erfahrungen und theoretischen und konzeptionellen Grundlagen der nachhaltigkeitsorientierten Bilanzierung und Berichterstattung und des Nachhaltigkeitsmanagements kritisch diskutiert und reflektiert werden. Im Nachgang an das Seminar besprachen die Betriebe die Ergebnisse in einem gemeinsamen Peer-Evaluations-Workshop, an den sich der Auditierungsprozess anschloss.

2 Service-Learning-Theorie: Kernelemente, Ziele, Effekte und Akteure

Das didaktische Konzept *Service Learning* wurde in den 1960er-Jahren als Teil der US-amerikanischen Bildungsdebatten entwickelt und ist seitdem, zusammen mit dem Ansatz des *Community Service,* in den USA sowohl an Schulen als auch Universitäten sehr populär. Im deutschsprachigen Hochschulkontext gewinnt Service Learning seit den 2000er-Jahren an Bedeutung. Insbesondere für die sogenannte „Dritte Mission“ (auch als eine der „drei Säulen“ von Hochschulen bezeichnet: Forschung, Lehre und eben Gesellschaftsbezug) ist das Lehr-/Lernkonzept bedeutsam, da es insbesondere dem gesellschaftlichen Engagement der Hochschule und der Gestaltung ihres Verhältnisses zur Gesellschaft Rechnung trägt (vgl. Altenschmidt und Miller 2016, S. 40 f.; s. a. Guenther 2019). Ganz allgemein gibt es den Anspruch und die Erwartung, so z. B. bei Guenther (2019) formuliert, dass Wissenschaft bzw. Hochschulen einen „impact on economy and society“ haben und „additional welfare for the society“ generieren sollen – was u. a. durch Service Learning ermöglicht werden kann.

Die Grundidee des Service-Learning-Konzeptes ist laut Altenschmidt und Miller (2010), akademisch angebundenes Lernen („learning“) mit einem Dienst bzw. einer Serviceleistung („service“) für die Zivilgesellschaft zu verbinden. Es beinhaltet im Wesentlichen partizipative und gesellschaftsgestaltende Grundgedanken. Das Projekt, in und an dem die Studierenden beteiligt sind, nutzt konkret der Zivilgesellschaft oder einem zivilgesellschaftlichen Akteur; für alle Beteiligten soll ein Mehrwert entstehen. Die Verbindung der Hochschule mit der umgebenden Gemeinde bzw. der Zivilgesellschaft („communities“[1]) ist in Deutschland eher ungewöhnlich, daher aber erst recht „hochschulpolitisch bzw. strategisch interessant“ (Altenschmidt und Miller 2010, S. 68) und innovativ. Die Restrukturierungen der Studiengänge im Zuge des Bologna-Prozesses haben u. a. zu den Ansprüchen geführt, dass Studiengänge nicht nur wissenschaftliche Grundlagen und Methodenkompetenz vermitteln, sondern vor allem am Arbeitsmarkt orientierte Kompetenzen, berufsfeldbezogene Qualifikationen und insbesondere Schlüsselqualifikationen. Service Learning kann besonders diese Lerneffekte erreichen und die persönliche und soziale Entwicklung der Studierenden positiv beeinflussen (Altenschmidt und Miller 2010, S. 68; s. a. Furco 2009). Zudem wird im Diskurs über die akademische Ausbildung vermehrt gefordert und empfohlen, zivilgesellschaftliches Engagement stärker in die Hochschullehre zu integrieren. Die Vernetzung von Hochschulen und Zivilgesellschaft wird als ein gesellschaftspolitisch wünschenswertes Ziel angesehen.

Claus und Ogden (2001) schreiben dem Service Learning interessanterweise das Ziel „[to] strengthen communities for the common good“ zu; im hier vorgestellten

[1]An manchen Stellen werden (Lehr-)Projekte gleicher Natur daher auch als „community-based research“ (CBR) bezeichnet; eine Abgrenzung der Konzepte folgt weiter unten.

Anwendungsbeispiel lässt sich also eine Überlagerung der Projektziele auf mehreren Ebenen feststellen: Die dem didaktischen Konzept übergeordneten und die studiums- bzw. seminarinhaltlichen Zwecke decken sich, denn „the common good" ist sowohl Ziel des Service-Learning-Ansatzes als auch der Kerninhalt des GWÖ-Konzeptes und war ein wesentlicher Beweggrund für die Initiierung des Projektseminars.

Pädagogisch bündelt der Service-Learning-Ansatz eine Vielseitigkeit im Lernen, die über klassische Vermittlungsveranstaltungen von theoretischem Fachwissen hinausgeht (vgl. Altenschmidt und Miller 2010, S. 69): Der Ansatz basiert auf aktivem, handlungs- und erfahrungsorientiertem, auch ergebnisoffenem Lernen, bei dem Studierende selbst forschen und experimentieren, und zwar sehr lebensweltnah, und zielt auf „Eigenverantwortlichkeit und Selbststeuerung im Lernprozess" (Altenschmidt und Miller 2010, S. 77). Studierende müssen praktisches Problemlösehandeln praktizieren, selbst denken, gewohnte (oder vorgebetete) Denkbahnen verlassen und erworbenes Fachwissen anwenden, konkretisieren und übertragen. Die bewusste Reflexion des Tuns und der eigenen Erfahrungen macht das Lernen noch effektiver.

Nun gewinnt man schnell den Eindruck, dass Service Learning alle innovativen und wünschenswerten Lehr- bzw. Lernformen in sich bündelt und vereint und *alles* kann und umsetzt, was in Diskursen der Hochschuldidaktik der letzten Jahrzehnte gefordert wurde. Es ist daher sinnvoll, sich die Abgrenzungen und Unterschiede das Service-Learning-Konzepts zu anderen „verwandten" didaktischen Lehr- und Lernformen bewusst zu machen, was z. B. bei Meyer (2019, S. 33 f.) nachzulesen ist. Der Ansatz des Service Learnings grenzt an Konzepte wie z. B. das erfahrungsbasierte Lernen, problemorientiertes Lernen, projektorientiertes Lernen, forschendes Lernen, kooperatives/kollaboratives Lernen an. Reinmuth et al. (2007, S. 18) sehen Service Learning als „eng verwandt mit … Praktikum und … Community Service", wobei Service Learning im Idealfall die optimalste Theorie-Praxis-Verknüpfung gewährleisten könne. Der Community Service weist in der Regel gar keine und das Praktikum nur zu gewissen Teilen eine Verknüpfung mit theoretischen Studieninhalten auf (vgl. Reinmuth et al. 2007, S. 19).

Community-based Research (CBR) kann als eine Variante des Service Learnings verstanden werden bzw. wird teilweise auch damit gleichgesetzt. Krüger und Altenschmidt (o. J.) definieren CBR als Forschungszugang, bei dem Hochschule und Zivilgesellschaft strategisch zusammenarbeiten und gemeinsam Forschungsfragen bearbeiten, die „aus den konkreten gesellschaftlichen Herausforderungen im regionalen Umfeld der Universität" hervorgehen. Es handelt sich um gemeinschaftliche Forschungsprojekte, bei denen Lehrende, Studierende und Vertreter der Zivilgesellschaft intensiv kooperieren und ihre unterschiedlichen Perspektiven, Erkenntnisinteressen, Wissen und vielfältige Methoden zusammenbringen. Ziel ist wissenschaftliches Erkenntnisinteresse und praktischer Nutzen gleichermaßen. Als Nutzen und Effekte von CBR sehen sie (vgl. Krüger und Altenschmidt o. J.) die „Verzahnung der Hochschule mit der Region", die „Bearbeitung sozialer Problemstellungen" und die „Aktive Gestaltung des zivilgesellschaftlichen Umfelds durch Lehrende und Studierende, wovon die zivilgesellschaftlichen Akteure (Community Partner) unmittelbar profitieren". Das innovative Forschungskonzept gilt als „wertvoller Standortfaktor" für Hochschulen und erzielt Mehrwerte auf mehreren Ebenen: Lehrende könnten ihr Netzwerk zu zentralen Akteuren der Zivilgesellschaft erweitern und neue Perspektiven aus der Praxis für eigene Forschungsfragen generieren. Neuartige Forschungsperspektiven können aufgetan und Forschungsbereiche weiterentwickelt werden. Auch erhöhen sich dadurch die Anschlussfähigkeit und der Transfer von Forschungsergebnissen. Neben vermehrtem fachlichen Austausch ist eine Qualitätssteigerung von Forschung und Lehre zu erwarten. Lehrende erfahren eine Kompetenzerweiterung (Projektmanagement, Führungskompetenz, Coaching, reflektiertes Selbstverständnis) sowie ein positiveres Rollenverständnis und neuartige Aufgabenbereiche. Zudem wird durch die Verbindung von Forschung und sozialer Verantwortung die Werthaltung als Wissenschaftler hinterfragt und z. B. Selbstwirksamkeit und Zufriedenheit im Beruf gesteigert. Bei Studierenden fördere CBR durch erfahrungsbasiertes Lernen wichtige Schlüsselkompetenzen und eine positive Persönlichkeitsentwicklung. Sie wenden theoretische Studieninhalte und Forschungsmethoden in der Praxis an und „begreifen sich gleichzeitig als Teil der Sozialstruktur". Die Zivilgesellschaft profitiert in Form von zusätzlichen Ressourcen für die Partner (Personalkraft, bessere Orientierung, fundiertes Verständnis, Know-how, Expertise, Fachwissen von Hochschulangehörigen), wodurch die Organisationen konkret bei der Erreichung ihrer gesellschaftlich relevanten Ziele unterstützt werden. Auch fördert CBR eine Vertiefung des Wissens und den fachlichen Austausch bei den Mitarbeitenden der Organisation und schafft neue Impulse und Denkanstöße für die Personal- und Organisationsentwicklung. Es kann von anderen guten Lösungen aus der Praxis gelernt, Handlungsfähigkeit entwickelt und Netzwerke ausgebaut werden (vgl. Krüger und Altenschmidt o. J., S. 5 f.).

Um Service Learning und CBR voneinander abzugrenzen, meint Altenschmidt (2016, S. 47): „Service Learning (SL) bezeichnet allgemein die Verbindung von gesellschaftlichem Engagement und schulischer oder universitärer Lehre – ohne, dass zwangsläufig ein Bezug zu Forschung bzw. forschender Tätigkeit gegeben sein muss." Wohingegen CBR im Kern definitiv ein kooperatives Forschungsprojekt ist, das alle typischen Schritte empirischer Forschung durchläuft, mit der Besonderheit, dass sie „gemeinschaftlich mit der Community", „unter Berücksichtigung der Ziele der Community" und „partizipativ und gemeinschaftlich im Zusammenwirken aller Beteiligten" vollzogen werden (Altenschmidt 2016, S. 44 f.).

Community-based Research als Service Learning würde sich dann zum einen dadurch auszeichnen, dass der erbrachte „Service" an der Gesellschaft die Forschungsleistung ist (vgl. Müller-Naevecke und Naevecke 2018, S. 126). Und zum anderen wird diese von Studierenden (mit)erbracht, nicht nur von Wissenschaftlern, und es erfolgt eine didaktische und pädagogische Begleitung.

2.1 Elemente und Merkmale

Ein einheitliches Verständnis bzw. Framework für Service Learning existiert nicht. Im Folgenden werden 6 Ansätze vorgestellt, die aufzeigen, wie unterschiedlich die Herangehensweisen und Logiken sind.

Altenschmidt und Miller (2010) benennen 3 **Kernelemente** des Service Learnings (als *hochschul*didaktisches Konzept):

- **Erfahrungslernen:** „Erfahrungen der Studierenden bei der Lösung eines konkreten Handlungs- oder Erfahrungsproblems“ (Altenschmidt und Miller 2010, S. 70) stehen im Zentrum. Konkreter lassen sich folgende didaktische Charakteristika für den Service-Learning-Ansatz definieren: Aktives Lernen, Partizipation, Partnerschaft und Gruppenarbeit, Bearbeitung authentischer Problemstellungen. Außerdem sind sowohl die individuelle wie auch soziale Reflexion elementar.
- **Projektmethodik:** Eine bestimmte Projektmethodik (mehr Projektauftrag, weniger Forschungsprojekt) ermöglicht dieses Erfahrungslernen. Die Dozierenden haben darin nicht nur die klassische Rolle der Wissensvermittler inne, sondern auch eine Strukturierungs- und Coachingfunktion (für Individuen wie auch für Gruppen).
- **Zusammenarbeit mit Zivilgesellschaft:** Es besteht eine konkrete Zusammenarbeit mit Non-Profit-Organisationen bzw. anderen zivilgesellschaftlichen Akteuren (externe Partner), wodurch das Projekt direkt „an zivilgesellschaftliche Bedarfe oder Problemlagen“ angebunden ist. So kann Praxiswissen der Community Partner in die (theoretische) Lehre integriert werden.

Weiterhin formulieren Müller-Naevecke und Naevecke (2018) die 4 **Prinzipien** „Verantwortung“, „Reziprozität“, „Reflexion“ und „Realität“ als wesentliche Prinzipien von Service Learning (und dessen Entwicklung und Umsetzung):

> Verantwortung: Studierende übernehmen direkte Verantwortung in ihren Projekten. Lehrende übernehmen Verantwortung für die Prozessbegleitung.
> Reziprozität: Alle Beteiligten geben und nehmen, lernen also voneinander.
> Reflexion: Lernen aus der Erfahrung ist kein Automatismus. Die Konstruktion der Service-Leistung sowie die Auswertung der Service-Erfahrungen geschehen im Rekurs auf fachliche/ wissenschaftliche Begründungszusammenhänge.
> Realität: Projekte nehmen Bezug auf einen konkreten (ermittelten oder übermittelten) zivilgesellschaftlichen Bedarf (Müller-Naevecke und Naevecke 2018, S. 126).

Diese Systematik findet sich ursprünglich bei Godfrey et al. (2005) sowie dann auch bei Yorio und Ye (2012), die auf Basis einer Metaanalyse eine konzeptionelle Rahmung für Service Learning erstellten. Ihr Konzept bündelt die Elemente von Service Learning auf 4 „Rs“ (Reality, Reflection, Reciprocity, Responsibility) mit 3 zentralen Lerneffekten (Cognitive Development; Understanding Social Issues; Personal Insight).

Im internationalen Diskurs erfährt der Ansatz „K-12 Service Learning Standards for Quality Practice“ des National Youth Leadership Council große Anerkennung, der 8 **Qualitätsmerkmale bzw. -standards** für die Konstitution von Service Learning (ursprünglich mit Schülern, dann aber auch erweitert auf Hochschulen) formuliert (National Youth Leadership Council (NYLC) 2008). Diese sind: ein bedeutungsvoller Service, die Verbindung zum Curriculum, fortlaufende Reflexion, Diversität, die Stimme der Jungen, Partnerschaft, Evaluierung sowie Dauer und Intensität.

Seifert et al. (2019) haben diese **Kriterien** zu 6 Punkten gekürzt und in Deutschland im Kontext von „schulischem Lernen durch Engagement“ bekannt gemacht. Übertragen auf den Hochschulkontext lauten ihre Qualitätsstandards: Verbindung mit curricularen Inhalten; Förderung studentischer Reflexionsprozesse; echter gesellschaftlicher Bedarf und sinnvolles Engagement; Ermöglichung von umfassender Partizipation durch Einbindung; Partnerschaft mit Akteuren außerhalb der Hochschule; Feedback an die Lernenden im Prozess und am Ende.

Ähnlich, aber nicht ganz so umfassend, lauten die **Merkmale,** die Altenschmidt und Miller (2016, S. 44 f.) zentral zum Service Learning zählen:

- Die Bearbeitung eines realen gesellschaftlichen Unterstützungsbedarfes
- Service Learning dient der Lehre
- Die eigenverantwortliche Steuerung durch die Studierenden
- Eine Verknüpfung zwischen Lehrinhalten und Service-Auftrag
- Die strukturierte Reflexion der Erfahrungen

Die vorherige Kurzbeschreibung der verschiedenen Konzeptverständnisse zeigt, dass Service Learning viele Facetten hat bzw. haben kann und keine einheitliche Struktur in den Ansätzen vorliegt, um von einer theoretischen Rahmung sprechen zu können. Manche Autoren strukturieren Service Learning nach bestimmten „Elementen“ oder „Merkmalen“, andere nach „Prinzipien“, manche nach „Zielen“, wieder andere an den „Effekten“. Dabei weisen die verschiedenen Konzeptdarstellungen oft Überschneidungen, aber auch viele Unterschiede auf. Abb. 1 stellt eine übergreifende Zusammenschau der aus der relevanten Fachliteratur identifizierten Merkmale und Elemente sowie Ziele und (Lern-)Effekte dar, die im Folgenden näher beschrieben werden.

2.2 Das GWÖ-Seminar aus Service-Learning-Perspektive

Das Projektseminar zur Gemeinwohl-Bilanzierung der Universität Kassel wurde hauptsächlich initiiert, um die Studieninhalte mit der Praxis, der **Realität** bzw. Lebenswelt, zu verknüpfen und Hintergründe und Erfahrungen über die praktische Implementierung von Nachhaltigkeitsmanagement real zu vermitteln. Durch das Einbeziehen der GWÖ-Regionalgruppe Kassel sollten den Studierenden der gesellschaftliche Bedarf sowie der Bedarf einer „Service“-Leistung deutlich werden. Sowohl die Unternehmen selbst

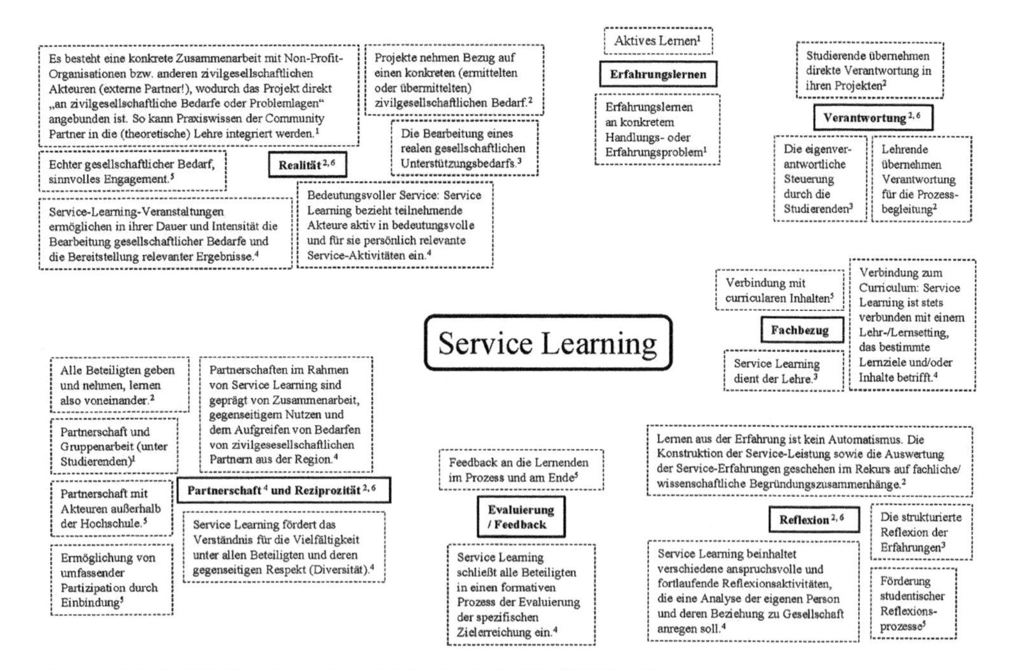

Abb. 1 Merkmale und Elemente von Service Learning

wie auch der GWÖ-Berater fungierten als Praxispartner, mit denen die Studierenden aktiv zusammenarbeiteten und deren Wissen in die Lehrthemen eingebaut bzw. mit der Theorie in Beziehung gesetzt wurde. Außerdem setzte der Kurs wesentlich auf **Erfahrungslernen:** Den Studierenden sollte nicht nur von Praktikern darüber berichtet werden, wie ein Bilanzierungsprozess abläuft, sondern sie sollten den Bilanzierungsprozess selbst durchlaufen, daran beteiligt sein und eigene Erfahrungen damit machen. Sie handelten selbstständig und wurden z. T. auch mit Problemen konfrontiert, die nicht sofort lösbar waren. Die Gruppen wurden zwar beim ersten Zusammentreffen mit dem Unternehmen von einem professionellen GWÖ-Berater begleitet, der sie an ihre Aufgaben heranführte, danach allerdings waren sie allein auf sich gestellt. Sie hatten also eine wesentliche **Verantwortung,** die weiteren Treffen selbst zu organisieren und so professionell wie möglich durchzuführen, um ihr Projekt und ihren Berichtsentwurf erfolgreich zu Ende zu bringen. Das Lehrteam stand ihnen in den Lehrveranstaltungen weiter zur Seite, mit Fachwissen wie auch einfach bei Fragen oder Unklarheiten und bot Unterstützung beim Berichterstellen an (es gab z. B. eine Seminarsitzung als „offene Schreibwerkstatt" mit den Dozierenden). Durch die Vorlesungen zu Nachhaltigkeitsmanagementsystemen, Nachhaltigkeitsbewertung und -berichterstattung wurde sichergestellt, dass der **Fachbezug** des Seminars (verantwortungsbewusste Unternehmensführung) und die Kernlernziele, die das Seminar im Curriculum der

Studiengänge abdecken sollte, im Auge behalten wurden. Der Seminarplan bot an vielen Stellen Raum und Möglichkeiten für **Reflexion:** In den Seminarsitzungen, in denen der GWÖ-Berater in die nächsten Themenfelder (insgesamt A bis E) einführte, fand z. B. auch immer eine moderierte und angeleitete Reflexion der bisher erhobenen Daten und der Beobachtungen in den Betrieben statt. In der letzten Seminarsitzung führten die Dozierenden mit diversen zum Zurück- und Überdenken anregenden Fragen durch eine Diskussionsrunde, in der das Konzept der Gemeinwohl-Ökonomie generell wie auch konkret das Seminar kritisch und evaluierend betrachtet werden sollten. Zudem war ein schriftlicher Reflexionstext eine Prüfungsleistung für die Masterstudierenden, in dem die GWÖ-Bilanzierung und -Berichterstattung vor dem Hintergrund der gemachten Erfahrungen und vor den theoretischen und konzeptionellen Inhalten der Vorlesungen diskutiert und reflektiert werden sollten. Es gab zahlreiche Möglichkeiten zur **Evaluation** der Lehrveranstaltung (formale Befragungen durch die Universität bzw. UniKasselTransfer sowie eher informell in der letzten Seminarsitzung) und die Studierenden erhielten Feedback zu ihren Leistungen: z. B. nach den Abschlusspräsentationen vom Publikum, von ihren Betrieben im persönlichen Austausch, von den Dozierenden in Form von Benotungen und Begründungen der Noten auf Nachfrage. Nicht zuletzt standen **Partnerschaft und Reziprozität** im Vordergrund: Das Lehrteam strebte eine enge und partnerschaftliche Zusammenarbeit mit den externen Akteuren an, die auch über das Ende des Projektseminars hinaus weiterbestehen soll. Unter den Studierenden war gemeinsame Gruppenarbeit und Teamgefühl besonders wichtig, insbesondere weil bzw. wenn Kommilitonen von einem anderen Standort kamen oder einen anderen fachlichen Hintergrund (und damit auch unterschiedliche Wissensstände) hatten. Alle Beteiligten trugen etwas bei und konnten etwas mitnehmen, es wurde für alle irgendein Nutzen generiert, in Gegenseitigkeit.

2.3 Ziele

Welche **Ziele** hat Service Learning? Mit Blick auf die Studierenden verbinden Müller-Naevecke und Naevecke (2018, S. 127) folgende hochschuldidaktische Ziele (sie sprechen auch eingedeutscht von „Outcomes") mit Service Learning:

- Anwendungsorientierte und an die Lebenswelt anschlussfähige Fachlehre
- Förderung außerfachlicher Kompetenzen durch Service in zivilgesellschaftlichen (außeruniversitären) Akteurskonstellationen
- Ermöglichung von ganzheitlicher Entwicklung
- Entwicklung von professioneller Handlungskompetenz
- Gesellschaftliches Engagement wird unterstützt

Altenschmidt und Miller (2016, S. 40) bündeln die **Ziele** von Service Learning einerseits kompakt auf die 3 Bereiche „1) ein besseres Verständnis von Studieninhalten und Studienfächern; 2) die Entwicklung persönlicher Wertvorstellungen; 3) die Ausbildung eines staatsbürgerlichen Verantwortungsgefühls durch das gesellschaftliche Engagement bzw. dessen Reflexion". Im Weiteren entwickeln sie etwas ausführlicher und klarer diese 4 **Zielsetzungen** für Service Learning:

- Erweiterung der fachlichen Lehre
- Entwicklung von Handlungskompetenz
- Persönlichkeitsentwicklung
- Förderung der Übernahme gesellschaftlicher Verantwortung
  (Altenschmidt und Miller 2016, S. 42 f.)

UniKasselTransfer befragt jeden der Service-Learning-Kurse an der Universität Kassel am Ende des Semesters mit einer ausführlichen Online-Evaluation; die Fragenblöcke darin sind u. a. nach den Bereichen „fachliche Kompetenzen (studien- und berufsrelevantes Wissen)", „praktische Kompetenzen (berufsrelevantes Können)", „Schlüsselkompetenzen (z. B. Teamarbeit, Projektarbeit, Zeitmanagement)" und „Horizonterweiterung, neue Lebenserfahrungen, veränderte Sichtweisen und Bewertungen" gegliedert. Auch hier kristallisieren sich 4 unterschiedliche Zielbereiche heraus, die mit Service Learning erreicht oder erfüllt werden könn(t)en.

Für das hier vorgestellte Seminar ergeben sich aus dem bisher Dargelegten 4 relevante Outcome-Bereiche auf Studierendenebene, die die Lerneffekte aus einem Service-Learning-Kurs abdecken können (bzw. sollten): das akademische Lernen (d. h. kognitives und fachliches Wissen), die soziale Entwicklung, Entwicklungen auf der Persönlichkeitsebene und als Viertes (etwas quer zu den anderen liegend) die Kompetenzen, die erworben werden können. Es besteht unverkennbar eine Nähe dieser Zielsetzungen mit der Bologna-Reform und dem Einzug der „Kompetenzorientierung" in die Hochschuldidaktik als Ziel einer akademischen Ausbildung (vgl. dazu auch z. B. Müller-Naevecke und Naevecke 2018 bzw. Hericks 2018). Nähere Beschreibungen, was unter den Outcome-Bereichen zu fassen ist, kann Abb. 2 entnommen werden.

2.4 Messbare Effekte

Bezüglich empirisch belegbarer und quantitativ messbarer **Effekte** von Service Learning gibt es bisher wenig Ergebnisse, da eine Feststellung von Lerneffekten generell den Erhebungsschwierigkeiten unterliegt, „mit denen pädagogische Wirkungsforschung sich auseinandersetzen muss", so Müller-Naevecke und Naevecke (2018, S. 128). Zumindest wird z. B. eine Erhöhung des erlebten Lernerfolgs bei den Studierenden angenommen wie auch kognitive Lern- und soziale Selbstwirksamkeitserfahrungen, Selbstbildveränderungen, die Reflexion von sozialen Stereotypen, die Differenzierungsfähigkeit in der fachlichen Urteilsfindung und ein erweiterter Lern- und Erkenntnisprozess (Reinders 2016, zit. nach Müller-Naevecke und Naevecke 2018, S. 128). In der vorliegenden Analyse des GWÖ-Projektseminars werden zwar auch die durch das Service Learning erreichten Effekte untersucht, allerdings liegt der Schwerpunkt auf der Beschreibung der

Bereich des **akademischen Lernens:**
- Inhaltswissen und kognitive Komplexität, analytisches und kritisches Denken, komplexes Problemlösen, strategische Planung, Wissenstransfer [6]
- „cognitive development“[1, 4]
- auch wissenschaftliches Arbeiten generell[4]
- erweiterte fachliche Lehre: Praxis bringt zusätzliches Wissen (aus der Lebenswelt) in die Fachlehre[2, 3]

Bereich der **sozialen Entwicklung:**
- zivilgesellschaftliche Werte, soziales und politisches Bewusstsein, Commitment zum Service, Einstellung zu sozialer Gerechtigkeit, (Perspektivenübernahme, Toleranz) [6]
- „understanding social issues“[1, 4]
- Förderung der Übernahme gesellschaftlicher Verantwortung und gesellschaftlichen Engagements[2, 3]

Bereich der **Persönlichkeitsentwicklung** [3] :
- Selbstwirksamkeit, Identitätsstärkung, moralische Entwicklung, Berufsorientierung, Veränderung von Werten und Einstellungen [6]
- „personal insight“[1, 4]
- Horizonterweiterung, veränderte Sichtweisen und Bewertungen[5]
- Entwicklung persönlicher Wertvorstellungen[3]
- Selbstverständnis, -wahrnehmung und -erkenntnis[4]

Kompetenzen, die erworben werden können:
- Fachliche Kompetenzen (studien- und berufsrelevantes *Wissen*)[5]
- Praktische, professionelle (Handlungs-) Kompetenzen (berufsrelevantes *Können*)[2, 3, 5]
- Schlüssel-, außerfachliche Kompetenzen (z.B. Teamarbeit, Projektarbeit, Zeitmanagement, Kollaboration und Kommunikation mit außeruniversitären Akteuren)[2, 5]

[1] Yorio & Ye 2012. [2] Müller-Naevecke & Naevecke 2018. [3] Altenschmidt & Miller 2016. [4] Vizenor et al. 2017. [5] UniKasselTransfer 2019. [6] Reinmuth et al. 2007.

Abb. 2 Outcomes von Service Learning für Studierende

Breite an Lerneffekten, die sich bei den Teilnehmenden identifizieren lässt, ohne diese zu quantifizieren.

Die Frage, welchen konkreten Nutzen und welche Effekte Service Learning für andere Akteure, also beispielsweise die Community Partner hat (oder für die Gesellschaft selbst), wird in den meisten Untersuchungen zu Service Learning nicht berücksichtigt, da sie sich hauptsächlich der studentischen Seite widmen, also den Learning Outcomes (vgl. Harrington 2014; Gerstenblatt 2014; Jettner et al. 2017). Explizit der Seite der Projektpartner wenden sich z. B. die Untersuchungen von Vizenor et al. (2017), Jettner et al. (2017) sowie Gerstenblatt (2014) zu, den Effekten für die Community z. B. Kern (2016) und Harrington (2014). Die „Benefits“, wie sie häufig genannt werden, sind in Abb. 3 zusammengetragen.

2.5 Akteure

Welche **Akteure** lassen sich in der Literatur als notwendige Teile im Service-Learning-Konzept identifizieren? Weder Hochschule noch Zivilgesellschaft stellen „einen Akteur sui generis“ dar (Müller-Naevecke und Naevecke 2018, S. 138). Im Hochschulkontext gibt es z. B. die Akteursgruppen Studierende und Lehrende, aber auch die

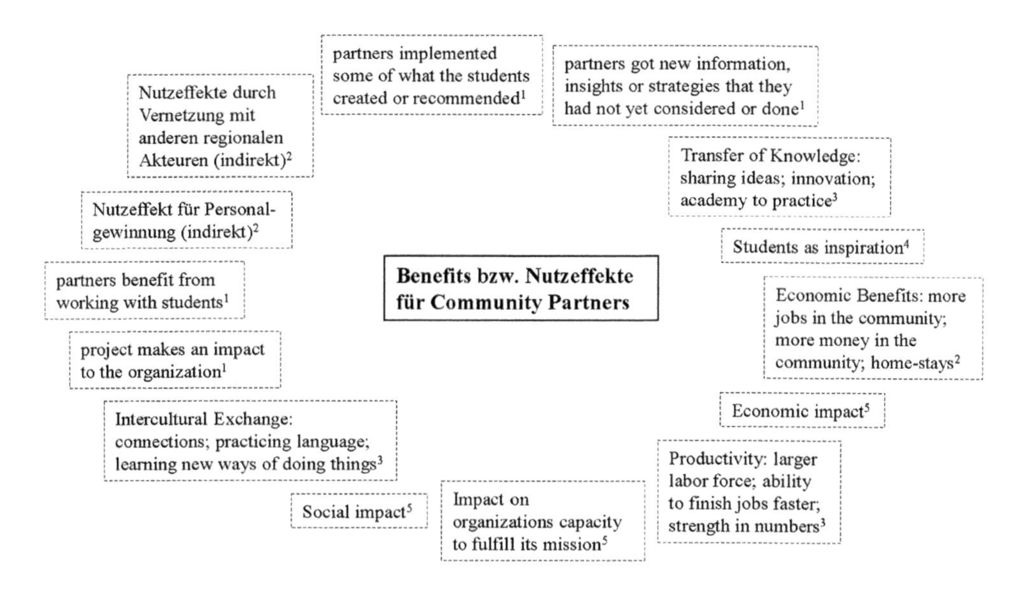

Abb. 3 Outcomes von Service Learning für Community Partners

Universität insgesamt spielt eine Rolle (als profitierende Institution, als Förderer, etc.). Auf der Seite der Zivilgesellschaft gibt es mindestens die Service-Partner (z. B. Non-Profit-Organisationen) und die Service-Empfänger (z. B. Klienten). Je nach Projekt-konstellation kann es mehrere Akteure je Gruppe geben, und jedes Individuum kann auch mehrere Rollen bzw. Funktionen einnehmen, was u. U. zu Spannungsverhältnissen führen kann (vgl. Müller-Naevecke und Naevecke 2018, S. 138).

An dieser Stelle sei angemerkt, dass im ursprünglichen, englischen Konzept den universitären Akteuren schlicht „community partners" gegenüberstehen, also Projekt-partner aus der „community", aus der Gemeinschaft bzw. dem Umfeld der Universität. Die direkte Übersetzung von „community" zu *Zivilgesellschaft(lich),* die oft gemacht wird, ist mit Vorsicht zu genießen und zu hinterfragen, insbesondere, wenn es in solchen Lehrprojekten nicht (mehr nur) ausschließlich um sogenannte „habits of the heart" bzw. im klassischen Sinne „volunteering" (Black 2002), also Ehrenamt, geht. Baltes und Frotscher (2007, S. 49) gehen auf das Begriffsverständnis von „Community" näher ein und erklären, dass damit erst einmal rein „geografisch gesehen die Stadt oder Region, in welche die Hochschule eingebettet ist" und von der sie ein Teil ist, gemeint ist. Altenschmidt und Miller (2016, S. 46 f.) zählen konkret als *Community Partner* „Gruppen, die in Verbänden, Vereinen und Initiativen oder auch Einrichtungen der Träger der freien Wohlfahrtspflege organisiert sind" auf sowie öffentlich (finanziert) e Einrichtungen, wie z. B. Schulen, Kindergärten etc., als gemeinnützig anerkannte Organisationen und örtliche Freiwilligenagenturen. Die Aussage, sie könnten „das

Akteursgruppen bei Service Learning	Hochschule			Community Partner ("Zivilgesellschaft")	
	Studierende	Lehrende	Universität	Service-Empfänger	Service-Partner

Abb. 4 Akteursgruppen bei Service Learning

gesamte soziale, ökologische und kulturelle Spektrum umfassen", erweitert das Verständnis aber deutlich. Auf der Seite der Hochschule nennen sie nur unkonkret den „Dozent", was als alleinige Akteure auf der akademischen Seite unzureichend ist (Abb. 4).

Die Kategorisierung der am Projektseminar beteiligten Unternehmen, die sich für eine Gemeinwohl-Bilanzierung durch Studierende zur Verfügung stellten, ist nicht eindeutig definiert. Sie gehören zur Seite der Service-Partner bzw. -Empfänger. Im klassischen Sinne würde man sie aber nicht zur „Zivilgesellschaft" zählen, da es sich um (privat) wirtschaftliche Betriebe handelt, die nicht öffentlich oder gemeinnützig sind. Aber sie sind grundsätzlich Teil des Umfelds der Hochschule und kooperieren mit dem universitären Projekt sowohl als Partner als auch als Empfänger der durch die Studierenden erbrachten Dienstleistungen. Auf den ersten Blick füllen also die Betriebe – im Sinne einer klassischen Service-Learning-Konstellation – die Rolle der „Community Partner" aus. Erst auf den zweiten Blick wird klar, dass die Rolle des zivilgesellschaftlichen Akteurs eigentlich vorrangig die GWÖ-Bewegung und die GWÖ-Regionalgruppe Kassel innehaben, da sie von dem Vorantreiben und Bekanntmachen der Gemeinwohl-Bewegung und von neuen zertifizierten Betrieben einen Nutzen haben. Der Gemeinwohl-Berater hat ebenso mindestens eine Doppelstellung – als Vereinsmitglied und Verfechter und Vorantreiber der GWÖ ist er Teil bzw. Vertreter des gemeinnützigen Vereins, also Teil eines Service-Empfängers (der Zivilgesellschaft). Gleichzeitig ist er sowohl von den Unternehmen als auch der Universität beauftragt, eine professionelle (für sich wirtschaftende) Stellung wahrzunehmen. Und schließlich ist er auch ein von der Universität engagierter Lehrbeauftragter, also Dozent.

3 Transdisziplinarität

In der Diskussion um eine nachhaltige Entwicklung hat das Konzept der *Transdisziplinarität* eine besondere Bedeutung gewonnen, da die 3 Dimensionen der Nachhaltigkeit und ihre vielschichtigen Interaktionen Querschnittsthemen darstellen, die nicht von einer Disziplin allein und ohne Beteiligung von Praxisakteuren bearbeitet werden können (Mogalle 2001). Transdisziplinarität wird demzufolge als ein wesentliches

Prinzip zur Bearbeitung komplexer gesellschaftlicher Probleme aus der Lebenswelt und transdisziplinäre Forschung als zentrale Methode für die Nachhaltigkeitswissenschaften verstanden (vgl. Transdisziplinarität als „besonderer Wissenschaftsmodus" bei Schneidewind und Singer-Brodowski 2014, S. 47 bzw. als „Forschungsmodus für nachhaltiges Forschen" bei Jahn 2012). Nicht nur im Hinblick auf die Forschung, sondern auch in der Lehre wird von Universitäten erwartet, dass sie sich als Bildungsinstitutionen auszeichnen, die inter- und transdisziplinäre, partizipative und problemorientierte Lehr- und Lernkonzepte entwickeln und formelle und informelle Lernmöglichkeiten verbinden, um die für eine nachhaltige Entwicklung notwendigen Kompetenzen vermitteln zu helfen (Adomßent et al. 2014). Die Forderungen nach einer transdisziplinären Ausbildung von Studierenden und mehr Inter- und Transdisziplinarität an Universitäten werden auch in der vor Kurzem ausgerufenen UNESCO-Dekade ESD 2030 (BNE-Portal 2019) wieder deutlich gemacht. Gleichermaßen wird eine zunehmende Bedeutung von inter- und transdiziplinären Lehr- und Lernansätzen erkennbar, wenn es um CSR in der Hochschullehre (vgl. Ruehle et al. 2018; auch ESCP Europe) oder die verantwortungsbewusste Managementausbildung (Godemann et al. 2014a) geht, die z. B. auf den im Jahr 2007 ins Leben gerufenen *Principles for Responsible Management Education* (PRME) der Vereinten Nationen (PRME Secretariat 2019) aufbauen. Analysen zu PRME (z. B. Godemann et al. 2011) und CSR in der Lehre (z. B. Müller-Christ und Liebscher 2015) lassen Fortschritte im Angebot von transdisziplinären Lernsettings und einer interdisziplinären Lehre mit Wirtschaftsbezug erkennen.

Mittlerweile haben sich insgesamt die Möglichkeiten, ein nachhaltigkeits-(bzw. ursprünglich v. a. umwelt-)bezogenes Studium zu absolvieren, um ein Vielfaches erweitert. Dies kann als eine Folge der zahlreichen Deklarationen und Abkommen angesehen werden, die darauf abzielen, Nachhaltigkeit und zukunftsgerichtetes verantwortliches Handeln in der Institution Hochschule und der managementbezogenen Ausbildung zu verankern (Lozano et al. 2013). Auch stark gewordene Bewegungen und Gruppierungen auf Studierendenseite belegen, dass alternatives und nachhaltiges Denken in den akademischen Wirtschaftswissenschaften lange fehlte und immer mehr Akteure dieses Defizit nicht länger hinnehmen wollten. Oikos (seit 1987), das Netzwerk Plurale Ökonomik (seit 2000) und sneep (seit 2003), um nur ein paar Beispiele zu nennen, setzen sich universitätspolitisch und öffentlichkeitswirksam für eine Veränderung der klassischen wirtschaftswissenschaftlichen Lehre ein. Einen Überblick, inwieweit sich die Diskussion um eine verantwortungsbewusste Managementbildung innerhalb der deutschen betriebswirtschaftlichen Bildungslandschaft niederschlägt, geben Godemann et al. (2014a, b). Insgesamt zeigt sich eine stetig steigende Erwartungshaltung, die universitäre Lehre mehr an der Praxis auszurichten und mehr praxisrelevantes Wissen zu generieren und zu lehren. Diese Entwicklungen machen den Bedarf deutlich, sowohl in der (unternehmerischen, wirtschaftlichen) Praxis wie auch in der Wissenschaft, bezüglich der Ausbildungsinhalte mehr Realitäts- und Praxisnähe und Ethik, Vielfalt und

Alternativen in den Wirtschaftswissenschaften zu berücksichtigen.[2] Entsprechend sinnvoll und zeitgemäß erscheint es, die Inhalte methodisch und didaktisch auf innovativen Wegen zu vermitteln und die damit verbundenen Lehr- und Lernprozesse zu erforschen.

Was kennzeichnet nun Transdisziplinarität? Die wesentlichsten Merkmale sind, dass sie „Beiträge zur Lösung gesellschaftlich relevanter Probleme" liefert, interdisziplinär ist, „nicht-wissenschaftliche Akteure des Problemfeldes" einbezieht und zu „umsetzbaren Handlungsempfehlungen" kommen will. Zentral ist zudem, dass Forschungsprobleme „zusammen mit betroffenen gesellschaftlichen Akteuren … definiert und bearbeitet werden" (vgl. Schneidewind und Singer-Brodowski 2014, S. 42).

Unter **Akteure** werden konkret Personen, Organisationen oder Institutionen aus z. B. „Politik, Wirtschaft, Umweltbewegungen, Gewerkschaften" (Schneidewind und Singer-Brodowski 2014, S. 42) verstanden, die auch „außeruniversitäre" Praxisakteure genannt werden, „z. B. aus Unternehmen und Verbänden". Als Pendant dazu dürfen die Wissenschaftler nicht vergessen werden, die mit an der praxisbezogenen Problembearbeitung beteiligt sind (Rieckmann 2015).

Mit Kruse (2015) lassen sich 3 Akteursgruppen innerhalb eines transdisziplinären Projekts unterscheiden: 1) Wissenschaftler, 2) Entscheidungsträger (z. B. Politiker, Verwaltungen, Entscheidungsbefugte aus der Wirtschaft oder anderen Organisationen) und 3) Stakeholder. Letztere versteht er als die organisierte Form der Zivilgesellschaft, die in den transdisziplinären Prozess insofern involviert ist, als dass sie „kulturelle und soziale … Interessen repräsentiert und über diese einen öffentlichen Diskurs führt" (Kruse 2015, S. 11).

Ziele seien die „Generierung von Wissen, das lösungsorientiert, gesellschaftlich robust und sowohl auf die wissenschaftliche als auch die gesellschaftliche Praxis übertragbar" ist sowie das Gewinnen von „gleichzeitig wissenschaftliche[n] als auch praxisrelevante[n] Erkenntnisse[n]" (Rieckmann 2015, S. 5; auch Jahn et al. 2012; Lang et al. 2012). Transdisziplinäre Forschung soll eine „gesellschaftliche Wirkung" haben, wobei in der (auch international geführten) Debatte davon ausgegangen wird, dass die Partizipation von Praxisakteuren die „gesellschaftliche Relevanz und Wirkung verstärkt" (Defila und Di Giulio 2019, S. 85). Unterschiedliche Wissensbestände – die Praktikerseite und die Wissenschaftsseite – sollen somit integriert werden (daher das Hauptprinzip „Integration"), indem Erfahrungswissen (aus der Praxis, von Experten) mit wissenschaftlichem Wissen verknüpft wird (Godemann 2008).

Bei Blättel-Mink (2003, S. 14) werden 5 wesentliche Merkmale transdisziplinärer Forschung formuliert:

---

[2]Diesem Thema widmete sich der Vorgängerband des vorliegenden Buches in der Management-Reihe Corporate Social Responsibility: Raueiser und Kolb (2018): CSR und Hochschulmanagement. Sustainable Education als neues Paradigma in Forschung und Lehre.

1. Kooperation zwischen den Disziplinen vom Entdeckungszusammenhang bis zum Verwertungszusammenhang, d. h. von der Problemdefinition bis zur Implementation der Ergebnisse.
2. Lebensweltliche Einbettung der Problemdefinition und der Problemlösung, d. h. Forschungsfragen ergeben sich aus gesellschaftlichen Problemen heraus und betroffene Laien sind – wo möglich – in den Forschungsprozess einzubeziehen.
3. Transdisziplinarität beinhaltet neben Wechselseitigkeit und Synergie, Rekursivität und Emergenz, d. h. wo es notwendig ist, dass einzelne Themen disziplinenspezifisch bearbeitet werden, muss der Austausch mit anderen Disziplinen gewährleistet sein oder es muss der Bezug zwischen den Teilbereichen des zu lösenden Problems immer und immer wieder hergestellt werden (vgl. Jaeger und Scheringer 1998). Nur so entstehen Synergieeffekte, die der Ganzheitlichkeit lebensweltlicher Probleme entsprechen.
4. Die Methoden transdisziplinärer Wissenschaft und Forschung sind nicht vorbestimmt, d. h. sie sind abhängig von der Forschungsfrage und dem im Verlauf der Kooperation gefundenen Lösungsweg. Dies impliziert jedoch gleichzeitig ein hohes Maß an Unsicherheit des Forschungsprozesses.
5. Das Ergebnis eines transdisziplinären Forschungsprozesses ist immer ein disziplinübergreifendes Resultat.

Bei Häberli und Grossenbacher-Mansuy (1998, S. 200) ist die Rede von 4 Bedingungen, die mindestens gegeben sein sollen, um von Transdisziplinarität zu sprechen:

> 1) Die zu erforschenden Probleme stammen aus der Lebenswelt. Die Fragestellungen werden gemeinsam oder in engem Kontakt mit Vertretern der Praxis und den Betroffenen formuliert und strukturiert. 2) Es werden Teams aus Fachleuten derjenigen Disziplinen gebildet, die es für die Beantwortung der gestellten Frage braucht (Disziplinenverbund), sowie aus Vertretern der Praxis und der Betroffenen. 3) Die eigentliche Forschungsarbeit wird im Zusammenwirken der Forschenden und in engem Kontakt mit der Praxis durchgeführt. 4) Die Ergebnisse werden in die breite Praxis hinausgetragen.

Bergmann (2003, S. 66) bringt es auch gut auf den Punkt, wenn er schreibt:

> Transdisziplinäre Forschung…
> greift so genannte lebensweltliche Problemstellungen bzw. Fragen auf, die nicht rein wissenschaftsimmanent sind,
> beteiligt bei der Beschreibung der daraus resultierenden Forschungsfragen und ihrer Behandlung die notwendigen Fächer bzw. Disziplinen (Differenzierung),
> überschreitet bei der Bearbeitung die Disziplin- und Fachgrenzen (trans ...)
> und betreibt im Projektverlauf sowie am Ende eine kognitive Integration wissenschaftlichen Wissens sowie eine praktische Integration des lebensweltlichen Wissens und verknüpft beides miteinander (transdisziplinäre Integration).

Schließlich hat das Institut für sozial-ökologische Forschung (ISOE) in Frankfurt ein Modell für einen „idealen" transdisziplinären Forschungsprozess entwickelt (siehe Abb. 5). Es umfasst 3 Phasen und wird in Jahn et al. (2012) detailliert vorgestellt und diskutiert.

Das ISOE ist seitdem kontinuierlich ein wichtiger Teil der „transdisziplinären Community" und brachte sich z. B. 2019 in der GAIA federführend in die theoretische

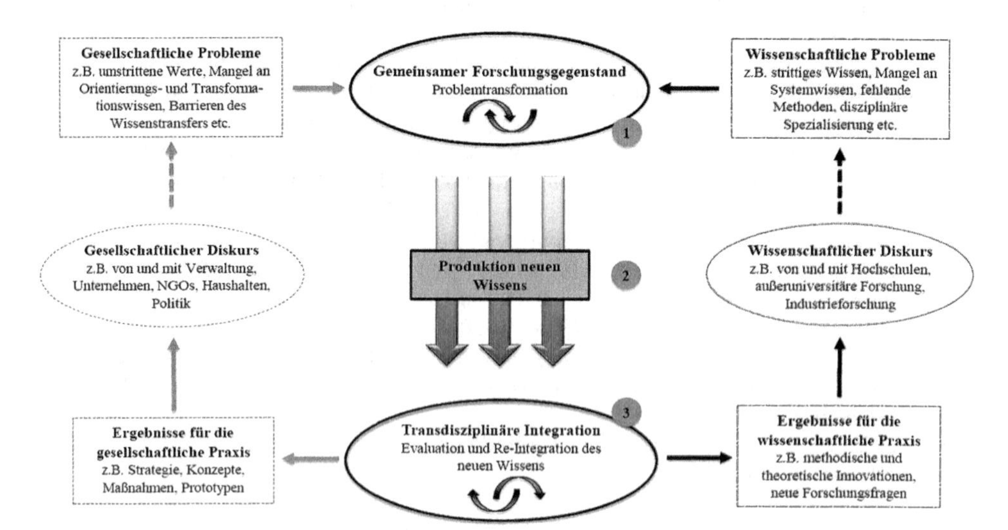

Abb. 5 Das ISOE-Modell für Transdisziplinarität (in Anlehnung an Jahn 2012)

Debatte um Transdisziplinarität ein (siehe auch z. B. Bergmann et al. 2018). Etwas ernüchtert stellen Jahn et al. (2019) fest, „dass es auch nach Jahren intensiver Diskussionen offenbar immer noch kein geteiltes Verständnis darüber gibt, was Transdisziplinarität (TD) eigentlich genau ist und was sie leisten kann".

Um zu analysieren, inwiefern das durchgeführte Projektseminar zur GWÖ den Ansprüchen von Transdisziplinarität nachkommt, wird kurz ein Verständnis von „Transdisziplinarität in der Lehre" skizziert. Es basiert auf einschlägiger Fachliteratur zur transdisziplinären Forschung, die jedoch Lehraspekte (und Fragen der konkreten Umsetzung mit Studierenden) eher weniger fokussiert. Daher wird ergänzend zu den für die Forschung formulierten Prinzipien der Ansatz des Service Learnings herangezogen, um zusammenführend konkrete didaktische Hinweise ableiten zu können.[3]

[3]Andere Studien, die ähnliche transdisziplinäre oder in der Praxis angelegte Lehrprojekte vorstellen oder auch detaillierter auswerten, und die auch im CSR- bzw. Nachhaltigkeitskontext angesiedelt sind, lieferten z. B. Chang et al. (2014), Rieckmann (2015) und Huda et al. (2018). Tejedor et al. (2019) setzen sich auf theoretischer Ebene mit „pedagogical strategies for sustainability education" auseinander, ebenso wie auch Godemann et al. (2011) auf die Nutzung verschiedener didaktischer bzw. Lernansätze für die nachhaltige Managementausbildung eingehen. Weitere Fallstudien aus praxisorientierter Lehre, jedoch ohne fachlichen Bezug zu CSR, präsentieren Vizenor et al. (2017), Mey et al. (2018), Müller-Naevecke und Naevecke (2018) und Vidyarini und Sari (2018).

Im Seminar arbeiten 3 wesentliche Akteursgruppen in enger Kollaboration und Kooperation gleichberechtigt zusammen: 1) Akteure aus dem wissenschaftlichen Feld, 2) Entscheidungsträger, z. B. in Unternehmen oder auch Politik, Administration etc., 3) zivilgesellschaftliche Akteure, die Vertreter (aus) der Praxis sein können wie auch direkt Betroffene. Das zu bearbeitende Forschungsproblem stellt ein „komplexes außerwissenschaftliches Problem" bzw. ein „konkretes gesellschaftliches Problem aus der Lebenswelt" (z. B. Pohl und Hirsch Hadorn 2008) dar; schon das Finden des Forschungsgegenstands erfolgt unter Einbezug außer- bzw. nichtwissenschaftlicher Akteure: Es wird aus dem Problemfeld selbst, d. h. von Stakeholdern, betroffenen Bevölkerungsgruppen oder allgemein zivilgesellschaftlichen Vertretern entwickelt bzw. formuliert und an die Wissenschaft herangetragen (mehr oder weniger aktiv, zumindest aber mit wesentlicher Eigenbeteiligung). Während des transdisziplinären Forschungs- bzw. Bearbeitungsprozesses wird ebenfalls auf das gesellschaftliche Problemfeld selbst zurückgegriffen, es wird einbezogen wie auch andere nichtwissenschaftliche Akteursgruppen. Die Expertise der Praxis und außerwissenschaftliches Fallwissen müssen am Forschungsprozess beteiligt werden, die Grenzen zwischen Theorie (Wissenschaft) und Praxis werden somit aufgeweicht und überschritten. Des Weiteren werden auch Fächer- und Disziplingrenzen überschritten, da interdisziplinär und vernetzt gedacht und gearbeitet wird. Über allem steht das Prinzip der „(Wissens-)Integration" (z. B. bei Godemann und Michelsen 2008; Godemann 2008; Jahn 2012; Kruse 2015): Theoretisches abstraktes Wissen (also Erkenntnisse der Wissenschaft) und konkretes lebensweltliches Wissen (empirisch, Alltagswissen, von und aus der Praxis) werden gegenseitig integriert, sodass am Ende auf beiden Seiten nicht nur das eigene Wissen und das des Gegenübers vorliegt, sondern auch die Zusammenführung und Konsequenz beider Erkenntnisarten.[4] Der transdisziplinäre Arbeitsmodus zielt bewusst und ausdrücklich darauf ab, gesellschaftliche Wirklichkeit mit- und umzugestalten und zu umsetzbaren Handlungsempfehlungen zu kommen. Die Forschungsergebnisse sollen anschlussfähig für Politik, Wirtschaft und Zivilgesellschaft und auch für die Wissenschaft sein (Abb. 6).

Akteure aus dem wissenschaftlichen Feld sind im vorliegenden Fall die Hochschuldozierenden, die nicht nur als Lehrpersonen begleiten und unterrichten, sondern gleichzeitig als Forschende in dem Projekt agieren. Entgegen dem Verständnis vieler, das schlicht „Forscher/ Wissenschaftler" als die einzigen Akteure in diesem Feld vorsieht, sind bei uns insbesondere auch die Studierenden im Seminar relevante und aktive Akteure; sie werden als wissenschaftlicher Nachwuchs an transdisziplinäre Forschung herangeführt. Die Betriebe als Praxisakteure außerhalb des Wissenschaftssystems zählen zum einen zu „Entscheidungsträgern", da sie auf Basis der Ergebnisse und Erfahrungen

[4]Auf die verschiedenen Arten bzw. Ebenen der Wissensintegration, wie z. B. bei Scholz und Steiner (2015), wird hier nicht weiter eingegangen.

Akteursgruppen bei Transdisziplinarität	Akteure im Wissenschaftlichen Feld			Praxisakteure außerhalb des Wissenschaftssystems		
				Entscheidungsträger aus der Praxis (z.B. i. d. Wirtschaft)	Zivilgesellschaftliche Akteure / Stakeholder / Praxisvertreter/ Betroffene	
Akteursgruppen bei Service Learning	Hochschule			Community Partner ("Zivilgesellschaft")		
	Studierende	Lehrende	Universität	Service-Empfänger	Service-Partner	
Akteure im GWÖ-Seminar	*28 Studierende verschiedener Studiengänge und Semester*	*3 Dozierende des Fachgebiets* *GWÖ-Berater*	*Service Learning-Stelle UniKasselTransfer*	*7 Unternehmen aus der Region*	*GWÖ Bewegung insgesamt*	*GWÖ-Regionalgruppe Kassel, auch der GWÖ-Berater*

Abb. 6 Akteure im GWÖ-Seminar

des Projekts (hier: nachhaltigkeitsrelevante) Entscheidungen treffen werden (bzw. können). Zum anderen könnte man sie aber auch als „Betroffene" sehen: Sie gehören selbst dem Problemfeld an, das das „konkrete Problem" hat und mitformuliert hat, und das im Forschungsprozess einbezogen wird und kontinuierlich an der Lösung mitwirkt. Auch der Gemeinwohl-Berater füllt mehrere Akteursrollen aus, zum einen die eines Entscheidungsträgers (der zum einen selbst ein Praxispartner ist, als selbstständiger Berater arbeitet und Aufträge ausführt, zum anderen den Unternehmern als Berater für Entscheidungen zur Seite steht und sie diesbezüglich auch beeinflussen kann) und zum anderen die Rolle eines zivilgesellschaftlichen Akteurs, wenn man ihn als GWÖ-Vereinsmitglied und sozusagen Vertreter und Verfechter der GWÖ betrachtet. Auch die GWÖ-Regionalgruppe Kassel und die GWÖ insgesamt sind zivilgesellschaftliche Akteure, Vertreter der Gesellschaft, die an der Problemformulierung, der Konzipierung und Durchführung des Projekts mitgearbeitet haben sowie die Ergebnisse fort- und weitertragen. Sie brachten wesentlich, in Abgrenzung zum praktischen Wissen der Unternehmer selbst, Fallwissen aus der außerbetrieblichen Praxis, aus der Gesellschaft und z. B. aus stadtpolitischen Kontexten in den Forschungsprozess ein.

Phase 1: Formulierung eines gemeinsamen Forschungsgegenstandes
Der **interdisziplinäre** Charakter des Pilotseminars zeigt sich an verschiedenen Stellen: Durch die fachübergreifende Zusammensetzung des Dozierendenteams (betriebswirtschaftliche, sozial-, umwelt-, nachhaltigkeits- und geisteswissenschaftliche Hintergründe) war es möglich, die Lehrinhalte interdisziplinär zu bearbeiten (insbesondere durch Teamteaching). Auch die Teilnehmenden im Seminar setzten sich aus unterschiedlichen Studiengängen und damit Fachrichtungen (Betriebswirtschaft bzw. Nachhaltiges Wirtschaften, Ökologische Landwirtschaft bzw. Agrarwissenschaften) zusammen. Da Bachelor- und Masterstudierende verschiedener Semester gemeinsam arbeiten konnten,

wurden sehr unterschiedliche fachliche und persönliche Perspektiven zusammengebracht und vernetzt.

Die lebensweltliche **Problemstellung,** die von der GWÖ-Regionalgruppe Kassel an uns herangetragen wurde und im Zentrum des Seminars stand, gestaltet sich wie folgt: Die Regionalgruppe hat das Anliegen, den Ansatz der GWÖ in der Region Kassel/Nordhessen bekannt zu machen, ein entsprechendes Netzwerk aufzubauen und möglichst viele Unternehmen dafür zu gewinnen, sich gemeinwohlzertifizieren zu lassen. Eine derartige Diffusion von innovativen Ansätzen kann durch wissenschaftliche Expertise und studentisches Engagement unterstützt werden, sodass die Regionalgruppe an die Service-Learning-Koordinationsstelle der Universität Kassel herangetreten ist, um eine Zusammenarbeit zu initiieren. Kontakte zu Unternehmen, die Interesse an der Gemeinwohl-Zertifizierung hatten, gab es bereits, allerdings lagen auch bei ihnen Wissens-, Kompetenz- und Kapazitätslücken bezüglich einer Transfer- und Umsetzungsstrategie vor. Als Teil einer Lösung entstand gemeinsam die Idee, mit Studierenden problemorientiert zu arbeiten, dabei sollte der nichtmonetäre Nutzen für beide Seiten im Vordergrund stehen sowie die Förderung von Kompetenzen bei den beteiligten Studierenden. Es sollte ein Ansatz verfolgt werden, der selbstständiges Lernen am konkreten Fall ermöglicht und eine sinnvolle Ergänzung zu theoretischen Inhalten darstellt. Für die Wissenschaft wurde durch diese Initiative ein Zugang zu einem Feld möglich, das empirisch erschlossen und somit dieser Ansatz wissenschaftlich begleitet werden konnte. Im Sinne des vom ISOE entwickelten Modells transdisziplinärer Forschungsprozesse kann an dieser Stelle die 1. Phase (vgl. Abb. 5) identifiziert werden, in der „gesellschaftliche und wissenschaftliche Probleme zu einem gemeinsamen Forschungsgegenstand" verbunden werden.

Die Praxisbetriebe konnten zusätzlich zur praktischen Unterstützung von dem Austausch mit und dem Wissen der Studierenden profitieren. Sie konnten an verschiedenen seminarzugehörigen Veranstaltungen teilnehmen und die Beiträge der Studierenden, der GWÖ-Regionalgruppe Kassel, des GWÖ-Beraters und des GWÖ-Gründers, Christian Felber, anhören. Da sich die Unternehmensvertreter auch mit eigenen Wortbeiträgen und dem Einbringen eigener Erfahrungen und Erkenntnisse aus ihrer Arbeits- und Lebenswelt beteiligten, fand in diesem Rahmen ein wechselseitiger Wissens- und Erfahrungsaustausch aller Beteiligten statt, wie in Abb. 7 veranschaulicht.

Phase 2: Produktion neuen Wissens

Durch diese Phase wurde gewährleistet, dass gemeinsam neues **Wissen generiert und integriert** wurde (2. Phase im ISOE-Modell): Die Studierenden erhoben für den Gemeinwohl-Bericht den Status quo der gegenwärtigen Gemeinwohl-Leistung der Unternehmen, was als Basis für eine grundsätzliche Auseinandersetzung mit der Problemstellung genutzt werden konnte und zu einer Perspektivenerweiterung aller Beteiligten führte. Mit der Erhebung der Daten im Unternehmen und ihren Fragen sorgten die Studierenden für Denkanstöße und schufen Bewusstsein für Sachverhalte

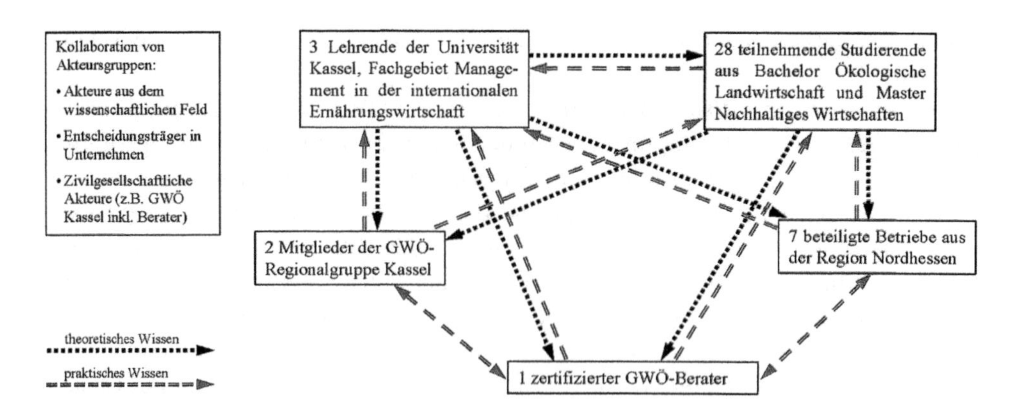

Abb. 7 Wissensaustausch im Kasseler GWÖ-Projektseminar

und Zusammenhänge, die vorher so nicht bekannt waren. Dabei machten die Unternehmen deutlich, dass theoretische Pläne und Konzepte nicht zwangsläufig eins zu eins in der Praxis umzusetzen sind, Vieles eine Abwägungs- und Kompromissentscheidung ist oder es limitierende Faktoren gibt, die zu Handlungen führen, die nicht optimal gemeinwohlkompatibel sind. Schließlich hatten die Studierenden die Aufgabe, für den Gemeinwohl-Bericht Verbesserungspotenziale zu identifizieren und Empfehlungen zu formulieren, an welchen Stellen welche Aktivitäten möglich bzw. welche Stellschrauben sie sehen würden, um die Gemeinwohl-Leistung kurz- sowie langfristig zu verbessern. Durch die Präsentation der Ergebnisse und aufgedeckten Potenziale im Plenum und den gemeinsamen sich anschließenden Diskussionen wurde eine Wissensintegration weiter gefördert.

Phase 3: Transdisziplinäre Integration

Der finale Bilanzierungsprozess, der sich nach Semesterende ohne Studierendenbeteiligung fortsetzte, wurde hauptsächlich vom GWÖ-Berater begleitet und moderiert. Er sieht üblicherweise eine Überarbeitung der Berichtsentwürfe durch die Unternehmen, das gegenseitige Lesen der Gemeinwohl-Berichte aller am Projekt beteiligten Unternehmen (die „Peers") und schließlich eine Peer-Evaluierungsrunde vor. In Letzterer diskutieren die Unternehmensvertreter gegenseitig ihre Bewertungsstufen und -punkte, evaluieren ihre Gemeinwohl-Leistungen gegenseitig und „nivellieren" somit ihre Selbstbewertungen mit Fremdbewertungen (vgl. Baumast und Pape 2019, S. 352). Nach der Peer-Evaluierung werden die (angepassten) Gemeinwohl-Berichte bzw. -Bilanzen zur Auditierung eingereicht. Unabhängige GWÖ-Auditoren prüfen kritisch die Berichte und Bewertungen und vergeben am Ende das Testat. In diesem Vorgehen wird einerseits die Wissensintegration noch weitergeführt, da die Beobachtungen und Empfehlungen, die von wissenschaftlicher Seite gemacht wurden (den Studierenden), von den Praktikern weiterdiskutiert und reflektiert werden. Andererseits beginnt damit direkt die „transdisziplinäre Integration", die „die integrierten Ergebnisse der zweiten Phase bewertet", so Jahn (2012, S. 5). Zum einen lautet die Ausgangsfrage hierbei, welcher Beitrag zum gesellschaftlichen und zum wissenschaftlichen Fortschritt durch die **Ergebnisse** geleistet wird. Zum anderen geht es aber auch um eine Optimierung der Ergebnisse, sodass sie für diverse Adressaten, wie z. B. Politiker, Wirtschaftsakteure oder Zivilgesellschaft, **anschlussfähig** werden, d. h. die Schlussfolgerungen daraus also auch praktizierbar und umsetzungsorientiert sind. Genau diesen Schritt (von Jahn (2012) auch als „Integration zweiter Ordnung“ bezeichnet) vollziehen wir durch die Aufbereitung und zielgruppengerechte Publikation der Ergebnisse. Die Konzeption des Seminars haben wir in Herzig et al. (2021) vorstrukturiert und detailliert beschrieben, um andere Hochschullehrende in Zukunft bei der Umsetzung ähnlicher Projektseminare zu unterstützen. Ein Output des Projekts sind die Kritikpunkte am bzw. Verbesserungsvorschläge für den Bilanzierungsprozess und die Gemeinwohl-Matrix, die beim Durchlaufen des Seminars von Unternehmen wie von Studierenden geäußert und gesammelt wurden und an das Matrix-Entwicklungsteam übergeben werden. Die Beobachtungen und Schlussfolgerungen aus der Peer-Evaluierungsrunde sind ein weiteres Forschungsfeld, das nach einer qualitativen Auswertung Erkenntnisse zu z. B. a) (Gruppen-)Dynamiken in solchen Konstellationen, b) unternehmerischem Verhalten in konkurrenzähnlichen bzw. Vergleichssituationen, c) der Methode von Selbst- sowie Gruppenbewertungsprozessen generell bereithalten kann.

Die beiden Initiatoren der GWÖ-Regionalgruppe Kassel, die das Seminar und die Peer-Evaluierungsrunde mitbegleitet haben, wollen auch in Zukunft dafür sorgen, die GWÖ in Kassel und der Region bekannter zu machen. Durch diese aktive Arbeit bringen auch sie ihr theoretisch-konzeptionelles Wissen sowie ihr eigenes gesammeltes Praxiswissen erneut in die Praxis ein, und zwar nicht nur, indem sie fortlaufend neue Unternehmen ansprechen und von der Gemeinwohl-Bilanz überzeugen (und nun für den Prozess Expertise haben). Indem sie mit Vertretern von Politik, mit Parteien, Ministerien und Gremien in Kontakt treten und in Öffentlichkeit, lokaler Presse und Stadtgeschehen sichtbar auftreten, sorgen sie für das Einbringen und für Anstöße zur Umsetzung der Erkenntnisse in die gesellschaftliche Praxis.

4 Methode und Datenauswertung

4.1 Qualitative Inhaltsanalyse

Im Folgenden stellen wir die im Kontext des Projektseminars gesammelten Daten dar und analysieren sie im Hinblick auf die Ziele und Lerneffekte (Outcomes, vgl. Abb. 2) von Service Learning für die Studierenden. Dazu wurde die qualitative Inhaltsanalyse herangezogen, angelehnt an das Vorgehen von Mayring (2015). Vorrangige Frage einer (mehr oder weniger) streng formalen Inhaltsanalyse ist „WAS wurde gesagt?“. Durch das systematische Sortieren des Textmaterials und das Bilden von Kategorien am Material wird deskriptiv erfasst, welche Themen bzw. Inhalte vorkommen. Dies erfolgt meist nach einem regelgeleiteten Vorgehen, wie z. B. bei Mayring (2015) oder Kuckartz (2018). Ziel der „zusammenfassenden qualitativen Inhaltsanalyse“ (Mayring 2015) ist z. B. viel Material auf das Wesentliche zu reduzieren sowie ein Kategoriensystem zu bilden, das alle Grundinhalte widerspiegelt. Kruse (2014, S. 409 f.) bezeichnet dies anschaulich als eine „Inventarisierung der Äußerungsebene“. In der Regel sollen Hypothesen oder eine Theorie überprüft werden.

Im vorliegenden Fall wurde das Datenmaterial inhaltsanalytisch in Anlehnung an Mayrings (2015, S. 97 ff.) als „inhaltliche Strukturierung“ bezeichnete Vorgehensweise untersucht (d. h. das Material wird auf bestimmte, vordefinierte Themen hin untersucht). Mayring (2015, S. 67) versteht die Strukturierung als eine der 3 „Grundformen des Interpretierens“, deren Ziel es ist „bestimmte Aspekte aus dem Material herauszufiltern, unter vorher festgelegten Ordnungskriterien einen Querschnitt durch das Material zu legen oder das Material aufgrund bestimmter Kriterien einzuschätzen“. Es handelt sich somit um eine „deduktive Kategorienanwendung“ (Mayring 2015, S. 68). Dabei soll eine „bestimmte Struktur aus dem Material“ herausgefiltert werden, indem ein Kategoriensystem entwickelt und angewendet wird und die Textbestandteile, die von den jeweiligen Kategorien angesprochen werden, systematisch extrahiert (und sortiert) werden.

Aus der Zielsetzung, die Lerneffekte bei den Studierenden zu identifizieren und unter Rückgriff auf die Fachliteratur zu analysieren, ergaben sich die in Abb. 2 dargestellten Strukturierungsdimensionen:

1. Bereich des akademischen Lernens
2. Bereich der sozialen Entwicklung
3. Bereich der Persönlichkeitsentwicklung
4. Kompetenzen, die erworben werden können

Die Daten wurden daraufhin in einem Durchgang durchgelesen (bzw. angehört), relevante Stellen und Aussagen extrahiert und den Dimensionen zugeordnet. Schließlich wurden die Ergebnisse gegliedert nach den Kategorien zusammengefasst und diskutiert.

Das der Analyse zugrunde liegende Datenmaterial ist vielfältig; das Seminar beinhaltete sowohl verschiedene Arten und Formate an Prüfungsleistungen (schriftliche Dokumente), wie auch unterschiedliche Formen an Veranstaltungen, die aufgezeichnet wurden, um ihre Inhalte später detailliert mit in die Auswertung aufnehmen zu können (Audiodateien). In Abb. 8 wird die vorhandene Datenbasis zusammengefasst und beschrieben.

1. Seminarsitzungen (SS1–SS7)
   Die Seminarsitzungen, in denen der GWÖ-Berater anwesend war und mit den Studierenden über ihre Aufenthalte in den Unternehmen sprach (sowohl vor- als auch nachbereitend) und in denen die Unternehmensvertreter anwesend waren sowie die Evaluationssitzung wurden aufgezeichnet, um sicherzustellen, dass alle geäußerten Erfahrungen und Erkenntnisse für die Auswertung zur Verfügung stehen. Auch die

Datenart	Code	Medienart	Umfang bzw. Dauer
7 Seminarsitzungen	SS1-SS7	Audio	996 min
7 Studierendenpräsentationen Vorträge	P1-P7	Audio	193 min
7 Unternehmensberichte	B1-B7	Dok	76600 Wörter
7 Studierendenpräsentationen Folien	S1-S7	Dok PPT	78 Slides
6 Studierendenreflektionen	R1-R6	Dok	15900 Wörter
2 Projektabschlussdokumente der Projektleitung	R7-R8	Dok	1850 Wörter
6 Dokumente über Studierendenevaluationen	EV1-EV6	Dok	70 Seiten

Abb. 8 Datenkorpus

Abendveranstaltung und das nichtöffentliche Kamingespräch mit Christian Felber wurden aufgenommen.

2. Studierendenpräsentationen (mündliche Prüfungsleistungen; P1–P7)
   Als mündliche Prüfungsleistung hielt jede Kleingruppe eine Abschlusspräsentation über ihre Ergebnisse und stellte darin den Unternehmensbericht vor. Zeitlimit pro Gruppe waren 20 min Vortrag, worauf maximal 10 min für Fragen und Diskussion folgten. Sie fanden alle hintereinander in derselben Seminarsitzung statt, zu der auch die Unternehmensvertreter, der Gemeinwohl-Berater und die GWÖ-Regionalgruppe eingeladen waren. Im Anschluss an die Präsentation konnten Fragen gestellt werden und es ergaben sich auch kurze Diskussionen über Erkenntnisse und Verbesserungsvorschläge (für verschiedenste Akteure). Die Veranstaltung wurde aufgezeichnet.
3. Gemeinwohl-Berichtsentwürfe (schriftliche Prüfungsleistungen; B1–B7)
   Die Hauptleistung der Studierenden bestand darin, einen Entwurf für den Gemeinwohl-Bericht ihres Partnerbetriebs zu erstellen, der für die GWÖ-Auditierung erforderlich ist. Die Berichte wurden auf Basis des Arbeitsbuchs zur Gemeinwohl-Bilanz 5.0 Kompakt (Blachfellner et al. 2017) erstellt; inhaltlich-strukturell sind also alle Berichte gleich. Layout und Design war den Studierenden selbst überlassen (bzw. ggfs. in Absprache mit den Unternehmen festzulegen). Die 7 eingereichten Berichtsdokumente waren zwischen 37 und 59 Seiten lang (Länge variiert v. a. aufgrund Betriebsgröße und Größe der Studierendengruppe) und enthielten alle am Ende auch einen Abschnitt zur „Prozessbeschreibung“, in dem die Entstehung des Berichts beschrieben und reflektiert werden soll. Die Berichte liegen als Textdokumente vor und werden als solche ausgewertet und analysiert.
4. Folien der Studierendenpräsentationen (Teil der mündlichen Prüfungsleistungen; S1–S7)
   Zu ihren mündlichen Vorträgen fertigten die Studierenden eine PowerPoint-Präsentation an; sie haben einen Umfang von 11–14 Folien und liegen als PPTX-Dateien vor, können in der Analyse also als Textdokumente ausgewertet werden.

5. Studierendenreflexionen (schriftl. Prüfungsleistungen; R1–R6)
   Im Unterschied zu Bachelorstudierenden mussten Masterstudierende eine zusätzliche schriftliche Reflexion als Prüfungsleistung einreichen. Darin sollte die GWÖ-Bilanzierung und -Berichterstattung vor den gemachten Erfahrungen und theoretischen und konzeptionellen Grundlagen der nachhaltigkeitsorientierten Bilanzierung und Berichterstattung und des Nachhaltigkeitsmanagements kritisch diskutiert und reflektiert werden. Die Reflexionen wurden je nach Gruppenkonstellation von einzelnen oder mehreren Studierenden (max. 4) gemeinsam angefertigt und sind zwischen 5–17 Seiten lang. Es liegen 6 Textdokumente zur Auswertung vor.
6. Projektabschlussdokumente der Projektleitung (R7–R8)
   Die Projektleitung fertigte sowohl für Projektfinanzierer als auch zur eigenen Dokumentation Abschlussberichte an, in denen geplante Zielsetzungen, erreichte Ziele, positive und negative Erfahrungen im Semesterverlauf, Unterrichtsmethoden und Leistungsergebnisse festgehalten und aus Sicht der Dozierenden kritisch reflektiert wurden. Die beiden Berichte umfassen jeweils 2 Seiten und werden als Textdokumente analysiert.
7. Studierendenevaluationen (EV1–EV6)
   Das Seminar wurde auf mehrere Arten und von verschiedenen Instanzen evaluiert. Zum einen führte die Universität eine zentrale und standardisierte Lehrveranstaltungsevaluation durch, und zwar für jede Lehrperson separat. Sie bestand aus geschlossenen Fragen über die Lehr- bzw. Unterrichtsqualität und 2 offenen Fragen. Die Ergebnisse dieser Evaluierungen wurden den Lehrenden kompakt und teilweise grafisch aufbereitet in einem PDF-Dokument zur Verfügung gestellt. Die Service-Learning-Stelle der Universität evaluiert ebenfalls jede ihrer Veranstaltungen separat, um gezielt die Qualität der durch sie finanzierten Projekte sicherzustellen bzw. zu monitoren. Die Befragung ist sehr umfangreich und das Ergebnisdokument umfasst 55 Seiten. Zudem diente die letzte Seminarsitzung der Rückschau und Evaluation. Auf „Zielscheiben-Postern" konnten die Studierenden einzelne inhaltliche Sitzungen und auch Allgemeines wie „Organisation & Kommunikation" bewerten. Auf Plakaten mit offenen Reflexionsfragen wurden sie gebeten, freie Kommentare, subjektive Einschätzungen und ihre persönliche Meinung zu notieren. Die Poster wurden fotografiert und liegen als Bilddateien vor.

   Daraus ergeben sich 6 unterschiedliche Evaluationsergebnisdokumente: 4 für 4 Dozierende (3 Hochschullehrende und 1 externer Lehrbeauftragter, der GWÖ-Berater), 1 von der Service-Learning-Stelle der Universität und 1 Fotoprotokoll der Poster-Feedbacks.[5]

[5]Zu beachten: An den Evaluationsarten beteiligten sich stets unterschiedlich viele Seminarteilnehmende. Zwar lagen die Rücklaufquoten jeweils unter 50 %, jedoch sagten einige Studierende aus, dass sie nur eine der Evaluationsanfragen beantworteten. Somit kann davon ausgegangen werden, dass die Rückmeldungen eine breitere Masse als 50 % widerspiegeln.

5 Ergebnisse und Diskussion

5.1 Akademisches Lernen

Insgesamt weisen die schriftlichen Prüfungsleistungen ein sehr hohes Niveau auf und machen deutlich, dass sich die Studierenden **inhaltliches** und **fachspezifisches** Wissen im Verlauf des Seminars angeeignet haben. Sie verweisen auch auf die hohe Lernbereitschaft und das überdurchschnittliche Engagement der Studierenden.

> Insgesamt blieb jedoch ein sehr guter Überblick über die verschiedenen Methoden der Nachhaltigkeitsbewertung und -bilanzierung, die uns bei der Einordnung unseres Engagements sehr hilfreich waren und uns auch die Bedeutung der Arbeit nochmals bewusst machte (R1).
>
> Mit einem Rahmenwerk zu arbeiten, welches das etablierte Wirtschaftssystem an manchen Stellen gewollt hinterfragt, haben wir als sehr lehrreiche Erfahrung aus dem Prozess mitgenommen. (R5).

Für positive **„kognitive" Entwicklungen** sprechen formal ein sehr guter Notendurchschnitt des Kurses sowie die aktive und inhaltliche Beteiligung an Diskussionen in den Kurssitzungen (R8). Weiterhin sind die Fortschritte generell im Bereich des akademischen Lernens (der auch die fachliche Ebene mit beinhaltet) an vielen Stellen in den Prüfungsleistungen zu erkennen. Zum Beispiel wurden in allen von den Studierenden erstellten GWÖ-Berichtsentwürfen Hinweise auf Verbesserungspotenziale gegeben und Maßnahmen aufgezeigt, wie die Unternehmen diese in Zukunft umsetzen könnten. Auch wurde kritisch angemerkt, wenn sich der Eindruck der Studierenden hinsichtlich der Bewertungsstufen nicht mit der Selbstbewertung des Betriebes deckte. In den abschließenden Reflexionen zeigten alle Studierenden die Fähigkeit, Aussagen, Erfahrungen oder auch vorher Gelerntes **kritisch** zu hinterfragen, Erlebtes und Situationen aus der Praxis **analytisch** zu durchdenken und ihre Eindrücke aus der Praxis mit komplexen theoretischen Inhalten aus den Vorlesungen in Beziehung zu setzen.

> Die intensive Auseinandersetzung mit den verschiedenen Themenbereichen, Berührungsgruppen und Wirkungsbereichen des Unternehmens förderte ein immer tieferes Verständnis von den Prinzipien der Gemeinwohl-Ökonomie (B3).

Die **Praxiseinblicke erweiterten die fachliche Lehre** und vermittelten zusätzliches lebensweltliches Wissen, das auch zum **komplexen und kritischen Denken und Problemlösen** anregte. In einem der GWÖ-Berichte wurde z. B. ausgesagt, dass

> … die Zusammenarbeit sehr lehrreich und anregend [war], die Anwendung der Gemeinwohlbilanzierung an einem realen Praxisbetrieb machte die Kompaktbilanz nachvollziehbar und fassbar (B4).

Die Studierenden beschrieben ihre teilweise vorhandenen Defizite im Wissensstand und bezüglich der bisherigen praktischen Erfahrung als unbefriedigend. Situationen, denen sie (gefühlt) nicht gerecht werden konnten, die sie vor eine Herausforderung stellten oder bei denen sie Probleme selbstständig (und spontan) lösen mussten, wurden wie folgt beschrieben:

> Unsere Unerfahrenheit mit der Bilanzerstellung allgemein und der GWÖ im Speziellen hat den Erhebungsprozess an einigen Stellen erschwert. Wir konnten unseren ebenfalls unerfahrenen Ansprechpartner*innen des Betriebs bei einigen Berichtsfragen keine veranschaulichenden Praxisbeispiele nennen. Ebenso fiel uns die Punktevergabe und die Einordnung in die Bewertungsstufen, ohne Vergleichswerte von ähnlichen Unternehmen, schwer (R3).
>
> Die Studierendengruppe konnte bei der Erstellung des Gemeinwohl-Berichts die Erfahrung machen, dass die Anwendung eines Modells, das auf jedes Unternehmen unabhängig seiner Rechtsform, Betriebsstruktur und Größe angewendet werden kann, Schwierigkeiten mit sich bringt und auf gewisse Grenzen stößt. Umso wichtiger ist es, sich vor Augen zu halten, dass die Gemeinwohl-Bilanz kein starres Modell sein möchte, sondern den Anspruch erhebt, ständig verbessert und angepasst zu werden (R6).
>
> [Es] ist der Eindruck entstanden, dass die Bewertung eines Unternehmens … sehr stark von Subjektivität geprägt ist. So hängt die Höhe der Bewertung vom Formulierungsgeschick der Unternehmer*innen ab, und der Fähigkeit, das Unternehmen möglichst positiv darzustellen. Zudem hängt die Punktevergabe auch von der Fähigkeit des Auditors beziehungsweise der Auditorin ab, Euphemismen zu erkennen und bei der Beurteilung sachlich zu bleiben. Bei den Beratungsterminen im Unternehmen und in den gruppeninternen Diskussionen im Rahmen der Vorlesung ist aufgefallen, dass verschiedene Personen einen geschilderten Sachverhalt, oder eine Fragestellung sehr unterschiedlich wahrnehmen können (R3).

Explizit hierbei zeigte sich aber, wie viel die Studierenden durch solche Erfahrungen in der Praxis lernten, da ihnen im Nachgang und beim Reflektieren die Lücken auffielen, die sie im Projektprozess laufend ausgleichen bzw. nacharbeiten mussten, um z. B. die Datenerhebung vervollständigen zu können oder auf die (wiederkehrenden) Fragen der Unternehmensvertreter antworten zu können. Hierbei übten sie auch den Umgang mit wissenschaftlichen Methoden und **wissenschaftliches Arbeiten:**

> Für die Grundlage stand uns die Berichtsvorlage 5.0 Kompaktbilanz zur Verfügung, an der wir uns sehr stark orientierten. Bei Verständnisfragen zogen wir das Arbeitsbuch Vollbilanz 5.0 heran. … Aus den Protokollen der Sitzungen, den Tonaufzeichnungen und der Berichtsvorlage fertigten wir nach und nach den Bericht. Bei Rückfragen oder Ungenauigkeiten hielten wir Rücksprache mit [dem Unternehmensvertreter] per Mail oder Telefon. In den Kontaktstunden mit [dem GWÖ-Berater] und [den Dozierenden] konnten wir auch jederzeit Fragen stellen (B5).

Indem sie Gespräche aufzeichneten und mitprotokollierten und diese später als (Daten-) Grundlage für ihren Bericht verwendeten, sammelten sie Erfahrungen in empirischer Forschungsmethodik. Die Nutzung von empfohlener Fachliteratur und das Weiterlesen bei Verständnisfragen als auch das Berichtsschreiben selbst sind als Teile wissenschaftlichen Arbeitens zu sehen und wurden aktiv und selbstgesteuert eingeübt.

Die Möglichkeit, sich mit dem Gründer der Idee des GWÖ-Ansatzes, Christian Felber, auszutauschen, wurde als sehr bereichernd empfunden. Das „sehr aufschlussreiche Kamingespräch mit Christian Felber" war ein „Höhepunkt" (B3) bzw. ein „Highlight" (B1).

Insbesondere für die fachlichen Fortschritte und ein Bewusstsein über ihre eigenen Lernerfolge sprechen die Rückmeldungen zur Frage, was den Teilnehmenden zu kurz kam bzw. an Inhalten gefehlt hat, um noch umfassendere akademische Erfolge zu generieren:

> Konkrete und fundierte Erarbeitung der Ideen der GWÖ und von Originaltexten/ den Büchern von Chr. Felber; mehr und öfter über die Probleme des Kapitalismus und mögliche Lösungen diskutieren (EV5).
>
> Eine eigene inhaltliche Sitzung zur Kritik an der GWÖ ..., da die kritische Auseinandersetzung auch hilft, im Unternehmen kritische Fragen zu stellen und eine kritische Reflexion anzuregen (EV5).
>
> Ein GWÖ-bilanzierendes Unternehmen in eine Seminarsitzung einladen (EV5).
>
> Einen GWÖ-Bericht (oder Website) im Seminar gemeinsam ausführlich lesen, analysieren und diskutieren (EV5, EV3).

5.2 Soziale Entwicklung

Grundsätzlich trägt das Kennenlernen der GWÖ als (zivil-)gesellschaftsorientiertes, wirtschaftssystemkritisierendes und wertebezogenes Konzept zum **sozialen und politischen Bewusstsein,** der Entwicklung einer **Einstellung zu sozialer Gerechtigkeit** und der Reflexion **gesellschaftlicher Werte** bei.

> Mit einem Rahmenwerk zu arbeiten, welches das etablierte Wirtschaftssystem an manchen Stellen gewollt hinterfragt, haben wir als sehr lehrreiche Erfahrung aus dem Prozess mitgenommen (R5).

Das Seminar hat aber bei den Studierenden auch die Frage aufgeworfen, ob die durch die Bilanzierungsmatrix angesprochenen „Werte überhaupt immer im Sinne des maximalen Gemeinwohls auszulegen sind oder nicht auch „traditionelle" Werte noch ihren Sinn und Zweck in einem Unternehmen erfüllen können" (B1). Dies zeugt zum einen vom Einüben einer Perspektivenübernahme und Toleranz. Zum anderen dachten sie somit sowohl über traditionelle Werte als auch die von der GWÖ formulierten Werte nach und realisierten im Prozess und Austausch mit ihrem Betrieb, dass diese neue Wertematrix nicht vorschnell und unreflektiert, und vor allem nicht „einfach" umgesetzt werden kann:

> Das von uns bilanzierte Unternehmen konnte einige Indikatoren nicht benennen, da die Erhebung der notwendigen Kennzahlen für den relativ kleinen Naturkosthandel ... nur schwer durchführbar ist. Für uns entstand während der Gemeinwohlbilanzierung der Eindruck, dass insbesondere kleine Unternehmen mit der Beantwortung einiger spezifischer Fragen zum Teil überfordert sind (R1).

Die Auswertung des Datenmaterials zeigt, dass der Bereich der sozialen Entwicklung im durchgeführten GWÖ-Seminar von den Studierenden am wenigsten direkt angesprochen wurde. Dies ist insofern erstaunlich, da es im Service-Learning-Kontext eigentlich eines der relevantesten oder augenscheinlich offensichtlichsten Ziele (Engagement für die Gesellschaft, Ehrenamt) ist. Der Umstand ist vermutlich in erster Linie darauf zurückzuführen, dass es in unserem Kurs nicht um „typische" ehrenamtliche und explizit soziale Tätigkeiten ging, die als Service von den Studierenden ausgeführt wurden. In klassischen Service-Learning-Seminaren geht es z. B. oft um die Förderung und Unterstützung Benachteiligter oder generell die Aushilfe in Nichtregierungsorganisationen oder Wohltätigkeitsinstitutionen. Die Studierenden merkten selbst an, dass ihnen die Beschäftigung mit den Grundlagentexten von Christian Felber zu kurz kamen, mit deren Hilfe die **soziale und politische** Relevanz der GWÖ und der Nachhaltigkeitsbilanzierung von Unternehmen (als Beleg für ihr gesellschaftliches Verantwortungsbewusstsein) wohl stärker vermittelt werden hätten können. Außerdem befindet sich die GWÖ-Regionalgruppe Kassel noch im Aufbau. In Zukunft könnten die Studierenden vermutlich tiefer gehende Einblicke in die Vereinstätigkeiten der GWÖ-Bewegung bekommen, anhand derer man auch das **gesellschaftliche Engagement** des Vereins besser miterleben könnte.

5.3 Persönlichkeitsentwicklung

Es zeigt sich, dass die Studierenden durch die inhaltliche Auseinandersetzung mit dem GWÖ-Ansatz auch ihr eigenes Leben und ihre persönliche Umwelt reflektiert haben. Zwar beschrieben die Studierenden die Aufgaben als zum Teil herausfordernd und anspruchsvoll, wie im Folgenden genauer erläutert wird. Sie erkannten aber die hierdurch gemachten persönlichen Lerneffekte, auch für mögliche zukünftige Berufsorientierungen, und zogen ein insgesamt positives Fazit:

> Die Anregung durch diesen Prozess hat uns alle immer wieder zum Nachdenken und Reflektieren angeregt, auch in Bezug auf unser privates Leben und die Ausrichtung unserer späteren Lebenslaufbahn (B1).
>
> [Wir nehmen] wundervolle Erinnerungen an die tolle Zusammenarbeit [mit] (S5).

In den Gesprächen mit den Praxispartnern tauchten auch Fragen danach auf, inwiefern Führungspersonen z. B. mit ihrem eigenen Idealismus in ihr Umfeld hinein bzw. auf ihre Mitarbeiter einwirken dürfen oder sollten (S1). Dadurch setzten sich die Studierenden einerseits mit Fragen der **Selbstwirksamkeit** auseinander, andererseits mit **Identitäts**fragen und damit, wie stark das **Selbstverständnis** oder die persönlichen Wertvorstellungen individuell verschieden sind und dies auch bleiben dürfen – obwohl die Gemeinwohl-Bilanzierung insgesamt darauf abzielt, Unternehmen auf einen guten Weg hin auf gemeinwohlorientierte Werte auszurichten und ihre Leistung dahin gehend zu verbessern.

> [Es wurde auch] die Frage aufgeworfen, inwiefern sich alles, was von der Bilanzierungsmatrix als positiv angestrebt wird, auch in der Realität von verhältnismäßig kleinen Betrieben umzusetzen [ist] beziehungsweise ob diese Werte überhaupt immer im Sinne des maximalen Gemeinwohls auszulegen sind oder nicht auch „traditionelle“ Werte noch ihren Sinn und Zweck in einem Unternehmen erfüllen können (B1).

In der Evaluation gab eine Mehrheit der Studierenden (73 %) an, dass sich ihr Horizont erweitert habe, auch bezogen auf „neue Lebenserfahrungen, veränderte Sichtweisen und Bewertungen“ (EV6). Ein Reflexionstext stellte explizit für sich eine Horizonterweiterung fest:

> Zwar gab es Wiederholungen von bereits Gelerntem, weil dies aber stets vor dem Hintergrund der praktischen Aufgabe im Unternehmen und der GWÖ geschah, konnten wir unseren Horizont erweitern und bereits gelerntes Wissen festigen (R1).

Die bereits zuvor zitierte Einsicht über die Subjektivität von Bewertungen (R3) zeigte zwar vor allem Fortschritte beim fachlichen Wissen über Bilanzierungen, jedoch spiegelt sich darin auch eine Reflexion bzw. Verschiebung von **Wertvorstellungen:** Die Studierenden erkannten, dass selbst eine Fremdbewertung durch einen Auditor nur begrenzt objektiv sein kann. Bei den Beratungsterminen im Unternehmen und in den gruppeninternen Diskussionen stellten sie fest, dass „verschiedene Personen einen geschilderten Sachverhalt, oder eine Fragestellung sehr unterschiedlich wahrnehmen können“ (R3). Diese Erkenntnis führt zu der Schlussfolgerung, dass vergleichende Bewertungen und auch z. B. Labels und Zertifizierungen nie ein eindeutiges Ergebnis kommunizieren können. Die veränderte Sichtweise der Studierenden mag sich nicht nur auf die generelle Einstellung zu Auditierungsprozessen auswirken, sie könnte z. B. auch Einfluss auf private Entscheidungssituationen und Wertvorstellungen nehmen.

Viele der Studierenden zeigten sich in den Seminardiskussionen und auch im Schriftlichen selbstkritisch und drückten ihre Unsicherheit in Bezug auf ihre Tätigkeiten und Leistungen aus.

> Unsere Unerfahrenheit mit der Bilanzerstellung allgemein und der GWÖ im Speziellen hat den Erhebungsprozess an einigen Stellen erschwert. ... Wir konnten außerdem nicht immer einschätzen, wie penibel auf den Wortlaut der Bewertungsstufen geachtet werden muss, und ob alle Aspekte einer Bewertungsstufe vollständig erfüllt sein müssen, damit sich das Unternehmen dort einordnen darf (R3).

Zudem empfanden es viele als sehr schwierig und als große Herausforderung, sich in ihre Rolle als Fragenstellende und als „Berater“ einzufinden (SS7), vor allem, als sie nicht mehr vom GWÖ-Berater im Unternehmen begleitet wurden. Die Studierenden erlebten sich selbst als „unerfahren“ (R3) in Situationen, in denen sie Verantwortung trugen, und waren plötzlich in einer für sie ungewohnten Rolle. Dass sie solche Situationen aber (mehrmals) durchlebt und erfolgreich gemeistert haben, spricht dafür, dass sie sich persönlich dabei weiterentwickeln konnten, z. B. im Hinblick auf den Umgang mit Situationen, in denen man selbst kein ausreichendes Fachwissen zu haben scheint, aber trotzdem nicht von der Verantwortung freigesprochen wird, an der Beantwortung der Fragestellung mitzuwirken.

Wichtig für die persönlichen Entwicklungen waren der enge Austausch und das gemeinsame Arbeiten mit den anderen Teilnehmenden im Seminar. Der Austausch mit Studierenden anderer Fachbereiche (FB11: Ökologische Agrarwissenschaften und FB07: Wirtschaftswissenschaften der Universität Kassel) und anderer „Levels" (Bachelor und Master) wurde in Feedbacks positiv hervorgehoben (EV5, EV1). Außerdem empfanden die Studierenden es als hilfreich, sich nach den Unternehmensbesuchen im Seminar mit den anderen Gruppen über die Themenfelder und ihre Erfahrungen auszutauschen und zu diskutieren. Hierdurch wurden Irritationen ausgeräumt, Meinungen gefestigt oder revidiert und Unklares verständlich gemacht (EV5, EV1). Das Teilen und Diskutieren der gemachten Erfahrungen im Bereich der Bilanzierung führte auch zu weiteren Denkanstößen über die Matrix hinaus und ermutigte die Studierenden weiterzudenken und neue Anregungen für die Betriebe zu geben (R5).

Hervorzuheben sind nicht zuletzt die Abschlusspräsentationen der Endergebnisse, die vor allen Studierenden des Seminars und externen Gästen aus den beteiligten Betrieben stattfanden. Diese Erfahrung wurde von den Studierenden als sehr positiv eingestuft, z. B. dass man vor einem größeren Publikum als sonst das Vortragen üben konnte; manche wünschten sich sogar ein breiteres, öffentliches Publikum dafür (SS7). Die Veranstaltung und die Rückblicke darauf zeugten auch von dem Stolz der Studierenden, die eigenen Ergebnisse den anderen vorzustellen (EV5) und von gestärkter Identität und Selbstwirksamkeit.

5.4 Kompetenzen, die erworben werden können

5.4.1 Fachliche Kompetenzen (studien- und berufsrelevantes Wissen)

Die Abgrenzung der Kategorie der „fachlichen Kompetenzen" zu der des „akademischen Lernens" ist nicht eindeutig, vielmehr gibt es sehr große Überschneidungen; in mancherlei Hinsicht sind die beiden Kategorien sogar deckungsgleich. Trotzdem sollen hier ein paar Erkenntnisse hervorgehoben werden, die explizit für einen Ausbau des *berufs*-relevanten Wissens der Studierenden sprechen.

Insgesamt 73 % geben in der Evaluation (EV6) an, dass sich ihre fachlichen Kompetenzen (studien- und berufsrelevantes Wissen) verbessert haben; an vielen Stellen wurde ausgedrückt, dass die Teilnehmenden wertvolle (und bisher nicht erlebte) Einblicke in die Praxis erhalten haben, durch die Zusammenarbeit mit einem realen Betrieb (z. B. S1, S5, S6, P5, P7). Sie schätzten es auch sehr, die Tätigkeiten des professionellen Gemeinwohlberaters und eine „weitreichende Systematik eines Solidaritäts-, Gerechtigkeits- und Nachhaltigkeitsmanagements" (S5) kennenzulernen. Damit kamen sie mit diversen potenziellen Anwendungsfeldern ihrer Ausbildung in Berührung, nämlich werte- bzw. nachhaltigkeitsorientierte Betriebe, Betriebe in der

Lebensmittelbranche, das Feld des Nachhaltigkeitsmanagements oder Unternehmens- bzw. Betriebsberatung. Ihr Wissen über spätere Berufsfelder und ihre Kenntnisse für die Tätigkeiten darin wurden erweitert.

> [Das Seminar] ermöglichte es den Studierenden einerseits Fachwissen in den beschriebenen Bereichen anzueignen und andererseits durch die Expertisen der GWÖ-Gruppe und des Beraters anzuwenden. Besonders die geteilten Erfahrungen im Bereich der Bilanzierung führten zu einem weiteren Denkanstoß, der über die Bewertungsmatrix hinausging und ermutigte darüber hinaus, weiter zu denken und Anregungen für die Betriebe zu schaffen. Die Treffen mit den jeweiligen Betrieben und die damit verbundenen Datenerhebungen boten die Möglichkeit Einblicke in die operative Geschäftstätigkeit eines Betriebs der Bio-Branche zu bekommen und den Ist-Zustand sowie Verbesserungspotenziale zu dokumentieren und zu identifizieren (R5).
>
> Rückblickend lässt sich sagen, dass wir die Zusammenarbeit mit dem Unternehmen ... besonders geschätzt haben und dort wertvolle Einblicke in die Herausforderungen eines kleinen Naturkostladens erhalten durften (R1).

Die Studierenden erklärten, dass sie u. a. folgende Erkenntnisse als am wichtigsten empfanden (EV6):

> Tiefe Einblicke in ein Unternehmen zu bekommen und dies nach ethischen sozialen und ökologischen Kriterien untersuchen und bewerten.
>
> Eine Option aufgezeigt zu bekommen, wie man Unternehmen gemeinwohlorientierter bewerten kann anstatt nur an Finanzzahlen.
>
> Wie Unternehmen mit ethischer Haltung agieren.

5.4.2 Praktische, professionelle (Handlungs-)Kompetenzen (berufsrelevantes Können)

Doch neben dem durch Beobachten und Einblicke gesammelten Wissen erlernten die Studierenden auch praktische Kompetenzen und berufsrelevantes Können (ebenfalls 73 % bestätigten das in der Evaluation, EV6), indem sie konkrete Aufgaben umsetzen und selbst aktiv sein und z. B. das Informationensammeln üben mussten:

> Ziel des Seminars war es einen Betrieb aus der Bio-Branche zu bilanzieren und die vermittelten Inhalte des Seminars anzuwenden. Besonders interessant erschien für uns die Verknüpfung von Theorie und Praxis. Die Einarbeitung in essenzielle Themenfelder des Nachhaltigkeitsmanagements durch die Dozierenden und die eigenständige Anwendung der gelernten Inhalte ermöglichen nicht nur eine spannende Lernatmosphäre, sondern dient zusätzlich als Übung und Vorbereitung auf das, was uns nach dem abgeschlossenen Master bevorsteht. Der Fokus des Seminars auf die Gemeinwohl-Ökonomie erweitert unsere persönliche Expertise als eine weitere Anwendungsmöglichkeit der Nachhaltigkeit (R5).

Die Einbindung des zertifizierten GWÖ-Beraters, der die Studierenden unterrichtete und beriet und sie beim ersten Unternehmensbesuch begleitete, war dem praktischen professionellen Kompetenzerwerb sehr förderlich:

> Die Anwesenheit des Beraters beim ersten Treffen muss bei der Fortsetzung des Seminars beibehalten werden, da aufgrund der neuen Thematik für die Studierenden ein erfahrener Beisitzer bei Problemen oder ähnlichem eingreifen kann. Positiv hervorzuheben ist die von Herrn Lauermann geschaffene lockere Atmosphäre, die den Einstieg in die Bilanzierung und Befragung erleichtert hat (R5).

Die Studierenden wurden nicht gleich zu Anfang „ins kalte Wasser geworfen“ und allein losgeschickt, sondern begleitet, um ihnen Sicherheit zu geben und ein Vorbild, nach dem sie sich richten konnten. Am Verhalten des Beraters konnten sie sich für die nächsten Treffen, die dann alleine stattfanden, orientieren. Einblicke von jemand Erfahrenem verfestigten das Praxiskompetenzlernen und den Mut, diese selber auch anzuwenden. So konnten die Teilnehmenden nicht nur miterleben, sondern selbst ausprobieren, wie der Beraterberuf ist.

> [Der Berater] war in dem Kick-Off Termin mit [dem Unternehmensvertreter] eingebunden und hat uns hierbei durch sein Vorwissen und seine Erfahrung im Umgang mit anderen Unternehmen dabei unterstützt, an den richtigen Stellen die richtigen Fragen einzubringen. Hierbei ist positiv hervorzuheben, dass [er] im Allgemeinen darauf bedacht war, uns in unserem Interview-Vorgehen freie Hand zu lassen. … Vor allem da wir zu Beginn des Prozesses erst frisch in die Thematik eingetaucht waren, ist es unserer Meinung nach von besonderer Bedeutung, dass ein Berater potenzielle Problemfelder selbst als solche identifiziert (R5).

Die Teilnehmenden empfanden es besonders positiv und wichtig, selbst „erste Erfahrungen mit der unternehmerischen Berichterstattung“ (S6) und „wertvolle Erfahrungen in Sachen Nachhaltigkeitsbilanzierung“ (S5) gesammelt zu haben sowie „eine Berichterstattungsform selber auszuprobieren und durchzuführen“ (EV6). Sie lobten die „praxisnahe, spannende Zusammenarbeit mit den Unternehmen“ (S6).

Als für den späteren Beruf relevante Kompetenz kann auch der Umgang mit Schwierigkeiten und Herausforderungen gesehen werden (dies kann einerseits als „Wissen“, andererseits aber auch schon als „Können“ gelten). Zum Beispiel empfanden es einige als schwierig, „das Unternehmen in einige Bewertungsstufen zu pressen“ (S6), einen Rahmen festzulegen, dass „Problemverlagerungen“ auftauchten oder auch das Bewertungsschema generell (S4). Sie mussten sich vielfach direkt mit „den Problematiken der Betriebe, denen diese ausgesetzt sind“ (R5) auseinandersetzen und erfuhren so, welchen Entscheidung(sproblematik)en Unternehmensleiter regelmäßig im Arbeitsalltag gegenüberstehen.

5.4.3 Schlüssel- und außerfachliche Kompetenzen

Über Entwicklungen und Fortschritte im Bereich der außerfachlichen und Schlüsselkompetenzen finden sich vielfältige und äußerst zahlreiche Belege im Datenmaterial. Laut Evaluation waren 73 % der Meinung, dass sich ihre Schlüsselkompetenzen (Teamarbeit, Projektarbeit, Zeitmanagement) verbessert haben (EV6). Die Studierenden blickten insbesondere auf die Teamarbeit in ihren Gruppen sehr positiv zurück (über 91 % sagten aus, dass die Zusammenarbeit im Projektteam gut bzw. sehr gut funktionierte! EV6), die sie immerzu selbstständig und effizient selbst organisierten:

> Die Befragung zu den Werten der jeweiligen Berührungsgruppe wurde unter den Studierenden aufgeteilt. Jede interviewende Person sorgte ebenso für die Ausarbeitung der von ihr erfragten Werte. Zur Verschriftlichung wendeten die Studierenden nach jedem Unternehmensbesuch im Schnitt vier Stunden auf (B2).
>
> Besonders gefiel „die Möglichkeit des freien Arbeitens in der Gruppe“ (EV4).
>
> Jeweils eine/r von uns Studierenden bereitete sich noch einmal gezielt auf einen Berührungspunkt vor und übernahm die Moderation des Gesprächs für den jeweiligen Punkt. Die beiden anderen schrieben derweil Protokoll und unterstützten bei Unklarheiten. Ein Diktiergerät zeichnete die Konversation als unterstützendes Medium zu den Protokollen auf (B5).

Die Aufteilung von Aufgaben und Verantwortlichkeiten, die inhaltliche Vorbereitung und z. B. das zeitnahe und damit zeitsparende Verschriftlichen direkt nach der Erhebung zeugen von gutem Zeit- und effizientem **Projektmanagement.** Zu Letzterem zählt auch die Erkenntnis, dass sich eine Zusammenarbeit besonders dann „zielführend und produktiv“ gestaltet, wenn beide Seiten bei den Treffen gut vorbereitet sind (B2).

Im Gegensatz dazu erlebten manche aber Negativbeispiele vonseiten der Betriebe, was zwar bedauerlich ist, sie aber auch für scheiternde Kollaborationen im späteren Arbeitsleben schulte und ihnen bewusst machte, dass bzw. wie es besser gehen könnte:

> Für jedes Treffen wurden die Themenfelder innerhalb unserer Gruppe aufgeteilt, sodass eine tiefer gehende Auseinandersetzung mit den Inhalten und Indikatoren möglich war. Die Vorbereitung des Betriebs … war teilweise stark verbesserungswürdig. Die zu behandelnden Themenblöcke wurden vorab per Mail zugeschickt. Jedoch fand für kein Treffen eine Einarbeitung statt, sodass anfangs eine kurze thematische Einführung nötig war (R5).

Eine Gruppe berichtete von dem Problem, dass Indikatoren (v. a. exakte Zahlen) vom Unternehmensvertreter zwar „nach bestem Wissen und Gewissen“, aber „aus dem Kopf ohne Unterlagen“ benannt wurden. „Dies führte … dazu, dass an einigen Stellen unterschiedliche Zahlen notiert wurden. Die Berichtigung und Richtigstellung benötigte zusätzliche Zeit, was verhindert hätte werden können“ (R5). Es hätten Zeit und Mühen gespart werden können, wenn von Anfang an die Geschäftspapiere konsultiert worden wären.

Generell spielen bei einem solch umfangreichen Lehrvorhaben die Aspekte Zeit- und Arbeitsaufwand eine zentrale Rolle. Die Studierenden haben ein überdurchschnittliches hohes Engagement gezeigt, aber eine große Mehrheit der Studierenden (knapp drei Viertel, 73 %, EV6) wies auch auf Schwierigkeiten hin, das Projektseminar während ihres Studiums aufgrund seiner Komplexität und Zeitaufwandes bewältigen zu können. Dies liegt teilweise in organisatorischen Aspekten (wie z. B. ein kurzes Sommersemester) begründet, die bei Herzig et al. (2021) ausführlicher reflektiert werden (z. B. zeitliche Verlagerung in das Wintersemester, Änderung des Seminarformats). Angemerkt sei an dieser Stelle, dass es sich möglicherweise anbietet, das Seminar als außerplanmäßiges (zweisemestriges) Projektseminar zu organisieren, um dem Zeitproblem entgegenzuwirken (SS7, auch z. B. bei Puttrowait et al. 2018 empfohlen). Grundsätzlich sehen wir es aber als wesentlich an, dass die Studierenden mit der Herausforderung einer knapp bemessenen Projektlaufzeit konfrontiert waren. Sie haben gelernt, für das eigene **Zeitmanagement** Verantwortung zu übernehmen und hierbei sehr gute Ergebnisse erzielt.

Die Kommunikation mit externen, außeruniversitären Akteuren funktionierte größtenteils reibungslos, sowohl zwischen dem Lehrteam und den Betriebsvertretern als auch zwischen den Studierenden und den Unternehmen. Gleichwohl machten die Dozierenden die Erfahrung, dass alle Unternehmensverantwortlichen unterschiedliche Kommunikationswege, -weisen und -zeiten präferierten, was die Studierendengruppen aber ausnahmslos alle gut und auf ihre und zum Betrieb passende je eigene Weise lösten (SS7).

> Die Gesprächskultur war von einem offenen Miteinander und durch gegenseitige Wertschätzung geprägt. Notwendige Indikatoren zur Berichtserstellung wurden fristgemäß bereitgestellt (B3).
>
> Bei Rückfragen oder Ungenauigkeiten hielten wir Rücksprache mit [dem Unternehmensvertreter] per Mail oder Telefon. In den Kontaktstunden mit [dem GWÖ-Berater] und unseren Bezugspersonen [den Dozierenden] konnten wir auch jederzeit Fragen stellen (B5).
>
> Des Weiteren stellten sie auch abseits der Interviewtermine benötigte Informationen innerhalb kürzester Zeit via E-Mail zur Verfügung. … Die Kommunikation zwischen ihnen und den Studierenden war stets freundlich und herzlich (B7).

Hier zeigt sich nicht nur, dass die Studierenden die Kommunikation und **Zusammenarbeit** mit Praxispartnern üben und anwenden mussten, sondern auch, dass sie lernten, zum richtigen Zeitpunkt an der richtigen Stelle nachzufragen. Weiterhin empfanden sie es als unangenehm und enttäuschend, wenn Unternehmensvertreter erkennbar unter Zeitdruck standen und z. B. viel mit dem Mobiltelefon hantierten, was auch als Signal des Desinteresses gedeutet wurde (R5). Neben den gewonnenen Einblicken in z. B. eng getaktete Unternehmensabläufe, traten hier sicherlich auch Lerneffekte für ihr eigenes Verhalten ein, was einen höflichen und professionellen Umgang miteinander betrifft und wie zuverlässiges gemeinsames Arbeiten an einem Projekt besser gelingen kann.

Weitere Schlüsselkompetenzen sind z. B. das Präsentieren vor einer (großen und teilweise auch) fremden Gruppe, der sinnvolle und nützliche Umgang mit und Einsatz von Kommunikationstechnik und Software (z. B. die virtuelle Lernplattform) und Eigenständigkeit (EV2, EV3, EV4). Das folgende Statement zeigt, wie der Projektcharakter des Seminars, der viel eigenständiges Arbeiten in Unabhängigkeit und mit Verantwortung erforderte, zum inhaltlichen Lernerfolg beitrug: „Das hohe Maß an Eigenständigkeit förderte zudem die Teamarbeit und eine intensivere Auseinandersetzung mit den Inhalten, aber auch mit den Problematiken der Betriebe, denen diese ausgesetzt sind" (R5).

6 Schlussfolgerungen

Die Datenauswertung zielte darauf ab, den Beitrag des durchgeführten Seminars für die Erreichung von Zielen transdisziplinären Arbeitens zu ermitteln und eine Fortführung des Lehrangebots an der Universität Kassel und an anderen Orten zu unterstützen. Da Transdisziplinarität oft als Forschungsmodus für die Nachhaltigkeitswissenschaft gesehen wird, und uns die GWÖ exemplarisch als ein Werkzeug für verantwortungsbewusste und nachhaltige Unternehmensführung diente, möchten wir unsere Ergebnisse auch im Hinblick auf CSR und Nachhaltigkeitsmanagement in der Hochschulbildung einordnen und dazu 3 weitere Bezüge nutzen.

Zum einen möchten wir mit unseren Beobachtungen und Schlussfolgerungen an die Diskussion um *Responsible Management Education* (RME) und damit auch um die United-Nations-Initiative PRME anknüpfen, in der zunehmend auf die Bedeutung innovativer und praxisorientierter Lehr- und Lernmethoden, auch im Nachhaltigkeitskontext, hingewiesen wird. Im Jahr 2011 wurde Service Learning Godemann et al. (2011) zufolge in rund 10 % von 100 PRME-Berichten als Lehransatz für die verantwortungsbewusste Managementausbildung genutzt. Wenige Jahre später erscheinen „community-based", „problem-based" sowie praxisorientierte Lehrmethoden für RME schon deutlich verbreiteter: „One of the most popular approaches to management education is service-learning pedagogy", so Adomßent et al. (2014, S. 6). Sie betonen aber auch, dass es nur begrenzt Untersuchungen der wirklichen Learning Outcomes dieser Lehrmethoden gibt und weisen auf Forschungsbedarf hinsichtlich von Fragen wie „Do students really develop the competencies we want them to develop? Are teaching and learning approaches really effective?" hin. Unsere Analyse liefert einen Beitrag zu dieser Debatte.

Zum anderen geht Hofman (2015), ähnlich wie wir, der Frage nach, was (auch im Sinne von: welche Lerneffekte) Bildung für nachhaltige Entwicklung eigentlich erreichen will oder soll. Sie erläutert, dass insbesondere handlungsorientierte bzw. handlungskompetenzfördernde Bildungsansätze (Koger und Winter 2010, zit. n. Hofman 2015, S. 219) dazu beitragen, Jugendliche zu befähigen „to manage change towards a more sustainable future". Diese „action competence" ist direkt verknüpft mit „confidence, self-esteem, critical thinking" sowie im Weiteren mit „personal feelings", „personal qualities" und z. B. Selbstwirksamkeit. Selbstständiges Denken (und Handeln), Reflexion, Kreativität, Handlungskompetenz und Selbstbewusstsein, aber auch Empathiegefühl und moralische Verantwortung sind nur einige Aspekte, die als wesentlich für eine Bildung für nachhaltige Entwicklung angesehen werden (vgl. Hofman 2015, S. 225) – und vom Service-Learning-Ansatz und unserem Projektseminar befördert werden, wie wir dargelegt haben.

„Making the Link Between Trandisciplinary Learning and Research" – diesen Versuch machen des Weiteren Pearce et al. (2018). Sie stellen ebenfalls eine Verbindung her zwischen verschiedenen Lernbereichen (sie unterscheiden „knowledge", „attitudes" und

„skills") und Kompetenzfeldern, welche sie aus den Wissenstypen („systems", „target" und „transformation") ableiten, auf die Transdisziplinarität abzielt. Sie identifizieren insgesamt 6 „competence fields", die ihrem Verständnis nach von transdisziplinärem Lernen – und dem von ihnen vorgestellten Transdisciplinarity Lab – angesprochen und ausgebaut werden sollen: 1) Communicating Values; 2) Reflecting about self and others; 3) Applying Concepts in the Real-world; 4) Framing Complex Problems with others; 5) Researching in and with the Real-world; 6) Imagining Solutions and their Consequences.

Sowohl die von Hofman (2015) (für Bildung für nachhaltige Entwicklung) als auch die von Pearce et al. (2018) (für Transdisziplinarität) festgestellten Lerneffekte lassen sich in Abb. 2, den Outcomes, und größtenteils auch in Abb. 1, den Elementen von Service Learning, wiederfinden bzw. einordnen. Die Hinweise auf die erfolgreich erreichten Outcomes bei den Studierenden in unserem GWÖ-Seminar zeigen also nicht nur, dass die Zielsetzungen von Service Learning erreicht wurden. Sie lassen sich ebenso mit den Kompetenzfeldern (und damit Lernzielen) in Verbindung bringen, die Pearce et al. (2018) als Rahmung für transdiziplinäres Lernen aufgestellt haben und die für eine Bildung für nachhaltige Entwicklung elementar sind.

7 Zusammenfassung

Im Nachgang an das Projektseminar aus dem Sommersemester 2019 beschäftigten wir uns ausführlich mit den gemachten Erfahrungen und Seminarergebnissen, um eine Handreichung für die Fortführung des Seminars an der Universität Kassel und eine Durchführung auch an anderen Lehrorten zu erarbeiten (s. hierzu auch Herzig et al. 2021). Darüber hinaus betrachteten wir das Vorhaben von Beginn an auch als Forschungsgegenstand, um zu analysieren, welche Wirkungen ein solches Projektseminar a) für Studierende, b) für Unternehmen, c) für Wissenschaft und Forschung oder d) für die (Zivil-)Gesellschaft haben kann. Der vorliegende Beitrag konzentriert sich auf die Studierenden und zeigt mit einer qualitativen Inhaltsanalyse und exemplarischen Zitaten aus den Daten auf, welche Outcomes vor dem Hintergrund der Service-Learning-Konzepte erzielt wurden. Diese bedienten die Bereiche akademisches Lernen, soziale Entwicklung, Persönlichkeitsentwicklung und erwerbbare Kompetenzen. Damit sollte gezeigt werden, wie kompatibel der forschungsmethodische Ansatz der Transdisziplinarität und der hochschuldidaktische Ansatz des Service Learnings im Kern sind und wie gewinnbringend sie sein können, wenn sie in Kombination in der akademischen Lehre eingesetzt werden.

Bildung für nachhaltige Entwicklung zielt auf die Förderung von Kompetenzen, vor allem nachhaltigkeitsrelevanter Kompetenzen, die jedoch „nicht vermittelt werden können" (Rieckmann 2015, S. 6), sondern nur erlernt, z. B. durch Erfahrungslernen, situiertes Lernen, eigenständiges Handeln und auch besonders durch Reflexion. Eine transdisziplinäre Lernumgebung, in der komplexe Zusammenhänge analysiert werden oder die den Erwerb generell nachhaltigkeitsrelevanter Kompetenzen befördert, ist der nachhaltigen Entwicklung zuträglich, und auch der im Bologna-Prozess geforderten „Kompetenzorientierung". Allerdings leisten vorrangig auf Forschungsprojekte ausgerichtete Konzeptionierungen von Transdisziplinarität zu wenig Anleitung für die Lehrpraxis. Hier versucht ein langsam wachsender Forschungsbereich zur Transdisziplinarität in der Lehre neue Beiträge zu leisten, um den Erwerb notwendiger Kompetenzen für Studierende sicherzustellen. Aus der Perspektive des Service-Learning-Ansatzes, der explizit auf eine ganzheitliche (wissens-, entwicklungs- und kompetenzorientierte) Bildung ausgelegt ist, haben wir in unserem Beitrag gezeigt, wie mit den dem hochschuldidaktischen Ansatz zugrunde liegenden Zielsetzungen und Lerneffekten auch wesentliche Forderungen von Transdisziplinarität und Bildung für nachhaltige Entwicklung erfüllt werden können. Auf diese Weise schließt sich der Kreis von Transdisziplinarität über Service Learning zu den bei den Studierenden generierten Lerneffekten. Indem das Seminar mit dem innovativen Service-Learning-Ansatz und starkem Praxisbezug mit gemeinwohlorientierten Betrieben durchgeführt wurde, konnte das Erfahrungslernen im Nachhaltigkeitskontext intensiviert und die Breite der erwerbbaren Kompetenzen vergrößert werden.

Literatur

Adomßent M, Fischer D, Godemann J, Herzig C, Otte I, Rieckmann M, Timm J (2014) Emerging areas in research on higher education for sustainable development – management education, sustainable consumption and perspectives from Central and Eastern Europe. J Cleaner Prod 62:1–7. https://doi.org/10.1016/j.jclepro.2013.09.045. Zugegriffen: 15. Juli 2020

Altenschmidt K (2016) Community-based Research umsetzen. In: Altenschmidt K, Stark W (Hrsg) Forschen und Lehren mit der Gesellschaft. Community Based Research und Service Learning an Hochschulen. Springer VS, Wiesbaden, S 43–60

Altenschmidt K, Miller J (2010) Service Learning in der Hochschuldidaktik. In: Auferkorte-Michaelis N, Ladwig A, Stahr I (Hrsg) Hochschuldidaktik für die Lehrpraxis. Interaktion und Innovation für Studium und Lehre an der Hochschule. Budrich, Opladen, S 68–79

Altenschmidt K, Miller J (2016) Service Learning – Ein Konzept für die dritte Mission. In: Hachmeister C-D, Henke J, Roessler I, Schmid S (Hrsg) Gestaltende Hochschulen. Beiträge und Entwicklung der Third Mission. Institut für Hochschulforschung (HoF) an der Martin-Luther-Universität, Halle-Wittenberg, S 40–51

Baltes AM, Frotscher C (2007) Abenteuer Partnerschaft – Zusammenarbeit mit Community Partnern. In: Baltes AM, Hofer M, Sliwka A (Hrsg) Studierende übernehmen Verantwortung. Service Learning an deutschen Universitäten. Beltz, Weinheim, S 49–58

Baumast A, Pape J (2019) Gemeinwohl-Ökonomie (GWÖ). In: Baumast A, Pape J, Weihofen S, Wellge S (Hrsg) Betriebliche Nachhaltigkeitsleistung messen und steuern. Grundlagen und Praxisbeispiele. UTB, Stuttgart, S 339–365

Bergmann M (2003) Indikatoren für eine diskursive Evaluation transdisziplinärer Forschung. Technikfolgenabschätzung Theorie und Praxis 12:65–75

Bergmann M, Theiler L, Heyen D A, Kampffmeyer N, Monteforte M (2018) Gesellschaftliche Partizipationsprozesse, partizipative Forschungsmethoden und Methoden der Wissensintegration. ISOE – Institut für sozial-ökologische Forschung/Öko-Institut e. V. https://transformation-des-energiesystems.de/sites/default/files/WiKo_Partizipationsstudie.pdf. Zugegriffen: 15. Juli 2020

Blachfellner M, Drosg-Plöckinger A, Fieber S, Hofielen G, Knakrügge L, Kofranek M, Koloo S, Loy C, Rüther C, Sennes D, Sörgel R, Teriete M (2017) Arbeitsbuch zur Gemeinwohlbilanz 5.0 KOMPAKT

Black G (2002) Incorporating service learning into the business curriculum. J Bus Adm Online 4(1):5–12

Blättel-Mink B (2003) Nachhaltigkeit und Transdisziplinarität: Ideal und Forschungspraxis. Akademie für Technikfolgenabschätzung in Baden-Württemberg, Stuttgart

BNE-Portal (2019) ESD for 2030 – Mit BNE in die Zukunft | BNE – Bildung für nachhaltige Entwicklung. https://www.bne-portal.de/de/weltweit/esd-2030-%E2%80%93-mit-bne-die-zukunft. Zugegriffen: 15. Juli 2020

Chang Y-J, Chen Y-R, Wang FT-Y, Chen S-F, Liao R-H (2014) Enriching service learning by its diversity: combining university service learning and corporate social responsibility to help the NGOs adapt technology to their needs. Syst Pract Action Res 27:185–193. https://doi.org/10.1007/s11213-013-9278-8. Zugegriffen: 15. Juli 2020

Claus J, Ogden C (Hrsg) (2001) Service learning for youth empowerment and social change. Lang, New York

Defila R, Di Giulio A (2019) Eine Reflexion über Legitimation, Partizipation und Intervention im Kontext transdisziplinärer Forschung. In: Ukowitz M, Hübner R (Hrsg) Interventionsforschung. Bd 3: Wege der Vermittlung. Intervention – Partizipation. Wiesbaden, S 85–108

ESCP Europe Von Tango zu Transdisziplinarität: Vierte internationale Konferenz zu New Business Models (NBM conference) fand vom Anfang Juli an der ESCP Europe in Berlin statt – Entrepreneurship and Digital Innovation. https://www.escpeurope-entrepreneurship.de/news/von-tango-zu-transdisziplinaritaet-vierte-internationale-konferenz-zu-new-business-models-nbm-conference-fand-vom-anfang-juli-an-der-escp-europe-in-berlin-statt/?lang=de. Zugegriffen: 15. Juli 2020

Etzkorn N (2018) Hochschulen als Leuchttürme für Bildung für nachhaltige Entwicklung – Auf dem Transformationspfad die Strahlkraft erhöhen, Executive Summary. https://www.bne-portal.de/sites/default/files/downloads/Experteninterviews_Executive_Summaries_Hochschulen_1.pdf. Zugegriffen: 15. Juli 2020

Felber C (2018) Gemeinwohl-Ökonomie. Deuticke, München

Gerstenblatt P (2014) Community as agency: community partner experiences with service learning. J Commun Engagement Sch 7(2):60–71

Godemann J (2008) Knowledge integration: a key challenge for transdisciplinary cooperation. Environ Educ Res 14:625–641. https://doi.org/10.1080/13504620802469188. Zugegriffen: 15. Juli 2020

Godemann J, Michelsen G (2008) Transdisziplinäre Integration in der Universität. In: Bergmann M, Schramm E (Hrsg) Transdisziplinäre Forschung. Integrative Forschungsprozesse verstehen und bewerten. Campus, New York

Godemann J, Herzig C, Moon J, Powell A (2011) Integrating Sustainability into Business Schools; Analysis of 100 UN PRME Sharing Information on Progress (SIP) reports. ICCSR Research Paper Series, Nottingham

Godemann J, Herzig C, Haertle J (2014a) Responsible management education. WiSt – Wirtschaftswissenschaftliches Studium 43:384–386. Doi:https://doi.org/10.15358/0340-1650_2014_7_1. Zugegriffen: 15. Juli 2020

Godemann J, Haertle J, Herzig C, Moon J (2014b) United Nations supported principles for responsible management education: purpose, progress and prospects. J Cleaner Prod 62:16–23. https://doi.org/10.1016/j.jclepro.2013.07.033. Zugegriffen: 15. Juli 2020

Godfrey PC, Illes LM, Berry GR (2005) Creating breadth in business education through service-learning. AMLE 4:309–323. https://doi.org/10.5465/amle.2005.18122420. Zugegriffen:15. Juli 2020

Guenther TW (2019) Third mission: a challenge for scholars? An editorial. J Manage Control 30:247–249. https://doi.org/10.1007/s00187-019-00289-6. Zugegriffen:15. Juli 2020

Häberli R, Grossenbacher-Mansuy W (1998) Transdisziplinarität zwischen Förderung und Überforderung. GAIA – Ecol Perspect Sci Soc 7:196–213, doi: https://doi.org/10.14512/gaia.7.3.7. Zugegriffen: 15. Juli 2020

Harrington K (2014) The impacts of service-learning on communities: perspectives from the people. https://getd.libs.uga.edu/pdfs/harrington_keneisha_l_201405_mal.pdf. Zugegriffen: 15. Juli 2020

Hericks N (Hrsg) (2018) Hochschulen im Spannungsfeld der Bologna-Reform. Erfolge und ungewollte Nebenfolgen aus interdisziplinärer Perspektive. Springer VS, Wiesbaden

Herzig C, Stöhr J, Busch M (2021) Die Gemeinwohl-Ökonomie in Nordhessen. Kassel University Press, Kassel

Hofman M (2015) What is an education for sustainable development supposed to achieve – a question of what, how and why. J Educ Sustain 9:213–228. https://doi.org/10.1177/0973408215588255. Zugegriffen: 15. Juli 2020

Huda M, Mulyadi D, Hananto AL, Nor Muhamad NH, Mat Teh KS, Don AG (2018) Empowering Corporate Social Responsibility (CSR): insights from service learning. Soc Responsib J 14:875–894. https://doi.org/10.1108/SRJ-04-2017-0078. Zugegriffen: 15. Juli 2020

Jahn T (2012) Transdisziplinarität – Forschungsmodus für nachhaltiges Forschen, Leopoldina-Workshop „Nachhaltigkeit in der Wissenschaft". Wissenschaftliche Verlagsgesellschaft, Berlin

Jahn T, Bergmann M, Keil F (2012) Transdisciplinarity: between mainstreaming and marginalization. Ecol Econ 79:1–10. https://doi.org/10.1016/j.ecolecon.2012.04.017. Zugegriffen: 15. Juli 2020

Jahn T, Keil F, Marg O (2019) Transdisziplinarität: zwischen Praxis und Theorie. GAIA – Ecolo Perspect Sci Soc 28:16–20. doi:https://doi.org/10.14512/gaia.28.1.6. Zugegriffen: 15. Juli 2020

Jettner J, Pelco L, Elliott K (2017) Service-Learning community partner impact assessment report. Virginia Commonwealth University, Richmond

Kern O (2016) Gemeinsam Forschen und Lehren: Nutzeffekte von CBR aus Sicht der Zivilgesellschaft. In: Altenschmidt K, Stark W (Hrsg) Forschen und Lehren mit der Gesellschaft. Community Based Research und Service Learning an Hochschulen. Springer VS, Wiesbaden, S 61–75

Krüger T, Altenschmidt K (o. J.) Community-Based Research (CBR). https://www.uniaktiv.org/fileadmin/fileupload/AG-uniaktiv/Regio_ELF/regio_ELF_Wettbewerb/RegioELF_Wettbewerb_CBR_Paper_01.pdf. Zugegriffen: 15. Juli 2020

Kruse J (2014) Qualitative Interviewforschung. Ein integrativer Ansatz. Beltz, Weinheim

Kruse J (2015) NachDenkstatt: Der transdisziplinäre Ansatz. In: Haack F, Nagel M, Richters O, Schäfer E, Wunderlich S (Hrsg) Energieeffizienz & Rebound-Effekte im Kontext der Energiewende. Abschlussbericht der NachDenkstatt 2013. Vereinigung für ökologische Ökonomie, Heidelberg, S 9–16

Kuckartz U (2018) Qualitative Inhaltsanalyse. Methoden, Praxis, Computerunterstützung. Beltz, Weinheim

Lang DJ, Wiek A, Bergmann M, Stauffacher M, Martens P, Moll P, Swilling M, Thomas CJ (2012) Transdisciplinary research in sustainability science: practice, principles, and challenges. Sustain Sci 7:25–43. https://doi.org/10.1007/s11625-011-0149-x. Zugegriffen: 15. Juli 2020

Lozano R, Lukman R, Lozano FJ, Huisingh D, Lambrechts W (2013) Declarations for sustainability in higher education: becoming better leaders, through addressing the university system. J Cleaner Prod 48:10–19. https://doi.org/10.1016/j.jclepro.2011.10.006. Zugegriffen: 15. Juli 2020

Mayring P (2015) Qualitative Inhaltsanalyse. Grundlagen und Techniken. Beltz, Weinheim

Mey M, Werner A, de Villiers B (2018) Student experiences of service learning through a community outreach project. Devel Prac 28:764–774. https://doi.org/10.1080/09614524.2018.1473340. Zugegriffen: 15. Juli 2020

Meyer P A (2019) Service Learning in Fachdisziplinen an Hochschulen. Staats- und Universitätsbibliothek Hamburg, Hamburg

Mogalle M (2001) Management transdisziplinärer Forschungsprozesse. Birkhäuser, Basel

Müller-Christ G, Liebscher AK (2015) Transdisciplinary teaching of CSR by systemic constellations. In: O'Riordan L, Zmuda P, Heinemann S (Hrsg) New perspectives on corporate social responsibility. Locating the missing link. Springer Fachmedien, Wiesbaden, S 563–583

Müller-Naevecke C, Naevecke S (2018) Forschendes Lernen und Service Learning: Das humboldtsche Bildungsideal in modularisierten Studiengängen. In: Hericks N (Hrsg) Hochschulen im Spannungsfeld der Bologna-Reform. Erfolge und ungewollte Nebenfolgen aus interdisziplinärer Perspektive. Springer VS, Wiesbaden, S 119–143

National Youth Leadership Council (2008) K-12 Service-learning standards for quality practice. https://cdn.ymaws.com/www.nylc.org/resource/resmgr/resources/lift/standards_document_mar2015up.pdf. Zugegriffen: 15. Juli 2020

Pearce B, Adler C, Senn L, Krütli P, Stauffacher M, Pohl C (2018) Making the link between transdisciplinary learning and research. In: Fam D, Neuhauser L, Gibbs P (Hrsg) Transdisciplinary theory, practice and education. The art of collaborative research and collective learning. Springer, Cham, S 167–183

Pohl C, Hirsch Hadorn G (2008) Gestaltung transdisziplinärer Forschung. Sozialwissenschaften und Berufspraxis 31:5–22

PRME Secretariat (2019) PRME – Principles for Responsible Management Education. https://www.unprme.org/. Zugegriffen: 15. Juli 2020

Puttrowait E, Dietz R, Gantert M, Heynold J (2018) Der Weg zum Realexperiment – Schlüsselakteure identifizieren, Kooperationsstrukturen aufbauen, Projektideen auswählen. In: Defila R, Di Giulio A (Hrsg) Transdisziplinär und transformativ forschen. Eine Methodensammlung. Springer VS, Wiesbaden, S 195–232

Raueiser M, Kolb M (Hrsg) (2018) CSR und Hochschulmanagement: Sustainable Education als neues Paradigma in Forschung und Lehre. Springer, Berlin

Reinmuth SI, Saß C, Lauble S (2007) Die Idee des Service Learning. In: Baltes AM, Hofer M, Sliwka A (Hrsg) Studierende übernehmen Verantwortung. Service Learning an deutschen Universitäten. Beltz, Weinheim, S 13–28

Rieckmann M (2015) Transdisziplinäre Forschung und Lehre als Brücke zwischen Zivilgesellschaft und Hochschulen. ZEP: Zeitschrift für internationale Bildungsforschung und Entwicklungspädagogik 38:4–10

Ruehle RC, Wachsmuth L, Geisbüsch A-K, Wagner J, Heldt L (2018) Zukunftsfähige Lehre gestalten: Studierende treten für Ethik und Nachhaltigkeit an Hochschulen ein. In: Raueiser M, Kolb M (Hrsg) CSR und Hochschulmanagement, Sustainable Education als neues Paradigma in Forschung und Lehre. Springer, Berlin, S 69–89

Schneidewind U, Singer-Brodowski M (2014) Transformative Wissenschaft. Klimawandel im deutschen Wissenschafts- und Hochschulsystem. Metropolis, Marburg

Scholz RW, Steiner G (2015) The real type and ideal type of transdisciplinary processes: part I – theoretical foundations. Sustain Sci 10:527–544. https://doi.org/10.1007/s11625-015-0326-4. Zugegriffen: 15. Juli 2020

Seifert A, Zentner S, Nagy F (2019) Praxisbuch Service-Learning; „Lernen durch Engagement" an Schulen. Beltz Verlag, Weinheim Basel

Tejedor G, Segalàs J, Barrón Á, Fernández-Morilla M, Fuertes M, Ruiz-Morales J, Gutiérrez I, García-González E, Aramburuzabala P, Hernández À (2019) Didactic strategies to promote competencies in sustainability. Sustainability 11:2086. Doi:https://doi.org/10.3390/su11072086. Zugegriffen: 15. Juli 2020

Vidyarini T N, Sari Y D (2018) Community engagement practice through service-learning in public relations class. SHS Web Conf 59:1029. doi:https://doi.org/10.1051/shsconf/20185901029. Zugegriffen: 15. Juli 2020

Vizenor N, Souza T, Ertmer J (2017) Benefits of participating in service-learning, business-related classes: assessing the impact on the community partners. J Res Bus Educ 58(1):1–15

Yorio PL, Ye F (2012) A meta-analysis on the effects of service-learning on the social, personal, and cognitive outcomes of learning. AMLE 11:9–27. https://doi.org/10.5465/amle.2010.0072. Zugegriffen: 15. Juli 2020

Johanna Stöhr ist wissenschaftliche Mitarbeiterin am Standort Witzenhausen der Universität Kassel und promoviert über die werteorientierte Unternehmensführung in der Lebensmittel- und Landwirtschaft. In ihren Lehrveranstaltungen möchte sie vielfältige Kompetenzentwicklungen bei Studierenden im Sinne einer „Bildung für nachhaltige Entwicklung" fördern. Ihre Forschungsinteressen liegen in der werteorientierten Unternehmensführung, Nachhaltigkeitsbilanzierung und -berichterstattung und der Gemeinwohl-Ökonomie.

Prof. Dr. Christian Herzig ist Pro-Dekan und Fachgebietsleiter am Fachbereich Ökologische Agrarwissenschaften der Universität Kassel, mit einer Zweitmitgliedschaft am Fachbereich Wirtschaftswissenschaften. In seiner Forschung und Lehre beschäftigt er sich mit dem werteorientierten Management in der Agrar- und Ernährungswirtschaft, das nachhaltig produzierten Lebensmitteln in regionalen und globalen Wertschöpfungsketten eine besondere Rolle zuweist. Er ist Leiter des Graduiertenzentrums für Umweltforschung und -lehre, Sprecher des Promotionskollegs „Ernährungswirtschaft und Technologie" und Mitglied im Direktorium des Exceed Centre „Global Partnership Network" (SDG 17) der Universität Kassel.

Service Learning für nachhaltige Entwicklung

Marco Rieckmann

1 Einleitung

Die Menschheit steht vor einer Reihe globaler sozialer, wirtschaftlicher, kultureller und ökologischer Herausforderungen, die das langfristige Überleben der Menschheit bedrohen. Die anthropogenen Treibhausgasemissionen steigen weltweit immer noch; und ein großes Artensterben findet statt, das die Integrität des Planeten und die Fähigkeit der Erde gefährdet, die Bedürfnisse des Menschen zu befriedigen (vgl. UN Environment 2019). Daher ist eine radikale Transformation des Wirtschaftssystems, der gesellschaftlichen Organisation und der individuellen Lebensstile – eine „Große Transformation" (WBGU 2011) – erforderlich.

Seit dem Erdgipfel von Rio 1992 in Rio de Janeiro wird das Konzept einer nachhaltigen Entwicklung als konzeptionelle Grundlage für die Gestaltung dieser Transformation angesehen. Leitlinien für diese notwendige, globale Transformation zeigen die *Sustainable Development Goals* (SDGs) auf. Diese 17 Nachhaltigkeitsziele bilden den Kern der am 25. September 2015 von der UN-Vollversammlung verabschiedeten Agenda 2030 für nachhaltige Entwicklung (Vereinte Nationen 2015). Die universalen, transformativen und inklusiven SDGs beschreiben wichtige Entwicklungsherausforderungen für die Menschheit. Das Ziel der 17 SDGs ist es, für alle, jetzt und in Zukunft, ein nachhaltiges, friedliches, wohlhabendes und gerechtes Leben zu ermöglichen. Die SDGs adressieren die wichtigsten systemischen Barrieren für eine nachhaltige Entwicklung wie Ungleichheit, nicht-nachhaltige Konsummuster, schwache institutionelle Kapazitäten und Umweltzerstörung (vgl. Messner und Scholz 2015; Scholz 2017).

M. Rieckmann (✉)
Universität Vechta, Fakultät I – Bildungs- und Gesellschaftswissenschaften, Fach Erziehungswissenschaften, Vechta, Deutschland
E-Mail: Marco.Rieckmann@uni-vechta.de

A. Boos et al. (Hrsg.), *CSR und Hochschullehre,* Management-Reihe Corporate Social Responsibility, https://doi.org/10.1007/978-3-662-62679-5_9

Hochschulen können eine entscheidende Rolle bei der Förderung der nachhaltigen Entwicklung der globalen Gesellschaft spielen, indem sie Nachhaltigkeit als Querschnittsprinzip in Lehre, Forschung, Betrieb und Transfer integrieren. Viele Hochschulen aus aller Welt haben die Hochschulbildung für nachhaltige Entwicklung (HBNE) bereits in ihre Curricula integriert (vgl. Michelsen 2016; Thomas 2016; Wals et al. 2016).

Hochschulbildung für nachhaltige Entwicklung zielt darauf ab, das Bewusstsein für die Nicht-Nachhaltigkeit des aktuellen globalen Entwicklungsmodells zu schärfen und zukünftige Entscheidungsträgerinnen und -träger zu qualifizieren, um die erforderliche Transformation zu fördern. Individuen sollen befähigt werden, *Change Makers* zu werden (vgl. Heiskanen et al. 2016). Daher ist es das Ziel der Hochschulbildung für nachhaltige Entwicklung, Studierenden den Erwerb von Nachhaltigkeitskompetenzen zu ermöglichen (vgl. Rieckmann 2012).

Nachhaltigkeitskompetenzen sind solche Kompetenzen, die die Individuen befähigen, zu einer nachhaltigen Entwicklung beizutragen, indem sie gesellschaftliche, wirtschaftliche und politische Veränderungen fördern und ihr eigenes Verhalten verändern. Im akademischen Diskurs über eine Hochschulbildung für nachhaltige Entwicklung werden verschiedene Kompetenzen als relevant für eine nachhaltige Entwicklung beschrieben. Zu den wichtigsten Nachhaltigkeitskompetenzen gehören: Kompetenz zum vernetzten Denken, Kompetenz zum vorausschauenden Denken, normative Kompetenz, strategische Kompetenz, Kooperationskompetenz, Kompetenz zum kritischen Denken, Selbstkompetenz und integrierte Problemlösungskompetenz (Brundiers et al. 2021; Rieckmann 2018; UNESCO 2017).

Kompetenzen können nicht gelehrt oder vermittelt, sondern müssen von den Studierenden selbst entwickelt werden (vgl. Weinert 2001). Hochschulbildung für nachhaltige Entwicklung bedarf daher einer handlungsorientierten, transformativen Pädagogik (Rieckmann 2018; UNESCO 2017). Es sind Lehr- und Lernansätze erforderlich, die lernerzentriert sind und die Kompetenzentwicklung erleichtern (vgl. Michelsen und Rieckmann 2014). Die Hochschulen sollten daher Lernsettings schaffen, die sich durch Aspekte wie selbstgesteuertes Lernen, Partizipationsorientierung, Handlungs- und Reflexionsorientierung, Problemorientierung, vernetzendes Lernen (inter- und transdisziplinäres Lernen), Visionsorientierung, transformatives und transgressives Lernen sowie eine Verknüpfung von formalem und informellem Lernen auszeichnen (Barth et al. 2007; Michelsen und Rieckmann 2014; Mindt und Rieckmann 2017; Rieckmann 2018; UNESCO 2017). Diese Lernsettings ermöglichen den Erwerb von Schlüsselkompetenzen, die für die Gestaltung einer nachhaltigen Entwicklung erforderlich sind. In diesem Sinne sind projektbezogenes Lernen, forschendes Lernen und Service Learning besonders geeignete pädagogische Ansätze im Kontext einer Hochschulbildung für nachhaltige Entwicklung (vgl. Mindt und Rieckmann 2017).

2 Service Learning

Service Learning („Lernen durch Engagement", Reinders 2016; Seifert et al. 2012) involviert die Studierenden in aktive, relevante und kollaborative Lernprozesse und zeichnet sich dadurch aus, dass es sich gleichermaßen auf eine Unterstützungsleistung (Service) und das stattfindende Lernen (Learning) konzentriert (Bringle und Hatcher 2000). Bringle und Hatcher (1995, S. 112) definieren Service Learning als

> a seminar-based, credit-bearing, educational experience in which students (a) participate in an organized service activity that meets identified community needs and (b) reflect on the service activity in such a way to gain further understanding of seminar content, a broader appreciation of the discipline, and an enhanced sense of civic responsibility.

Sigmon (1997) beschreibt den Lernprozess, der zwischen denen, die die Unterstützungsleistung erbringen, und denen, die sie empfangen, besteht, als einen erfahrungsbasierten Bildungsansatz, der auf gegenseitigem Lernen fußt. Dementsprechend findet Service Learning statt, wenn ein Gleichgewicht zwischen Lernzielen und Serviceergebnissen besteht. Die Einbeziehung der Studierenden in sinnvolle Projekte trägt zum tiefen Lernen bei, indem sie theoretisches und praktisches Wissen kombiniert und ihnen grundlegende Konzepte vermittelt.

Service-Learning-Programme haben einen akademischen Kontext und sind so konzipiert, dass der Service-Aspekt das Lernen und der Lernprozess den Service auf eine integrierte Art und Weise verbessert. Ein wesentlicher Vorteil des Service Learnings ist die Kombination von formalem Lernen (im Seminarkontext) und informellem Lernen während der Projektarbeit mit einer Partnerorganisation (vgl. Barth et al. 2014). Beide Arten des Lernens müssen durch Reflexion miteinander in Beziehung gesetzt werden. Ein Service-Learning-Projekt umfasst einen Zyklus von Definition, Planung, Durchführung und Evaluation eines Projekts. Alle Schritte müssen von den Studierenden in Zusammenarbeit mit ihren Servicepartnern durchgeführt werden.

Zusammenfassend lässt sich sagen, dass Service Learning einerseits den Studierenden ermöglicht, neues Wissen zu erwerben und Nachhaltigkeitskompetenzen in einem erfahrungsbasierten Lernprozess als aktiver Dienstleister zu entwickeln, andererseits aber auch organisatorische Veränderungen in Richtung Nachhaltigkeit in der Institution des Praxispartners anstößt. Während der „Service" im Service Learning häufig als eine soziale Unterstützung für eine Community verstanden wird (vgl. Reinders 2016), betrachtet dieser Beitrag Service-Learning-Seminare in Zusammenarbeit mit Unternehmen. Im Sinne der Idee des Service Learnings geht es dabei nicht um Projekte zur Gewinnmaximierung, sondern um eine Unterstützung der Weiterentwicklung der Nachhaltigkeitsaktivitäten der Unternehmen. Davon wird ein positiver Beitrag zur gesellschaftlichen Entwicklung und Transformation im Sinne von Nachhaltigkeit erwartet. Wie Service Learning mit Unternehmen in der Praxis umgesetzt werden kann, wird im Folgenden am Beispiel der Universität Vechta beschrieben.

3 Nachhaltige Entwicklung der Universität Vechta

Die Universität Vechta ist bestrebt, das Konzept einer nachhaltigen Entwicklung in alle ihre Funktionsbereiche – Forschung, Lehre, Betrieb und Transfer – zu integrieren. Sie verfolgt somit einen *Whole Institution Approach*. Grundlage für den Nachhaltigkeitsprozess sind die Nachhaltigkeitsleitlinien der Universität Vechta, die am 21. Juni 2017 vom Senat der Universität einstimmig verabschiedet wurden. In diesen Nachhaltigkeitsleitlinien werden für den universitären Nachhaltigkeitsprozess fünf Handlungsbereiche benannt: Bildung für eine nachhaltige Entwicklung, Forschung für eine nachhaltige Entwicklung, Nachhaltigkeit auf dem Campus leben, gemeinsames Engagement für eine nachhaltige Entwicklung, Kooperationen und Vernetzung für eine nachhaltige Entwicklung (Universität Vechta 2017).

In den aktuellen Zielvereinbarungen der Universität Vechta (2019–2021) mit dem Land Niedersachsen heißt es: „Die Universität verpflichtet sich, sich im Sinne der 25. Mitgliederversammlung der HRK am 06. November 2018 in Lüneburg ‚Für eine Kultur der Nachhaltigkeit' einzusetzen" (Universität Vechta 2019, S. 5). Zudem ist Nachhaltigkeit ein wesentliches Element im aktuellen Hochschulentwicklungsplan der Universität Vechta.

Deutlich befördert wird der Nachhaltigkeitsprozess der Universität Vechta durch die Mitwirkung im Projekt „Nachhaltigkeit an Hochschulen (HOCH-N): entwickeln – vernetzen – berichten" (2016–2021).[1] Dieses Projekt widmet sich der Verankerung von Prozessen zur Entwicklung (Implementierung und Etablierung) von Nachhaltigkeit an deutschen Hochschulen.

Die Universität Vechta sieht Studium und Lehre als zentrale Mittel zur Förderung einer nachhaltigen Entwicklung an. Im Sinne des Weltaktionsprogramms „Bildung für nachhaltige Entwicklung" bzw. des Folge-Programms „BNE für 2030" sollen die Prinzipien einer Bildung für nachhaltige Entwicklung verstärkt in Lehre und Studium verankert werden, um Studierende auch diesbezüglich zu verantwortungsvollem Denken und Handeln zu befähigen. Den Studierenden wird die Möglichkeit gegeben, unterschiedliche Lehrveranstaltungen mit Bezug zu Nachhaltigkeitsthemen zu wählen.

So gibt es z. B. im Profilierungsbereich (PB) der Universität mehrere Module zum Konzept nachhaltige Entwicklung bzw. BNE (z. B. PB-14 „Nachhaltige Entwicklung"; PB-15 „Nachhaltige Entwicklung in der gesellschaftlichen und politischen Praxis"; PBM-44 „Nachhaltigkeit lernen im Geographieunterricht"). Der Profilierungsbereich ist ein studiengangs- und fachübergreifendes Lehrangebot, das den Erwerb insbesondere überfachlicher Kompetenzen aus verschiedenen Bereichen und einen interdisziplinären Austausch ermöglicht. Den Studierenden wird dabei die freie Wahl gegeben, Lehrveranstaltungen nach ihren Interessen zu wählen, um so ein individuelles Kompetenzprofil zu entwickeln. Service Learning ist ein wesentliches Element der Seminare zur Nachhaltigkeit im Profilierungsbereich.

---

[1] https://hoch-n.org.

Tab. 1 Service-Learning-Seminare im Modul PB-14 „Nachhaltige Entwicklung"

Seminartitel	Nachhaltige Entwicklung in Vechta	Unternehmerische Nachhaltigkeitskommunikation
Semester	Wintersemester 2014/2015	Sommersemester 2015/Wintersemester 2015/2016
ECTS	6 CP	6 CP
Anzahl der Studierenden	29	24/18
Studienprogramm	Bachelor, Profilierungsbereich	Bachelor, Profilierungsbereich
Praxispartner	Umweltverband (BUND)	Lokale Unternehmen (Lebensbaum, Piepenbrock)

4 Service-Learning-Seminare an der Universität Vechta

Seit 2014 werden an der Universität Vechta projektorientierte Service-Learning-Seminare zu Themen einer nachhaltigen Entwicklung im Modul PB-14 „Nachhaltige Entwicklung" des Profilierungsbereichs angeboten. Tab. 1 zeigt die Service-Learning-Seminare, die im Modul PB-14 zwischen 2014 und 2016 durchgeführt wurden.

Das Seminar „Unternehmerische Nachhaltigkeitskommunikation" wurde zweimal angeboten: im Sommersemester 2015 in Zusammenarbeit mit dem Unternehmen Lebensbaum, das biologische und teilweise fair gehandelte Gewürze, Tee und Kaffee herstellt, und im Wintersemester 2015/2016 mit dem Unternehmen Piepenbrock, das Gebäudereinigung, Facility Management, Wartung und Sicherheit anbietet. Das Seminar wurde im Rahmen des Projekts „Competencies for a Sustainable Socio-economic Development" (CASE)[2] als Pilotkurs entwickelt und umgesetzt, in dem Service Learning in einer Zusammenarbeit zwischen der Universität und lokalen Unternehmen getestet wurde. Das von der Europäischen Union im Programm „Erasmus + Knowledge Alliances" geförderte CASE-Projekt (2015–2017) zielte darauf ab, die Entwicklung von Kompetenzen für eine nachhaltige sozioökonomische Entwicklung zu unterstützen. Dafür wurde in dem Projekt ein Curriculum für ein Masterprogramm „Sustainability-driven Entrepreneurship" entwickelt.

Da das Seminar im studiengangs- und fachübergreifenden Profilierungsbereich angeboten wurde, waren die fachlichen Hintergründe der Studierenden vielfältig. Die Studierenden kamen hauptsächlich aus den Fachrichtungen Wirtschaft und Ethik, Sozialwissenschaften, Erziehungswissenschaften, Soziale Arbeit und Gerontologie.

Um den Studierenden ein aktives, relevantes und kollaboratives Lernen zu ermöglichen, war das Seminar in drei Phasen unterteilt: 1) theoretischer Input und Reflexion, 2) Projektarbeit und 3) Präsentation und Reflexion.

[2] https://www.case-ka.eu.

Der Schwerpunkt der sechswöchigen theoretischen Input- und Reflexionsphase war die Klärung der Konzepte Nachhaltigkeit, Nachhaltigkeitskommunikation und unternehmerische Nachhaltigkeitskommunikation. Diese Konzepte wurden den Studierenden vorgestellt, und auf der Grundlage der Inputs sowie der Arbeit mit Texten mussten die Studierenden die Konzepte diskutieren und kritisch reflektieren. In dieser Phase wurden folgende Lehr- und Lernmethoden angewendet: Kurzvorträge des Lehrenden, Lesen von wissenschaftlichen Texten über die verschiedenen Theorien und Konzepte, studentische Gruppenarbeiten und Plenardiskussionen.

In der sechswöchigen Service-Learning-Projektarbeitsphase entwickelten studentische Gruppen – unter Betreuung des Lehrenden – Projekte für und in Zusammenarbeit mit den Unternehmenspartnern Lebensbaum und Piepenbrock. Die studentischen Projekte wurden von den theoretischen Überlegungen der Inputphase inspiriert. Alle Projekte waren so konzipiert, dass untersucht wurde, wie die Nachhaltigkeitskommunikation von Unternehmen erweitert und verbessert werden kann. Diese Auseinandersetzung mit realweltlichen Fragestellungen erforderte eine enge Zusammenarbeit zwischen Studierenden, dem Lehrenden und den Praxispartnern, die durch wöchentliche Treffen der Projektgruppen und einen regelmäßigen Dialog mit den Praxispartnern und dem Lehrenden ermöglicht wurde. Während einige Projektgruppen regelmäßiger mit den Praxispartnern kommunizierten, hatten andere nur sporadischen Kontakt.

Während der zweiwöchigen Präsentations- und Reflexionsphase präsentierten die Studierenden den Praxispartnern und dem Lehrenden (jeweils bei den Unternehmen vor Ort) die Ergebnisse ihrer Projekte und reflektierten den gesamten Prozess. Das Seminar endete mit schriftlichen Projektberichten, die den theoretischen Hintergrund und die Projektergebnisse beschreiben. Die mündliche Präsentation, einschließlich des Feedbacks der Praxispartner und des Lehrenden, sowie das Schreiben der Projektberichte innerhalb der Gruppen boten die Möglichkeit, die Erfahrungen aus der Projektarbeit kritisch zu reflektieren.

Die Leistungen der Studierenden (Prüfungsleistungen) wurden anhand der Gruppenpräsentationen der Projektergebnisse in Woche 13 sowie der Projektberichte bewertet.

Für die Projektarbeitsphase erhielten die Studierenden die folgende Aufgabe: In Gruppen von vier bis fünf Studierenden ein Projekt durchzuführen, das sich auf die Entwicklung von Konzepten der Nachhaltigkeitskommunikation in Zusammenarbeit mit und als Dienstleistung für ein lokales Unternehmen konzentriert.

Diese Aufgabe umfasste die folgenden Teilaufgaben:

- Auswahl einer Herausforderung der Nachhaltigkeitskommunikation im Unternehmen
- Definition einer Zielgruppe und von Kommunikationszielen
- Einbeziehen der theoretischen Grundlagen
- Entwicklung eines Kommunikationskonzepts
- Soweit möglich, praktische Anwendung des Kommunikationskonzepts
- Reflexion der Ergebnisse
- Präsentation der Ergebnisse
- Schreiben eines Projektberichts

Bei Bedarf konnte jede Gruppe eine Förderung (von bis zu 50 €) erhalten, z. B. für den Druck von Postern oder Flyern.

In Woche 6 stellten Vertreterinnen und Vertreter der lokalen Unternehmen den Studierenden ihre Nachhaltigkeitskommunikation und die damit verbundenen Herausforderungen vor. Auf der Grundlage dieser Informationen wählten die Studierenden eine Herausforderung aus, die sie mit der Konzeptentwicklung angehen wollten. Bereits einige Monate vor Seminarbeginn wurden die Unternehmen durch den Lehrenden kontaktiert, und die Vertreterinnen und Vertreter des jeweiligen Unternehmens und der Lehrende legten fest, welche Nachhaltigkeitsherausforderungen die Studierenden bearbeiten sollten.

In den beiden Seminaren in den Jahren 2015 und 2016 reichten die Projekte von der Verbesserung der Kommunikation eines nachhaltigen Lieferkettenmanagements über die Verbesserung der *Social-Media*-Kommunikation, die Kommunikation von Nachhaltigkeit im Rekrutierungsprozess bis hin zur Entwicklung eines Konzepts für Nachhaltigkeitstage in den Unternehmen. Tab. 2 zeigt vier dieser Projekte.

Alle Projekte spiegeln das Service Learning wider. Ein Service wurde als direkter Beitrag zur Verbesserung der Nachhaltigkeitskommunikation der Unternehmen erbracht. Darüber hinaus ermöglichten die Seminare einen wechselseitigen Lernprozess, bei dem diejenigen einbezogen wurden, die eine Dienstleistung erbracht haben, und diejenigen, die sie erhalten haben. So wurde ein Gleichgewicht zwischen Lernprozessen und Serviceergebnissen erreicht.

Im Sommersemester 2016 und im Wintersemester 2016/2017 wurde als ein weiteres Pilotvorhaben des CASE-Projekts das Projektseminar „Nachhaltige Entwicklung im Oldenburger Münsterland: Probleme mit innovativen Projekten lösen“ im Modul PB-14 „Nachhaltige Entwicklung“ angeboten. In diesem Seminar beschäftigten sich die Studierenden mit dem Konzept des nachhaltigkeitsorientierten Unternehmertums und erhielten Input von lokalen Akteuren zu regionalen Nachhaltigkeitsherausforderungen. Auf der Grundlage dieser Informationen entwickelten studentische Gruppen Businesspläne für Start-up-Unternehmen, die eine nachhaltige Entwicklung in der Region fördern sollen. Während dieses Prozesses wurden die Studierenden von den Lehrenden begleitet und nutzten Online-Lernmaterialien der YooWeeDooChangeMaker-Plattform.[3] Bei diesem Seminar erbrachten die Studierenden somit keinen Service für einen bestimmten Praxispartner, sondern es ging um die Entwicklung von innovativen Unternehmensideen, mit denen Herausforderungen im Kontext einer nachhaltigen Entwicklung auf regionaler Ebene angegangen werden könnten. Tab. 3 gibt einen Überblick über die zweimalige Durchführung dieses Seminars und die entstandenen Start-up-Ideen.

Seit Januar 2019 ist die Universität Vechta an dem Projekt „SDGs Labs – Making the SDGs our business“ (2019–2021)[4] beteiligt. Mit diesem ebenfalls von der

[3]https://www.yooweedoo.org/de/kurse/changemaker-mooc.

[4]https://sdgs-labs.eu.

Tab. 2 Vier Projektbeispiele

Projekt	Nachhaltiges Lieferketten-management	Social-Media-Kommunikation	Nachhaltigkeit im Rekrutierungsprozess	Nachhaltigkeitstage
Praxispartner	Lebensbaum	Lebensbaum	Piepenbrock	Piepenbrock
Idee	Zu visualisieren, wie das Unternehmen seine Lieferanten auswählt und überprüft	Facebook für die Kommunikation der Nachhaltigkeitsaktivitäten des Unternehmens an die Kundinnen und Kunden zu nutzen	Nachhaltigkeit im Rekrutierungsprozess zu nutzen, um Bewerberinnen und Bewerbern das hohe Nachhaltigkeitsengagement des Unternehmens zu zeigen	Die Angestellten des Unternehmens über Nachhaltigkeit zu informieren und sie in Nachhaltigkeitsaktivitäten einzubeziehen
Ergebnisse	Eine grafische Darstellung des nachhaltigen Lieferkettenmanagements, die für den Nachhaltigkeitsbericht des Unternehmens genutzt werden kann	Vergleich mit der Facebook-Kommunikation eines Mitbewerbers, Konzept für eine verbesserte Facebook-Kommunikation	Konzept für die stärkere Sichtbarkeit von Nachhaltigkeit auf der Website des Unternehmens und im Rekrutierungsprozess	Konzept für die Nachhaltigkeitstage des Unternehmens

Tab. 3 Projektseminare mit dem Fokus auf Start-ups

Seminartitel	Nachhaltige Entwicklung im Oldenburger Münsterland: Probleme mit innovativen Projekten lösen	Nachhaltige Entwicklung im Oldenburger Münsterland: Probleme mit innovativen Projekten lösen
Semester	Sommersemester 2016	Wintersemester 2016/2017
ECTS	6 CP	6 CP
Anzahl der Studierenden	27	26
Studienprogramm	Bachelor, Profilierungsbereich	Bachelor, Profilierungsbereich
Input von lokalen Akteuren	Caritas, Verkehrsclub Deutschland (VCD), Gemeinwohlökonomie Bremen, Arbeitsgemeinschaft Bäuerliche Landwirtschaft (AbL)	Studentische Start-up-Projekte aus Kiel (YooWeeDoo), Unternehmen evergreen food (Natur- und Algenprodukte aus Norddeutschland) und vekoop (veganer Onlineshop)
Businesspläne für Start-up-Unternehmen	Hofladen in der Stadt Vechta, Herstellung von Möbeln und Kunstgegenständen in Zusammenarbeit mit Menschen mit Behinderung, Bike-Sharing-Angebot in der Stadt Cloppenburg, Lebensmittel-Tausch, Restaurant für Frauen mit Migrationshintergrund bzw. geflüchtete Frauen, Förderung von sozialen Einrichtungen und Projekten mit Pfanderlösen	Gemeinschaftliches inklusives Wohnen in der Region Vechta, Vermittlung von gebrauchten Möbeln unter Studierenden, Upcycling von Möbeln durch Geflüchtete, generationenübergreifendes biologisches Gärtnern, Markt der Möglichkeiten zu Nachhaltigkeit, Handwerks-AG für Schülerinnen und Schüler, Begegnung von Studierenden und Seniorinnen und Senioren

Europäischen Union im Programm „Erasmus+ Knowledge Alliances" geförderten Projekt wird der Agrar- und Ernährungssektor in verschiedenen europäischen Regionen bei der Umsetzung der *Sustainable Development Goals* (SDGs) unterstützt und die praktische Anwendung wissenschaftlich begleitet. Es geht darum, die SDGs in die Organisationsentwicklung, die Fortbildung sowie die alltäglichen Geschäftspraktiken der Unternehmen zu integrieren. Für den Austausch zwischen Unternehmen und Hochschulen werden innovative Methoden erforscht und erprobt (Scherak et al. 2020). Im Kontext dieses Projekts wurde daher im Sommersemester 2019 und im Wintersemester 2019/2020 ein fächerübergreifendes Projektseminar zur Umsetzung der SDGs im

Agrar- und Ernährungssektor im Oldenburger Münsterland im Modul PB-15 „Nachhaltige Entwicklung in der gesellschaftlichen und politischen Praxis" des Profilierungsbereichs der Universität Vechta angeboten. Nach einer Auseinandersetzung mit den SDGs, den Herausforderungen des Agrar- und Ernährungssektors sowie der Umsetzung von Nachhaltigkeit in Unternehmen haben sich die Studierenden in einer vierwöchigen Gruppenarbeitsphase mit ausgewählten SDGs und deren Relevanz für den Agrar- und Ernährungssektor im Oldenburger Münsterland und insbesondere für die Wiesenhof Geflügelkontor GmbH befasst. Zentrale Ergebnisse dieser Analyse haben die Studierenden anschließend den Projektpartnern beim Unternehmen Wiesenhof vorgestellt. Durch Exkursionen konnten die Studierenden zudem mehr über die landwirtschaftliche Praxis erfahren. Im Sinne von Service Learning konnten die Studierenden einen umfassenden Einblick in die Relevanz der SDGs im Allgemeinen und für den Agrar- und Ernährungssektor im Besonderen erhalten und gleichzeitig dem Unternehmen Wiesenhof Anregungen für die weitere Integration der SDGs in deren Organisationsentwicklung und Geschäftspraktiken geben. Tab. 4 gibt einen Überblick über die zweimalige Durchführung dieses Seminars und die bearbeiteten SDGs.

5 Fazit

Da sie den Erwerb von Nachhaltigkeitskompetenzen bei Studierenden fördert, ist Hochschulbildung für nachhaltige Entwicklung ein wesentlicher Faktor für die gesellschaftliche Transformation. Die Beispiele der Universität Vechta zeigen, dass Service Learning ein reichhaltiges Lernumfeld bieten kann, in dem sich Studierende mit realen Nachhaltigkeitsherausforderungen auseinandersetzen können.[5] Mit diesen Aktivitäten und den damit verbundenen Lern- und Reflexionsprozessen können die Studierenden verschiedene Nachhaltigkeitskompetenzen entwickeln, die für die Bewältigung solcher Herausforderungen erforderlich sind. Darüber hinaus trägt das Service Learning direkt zu einer nachhaltigen Transformation auf lokaler Ebene bei, indem es Unternehmen bei der Umsetzung und Verbesserung von Nachhaltigkeitsaktivitäten unterstützt.

Die Umsetzung von Service-Learning-Projekten erfordert nicht nur ein hohes Maß an Kommunikation und Koordination innerhalb der Studierendengruppe, sondern auch zwischen den Studierenden und den Praxispartnern. Sie sind gleichberechtigte Partner, und für die Studierenden ist es eine Herausforderung, ihr akademisches Wissen mit dem praktischen Wissen der Partner in Beziehung zu setzen. Die Lehrenden sind dafür verantwortlich, geeignete Partner für diese Zusammenarbeit auszuwählen, die bereit sind, die erforderliche Zeit der Kommunikation mit den Studierenden zu widmen und regelmäßig

[5]Die Beispiele guter Praxis und Erfahrungen aus dem CASE-Projekt sind auf einer Wissensplattform (https://www.case-ka.eu/index.html%3Fp=970.html) öffentlich zugänglich.

Tab. 4 Service-Learning-Seminare in Kooperation mit Wiesenhof

Seminartitel	SDGs Labs – Making the SDGs our business	SDGs Labs – Umsetzung der Nachhaltigkeitsziele im Agrar- und Ernährungssektor im Oldenburger Münsterland
Semester	Sommersemester 2019	Wintersemester 2019/2020
ECTS	6 CP	6 CP
Anzahl der Studierenden	8	8
Studienprogramm	Bachelor/Master, Profilierungsbereich	Bachelor, Profilierungsbereich
Praxispartner	Wiesenhof Geflügelkontor GmbH	Wiesenhof Geflügelkontor GmbH
Exkursionen	Geflügelmastbetrieb	Bio-Bauernhof; Schlachtbetrieb für Geflügel,
Bearbeitete SDGs	SDG 2: Kein Hunger SDG 3: Gesundheit und Wohlergehen SDG 6: Sauberes Wasser und Sanitäreinrichtungen SDG 8: Menschenwürdige Arbeit und Wirtschaftswachstum SDG 12: Nachhaltiger Konsum und Produktion SDG 15: Leben an Land	SDG 2: Kein Hunger SDG 3: Gesundheit und Wohlergehen SDG 4: Hochwertige Bildung SDG 6: Sauberes Wasser und Sanitäreinrichtungen SDG 9: Industrie, Innovation und Infrastruktur SDG 15: Leben an Land
Ausgewählte Anregungen für die weitere Umsetzung der SDGs bei Wiesenhof	Bedingungen an Futterzulieferer: z. B. Einsatz von Pestiziden reduzieren (SDGs 8, 12, 15) Schlachtunternehmen sollten keine Werksarbeiter aus Subunternehmen anstellen (SDG 8) Sparsamerer Umgang mit Wasser (SDGs 6, 12, 15) Verpackungen umweltgerechter gestalten (SDGs 12, 15) Mehr vegetarische Alternativen anbieten und Forschung ausbauen (SDGs 6, 8, 12) Aufklärungskampagnen über die Folgen von Lebensmittelverschwendung und über Foodsharing (SDG 12)	Vermittlung von Nachhaltigkeit an die Auszubildenden bei Wiesenhof (SDG 4) Weiterbildung zu Nachhaltigkeit der Angestellten bei Wiesenhof (SDG 4) Kommunikation zwischen allen Akteuren (SDGs 9, 15) Verantwortungsbewusstsein schaffen (SDGs 3, 4, 15) Anreize für den regionalen Konsum schaffen (SDG 15) Fleischexport verringern (SDG 15) Viehzahlen verringern (SDG 15) Sparsamerer Umgang mit Wasser (SDGs 6, 15)

Feedback zu geben. Daher ist es wichtig, dass die Lehrenden und die Praxispartner vor Seminarbeginn ihre Erwartungen und die Bedingungen der Zusammenarbeit klären.

Service Learning ist nur ein möglicher Ansatz zur Gestaltung von Lernumgebungen, in denen Studierende Nachhaltigkeitskompetenzen entwickeln und zu *Change Makers* werden können. Es gibt andere geeignete Lehr- und Lernansätze, wie z. B. Forschendes Lernen. Alle diese Ansätze erfordern eine Verlagerung des Schwerpunkts in der Hochschulbildung vom Lehren zum Lernen. Die Lehrenden müssen die Studierenden begleiten und den Prozess der Kompetenzentwicklung unterstützen. Deshalb müssen sie ihre Rolle vom Lehrenden zur Moderatorin bzw. zum Moderator des Lernprozesses der Studierenden verändern (vgl. Michelsen und Rieckmann 2014).

Um diesem Anspruch bei der Durchführung von Seminaren zum Thema Nachhaltigkeit gerecht werden zu können, müssen die Lehrenden selbst über bestimmte Kompetenzen verfügen, wie z. B. Nachhaltigkeitskompetenzen, Wissen über Lehr- und Lernansätze in der Bildung für nachhaltige Entwicklung und pädagogische Kompetenzen zur Arbeit mit diesen Lehr- und Lernansätzen (Bertschy et al. 2013; Corres et al. 2020; Vare et al. 2019). *Capacity Building* und Weiterbildung sind notwendig, damit Lehrende diese Kompetenzen entwickeln können (vgl. Barth und Rieckmann 2012; Hericks und Rieckmann 2018; UE4SD 2015).

Service Learning sowie andere kompetenzorientierte Lehr- und Lernansätze bieten Studierenden vielfältige Lernmöglichkeiten. Gleichzeitig ermöglicht es den Hochschulen, sich in lokale Nachhaltigkeitsprozesse einzubringen. Immer mehr Hochschulen erkennen diese Möglichkeiten und integrieren Lehr- und Lernansätze wie Service Learning in ihre Curricula. Sowohl Lehrende als auch Studierende können zu diesem Transformationsprozess in der Hochschulbildung beitragen, indem sie den Wandel der Hochschulbildung einfordern und diese Veränderung selbst direkt mitgestalten.

Literatur

Barth M, Rieckmann M (2012) Academic staff development as a catalyst for curriculum change towards education for sustainable development: an output perspective. J Cleaner Prod 26:28–36

Barth M, Godemann J, Rieckmann M, Stoltenberg U (2007) Developing key competencies for sustainable development in higher education. Int J Sustain High Educ 8(4):416–430

Barth M, Adomßent M, Fischer D, Richter S, Rieckmann M (2014) Learning to change universities from within: a service-learning perspective on promoting sustainable consumption in higher education. J Cleaner Prod 62:72–81

Bertschy F, Künzli C, Lehmann M (2013) Teachers' competencies for the implementation of educational offers in the field of education for sustainable development. Sustainability 5(12):5067–5080

Bringle RG, Hatcher JA (1995) A service-learning curriculum for faculty. Mich J Community Serv Learn 2(1):112–122

Bringle RG, Hatcher JA (2000) Institutionalization of service learning in higher education. J Higher Educ 71:273–290

Brundiers K, Barth M, Cebrián G, Cohen M, Diaz L, Doucette-Remington S, Dripps W, Habron G, Harré N, Jarchow M, Losch K, Michel J, Mochizuki Y, Rieckmann M, Parnell R, Walker P, Zint M (2021) Key competencies in sustainability in higher education – toward an agreed-upon reference framework. Sustainability Science 16:13–29

Corres A, Rieckmann M, Espasa A, Ruiz-Mallén I (2020) Educator Competences in Sustainability Education: A Systematic Review of Frameworks. Sustainability 12(23):9858.

Heiskanen E, Thidell Å, Rodhe H (2016) Educating sustainability change agents: the importance of practical skills and experience. J Cleaner Prod 123:218–226

Hericks N, Rieckmann M (2018) Einfluss der Kompetenzorientierung auf die Tätigkeit von Hochschuldozent/-innen. In: Hericks N (Hrsg) Hochschulen im Spannungsfeld der Bologna-Reform. Springer VS, Wiesbaden, S 257–275

Messner D, Scholz I (2015) Gemeinsam für das Wohlergehen aller. Agenda 2030 und die Sustainable Development Goals. In: oekom e. V. – Verein für ökologische Kommunikation (Hrsg) Nachhaltige Entwicklungsziele. Agenda für eine bessere Welt? (Politische Ökologie, 143). Oekom Verlag, München, S 18–26

Michelsen G (2016) Policy, politics and polity in higher education for sustainable development. In: Barth M, Michelsen G, Thomas I, Rieckmann M (Hrsg) Routledge Handbook of higher education for sustainable development. Routledge, London, S 40–55

Michelsen G, Rieckmann M (2014) Kompetenzorientiertes Lehren und Lernen an Hochschulen – Veränderte Anforderungen und Bedingungen für Lehrende und Studierende. In: Frank Keuper und Heinrich Arnold (Hrsg) Campus transformation. Education, qualification & digitalization. Logos, Berlin, S 45–65

Mindt L, Rieckmann M (2017) Developing competencies for sustainability-driven entrepreneurship in higher education: a literature review on teaching and learning methods. Teoría de la Educación. Revista Interuniversitaria 29(1):129–159

Reinders H (2016) Service Learning – theoretische Überlegungen und empirische Studien zu Lernen durch Engagement. Beltz, Weinheim

Rieckmann M (2012) Future-oriented higher education: which key competencies should be fostered through university teaching and learning? Futures 44(2):127–135

Rieckmann M (2018) Chapter 2 – learning to transform the world: key competencies in ESD. In: Leicht A, Heiss J, Jung Byun W (Hrsg) Issues and trends in education for sustainable development. United Nations Educational, Scientific and Cultural Organization, Paris, S 39–59

Scherak L, Jaeger L, Frost H, Grubnic D, Gruszka K, Rammel, C, Rieckmann M, Bernhardt J, Deporta T, Osório Peters S, Saldanha Nunes R, Maria Amaral C, Mariza Monteiro S, Anjos R, Cabecinha E, Nunes M, Chrysanthopoulou F, Friis Lindner L (2020) Project „SDGs Labs". WP 3 report: transformative learning environments, methods and tools for implementing the SDGs in the agribusiness and food production Sector. Vienna. https://sdgs-labs.eu/wp-content/uploads/2020/03/Report_WP3.pdf. Zugegriffen: 15. Juli 2020

Scholz I (2017) Herausforderung Sustainable Development Goals. In: Michelsen G (Hrsg) Die deutsche Nachhaltigkeitsstrategie. Wegweiser für eine Politik der Nachhaltigkeit. Hessische Landeszentrale für politische Bildung. Hessische Landeszentrale für politische Bildung, Wiesbaden, S 23–39

Seifert A, Zentner S, Nagy F (2012) Praxisbuch Service-Learning. Lernen durch Engagement an Schulen. Beltz, Weinheim

Sigmon R L (1997) Linking service with learning in liberal arts education. https://files.eric.ed.gov/fulltext/ED446685.pdf. Zugegriffen: 15. Juli 2020

Thomas I (2016) Challenges for implementation of education for sustainable development in higher education institutions. In: Barth M, Michelsen G, Thomas I, Rieckmann M (Hrsg)

Routledge Handbook of higher education for sustainable development. Routledge, London, S 56–71
Wals AEJ, Tassone VC, Hampson GP, Reams J (2016) Learning for walking the change: eco-social innovation through sustainability-oriented higher education. In: Barth M, Michelsen G, Thomas I, Rieckmann M (Hrsg) Routledge Handbook of higher education for sustainable development. Routledge, London, S 25–39
UE4SD (2015) Leading practice publication. Professional development of university educators on education for sustainable development in European countries. https://www.ue4sd.eu/images/2015/UE4SD-Leading-Practice-PublicationBG.pdf. Zugegriffen: 15. Juli 2020
UN Environment (2019) Global Environment Outlook GEO-6: Healthy planet, healthy people. Cambridge. https://www.unenvironment.org/resources/global-environment-outlook-6. Zugegriffen: 15. Juli 2020
UNESCO – United Nations Educational, Scientific and Cultural Organization (2017) Education for sustainable development goals. Learning objectives. Paris. https://unesdoc.unesco.org/images/0024/002474/247444e.pdf. Zugegriffen: 15. Juli 2020
Universität Vechta (2017) Nachhaltigkeitsleitlinien der Universität Vechta, https://www.uni-vechta.de/uni/nachhaltige-hochschule/home/nachhaltigkeitsleitlinien. Zugegriffen: 15. Juli 2020
Universität Vechta (2019) Zielvereinbarungen der Universität Vechta (2019–2021). https://www.uni-vechta.de/fileadmin/user_upload/Praesidium/Dokumente/Zielvereinbarung_2019-2021.pdf. Zugegriffen: 15. Juli 2020
Vare P, Arro G, de Hamer A, Del Gobbo G, de Vries G, Farioli F (2019) Devising a competence-based training program for educators of sustainable development: lessons learned. Sustainability 11(7), DOI: https://doi.org/10.3390/su11071890. Zugegriffen: 15. Juli 2020
Vereinte Nationen (2015) Transformation unserer Welt: die Agenda 2030 für nachhaltige Entwicklung. https://www.un.org/depts/german/gv-70/band1/ar70001.pdf. Zugegriffen: 15. Juli 2020
WBGU – Wissenschaftlicher Beirat der Bundesregierung Globale Umweltveränderungen (2011) Welt im Wandel: Gesellschaftsvertrag für eine große Transformation. Zusammenfassung für Entscheidungsträger. WBGU, Berlin
Weinert F E (2001) Concept of competence: a conceptual clarification. In: Rychen DS und Hersh Salganik L (Hrsg) Defining and selecting key competencies. Hogrefe & Huber, Seattle, S 45–65

Prof. Dr. Marco Rieckmann ist Professor für Hochschuldidaktik, Schwerpunkt Schlüsselkompetenzen, im Fach Erziehungswissenschaften der Fakultät I – Bildungs- und Gesellschaftswissenschaften an der Universität Vechta. Er ist Nachhaltigkeitsbeauftragter der Universität Vechta und Vertreter der Deutschen Gesellschaft für Erziehungswissenschaft (DGfE) im Council der European Educational Research Association (EERA). Seine Arbeitsschwerpunkte sind: Hochschuldidaktik, (Hochschul-)Bildung für nachhaltige Entwicklung, Nachhaltige Hochschulentwicklung.

Aktivierende Lehre an der HfWU: Innovativ, interdisziplinär und nachhaltig

Dorothee Apfel und Johannes Fuchs

1 Einführung

In den vergangenen Jahrzehnten haben aktivierende Lehr-Lern-Formate an Hochschulen zunehmend an Bedeutung gewonnen. So besteht Konsens darüber, dass eine frontale Wissensvermittlung nur bedingt dazu beiträgt, dass Lernende neue Wissensstrukturen durchdringen oder professionelle und akademische Handlungskonzepte entwickeln. In einer aktiven Auseinandersetzung mit Lerninhalten wird die Voraussetzung für eine kognitive Aktivierung, die zum Durchdringen der Inhalte notwendig ist, gesehen (Biggs und Tang 2011). Um dies zu erreichen, sollte in der Gestaltung von Lehrveranstaltungen die Perspektive der Lernenden und deren Lernprozess eingenommen werden. Mit einem solchen Fokus können Lehr-Lern-Situationen gestaltet werden, die es den Studierenden ermöglichen, Handlungen und Gedanken zu vollziehen, die eine individuelle, zu den eigenen Vorkenntnissen passende und tiefe Durchdringung der Inhalte initiiert (Biggs und Tang 2011).

Das Projekt „PHOENIX – Problemorientierte Hochschullehre im Nachhaltigkeitskontext“[1] der Hochschule für Wirtschaft und Umwelt Nürtingen-Geislingen (HfWU) setzt genau an dieser Stelle an. PHOENIX ist ganzheitlich auf den Lehr-Lern-Prozess ausgerichtet

[1]Gefördert vom Ministerium für Wissenschaft, Forschung und Kunst Baden-Württemberg im Rahmen der Förderlinie „Wissenschaft lernen und lehren – WILLE“.

D. Apfel (✉) · J. Fuchs
Hochschule für Wirtschaft und Umwelt (HfWU) Nürtingen-Geislingen, Nürtingen, Deutschland
E-Mail: dorothee.apfel@hfwu.de

J. Fuchs
E-Mail: johannes.fuchs@hfwu.de

A. Boos et al. (Hrsg.), *CSR und Hochschullehre,* Management-Reihe Corporate Social Responsibility, https://doi.org/10.1007/978-3-662-62679-5_10

und adressiert alle Teile des „Didaktischen Dreiecks“: Lehrende, Studierende und die Darstellung und aktive Auseinandersetzung mit Wissensstrukturen (Wildt 2002). Darüber hinaus wird aktivierende Lehre auf institutioneller Ebene implementiert. Problemorientierung wird im Projekt PHOENIX inhaltlich begründet und systematisch in die Lehr-Lern-Methoden integriert. Das Projekt soll dazu beitragen, Studierende für gesellschaftlich relevante und praxisbezogene Fragestellungen mit Bezug zum Leitbild der nachhaltigen Entwicklung zu begeistern und sie zu motivieren, sich kritisch und engagiert damit auseinanderzusetzen. Das Projekt hat somit eine inhaltliche, eine methodische und eine strukturelle Komponente.

Im vorliegenden Beitrag wird die Einbindung aktivierender Lehrformate an der HfWU am Beispiel des Projektes PHOENIX diskutiert. Zu Beginn wird die Verknüpfung von aktivierenden Lehrformaten mit Kompetenzentwicklung vorgestellt sowie damit verbundene Herausforderungen diskutiert. Daran anschließend wird das in PHOENIX durchgeführte Konzept zur Entwicklung innovativer und interdisziplinärer Lehrveranstaltungen im Nachhaltigkeitskontext, dargestellt. Im letzten Abschnitt werden schließlich, aus den in PHOENIX gewonnenen Erfahrungen, Impulse zur Weiterentwicklung von Lehr-/ Lernlaboren an der HfWU gewonnen, welche im Nachfolgeprojekt „PHOENIX:Lens Problemorientierte Hochschullehre im Nachhaltigkeitskontext – Lehr-/ Lernprozesse für einen nachhaltigen Studienerfolg“[2] aufgenommen werden.

2 Kompetenzentwicklung durch aktivierende Lehrformate

Im 21. Jahrhundert hat nicht nur eine grundlegende Änderung darin stattgefunden wie Studierende Informationen suchen und sich Wissen aneignen, sondern auch in der Komplexität und Dynamik von Bildungsprozessen. Lehrende müssen in den einzelnen Fachdisziplinen und in der Didaktik Änderungsprozesse integrieren, welche durch die Globalisierung und die raschen Fortschritte in Technologie und Kommunikation hervorgerufen werden (Piza et al. 2018). In der Hochschullehre sind daher Lehr-Lern-Formate erforderlich, welche die Perspektive der Studierenden in den Fokus rücken und die Studierenden auf eigenständigen Lern- und Forschungsprozessen begleiten. Damit unterscheiden sie sich von der traditionellen Vermittlung von purem Wissen und erfordern eine Lehre, die auf die Entwicklung von Kompetenzen ausgerichtet ist (Leal Filho et al. 2018; Müller-Christ 2017).

Lehr-Lern-Situationen, die dies berücksichtigen, sollten Studierenden eine tiefe Auseinandersetzung mit den Wissensinhalten ermöglichen und die Entwicklung professioneller Kompetenzen unterstützen. Unter Kompetenzen versteht man „die bei Individuen verfügbaren oder durch sie erlernbaren kognitiven Fähigkeiten und Fertigkeiten, um bestimmte Probleme zu lösen, sowie die damit verbundenen motivationalen, volitionalen und sozialen Bereitschaften und Fähigkeiten, um die Problemlösungen in variablen Situationen erfolgreich und verantwortungsvoll nutzen zu können“ (Weinert

[2]Gefördert vom Ministerium für Wissenschaft, Forschung und Kunst Baden-Württemberg im Rahmen der Förderlinie „Lehr- und Lernlabore“.

2001, S. 27 f.). An der HfWU wird zur Kategorisierung der Kompetenzen eine durch den Qualitätszirkel Lehre der Hochschule entwickelte Matrix verwendet, die Handlungskompetenz (bestehend aus Fach- System, Selbst- und Sozialkompetenz) auf den Ebenen Wissen, Fähigkeiten und Kompetenz unterscheidet (Lepp et al. 2017). Dies entspricht dem deutschen Qualifikationsrahmen für lebenslanges Lernen (KMK 2013), ergänzt aber die Systemkompetenz als separate Kategorie. Letzteres spiegelt das Leitbild der HfWU wider: Die eigenen Handlungen werden im Wechselwirkung von Gesellschaft und Umwelt gesehen. Auch wird die Notwendigkeit des interdisziplinären Arbeitens deutlich: Die Grenzen fachlicher Lösungen können aufgezeigt und die Notwendigkeit weiterer Disziplinen erkannt werden, wodurch die Studierenden bei der Entwicklung von Orientierungswissen und Handlungskompetenz unterstützt werden (Fehling et al. 2018).

Lehr-Lern-Situationen sollen es Studierenden ermöglichen, Handlungen und Gedanken zu vollziehen, die eine zu den eigenen Vorkenntnissen passende und tiefe Durchdringung der Inhalte ermöglicht. Mandl und Reinmann-Rothmeier (1998, Seite 198) legen der Gestaltung solcher Lehr-Lern-Situationen folgende vier Prinzipien zugrunde:

- Authentische und situierte Probleme
- Multiple Kontexte
- Multiple Perspektiven
- Sozialer Kontext

Ausgangspunkt von Lernprozessen sollten authentische Probleme sein, die in einer konkreten Situation verortet sind. Der Kontext sollte variiert werden, um einen Transfer zu ermöglichen und zu vermeiden, dass Wissen starr auf eine Situation bezogen bleibt. Ebenfalls sollte eine Perspektivenvielfalt auf ein Problem ermöglicht werden, um ein ganzheitliches Problemverständnis und unterschiedliche Lernzugänge zu ermöglichen. Die Auseinandersetzung mit Problemen in sozialen Lernformen ermöglicht ein gemeinsames Erarbeiten und den Austausch zwischen Lernenden untereinander und mit Lehrenden.

Mit der Umsetzung dieses Verständnisses verändern sich sowohl die Lehr-Lern-Situationen als auch der Lernprozess der Studierenden. Auf der einen Seite werden die Studierenden zu einer anderen Art des Lernens angeleitet und geführt. Auf der anderen Seite müssen sich die Lehrenden in eine veränderte Rolle einfinden, in der sie nicht ausschließlich als Wissensvermittler agieren. Vielmehr treten sie als Experten auf, die die Studierenden im Lernprozess begleiten und beraten und ihnen eigene Gestaltungsmöglichkeiten einräumen.

Aktivierende Lehrformate sind systematische Herangehensweisen zur Gestaltung von Lehr-Lern-Situationen, die eine tiefe Auseinandersetzung mit den Wissensinhalten und die Entwicklung professioneller Kompetenzen ermöglichen. Sie beinhalten die Voraussetzungen für tiefes Lernen (Mandl und Reinmann-Rothmeier 1998) und ermöglichen den Studierenden die selbstgesteuerte Gestaltung von Lernprozessen und (Forschungs-)Projekten. Im Rahmen des Projektes PHOENIX nutzen wir als Lehrformate Problembasiertes Lernen (Albanese und Mitchel 1993, Strobel und van Barneveld 2009; Weber 2014) Forschendes Lernen (Huber 2009, 2014; Lausberg et al. 2019; Lepp et al. 2017; Lepp und Niederdrenk-Felgner 2014) und den Innovationsprozess Design Thinking (Fischer 2019; IDEO 2015, Plattner et al. 2009).

3 Herausforderungen aktivierender Lehre

An der HfWU wurden die neuen Anforderungen an Lehr-Lern-Prozesse und deren Chancen für eine stärkere Integration der Studierenden in die Wissensprozesse erkannt. Daher werden seit 2013 Fortbildungen zum Forschenden Lernen durchgeführt und Lehrende bei der Implementierung der neuen Lehrformate begleitet, wodurch das Format an der HfWU mittlerweile weit verbreitet ist (Lausberg et al. 2019; Lepp et al. 2017; Lepp und Niederdrenk-Felgner 2014). Von 2013 bis 2017 wurden 28 Professoren und 22 Lehrbeauftragte in der Konzeption von Lehrveranstaltungen des Formates Forschendes Lernen begleitet.

Die Erfahrungen aus diesen Fortbildungen zeigen, dass die Umstellung von klassischen Lehrformaten auf aktivierende Lehrformate für Lehrende erfahrungsgemäß mit Herausforderungen verbunden ist. Sie erfordert einen Rollenwechsel der Lehrenden im Sinne des „shift from teaching to learning": Sie sind nicht länger ausschließlich für die Präsentation von Wissen verantwortlich, sondern unterstützen die Studierenden dabei, sich neues Wissen anzueignen. Dadurch steigen die Freiheitsgrade in den Lehrveranstaltungen. Es ist schwieriger vorherzusagen, wie viel Zeit die Bearbeitung eines Themas benötigt und wie die Studierenden es ausgestalten. Lehrende melden in der Reflexion ihrer Erfahrungen regelmäßig zurück, dass aktivierende Lehrformate für sie mit Abstrichen in der Behandlung des geplanten Themenspektrums einhergehen. Zwar arbeiten die Studierenden sich tief in ein Thema ein und entwickeln wichtige Schlüsselqualifikationen, allerdings kann das komplette Spektrum fachlicher Lernergebnisse nicht mehr sichergestellt werden. Bei der Planung und Umsetzung aktivierender Lehre gilt es deshalb stets zwischen fachlicher Breite und Tiefe abzuwägen.

Auch für die Studierenden sind aktivierende Lehrformate eine Umstellung. Sie äußern regelmäßig Unzufriedenheit und Schwierigkeiten mit den höheren Freiheitsgraden und dem hohen Arbeitspensum bereits frühzeitig im Semester. An der HfWU wird deshalb frühzeitig versucht, den Studierenden die Anforderungen an aktivierende Lehrprojekte transparent zu kommunizieren und diesen Aufwand im Curriculum entsprechend anzurechnen. Außerdem wird der Arbeitsprozess klar strukturiert und die Lehr-Lern-Kultur dementsprechend längerfristig umgestaltet. Die Zufriedenheit der Studierenden mit ihren Arbeitsergebnissen am Ende des Semesters ist im Gegensatz zur beschriebenen Unzufriedenheit zu Semesterbeginn in der Regel hoch.

Eine weitere Herausforderung an aktivierende Lehr-Lern-Formate stellen die derzeitigen Räumlichkeiten an der HfWU dar. Zwar konnte in den vergangenen Jahren das Angebot an flexiblen Lehr-/Lernräumen ausgebaut werden, allerdings sind diese Räume nach wie vor die Ausnahme. Vorlesungsräume sind weiterhin auf Lehrveranstaltungen mit Vorlesungscharakter ausgerichtet, was die Durchführung aktivierender Lehrformate erschwert. Eine weitere Herausforderung stellt die Umsetzung aktivierender Lehr-Lern-Formate in großen Gruppen dar. Durch das schlechtere Betreuungsverhältnis kann eine kontinuierliche Begleitung der Studierenden nicht immer garantiert werden. Zielführend haben sich hier Peer-Feedback-Schleifen, Unterstützung durch Tutoren und die Verwendung digitaler Tools erwiesen.

4 Die Verbindung von Innovation, Interdisziplinarität und nachhaltige Entwicklung in Lehrformaten

Neben der Forderung nach aktivierenden Lehrformaten kommt dem Nachhaltigkeitsdiskurs in Hochschulen eine immer wichtigere Bedeutung zu, da an Hochschulen gesellschaftliche Herausforderungen auf wissenschaftlicher Ebene reflektiert werden können (Nölting und Pape 2017). Auf die Bedeutung der Hochschulen für die Gestaltung nachhaltiger und zukunftsfähiger Gesellschaften wird vom wissenschaftlichen Beirat der Bundesregierung Globale Umweltveränderungen (WBGU 2011) in seinem Gutachten „Gesellschaftsvertrag für eine Große Transformation“ ausdrücklich hingewiesen. Nachhaltigkeitsbezogene Handlungsfelder liegen in den Bereichen Governance, Lehre, Forschung, Transfer, Betrieb und Berichterstattung (Hoch-N 2019). Die Einbettung der Hochschulen in die Gesellschaft erfordert an den Hochschulen eine Struktur, „... die sich weg von disziplinspezifischer Tiefenbohrung empirischer Forschung hin zu einer transdisziplinären Forschung mit offenen Grenzen zwischen Wissenschaft und Praxis bewegt“ (Müller-Christ 2017, S. 162). Hochschulen für Angewandte Wissenschaften können hier einen besonderen Beitrag leisten, da sie wegen ihrer Anwendungsorientierung insbesondere in der Nachhaltigkeitsforschung, wie beispielsweise bei Transformationsprozessen wie der Energiewende, dem Klimaschutz und Mobilitätspolitik, wichtige Erkenntnisse liefern können (Ringel et al. 2018).

Für die große gesellschaftliche Herausforderung einer nachhaltigen Entwicklung bedarf es eines Werte- und Bewusstseinswandels: Es werden zukünftige Entscheider benötigt, die in der Lage sind, komplexe Systeme zu verstehen, Entwicklungen zu antizipieren sowie transformative Strategien zu entwickeln und umzusetzen. Die World Conference on Higher Education stellte diese Kompetenzen von Hochschulabsolventen 2009 in ihrer Abschlusserklärung deutlich heraus, indem sie Hochschulen dazu auffordert Studierende in ihrer Kompetenzentwicklung so zu unterstützen, dass sie die Gesellschaft als verantwortungsbewusste Personen bereichern (Piza et al. 2018).

Die Bedeutung des Kompetenzerwerbs im Bereich der nachhaltigen Entwicklung wird insbesondere darin deutlich, dass Absolventen an ihren zukünftigen Arbeitsplätzen, die meist nicht im wissenschaftlichen Bereich liegen, komplexen Fragestellungen begegnen werden (Cörvers et al. 2016). Schritte in Richtung einer nachhaltigen Entwicklung erfordern daher Fachleute mit Kompetenzen, die sie befähigen, Herausforderungen aus verschiedenen Perspektiven zu betrachten, Problemstellungen in interdisziplinären Teams zu analysieren und gemeinsame Lösungsoptionen zu entwickeln (Cörvers et al. 2016; Wiek et al. 2011). Um diese Kompetenzen zu fördern, eignen sich besonders studierendenzentrierte Lehrformate, die neben den klassischen Ansätzen der Bildung für nachhaltige Entwicklung (BNE)[3] Capacity Development für gesellschaftliche Transformationsprozesse fördern (Leal Filho et al. 2018).

[3]Im vorliegenden Beitrag findet keine konzeptionelle Diskussion von BNE im Hochschulbereich statt. Weiterführende Literatur hierzu u. a. Leal Filho 2018, Schneidewind und Singer-Brodowski 2013.

Lernprozesse und somit die Lehrformate müssen dahin gehend überdacht werden, transformative Prozesse holistisch zu beleuchten, was nur über kritisches Hinterfragen und Umdenken der Lehrenden und Lernenden gelingen kann (Leal Filho et al. 2018). Es geht um Lernprozesse, die an realen wissenschaftlichen, betrieblichen und beruflichen Kontexten ausgerichtet sind, wobei Studierende idealerweise in kleinen interdisziplinären Teams zusammenarbeiten (Cörvers et al. 2016; Piza et al. 2018).

Das PHOENIX-Projekt orientiert sich am Kompetenzmodell von Wiek et al. (2011). Dieses Kompetenzmodell wird in den spezifischen Charakteristika der Herausforderungen der nachhaltigen Entwicklung begründet, für deren Lösungen ein spezielles Set an Kompetenzen nötig ist, die miteinander verbunden und voneinander abhängig sind. Wiek et al. weisen darauf hin, dass es zwar eine zunehmende Diskussion der Nachhaltigkeitskompetenzen gebe, eine systematische Integration dieser aber nicht stattgefunden habe. Aufbauend auf einem Literature Review identifizieren sie fünf Kernkompetenzen für eine nachhaltige Entwicklung: Systemdenken-Kompetenz („systems thinking competence"), strategische Kompetenz („strategic competence"), normative Kompetenz („normative competence"), vorausschauende Kompetenz („anticipatory competence") und interpersonelle Kompetenz („interpersonal competence"). Diese fünf Nachhaltigkeitskompetenzen sind nicht isoliert zu betrachten, sondern bauen auf grundlegenden Kompetenzen aller Studienprogrammen auf, wie beispielsweise kritisches Denken, pluralistisches Denken, Kommunikationsfähigkeiten, wissenschaftliches Arbeiten etc.

5 Das Lehr-Lern-Projekt PHOENIX

An der HfWU haben bereits in den vergangenen Jahren verschiedene Forschungs-, Bildungs- und Transferprojekte zu nachhaltiger Entwicklung dazu beigetragen, das Thema nachhaltige Entwicklung an der Hochschule zu stärken. Zum einen gibt es extracurriculare interdisziplinäre Angebote, wie Veranstaltungen im Rahmen des Studium generale oder in Form von Sommerschulen (Fehling et al. 2018). Zum anderen werden auch neue Studiengänge in ihrem Profil zunehmend daran ausgerichtet, zur Ausbildung von zukünftigen Entscheidungsträgeren beizutragen, die für die Problemlagen einer nachhaltigen Entwicklung sensibilisiert und für deren praktische Bewältigung qualifiziert sind. Die HfWU bietet zahlreiche Studiengänge mit einem ausdrücklichen Bezug zur nachhaltigen Entwicklung an: Nachhaltiges Produktmanagement (B.A.), Energie- und Ressourcenmanagement (B.A.), Nachhaltige Agrar- und Ernährungswirtschaft (M.Sc.), Nachhaltige Stadt- und Regionalentwicklung (M.Eng.), Sustainable Mobilities (M.Sc.), Umweltschutz (M.Eng.), Landschaftsplanung und Naturschutz (B.Eng.).

Neben dem strategischen Prozess der HfWU, die nachhaltige Entwicklung noch stärker im Profil der Hochschule zu verankern, setzt das Projekt PHOENIX gezielt an der curricularen Verankerung an, wodurch eine fachspezifische Integration von Prozessen, Grenzen und Zielkonflikten einer nachhaltigen Entwicklung stattfinden kann. PHOENIX kombiniert dabei die Erfahrungen aus den bereits durchgeführten Projekten zu aktivierenden Lehrformaten und nachhaltiger Entwicklung. Im Fokus liegt daher das Zusammenspiel von Realweltbeispielen, Interdisziplinarität und Innovation in der Lehre.

5.1 Fortbildungsprogramm für Professoren

In Kooperation mit dem Zentrum für Nachhaltige Entwicklung (ZNE) und dem Methoden- und Innovationslabor (MLab) schulte, vernetzte und begleitete das Kompetenzzentrum Lehre (KoLe) im Projekt PHOENIX von 2017–2019 über vier Semester Professoren aller Fakultäten bei der Initiierung und Umsetzung aktivierender Lehrformate im Nachhaltigkeitskontext. Dieses Fortbildungsprogramm zu aktivierenden Lehrformaten wurde in zwei einjährigen Fortbildungszyklen durchgeführt. Unterstützt vom PHOENIX-Projektteam implementierten die Professoren die Lehrformate Problembasiertes Lernen, Forschendes Lernen oder den Innovationsprozess Design Thinking in eine bestehende Lehrveranstaltung. Die Konzeption der Lehrveranstaltungen erfolgte gemäß dem Konzept des Constructive Alignment (Biggs und Tang 2011; Wildt und Wildt 2011), bei dem Lehrende Lernziele definieren, dazu passende, kompetenzorientierte Prüfungsformate entwickeln und dementsprechend die Lernumgebung für die Studierenden gestalten.

Die Professoren wurden während des einjährigen Fortbildungszyklus im Rahmen eines Kick-off-Workshops sowie zwei Begleitseminaren begleitet. Der Kick-off diente vor allem dazu, die aktivierenden Lehrformate zu verstehen und die eigenen Lehrveranstaltungen auf deren Anwendung zu überprüfen und diese neu zu konzipieren. Ebenso wurden die Integration der nachhaltigen Entwicklung und die Kompetenzentwicklung der Studierenden in diesem Feld thematisiert. Die beiden Begleitseminare dienten der kollegialen Reflexion hinsichtlich der Umgestaltung der Lehrveranstaltungen und deren Weiterentwicklung. Zusätzlich konnten verschiedene Fragestellungen, Herausforderungen und Lösungswege, die sich aus der Neukonzeption ergaben, diskutiert werden. In diesem Prozess wurden die Teilnehmenden eng vom PHOENIX-Projektteam begleitet. Während der Umsetzung der Lehrveranstaltungen konnten die Professoren bei Bedarf auf individuelle Unterstützung des Projektteams zurückgreifen.

5.2 Prozessunterstützende Formate

Neben der Entwicklung von lernprozessorientierten Lehrveranstaltungen leistete PHOENIX wichtige Beiträge zur Erreichung strategischer Hochschulziele im Bereich nachhaltige Entwicklung, zur hochschulweiten Vernetzung und zur einrichtungsübergreifenden Kooperation:

- Das in PHOENIX entwickelte Vertiefungsmodul „Empirische Nachhaltigkeitsforschung" bereitet Studierende auf die Entwicklung eines Forschungsexposés vor. Die Lehrveranstaltung im Format des FoLe dient der Vorbereitung auf die Abschlussarbeit und wird in 3 Studiengängen implementiert. Die Besonderheit des Moduls liegt darin, dass orientiert an festen Meilensteinen und mit einer wöchentlichen Vorlesung die Studierenden ein Forschungsexposé zu einem Thema mit Nachhaltigkeitsbezug erstellen, die sich an Forschungsschwerpunkten der HfWU Forschungsinstitute orientieren.

- Um der HfWU ein mobiles Forschungs- und Projektlabor zur Verfügung zu stellen, wurde ein Bauwagen restauriert, welcher als „Lab2Go" insbesondere Studierenden als flexibler Arbeitsraum für Projektarbeiten zur Verfügung steht.
- Mit dem „kleinen Nachhaltigkeitspreis" wurde an der HfWU ein Format geschaffen, für das sich alle Studierenden bewerben können, die sich in einer studentischen Projekt- oder Seminararbeit mit Themen der nachhaltigen Entwicklung auseinandergesetzt haben.
- Das Brown-Bag-Seminar „MeetMyMethods" richtet sich an alle Hochschulangehörigen, die sich in ihrer Mittagspause durch Impulse zu methodischen Verfahren durch Experten inspirieren lassen und darüber diskutieren möchten.
- Das Angebot einer individuellen Schreiberatung bietet für Studierende die Möglichkeit individuelle Fragen in ihrem Schreibprozess zu stellen. Außerdem werden Workshops zum wissenschaftlichen Arbeiten angeboten.
- In PHOENIX wurde ein Prototyp des HfWU-Nachhaltigkeitsportals „nap" realisiert, um ein digitale Austauschportal rund um das Thema Nachhaltigkeit an der HfWU zu schaffen. Die „nap" soll zur Bündelung der Nachhaltigkeitsaktivitäten an der HfWU in Forschung, Lehre und Betrieb dienen.
- Ein wichtiger Meilenstein des Projekts stellte die PHOENIX-Tagung 2018 dar, die im Rahmen des HfWU-Nachhaltigkeitssymposiums veranstaltet wurde. Unter dem Motto „Heute schon fit für morgen?! Nachhaltige Entwicklung in Lehre und Praxis" diskutierten die Teilnehmenden mit internen und externen Vertretern aus Wissenschaft und Praxis, welche Kompetenzen Studierende benötigen, um einen Beitrag zu nachhaltigen Entwicklungen zu leisten und welche Relevanz diese Kompetenzen für die Strategien von Unternehmen haben.

6 Erkenntnisse und Weiterentwicklung

Bislang lässt sich festhalten, dass 17 Professoren aller Fakultäten am PHOENIX-Fortbildungsprogramm teilgenommen haben, was ein großes Interesse der Professorenschaft an diesem Konzept zeigt. Mit der Teilnahme am Fortbildungsprogramm verpflichteten sich die Professoren, mindestens eine Lehrveranstaltung entsprechend der Projektkonzeption umzustellen. Dieses Ziel wurde bei Weitem übertroffen, so wurden im Rahmen von PHOENIX 33 Lehrveranstaltungen in 14 der 32 Studiengängen der HfWU neu konzipiert. Die teilnehmenden Professoren waren nicht auf ein Lehrformat festgelegt und so nutzten einige das Fortbildungsprogramm, um unterschiedliche Lehrformate in verschiedenen Lehrveranstaltungen zu implementieren.

Die PHOENIX-Lehrveranstaltungen gehen über die traditionelle disziplinäre Lehre hinaus und integrieren Kompetenzen, die problemorientierte Lösungen im

Nachhaltigkeitskontext ermöglichen. Fragestellungen innerhalb der jeweiligen Fachdisziplin wurden aus dem Blickwinkel der nachhaltigen Entwicklung betrachtet, teilweise in interdisziplinären Projekten oder in Kooperationen mit Praxispartnern. Das Ziel, alle Kompetenzen der Nachhaltigkeit in einer Lehrveranstaltung zu fördern und somit eine dementsprechende volle Einbettung der Nachhaltigkeitsforschung und Problemlösung zu erreichen, stellte sich aufgrund der Komplexität der Fragestellungen als schwierig heraus.

In PHOENIX wurde die Erfahrung gemacht, dass Problembasiertes Lernen (PBL) gut in bestehende Lehrveranstaltungen integriert werden kann. PBL wurde in der Regel als Baustein in bestehende Lehrveranstaltungen integriert, um vor neuen thematischen Abschnitten auf das Bevorstehende vorzubereiten oder nach mehreren Sitzungen Zusammenhänge zwischen Inhalten herzustellen und zu vertiefen. Dabei eignete sich das Format besonders dazu, die wesentlichen fachlichen Konflikte zu adressieren. Mehrere PBL-Iterationen haben sich als notwendig herausgestellt, um Studierende den Ablauf einüben zu lassen und mit der Methode vertraut zu werden. Die Integration von PBL-Ergebnissen in die Klausur am Semesterende hat sich als hilfreich auf das Engagement der Studierenden bei der Fallbearbeitung ausgewirkt.

Forschendes Lernen ist an der HfWU ein weitverbreitetes Format und wird über den ganzen Student-Life-Cycle eingesetzt. Insbesondere die Umsetzung in niedrigen Semestern und mit großen Gruppen erfordert von den Lehrenden eine kontinuierliche Reflexion und Anpassung der Veranstaltung im Sinne des Scholarship of Teaching and Learnings (Huber 2011). Die methodischen Voraussetzungen der Studierenden sind oft nicht ausreichend, weshalb das PHOENIX-Projektteam als Co-Lehrende in FoLe-Veranstaltungen unterstützt. Außerdem haben die Erfahrungen mit dem Format zum verstärkten Diskurs über die curriculare Einbindung und Bedeutung wissenschaftlicher Arbeitstechniken und -methoden in mehreren Studiengängen geführt. Das PHOENIX-Projektteam unterstützt aktuell zwei Studiengänge bei einer entsprechenden Studiengangsentwicklung.

Die Integration von Design Thinking in bestehende Lehr-Lern-Prozesse sieht in der Regel einen Kick-off-Workshop vor, in dem die Studierenden erste Konzeptideen entwickeln. Dafür dienten selbstdefinierte Herausforderungen aus dem Bereich der nachhaltigen Entwicklung oder Herausforderungen von Praxispartnern. Im weiteren Semesterverlauf konnten einzelne Methoden aus dem Design Thinking eingesetzt werden oder der gesamte Prozess iterativ oder linear durchlaufen werden. Studierende reagierten in der Regel begeistert auf die eingesetzten Arbeitsformen und zeigten ein hohes Engagement, insbesondere bei der kreativen Bearbeitung von Zielkonflikten der nachhaltigen Entwicklung. Lehrende und Praxispartner meldeten regelmäßig eine große Zufriedenheit mit den Arbeitsergebnissen zurück. Trotzdem ist Design Thinking alles andere als ein Selbstläufer: Das Lehr-Lern-Setting unterscheidet sich grundlegend von anderen Lehrformen, insbesondere das ergebnisoffene Vorgehen und der Transfer von Design-Thinking-Ergebnissen in wissenschaftliche Arbeiten stellt hohe Anforderungen an das eigene didaktische Vorgehen.

Die drei Formate weisen generell ein großes Potenzial in der Nutzung der Diversität studentischer Arbeitsgruppen auf, sowohl bei der Problemformulierung als auch ihrer Bearbeitung. Die Erfahrungen aus PHOENIX zeigen, dass eine stärkere interdisziplinäre Zusammenarbeit sowie Praxiskooperationen in Lehr-Lern-Situationen Studierenden die Bedeutung der nachhaltigen Entwicklung näherbringen kann. Außerdem werden die Fähigkeiten, komplexe Systeme zu verstehen, Entwicklungen zu antizipieren sowie transformative Strategien zu entwickeln und umzusetzen, gesteigert. Auch in PHOENIX liegt eine große Herausforderung darin, einerseits der interdisziplinären Absicht gerecht zu werden und andererseits eine angemessene disziplinare Tiefe zu erreichen.

Die Integration von überfachlichen Lernzielen, die mit der Umsetzung von aktivierenden Lehr-Lern-Formaten einhergeht, muss mit der Erreichung fachlicher Lernziele abgestimmt werden. Unter Umständen werden dadurch weniger fachliche Inhalte behandelt, diese aber besser gelernt. Dies kann für Professoren, insbesondere an HAWen eine Herausforderung darstellen. Sie sind Fachexperten mit umfangreicher Erfahrung in ihrem Feld und müssen nun zwischen der Erreichung fachlicher Lernziele und der Förderung von disziplinären Schlüsselkompetenzen oder Kompetenzen zur Gestaltung einer nachhaltigen Entwicklung abwägen. Außerdem zeigte sich, dass vorhandene Potenziale für Kooperationen zwischen Lehrenden und Externen derzeit nicht erschöpfend genutzt werden.

Mit dem Nachfolgeprojekt „PHOENIX:LenS" wird an diese Erfahrungen angeknüpft. Über die Förderdauer von zwei Jahren (01/2019–12/2020) werden bewährte und etablierte Maßnahmen aus PHOENIX konzeptionell zu Lehr-/Lernlaboren weiterentwickelt und neue Schwerpunkte gesetzt. Es sollen Räume geschaffen werden, in denen inter- und transdisziplinäre Lehrprojekte durchgeführt werden können. Dabei wird ein Multi-Level-Approach verfolgt, der alle Stakeholder der Hochschule einbeziehen soll. Das bestehende Fortbildungskonzept wird durch physische und digitale Labore zur Vernetzung und Projektgenerierung genutzt. Die neuen Formate, die in PHOENIX:LenS entwickelt werden, sind in Tab. 1 dargestellt.

Für die erfolgreiche Umsetzung der bestehenden Maßnahmen hat sich das gut eingespielte und an der Hochschule verankerte interdisziplinäre PHOENIX-Projektteam als ausschlaggebend erwiesen. Das Projekt bündelt wesentliche Aspekte des Hochschulprofils und schafft es daher Synergien zwischen verschiedenen Interessensgruppen zu erzeugen. Nicht zuletzt dadurch ist das Projektteam inzwischen sehr gut an der Hochschule vernetzt, sowohl mit den Studiengängen, den Forschungseinrichtungen, dem Rektorat und weiteren zentralen Einrichtungen und Gremien. Die im Projekt geplanten Maßnahmen, wie Fortbildungen, Brown-Bag-Seminare, Matches und Spaces tragen zur internen Vernetzung der HfWU und zum Diskurs über Lehre und Nachhaltigkeit bei. Außerdem weisen die Projektziele eine hohe Kongruenz mit den strategischen Hochschulzielen auf.

Tab. 1 Neue Formate in PHOENIX:LenS

Lehr-Lern-Konzeptlabor	Die bestehende PHOENIX-Fortbildung wird zum Lehr-Lernkonzeptlabor weiterentwickelt. Das agile Workshopformat sammelt verschiedene Formate und Aspekte aktivierender Lehre. Die bereits genannten Formate werden durch projektbasiertes Lernen, Service Learning und Gamification ergänzt. Hinzu kommen Methoden zur Aktivierung großer Gruppen. Kompetenzorientiertes Prüfen, Nachhaltigkeitskompetenzen und die Begleitung wissenschaftlicher Schreib- und Arbeitsprozesse runden den Workshop ab. Diese Themen werden nicht als gesetzt angesehen. Vielmehr wählen die Workshop-Teilnehmer aus ihnen aus und gestalten sich ihr Programm selbst.
MatheLab	Im MatheLab sollen Lehrende Handlungsstrategien bündeln, die Studierenden den Zugang zur und den Umgang mit Mathematik erleichtern. PHOENIX gestaltet das MatheLab zusammen mit der Studienberatung, z. B. durch Vorträge oder die Moderation von Workshopphasen zur Entwicklung übertragbarer Konzepte für Lehreinheiten, Arbeitsmaterialien oder Aufgaben.
HD Coop	HD Coop bündelt verschiedene Formate der hochschuldidaktischen Prozessbegleitung, z. B.: Coaching, Teaching Analysis Poll (an der HfWU als Learning Analysis Poll bezeichnet) und Hospitationen.
Lokal einsetzbare Methoden	Niedrigschwellige Angebote ergänzen die Entwicklung einer lernprozessorientierten Lehrkultur. Sie sind leicht in bestehende Lehrkonzepte integrierbar und können Lehrende ansprechen, die von aufwendigeren Formaten, wie z. B. das HD Lehrkonzeptlabor, abgeschreckt sind. Aktivierende Methoden, wie die an der TU Berlin (2016) entwickelten Nachhaltigkeitsbausteine „blueengineering", sind dafür gut geeignet. Einzelne Bausteine mit thematischem Bezug zur Lehrveranstaltung und einer Dauer von bis zu 15 min können von Lehrenden gebucht und vom Projektteam oder ausgebildeten wissenschaftlichen Hilfskräften durchgeführt werden. PHOENIX unterstützt außerdem bei der Durchführung haptischer Planspiele und Design-Thinking-Workshops.
HfWU-Matches inter- und transdisziplinäre Kooperationen	Vorhandene Potenziale für Kooperationen zwischen Lehrenden und ggf. Externen sollen stärker genutzt werden. Um dies zu fördern, soll mit einer „Partnerbörse" ein Format geschaffen werden, worin sich Lehrende und/oder Forschende zur Projektanbahnung finden, austauschen sowie inter- und transdisziplinäre Projekte aus dem Bereich nachhaltige Entwicklung gemeinschaftlich mit regionalen Akteuren realisieren. Neben der Anbahnung neuer Projekte unterstützen wir bei deren Durchführung durch interdisziplinäre Sprachkurse, Methodencoachings und Infrastrukturbereitstellung.
HfWU-Spaces	Neue Arten von Kooperationen und die zunehmende Digitalisierung von Lehr- und Lernformaten erfordern neue räumliche Konzepte. Innovative Kooperations- und Lehrformate stehen dabei im Fokus, wozu eine optimale Vernetzung bestehender Infrastruktur, sowohl physisch als auch virtuell, notwendig ist. Das Projektteam ermittelt gemeinsam mit Lehrenden sowie zentralen Akteuren der Hochschule (z. B. Bibliothek) Herausforderungen und Möglichkeiten raumungebundener Formate (=Spaces) und erprobt erste Ansätze der Umsetzung. Dabei werden zwei konkrete Herausforderungen, die sich im Rahmen von PHOENIX ergeben haben, angegangen: eine bessere Vernetzung der beiden Hochschulstandorte Nürtingen und Geislingen sowie der Abbau von Hemmnissen gegenüber zunächst aufwendigeren Lehrformaten seitens der Lehrenden.

(Fortsetzung)

Tab. 1 (Fortsetzung)

Research Interns	Um Studierenden die Möglichkeit zu geben, die Hochschule als Wissensgenerator kennenzulernen und einen authentischen Einblick in die Arbeiten der WissenschaftlerInnen zu bekommen, werden Research Interns etabliert: Im Rahmen von Forschungspraktika werden Studierende in Forschungsprojekte eingebunden und durch eine/n wissenschaftliche/r MitarbeiterIn oder ProfessorIn betreut. Parallel findet ein moderierter interdisziplinärer Austausch aller Research Interns statt. Studierende können so authentische Einblicke in die Forschung gewinnen und wichtige Kompetenzen erwerben. Konkrete Leistungen des Projektteams umfassen u. a. Anbahnung der Praktikumsmöglichkeiten sowie Prüfung der Anrechnung, Rekrutieren interessierter Studierender, Planung und Gestaltung von Kick-off-Tagen und des interdisziplinären Austauschs der Research Interns.
Writing Lab	Wissenschaftliches Arbeiten ist für Studierende eine fundamentale Schlüsselkompetenz, die sie über den gesamten Studienverlauf hinweg erlernen. Große Herausforderung erleben sie insbesondere beim wissenschaftlichen Schreiben und der Anwendung empirischer Methodik. Die ganzheitliche Unterstützung einer forschungsorientierten Lehre ist zentral, um bei den Studierenden Begeisterung für die Wissenschaft zu wecken. Das *Writing Lab* bündelt bereits vorhandene und neue Maßnahmen, die den Lehr-Lern-Prozess auf zwei Weisen unterstützen: a) durch Maßnahmen, die in unterschiedlichen Kontexten an den Phasen des Lernprozesses der Studierenden ansetzen: überfachliche außercurriculare Workshops zum wissenschaftlichen Arbeiten und zu empirischer Methodik; curriculare Co-Teaching-Angebote; individuelle Beratung zum wissenschaftlichen Arbeiten und Statistikberatung b) durch Maßnahmen für Lehrende zur Unterstützung der didaktischen Gestaltung des Lehrprozesses: hochschuldidaktisches Fortbildungsangebot zum Lehren von wissenschaftlichem Handeln und Schreiben.
Leuchtturm-projekte	Leuchttürme sind konkrete Lehrveranstaltungen, die aus der Kooperation mit Lehrenden in PHOENIX entstanden sind. Sie integrieren die Projektschwerpunkte in unterschiedlicher Gewichtung in einem komplexen, didaktischen Design. Das Projektteam unterstützt die Konzeption und Durchführung und dient als Schnittstelle zwischen unterschiedlichen Hochschuleinrichtungen. Alle Leuchttürme sind curricular für mehrere Studiengänge, teilweise hochschulweit im Rahmen des Studium generale verankert. Folgende Leuchttürme sollen in PHOENIX:LenS umgesetzt werden: Ringvorlesung „Nachhaltige Entwicklung", Modul „Innovationsmanagement", Modul „Empirische Nachhaltigkeitsforschung", Erasmus-Projekt „Community Learning for Local Change", „Interdisziplinäre Projektwoche".

Literatur

Albanese MA, Mitchell S (1993) Problem-based learning: a review of literature on its outcomes and implementation issues. Acad Med 68(1):52–81

Biggs J, Tang C (2011) Teaching for quality learning at university. Open University Press, Maidenhead

Cörvers R, Wiek A, de Kraker J, Lang DJ, Martens P (2016) Problem_based and project-based learning for sustainable development. In: Heinrichs H, Martens P, Michelsen G, Wiek A (Hrsg) Sustainability science. An introduction. Springer, Dordrecht, S 349–358

Fehling J, Seyfang H, Arndt C (2018) Nachhaltige Entwicklung begeisternd lehren! Drei Good-Practice-Vorschläge aus der Hochschule für Wirtschaft und Umwelt Nürtingen-Geislingen (HfWU). In: Leal Filho W (Hrsg) Nachhaltigkeit in der Lehre. Theorie und Praxis der Nachhaltigkeit. Springer Spektrum, Berlin, S 349–367

Fischer M (2019) Design Thinking. Auf dem Weg zu einer umfassenden hochschuldidaktischen Anwenderin und Anwenderorientierung. die hochschullehre (5), https://www.hochschullehre.org/wp-content/files/die_hochschullehre_2019_Fischer.pdf. Zugegriffen: 15. Juli 2020

Hoch-N (2019) HOCH-N – Nachhaltigkeit an Hochschulen. Handlungsfelder. Universität Hamburg. https://www.hochn.uni-hamburg.de/2-handlungsfelder.html. Zugegriffen: 15. Juli 2020

Huber L (2009) Warum Forschendes Lernen nötig und möglich ist. In: Huber L, Hellmer J, Schneider F (Hrsg) Forschendes Lernen im Studium. Aktuelle Konzepte und Erfahrungen. UVW Universitäts Verlag, Bielefeld, S 9–35

Huber L (2011) Forschen über (eigenes) Lehren und studentisches Lernen - Scholarship of Teaching and Learning (SoTL): Ein Thema auch hierzulande? Das Hochschulwesen, S 118–124. https://www.hochschulwesen.info/inhalte/hsw-4-2011.pdf. Zugegriffen: 15. Juli 2020

Huber L (2014) Forschungsbasiertes, Forschungsorientiertes, Forschendes Lernen: Alles dasselbe? Ein Plädoyer für eine Verständigung über Begriffe und Unterscheidungen im Feldforschungsnahen Lehrens und Lernens. Das Hochschulwesen 62(1+2):22–29

IDEO (2015) Design Kit: The Human-Centered Design Toolkit. https://www.designkit.org/resources/1. Zugegriffen: 1. Febr. 2021

Kultusminister Konferenz (KMK) (2013) Deutscher EQR-Referenzierungsbericht. https://www.dqr.de/media/content/Deutscher_EQR_Referenzierungsbericht.pdf. Zugegriffen: 15. Juli 2020

Lausberg C, Polzin J, Heudorfer A (2019) HfWU Nürtingen-Geislingen: Forschendes Lernen im Spannungsfeld zwischen Lernzielerreichung und Zufriedenheit der Studierenden und Lehrenden. In: Reinmann G, Lübcke E, Heudorfer A (Hrsg) Forschendes Lernen in der Studieneingangsphase. Grundlagen – Fallbeispiele – Ansichten. Springer VS, Wiesbaden, S 221–231

Leal Filho W (Hrsg) (2018) Nachhaltigkeit in der Lehre. Theorie und Praxis der Nachhaltigkeit. Springer Spektrum, Berlin

Leal Filho W, Raath S, Lazzarini B, Vargas VR, de Souza L, Anholon R, Quelhas OLG, Haddad R, Klavins M, Orlovic VL (2018) The role of transformation in learning and education for sustainability. J Cleaner Prod 199:286–295

Lepp S, Niederdrenk-Felgner C (Hrsg) (2014) Forschendes Lernen initiieren, umsetzen und reflektieren. UVW, Bielefeld

Lepp S, Lubzyk J, Polzin J (2017) Kompetenzorientiert studieren an der HfWU Nürtingen-Geislingen. Z Beratung und Studium 12(2):43–48

Mandl H, Reinmann-Rothmeier G (1998) Auf dem Weg zu einer neuen Kultur des Lehrens und Lernens. In: Dörr G, Jüngst KL (Hrsg) Lernen mit Medien. Ergebnisse und Perspektiven zu medial vermittelten Lehr- und Lernprozessen. Juventa, Weinheim, S 193–205

Müller-Christ, G. (2017): Nachhaltigkeitsforschung in einer transzendenten Entwicklung des Hochschulsystems – ein Ordnungsangebot für Innovativität. In: Leal Filho W (Hrsg) Innovation in der Nachhaltigkeitsforschung. Theorie und Praxis der Nachhaltigkeit. Springer Spektrum, Berlin, S 161–180.

Nölting B, Pape J (2017) Third Mission und Transfer als Impuls für nachhaltige Hochschulen. Dargestellt am Beispiel der Hochschule für nachhaltige Entwicklung Eberswalde. In: Leal Filho W (Hrsg) Innovation in der Nachhaltigkeitsforschung. Theorie und Praxis der Nachhaltigkeit. Springer Spektrum, Berlin, S 265–280

Piza V, Aparcicio JL, Rodríguez C, Marín R, Beltrán J, Bedolla R (2018) sustainability in higher education: a didactic strategy for environmental mainstreaming. Sustainability 10(4556):1–12

Plattner H, Meinel C, Weinberg U (2009) Design Thinking – Innovation lernen – Ideenwelten öffnen. Mi-Wirtschaftsbuch, München

Ringel M, Kesselring S, Roth M (2018) Potenziale und Perspektiven der Nachhaltigkeitsforschung an deutschen Fachhochschulen. GAIA 27(4):348–352

Schneidewind U, Singer-Brodowski M (2013) Transformative Wissenschaft. Klimawandel im deutschen Wissenschafts- und Hochschulsystem. Metropolis, Marburg

Strobel J, van Barneveld A (2009) When is PBL more effective? a meta-synthesis of meta-analyses comparing PBL to conventional classrooms. In: Interdisciplinary J Problem-Based Learning 3(1)

TU Berlin (Hrsg) (2016) Baukasten des Studienreformprojekts Blue Engineering. https://www.blue-engineering.org/images/f/fe/Baukasten_2016_Web.pdf. Zugegriffen: 15. Juli 2020

WBGU (2011) Welt im Wandel. Gesellschaftsvertrag für eine große Transformation. WBGU, Berlin

Weber A (2014) Mit Problem-Based Learning (PBL) zum Erfolg. In: Zentrum für Hochschuldidaktik (DiZ) (Hrsg) HD MINT. Praxisnah und Vielfältig: Problembasiertes Lernen in den Natur- und Ingenieurwissenschaften. DiNa 10/2014, S 3–11

Weinert F E (Hrsg) (2001) Leistungsmessung in Schulen. Beltz, Weinheim

Wiek A, Withycombe L, Redman CL (2011) Key competencies in sustainability: a reference framework for academic program development. Sustain Sci 6(2):203–218

Wildt J (2002) Ein hochschuldidaktischer Blick auf Lehren und Lernen. Eine kurze Einführung in die Hochschuldidaktik. In: Neues Handbuch Hochschullehre (A 1.1). Berlin, S 1–10

Wildt J, Wildt B (2011) Lernprozessorientiertes Prüfen im „Constructive Alignment". In: Neues Handbuch Hochschullehre (H 6.1). Berlin, S 1–46

Dorothee Apfel ist Diplom-Geografin und arbeitet als wissenschaftliche Mitarbeiterin am Institute for International Research on Sustainable Management and Renewable Energy (ISR) und am Zentrum für Nachhaltige Entwicklung s(ZNE) der Hochschule für Wirtschaft und Umwelt (HfWU) Nürtingen-Geislingen. Sie forscht zur Transition des Energiesektors aus sozialwissenschaftlicher Perspektive. Außerdem beschäftigt sie sich mit Konzepten der nachhaltigen Entwicklung in der Hochschullehre. Dabei interessiert sie sich besonders für interdisziplinäre Ansätze.

Johannes Fuchs ist Psychologe (M.Sc.) und arbeitet als wissenschaftlicher Mitarbeiter im Kompetenzzentrum Lehre der Hochschule für Wirtschaft und Umwelt (HfWU) Nürtingen-Geislingen. Als Multiplikator in der Hochschuldidaktik leitet er das Lehr-Lern-Projekt PHOENIX und beschäftigt sich insbesondere mit aktivierenden Lehrstrategien.

Nachhaltig Innovativ: Entwicklung von Lehr- und Lernkonzepten in Kooperationen am Beispiel der CBS International Business School

Silvia Damme, Marina Schmitz, Monika Kolb und Lisa Fröhlich

1 Einleitung

In Anbetracht der fortlaufenden Transformation des traditionellen Wirtschaftens hin zu einem nachhaltigen Wirtschaften ist eine zukunftsorientierte Ausrichtung der Managementlehre essenziell. Um die heutigen Studierenden als Entscheidungsträger von morgen für das Thema zu sensibilisieren, ist es besonders wichtig, die bestehenden Lern- und Lehrkonzepte zu hinterfragen und neu zu denken.

Dieser Artikel zeigt kooperative Ansätze zur Entwicklung nachhaltiger und innovativer Lern- und Lehrkonzepte. Die vorgestellten 3 Konzepte „21-Day Challenge", „Sustainability Escape Room" und „Future Sustainability Manager" stehen für die Neuausrichtung einer nachhaltigeren Managementlehre, die gemeinsam gestaltet werden soll. Dabei wird zunächst erläutert, unter welchen Voraussetzungen solche neuen Formate erfolgreich umgesetzt werden können, um anschließend die drei zuvor genannten Lehrkonzepte vorzustellen. Im Mittelpunkt der Ausführungen stehen die Erläuterung des kooperativen Entstehungsprozesses, die Einbindung von Projektpartnern

S. Damme · M. Schmitz · L. Fröhlich (✉)
CBS International Business School, Köln, Deutschland
E-Mail: e.froehlich@cbs.de

S. Damme
E-Mail: s.damme@cbs.de

M. Schmitz
E-Mail: m.schmitz@cbs.de

M. Kolb
M3TRIX Academy, M3TRIX GmbH, Köln, Deutschland
E-Mail: monika.kolb@t-online.de

A. Boos et al. (Hrsg.), *CSR und Hochschullehre,* Management-Reihe Corporate Social Responsibility, https://doi.org/10.1007/978-3-662-62679-5_11

und Studierenden sowie die zukünftige Einbettung in die Hochschullehre. Kooperationen mit nationalen und internationalen akademischen Institutionen und der Zivilgesellschaft führen zu einer Erweiterung der Lernperspektiven und eröffnen so neue Wege, nachhaltiges Management durch innovative Ansätze zu erleben. Dies wird exemplarisch am Beispiel der CBS International Business School aufgeführt. Der Beitrag dient dazu, die Erfahrungen innerhalb des Kooperationsprozesses zu teilen und Inspiration für andere Lehrende zu liefern.

2 Hochschullehre im Wandel: neue innovative Lehr- und Lernformate sind gefragt

Mehr Informationen, mehr Wissen und mehr globale Vernetzung bieten die Möglichkeit, die Leistungsfähigkeit der Wirtschaft nachhaltig zu steigern. Märkte werden immer komplexer, dynamischer und erfinden sich permanent neu – kurz gesagt, die „Welt dreht sich immer schneller" – die Bildungslandschaft jedoch scheint in bekannten und bewährten Denkmustern zu verharren (Stifterverband für die Deutsche Wissenschaft e. V. 2017). Die reine Vermittlung von Wissen – soll heißen der Professor und die Hochschulen als wichtigste Informationsquelle für Studierende – das alles scheint im 21. Jahrhundert nicht mehr zeitgemäß zu sein. Um nicht weiterhin vergangenes Wissen für die Lösung zukünftiger Probleme zu nutzen, braucht es neue Lehr- und Lernmethoden. Die traditionelle Lehre mit linearen Denkmustern, klarer hierarchischer Rollenverteilung und passiven Studierenden erfordert wirtschaftliche Stabilität und klare Aufgaben- und Organisationsstrukturen, die nun der Vergangenheit angehören. Viele der heutigen Berufsfelder werden durch Automatisierung und Digitalisierung wegfallen oder sich radikal verändern. Ebenso ist ungewiss, welche Berufe in 5–10 Jahren nachgefragt werden (Daheim und Wintermann 2016). Die digitale Transformation, gesellschaftliche Spannungen aufgrund von Diskriminierung und Ungleichheit oder globale Unsicherheiten verlangen nach lösungsorientierten und systemischen Kompetenzen und agilen Denkstrukturen (BMAS 2017). Leider negieren viele Bildungsinstitutionen diese Entwicklung, insbesondere da die Lehre oft „standardisiert" nach, z. B. vorgefertigten Foliensätzen oder klaren Modulbeschreibungen, abläuft und damit kaum ergebnisoffenes Arbeiten und Diskussionen zulässt (Kolb und Bungard 2018). Genau diese wird aber benötigt, denn weder Professoren noch Führungskräfte kennen das Patentrezept für die Zukunft.

Bildungseinrichtungen werden zukünftig nicht mehr an der reinen Wissensvermittlung gemessen, sondern an den Veränderungen, die sie durch den Einsatz innovativer Lehrmethoden in der Lage sind anzustoßen. Hochschulen gelten als Schlüssel für eine langfristige Verankerung der Sustainable Development Goals (SDGs) und tragen eine besondere Verantwortung für die Ausbildung und Entwicklung zukünftiger Entscheidungsträger. Denn was Wissen wertvoll macht, ist die Fähigkeit, es zu nutzen. Laut Erpenbeck und Heyse (2007) und Shephard (2008) benötigen Studierende das notwendige Wissen sowie die Kompetenzen und die persönliche Motivation und Erfahrung, um nach Nachhaltigkeitsgrundsätzen zu entscheiden und zu handeln. Hierfür bedarf es sowohl der Neuorientierung des Curriculums, der Reformierung der formalen und informalen Lernsettings sowie der Neuausrichtung von Unterrichts- und Lehrmethoden. Wie in vielen Bereichen lohnt es sich, in der Bildung neue Wege auszuprobieren, weiterzuentwickeln und das, was nicht funktioniert, schnell zu verändern. Dies ist notwendig, um die Studierenden von heute als Treiber für den nachhaltigen Wandel auszubilden. Nur so kann der Transfer in eine nachhaltige und verantwortungsvolle Unternehmenspraxis gelingen. Dabei geht es neben der Vermittlung von Fach- und Methodenkompetenz vor allem um die Fähigkeiten, selbstbestimmt zu denken, aus Fehlern zu lernen, Entscheidungen abzuwägen und Erfahrung zu sammeln. Nachhaltig lernen Studierende, wenn sie das Lernerlebnis als bedeutungsvoll und sinnvoll erkennen. Wenn sie Dinge selbst erarbeiten, sie ausprobieren und auch sich selbst erproben dürfen. Neue Lernmethoden müssen daher viele Möglichkeiten bieten, Inhalte selbst umzusetzen und diese mit positiven Erfahrungen zu verknüpfen (Spiegel 2016).

Die Praxisbeispiele beschreiben insbesondere das Lernen durch Entdecken, den Mut zum Experimentieren, die kontinuierliche Anpassung und das gemeinsame Gestalten von Lerninhalten und Methoden. Die Studierenden werden angehalten, passives Lernverhalten hinter sich zu lassen und als eigenverantwortliche Lerner aufzutreten, die von moderierenden Lehrpersonen begleitet und unterstützt werden. Abschließend ist noch darauf hinzuweisen, dass der Nachhaltigkeitsgedanke sowie nachhaltige und somit zukunftsfähige Managementkonzepte nicht „von alleine entstehen". Auch kommt man dem Ziel nicht näher, wenn zwar ein nachhaltiger Lehransatz an Hochschulen umgesetzt wird, die Unternehmenspraxis diesen Bildungsansatz aber nicht aufgreift und weiterführt. Langfristig muss ein integrierter Bildungsansatz gelebt werden, der es ermöglicht, Lösungen für die zahlreichen umweltpolitischen und sozialen Probleme zu finden. Der Fokus dieses Artikels liegt auf Hochschulen, die gemeinsam an der Erreichung der SDGs arbeiten und durch innovative Lehrformate einen konkreten Lösungsansatz bieten.

3 Literaturüberblick

Der nachfolgende systematische Literaturüberblick soll einen komprimierten Einblick zu den folgenden Fragen vermitteln: 1) Wie lässt sich Nachhaltigkeit über innovative Lehrformate in die Hochschullehre integrieren? 2) Welche Lehr-/Lernformate sind geeignet, um Nachhaltigkeit effektiv zu vermitteln bzw. wie können innovative Lehr- und Lernerfahrungen langfristige Nachhaltigkeitskompetenzen vermitteln?

Neben der Einführung von innovativen Lehrformaten an der Hochschule beschreiben Forscher, dass der „Idealzustand" von Nachhaltigkeit im Curriculum einer integrativen Vorgehensweise folgen sollte, und zwar interdisziplinär und strukturübergreifend (Kolb et al. 2017; Rusinko 2010a, b; Schmidpeter und Kolb 2018). Godemann et al. (2011) haben basierend auf Rusinko (2010a) eine Matrix entwickelt, um die verschiedenen Ansätze der Nachhaltigkeitsintegration aufzuzeigen (Molthan-Hill et al. 2017). Hierbei wird unterschieden, ob Nachhaltigkeit in die bestehenden Strukturen integriert wird oder neue Strukturen aufgebaut werden. Das zweite Unterscheidungsmerkmal ist, wie breit Nachhaltigkeit in das Curriculum integriert wird. Um diese Transformation hin zu mehr „integrierter" Nachhaltigkeit anzustoßen, diskutiert Sipos die folgenden Aspekte: Integration transdisziplinärer Studien (Head), praktischer Kompetenzaustausch und -entwicklung (Hands) und Umsetzung von Leidenschaft und Werten in Verhalten (Heart) (Sipos et al. 2008). Einen ähnlichen Ansatz sehen wir auch bei Schmidpeter und Kolb (2018), die durch einen Coaching- und Mentoring-Ansatz die neue Managementausbildung in die Säulen fachliche Kompetenz, Persönlichkeitsentwicklung und Gestaltungskompetenz unterteilen. Diese sollen nach den drei Prinzipien ortsübergreifend, disziplinenübergreifend und ergebnisoffen fungieren. Um diese Transformation zu ermöglichen, ist jeder Hochschullehrer dazu angehalten, die eigene Fachrichtung bzw. die Kursinhalte einer „Nachhaltigkeitsprüfung" zu unterziehen, damit Nachhaltigkeit nicht als eigenes Thema neben allen anderen existiert (Leal Filho, Brandli et al. 2018; Leal Filho, Shiel et al. 2019; MacVaugh und Norton 2012). In diesem Kontext wäre es z. B. denkbar, dass Finanzierung und Rechnungswesen sich mit Rechenschaftspflicht und Transparenz beschäftigen (Wilson et al. 2006). Damit dies gelingt, wird z. B. vorgeschlagen, dass die Programmverantwortlichen ein oder mehrere SDGs in die Lehre bzw. Bewertungskriterien einfließen lassen, damit sich Studierende damit beschäftigen (Leal Filho, Brandli et al. 2018; Leal Filho, Shiel et al. 2019).

Damit dieser Umbruch disziplinübergreifend gelingt, ist eine Unterstützung auf höchster Hochschulebene unerlässlich. Zudem ist es sinnvoll, die Fakultätsmitglieder in Arbeitsgruppen oder Lerngemeinschaften einzuteilen, damit ein offener Diskurs bezüglich der Neuausrichtung bestehender Kursinhalte ermöglicht wird (Leal Filho, Brandli et al. 2018; Leal Filho, Shiel et al. 2019). Neben diesen generellen Grundvoraussetzungen ist es förderlich, angewandte, praxisnahe Forschung voranzutreiben (z. B. entlang der SDGs), die auch im Rahmen von Forschungsprojekten mit (inter-)nationalen Partnern vorangetrieben werden kann.

Neben etwas partizipativeren Ansätzen wie Seminaren, Konferenzen im Workshopformat etc. sind interdisziplinäre Arbeitsgruppen wichtig, um sich aktueller gesellschaftlicher Probleme bewusst zu werden und diese ggf. in einem echten Fallbeispiel oder Projekt durchzuspielen. Zudem könnten Praktikumsprogramme implementiert werden, die Studierende mit (inter-)nationalen NGOs in z. B. Entwicklungsländern zusammenbringen, sodass sie durch den Kontakt mit der lokalen Bevölkerung ihre eigenen Stereotypen und Werte infrage stellen und neu definieren (Leal Filho, Raath et al. 2018). Simulationen replizieren hingegen aktuelle Situationen, indem sie aktuelle Wirtschafts-, Markt- und Geschäftsereignisse abbilden, bei denen die Studierenden in Echtzeit mit der Ausrichtung von z. B. komplexen Unternehmensstrategien, Geschäftsmodellen und Initiativen experimentieren (Hermens und Clarke 2009; Moratis et al. 2006). Einen Schritt weiter gehen Miniprojekte (Lewis et al. 2008), die mit Bildungsmaßnahmen außerhalb der gewohnten Lehrgebäude stattfinden oder Business Projects, die aktuelle Fragestellungen in Unternehmen bearbeiten.

Gamification-Ansätze werden bei den Studierenden als sehr interaktiv wahrgenommen. Diese Tatsache kommt der Nachhaltigkeitsdebatte und ihrem Platz im Curriculum zugute, sodass bereits einige positive Fallbeispiele existieren. Im „Carbon-Credit"-Spiel (Higgins 1997) wird den Studierenden eine Anzahl von Credits zur Verfügung gestellt, die sie z. B. während einer Woche für gewisse Aktivitäten einsetzen dürfen. Durch diese Selbsteinschätzung können Studierende ihren Lebensstil und die damit einhergehenden positiven und negativen Umweltauswirkungen zueinander in Bezug setzen. Systemisches Denken spielerisch zu erlernen und zu fördern (Sweeney und Meadows 2010) wenden Sweeney et al. (2011) in ihrem *Systems Thinking Playbook for Climate Change: A Toolkit for Interactive Learning* an. Sie geben einen Überblick über 22 Spiele zum Thema Klimawandel. Einen strukturierten, praxisorientierten Überblick zur Integration interaktiver und realitätsbezogener Übungen und Beispiele in der nachhaltigen Managementausbildung liefert Molthan-Hill (2017) in ihrem Buch *The Business Student's Guide to Sustainable Management – Principles and Practice.* Auch Raueiser und Kolb (2018) geben Einblick in die Ausgestaltungsmöglichkeiten einer solchen Neuorientierung.

Im digitalen Bereich bieten die vielfältigen Lernspiele „Serious Games (SG)" (Willenbacher et al. 2017) eine Verbindung von Vergnügen und Bildung, sodass die Lernmotivation erhöht, Nachhaltigkeit unterhaltsam verankert, Motivation für umweltschonende Maßnahmen gefördert und der Transfer der Spielidee in die Realität gelingen kann.

Zur Beantwortung der zweiten Frage widmen wir uns den diversen Lernformaten und deren Effektivität sowie der Frage, wie diese Formate langfristige Nachhaltigkeitskompetenzen aufbauen können. Diese Fragestellung ist wichtig, da innovative Lehrformate einen großen Beitrag zur Entstehung von kreativem Lernen (Ferrari et al. 2009) und kritischem Denken leisten können (Butler und Reddy 2010).

Bass (2012) identifiziert Ansätze, die mit sehr hohem Lernerfolg einhergehen, z. B. Erstsemesterseminare und -erfahrungen, gemeinsame intellektuelle Erfahrungen, Lerngemeinschaften, schreibintensive Kurse, kollaborative Aufgaben und Projekte in Kleingruppen, Forschung, Vielfalt/globales Lernen (Auslandsstudium) und Praktika. Weitere wichtige Lerntechniken sind unter anderem erfahrungsorientierte Lerntechniken, bei denen die Teilnehmer direkt der entsprechenden Situation ausgesetzt sind und sich in diesem neuen Kontext zurechtfinden müssen (Wilson et al. 2006). Zudem helfen Strategien wie eine Kombination aus „Mastery"- und „Discovery"-Ansätzen (Warburton 2003). Eine „Mastery"-Lernumgebung ist eine, in der die Verantwortung und Beteiligung der Studenten gefördert wird, in der der Dozent jedoch die meiste Kontrolle über die curriculare Planung und Sequenzierung behält. „Discovery"-Lernen betont das selbstgesteuerte Lernen durch die Studierenden, wobei der Lehrer als Moderator fungiert. Als Ergänzung hierzu sollten andere Lernansätze hinzugezogen werden, wie z. B. kreative interdisziplinäre Ansätze und „Deep-Learning"-Strategien (Warburton 2003).

Hierbei ist es nicht genug, einfach nur bestehende pädagogische Ansätze zu verwenden (wie etwa Vorlesungen oder Fallstudien), sondern vielmehr diese portioniert mit praxisnäheren Ansätzen zu kombinieren, um daraus „eco-justice", „community", projekt- und/oder problemorientiertes Lernen bedienen zu können (Lozano et al. 2019). Auch Nachhaltigkeitskompetenzen können durch pädagogische Ansätze gezielt trainiert (Kolb und Bungard 2018; Remington-Doucette und Musgrove 2015) und auf bestimmte Themen hin spezialisiert werden, wie dies etwa am Beispiel von „social innovation education" getan wird (Alden Rivers et al. 2015). Einen ergänzenden Überblick über die pädagogischen Ansätzen auf einem Weg hin zu mehr Nachhaltigkeit präsentiert Sipos et al. (2008). Kolb und Bungard (2018) fordern außerdem eine Neuausrichtung der bisherigen Unterrichts- und Lehrmethoden, um die gewünschten Kompetenzen ausbilden zu können und stellen praktisch orientierte neue Lehrmethoden und didaktische Ansätze zusammen.

Einer der Kernpunkte der Bemühungen ist das Aufzeigen von Relevanz des Themas am Beispiel der SDGs (Leal Filho, Tripathi et al. 2019). Mögliche Formen der Implementierung, die einen Impact aufweisen könnten, wären über die folgenden Mechanismen möglich: Schulungen zu SDGs für alle Curriculumsentwickler, Kurskoordinatoren und Professoren, Weiterbildungs- und Capacity-Building-Kurse für externe Stakeholder auf Basis von SDGs, Umsetzung nationaler und öffentlicher Bildungspolitik, die die Bildung für SDGs unterstützen sowie Einbeziehung der Studierenden in die gemeinsame Gestaltung von Lernumgebungen, die das Lernen anhand von SDGs unterstützen (Leal Filho, Shiel et al. 2019; Leal Filho, Vargas et al. 2019).

4 Innovative Lehr- und Lernkonzepte für nachhaltiges Management: ein kooperativer Ansatz

4.1 Der Case CBS International Business School

Die **CBS International Business School** ist eine international ausgerichtete, staatlich anerkannte Hochschule und zählt zu den besten privaten Wirtschaftshochschulen Deutschlands (Book et al. 2019; CBS International Business School 2019). Das Programmportfolio der CBS umfasst alle Bildungsstufen vom Bachelor bis hin zum Executive Master of Business Administration. Die Abschlüsse an der CBS werden entweder in Vollzeit oder in der berufsbegleitenden Variante erlangt. Die Mehrheit der Studiengänge wird in englischer Sprache gelehrt.

In den Kapiteln zuvor wurde deutlich, dass eine erfolgreiche Implementierung neuer Lehrformate nur möglich ist, wenn dieses Vorgehen die **vollumfängliche Unterstützung der Hochschulleitung** erfährt. In einem ersten Schritt hat sich die CBS einem Leitbild verpflichtet – dem „House of Vision". „Verantwortlich Handeln" ist das Fundament, auf dem die 3 Säulen Bildung, Innovation und Forschung bauen. Dieses Haus füllen wir mit Leben, indem wir mit internen und externen Stakeholdern kommunizieren und diese

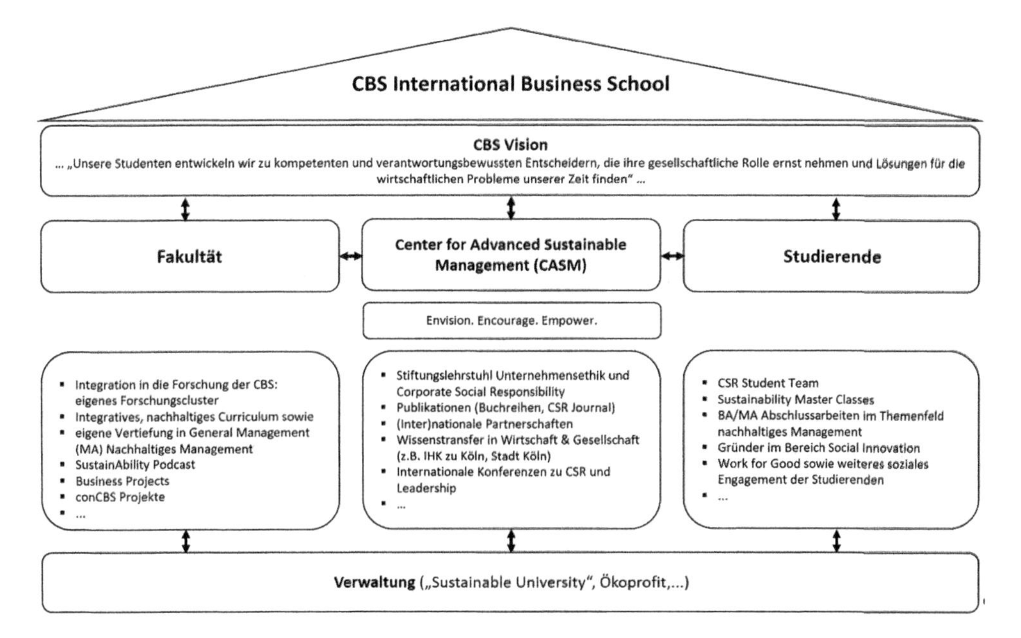

Abb. 1 Der Nachhaltigkeitsansatz der CBS

motivieren, sich zu vernetzen – auf lokaler wie auch internationaler Ebene (vgl. auch Abb. 1).

Um die Idee dieses „House of Vision" auch glaubhaft zu vermitteln, hat sich die CBS im Rahmen des aktuellen Strategieprozesses eine neue **Vision** gegeben (CBS International Business School 2017). Dort heißt es:

> Die CBS entwickelt sich zu einer angesehenen internationalen Business School und einer der führenden privaten Hochschulen in Europa. Unser anspruchsvolles Bildungskonzept basierend auf hoher Qualität und wissenschaftlicher Kompetenz in Forschung und Lehre wird diesem Anspruch gerecht und ist die Basis eines substanziellen Wachstums unserer Studierendenzahlen auch in der Zukunft. Employability und Lebenslanges Lernen werden an der CBS großgeschrieben. Unsere Studenten entwickeln wir zu kompetenten und verantwortungsvollen Entscheidern, die ihre gesellschaftliche Rolle ernst nehmen und Lösungen für die wirtschaftlichen Probleme unserer Zeit finden. Die CBS gilt als Vordenker eines neuen Managementverständnisses. Dabei unterstützen wir unsere Studierenden durch ein Netzwerk aus Alumni und Unternehmenspartnern, um den kontinuierlichen Austausch zwischen Praxis, Wissenschaft und Gesellschaft zu befruchten.

Greift man zurück auf Kapitel 3, lassen sich einige wesentliche Merkmale identifizieren, die eine erfolgreiche Implementierung innovativer Lern- und Lehrformate vorantreiben:

- Unterstützung der Vorhaben durch die Hochschulleitung
- Nachhaltigkeit nicht als isoliertes Lehrthema, sondern als integrativer Teil des gesamten Curriculums

- Praxisnahe, angewandte Forschung und Lehre
- Aufbau partizipativer Lernformate
- Interdisziplinäre Lerngruppen und Programmgestaltung
- Lernen im internationalen Kontext (interkulturelles Problemverständnis)

In der Vision wird deutlich, dass die CBS ihren Bildungsauftrag klar definiert hat. Die CBS sieht sich als Vorreiter eines innovativen Managementverständnisses und motiviert damit ihre Professoren und Lehrkräfte, dieser Vision zu folgen und Nachhaltigkeitsinhalte in alle Lehrveranstaltungen zu integrieren. Dieses **„integrative Curriculum"** war der 1. Schritt in Richtung des neuen Managementverständnisses.

Praxisnahe, angewandte Forschung und Lehre resultiert in einer Vielzahl neuer Lehr- und Lernmethoden. In sogenannten „Innovative Building Blocks" wurden in allen Programmen Capstone-Kurse und **Business Projects** implementiert. Innerhalb dieses Studentenprojekts, für welches 6 ECTS Punkte vergeben werden, erhalten Studierende die Möglichkeit, ihr erlerntes Wissen in die Praxis umzusetzen. Sie beraten ein Unternehmen in einer bestimmten Fragestellung und arbeiten gemeinsam an der Analyse der Kundensituation, entwickeln mögliche Szenarien und Strategien. Am Ende präsentieren sie ihre Ergebnisse dem Kunden. Die Studierenden arbeiten hierbei selbstständig und tragen die volle Verantwortung für ihr reales Kundenprojekt. Dabei gestalten sie ihren eigenen Lernprozess und entwickeln ein ganzheitliches und systemübergreifendes Verständnis für Problemstellungen. Die Arbeit der Studierenden ist somit eine Verbindung aus Theorie und Praxis.

Zuvor wurde von integrierten „Bildungslieferketten" gesprochen. In diesem Kontext sucht die CBS den kontinuierlichen Austausch zwischen Professoren, Studierenden und Experten aus der Praxis. Verschiedene Formate können hier hervorgehoben werden, die die Kommunikation zwischen den relevanten Stakeholdern befördert und dafür Sorge tragen, dass dieses „neue Managementverständnis" auch in der Unternehmenspraxis Einzug halten kann. Die **Ringvorlesung „Food for Thought"** oder der **„Sustainability Day"** sind solche Vorlesungsreihen von Gastvorträgen, offen für alle Studierende, Mitarbeiter und Professoren, die der Erreichung dieses Teils der Vision dient. Seit dem Sommersemester 2015 werden pro Semester mehrere Unternehmerpersönlichkeiten eingeladen, um die Rolle von Wirtschaft in der Gesellschaft zu diskutieren und die praktische Umsetzung eines nachhaltig agierenden Managements in der Unternehmenspraxis vorzustellen. Die CBS engagiert sich ebenfalls in gemeinsamen Formaten mit der IHK zu Köln mit der Zielsetzung, dem regionalen Mittelstand praxisnahe Lösungen und Kompetenzen zu vermitteln. Im Rahmen dieser Veranstaltungsreihe geben Praktiker und Experten Tipps und unternehmerische Erfahrungen weiter, sodass Nachhaltigkeit und ökonomischer Erfolg Hand in Hand gehen.

Im Rahmen des **Lernens im internationalen Kontext** kann das Engagement der CBS in PRME (Principles for Responsible Management Education) hervorgehoben werden. Die Präsidentin der CBS ist aktuell Sprecherin des PRME DACH-Chapters und kann somit den Austausch zwischen Hochschulen und Universitäten im nationalen sowie internationalen Kontext vorantreiben. Dabei steht im Fokus der gemeinsamen Arbeit die Entwicklung von neuen Lehrformaten für die SDGs, aber auch die Anwendung dieser auf die eigene Institution. Ein aktuelles Projekt ist z. B. die Etablierung eines integrativen Reporting-Systems für Hochschulen. Der Erfahrungsaustausch zwischen den weltweit angesiedelten PRME-Chaptern kann als erstes positives Beispiel für den Fokus dieses Artikels angeführt werden. Das nachfolgend beschriebene ISSUE-Projekt entstammt dem letzten UN-Global-Forum in New York, wo sich drei der teilnehmenden Partner getroffen und über ein Projekt nachgedacht haben, dass die Etablierung neuer Nachhaltigkeits-Managementkonzepte unterstützen kann. Durch die Verbindung unterschiedlicher Stärken und Kompetenzen ist ein innovatives Lehr- und Lernprojekt entstanden.

4.2 Anforderungen und Ansätze zur Umsetzung an Hochschulen

4.2.1 Erasmus+ transnationale Partnerschaft: Innovative Solutions for SUstainability in Education

Mit dem Ziel der Erarbeitung innovativer Lehr- und Lernkonzepte zur stärkeren Einbindung von Nachhaltigkeit in die Hochschullehre ist die CBS International Business School seit Dezember 2018 Projektpartner des unter dem Erasmus+-Programm der Europäischen Union (EU) geförderten ISSUE-Projekts (Innovative Solutions for SUstainability in Education, ISSUE 2019). Unter der Projektleitung der Budapest Business School (BGE, Ungarn) sind folgende Institutionen Teil des transnationalen Kooperationsprojekts:

- Business Council for Sustainable Development Hungary (BCSDH, Ungarn),
- CBS International Business School (CBS, Deutschland),
- CEEMAN (The International Association for Management Development in Dynamic Societies, Slowenien),
- IEDC Bled School of Management (Slowenien),
- INFODNF (Institute for the Promotion of Development and Training, Spanien),
- Leeds Beckett University (LBU, UK),
- Lappeenranta University of Technology (LUT, Finnland).

Mit dem Ziel, dass Hochschulmanagement, Fakultät, Mitarbeiter und Studierende Nachhaltigkeit nicht bloß verstehen, sondern auch die Fähigkeiten ausbilden, nachhaltig zu handeln und nachhaltige Praktiken zu unterstützen, entwickeln die Partner des ISSUE-Projekts verschiedene Maßnahmen, die jeweils auf die stärkere Verankerung von Nachhaltigkeit in Hochschulen abzielen. Hierbei entsteht ein internationales Best Practice und Case Study Handbook, drei neue Lehr- und Lernformate zur Einbindung in die Hochschullehre sowie Strategiehandbücher und Guidelines (Integrated Reporting und Green Office Management) zur stärkeren Verankerung von Nachhaltigkeit auf institutioneller Ebene.

Alle Outputs werden im Rahmen der Projektlaufzeit von drei Jahren gemeinsam entwickelt sowie in den jeweiligen Hochschulen erprobt. Die praktischen Erfahrungen aus den Pilotphasen werden mit in die finalen Handbücher und Strategieempfehlungen eingebunden. Das Projekt ermöglicht die für die im Kontext der Nachhaltigkeitsvermittlung wichtige Entwicklung, Erprobung und Nutzung neuer Inhalte, Lehrmethoden und transformativer Ansätze (Leal Filho, Shiel et al. 2019). Die Partnerinstitutionen erarbeiten jeweils einen Output hauptverantwortlich. Während dieses Entwicklungsprozesses werden alle Arbeiten jedoch in Kooperation mit allen Projektpartnern immer wieder besprochen und diskutiert sowie gegenseitig in Pilotprojekten an allen Hochschulen erprobt. Die intensive Kooperation ermöglicht einen hohen Wissenstransfer untereinander sowie einen gemeinschaftlichen Lernprozess zur Wissensgenerierung. Zwischenergebnisse werden in Feedbackschleifen immer gemeinschaftlich erarbeitet. Neben halbjährigen transnationalen Partnermeetings finden in regelmäßigen Abständen Web-Meetings statt.

Wie bereits geschildert, sind drei der insgesamt sechs zu entwickelnden Intellectual Outputs neue Lehr- und Lernformate im Bereich Nachhaltigkeit und SDGs: „21-Day Challenge", „Sustainability Escape Room" und „Future Sustainability Manager Summer School". Im Laufe des Kapitels werden diese Formate sowie deren Entwicklungsprozesse genauer beschrieben. Die Vorstellung der Formate gliedert sich jeweils in die folgenden Abschnitte:

- Konzept: Vorstellung des Formats und der zugrunde liegenden methodischen und pädagogischen Ansätze.
- Entstehungsprozess und Einbindung von Projektpartnern und Studierenden: Aufzeigen des kooperativen Entwicklungsprozesses des jeweiligen Formats im Projektverlauf.
- Zukünftige Einbettung in die Lehre der CBS: kurze Darstellung, wie sich das jeweilige Format zukünftig in Curricula und den Hochschulbetrieb einbinden und verstetigen lässt.

Im Folgenden werden die im Projekt entstehenden Lehr- und Lernformate sowie deren Entstehungsprozesse aufgezeigt.

4.2.2 21-Day Challenge – Lappeenranta University of Technology (LUT)

4.2.2.1 Konzept

Mit der 21-Day Challenge wird eine Online-Lernplattform entwickelt, die durch spielerische Elemente Wissen sowie Bewusstsein für die Themenfelder der 17 Sustainable Development Goals (SDGs) vermittelt. Aufbauend auf der Methodik des Online Collaborative Learning (OCL) nach Harasim (2012) zielt das Programm darauf ab, den Nachhaltigkeitsdiskurs unter den Lernenden anzuregen und über die kontinuierliche Bearbeitung der verschiedenen Aufgaben (Challenges) eine wirksame Bewusstseins- sowie Verhaltensänderung bei den Anwendern anzustoßen. Die Integration digitaler Lernspiele erweist sich laut Willenbacher et al. (2017) als besonders effektiv, ermöglicht erfolgreichen Transfer der Spielidee in die Realität und stößt besonders in der Digital-Natives-Generation auf große Akzeptanz. Mit dem Abschluss jeder Challenge erhält der Teilnehmer Punkte, die er öffentlich teilen kann. Durch die Gamification, also die Verbindung von Vergnügen und Bildung, in Form der einzelnen Challenges soll die Motivation und das Engagement der Lernenden gesteigert werden (Willenbacher et al. 2017). Zudem bieten diese ein „deutlich höheres Aneignungspotenzial durch digitale Spiele [...] als bei Formen passiver Rezeption" (Willenbacher et al. 2017, S. 2019).

Die Plattform steht jedem offen, der sich für das Thema Nachhaltigkeit interessiert und sich auf interaktive Weise stärker mit den Themen nachhaltiger Entwicklung beschäftigen möchte. Zwar eignet sich die Plattform, um Studierenden Lerninhalte auf abwechslungsreiche und selbstverantwortliche Weise näherzubringen, zudem ermöglicht sie Universitäten aber auch, Mitarbeiter aller Fach- und Organisationsbereiche anzuregen, sich gemeinsam mit Nachhaltigkeit auseinanderzusetzen. Die 21-Day Challenge zielt letztlich darauf ab, nachhaltige Denkmuster und Gewohnheiten in der gesamten Universitätsgemeinschaft voranzubringen.

Zu jedem Themenblock (SDG 1-17) werden 3 Komponenten bereitgestellt:

- Ein einleitendes kurzes Video, welches die jeweilige Thematik vorstellt und Wissen zu den damit verwandten Herausforderungen für Gesellschaft und Umwelt vermittelt.
- Die Aufgabe (Challenge), die es für den Teilnehmer zu bestehen gilt. Die einzelnen Challenges clustern sich wiederum in verschiedene Themenblöcke, die gemeinschaftlich mit Projektpartnern und Studierenden erarbeitet wurden.
- Eine Feedbackfunktion durch Erfahrungsaustausch und Diskussion im jeweiligen Online-Forum.

Um den Austausch und die Diskussion untereinander anzuregen, werden neben der reinen Erfüllung von Aufgaben auch Interaktionen wie beispielsweise Postings, Uploads und Kommentare auf der Plattform ebenfalls bepunktet.

4.2.2.2 Entstehungsprozess & Einbindung von Projektpartnern und Studierenden

Das Grundkonzept des Lehr-/Lernformats wird von der Partnerhochschule entwickelt. Die restlichen Partner werden über Feedbackschleifen eingebunden und können Ideen und Anmerkungen einbringen. Für die inhaltliche Ausgestaltung der 21-Day Challenge werden alle Partner eingebunden. Diese nehmen im ersten Schritt alle an einer Onlineumfrage teil. Hier werden die jeweiligen Expertisen der Partner abgefragt, um die Aufteilung der Challenges besser zu koordinieren. Zudem geben die Partner Input zu Präferenzen bezüglich der Videogestaltung und verfügbarer Sprachen. Neben der Partnerumfrage wird ein zweiter Onlinesurvey bereitgestellt. Dieser richtet sich an Partner sowie Studierende und fragt Interessen und Themenvorschläge ab. Hierdurch möchte man die Zielgruppe des Lehrformates besser mit einbeziehen und auf die Interessen der Studierenden eingehen. Die Projektpartner wurden im nächsten Schritt den ausgewählten Themenfeldern zugeordnet. Jeder Partner entwickelt jeweils drei Skripte für die Lernvideos sowie die Challenge zum jeweiligen Themenblock/SDG. Diese werden dann noch einmal von allen Partnern gesichtet und besprochen, bevor es an die technische Umsetzung geht. Diese wird wieder von der hauptverantwortlichen Partnerhochschule in Finnland durchgeführt.

4.2.2.3 Zukünftige Einbettung in die (CBS-)Lehre

Das Format der 21-Day Challenge bietet vielseitige Möglichkeiten zur Einbindung in die Hochschullehre. Folgende Formate sind denkbar:

- Einbettung der Challenge in eine regulär laufende Lehrveranstaltung mit Abgabe eines Lerntagebuches, in dem die Studierenden die Aufgaben und das Gelernte reflektieren.
- Ausrufen einer übergreifenden Campus Challenge , an der sich alle Interessenten (Studierende und Mitarbeiter) beteiligen können; dies kann auch im Rahmen von Thementagen (z. B. Sustainability Days) integriert und beworben werden.
- Dem Seminarstart vorgelagert als thematischen Einstieg und Vorbereitung auf die Lehrveranstaltung.
- Im Rahmen einer studentischen Projektgruppe (an der CBS, z. B. „CSR Student Team"), die während der Challenge und im Nachgang über die Erfahrungen berichtet und Aufmerksamkeit für die aufgegriffenen Themen unter der Studierendenschaft erzeugt.
- Entwicklung einer Elective-Veranstaltung mit abschließendem Workshoptag oder -wochenende, z. B. „Business in the Context of SDGs" oder „Responsible Business in Times of Global Transformation".

4.2.3 Sustainability Escape Room – Budapest Business School (BGE)

4.2.3.1 Konzept

Ebenfalls aufbauend auf der Idee einer gamifizierten Lehre entwickelt der ungarische Projektpartner einen Sustainability Escape Room. Wir leben in einer Zeit, die geprägt ist von allseits verfügbarem Entertainment und ständigen Reizen – der Lernende soll eben hier vom Lernformat „abgeholt" werden. Somit basiert auch der Escape Room, ähnlich wie die 21-Day Challenge, auf der Idee, Nachhaltigkeit unterhaltsam zu verankern (Willenbacher et al. 2017) und erfahrungsbasiert zu lernen. Durch die Kombination von Unterhaltung, Beteiligung und Fokus soll der Lernende in einen „Flow"-Zustand versetzt werden. Dieser Zustand, erstmals konzeptualisiert von Csikszentmihalyi (1990), beschreibt einen mentalen Modus, in dem der Betroffene einer intrinsisch motivierten Aktivität mit extremem Fokus, Freude und vollster Beteiligung nachgeht (Csikszentmihalyi 2014). Dieser Zustand kann sich positiv auf die Lernerfahrung auswirken (Hamari et al. 2016). Hou (2015) hat gezeigt, dass Flow einen tieferen Reflexionsprozess bei Lernenden bedingen kann.

Im Gegensatz zu den digitalen Serious Games (SG), wie sie beispielsweise Willenbacher et al. (2017) vorstellen oder wie sie in der 21-Day Challenge nach dem Prinzip des OCL (Harasim 2012) entwickelt werden, findet das Lernen hier allerdings im physischen Raum – dem Escape Room – statt. Nichtsdestotrotz sollen digitale Elemente in Form der einzelnen Rätsel und Aufgaben entwickelt und eingebunden werden.

Durch die Einbindung realer Problemstellungen zielt der Escape Room einerseits darauf ab, konkretes Wissen der Spieler in den Themenfeldern nachhaltiger Entwicklung zu prüfen und zu erweitern. Zum anderen soll das generelle Bewusstsein für globale Zusammenhänge und Herausforderungen sowie für systemische Transformationsprozesse gesteigert werden. Ebenso lassen sich durch das Simulationsformat weitere positive Lerneffekte in Bereichen wie beispielsweise Kommunikation und Kooperation, Austesten neuer Gegebenheiten, Umgang mit Wandel oder Konsensfindung integrieren (Moratis et al. 2006). Der Vorteil von Simulationsformaten im Vergleich zu eher traditionellen Lehr- und Lernformen wie Case Studies besteht auch darin, dass der Lernende sofort mit den möglichen Konsequenzen seiner Handlung konfrontiert wird (Hermens und Clarke 2009; Kolb et al. 1984). In der Tradition des Experiential Learning ermöglicht der Einsatz des Sustainability Escape Room, insbesondere durch die Notwendigkeit von Dialog und Interaktion, eine gemeinsame Generierung von Wissen, die durch die Transformation von Erfahrungen gestützt wird (Hermens und Clarke 2009).

4.2.3.2 Entstehungsprozess & Einbindung von Projektpartnern

Die Projektpartner der Budapest Business School (BGE) haben ein erstes Konzept des Escape Room vorbereitet, welches allen Projektteilnehmern während des Kick-off-Meetings vorgestellt wurde. In einem zweiten Schritt wurden alle Partner durch einen Fragebogen einbezogen, die konkreten Themenschwerpunkte und Inhalte des Escape-Room-Formats festzulegen. Basierend auf den Ergebnissen hat BGE das Konzept inhaltlich ausgearbeitet und in Kooperation mit einer externen Agentur am genauen Design und Setting des Lernspiels gearbeitet.

Diese genauere Ausarbeitung des Escape Room wurde auf einem zweiten Partnermeeting vorgestellt und gemeinsam mit allen Projektpartnern diskutiert. Zudem wurden jeweils in kleineren Tischgruppen zu den zuvor definierten Themenfeldern konkretere Inhalte und mögliche Fragestellungen sowie Rätselformate gebrainstormt. Das gesammelte Feedback und die erarbeiteten Ideen werden nun von der BGE bei der weiteren Entwicklung des Formats miteinbezogen.

Der Escape Room wird zum ersten Mal im Rahmen der im ISSUE-Projekt entwickelten Summer School „Future Sustainability Manager" (CBS) pilotiert. Feedback und Erfahrungen, die während der Pilotphase von Studierenden und Lehrenden gesammelt werden, sollen in die letztliche Ausarbeitung und Verbesserung des Formates mit einfließen.

4.2.3.3 Zukünftige Einbettung in die (CBS-)Lehre

Der Escape Room zielt darauf ab, für ein möglichst breites Einsatzspektrum adaptierbar zu sein. Der Aufbau soll unkompliziert sowohl in Außen- und Innenbereichen möglich sein. Das Format richtet sich hauptsächlich an Studierende, je nach Setting allerdings auch an Lehrende, Universitätsmitarbeiter sowie die interessierte Öffentlichkeit. Folgende Formate sind für die Einbindung an der Hochschule denkbar:

- Einbindung in eine regulär laufende Lehrveranstaltung; hier sollte das Erlebte in der darauffolgenden Seminarstunde noch einmal aufgenommen, kritisch reflektiert und in weiterführenden Aufgaben von den Studierenden bearbeitet werden.
- Einbinden des Escape Room im Rahmen von Thementagen oder einer Themenwoche Nachhaltigkeit (Sustainability Days).
- Einbinden des Escape Room im Rahmen von Campus Days oder anderen Event-, Konferenz- und Messeformaten an der Hochschule.
- Angebot des Escape Room auch für die Fakultäts- und Verwaltungsmitarbeiter an der Hochschule, z. B. im Rahmen eines Betriebsausflugs oder Faculty Days.
- Berücksichtigung des Escape Room bei der Konzeption neuer Veranstaltungen oder Programme an der Hochschule.

4.2.4 Future Sustainability Manager Summer School Program – CBS International Business School

4.2.4.1 Konzept

Das Konzept der Future Sustainability Manager Summer School zielt darauf ab, zwei konkrete Lernaspekte in einem intensiven und interaktiven Lehr- und Lernformat zu verknüpfen:

1. Wissensvermittlung und Sensibilisierung für die Nachhaltigkeitsthematik, insbesondere in Bezug auf eine nachhaltige Wirtschaftstransformation im Kontext globaler Herausforderungen und der SDGs: Die Lernenden sollen befähigt werden, verantwortungsvoll und unter Berücksichtigung von Nachhaltigkeitsaspekten zu handeln, und Entscheidungen zu treffen, unabhängig von ihrer spezifischen Rolle oder Funktion in einer Organisation (Weybrecht 2015).
2. Vermittlung von professionellen „Zukunftsfähigkeiten" an die Lernenden, welche in Zeiten steigender Unsicherheit und rapider technologischer Entwicklung mehr und mehr an Bedeutung gewinnen, wie beispielsweise Kreativität, Anpassungsfähigkeit und Flexibilität oder Kollaborationsfähigkeit (LinkedIn Talent Solutions 2019; World Economic Forum 2016).

Die Konzeption der Summer School stützt sich auf das Verständnis nachhaltiger Managementlehre an der CBS. Im Zentrum steht hier die Befähigung (Empowerment) der Studierenden, eigene Standpunkte zu entwickeln und gelehrte Inhalte individuell mit ihren persönlichen Interessensschwerpunkten zu verknüpfen: „Es geht darum, dynamische Diskussionen zu moderieren und einen Raum zu bieten, in dem jeder Student sein eigenes Verständnis von nachhaltigem Management entwickeln kann" (Kolb und Bungard 2018, S. 207). Dies sollte zudem Hand in Hand gehen mit einem nötigen generellen Kulturwandel in der Lehre, welcher nicht ausschließlich auf fachliche Kompetenz setzt, sondern auch die Persönlichkeitsentwicklung und Gestaltungskompetenz der Lernenden mit einbezieht (Schmidpeter und Kolb 2018). Unter dieser Prämisse sollte Lernen in einem sinnvollen Zusammenspiel konventioneller und innovativer Formate stattfinden (Lozano et al. 2019; Molthan-Hill 2017; Schmidpeter und Kolb 2018) sowie ortsübergreifend, disziplinenübergreifend und ergebnisoffen ermöglicht werden. Während des Kurses sollen die Studierenden zu selbstständigem und eigenverantwortlichem Lernen angehalten werden. Die Rolle der Lehrpersonen orientiert sich zu diesem Zweck mehr an der eines Moderators oder Lernbegleiters (MacVaugh und Norton 2012; Warburton 2003), der Wissen und Impulse in die Diskussionen und Arbeitsformate gibt. Die Lernveranstaltungen sollen zudem klar einem Learn-to-do-Ansatz folgen und sich von einem traditionellen Learn-to-know-Ansatz abgrenzen, welcher die Studierenden als passive Lerner begreift (Hermens und Clarke 2009). Kursinhalte sollen sich an realen Beispielen und Kollaborationsprojekten orientieren (Leal Filho, Shiel et al. 2019) und deutlich über eine Classroom-as-usual-Erfahrung hinausgehen.

Die Programmplanung gliedert sich in die Komponenten Wissen, Mindset und Action, angelehnt an den „Head, Heart and Hands"-Ansatz transformierender Nachhaltigkeit von Sipos et al. (2008). Hierbei wird der Wissensaspekt zur inhaltlichen Grundlagenschaffung und Impulsgabe verstanden. Letztendlich zielt das Programm auf die Schaffung eines transformativen Mindsets ab, welches durch interaktive, kreative und realitätsnahe Lehr- und Lernformate (Action) vermittelt werden soll. Die angewendeten pädagogischen Ansätze fördern also die Ausbildung von Nachhaltigkeitsfähigkeiten, wie z. B. Interdisziplinarität, Unsicherheitstoleranz, kritische Analyse, systemisches Denken, Empathie und Kommunikationsgeschick (Lozano et al. 2019). Einige geeignete Methoden zur Förderung dieser Fähigkeiten, die in die Summer School einfließen, sind z. B. projekt- und problembasiertes Lernen, Community Service Learning, Jigsaw Teams, Learning Communities, kritische Diskussionen, Case Studies in Kombination mit Organisationsbesuchen und Networking, sowie Rollenspiele und Gruppenarbeit (Alden Rivers et al. 2015; Bass 2012; Leal Filho, Raath et al. 2018; Lozano et al. 2019; Moratis et al. 2006; Remington-Doucette und Musgrove 2015; Sipos et al. 2008).

Neben den einzelnen, jeweils von Lehrenden der Partnerorganisationen durchgeführten Sessions wird ein Rahmenprogramm erarbeitet, welches ebenfalls auf die Förderung eines zukunftsorientierten und nachhaltigen Mindsets sowie der Persönlichkeitsentwicklung abzielt. Wichtiges Element bildet hier beispielsweise die Heranführung der Lernenden an Praktiken der Mindfulness. Hierdurch können sowohl mentale und physische Gesundheit als auch Kreativität und das gesteigerte Ausschöpfen von Lernpotenzialen erreicht werden (Yeganeh und Kolb 2009). Diese Praxis soll während der Summer School beispielsweise durch tägliche Morgenmeditation und regelmäßiges Reflektieren des Erlernten und Erlebten in einem persönlichen Journal und in offenen Feedbackrunden unterstützt werden. Durch Aktivitäten wie einem Workshop im Improvisationstheater oder den Einbezug von Orten kreativen Schaffens soll die Kreativität der Teilnehmer angeregt werden (Ferrari et al. 2009). Außerdem wird das Programm neben den Veranstaltungsblöcken auch kurze interaktive Übungen, Coachingelemente und Lernspiele einbeziehen (Bass 2012; Sweeney et al. 2011). Außerdem soll auch den Studierenden ermöglicht werden, aktiv an der Programmgestaltung mitzuwirken. Nach dem Auswahlprozess der Teilnehmer, welchen jede Partnerhochschule individuell gestalten kann, können die Studierenden angeben, ob sie sich durch individuelle Interessen oder Fähigkeiten beteiligen möchten (z. B. durch das Schreiben von Blogbeiträgen im Laufe der Summer School, dem Anbieten von Workshops für ihre Studienkollegen, ...).

Zusätzlich zu dem eigentlichen Summer-School-Programm soll zudem ein starker Fokus auf Kollaboration und den Aufbau eines Netzwerks über die Kurswoche hinausgelegt werden. Die Teilnehmer können sich individuell vernetzen, erhalten aber auch die Möglichkeit zum Austausch in einer geteilten Gruppe online. Eventuell lassen sich erarbeitete Projekte längerfristig weiterverfolgen. Zudem haben die Teilnehmer am Ende die Möglichkeit, eine Absichtserklärung als Future Sustainability Manager zu unterschreiben. Ebenso sollen die Studierenden mit ihren persönlichen „calls to action" für die nahe Zukunft aus dem Programm entlassen werden.

Zur Wirkungsmessung des Programms werden zwei Evaluationsrunden durchgeführt. Einmal direkt zum Ende der Summer School und eine weitere Befragung zwei bis drei Monate im Anschluss.

4.2.4.2 Entstehungsprozess & Einbindung von Projektpartnern

Die CBS International Business School hat ein erstes grobes Konzept der Summer School vorbereitet, welches allen Projektteilnehmern während des Kick-off-Meetings vorgestellt wurde. In einem zweiten Schritt wurde das Konzept durch Recherche von Fachliteratur sowie praxisorientierten Angeboten innovativer Lehrmethoden weiter ausgearbeitet. Zudem wurden Studenten der Partnerinstitutionen durch einen Fragebogen einbezogen. Hier wurden bisherige Erfahrungen, Erwartungen sowie Themenschwerpunkte abgefragt, um eventuellen Versäumnissen in der theoretischen Konzeption vorzubeugen und die Lernenden von Anfang an in den Entstehungsprozess des Formates einzubinden. Basierend auf den Ergebnissen hat das Team der CBS das Konzept inhaltlich weiter ausgearbeitet und diesen Entwurf auf dem zweiten Partnermeeting vorgestellt. Das Feedback der Partner wurde aufgenommen und integriert.

Inhaltliche Schwerpunkte des Programms wurden ebenfalls auf dem Partnermeeting mit den Projektpartnern final abgeklärt. Im Anschluss haben Partnerinstitutionen unter Anleitung der CBS einzelne Sessions je nach Schwerpunkt ausgewählt. Diese werden nun von den Partnerinstitutionen in Absprache mit der CBS vorbereitet. Hierzu hat die CBS ein „Session Planning Template" konzeptioniert. Es zielt darauf ab, die konzeptionellen Schwerpunkte der Summer School in allen Sessions einzubeziehen und die Partnerinstitutionen zur aktiven Reflexion über ihre Unterrichtsplanung anzuhalten. Dies ermöglicht es der CBS, sicherzustellen, dass die angestrebten Lernaspekte über den Kursverlauf hinweg umfassend auch von den Partnerinstitutionen abgedeckt werden und ein gut ausbalanciertes Curriculum garantiert werden kann. Zudem erleichtert es die Koordination der einzelnen Veranstaltungen mit den Projektpartnern. Nachdem die Partner ihre Session Templates eingereicht haben, werden diese von der CBS geprüft und mit den jeweiligen Partnern besprochen. Im Anschluss kann das ausgearbeitete Curriculum für die Summer School festgelegt werden. Gleichzeitig mit den Partnern wird auch die CBS nun verstärkt an der Ausarbeitung ihres eigenen Kursbeitrags unter Berücksichtigung des Kurskonzeptes arbeiten.

Parallel zur Kursplanung erarbeitet das Team der CBS ein Handbuch, welches das Konzept und die Organisationsschritte der Summer School darlegt und anderen Bildungsinstitutionen bei der Erarbeitung vergleichbarer Programme Anleitung bieten kann. Die Erfahrungen und Rückmeldungen aus der Pilotphase werden mit aufgenommen. Außerdem wird ein „Workbook" für die Teilnehmer erarbeitet, welches den Reflexionsprozess während des Kurses durch Journaling und Coachingelemente unterstützen soll. Zudem soll es weiteres Wissen, Inspiration und einen abschließenden „call-to-action" für die Teilnehmer bieten. Nach der Erstellung des ersten Entwurfs werden alle Projektpartner durch Feedback und Input miteinbezogen.

Aufgrund der Pandemie kann die Future Sustainability Manager Summer School nicht wie geplant vor Ort an der Budapest Business School (BGE) pilotiert werden, sondern wird momentan in ein Online-Format übertragen. Hierzu werden jeweils 5 Studierende und zwei Lehrpersonen der einzelnen Partnerinstitutionen teilnehmen. Dies verlangt zudem eine intensive Zusammenarbeit der CBS mit dem Team der Gasthochschule in Budapest. Hier stehen die beiden Partner bereits in intensivem Austausch über die organisatorische Planung, Koordination geeigneter Gastdozenten, Auswahl geeigneter (digitaler) Unternehmensbesuche sowie das generelle Rahmenprogramm. Insbesondere die Partnerschaft mit dem Business Council for Sustainable Development in Ungarn (BCSDH) im Rahmen des Projekts ermöglicht spannende Kontakte zu Vertretern aus der Unternehmenspraxis vor Ort. Dies wird auch das persönliche Netzwerk der CBS in der CEE Region erweitern.

4.2.4.3 Zukünftige Einbettung in die (CBS-)Lehre

Das Konzept der Future Sustainability Manager Summer School kann nach erfolgreicher Pilotierung weitergeführt werden. Folgende Formate sind für die Einbindung an der Hochschule denkbar:

- Verstetigung des Formats durch regelmäßige Ausrichtung mit kontinuierlicher Weiterentwicklung in Bezug auf Themenfelder und neuer Lern- und Lehrkonzepte an der Hochschule.
- Internationale Kooperation zur Ausrichtung des Formats in abwechselnden Zyklen mit einer oder mehreren Partnerhochschulen.

- Einbinden einzelner Session-Formate mit positivem Feedback in bestehende Vorlesungen oder Programme der Hochschule.
- Weiterentwicklung der Summer School zu einem neuen Studienprogramm oder Studienschwerpunkt an der Hochschule.
- Integration einzelner Session-Formate in Thementage oder Projektwochen an der Hochschule (z. B. Sustainability Days).

5 Partnerschaften als „way forward" für Innovation in der Lehre für nachhaltiges Management

Die in Abschn. 4.2 skizzierten Entwicklungen von neuen Lehr- und Lernformaten verdeutlichen, dass eine gezielte Zusammenarbeit von Hochschulen und anderen Partnern maßgeblich zur Umsetzung neuer Lehr- und Lernmethoden in der Managementlehre beitragen kann. Durch den fachlichen Austausch, aber auch einen gemeinsamen kreativen Prozess können neue Formate partizipativ (weiter-)entwickelt werden. Zudem sind so auch eine gestreute Pilotierung und Bekanntmachung der Formate möglich.

Hier koordiniert z. B. die HAW Hamburg in Deutschland das „World Sustainable Development Research and Transfer Centre“ (Leal Filho 2018) und seit 2018 auch die „European School of Sustainability Science and Research (ESSSR)“ (European School of Sustainability Science and Research 2019), die auf Initiative des Forschungs- und Transferzentrums für Nachhaltigkeit und Klimafolgenmanagement ins Leben gerufen wurde (HAW Hamburg 2019). Seit März 2019 ist auch die CBS Mitglied der ESSSR. Dieses Konsortium wurde mit dem Ziel gegründet, die europäischen Bestrebungen im Bereich Nachhaltigkeitsforschung und -lehre besser zu koordinieren. Die Aktivitäten reichen von einem (Online-)Kursangebot über die Vernetzung im Rahmen von Forschungsprojekten und Veröffentlichungen bis hin zu PhD-Trainings. Der gezielte Austausch im ESSSR-Netzwerk ermöglicht es der CBS, über aktuelle Geschehnisse in der Nachhaltigkeitsforschung und Trends im Bereich neuer Lehrformate informiert zu sein und sich noch stärker auf europäischer Ebene einzubringen. Weiterhin ist das Center for Advanced Sustainable Management (CASM) der CBS seit 2019 auch Mitglied des Network for Business Sustainability (NBS), welches unter anderem eine globale Austauschplattform für Nachhaltigkeitszentren bietet.

Ein weiteres zukünftiges Projekt ist die Entwicklung einer SDG Teaching Map. Diese wurde bei der PRME-Forschungskonferenz 2019 in Schweden präsentiert. Mit der Teaching Map lässt sich das Curriculum anhand der Unterziele der 17 SDGs analysieren. Auf diesem Weg kann herausgefunden werden, welche SDGs in der Lehre einer Business School wie adressiert werden können, wo interdisziplinär gearbeitet werden sollte und welche Ziele sich nicht in einem universitären Wirtschaftscurriculum verankern lassen. Dieses Projekt kann Ausgangspunkt für einen kooperativen Bildungsansatz mit anderen Fakultäten und mit Unternehmen sein.

6 Fazit

Die Schlüsselressource Bildung entwickelt sich immer mehr von der Frage „Was wir lernen“ zu „Wie wir lernen“. Dies geht einher mit neuen Herausforderungen für die Hochschullehre, die von einzelnen Hochschulen alleine zukünftig kaum zu bewältigen sein wird. Die Entwicklung der zuvor diskutierten neuen Lehr- und Lernmethoden ist zeit- und ressourcenintensiv. Daher sind kooperative Projekte, wie ISSUE, PRME oder ESSSR, gefragt, die als Plattform dienen und gemeinsam neue Formate ausprobieren und implementieren. Die in diesem Rahmen geschaffenen neuen Lehr- und Lernformate können Studierende befähigen, positive Transformationen im Sinne des neuen Nachhaltigkeitsverständnisses anzustoßen. Diese Projekte dienen als Beispiele für den Einsatz innovativer Lehrmethoden und versuchen einen Beitrag zur Entwicklung zukünftiger Entscheidungsträger zu leisten. Insbesondere das eigenverantwortliche Lernen und das gemeinsame Gestalten von Lerninhalten fördert Innovation und aktive Studierende. Die aufgeführten Ansätze zeigen Möglichkeiten für Bildungsinstitutionen auf, die Herausforderungen des 21. Jahrhunderts aktiv zu gestalten und nicht in starren Strukturen zu verharren.

Literatur

Alden Rivers B, Armellini A, Maxwell R, Allen S, Durkin C (2015) Social innovation education: towards a framework for learning design. Higher Educ Skills Work-Based Learn 5(4):383–400

Bass R (2012) Disrupting ourselves: the problem of learning in higher education. Educause Rev 47(2):23–33

BMAS (Hrsg) (2017) Kompetenz- und Qualifizierungsbedarfe bis 2030. Ein gemeinsames Lagebild der Partnerschaft für Fachkräfte. Bundesministerium für Arbeit und Soziales, Referat Zukunftsgerechte Gestaltung der Arbeitswelt und Arbeitskräftesicherung, Berlin

Book S, Fischer K, Guldner J (2019) WirtschaftsWoche Hochschulranking 2019: Die besten Unis für Ihre Karriere. https://www.wiwo.de/my/erfolg/hochschule/hochschulranking-2019-die-besten-unis-fuer-ihre-karriere/24274822.html?ticket=ST-1851654-hWuGYKyUV5sEJctURHKs-ap2. Zugegriffen: 29. Juli 2019

Butler MJR, Reddy P (2010) Developing critical understanding in HRM students. J Eur Ind Train 34(8/9):772–789

CBS International Business School (2017) Vision der CBS International Business School. Internes Strategiepapier. CBS, Köln

CBS International Business School (2019) WiWo-Hochschulranking 2019: CBS an der Spitze der privaten Fachhochschulen Deutschlands im Bereich BWL. https://cbs.de/hochschule/news/cologne-business-school-verteidigt-spitzenrang-beim-wiwo-uni-ranking/. Zugegriffen: 23. Juli 2019

Csikszentmihalyi M (1990) Flow. Springer, New York

Csikszentmihalyi M (Hrsg) (2014) Flow and the foundations of positive psychology. The collected works of mihaly Csikszentmihalyi. Springer, Dordrecht

Daheim C, Wintermann O (2016) 2050: Die Zukunft der Arbeit. Ergebnisse einer internationalen Delphi-Studie des Millennium Project, Gütersloh

Erpenbeck J, Heyse V (2007) Die Kompetenzbiographie: Wege der Kompetenzentwicklung. Waxmann, Münster

European School of Sustainability Science and Research (2019) European school of sustainability science and research. https://esssr.eu/. Zugegriffen: 29. Juli 2019

Ferrari A, Cachia R, Punie Y (2009) Innovation and creativity in education and training in the EU member states: fostering creative learning and supporting innovative teaching. Literature review on innovation and creativity in E&T in the EU member states (ICEAC), Luxembourg

Godemann J, Herzig C, Moon J (2011) Approaches to changing the curriculum. Paper presented at the ISIBS Workshop: Session II, University of Nottingham, UK, 20–21 October 2011

Hamari J, Shernoff DJ, Rowe E, Coller B, Asbell-Clarke J, Edwards T (2016) Challenging games help students learn: an empirical study on engagement, flow and immersion in game-based learning. Comput Hum Behav 54:170–179

Harasim L (2012) Learning theory and online technologies. Routledge, New York

HAW Hamburg (2019) HAW Hamburg gründet europäisches Nachhaltigkeitsnetzwerk für Forschung und Lehre: HAW Hamburg. https://www.haw-hamburg.de/themendienst/aktuelle-ausgabe/aktuelldetails/artikel/europaeische-nachhaltigkeitsforschung-wird-von-der-haw-hamburg-aus-geleitet-1.html. Zugegriffen: 26. Juli 2019

Hermens A, Clarke E (2009) Integrating blended teaching and learning to enhance graduate attributes. Education + Training 51 (5/6):476–490

Higgins P (1997) Outdoor education for sustainability: making connections. J Adv Educ Outdoor Leadersh 13(4):4–11

Hou H-T (2015) Integrating cluster and sequential analysis to explore learners' flow and behavioral patterns in a simulation game with situated-learning context for science courses: a video-based process exploration. Comput Hum Behav 48:424–435

ISSUE (2019) Innovative solutions for sustainability in education. https://www.issue-project.eu/. Zugegriffen: 29. Juli 2019

Kolb DA, Rubin IM, McIntyre JM (1984) Organizational psychology: an experiential approach to organizational behavior, 4. Aufl. Prentice Hall, Englewood Cliffs

Kolb M, Bungard P (2018) Nachhaltiges Management lehren und lernen: Ein praktischer Ansatz zur Transformation. In: Raueiser M, Kolb M (Hrsg) CSR und Hochschulmanagement. Sustainable Education als neues Paradigma in Forschung und Lehre (Management-Reihe Corporate Social Responsibility). Springer, Berlin, S 199–211

Kolb M, Fröhlich L, Schmidpeter R (2017) Implementing sustainability as the new normal: responsible management education – from a private business school's perspective. Int J Manage Educ 15(2):280–292

Leal Filho W, Raath S, Lazzarini B, Vargas VR, Souza L, Anholon R, Quelhas OLG, Haddad R, Klavins M, Orlovic VL (2018) The role of transformation in learning and education for sustainability. J Cleaner Prod 199:286–295

Leal Filho W, Tripathi SK, Andrade Guerra JBSOD, Giné-Garriga R, Orlovic Lovren V, Willats J (2019) Using the sustainable development goals towards a better understanding of sustainability challenges. Int J Sustain Dev World Ecol 26(2):179–190

Leal Filho W (2018) The World Sustainable Development Research and Transfer Centre (WSD-RTC). In: Leal Filho W (Hrsg) Handbook of sustainability science and research (World sustainability series, S 983–991). Springer, Cham

Leal Filho W, Brandli LL, Becker D, Skanavis C, Kounani A, Sardi C, Papaioannidou D, Paço A, Azeiteiro U, Sousa LO (2018) Sustainable development policies as indicators and pre-conditions for sustainability efforts at universities: fact or fiction? Int J Sustain High Educ 19(1):85–113

Leal Filho W, Shiel C, Paço A, Mifsud M, Ávila LV, Brandli LL, Molthan-Hill P, Pace P, Azeiteiro UM, Vargas VR, Caeiro S (2019) Sustainable development goals and sustainability teaching at universities: falling behind or getting ahead of the pack? J Cleaner Prod 232:285–294

Leal Filho W, Vargas VR, Salvia AL, Brandli LL, Pallant E, Klavins M, Ray S, Moggi S, Maruna M, Conticelli E, Ayanore MA, Radovic V, Gupta B, Sen S, Paço A, Michalopoulou E, Saikim FH, Koh HL, Frankenberger F, Kanchanamukda W, Cunha DA, Akib NAM, Clarke A, Wall T, Vaccari M (2019) The role of higher education institutions in sustainability initiatives at the local level. J Cleaner Prod 233:1004–1015

Lewis E, Mansfield C, Baudains C (2008) Getting down and dirty: values in education for sustainability. Issues Educ Res 18(2):138–155

LinkedIn Talent Solutions (2019) 2019 Global talent trends. The 4 trends transforming your workplace. LinkedIn, Sunnyvale, CA

Lozano R, Barreiro-Gen M, Lozano F, Sammalisto K (2019) Teaching sustainability in european higher education institutions: assessing the connections between competences and pedagogical approaches. Sustainability 11(6):1602

MacVaugh J, Norton M (2012) Introducing sustainability into business education contexts using active learning. Int J Sustain High Educ 13(1):72–87

Molthan-Hill P (Hrsg) (2017) The business student's guide to sustainable management: principles and practice.Routledge, New York

Molthan-Hill P, Hill S, Parkes C (2017) A new framework for embedding sustainability into the business school curriculum. In: Molthan-Hill P (Hrsg) The business student's guide to sustainable management: principles and practice. Routledge, New York, S 13–50

Moratis L, Hoff J, Reul B (2006) A dual challenge facing management education. J Manag Dev 25(3):213–231

Raueiser M, Kolb M (Hrsg) (2018) CSR und Hochschulmanagement. Sustainable Education als neues Paradigma in Forschung und Lehre (Management-Reihe Corporate Social Responsibility). Springer, Berlin

Remington-Doucette S, Musgrove S (2015) Variation in sustainability competency development according to age, gender, and disciplinary affiliation. Int J Sustain High Educ 16(4):537–575

Rusinko CA (2010) Integrating sustainability in higher education: a generic matrix. Int J Sustain High Educ 11(3):250–259

Rusinko CA (2010) Integrating sustainability in management and business education: a matrix approach. Acad Manage Learn Educ 9(3):507–519

Schmidpeter R, Kolb M (2018) Wirtschaft im Wandel – Neue Anforderungen an die Management-ausbildung. In: Raueiser M, Kolb M (Hrsg) CSR und Hochschulmanagement. Sustainable Education als neues Paradigma in Forschung und Lehre (Management-Reihe Corporate Social Responsibility). Gabler, Berlin, S 11–17

Shephard K (2008) Higher education for sustainability: seeking affective learning outcomes. Int J Sustain High Educ 9(1):87–98

Sipos Y, Battisti B, Grimm K (2008) Achieving transformative sustainability learning: engaging head, hands and heart. Int J Sustain High Educ 9(1):68–86

Spiegel P (2016) Zukunft der Bildung. Bildung der Zukunft. Forum Nachhaltig Wirtschaften 2:31–33. https://www.forum-csr.net/News/9666/ZukunftderBildung.html. Zugegriffen: 29. Juli 2019

Stifterverband für die Deutsche Wissenschaft e. V. (2017) Hochschul-Bildungs-Report 2020. Höhere Chancen durch höhere Bildung? Jahresbericht 2017/18 – Halbzeitbilanz 2010 bis 2015. Stifterverband für die Deutsche Wissenschaft e. V., Essen

Sweeney L B, Meadows D L (2010) The systems thinking playbook. Exercises to stretch and build learning and systems thinking capabilities. Chelsea Green Publishing Meadows, White River Junction

Sweeney L B, Meadows D, Mehers G M (2011) The systems thinking playbook for climate change: a toolkit for interactive learning. Deutsche Gesellschaft für Internationale Zusammenarbeit (GIZ) GmbH, Eschborn

Warburton K (2003) Deep learning and education for sustainability. Int J Sustain High Educ 4(1):44–56

Weybrecht G (2015) 5 key messages from businesses to business schools around sustainability. https://www.facebook.com/WordPresscom. https://primetime.unprme.org/2015/09/07/5-key-messages-from-businesses-to-business-schools-around-sustainability/. Zugegriffen: 15. Juli 2019

Willenbacher M, Lepiorz R, Wohlgemuth V (2017) Serious games, Umweltbewusstsein und Nachhaltigkeit. In: Eibl M, Gaedke M (Hrsg) INFORMATIK (S 2017–2026). Bonn

Wilson A, Lenssen G, Hind P (2006) Leadership qualities and management competencies for corporate responsibility. Ashridge/EABIS, Berkhamsted

World Economic Forum (2016) Global challenge insight report. The future of jobs. Employment, skills and workforce strategy for the fourth industrial revolution. https://www3.weforum.org/docs/WEF_Future_of_Jobs.pdf. Zugegriffen: 15. Juli 2019

Yeganeh B, Kolb D (2009) Mindfulness and experiential learning. OD Practitioner 41(3):8–14

Silvia Damme arbeitet als Projektmanagerin und wissenschaftliche Mitarbeiterin am Center for Advanced Sustainable Management (CASM) der CBS International Business School in Köln. Hier fokussiert sich ihre Arbeit momentan auf die Entwicklung innovativer Lehrformate im Kontext der Integration von Nachhaltigkeit in die Managementlehre. Zudem betreut sie interne Projekte zur Implementierung von Nachhaltigkeit in der Hochschule und lehrt in den Bereichen CSR & Interkulturelles Management. Sie verfügt zudem über umfangreiche Erfahrung in der Konzeption und Organisation von Konferenz- und Dialogformaten im Bereich Nachhaltigkeit und Klimaschutz sowie in der Nachhaltigkeitsberatung und -kommunikation und dem Management von Veränderungsprozessen in KMUs. Sie hat einen Masterabschluss in „International Business and Sustainability" der Universität Hamburg und absolvierte ihr Bachelorstudium „Kultur & Wirtschaft: Anglistik/BWL" an der Universität Mannheim.

Marina Schmitz arbeitet als wissenschaftliche Mitarbeiterin und Dozentin am Center for Advanced Sustainable Management (CASM) der CBS International Business School in Köln. Sie lehrt in den Bereichen Sustainable Management, Asian Business und Intercultural Management. Ihre Forschungsschwerpunkte liegen in den Bereichen CSR in Schwellenländern, Implementierung von CSR sowie Nachhaltigkeit in der Hochschulbildung. Nach ihrem Studium der Betriebswirtschaftslehre und Sinologie an der Universität Trier arbeitete sie als wissenschaftliche Mitarbeiterin am Lehrstuhl für Personalmanagement mit Schwerpunkt China/Asien an der Universität Göttingen. Sie ist an verschiedenen praxisorientierten Forschungsprojekten beteiligt und engagiert sich in Netzwerken wie PRME, ESSSR und NBS, um verantwortungsvolles Management zu fördern. Darüber hinaus hat sie Erfahrung in Beratungsprojekten, die sich mit der Transformation von Geschäftsmodellen hin zu mehr Nachhaltigkeit beschäftigen.

Monika Kolb ist Leiterin der M3TRIX Academy der M3TRIX GmbH. Sie ist Dozentin für CSR, Unternehmensethik und verantwortungsvolle Führung. Sie hält Vorlesungen an privaten Business Schools und Universitäten in Deutschland, Österreich, Russland und Brasilien. Monika Kolb promoviert zu verantwortungsvoller Führungskräfteentwicklung an der IEDC-Bled School of Management in Slowenien. Ihre Arbeits- und Forschungsschwerpunkte sind verantwortungsvolle Führung, nachhaltiges Management und innovative Pädagogik. Sie erhielt ihren MA in Internationalem Kulturmanagement von der CBS International Business School. Ihre Masterarbeit wurde von der Dr. Jürgen Meyer Stiftung mit dem Ethik- und Nachhaltigkeitspreis ausgezeichnet.

Prof. Dr. Lisa Fröhlich hält eine Professur für Strategisches Beschaffungsmanagement. Als Präsidentin der CBS International Business School engagiert sich sehr für UN PRME und hat mehrere Funktionen inne. Sie ist die Sprecherin des PRME DACH Chapter, ist Mitglied des Board von PRME bis 2023 und leitet eine Untergruppe zur Ableitung neuer Governancestrukturen für die 12 internationalen PRME Chapter. Sie ist Sprecherin der „Kölner Wissenschaftsrunde“ (KWR) und Wirtschaftsbotschafterin der Stadt Köln. Ihre Forschungsschwerpunkte sind nachhaltiges Lieferkettenmanagement, grüne Beschaffung und innovative Responsible-Management-Education-Lehrformate. Sie veröffentlichte mehrere Bücher und Fachbeiträge und ist für verschiedene wissenschaftliche Zeitschriften als Reviewer tätig.

Mit #climatechallenge zu mehr CSR? Ein innovatives Lernformat für Verantwortungsübernahme in der großen Transformation

Markus Szaguhn, Maike Sippel und Thomas Wöhler

1 Einleitung

Die Klimakrise erfordert Verantwortungsübernahme und massive Anstrengungen, um die große Transformation hin zu einer klimaverträglichen Gesellschaft zu gestalten (WBGU 2011). Dies schließt neben der politischen Ebene die des individuellen Alltagshandelns und auch die der Unternehmen ein.[1] An der Hochschule Konstanz wurde daher ein innovatives Lernformat mit dem Namen #climatechallenge entwickelt, das sich als Experimentierfeld für mehr Nachhaltigkeitshandeln im individuellen Lebensstil anbietet. Studierende erlernen dabei Denk- und Handlungsmuster, die sie später auch im Unternehmenskontext anwenden können. #climatechallenge hat zum einen

[1]Die EU-Kommission definiert Corporate Social Responsibility (CSR) der Unternehmen, also deren gesellschaftliche Verantwortung, in ihrem Grünbuch als „Konzept, das den Unternehmen als Grundlage dient, auf freiwilliger Basis soziale Belange und Umweltbelange in ihre Unternehmenstätigkeit und in die Wechselbeziehungen mit den Stakeholdern zu integrieren" (EU-Kommission 2001).

M. Szaguhn (✉) · M. Sippel
Fachgebiet Nachhaltige Ökonomie, HTWG Hochschule Konstanz Technik, Wirtschaft und Gestaltung, Konstanz, Deutschland
E-Mail: markus.szaguhn@htwg-konstanz.de

M. Sippel
E-Mail: maike.sippel@htwg-konstanz.de

T. Wöhler
Universität Konstanz, Konstanz, Deutschland
E-Mail: thomas.woehler@uni-konstanz.de

A. Boos et al. (Hrsg.), *CSR und Hochschullehre,* Management-Reihe Corporate Social Responsibility, https://doi.org/10.1007/978-3-662-62679-5_12

das Ziel, Studierende dabei zu unterstützen, ihren eigenen ökologischen Fußabdruck zu reduzieren. Zum anderen geht es entsprechend einer **Doppelstrategie** auch darum, die Studierenden dazu zu befähigen, nicht nachhaltige Strukturen zu erkennen, die ihr individuelles Handeln bedingen, sowie Handlungsmöglichkeiten zu erproben, um diese Strukturen auf unterschiedlichen Einflussebenen zu verändern.

Eine solche doppelstrategische Denkkultur ist für Unternehmen hilfreich, die ihre Geschäftsprozesse im Sinne des Klimaschutzes und einer nachhaltigen Entwicklung zukunftsfähig ausrichten möchten. Entsprechend geschulte, analytisch denkende und aktiv gestaltende Mitarbeiter können wichtige Treiber für CSR-geleitete Veränderungsprozesse in Unternehmen sein. #climatechallenge kann einen Beitrag dazu leisten, indem es derartige nachhaltige Denk- und Handlungsmuster bei Studierenden als spätere Unternehmensmitarbeiter verankert.

1.1 Klimakrise

Die menschengemachte Klimakrise hat stark negative Auswirkungen auf Natur und Menschheit. Dies wird eindrucksvoll unterstrichen, wenn sich neuerdings die deutschen Ärzteverbände zu Wort melden und im Interesse der menschlichen Gesundheit fordern, den Klimawandel konsequent zu begrenzen (KLUG 2019).[2]

Seit dem Beginn der Industrialisierung schreitet die Klimakrise rasch voran: Im Vergleich zum Bezugszeitraum der Jahre 1850–1900 ist die globale Durchschnittstemperatur bereits um ca. ein Grad angestiegen (IPCC 2018). Im Pariser Klimaschutzabkommen hat sich die Staatengemeinschaft im Jahr 2015 dazu verpflichtet, die globale Erwärmung auf unter zwei Grad, besser 1,5° zu begrenzen (UNFCCC 2015). Nach heutigen Erkenntnissen (IPCC 2018) gibt es sehr gute Gründe für ein Einhalten der 1,5°-Grenze: So vermuten Klimawissenschaftler, dass bereits im Temperaturbereich von 1,5° bis 2° Erwärmung verschiedene sogenannte Kipppunkte überschritten werden könnten, die irreversible Prozesse im Klimasystem anstoßen, mit dann besonders weitreichenden Folgen für die Menschheit. Dazu könnte neben dem Absterben fast aller Korallenriffe bei 2° Erwärmung auch das Auftauen des Grönlandeisschilds gehören. Zusammen mit dem vermutlich bereits 2014 destabilisierten Westantarktischen Eisschild würde das einen Anstieg des Meeresspiegels von 10 m über die nächsten Jahrhunderte bedeuten (Mission 2020 2017). In einer 1,5°-Welt wären außerdem „nur" 42 % der deutschen Sommer – also fast jeder zweite Sommer – so heiß wie der der Hitzesommer 2003, bei 2° Erwärmung wären es bereits 60 % und damit die deutliche Mehrzahl der Sommer (King und Karoly 2017).

Die Umsetzung des 1,5°-Ziels ist laut IPCC durchaus noch möglich – allerdings unter Aufbietung von großen Anstrengungen und tiefgreifenden und umfänglichen

[2]Namentlich der Marburger Bund und der Deutsche Hausärzteverband sowie der Deutsche Ärztetag.

Veränderungen (IPCC 2018). Es ist große Dringlichkeit geboten: Global muss dazu bereits 2040 Klimaneutralität erreicht werden – eine Reduktion der globalen Emissionen ab 2020 scheint deshalb zwingend (Mission 2020 2017). Für Deutschland lässt sich ein entsprechend seiner Verantwortung und Möglichkeiten früheres Ziel von 2035, 2030 oder sogar früher ableiten – d. h. Klimaschutz muss in Deutschland mindestens doppelt so schnell passieren, wie er bisher politisch geplant war (Erreichung von Klimaneutralität bis 2050). Mit einem früheren Zieljahr verkürzt sich zwar die zur Verfügung stehende Zeit gegenüber bisherigen Zielsetzungen. Es könnte aber auch eine Chance darin liegen, da vielleicht erst ein absehbar nahes Zieljahr überhaupt erst zum Handeln motiviert.

Die Klimakrise bedroht auch die Weltwirtschaft. Vom World Economic Forum befragte, ca. 1000 Entscheider aus dem öffentlichen Sektor, der Privatwirtschaft, der Wissenschaft und der Zivilgesellschaft sehen Extremwetterereignisse und eine unzureichende Ausgestaltung der politischen Rahmenbedingung für Klimaschutz als die größten Bedrohungen für die weltweiten Geschäftstätigkeiten (WEF 2019). Die Expertenkommission „Task Force on Climate-related Financial Disclosures" (TCFD) empfiehlt den G20-Staaten, die Chancen und Risiken der Klimakrise sowie eine emissionsarme Wirtschaft ganzheitlich in die wesentlichen Bereiche unternehmerischen Handelns zu integrieren (TCDF 2018). Auch die Arbeitnehmerseite teilt diese Einsicht: So sprachen sich z. B. vor dem G7-Gipfel 2017 europäische und amerikanische Gewerkschaften dafür aus, weiter am Pariser Klimaabkommen festzuhalten (DGB 2017).

1.2 Große Transformation und Rolle von Pionieren des Wandels

Wie der Weg hin zu einer klimaverträglichen Gesellschaft gestaltet werden könnte, beschreibt der Wissenschaftliche Beirat der Bundesregierung für globale Umweltveränderungen (WBGU) in seinem 2011 veröffentlichen Hauptgutachten zur großen Transformation. Dieser sieht für die Dekade der 2020er-Jahre „tiefgreifende Änderungen in Produktionsprozessen, Infrastrukturen und Lebensstilen" vor (vgl. WBGU 2011, S. 26).

Neben der politischen Ebene, die entsprechende Rahmenbedingungen setzt („gestaltender Staat"), benennt der WBGU die sogenannten „Pioniere des Wandels" als wesentliche Akteure im Transformationsprozess: Diese entwickeln in gesellschaftlichen Nischen neue Visionen und Handlungsweisen und tragen die Chancen einer alternativen Entwicklung in breitere Innovationsnetzwerke, in den sozialen und politischen Mainstream und auch in Unternehmen hinein. Anfangs marginale Einstellungsmuster und Verhaltensweisen können so von breiten gesellschaftlichen Schichten habitualisiert werden (vgl. WBGU 2011, S. 26).

Doppelstrategisches Handeln im Sinne der beiden Handlungsebenen verknüpft entsprechend dem WBGU-Ansatz das Explorieren alternativer Lebensstile mit individuellen Beiträgen für einen gestaltenden Staat. Ein Beispiel liefert die schwedische Schülerin Greta Thunberg. Thunbergs Protest auf der Straße ging dabei aktives Handeln für Klimaschutz im eigenen Lebensstil voraus: Unter anderem ernährt sie sich seit längerem klimafreundlich (pflanzenbasierte Ernährung) und verzichtet auf Flugreisen. Hier ist eine Doppelstrategie zu erkennen, die sowohl individuelle Maßnahmen zur Reduktion von Treibhausgasen beinhaltet als auch Aktionen des Zivilengagements zur Veränderung der strukturellen Rahmenbedingungen. Ausgehend vom Schulstreik für das Klima der jungen Schwedin – und nicht zuletzt durch die Mitwirkung engagierter Studierender – hat sich eine Bewegung mit globaler Dimension entwickelt, die Klimaschutz durch regelmäßige Demonstrationen in die Mitte der Gesellschaft getragen hat.

Im Unternehmenskontext sind ähnliche, doppelstrategisch orientierte Innovationsbestrebungen zu beobachten. Das Unternehmen Bosch (2019) beispielsweise nimmt auf zwei vergleichbaren Ebenen Einfluss auf den Transformationsprozess: Einerseits strebt Bosch an, weltweit alle Standorte bis 2020 klimaneutral zu stellen. Es übernimmt dadurch Verantwortung für das eigene Wirtschaften und demonstriert, dass die Dekarbonisierung der Industrie grundsätzlich möglich ist. Andererseits fordert die Bosch-Stiftung gemeinsam mit anderen Unternehmen „verlässliche politische Rahmenbedingungen" für den Klimaschutz und deshalb die Einführung eines CO_2-Preises (Handelsblatt 2019).

Der doppelstrategische Einfluss durch Pioniere des Wandels soll weiter mit dem ordonomischen Drei-Ebenen-Schema[3] verdeutlicht werden, das vom Roman-Herzog-Institut für das CSR-Handeln von Unternehmen formuliert wurde (Beckmann und von Winning 2012, S. 7). Es benennt als die drei Ebenen das Basisspiel der Regelbefolgung, das Metaspiel der Regelsetzung und das Meta-Metaspiel der Regelfindung (vgl. Abb. 1).

Das Basisspiel ist demnach dadurch gekennzeichnet, dass Unternehmen oder Menschen darin so handeln, dass sie ihre Ziele unter Berücksichtigung der ihnen zur Verfügung stehenden Ressourcen und einschränkenden Rahmenbedingungen optimal erreichen. Daher spricht man hier auch vom Regelbefolgungsspiel. Wichtig ist dabei, anzuerkennen, dass je nach Rahmensetzung entweder ein gewünschtes oder ein unerwünschtes Ergebnis (z. B. im Sinne des Klimaschutzes) erfolgen kann. Dies legt nahe, dass die soziale Interaktion der Akteure nicht allein von individuellen Überzeugungen oder Entscheidungen abhängt, sondern vielmehr auch auf die geltenden Spielregeln zurückzuführen ist (Beckmann und von Winning 2012, S. 8 ff.).

Das Metaspiel dagegen umfasst den Regelsetzungsprozess, welcher die Regeln für das Basisspiel definiert. Für das Basisspiel der Unternehmen stellt beispielsweise die Politik das Metaspiel dar, welches durch die Gesetzgebung den Rahmen für wirtschaftliche Aktivitäten setzt. In ordoliberaler Tradition liegt der Fokus hierbei nicht darauf, die

[3] Definition der Ordonomik: „Wie der erste Wortteil Ordo zum Ausdruck bringt, fokussiert die Ordonomik in besonderer Weise auf die Bedeutung von Ordnungen, und zwar in zweierlei Hinsicht: Einerseits geht es ihr um die institutionelle Ordnung, also um jene Spielregeln, die soziale Interaktionen kanalisieren. Andererseits geht es ihr gleichermaßen um die semantische Ordnung, also um die Ideen und die Ordnung des Denkens, die bestimmen, wie gesellschaftliche Probleme beschrieben, erklärt und bewertet werden. Wie der zweite Wortteil nomik ausdrückt, greift die Ordonomik dabei in ihrer Analyse auf das Rational-Choice-Instrumentarium der Ökonomik zurück und erklärt soziale Phänomene aus dem Handeln individueller Akteure" (vgl. Beckmann und von Winning 2012, S. 7).

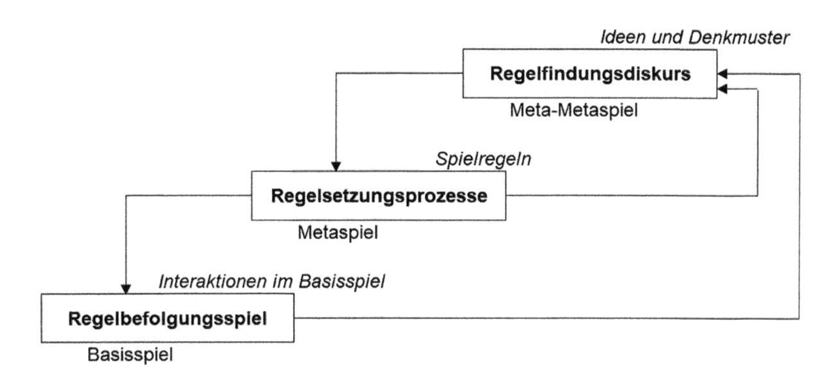

Abb. 1 Das ordonomische Drei-Ebenen-Schema. (Eigene Grafik, angelehnt an: Beckmann und von Winning 2012, S. 8)

individuelle Interaktion im Basisspiel direkt zu lenken, sondern die Qualität des Spiels an sich zu verbessern und weiterzuentwickeln (Beckmann und von Winning 2012, S. 10).

Das Meta-Metaspiel umfasst Aktivitäten, die auf den Prozess der Regelsetzung einwirken. Daher spricht man auch vom Regelfindungsdiskurs. Impulse für den Regelsetzungsdiskurs können sowohl vom Basisspiel als auch vom Regelsetzungsprozess ausgehen (Beckmann und von Winning 2012, S. 10).

Betrachtet man das Beispiel des Unternehmens Bosch anhand des Drei-Ebenen-Schemas, ergibt sich Folgendes: Bosch verfolgt im Basisspiel ambitionierte Klimaschutzziele für das eigene Unternehmen. Gleichzeitig bringt sich Bosch in den Regelfindungsdiskurs ein, indem es einen CO_2-Preis fordert – und damit bessere Spielregeln, die den Klimaschutz für alle Unternehmen zur sinnvolleren Option machen. Übertragen auf das Beispiel Greta Thunberg: Im Basisspiel stellt Greta ihren Lebensstil um, u. a. indem sie sich rein pflanzlich ernährt. In den Regelsetzungsdiskurs mischt sie sich mit ihrem Demonstrieren ein.

Eine zukunftsorientierte Hochschullehre sollte Studierenden in Zeiten der Klimakrise die Kompetenzen vermitteln, die genannten unterschiedlichen Perspektiven bzw. Ebenen der Einflussnahme zu erkennen und bespielen zu können. Hier setzt das Format #climatechallenge an. Es ermöglicht den Teilnehmenden, sowohl Chancen als auch Grenzen von individuellem Klimaschutzhandeln im Basisspiel zu erleben (z. B. bei der Reduzierung des CO_2-Fußabdrucks durch Suffizienz-Maßnahmen im eigenen Lebensstil). Es begleitet sie davon ausgehend aber auch dabei, diese konkreten Erfahrungen und neu entwickelte Lösungsansätze über den Regelfindungsdiskurs in die Gesellschaft einzubringen, um so Veränderungen auf der Ebene der Regelsetzungsprozesse anzustoßen. Es wird angenommen, dass so erworbene Denk- und Handlungsmuster von Studierenden auf den späteren Arbeitskontext im Unternehmen transferiert werden können.

2 Das Lehr- und Lernformat #climatechallenge

Aufbauend auf dem Modell der Doppelstrategie führt das Lehr- und Lernformat #climatechallenge die Teilnehmenden systematisch zu einem doppelstrategischen Klimaschutzhandeln. Das Format entstand ab 2014 an der Hochschule Konstanz und wurde seither an verschiedenen Hochschulen erprobt und weiterentwickelt. Für Dozenten steht Lehrmaterial in Form eines freien Open-Source-Lehrsets unter www.climatechallenge.de zum Download bereit.

Die Anwendung des Formats ist sowohl innerhalb eines Studiengangs als auch fächerübergreifend möglich. Eine interdisziplinäre Zusammensetzung der Teilnehmenden fördert erfahrungsgemäß die Entwicklung von innovativen und integrierenden Haltungen in besonderer Weise. Fachlich kann das Format an verschiedenste Studieninhalte anknüpfen, die Berührungspunkte zu Klimaschutz, gesellschaftlicher Verantwortung und Nachhaltigkeit aufweisen.

2.1 Ablauf einer #climatechallenge

Eine #climatechallenge ist ein 30-tägiges Veränderungsexperiment, um Aspekte eines nachhaltigen Lebensstils auf begrenzte Zeit auszuprobieren. Die Gruppen von ca. 8–50 Teilnehmenden sind je nach Anlass studiengangspezifisch oder fächerübergreifend zusammengesetzt.

Es ist darauf hinzuweisen, dass der Aspekt des Handprints bei den in Absatz 3.1 vorliegenden Ergebnissen noch nicht den zentralen Stellenwert hatte, wie in Tab. 1 beschrieben. Dieser wurde erst ab Sommersemester 2019 als zentrales Element bereits in Woche 2 integriert. Zuvor wurde auf Handprint als freiwillige Vertiefung des eigenen Veränderungsexperiments hingewiesen. Nach aktuellem Stand des #climatechallenge-Teams wird Foot- und Handprint als sich gegenseitig befruchtende Doppelstrategie gelehrt.

2.2 Footprint

Ausgangspunkt einer #climatechallenge ist die Erstellung des persönlichen CO_2-Fußabdrucks. Hierzu kann der online CO_2-Rechner des Umweltbundesamts genutzt werden.[4] Auf Basis der individuellen CO_2-Bilanz wird nach dem Rationalitätsprinzip ein Handlungsfeld gewählt, in dem ein großes Einsparpotenzial besteht (diese sind z. B. Ernährung, Mobilität, Konsum, Wohnen). Ziel der #climatechallenge ist zunächst, durch

[4] CO_2-Rechner, Umweltbundesamt, URL: https://uba.co2-rechner.de.

Tab. 1 Exemplarischer Ablauf einer #climatechallenge

Zeitpunkt	Dauer (min)	Inhalte
Woche 0	90	*Start* Befragung zu Umweltbewusstsein und Umweltverhalten Studierende bilanzieren ihre individuellen CO_2-Emissionen mit einem CO_2-Rechner (z. B. www.uba.co2-rechner.de) Herausarbeiten der individuellen „Big Points" (Maßnahmen mit besonders hoher CO_2-Einsparung) Studierende überlegen eine Footprint #climatechallenge (inkl. Konzept für Protokollierung und Auswertung)
Woche 1	90	*Coachingtermin* Schärfung der Challenge, u. a. zur Auswertung und Dokumentation: Wissenschaftlichkeit des Experiments legitimiert #climatechallenge als Ansatz für die transformative Hochschullehre
Woche 2	90	*Zwischenpräsentation* Studierende tauschen sich über ihre #climatechallenge auf Basis einer Postervorlage aus Erweiterung der #climatechallenge um Handprintaspekt Impuls für weitergehende, aus dem Privaten herausgehende Gedanken und Projekte (auch im Bündnis mit anderen Studierenden) Studierende entscheiden sich zu Handprintaktion (allein, oder gemeinsam)
Nach ca. 4–6 Wochen	90	*Abschluss* Präsentationen der Erfahrungen aus der #climatechallenge, welche Hemmnisse wurden wie überwunden? Welche Chancen wurden durch die #climatechallenge für das Klimaschutzhandeln entdeckt? Studierende geben ihre „Dokumentation und Reflexion" ab (z. B. ca. fünf Seiten zur Challenge, inkl. CO_2-Fußabdruck, fachlichem Hintergrund zur Challenge, Protokollierung und Quantifizierung und Einordnung der Veränderung, Handprintaktion, Reflexion mit Schwerpunkt auf Handprintaspekt)

gezielte Handlungsveränderungen im Alltag eine Reduktion des persönlichen CO_2-Fußabdrucks (engl. Footprint) zu erreichen.

Die Berechnung der persönlichen CO_2-Bilanz hilft dabei, die globale Herausforderung durch die Klimakrise mit dem individuellen Lebensstil zu verknüpfen (Schlumpf et al. 1999, S. 2). Besondere Aufmerksamkeit entsteht, wenn die persönliche Bilanz dem Klimaschutzziel gegenübergestellt wird: Die Bilanz eines Durchschnittsdeutschen liegt z. B. derzeit bei 11,6 t CO_2. Wie früher gezeigt, müssen die Gesamtemissionen in Deutschland – und damit auch die Pro-Kopf-Emissionen – allerdings zur Einhaltung der 1,5°-Grenze bis spätestens 2035 bei Null sein. Konfrontiert mit diesem ambitionierten Ziel droht leicht eine pessimistische Überforderungshaltung oder die Flucht in die kognitive Dissonanz. Die große Chance von #climatechallenge besteht darin, den Teilnehmenden durch die Bearbeitung eines konkreten Veränderungsexperiments ein überschaubares und bewältigbares Angebot für individuelles Klimaschutzhandeln zu machen. Die Studierenden erleben sich zudem als Teil einer Gruppe von Menschen, die sich auf den Weg machen, und fühlen sich dadurch bestärkt, Gewohnheiten vorübergehend zurückzustellen und mit Entdeckerfreude ins Handeln und Verändern zu kommen.

Hilfreich für ein wirkungsvolles eigenes Handeln ist das Konzept von Belz und Bilharz (2007), welches „Key Points“ als besonders aussichtsreiche Big Points in den Fokus rückt (dies sind Klimaschutzhandlungen mit hoher Umweltentlastung, die zusätzlich eine strukturelle Wirkung haben – z. B. durch Ausstrahlung und Inspirieren von Nachahmern), im Kontrast zu „Peanuts“ deren Klimaschutzwirkung nur marginal ist.

In einem Coachingangebot kann mit den Studierenden ca. eine Woche nach dem Starttermin die konkrete Auswahl einer Challenge (unter Berücksichtigung des Key-Point-Konzepts) sowie die Protokollierung des Veränderungsexperiments weiter besprochen werden, im Sinne wissenschaftlicher Qualitätssicherung.

2.3 Handprint

Nach ca. zwei Wochen findet eine weitere Session statt, bei der die bisher gemachten Erfahrungen ausgetauscht werden. Dabei spielen neben dem Bericht über positive Erfahrungen und Chancen auch die Diskussion über erlebte Hemmnisse und Grenzen des individuellen Handelns in der #climatechallenge eine Rolle (vgl. auch Basisspiel oben). Im Sinne einer Moderation unterstützt die Lehrperson die Teilnehmenden dabei, zu erkennen, was veränderte strukturelle Rahmenbedingungen für ihr Klimaschutzhandeln bedeuten würde. Gibt es z. B. überhaupt ein veganes Essensangebot in der Mensa? Ist das Fleischessen billiger als die klimafreundlichere Alternativen? Gibt es einen sicheren Radweg für den Weg an die Hochschule? Wie viel kostet die Studienreise mit dem Flugzeug oder mit alternativen Verkehrsmitteln? Gibt es überhaupt einen Nachtzug auf der Verbindung?

Mit Bezug zur Einflussnahme auf den Regelsetzungsdiskurs (siehe Meta-Metaspiel oben) eröffnet sich den Teilnehmenden das Potenzial zu einer Involvierung, die über das Private hinausgeht. Der Option, den eigenen Footprint strategisch sinnvoll zu optimieren, wird eine zweite Option zur Seite gestellt: Das Handprinthandeln (vgl. auch Reif und Heitfeld 2015).

Das Handprintkonzept zielt darauf ab, die Menschen von einem bereits erlangten Umweltbewusstsein zu einem strukturverändernden und politischen Engagement zu führen, um Transformationsprozesse anzustoßen. Das individuelle Handeln soll also nicht auf die Beschäftigung mit der Reduktion des Footprints (CO_2-Fußabdruck) reduziert werden, sondern auch individuelle Beiträge zur Veränderung des strukturellen Rahmens in den Blick nehmen (Reif und Heitfeld 2015, S. 2).

2.4 Doppelstrategie

Das Format #climatechallenge verfolgt also eine Doppelstrategie, indem es den Menschen als Alltagsentscheider wie auch als mit politischer und gestaltender Macht ausgestatteten Bürger versteht – und auf beiden Ebenen zur Erprobung von Klimaschutzhandeln einlädt.

Dem liegt entsprechend dem ordonomischen Drei-Ebenen-Schema der CSR die Annahme zugrunde, dass es letztendlich veränderte strukturelle Rahmenbedingungen braucht, die Klimaschutzhandeln für alle zur bestmöglichen (weil bequemsten, billigsten, schnellsten, selbstverständlichsten) Option machen. Gleichwohl war es nach bisherigen Erfahrungen in eigenen Lehrveranstaltungen nicht realistisch, bisher noch nicht mit dem Thema befasste Studierende direkt für die Erprobung strukturell wirksamer Handlungsweisen zu gewinnen. Die Beeinflussung von Regelsetzung und Regelsetzungsdiskurs scheint erst einmal schwierig vorstellbar. Hier stellt nun die individuelle Handlungsebene im eigenen Lebensstil einen guten Einstieg dar: Die Studierenden kommen mit Kopf, Herz und Hand mit dem Thema in Kontakt, es entsteht eine Basis für mögliches darauf aufbauendes Handprinthandeln.

Die Entwicklung der letzten Monate deutet darauf hin, dass sehr wohl auch Menschen politisch für den Klimaschutz aktiv werden, die bisher keine private Befassung mit Klimaschutzhandeln hatten. Also kann nicht vorausgesetzt werden, dass z. B. automatisch jeder Demonstrierende bei Fridays for Future Greta Thunbergs Beispiel folgt und nicht fliegt. Im #climatechallenge-Kurs im Studium Generale der Hochschule Konstanz wurde im Sommersemester 2019 deutlich, dass immer mehr Studierende direkt bereit dazu sind, sich für Klimaschutz zu engagieren und die Veränderung von der Politik einzufordern (Handprint) – auch ohne vorausgegangene Veränderungen im individuellen Lebensstil (Footprint).

Die Verknüpfung von privatem und politischem Handeln scheint aber auch dann sinnvoll, wenn zuerst das politische Handeln steht. Es scheint logisch, dass eine Übereinstimmung des Handelns auf diesen beiden Ebenen ein höheres Maß an persönlicher Integrität und Authentizität bringt. Es ist deshalb gut vorstellbar, dass darin eine besondere Kraftquelle für individuelles Engagement liegt (Sippel 2019). Gemäß dem Slogan „Walk the talk" verleiht es dem eigenen Handeln darüber hinaus auch zusätzliche Glaubwürdigkeit.[5]

[5]In Gesprächen der Autoren mit Fridays-for-Future-Mitgliedern zeigte sich, dass sie häufig mit der Frage konfrontiert werden: Wie hältst du es persönlich bei deinen Alltagsentscheidungen mit dem Klimaschutz?

3 Beitrag der #climatechallenge zu Hochschullehre und CSR

Aus zwei Bereichen lassen sich Hinweise auf den Beitrag von #climatechallenge zu Hochschullehre und CSR ableiten. Zum einen sind dies die Überlegungen und Erfahrungen der Lehrpersonen, die mit dem Format arbeiten. Zum anderen wird die Wirksamkeit des Formats #climatechallenge in begleitender Forschung analysiert.

Eine vorausgegangene Studie von Sippel und Wöhler basierte auf Befragungen von Teilnehmenden kurz vor und nach ihren Veränderungsexperimenten (z. B. einen Monat vegan, autofrei oder mit erdverträglichem CO_2-Budget zu leben). Die Ergebnisse zeigten, „dass ein Großteil der Teilnehmer sich als erfolgreich bei der Durchführung erleben. Für die Hälfte der befragten Teilnehmer hat die #climatechallenge zur Steigerung der Lebenszufriedenheit beigetragen (für die andere Hälfte zumindest kein negativer Einfluss), 80 % planen die Verhaltensänderung dauerhaft beizubehalten" (Sippel und Wöhler 2018, S. 147). Aus einer dritten Befragung ca. sechs Monate nach dem Veränderungsexperiment liegen erste Auswertungen vor, die im Folgenden vorgestellt werden.

3.1 Ergebnisse der Langzeitstudie

Die theoretisch erwartbaren individuellen Veränderungen, die durch die #climatechallenge bewirkt werden, setzen an verschiedenen Ebenen an. Sie sollen langfristig wirken, um als erfolgreich gewertet zu werden. Grundlegend ist eine Einstellungsänderung bei den Teilnehmern, die durch die Ermittlung des eigenen CO_2-Fußabdrucks und die erlebte Selbstwirksamkeit hervorgerufen werden sollte. Erfolgreich wird das Format dann, wenn sich aus der Einstellungsänderung Konsequenzen ergeben – Konsequenzen im persönlichen Handeln und im überzeugenden Auftreten gegenüber Dritten.

Die Durchführung der #climatechallenge wird daher wissenschaftlich auf ihre Wirkung untersucht. Dazu werden jeweils drei Befragungen der Teilnehmenden durchgeführt. Zu Beginn der Challenge wird der Status quo der Teilnehmer hinsichtlich klimaschutzrelevanten Verhaltens, Selbstbild, Einstellungen und Erwartungen in Bezug auf die Challenge erfragt. Die zweite Befragung dient der Evaluation der Challenge selbst und des Settings – und damit der Optimierung des Lehrformats. Was haben die Teilnehmer konkret gemacht, hat alles funktioniert, wo gibt es Verbesserungsbedarf? Schließlich werden in der dritten Befragung, ein halbes Jahr nach Abschluss der #climatechallenge, die Einstellungen und das Verhalten der Teilnehmenden wiederholt befragt. Dazu werden dieselben Fragen wie in der ersten Befragung verwendet. Damit sollen Einstellungsänderungen erfasst werden.

Das verwendete Forschungsdesign ist anspruchsvoll, da die Befragten dazu bereit sein müssen, ein halbes Jahr nach der Challenge noch einmal an einer Befragung teilzunehmen. Von den gut 80 Teilnehmern (Stand 04/2019) an den ersten beiden Befragungen waren dazu nur etwa 15 % bereit. Die im Folgenden vorgestellten Ergebnisse geben daher nur erste Hinweise auf die Auswirkungen und müssen mit Vorsicht interpretiert werden. Auch lassen sich allgemeine gesellschaftliche Veränderungen der letzten Monate in Richtung eines erhöhten Klimabewusstseins nicht herausrechnen. Eine Ausweitung des Formates wird dabei helfen mit mehr Befragten die Ergebnisse zu vertiefen und zu erhärten.

Wir messen folgende Merkmale der Teilnehmer: die Selbsteinschätzung bezüglich des Umweltbewusstseins, Einstellungen zum Umweltschutz, klimaschutzrelevantes Verhalten, politisches Engagement und Umweltbewusstsein des sozialen Umfeldes. Theoretisch ist davon auszugehen, dass der Effekt einer absolvierten #climatechallenge am stärksten auf die persönlichen Einstellungen zum Umweltschutz ist.

Zunächst die Selbsteinschätzung: Auf die Frage: „Wenn man die gesamte deutsche Bevölkerung hinsichtlich ihres Umweltbewusstseins über 100 % aufteilt, in welchen Bereich würdest du dich einordnen?“, siedelten sich die wiederholt befragten Teilnehmer bei der ersten Befragung durchschnittlich in den oberen 60 bis 70 % an. Nach Beendigung der #climatechallenge und mit etwas zeitlichem Abstand war dieser Wert um 10 Prozentpunkte erhöht.

Auch die Einstellung der Teilnehmer hat sich verändert. Gemessen wurde diese über einen Index, der die Zustimmung zu zehn Aussagen zusammenfasst. Beispiele sind „Wenn nur ich etwas für den Umweltschutz tue, ändert das eigentlich ja doch nichts – deshalb kann ich es auch gleich lassen“ oder „Jede(r) Einzelne von uns muss heute im eigenen Umfeld Verantwortung dafür übernehmen, dass wir für die nachfolgenden Generationen eine lebenswerte Umwelt erhalten.“ Alle Aussagen wurden zu einem Index summiert, bei dem hohe Werte eine negative/gleichgültige Einstellung zum Umweltschutz indizieren. Die Langzeitwirkung der #climatechallenge scheint einen involvierenden Effekt in Sachen Klimaschutz zu haben: Der Index (auf einer Skala von 10 bis 40 Punkten) ging um etwa 10 % von 19.3 auf 16.1 Punkte zurück.

Veränderung beobachten wir auch beim individuellen Verhalten. Hierzu wurde ein Index aus neun verschiedenen umweltrelevanten Alltagshandlungen gebildet. Items waren etwa: „Ich schalte zu Hause elektrische Geräte ganz aus, nicht nur auf Stand-by“ oder „Ich kaufe, sofern angeboten, Bio-Lebensmittel.“ Das Ausmaß der Veränderung Richtung Klimaschutz war etwa halb so groß wie bei den Einstellungen (5 %).

Sowohl die Einstellungen als auch das individuelle Verhalten ist dem oben genannten Ansatz des Footprints zuzurechnen. Inwiefern findet darüber hinaus eine Aktivierung der Teilnehmer im Sinne eines Handprints statt? Dazu wurden die Befragten zu verschiedenen Dimensionen von politischem Handeln befragt. Hier zeigt sich, dass politisches Engagement nicht generell verstärkt wird. Stattdessen hängt die Bereitschaft von der Lebenslage der Teilnehmenden und dem wahrgenommenen Nutzen (und evtl. auch den Kosten) der Maßnahme ab. Während also Spenden, ökologische Geldanlagen und die Mitarbeit in Parteien für die Teilnehmenden weder vor noch nach der #climatechallenge eine Rolle spielen, beobachten wir ein deutliche höhere Teilnahme an Demonstrationen und Unterschriftenaktionen. Ein vermehrtes aktives ehrenamtliches Engagement können wir nicht beobachten, dafür eine stark erhöhte theoretische Bereitschaft dafür. Offensichtlich benötigt es noch weitere Faktoren wie Opportunitäten und persönliche Ansprache damit sich Menschen für Umweltschutz ehrenamtlich engagieren.

Insgesamt deuten die Ergebnisse darauf hin, dass sich neue Muster in Einstellungen und im Handeln eingeprägt haben, die sich im Bereich der #climatechallenge, aber auch darüber hinaus sogar weiterentwickeln. Das gilt auch für Teilnehmende, die schon vor der Challenge stark für das Thema sensibilisiert waren. So berichten z. B. Teilnehmende, dass sie durch ein Veränderungsexperiment im Bereich vegetarisch-vegane Ernährung auf das Handlungsfeld Mobilität aufmerksam wurden.

3.2 Strategisches Klimaschutzhandeln erlernen und ins Unternehmen tragen

Die Hochschule und insbesondere das persönliche Workshopformat von #climatechallenge stellen einen geschützten und vertrauensvollen Inkubationsraum – eine Nische (z. B. bei Geels 2018) – für innovatives Klimaschutzhandeln dar: So wird dazu eingeladen, neue Handlungsweisen zu erproben.

Der begrenzte Zeitraum des Veränderungsexperiments erfordert eine umgehende Auseinandersetzung mit dem Problem und den dahinterliegenden Ursachen und eine direkte Entwicklung von eigenen Lösungsansätzen. Dies begünstigt die tatsächliche Umsetzung innovativen Handelns. Dem weit verbreiteten Umweltbewusstsein folgt hier konkretes Handeln: #climatechallenge ist damit eine Methode, um ins Handeln zu kommen („attitude-behaviour-gap" überwinden).

In der Regel erleben die Teilnehmenden ihr Klimaschutzhandeln als gelungen und sich selbst damit als selbstwirksam – ein positiver Effekt mit Auswirkungen auch auf den selbstbewussten Umgang mit zukünftigen Herausforderungen. Scheitert das Klimaschutzhandeln – was nach bisherigen Erfahrungen nur in seltenen Fällen vorkommt – kann i. d. R. die Dynamik beibehalten werden durch Bezug auf den bestehenden strukturellen Rahmen und das Angebot einer Handprintaktion. Das bewusste Heranführen der Studierenden an Barrieren dient als Treiber für doppelstrategische Handlungsweisen. Die Überlegung, was einer Umsetzung der eigenen Challenge durch eine breite Masse entgegensteht, bringt die jeweils spezifischen strukturellen Barrieren zutage.

Das Lehrformat #climatechallenge eignet sich also dafür, Studierende auf das Potenzial strategischen Klimaschutzhandelns aufmerksam zu machen, durch Selbsterfahrung und Reflexion nachhaltige Denk- und Handlungsweisen zu etablieren und so eine neue, analytisch und strategisch ausgerichtete klimaschutzorientierte Grundhaltung zu entwickeln.

#climatechallenge zeichnet sich dadurch aus, dass es tatsächliches Handeln der Teilnehmenden begleitet. Die dem eigenen Handeln zugrunde liegenden Werte werden intensiv reflektiert und ein wertebasiertes Handeln trainiert.

Unternehmen profitieren davon, wenn ihre zukünftigen Mitarbeiter Transformationsprozesse mitgestalten. Ebenso hilft es der Transformation, wenn sich Unternehmen als politische Player verstehen, die entsprechende strukturelle Rahmenbedingungen einfordern. Im Unternehmenskontext sollte die Unternehmensführung Pioniere des Wandels als hilfreiche Innovatoren betrachten, sie in die internen Transformationsprozesse einbinden und sie nicht etwa als lästige Kritiker fürchten. Vielmehr ist die Verantwortungsübernahme der Pioniere ein wesentlicher Erfolgsfaktor eines zukunftsfähigen Wirtschaftens.

4 Fazit

Die Klimakrise erfordert eine große Transformation hin zu einer klimaverträglichen Gesellschaft. Pioniere des Wandels sind darin wirksame Akteure. Sie können mit einer Doppelstrategie verschiedene Einflussebenen bespielen, um Veränderungen anzustoßen: die Reduktion der persönlichen CO_2-Bilanz (Footprint) sowie zivilgesellschaftliches Engagement für strukturelle Veränderungen, die Klimaschutz für alle einfacher machen (Handprint) (Reif und Heitfeld 2015). Im CSR-Diskurs wird diese Doppelstrategie im Drei-Ebenen-Schema abgebildet (Beckmann und von Winning 2012).

Das Lehrformat #climatechallenge führt die Teilnehmenden mit Veränderungsexperimenten vom Footprint zum Handprint und eröffnet ihnen dadurch die Perspektive auf Veränderungspotenziale durch Anwendung dieser Doppelstrategie. Somit ermöglicht #climatechallenge die Entwicklung von neuen Denk- und Handlungsmustern, die Studierende später auch in den Unternehmenskontext transferieren können. Erste Untersuchungen deuten auf eine erfolgreiche Langzeitwirkung hin: Das ökologische Bewusstsein, die Selbsteinschätzung, selbst etwas tun zu können, sowie das Umweltverhalten wurden durch die Teilnahme an einer #climatechallenge leicht erhöht. Die ebenfalls beobachtete Zunahme an politischem Engagement lässt sich dagegen vermutlich nicht (oder nicht allein) auf die Teilnahme an der #climatechallenge zurückführen, sondern eher auf die derzeitige Politisierung der Jugendlichen bzgl. des Themas Klimaschutz (u. a. Fridays for Future).

Abschließend lässt sich sagen, dass das Lehrformat #climatechallenge relevant ist für Unternehmen: In Zeiten der Klimakrise sind sie bei der Gestaltung interner Transformationsprozesse auf kritisch denkende und aktiv gestaltende Mitarbeiter angewiesen. #climatechallenge hilft Studierenden dabei, diesen Pionier-Mindset für den späteren Einsatz im Berufsalltag einzuüben. Die durch das Format angeregte Übernahme der Verantwortung, aber auch das Hinterfragen bisheriger Strukturen und das damit verbundene Einwirken zur Gestaltung nachhaltiger Prozesse kommt den Unternehmen zugute.

5 Ausblick

Zukünftige Forschung sollte den Zusammenhang zwischen Footprint- und Handprinthandeln untersuchen: Wird z. B. durch die Beschäftigung mit der persönlichen CO_2-Bilanz die Bereitschaft erhöht, sich zivilgesellschaftlich für die Schaffung nachhaltiger Strukturen zu engagieren? Zudem ist von Interesse, wie Handprint-Challenges ausgestaltet werden müssen, damit sich die Teilnehmenden auch nach Abschluss ihrer Veränderungsexperimente frei in Transformationsprozesse einbringen. Welche Denk- und Handlungsmuster wirken nach der Teilnahme an einer #climatechallenge im späteren Arbeitsalltag und welche Effekte haben sie?

Denkbar ist eine Weiterentwicklung des Formats #climatechallenge zur direkten Anwendung im Unternehmenskontext. Analog zu Footprint-Challenges im individuellen Alltagshandeln ergeben sich auch im Berufsumfeld Handlungsspielräume, die verfügbaren Ressourcen im Sinne einer nachhaltigen Entwicklung einzusetzen. Mit Blick auf den Handprint könnten die Mitarbeiter im Rahmen von Veränderungsexperimenten dazu eingeladen werden, nicht nachhaltige Unternehmensprozesse zu identifizieren und auf deren Veränderung gemeinsam einzuwirken.

Literatur

Beckmann M, von Winning A (2012) Die ordonomische Praxis. Die Professionalisierung von CSR in Theorie und Praxis.https://www.romanherzoginstitut.de/publikationen/detail/die-professionalisierung-von-csr-in-theorie-und-praxis.html. Zugegriffen: 30. Januar 2021

Belz F, Bilharz M (2007) Nachhaltiger Konsum, geteilte Verantwortung und Verbraucherpolitik: Grundlagen.https://www.keypointer.de/fileadmin/media/Belz-Bilharz_2007_Nachhaltiger-Konsum-und-Verbraucherpolitik_Buchbeitrag.pdf. Zugegriffen: 30. Januar 2021

Bosch (2019) Das nachhaltige Unternehmen Bosch: Weltweite Klimaneutralität schon 2020 und in den Städten neue Lösungen für bessere Luft.https://www.bosch-presse.de/pressportal/de/de/das-nachhaltige-unternehmen-bosch-weltweite-klimaneutralitaet-schon-2020-und-in-den-staedten-neue-loesungen-fuer-bessere-luft-189056.html. Zugegriffen: 30. Januar 2021

DGB (2017) Deutscher Gewerkschaftsbund. Internationale Gewerkschaften senden klares Signal für weltweiten Klimaschutz.https://www.dgb.de/themen/++co++e0064424-4c58-11e7-9bc1-525400e5a74a. Zugegriffen: 30. Januar 2021

EU-Kommission (2001) Grünbuch – Europäische Rahmenbedingungen für die soziale Verantwortung der Unternehmen. KOM/2001/0366 endg.

Geels F W (2018) Disruption and low-carbon system transformation: progress and new challenges in socio-technical transitions research and the multi-level perspective. In: Energy Research & Social Science 37. S. 224–231

Handelsblatt (2019) Deutsche Stifter fordern einen CO2-Preis. https://www.handelsblatt.com/politik/deutschland/klimaschutz-deutsche-stifter-fordern-einen-co2-preis/24415028.html?ticket=ST-5205042-jbPfB4lfS5tc4nMPQ1N1-ap6. Zugegriffen: 30. Januar 2021

IPCC (2018) Summary for Policymakers. In: Global Warming of 1.5°C. An IPCC Special Report on the impacts of global warming of 1.5°C above pre-industrial levels and related global greenhouse gas emission pathways, in the context of strengthening the global response to the threat of climate change, sustainable development, and efforts to eradicate poverty. https://www.ipcc.ch/site/assets/uploads/sites/2/2019/05/SR15_SPM_version_report_LR.pdf. Zugegriffen: 30. Januar 2021

King A D, Karoly D J (2017) Climate extremes in Europe at 1.5 and 2 degrees of global warming. In: Environmental Resolution Letters 12: 114031

KLUG (2019) Deutsche Allianz für Klimawandel und Gesundheit. Deutscher Ärztetag und Ärzteverbände setzen Klimawandel und Gesundheit auf die Agenda. https://www.klimawandel-gesundheit.de/windhorst/. Zugegriffen: 30. Januar 2021

Reif A, Heitfeld M (2015) Hintergrundpapier: Wandel mit Hand und Fuß – Mit dem Germanwatch Handprint den Wandel politisch wirksam gestalten. Bonn. https://germanwatch.org/sites/germanwatch.org/files/publication/15335.pdf. Zugegriffen: 30. Januar 2021

Sippel M (2019) Ich schaue der Zukunft in die Augen... In: Banke (Hrsg.): Von Brücken, Menschen und Systemen. Festschrift für Prof. Dr. Michael Wörz, Schriftenreihe der Hochschule Reutlingen

Sippel M, Wöhler T (2018) #climatechallenge - mehr Dynamik für die sozial-ökologische Transformation durch Veränderungsexperimente? Jahrbuch Nachhaltige Ökonomie 2018/2019, Marburg, S. 147–160

TCDF (2018) TCFD Final report. A summary for business leaders. https://www.pwc.de/de/nachhaltigkeit/pwc-tcfd-final-report-summary-for-business-leaders-august-2017.pdf. Zugegriffen: 30. Januar 2021

UNFCCC (2015) United nations framework convention on climate change 2015. Adoption of the paris agreement. Paris. https://unfccc.int/resource/docs/2015/cop21/eng/l09r01.pdf. Zugegriffen: 30. Januar 2021

WBGU (2011) Wissenschaftlicher Beitrat der Bundesregierung. Globale Umweltveränderungen, Hauptgutachten Welt im Wandel, Gesellschaftsvertrag für eine Große Transformation. https://www.wbgu.de/fileadmin/user_upload/wbgu/publikationen/hauptgutachten/hg2011/pdf/wbgu_jg2011.pdf. Zugegriffen: 30. Januar 2021

WEF (2019) World Economic Forum, Global Risks Report 2019. https://www.weforum.org/reports/the-global-risks-report-2019. Zugegriffen: 30. Januar 2021

Markus Szaguhn (M. Eng.) arbeitet bei der Klimaschutz- und Energieagentur Baden-Württemberg (KEA-BW) und berät dort Kommunen im Bereich der Energieeffizienz. Außerdem ist er als Lehrbeauftragter u. a. an der Universität Konstanz und an der HTWG Konstanz tätig. Am Fachgebiet Nachhaltige Ökonomie der HTWG hat er das transformative Lern- und Lehrformat #climatechallenge mitentwickelt. Seine Schwerpunkte sind die Untersuchung nachhaltiger Lebensstile und deren Anschlussfähigkeit an Zivilengagement für Klimaschutz.

Dr. Maike Sippel ist Professorin für Nachhaltige Ökonomie und Senatsbeauftragte für nachhaltige Entwicklung an der HTWG Konstanz (University of Applied Sciences). Nach Studium der Architektur promovierte sie in Wirtschaftswissenschaften. Sie lehrt u. a. zu Nachhaltigkeit und nachhaltiger Ökonomie. Ihre umsetzungsorientierten forschenden und studentischen Projekte haben Schwerpunkte im Bereich von Klimaschutz- und Nachhaltigkeitsstrategien von der individuellen und lokalen bis hin zur globalen Ebene.

Dr. Thomas Wöhler ist wissenschaftlicher Mitarbeiter am Fachbereich Geschichte und Soziologie der Universität Konstanz. Er interessiert sich besonders für soziale Netzwerke und deren Einfluss auf nachhaltiges Verhalten. Außerdem beschäftigt er sich mit Methoden und Anwendungen von Raumanalysen in der Soziologie und der sozialen Integration von Migranten. Neuere Publikationen untersuchen die sozialen Unterstützungsnetzwerke von älteren Kinderlosen und die sozialen Netzwerke von Migranten.

Open Innovation Lab – Verantwortung und Kreativität lernen in einer digitalen Welt

Oliver Fritz und Frauke Link

1 Der Aufbau

Individuelles Engagement traf auf fruchtbaren Boden, als 2016 an der Hochschule Konstanz die Idee entstand, ein Labor zu implementieren, welches fachübergreifend allen Studierenden den Zugang zu neuen Technologien ermöglichen sollte. Vorbild waren zum einen die selbstorganisierten FabLabs[1], in denen begeisterte Bastler gemeinsam kreativ und erfinderisch tätig sind und in ihrer Freizeit Produkte entwickeln – zum anderen ein kleines RapLab[2] im Keller des Fachbereichs Architektur der Hochschule Konstanz Technik Wirtschaft und Gestaltung (HTWG), in welchem Studierende eigenverantwortlich einen Laserschneider und eine Computerized-Numerical-Control(CNC)-Fräse für die Herstellung ihrer architektonischen Modelle zu Präsentationszwecken nutzen durften.

Es entstand die Vision, dass – über alle Fakultäten hinweg – alle Studierenden bis zu ihrem Studienende fähig sein müssten, sich Technologien selbstständig anzueignen. Sie sollten in die Lage versetzt werden, der Digitalisierung mündig gegenüberzutreten. Nicht nur die zukünftigen Architekten, auch die Studierenden der Fächer Kommunikations-

[1]Engl. Abk. für „fabrication laboratory".

[2]Engl. Abk. für „rapid prototyping laboratory".

O. Fritz (✉) · F. Link
HTWG – Hochschule für Technik Wirtschaft und Gestaltung, Konstanz, Deutschland
E-Mail: ofritz@htwg-konstanz.de

F. Link
E-Mail: flink@htwg-konstanz.de

A. Boos et al. (Hrsg.), *CSR und Hochschullehre,* Management-Reihe Corporate Social Responsibility, https://doi.org/10.1007/978-3-662-62679-5_13

design, Maschinenbau, Informatik, Elektro- und Informationstechnik, des Bauingenieurwesens und der Wirtschafts-, Kultur- und Rechtswissenschaften sollten die Fähigkeit erwerben, sich smarte Technologien zu eigen zu machen.

Aber passiert dies nicht im Studium ohnehin? Ist nicht das Curriculum der Ort bzw. die curriculare Entwicklung der Moment, an dem entschieden wird, welches die – fachbezogen – relevanten neuen Technologien sind, deren Vermittlung es bedarf? Sind nicht die einzelnen Professorinnen und Professoren und die Lehrbeauftragten aus der Praxis diejenigen, die dieses – jeweils fachspezifisch – am besten beurteilen und einschätzen können? Im Zuge des Implementationsprozesses des aus der Vision geborenen Open Innovation Labs war die Antwort auf alle diese Fragen immer: Ja und Nein.

Beim nachfolgenden materiellen und personellen Aufbau des Labors entstand etwas, das über die konkrete Beschaffung von Geräten und Materialien und über die Einstellung von Personal hinausging: ein Miteinander, welches in beständigem Diskurs darüber verhandelte, welche Fakultät ihren Studierenden welche technologischen Kenntnisse vermittelt, welche Software dafür konkret genutzt wird, welchen Zugang die Studierenden zu Geräten haben, die sie benutzen dürfen, und ob sie dabei kreativ sein dürfen oder nach Anweisung arbeiten. Die Forschenden und Lehrenden waren dabei stets Experten auf ihrem Gebiet. Der Transfer in die anderen Disziplinen und über alle Disziplinen hinweg und die Übersicht über technologische Möglichkeiten in allen Disziplinen übersteigen jedoch die Möglichkeit jeder und jedes einzelnen in ihrer und seiner Expertise.

Zu Beginn befanden sich im Open Innovation Lab ein Lasercutter mit 30 × 60 cm Arbeitsfläche sowie einige 3D-Drucker verschiedener Hersteller. Es folgten weitere 3-D-Drucker einer einheitlichen Serie, Virtual-Reality(VR)-Brillen samt leistungsfähiger Rechner und eine Augmented-Reality(AR)-Brille. Im nächsten Expansionsschritt wurden ein Lasercutter mit 100 × 150 cm Arbeitsfläche beschafft, ein weiterer zum Lasern von Stahl, eine 15-Nadel-Stickmaschine, eine Vertikalfräse, ein 3-D-Scanner für hochauflösende Bilder, ein 3-D-Scanner für die Erfassung großer Räume, eine Platinenfräse, ein Bestückungsgerät für Platinen sowie zuletzt eine speziell angefertigte Horizontalfräse.

Mit der Auswahl und der Beschaffung von Gerätschaften stieg auch der personelle Aufwand. Zum einen wurde es nötig, viele verschiedene Geräte nicht nur zu bedienen, sondern auch warten zu können. Zum anderen mussten für alle Geräte Ansprechpersonen zur Verfügung stehen, die didaktische Einweisungen in die Technik geben. Darüber hinaus wuchs das Interesse innerhalb und außerhalb der Hochschule, sodass zunehmend Interessierte in das Open Innovation Lab kamen. Es wurden also mehr studentische Hilfskräfte eingestellt und ausgebildet. Die Arbeit der wissenschaftlichen Angestellten umfasste nunmehr auch die Einstellung und die Ausbildung der studentischen Hilfskräfte und die Entwicklung einer Laborgemeinschaft.

Drei Umzüge und drei Jahre später ist aus der individuellen Vision eine konkrete, ca. 250 Quadratmeter große Halle geworden, welche durch eine Glaswand in zwei Teilräume gegliedert ist: einen staubarmen Raum mit Kaffeeecke, 3-D-Druckern, Elektronikarbeitsplatz, freien Arbeitsplätzen, Stickmaschine und Laserscannern sowie einen Werkstattraum mit CNC-Fräsen und Lasercuttern. Auswahlkriterien für die Geräte waren einfache Erlernbarkeit, sodass schnell und leicht gute Ergebnisse erzielt werden können, eine gewisse Robustheit der Geräte und eine sehr geringe Verletzungsgefahr.

Im Jahr 2019 stehen ca. 36 verschiedene Geräte im Open Innovation Lab. Drei wissenschaftliche Angestellte arbeiten in Teilzeit für das Labor. Für die Gewährleistung der Öffnungszeiten[3] und die Sicherheitseinweisungen an den Geräten sind 16 studentische Hilfskräfte im Einsatz.

Der gewonnene Organisationsgrad lässt sich an den ritualisierten Veranstaltungen erkennen: Regelmäßige Führungen für Unternehmen, für Schulklassen, für Besucher oder für Delegationen aus dem Ausland. Lehrveranstaltungen zu Innovationsthemen, die im Studium Generale platziert sind, Einstellungsgespräche für die Gewinnung neuer studentischer Hilfskräfte, ihre Einarbeitung und Zwischengespräche, Sommer- und Winterfeste für Hilfskräfte, Angestellte und Alumni. Es wurde für das Open Innovation Lab eine Satzung erarbeitet und die Hochschulangehörigen werden statusgruppenspezifisch wiederholt zu Treffen eingeladen. Ein Wiki dient der Sammlung aller relevanten Prozesse und technischen Abläufe.

Aus der Vision, die durch das kleine RapLab im Keller der Architektur entstanden war, ist vorerst ein gut organisiertes hochschulöffentliches Gemeinschaftslabor entstanden, welches tatsächlich viele der ideellen Kernpunkte konkret umsetzt. Dazu gehören die Offenheit, der Innovationsgedanke und eine spezielle Didaktik technischer Bildung.

2 Offenheit als Gegenentwurf zum klassischen Hochschullabor

Das Open Innovation Lab ist ein offenes Labor. Es besitzt regelmäßige Öffnungszeiten während des Vorlesungsbetriebes der Hochschule. In dieser Zeit wird eine Werbefahne[4] vor der Eingangstüre nach draußen platziert und damit ein eindeutiges Zeichen gesetzt, dass jede Person eingeladen ist, in das Labor einzutreten. Zehn studentische Hilfskräfte arbeiten im Schichtbetrieb zur Aufsicht im Labor. Sie sind alle entsprechend ausgebildet und in die Alltagsprozesse eingebunden, übernehmen die Anmeldungen, beantworten technische Fragen, bereiten aber auch Cappuccino zu und sind Ansprechpersonen für erste Hilfe. Die Türen sind über ein Kartenlesesystem gesteuert, sodass studentische Hilfskräfte mit einer Karte die Außentüre selbstständig auf- und zuschließen können. Die Karten werden jedes Semester neu programmiert.

Herein kommen Studierende, aber auch Angestellte der Hochschule und Professorinnen und Professoren. Wer ein Gerät benutzen möchte, muss an einer Sicherheitsunterweisung teilnehmen. Diese dauern durchschnittlich zwei Stunden. Im Anschluss kann das Gerät für

[3]Stand Juli 2019. Öffnungszeiten während der Vorlesungszeit: Mo-Fr 10–18 Uhr.

[4]Fachbegriff: Drop-Flag.

den benötigten Zeitraum gebührenpflichtig reserviert werden. Die reservierte Zeit steht dann zum eigenverantwortlichen Arbeiten am Gerät zu Verfügung. Es besteht zwar stets die Möglichkeit, das Personal vor Ort anzusprechen und um Hilfe zu bitten, aber es gibt keine Garantie auf Beantwortung der Fragen und keine Möglichkeit, das eigene Projekt zu delegieren. Die Idee zu dieser Forcierung des Selbst-Tuns, Selbst-Lernens und Selbst-Entwickelns entstand auch in der Auseinandersetzung mit dem didaktischen Konzept des forschenden Lernens (Link 2018) und in Zusammenhang damit die Diskussion der Frage, was „forschend" an Hochschulen für Angewandte Wissenschaften spezifiziert.[5]

Die Geräte sind explizit für die Nutzung gedacht – die Angst, dass sie während der Nutzung kaputt gehen könnten sollte klein sein.[6] Die an die Studierenden übertragene Verantwortung erweist sich in den meisten Fällen als ein Vertrauen, das erwidert wird.

Trotz dieser Offenheit entsteht eine Gemeinschaft. Die studentischen Hilfskräfte, die bewusst aus unterschiedlichen Fakultäten ausgewählt wurden, bilden eine Community, die sich gegenseitig stützt. Sie müssen sich – selbstorganisiert – gegenseitig vertreten, sich aufeinander verlassen und gemeinsam die vielfältigen Aufgaben erledigen. Alle sind Expertinnen und Experten für einzelne Maschinen, fast niemand beherrscht alle Technologien gleichermaßen. Man verweist also aufeinander, wenn Anfragen zu spezifischen Nutzungswünschen kommen. In der Regel sind nur ein bis zwei studentische Hilfskräfte anwesend. Damit sich alle kennenlernen, werden von den wissenschaftlichen Angestellten mehrfach im Semester gemeinsame Treffen veranstaltet. Es hat sich bewährt, die Gemeinschaft durch Auswahl der Hilfskräfte gemischt zu gestalten.

Das Team-Building der studentischen Hilfskräfte ist eines der wichtigsten Elemente im Open Innovation Lab. Dies soll an dieser Stelle explizit betont werden, denn im „klassischen" Hochschullaboratorium gibt es eine Laborleiterin bzw. einen Laborleiter, der als „Sous-Chef" zur übergeordneten Professur den Labor- und Lehrbetrieb für die Studierenden übernimmt. Diese Person ist in der Regel durch Studium, Beruf und langjährige Erfahrung Expertin bzw. Experte im Labor: für alle Geräte, für alle Verfahren, aber auch für die Wünsche seitens der Professur. Dies vereinfacht viele Alltagsprozesse, führt aber unserer Beobachtung nach häufig zu einer Kultur des Nachahmens. Die Studierenden kommunizieren dann eben nicht – im Humboldt'schen Sinne – auf Augenhöhe. Sie sind explizit nicht zum Experiment eingeladen, sondern zum

[5]Ohne vertieft in eine Diskussion zu Forschungsmethoden einsteigen zu wollen, soll kurz die Hypothese in den Raum gestellt werden, dass an Hochschulen für Angewandte Wissenschaften „entwickelnde" Forschung, Design Based Research o. Ä. dominieren im Vergleich zu beispielsweise sogenannter Grundlagenforschung oder experimenteller Forschung.

[6]Anders herum formuliert: Ein teures Gerät, welches aus Angst vor Schäden nicht in Benutzung genommen wird, wäre für das Open Innovation Lab nicht geeignet.

Nachahmen. Dies hat mitunter seine Berechtigung. Im Open Innovation Lab soll aber kreativ mit Technologien experimentiert werden. Die wissenschaftlichen Angestellten im Open Innovation Lab sind für die strategischen Prozesse im Labor verantwortlich, für das Teammanagement der studentischen Hilfskräfte, für Entscheidungen zu größeren Reparaturen und Anschaffungen und für die Kommunikation mit anderen Angestellten der Hochschule sowie für die Einbindung in die übergeordneten Organisationsprozesse an der Hochschule. Den Alltagsbetrieb im Labor übernehmen jedoch die Studierenden.

Das Labor versteht sich somit auch ein Stück weit als Beitrag zu offener Bildung bzw. zur (Informations-)Demokratisierung der Fachkulturen. Während andere Labore ihre Türen nur in kleinen curricularen Fenstern für die Studierenden des jeweiligen Faches öffnen, stehen im Open Innovation Lab grundsätzlich alle Technologien für alle Hochschulangehörigen zum Lernen und Forschen offen.

Für das Individuum impliziert dies Freiheit. Unabhängig von Fach, Geschlecht und Vorwissen darf es als Hochschulangehöriges in einem Labor mit modernsten Technologien arbeiten. Es ist eingeladen, Expertise zu erwerben. Dies schafft Vertrauen in die eigenen Fähigkeiten und Lust auf Technologie, was wiederum Voraussetzungen für kreatives Schaffen sind. Es entstehen Situationen, die im besten Sinne „bunt" sind: Studierende der Elektro- und Informationstechnik entdecken die Stickmaschine für sich, um Schmuckmotive zu designen. Architekturstudierende bringen Professoren der Informatik das CNC-Fräsen bei. Studierende des Kommunikationsdesigns säubern die Düsen der 3-D-Drucker. Solch bunte Situationen auszuhalten scheint im akademischen Kontext nicht immer einfach. Es ist z. B. nicht üblich, dass sich Lehrende auf Augenhöhe von Studierenden etwas erklären lassen (müssen). Die Konfrontation mit solchen Situationen eröffnen aber die Chance auf einen veränderten akademischen Umgang mit Erwartungen, die an Hochschulen – qua Einrichtung – in jeglicher Hinsicht hoch sind. Manchmal sind sie beängstigend hoch. Die Freiheit kann also auch darin bestehen, dass diese vermeintlichen Erwartungen geändert werden. In den Abschlussgesprächen mit den studentischen Hilfskräften des Labors war, auf die Frage, was man über das konkrete Fachwissen hinaus im Labor gelernt habe, eine der meistgenannten Antworten: „Ich habe keine Angst vor Technik mehr."

3 Innovationen, Disziplinen, Kreativität

Eine andere, sehr häufig genannte, Aussage war: „Ich finde es toll, dass ich hier Studierende aller Fakultäten treffe und wir miteinander Dinge entwickeln."

Eine Voraussetzung für kreatives Schaffen ist Vertrauen in sich und seine Umgebung. Inspiration entsteht jedoch durch Impulse von „außen". Die Perturbation der eigenen Gedanken ist wichtig, um auf grundlegend neue Ideen zu kommen. In der eigenen Disziplin wird das Individuum fachlich gestärkt. Innovative Ideen entstehen aber meist im Austausch mit der Umwelt.

In der praktisch agierenden Wirtschaft ist diese Idee bereits angekommen und so halten moderne Firmen längst Design-Thinking-Workshops ab oder nutzen Open-Innovation-Prozesse. Projekte werden agil im Scrum organisiert, prototypisch, permanent beta, ohne dominierende Hierarchien, ohne klassische Ordnungsprinzipien und Lastenhefte. Wie wird das jedoch bisher an der Hochschule gelebt?

Kreativität wird im akademischen Umfeld zumindest eher einzelnen konkreten Fächern zugeschrieben, den „kreativen" Fächern. Genannt werden sollen hier z. B. die Architektur, die Designfakultäten, Kunst- und Musikhochschulen. Informatik als kreatives Fach zu bezeichnen, da das Programmieren von Code ein schöpferischer Akt sein kann, käme kaum jemandem in den Sinn. Und für das Studium des Maschinenbaus ist so viel Fachwissen zu lernen und Voraussetzung für das Verstehen unserer hochtechnologischen Gegenwart, dass für Kreativität in der Konstruktion wenig Raum zu sein scheint. Während also für die einen Kreativität zur Bürde werden kann, ist sie für andere faktisch kein Studienbestandteil.

Kreative Individuen sind aber wichtig für die Zukunft. Und Kreativität ist genau dort vonnöten, wo sie derzeit wenig gelehrt wird: im technologischen Bereich. Im Umbruch zur fortschreitenden Digitalisierung, zur Elektromobilität und zur Energiewende ergeben sich Freiräume zur technologischen Gestaltung der Zukunft, die durch selbstbewusste Innovationen gefüllt werden könnten. Technologische Mündigkeit ist wichtig, aber auch kreative und nachhaltige Ideen zur Nutzung von Technologie.

Das Open Innovation Lab schafft Raum zur Begegnung der Disziplinen. Diese Begegnung entsteht z. B. durch die Auswahl der Geräte, die allen Fakultäten etwas ihrer „eigenen" Kultur zur Verfügung stellt: Elektronikarbeitsplätze wie in der Fakultät Elektro- und Informationstechnik, CNC-Fräsen wie im Fachbereich Architektur, 3-D-Drucker wie bei den Maschinenbauingenieuren, Laserscanner, die auch die Bauingenieure einsetzen. Darüber hinaus ist die Begegnung in der Community der studentischen Hilfskräfte angelegt, die transdisziplinär besetzt ist. Und schließlich fördern die wissenschaftlichen Angestellten die interdisziplinäre Begegnung mit Lehrangeboten im Studium Generale, in denen interdisziplinäre Teams zum Prototypenbau eingeladen werden.

Hier zeigt sich wiederum, dass die Organisationsstruktur des Labors Einfluss auf das individuelle Verhalten hat. Die Offenheit und der interdisziplinäre Ansatz ermöglichen ganz neue Forschungs- und Entwicklungsfelder, auch auf akademischer Ebene. Ein Beispiel hierfür ist die aktuelle Promotionsforschung über interdisziplinäre Ansätze in den Designwissenschaften (Ziegler und Fritz 2017) sowie ein aus interdisziplinärer Arbeit entstandenes Kompendium über Digitalisierung in der Architektur (Hirschberg et al. 2020).

4 Labortechnik: Didaktik für technologische Kreativität

Der letzte hier vorzustellende Grundsatz der Organisationsstruktur des Labors besteht in Bezug auf die Auswahl der Geräte und ihrer Eignung. Ein vermeintlich unwesentlicher didaktischer Baustein kann im Nachgang als durchaus tragendes Element aller vorangegangenen vorgestellten Strukturen mit ihren jeweiligen Auswirkungen auf das

Individuum beschrieben werden: die Beurteilung der Eignung eines jeden Gerätes für das eigenverantwortliche Lernen.

Zunächst einmal geht es um Aspekte der Sicherheit. In Betriebsstrukturen wird die Arbeitssicherheit an Maschinen durch Ausbildung, Regeln und Anweisungen gewährleistet und durch Notfallvorsorge (Stromtrennung, Feuerlöscher) erweitert. Dies gilt auch für Hochschullaboratorien jeder Art. Grundsätzlich ist hier davon auszugehen, dass Menschen einen regelmäßigen Zugang zum Labor erhalten, der überwacht wird, bis sie selbstständig im Labor arbeiten können.

Für das Open Innovation Lab sollte dies anders sein. Jeder sollte – nach einer kurzen Sicherheitsunterweisung – frei lernen dürfen. Dies ließ sich nur dadurch umsetzen, dass für jedes einzelne anzuschaffende Gerät beurteilt wurde:

- Ist das Gerät in der Bedienung sicher genug für eigenverantwortliches Arbeiten, damit den Studierenden kein gesundheitlicher Schaden entstehen kann?
- Ist das Gerät in der Bedienung sicher genug, dass dem Gerät nur ein begrenzter Schaden im Falle einer Fehlbedienung entsteht?
- Ist die digitale Geräteansteuerung „smart", sodass die Frustration im Lernprozess der Bedienung tolerierbar ist?

Von Beginn an ging es also nicht nur um die Frage, welche Technologie relevant für das Labor sein würde, sondern auch um die noch konkretere Frage, ob das einzelne Gerät die Anforderungen für DIESES Labor unterstützt. Die Recherche hierzu war eine der herausforderndsten und umfangreichsten Arbeiten der wissenschaftlichen Mitarbeiter im Aufbau des Labors.

Noch immer dauern die Arbeiten der didaktischen Gestaltung an. Die Informationen, die den Labornutzenden zur Verfügung gestellt werden, damit sie überhaupt in die Lage versetzt werden können, eigenverantwortlich zu arbeiten, unterscheiden sich qualitativ und quantitativ grundlegend von denen, die benötigt werden, wenn Menschen regelmäßig und reguliert Zugang zu Geräten eines Labors erhalten.

Im ersten Anlauf wurden eigene Bedienungsanleitungen für die Geräte konzipiert, die im Gegensatz zu technischen Betriebsanleitungen Schwerpunkte setzen an Prozessphasen, an denen es häufig zu Fehlern kam. Diese Bedienungsanleitungen wurden anschließend als „Step-by-Step-Anleitungen" in Stichwortform auf Wandplakate gedruckt. Diese Anleitungen dienen immer noch als Basis, aber viele Detailinformationen, die im Laufe der Zeit wiederholt nachgefragt wurden, hätten den Umfang der Anleitungen gesprengt.

Aktuell ist ein internes Wiki das Instrument, welches dynamisch, flexibel und offen genug ist, um als Wissensdatenbank für das Open Innovation Lab zu genügen. Der Aufbau des Wikis erfolgt durch die studentischen Hilfskräfte und die wissenschaftlichen Mitarbeiter. Das Verfassen von Bedienungsanleitungen ist eine technologische und schriftstellerische Herausforderung, die auch im Rahmen von Projektarbeiten als (interdisziplinäre) Studienleistung anerkannt werden kann.

Für die Labornutzenden macht diese Auswahl der Geräte und die umfassende Informationsgestaltung die selbstständige, freie und kreative Labornutzung erst möglich.

Eines der wichtigsten und beliebtesten Geräte ist die professionelle Siebträgerkaffeemaschine neben der Sitzecke am Eingangsbereich. Hier überwiegt die soziale Funktion der technologischen. Aber auch dieser Aspekt bleibt in der Didaktik für technologische Kreativität wichtig und wurde in seiner Funktion schon beschrieben: das Miteinander.

Es könnte abschließend die Frage aufkommen, ob das Open Innovation Lab als akademische Einrichtung tragfähig ist. Es ist eine Extraeinrichtung – etwas Neues. Es kann nicht spezielle (spezialisierte) Laboraufbauten oder Produktionsmethoden ersetzen. Dafür sind die Auswahlkriterien der Geräte – wie bereits erwähnt – andere gewesen. Auch wird es nicht die klassischen Hochschulwerkstätten ersetzen, bei denen das handwerkliche Know-how in einer ganz anderen Art und Weise vorhanden ist. Und so verweist auch das Team des Open Innovation Labs bei Spezialfragen in die Fakultäten und Werkstätten zurück.

Dies stellt jedoch die Arbeitsweise im Labor selbst nicht infrage.

Sie ist geprägt durch die akademische Auseinandersetzung mit den neuen Technologien und dem interdisziplinären Austausch der Studierenden und allen anderen Hochschulangehörigen. Gesucht wird eine Antwort auf künftige Herausforderungen über das des Kreativwerden im technologischen Bereich, durch das iterative Erarbeiten von Lösungen und über die Veränderung von Lern- und interdisziplinären Sozialstrukturen im Hochschulalltag.

Literatur

Hirschberg U, Hovestadt L, Fritz O (2020) Atlas of digital architecture. Birkhäuser, Basel.

Link F (2018) Der Reflective Practitioner als Coach für forschendes Lernen. In: Gücker R (Hrsg) Hochschullehrende als Reflective Practitioner. Praxis und Reflexion. Hamburg

Ziegler V, Fritz O (2017) In Between: material encounters in human/non-human interactions. In: Proceedings of Intersections: Collaborations in Textile Design Research Conference, 13 September 2017, Loughborough University London. https://www.lboro.ac.uk/textile-research/intersections. Zugegriffen: 15. Juli 2020

Prof. Oliver Fritz ist seit 2008 Professor für CAD in der Architektur und wurde 2012 als Professor für Digitale Medien und Architekturdarstellung an die Hochschule Konstanz Technik Wirtschaft und Gestaltung (HTWG) berufen. Dort lehrt und forscht er im Bereich Darstellung, parametrischer und generativer Gestaltungsmethoden, digitaler Produktion und künstlicher Intelligenz in der Architektur. 2017 gründete er an der HTWG das Open Innovation Lab: Einen physischen Raum, der smarte digitale Produktion der Gegenwart für Studierende benutzbar macht: CNC-Fräsen, 3D-Drucker, 3D-Scanner, VR, AR, Lasercutter, vollautomatische Stickmaschinen. Er verfolgt damit das Ziel, interdisziplinäres Arbeiten zu fördern und die Kreativität zu erhöhen, um Innovationen zu ermöglichen.

Dr. Frauke Link war von 2013 bis 2020 Mitarbeiterin an der Hochschule Konstanz Technik Wirtschaft und Gestaltung (HTWG) im Referat Lehre und Qualitätsmanagement für Hochschuldidaktik und Lehrentwicklung sowie im Open Innovation Lab für Koordination und Didaktik. Ihre Arbeitsgebiete waren die Entwicklung und Erprobung von Ansätzen zum Qualitätsmanagement in der Lehre und strukturellen Bedingungen dafür, Unterstützungsangebote für Lehrende, Betreuung von Bildungspartnerschaften, Mathematik und ihre Didaktik im tertiären Sektor sowie forschendes Lernen. Als studierte Mathematikerin widmete sie sich im Open Innovation Lab auch innovativen technischen Entwicklungen.

Zwischen „Purpose“ und „Impact“ – Transdisziplinäre Reallabore an Hochschulen als Elemente regionaler Innovationsökosysteme

Tobias Popović und Michael Bossert

1 Einleitung und Problemhintergrund

Gesellschaft und Wirtschaft sehen sich einer Vielzahl von komplexen Herausforderungen („Grand Challenges“) wie z. B. Klimawandel, demografischem Wandel, Fachkräftemangel, Urbanisierung, Digitalisierung etc. ausgesetzt. Vor diesem Hintergrund stellt sich die Frage, welchen Beitrag Hochschulen zur Lösung der Grand Challenges im Sinne spürbar positiver Auswirkungen („Impact“) leisten können und wie sie sich hierfür intensiver in (regionale als auch globale) Innovationsökosysteme einbringen können. In diesem Beitrag wird diskutiert, inwiefern Hochschulen hierbei eine besondere Rolle zukommt („Purpose“). Insbesondere wird dabei auf das Forschungsdesign transdisziplinärer Reallabore („Living Labs“ oder auch „Real World Labs“) eingegangen, bei denen Hochschulen die Funktion eines Netzwerkknotenpunkts („Hub“) übernehmen, der unterschiedliche Stakeholder transdisziplinär miteinander vernetzt. Ebenfalls wird untersucht, inwiefern Hochschulen als wichtige objektive und langfristige Partner in lokalen als auch internationalen Innovationsökosystemen die Rolle des Vermittlers übernehmen können, um mittels transdisziplinärer Prozesse innovative, nutzerzentrierte Lösungen für komplexe Herausforderungen entwickeln zu können. Vor dem Hintergrund der sog. „Third Mission“ wird in diesem Beitrag der Frage nachgegangen, inwieweit neben den beiden klassischen Aktivitätsfeldern von Hochschulen (Lehre, Forschung) der Bereich

T. Popović (✉)
Studienbereich Wirtschaft, Hochschule für Technik Stuttgart, Stuttgart, Deutschland
E-Mail: tobias.popovic@hft-stuttgart.de

M. Bossert
Concordia University Montréal, Montréal, Kanada
E-Mail: michael.bossert@concordia.ca

A. Boos et al. (Hrsg.), *CSR und Hochschullehre*, Management-Reihe Corporate Social Responsibility, https://doi.org/10.1007/978-3-662-62679-5_14

Transfer als dritte Säule etabliert werden kann und wie diese drei Aktivitätsfelder möglichst eng miteinander verzahnt werden können. Als Fallbeispiele werden in diesem Beitrag die drei an der HFT Stuttgart angesiedelten transdisziplinären Reallabore Klimaneutraler Campus, i_city und M4_LAB sowie weitere Beispiele aus dem internationalen Umfeld kurz diskutiert.

2 Transdisziplinäre Reallabore und regionale Innovationsökosysteme

> ...This is a 40-year transformation if we care to succeed. This is not normal politics. This is long-term, systems transformation at the heart of the world economy ... I'm a market economist. Let me tell you, the market is not magic enough to make this transformation... (Jeffrey Sachs 2016).

2.1 Konzeptioneller Bezugsrahmen

Zur Bewältigung großer Herausforderungen wie z. B. des Klimawandels mithilfe der SDGs fordern die Vereinten Nationen eine Transformation von ganzen Gesellschafts-, Politik- und Wirtschaftsbereichen (United Nations 2019). Der Wissenschaftliche Beirat der Bundesregierung (WBGU) fordert in diesem Kontext in Anlehnung an Polanyi (Polanyi 2017) eine „Große Transformation" insb. der Energiesysteme (WBGU – Wissenschaftlicher Beirat der Bundesregierung Globale Umweltveränderungen, S. 1 ff.). Im Rahmen dessen wird auf die Bedeutung der Innovationen für das Gelingen der hiermit verbundenen Transformationsprozesse hingewiesen *(Transformation durch Innovation)* (WBGU – Wissenschaftlicher Beirat der Bundesregierung Globale Umweltveränderungen, S. 23). Insbesondere im Nachhaltigkeitsbereich bedarf es für diese tiefgreifenden Transformationsprozesse strukurverändernde Innovationen *(Sustainable Innovations),* die entweder im ökologischen Bereich einen positiven Impact bewirken (*Green Innovations*) oder im sozialen Bereich einen positiven Impact erzeugen (*Social Innovations*) (Popovic 2018, S. 209).

Für das Gelingen dieses umfassenden Transformationsprozesses haben *Hochschulen und Forschungseinrichtungen* eine besondere Verantwortung, da sie mittels Transformationsforschung und -bildung sowie anhand von transformativer Forschung und Bildung sowohl die Grundlage für Sustainable Innovation legen können als auch aktiv zum Entstehen von Sustainable Innovation als Reaktion auf die Grand Challenges beitragen können (WBGU – Wissenschaftlicher Beirat der Bundesregierung Globale Umweltveränderungen, S. 23 ff.). Dies lässt sich auch dadurch begründen, dass sie 1.) neutrale Institutionen sind, die Vertrauen genießen, 2.) angewandte wissenschaftliche Knowledge Hubs darstellen, welche 3.) nicht durch Wahlperioden, Jahresumsatz oder kurzfristige Erfolge getrieben sind sowie 4.) strategische, langfristige Ziele verfolgen können und 5.) Fach- und Führungskräfte der Zukunft ausbilden.

Angesichts der Tragweite und Komplexität der heutigen „Grand Challenges" sehen sich auch Hochschulen zunehmend mit Fragestellungen hinsichtlich ihres Auftrags, ihres Beitrags zur Sinnstiftung, ihrer Aufgaben sowie ihrer Rolle in der Gesellschaft – also der Frage nach ihrem „Purpose" – konfrontiert. Die entsprechenden Fragestellungen gehen über das von Barnard/Andrews formulierte „Purpose"-Verständnis (Barnard und Andrews 1968, S. 80 ff.) hinaus. Sie fragen nicht nur nach dem *Existenzgrund* einer Organisation, sondern auch nach ihrer *Rolle in einem größeren Ganzen* (z. B. der Gesellschaft oder dem Gemeinwohl) (Meynhardt 2019). Das heißt, *auch ihre Beziehungen zu ihren unterschiedlichen Umwelten sowie zu ihren Stakeholdern* haben eine hohe Relevanz und sollten positiv gestaltet werden.

Vor diesem Hintergrund könnte – bezogen auf die „Grand Challenges" – ein Ansatzpunkt zur Entwicklung eines sinnstiftenden „Purpose" in *Albert Schweitzers Ethik der Ehrfurcht vor dem Leben* bestehen (Popovic 2019, S. 136 f.; Schweitzer 1990, S. 330 f.). Zur *Operationalisierung* dieses ethikbasierten „Purpose" eignen sich in besonderer Weise die *Sustainable Development Goals (SDGs)* der Vereinten Nationen (vgl. grundlegend United Nations 2019). Diese dienen darüber hinaus als Leitplanken für das zukünftige Handeln. Strategische wie operative Entscheidungen von Institutionen, Organisationen und Wirtschaftsakteuren sollten sich demgemäß an den SDGs orientieren und sich an ihrem jeweiligen Beitrag zu den unterschiedlichen Zielen (z. B. SDG 13: Bekämpfung des Klimawandels) messen lassen. Dies bedeutet wiederum, dass hierbei auf Ebene des „Impact" die Frage des positiven ökonomischen, ökologischen und gesellschaftlichen Nutzens zu stellen ist. Konkret könnte der Nutzen beispielsweise darin bestehen, welchen Beitrag Hochschulen zur Entwicklung von nachhaltigkeitsorientierten Produkten, Dienstleistungen, Geschäftsmodellen leisten; wie viele Sustainable Entrepreneurs und/oder Start-ups aus den Hochschulen hervorgehen; welchen Beitrag sie zur Schaffung und Gestaltung von nachhaltigkeitsorientierten Arbeitsplätzen leisten, etc. (vgl. Abb. 1).

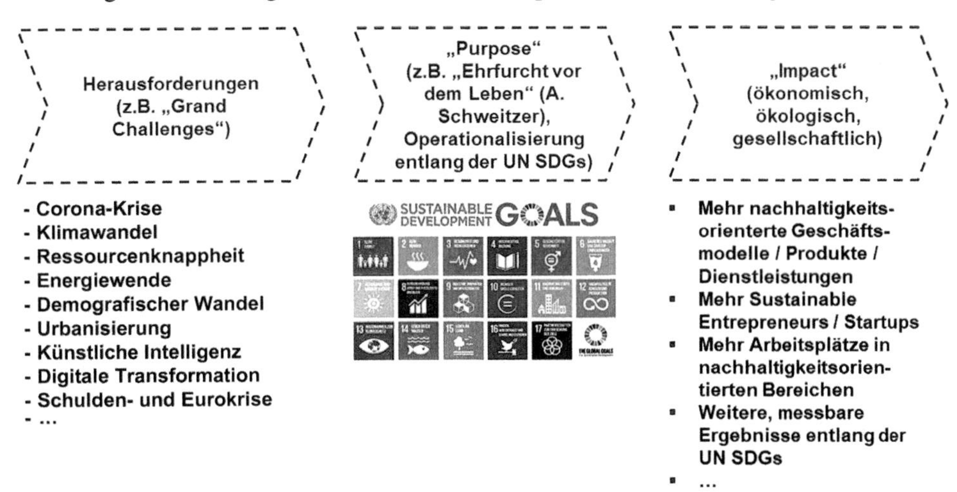

Abb. 1 Konzeptioneller Bezugsrahmen zur Entwicklung innovativer Lösungen für große gesellschaftliche Lösungen auf Hochschulebene. (Quelle: Eigene Darstellung. Bildquelle für die UN SDGs (Bundesministerium für wirtschaftliche Zusammenarbeit und Entwicklung 2019))

2.2 Das Forschungsdesign transdisziplinärer Reallabore als Grundlage

Hinsichtlich des *Wissenschaftsdesigns* bietet hierzu das Format transdisziplinärer Reallabore eine adäquate Grundlage:

> „*Transdisziplinarität* definiert sich durch das Überschreiten von vorgegebenen fachlichen oder institutionellen Grenzziehungen sowie durch die Strebung, verschiedene disziplinäre Denkmuster zu integrieren. Um der Komplexität der Lebenswelt zu begegnen, thematisieren transdisziplinäre Praxis und Theorie Frage- oder Problemstellungen, die nicht von disziplinärer Ordnung und Spezialisierung geleitet sind. Transdisziplinarität ist weniger als Theorie oder Methode zu verstehen, sondern eher als ein Arbeits- und Organisations- bzw. Forschungsprinzip“ (Zürcher Hochschule der Künste 2011).

Transformative Wissenschaft weitet die Idee der transformativen Forschung auf das Wissenschaftssystem als Ganzes sowie dessen institutionelle Ausgestaltung aus. Das hieraus resultierende Wechselspiel zwischen Wissenschaft und Gesellschaft umfasst Forschungsthemen, Lehrkonzepte und -programme, aber auch institutionelle Veränderungen, d. h., dass Hochschulen anders als bisher in gesellschaftliche Veränderungsprozesse eingebettet werden (Schneidewind 2015).[1]

Dieser evolutorische Prozess von Hochschulen geht mit der sog. *Third Mission* einher, die sich vor dem Hintergrund der Wissensgesellschaft mit den wechselseitigen Interaktionen zwischen der Hochschule und der außerhochschulischen Umwelt befasst. Engagieren sich Hochschulen in diesem Kontext, kann dies auch zu einer *regionalen Weiterentwicklung bzw. Transformation* führen, für deren Gestaltung Innovationen einen besonderen Stellenwert besitzen. Gleichzeitig wird die institutionelle Weiterentwicklung von Hochschulen von Bedingungen und Bedürfnissen der jeweiligen Region beeinflusst (vgl. Abb. 2) (Roessler et al. 2015, S. 6, 13).

In der Konsequenz bedeutet dies, dass Hochschulen (als Subsystem) eingebettet sind in unterschiedliche Umwelten, mit denen sie sich in einem permanenten, interaktiven Austausch befinden und gleichzeitig institutionell die Notwendigkeit wächst, einen *Transferbereich als dritte* neben den herkömmlichen beiden *Säulen* Lehre und Forschung zu etablieren.

---

[1]Der Vollständigkeit halber sei angemerkt, dass der Themenkomplex Transformative Wissenschaft durchaus kritisch und kontrovers in der Scientific Community diskutiert wird. So z. B.: „[…], dass transformative Wissenschaft einem Solutionismus anhänge, die Gewinne disziplinärer Differenzierung zerstöre, Wissenschaft unter den Vorbehalt einer Faktengewalt stelle, schließlich die Differenzierungsgewinne der Moderne aufgebe und für einen Rücksturz in vormoderne Normativitäten sorge“ (Strohschneider (2014).

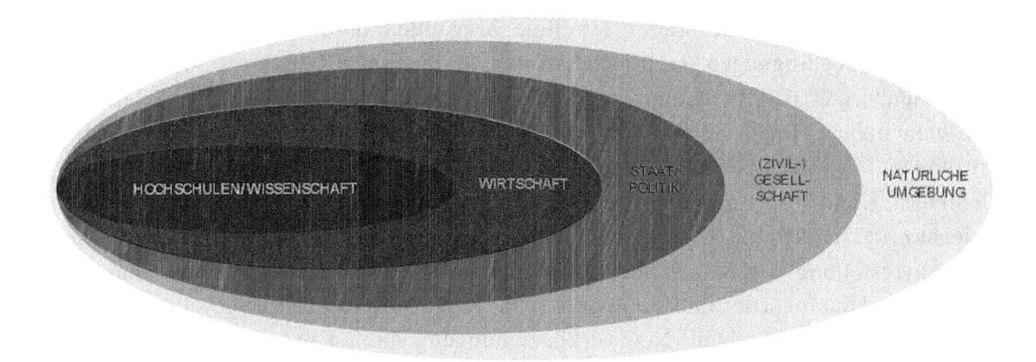

Abb. 2 Das Quintuple-Helix-Innovation-Modell – Die Hochschule als Subsystem unterschiedlicher Umwelten. (Eigene Darstellung basierend auf Carayannis et al. 2012)

In Anbetracht dessen stellt die neue Form der transdisziplinären Forschung in Form von Reallaboren einen potenzialträchtigen Ansatz dar, zumal Hochschulen meist in per se komplexe Stadtsysteme eingebettet sind und dort meist eine wichtige (gesellschaftliche) Rolle innehaben. Zusammen mit der Tatsache, dass sie selbst *ein verkleinertes Stadtsystem bzw. einen vernetzten Mikrokosmos* darstellen, sind sie in besonderer Weise geeignet, ihre Campusumgebung zu nutzen, um Lösungen, Produkte und Dienstleistungen für große Herausforderungen zu entwickeln; ausgehend von einer lokalen und noch besser kontrollierbaren, aber erweiterbaren Umgebung. Koproduzierte Ergebnisse in einem solchen Umfeld sind vielfach auf größere Stadtsysteme übertragbar und können damit einen weitreichenden Einfluss (insb. über internationale Hochschulnetzwerke wie z. B. dem International Sustainable Campus Network, ISCN) auf die globale Ebene haben. Somit können Hochschulen also in mehrfacher Hinsicht *Impulsgeber für lokale und regionale (Innovations-)Ökosysteme* sein, gleichzeitig aber auch Türöffner für den internationalen Erfahrungsaustausch, sprich einen Netzwerkknotenpunkt bilden, der unterschiedliche Stakeholder und Akteure transdisziplinär vernetzt und langfristige Kooperationsmöglichkeiten bieten kann.

2.3 Hochschulen als „Hubs" regionaler Innovationsökosysteme

Ein *Innovationsökosystem*[2] ist als gesellschaftliches und wirtschaftliches Umfeld zu verstehen, das das Entstehen von Innovationen begünstigt. Der Begriff *Ökosystem* bezieht sich daher aus systemischer Perspektive auf das interaktive Zusammenspiel

[2]Anzumerken ist an dieser Stelle, dass die Begriffe Innovationsökosystem und Entrepreneurial Ecosystem i. d. R. nicht trennscharf, sondern eher synonym gehandhabt werden. Insofern erfolgt in diesem Beitrag auch keine strikte Trennung beider Termini.

unterschiedlicher Elemente, deren jeweilige Konstellation sowie in Abhängigkeit von ihren Rahmenbedingungen das Entstehen von Innovationen befördern oder behindern kann (Isenberg 2010). Zu seinen wesentlichen Stakeholdern – im Sinne von Elementen – zählen neben Hochschulen, Forschungszentren u. a.: Unternehmen, Kapitalgeber, Stiftungen, Verwaltung und Politik, Zivilgesellschaft (Bürger, Organisationen, Vereine), Kammern, Handwerk, Anwälte, etc. (Baumgärtler und Popovic 2019a, S. 6). Von hoher Relevanz ist in diesem Kontext auch die *Netzwerkkonstellation,* d. h. die konkrete Zusammenstellung der Stakeholder sowie deren Rollenverteilung, Arbeitsteilung und Vernetzung (Baumgärtler und Popovic 2019a, S. 6). Aufgrund ihres gesellschaftlichen Auftrags, ihrer vielfältigen Netzwerkbeziehungen, ihrer Expertise in unterschiedlichen Wissenschaftsbereichen sowie ihrer neutralen Stellung eignen sich Hochschulen in besonderer Weise für die Rolle des Netzwerkknotenpunkts („Innovation Hub"). Idealerweise entstehen – als Antwort auf Challenges – durch das von der Hochschule koordinierte kreative Zusammenspiel der Netzwerkpartner bedarfsorientiert neue Produkte und Dienstleistungen, innovative Geschäftsmodelle, Start-ups, Arbeitsplätze, etc. (bezogen auf Genossenschaften Baumgärtler und Popovic 2019a, S. 7).

In diesem Zusammenhang sind unterschiedliche *Innovationsprinzipien und -formate* von Relevanz (vgl. Abb. 3). Wesentliche Akteure und Stakeholder sollten aktiv in den transdisziplinären Entwicklungsprozess eingebunden werden. Hierdurch lässt sich das Kreativitätspotenzial der Beteiligten heben, bündeln und für die Entwicklung innovativer Lösungen nutzen. Durch die aktive Einbindung steigen auch die Motivation

Prinzipien	Methoden	Formate
Vernetzung (lokal, überregional, international) der wesentlichen Stakeholder	Open Innovation	Inkubatoren
Co-Definition (z.B. der Problemstellungen und Ziele)	Design Thinking	Akzeleratoren
Collaboration	Business Model Canvas	MakerSpaces/FabLabs
Iterative Feedback-Schleifen zwischen den beteiligten Akteuren	Scrum	Hackathons/Makeathons/ Ideathons
Co-Creation (z.B. von innovativen Lösungen)		Barcamps
Co-Production (gemeinsame Umsetzung von neuen Produkten, Existenzgründungen)		

Abb. 3 Prinzipien, Methoden, Formate in Innovationsökosystemen (Baumgärtler und Popovic 2019, S. 13 basierend auf Jahns et al. 2016; Capdevila 2015)

der Beteiligten sowie ihre Identifikation und Akzeptanz mit den bzw. für die gemeinschaftlich entwickelten Lösungen (Baumgärtler und Popovic 2019a, S. 10). Mithilfe interaktiver (Workshop-)Formate wie z. B. Hackathons lässt sich der Austausch und die Kreativität der Beteiligten stimulieren.

Um das Zusammenspiel von vornherein ergebnisorientiert – im Sinne des Impact – zu gestalten, gilt es, folgende *Erfolgsfaktoren* zu beachten (Baumgärtler und Popovic 2019a, S. 6; Mason and Brown 2014; Spigel 2017; Stam 2015, S. 1759 ff.):

- Konzeption einer Reallabor-Netzwerkkonstellation, die stimmig mit den individuellen Besonderheiten der regionalen Umgebung ist
- Intensive Vernetzung der beteiligten Stakeholder und Kooperation
- Frühzeitig bereits erzielte Erfolge kommunizieren, um weitere Stakeholder zu gewinnen
- Förderung einer lebendigen und offenen Kommunikation zwischen den Beteiligten des Ökosystems
- Ermutigung zu einer Innovations-, Wagnis- und unternehmerischen Kultur sowie Förderung von positiver Fehlerkultur
- Gezielte Gewinnung von Investoren
- Soweit möglich, mit Politik und Verwaltung das regulatorische Umfeld gezielt auf die Bedarfslagen der wesentlichen Stakeholder (z. B. Unternehmen) abstimmen und bürokratische Hindernisse reduzieren; Förderung von Partizipation

Wesentliche, *innovationsfördernde Rahmenbedingungen,* die für die Gestaltung des Ökosystems von Relevanz sind (aber nur bedingt im Einflussbereich der Hochschule liegen), sind: 1.) ein politischer und regulatorischer Rahmen, 2.) unterstützende Institutionen, 3.) Humankapital/Know-how, 4.) Netzwerkbeziehungen, 5.) kulturelle Begebenheiten, 6.) finanzielle Ressourcen (z. B. Fördermittel, zunehmend aber auch privates Kapital, z. B. zur Finanzierung von Start-ups) (Baumgärtler und Popovic 2019; Mason and Brown 2014; Spigel 2017; Stam 2015). Für komplexe und sich immer schneller ändernde Umweltbedingungen besitzen Innovationsökosysteme grundsätzlich das Potenzial, sich widerstandsfähig („resilient") und agil aufzustellen.

Ein ähnliches Wissenschafts- und Innovationsverständnis wird auch im *Mission-Oriented-Innovation*-Ansatz verfolgt. Er basiert auf der Grundannahme, dass auf komplexe Herausforderungen (Challenges) aufgrund ihrer Reichweite mit einer übergreifenden „Mission" reagiert werden sollte, bei denen sektorübergreifend d. h. über Branchen- und institutionelle Grenzen hinweg mit dem Ziel gemeinsamer Problemlösungen – im Sinne von Innovationen – gearbeitet werden sollte (Mazzucato 2017, S. 6). Ein viel zitiertes Beispiel ist die *Herausforderung* des Klimawandels, bei dem es u. a. darauf ankommt, das *Problem* einer umfassenden Senkung der CO_2-Emissionen zu lösen. Hierbei ist eine sektorenübergreifende Zusammenarbeit von Akteuren (z. B. Energie, Verkehr, Ernährung, Gebäude, Stadtentwicklung, etc.) notwendig, um zu *innovativen Lösungen* zu gelangen. Als *Use Case* führt Mazzucato die *Energiewende* in Deutschland an (Mazzucato 2017, S. 6).

Als *Ausgangspunkt* werden im Rahmen *der Mission Oriented Innovation Policy* innerhalb komplexer Herausforderungen konkrete Problemstellung identifiziert und formuliert. Im Rahmen dessen sollten sektorenübergreifend folgende *Annahmen und Prinzipien* berücksichtigt werden (Mazzucato 2017, S. 7):

- Hinsichtlich eines durch Innovationen angestrebten Wirtschaftswachstums ist nicht notwendigerweise nur die Wachstumsrate, sondern v. a. die Richtung wesentlich
- Innovationen erfordern sowohl von privaten als auch von öffentlichen Investoren Investitionen und Risikobereitschaft
- Dem Staat kommt dabei die Aufgabe zu, nicht nur Marktversagen zu korrigieren, sondern aktiv an der Entstehung neuer Märkte mitzuwirken
- Eine erfolgreiche Innovationspolitik verbindet die Notwendigkeit, einerseits top-down Ziele zu setzen, andererseits aber auch bottom-up Prozesse im Sinne eines experimentellen Lernens zuzulassen
- Missions verlangen eine Konsensbildung innerhalb der Zivilgesellschaft bzw. zwischen den beteiligten Stakeholdern.

Als wesentlich für den Erfolg einer Mission Oriented Innovation Policy wird ein „unternehmerischer Staat" ("entrepreneurial state") erachtet, der bereit ist, proaktiv innovationsfreundliche Rahmenbedingungen zu schaffen, umfangreiche Investitionen zu tätigen und Risiken einzugehen. Der Innovationsprozess wird im Rahmen als ein kooperatives und kollektives Vorhaben unter Einbeziehung zahlreicher Wirtschafts- und Gesellschaftsbereiche, einschließlich öffentlicher Einrichtungen, betrachtet (Mazzucato 2017, S. 4).

2.4 Hochschulspezifische Methoden, Ansätze und Instrumente von Innovationsökosystemen

Hochschulen als Living Labs bieten vielfältige Möglichkeiten, eine aktive Rolle in Innovationsökosystemen zu spielen und sich mit ihren spezifischen Kompetenzen potenzialträchtig einzubringen. Oft verfügen Sie über (z. T. weitläufige) Campus-Liegenschaften. Gleichzeitig sind die Hochschulangehörigen zunehmend daran interessiert, nachhaltiger als zuvor in ihrem jeweiligen Umfeld zu agieren. Leider verfügt das Liegenschaftsmanagement vielfach nur über begrenzte Ressourcen und interagiert bislang nur wenig mit den Forschenden und Lehrenden der jeweiligen Hochschule. Dabei sind gerade letztere per Definition an der Entwicklung, Verbreitung und Anwendung von (neuem) Wissen interessiert. Gleiches gilt für die Studierenden als weiterer Stakeholdergruppe. Insofern kann die Gemeinschaft der unterschiedlichen Stakeholder auf einem Hochschulcampus einen fruchtbaren Boden für Living Labs und somit auch für

Innovationsökosysteme darstellen, auf dessen Basis gemeinsam Innovationen mit weitreichendem Übertragungspotenzial entwickelt werden können. Für den Aufbau eines solchen Living Labs haben Verhoef et al. ein beispielhaftes *Framework* (Verhoef et al. 2019) erstellt (vgl. Abb. 4) sowie Verhoef und Bossert in Campus as Living Lab-Canvas (vgl. Abb. 5).

Das Framework zielt darauf ab, einen positiven Beitrag für unterschiedliche Stakeholder zu erzielen und die Hochschulen dabei zu unterstützen, den Nutzen von Living-Lab-Projekten innerhalb einer Institution zu maximieren. Gleichzeitig sollen eine professionelle Projektbegleitung, kritische Reflexion und das Lernen aus Projekten gefördert und die Kommunikation mit unterschiedlichen Stakeholdergruppen sowie der Austausch von Best-Practice-Beispielen und das Lernen unter Gleichgesinnten im internationalen Kontext zu vereinfachen. Aufgrund der sich dynamisch entwickelnden Umwelten von Hochschulen muss sich das Framework im Zeitverlauf permanent an

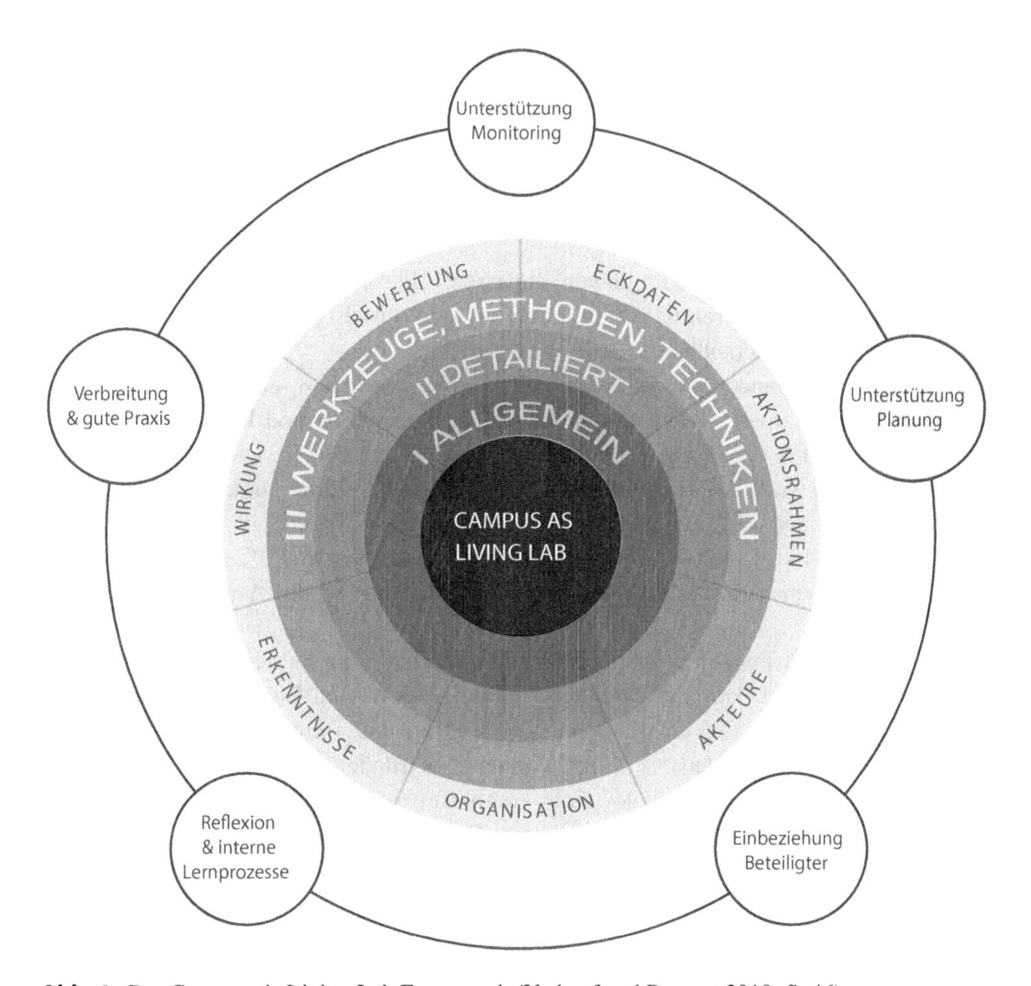

Abb. 4 Der Campus als Living Lab Framework (Verhoef and Bossert 2019, S. 46)

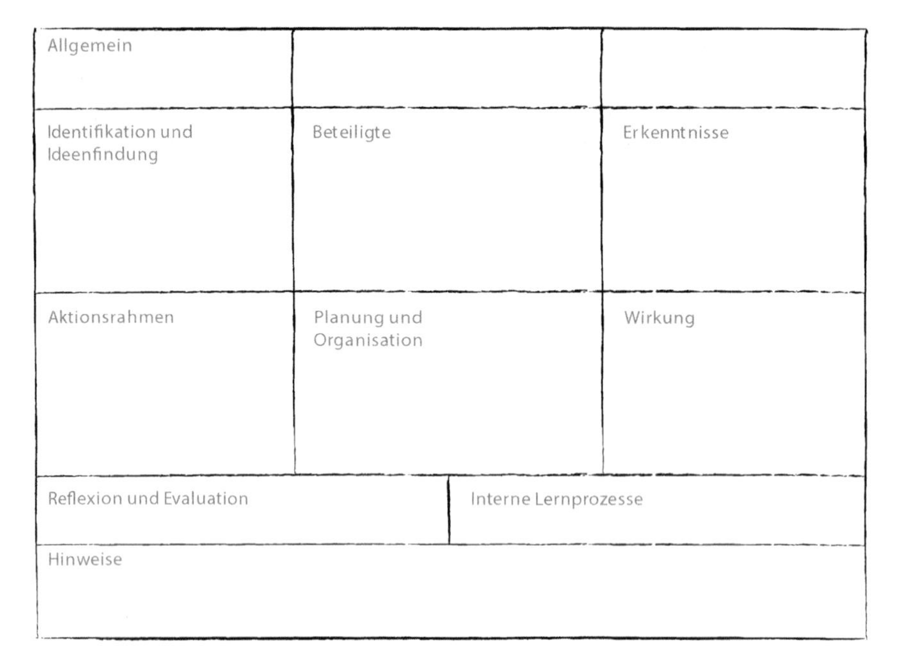

Abb. 5 Campus als Living Lab Canvas (Verhoef and Bossert 2019, S. 51)

sich verändernde Rahmenbedingungen anpassen. Ein transparentes Peer-Reviewing-System kann diese Weiterentwicklung durch das wechselseitige Lernen mit interaktiven Feedbackschleifen unterstützen.

Aus diesem Framework heraus wurde ein *Canvas* entwickelt, das auf der Idee eines Business Model Canvas basiert und somit für die Konzeption und Durchführung eines Living-Lab-Projekts auf Hochschulcampi verwendet werden kann. Dieses Canvas bietet die Möglichkeit, sich auf die Kernaspekte eines Living Labs zu konzentrieren, um diese als Grundlage für transdisziplinäre Innovationsökosysteme in Orientierung des Quintuple-Helix-Innovation-Modells zu nutzen (Carayannis et al. 2012).

Bei der praktischen Anwendung des Canvas gilt es, die folgenden Aspekte zu beachten:

- Alle betroffenen Personen/Gruppen und Stakeholder sind als aktive Mitgestalter zu betrachten, die die (komplexe) Herausforderung, für das im Living Lab eine Lösung entwickelt werden soll, identifizieren, beschreiben und formulieren. Als „Mindset" liegt dem Prozess die Idee des „Empowerment" zugrunde.
- Das identifizierte Problem ist eine komplexe, gesellschaftliche und dringende (globale) Herausforderung, das einen transdisziplinären Ansatz erfordert, um nachhaltig bearbeitet werden zu können. Komplexe Problemstellungen erfordern eine klar definierte und gemeinsame Vision.
- Reale Experimente sind notwendig, um alle relevanten Aspekte des Problems und der Lösung gleichzeitig anzugehen.

Das Canvas kann als „Puzzle" betrachtet werden, bei dem mit jedem Element begonnen werden kann. Die unterschiedlichen Elemente bauen – unabhängig von der gewählten Reihenfolge – aufeinander auf. Während einzelne Themen bearbeitet oder präziser formuliert werden, kann zwischen den unterschiedlichen Elementen gewechselt werden. Die Reihenfolge der Zusammenstellung des Canvas kann daher sehr unterschiedlich aussehen, ist aber i. d. R. iterativ. Ein wesentlicher Aspekt ist es jedoch, dass sich alle Mitwirkenden ein klares Bild über die Idee, Struktur und Wirkung des Living Lab machen gleichzeitig alle Elemente des Canvas zusammenbringen.

3 Reallabore und regionale Innovationsökosysteme am Beispiel der HFT Stuttgart

Im Folgenden soll beispielhaft diskutiert werden, wie an der HFT Stuttgart seit 2010 schrittweise versucht wurde, ausgehend von „Grand Challenges" (insb. auf dem Gebiet der Nachhaltigen Entwicklung wie z. B. dem Klimawandel) in Orientierung an einem „Purpose" in unterschiedlichen Bereichen einen positiven „Impact" zu erzeugen.

3.1 Ausgangslage

Als eine der ersten Hochschulen des Landes hat sich die HFT Stuttgart ein Leitbild gegeben, hieraus eine Nachhaltigkeitsstrategie entwickelt (inkl. eines Satzes messbarer Ziele im Rahmen des Struktur- und Entwicklungsplans der HFT für die Jahre 2012–2017) und eine darauf aufbauende Organisationsstruktur implementiert (Bossert et al. 2017b). Das Leitbild orientiert sich – im Sinne eines „Purpose" – an Albert Schweitzers Ethik der Ehrfurcht vor dem Leben (HFT Stuttgart 2012).

Um die *Nachhaltigkeitsstrategie entlang der fünf Gestaltungsfelder* Lehre, Forschung, Betrieb/Institution, Transfer und Governance implementieren zu können, wurde das *Zentrum für Nachhaltige Entwicklung* (ZNE) der HFT Stuttgart als „Do-Tank" ins Leben gerufen. Die Gestaltungsfelder für Nachhaltige Entwicklung wurden 2011/2012 vom Netzwerk „Hochschulen für Nachhaltige Entwicklung in Baden-Württemberg" als Orientierungsrahmen für eine konkrete Gestaltung von nachhaltiger Entwicklung (NE) an Hochschulen entwickelt (Wörz 2012). Im Gestaltungsfeld *Betrieb* führte die HFT als eine der bundesweit 25 ersten Hochschulen ein *Umweltmanagementsystem* gem. der *EMAS*-Richtlinie der EU ein. Hieraus wurde eine App für Smartphones entwickelt, die die Auditprozesse im Rahmen des Umweltmanagements erheblich effizienter gestaltet. Vor dem Hintergrund der steigenden Relevanz der Nachhaltigkeitsberichterstattung für zahlreiche Unternehmen infolge der CSR-Richtlinie der EU und dem damit verbundenen Nachfragepotenzial wurde hieraus ein Start-up entwickelt, das von zwei Professoren als Mentoren begleitet wurde (Coors et al. 2017). Hierfür erhielten das *Start-up BuildingScout* sowie die Hochschule zum einen eine *EXIST-Förderung* durch das BMWi sowie eine *Auszeichnung durch die ehemalige Bundesumweltministerin Dr. Hendricks* (Popovic and Worm 2017). Durch dieses Start-up konnte somit ein sichtbarer „Impact" erzielt werden.

Von 2013 bis 2016 wurde ein durch das Ministerium für Wissenschaft, Forschung und Kunst (MWK) in Baden-Württemberg gefördertes Projekt durchgeführt, u. a. mit dem Ziel, ein *Drei-Säulen-Modell* in unterschiedliche Studiengänge zu integrieren. Ziel dieses Modells war es, die Studierenden nicht nur zu lehren, über den Tellerrand hinauszublicken und kritische Reflexion zu erlernen, sondern sie auch in die Lage zu versetzen, bewusst anders zu denken und selbstständig zu forschen. Studierende sollten somit schrittweise zu *Change Agents* für NE ausgebildet werden. Aber auch bereits vor dem Projekt wurden – koordiniert durch den Ethikbeaufragten – sowie in Zusammenarbeit mit dem Referat für Technik- und Wissenschaftsethik (rtwe, Hochschule Karlsruhe) unterschiedliche Formate und Inhalte mit dezidierten Ethik- und Nachhaltigkeitsbezügen angeboten. Diese waren bzw. sind zwar extra-curricular, Studierende können jedoch das UNESCO-zertifizierte Ethikum-Zertifikat der Hochschulen in Baden-Württemberg erwerben (rtwe o. J.). Zusätzlich wurde ein neues hochschulinternes *Studium-Integrale*-Programm mit einem zusätzlichen Zertifikat – im Sinne eines „Diploma Supplement" – aufgebaut, das mit den Ethikum-Inhalten verzahnt wurde (Bossert et al. 2017b). Die übergeordnete Zielsetzung besteht im Erlernen des Umgangs mit Komplexität. Inhaltliche Schwerpunkte sind primär Schlüsselqualifikationen (z. B. Methoden, soziale Kompetenzen), akademische Allgemeinbildung (z. B. Ethik, nachhaltige Entwicklung, Erkenntnistheorie, interdisziplinäres Arbeiten) und spezielle Wahlfächer (z. B. politische Bildung, Service Learning, interkulturelle Kompetenz) (HFT Stuttgart 2019d).

Dass der *Teaching-Transition-Ansatz* an der HFT nicht nur top-down, sondern auch bottom-up im positiven Sinne Kreise zieht, wurde auch an der Studierendeninitiative „Greening HFT" deutlich. Dies ist eine von Studierenden geführte nachhaltige Campus-Initiative. Greening wurde vom ZNE gefördert und unterstützt. Greening entwickelte und startete eine Campus-Engagement-Kampagne auf dem Global Climate University Forum, das 2015 auf dem *UN Klimagipfel in Paris (COP 21)* vorgestellt wurde. Greening war die einzige Studentengruppe einer deutschen Hochschule, die zur COP 21 eingeladen wurde. Die Studierendeninitiative „Greening HFT" ist seitdem in Bezug auf Mitgliedschaft und Präsenz gewachsen und integriert NE in den Campusalltag (Bossert et al. 2017b, S. 22). In einem Bericht an das *Weltwirtschaftsforum (WEF)* in Davos wurde die *HFT* Stuttgart für ihre Nachhaltigkeitsaktivitäten *als eines von 30 Best-Practice-Beispielen* gewürdigt (HFT Stuttgart 2017).

3.2 Innovations- und Transferprozess zur Erhöhung des Impacts

Im Rahmen des MWK-geförderten, transdisziplinären Campus *Reallabors* konnten ab 2015 vielfältige Erfahrungen hinsichtlich des wechselseitigen Transfers zwischen den Aktivitäten der Hochschule (z. B. Lehre, Forschung) und ihren zentralen Stakeholdern

(z. B. (Zivil-)Gesellschaft, Unternehmen, Verwaltung etc.) gewonnen werden (HFT Stuttgart 2019c). Die beiden *BMBF-geförderten Projekte i_city und M4_LAB,* denen ebenfalls das Forschungsdesign transdisziplinärer Reallabore zugrunde liegt, knüpfen seit 2017 hieran an und erweitern den Kreis involvierter Stakeholder vom bisher im Fokus stehendenden Hochschulcampus auf die Metropolregion Stuttgart (BMBF 2018; HFT Stuttgart 2019b). Im Rahmen dieser Projekte sollen in kooperativen und kollaborativen Formaten (z. B. auch Open Innovation) Lösungen für vielfältige Herausforderungen in unterschiedlichen Bereichen (z. B. Smart Cities, Digitalisierung, Mobilität, Energie, Immobilien, Infrastruktur, Stadtentwicklung, innovative Geschäftsmodelle) entwickelt werden.

Um dem Auftrag der *Third Mission* (Roessler et al. 2015) auch strukturell an der HFT stärker Rechnung zu tragen, wurden im Kontext von M4_LAB die Kernaktivitäten der Hochschule – Lehre und Forschung – durch den Bereich Transfer – erweitert. Hierzu wurde auch das Institut für angewandte Forschung (IAF) der HFT um den Bereich *Innovation und Transfer* ergänzt. Im Rahmen der erwähnten Reallabore konnten Fortschritte im Bereich des forschenden Lernens durch die zunehmende Verzahnung von Lehrveranstaltungen und Forschungsaktivitäten (z. B. durch inzwischen zahlreiche Projekt- und Abschlussarbeiten, die Themenstellungen aus Forschungsprojekten bearbeiten) erzielt werden. Unterstützt wurde diese Entwicklung durch interdisziplinäre Seminare, bei denen Studierende unterschiedlicher Fachrichtungen an konkreten Fragestellungen aus laufenden Forschungsprojekten arbeiten.

In einem definierten *Innovations- und Transferprozess* werden Bedarfslagen im Rahmen von gesellschaftlichen Transformationsprozessen, konkrete Ideen, Bedarfe relevanter Stakeholder, Herausforderungen oder Problemstellungen aus den Planungen zur Internationalen Bauausstellung 2027 (IBA27) sowie globale Trends wie Digitalisierung, Industrie 4.0 und Nachhaltigkeit aufgegriffen *(Strategischer Radar)* und in technologische und soziale Innovationen überführt (Abb. 6).

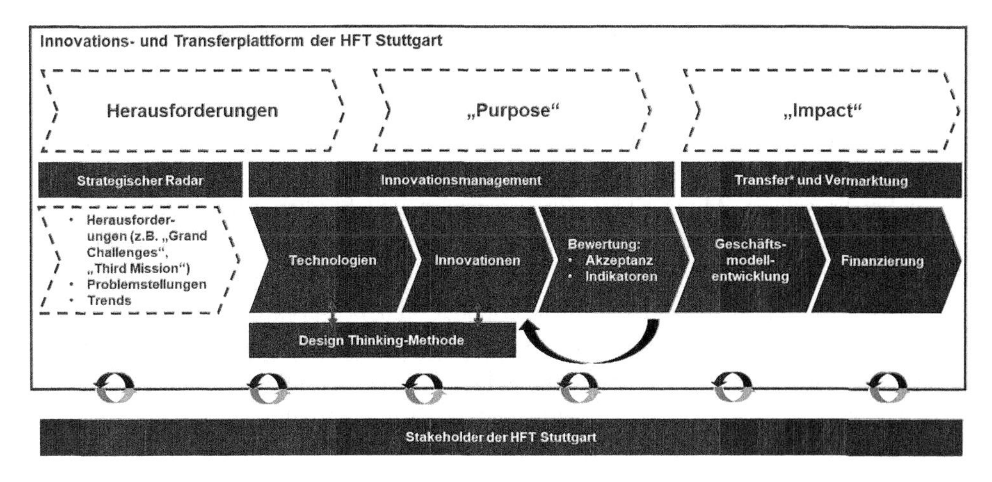

Abb. 6 Innovations- und Transferprozess der HFT Stuttgart. (Quelle: Eigene Darstellung basierend auf Bossert et al. 2017a, S. 6)

In diesem Kontext werden zum einen Ideen, Ansätze und Konzepte, die bereits an der Hochschule bestehen, in einem *kreativen, interaktiven, transdisziplinären Prozess gemeinsam mit den Stakeholdern* weiterentwickelt. Zum anderen können die Stakeholder eigene Ideen und Konzepte einbringen (Bossert et al. 2017a, S. 5). Durch Kundenzentrierung und Endnutzerinteraktion entstehen innovative Geschäftsmodelle, bei denen die Nutzer z. B. in den Innovations- und Wertschöpfungsprozess integriert werden, indem sie eigene Daten zur Verfügung stellen (Nutzer als „Pro-Sumer"). Unterstützt durch „Kreativitätsräume" soll ein strukturierter und „gemanagter" Innovations- und Transferprozess aufgebaut werden. Prozesse und Räume bilden gemeinsam das HFT-Innovationslabor für eine zukunftsorientierte Transformation der Metropolregion 4.0 – das sogenannte Stuttgarter *M4_LAB* (Bossert et al. 2017a, S. 5).

Zur *Bewertung* der Methoden werden geeignete Indikatoren *(Key Performance Indicators, KPIs)* entwickelt, aus denen sich deren wissenschaftliches und wirtschaftliches Erfolgspotenzial und die Nachhaltigkeitswirkung ableiten lassen. Ziel ist es, hieraus *innovative und marktfähige Produkte, Dienstleistungen und Geschäftsmodelle* inkl. entsprechender Finanzierungslösungen zu entwickeln und ein Ökosystem für Gründer entstehen zu lassen. Die HFT möchte auf diese Weise als Plattform Impulsnehmer und Impulsgeber für alle relevanten Stakeholder in der Metropolregion Stuttgart sein (Bossert et al. 2017a, S. 6). Ein Kernaspekt ist es, dass die HFT Stuttgart sich mit ihren spezifischen Kompetenzen in das Innovationsökosystem der Metropolregion Stuttgart einbringt und sich mit anderen Partnern bzw. Stakeholdern vernetzt. Hierzu befindet sie sich bereits im Austausch mit StartupBW, dem Ministerium für Wirtschaft, Arbeit und Wohnungsbau Baden-Württemberg, anderen Hochschulen (z. B. Hochschule der Medien, HdM), der Wirtschaftsförderung der Region Stuttgart (WRS), Startup-Hubs (z. B. Pioniergeist), Stuttgart Financial, der Börse Stuttgart, etc. Erste gemeinsame Aktivitäten wurden 2018/2019 bereits initiiert.

3.3 Maßnahmen zur Förderung einer Innovations- und Transferkultur

Ergänzend zur Transferstrategie soll die bestehende *Innovationskultur* gestärkt und langfristig etabliert werden. Ziel ist es, ein „Innovation-driven Mindset" bei allen beteiligten Forschern, Mitarbeitern, Praxispartnern und Studierenden durch die aktive Anwendung und Weiterentwicklung von Methoden zum kreativen, agilen und proaktiven Arbeiten entstehen zu lassen. Dadurch sollen Innovationsprozesse im Rahmen von transdisziplinären Projekten positiv erlebbar und besser greifbar werden und so einen noch stärkeren „Innovation-Spirit" wachsen und in die Metropolregion ausstrahlen lassen. Vor dem Hintergrund sich immer schneller wandelnder gesellschaftlicher, ökologischer, wirtschaftlicher und regulatorischer Umweltbedingungen soll somit ein koevolutorischer (Lern-)Prozess etabliert werden (Bossert et al. 2017a, S. 6).

Maßnahmen für den Innovations- und Kulturwandel beinhalten den strukturellen Ausbau des Instituts für angewandte Forschung (IAF) durch einen Transfer-Querschnittsbereich. Die bisherige Servicesäule des Forschungsmanagements wird gezielt durch eine weitere Säule für Innovation und Transfer ergänzt und das IAF um Kernkompetenzen der sechs Handlungsfelder der Transferstrategie (Forschungsprojekte, Lehrprojekte, Weiterbildungen, Veröffentlichungen und Veranstaltungen, Existenz- und Ausgründungen, Beratung und andere Dienstleistungen) erweitert. Gemeinsam mit dem Rektorat unterstützen diese Experten den HFT-internen Kulturwandel, indem sie daran mitwirken, das Thema Innovation zentral auf der Hochschulagenda zu etablieren und eine möglichst breite Beteiligung am Transfer verfolgen. So sollen beispielsweise durch Start-up-Veranstaltungen mit Unternehmen der Region als auch der Zivilgesellschaft interessante, experimentelle und kreative Ideen erlebbar gemacht werden und für neue Ideen begeistern (ein Pilot fand bereits 2017 statt). Darüber hinaus sollen *(inter-)nationale Netzwerke* wie z. B. das Netzwerk Hochschulen für Nachhaltige Entwicklung Baden-Württemberg (HNE), das Netzwerk Reallabore der Nachhaltigkeit, das International Sustainable Campus Network (ISCN), Inter-University Sustainable Development Research Programme (IUSDRP), HochN und die Kooperation mit Baden-Württemberg-International zum Ideenaustausch und zur Use-Case-Findung genutzt werden, um die HFT und den Innovationsstandort Metropolregion Stuttgart international noch sichtbarer zu machen und die Vernetzung zu intensivieren. Um räumlich im Stuttgarter Zentrum das M4_LAB als Innovations- und Transferhaus erfolgreich betreiben zu können, werden die gemeinsam Transferaktivitäten mit Steinbeis ausgebaut, mit dem langfristigen Ziel des gemeinsamen Baus eines Steinbeis-Hauses auf dem HFT-Campus (Bossert et al. 2017a, S. 6 f.).

Andererseits konnten der Ethikbeauftragte und die Referentin für Ethik der HFT – u. a. im Rahmen der beiden MWK-geförderten Projekte „Willkommen in der Wissenschaft“ und „WILLE“ – die *Ethik-Angebote für Studierende, Lehrende und Mitarbeiter* sukzessive ausbauen. Insbesondere durch die schrittweise Erweiterung der Vortragsreihe Ethikum mittels neuer Kooperationspartner (neben der VHS-Stuttgart seit 2017 auch die Evangelische Akademie Bad Boll und der Hospitalhof Stuttgart) konnten Reichweite und Zielgruppen der Veranstaltung erheblich erweitert werden. Hierdurch konnte dem Auftrag der Third Mission – nicht zuletzt durch die Veranstaltungsreihe „Gesellschaft 4.0 – Digitalisierung, Verantwortung, Nachhaltigkeit“ (HFT Stuttgart 2019a) – Rechnung getragen und ein Beitrag zum gesellschaftlichen Diskurs geleistet werden. In Kooperation mit der Evangelischen Akademie Bad Boll, mit der VHS Stuttgart, dem rtwe Karlsruhe sowie dem Evangelischen Bildungszentrum Hospitalhof in Stuttgart werden zwischen Anfang 2018 bis Anfang 2020 mehr als zehn Gastvorträge vor allem von hochkarätigen Wissenschaftlern unterschiedlicher Disziplinen aber z. T. auch ausgewiesenen Praktikern stattgefunden haben, die der Frage eines verantwortlichen und zukunftsorientierten Umgangs mit Digitalisierung und künstlicher Intelligenz (KI) nachgehen (HFT Stuttgart 2019a). Als Höhepunkt der Reihe fanden sowohl 2018 als auch 2019 jeweils im Herbst zweitägige, transdisziplinäre Tagungen zu den vielschichtigen ethischen Konsequenzen KI-basierter Entscheidungen in Wirtschaft und Gesellschaft statt (Evangelische Akademie Bad Boll 2018, 2019). Ebenso wurden die Aktivitäten im Bereich Ethikum-Zertifikat und Studium Integrale in Kooperation mit dem rtwe (Hochschule Karlsruhe) sowie dem Didaktikzentrum (DZ) der HFT weiterentwickelt.

3.4 Potenzielle Weiterentwicklung: – Konzeption eines ethischen Orientierungsrahmens

3.4.1 Konzeption eines ethischen Orientierungsrahmens

Um die drei Säulen Lehre, Forschung und Transfer in Zukunft intensiver zu verzahnen und den Handelnden für die entsprechenden Hochschulaktivitäten eine Orientierung zu geben, wurde ein *Orientierungsrahmen* konzipiert (vgl. Abb. 7).

Er trägt dem Umstand Rechnung, dass Studierende als zukünftige Fach- und Führungskräfte auf komplexe Herausforderungen wie z. B. einen verantwortungsvollen Umgang mit disruptiven Technologien nur begrenzt vorbereitet werden. Vielmehr steht zumeist die technologische Machbarkeit und das ökonomische Potenzial bei innovativen Entwicklungen wie dem autonomen Fahren, Anwendung von KI und digitalen Lösungen in vielfältigen Bereichen z. B. des Gesundheitswesens, der Energieversorgung im Kontext von Smart Cities etc. im Vordergrund. Ethische Implikationen dieser Entwicklungen werden – wenn überhaupt – nur am Rande thematisiert. Selbst Fragestellungen wie unbeabsichtigte Nebenwirkungen („unintended consequences") oder Fragen des Datenschutzes bei Apps für unterschiedliche Lebensbereiche stehen bisher nicht im Fokus. Dies gilt insb. für die sog. MINT-Studiengänge; Skandale wie die Manipulation von Software für die

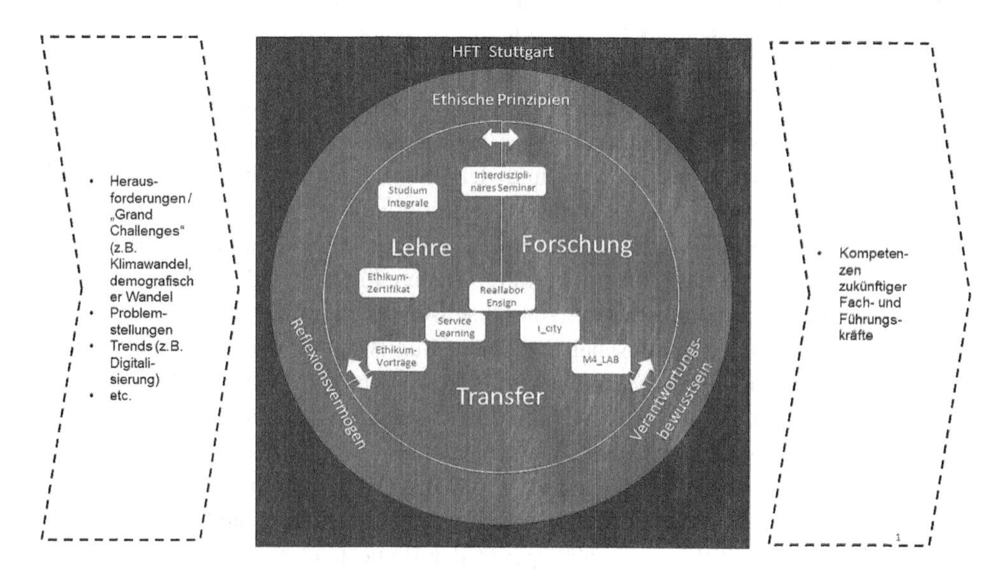

Abb. 7 Ethischer Orientierungsrahmen für die Bereiche Lehre, Forschung und Transfer

Abgassteuerung in der Automobilindustrie oder die Finanzmarktkrise zeigen, dass auch in anderen Disziplinen wie z. B. den Wirtschaftswissenschaften Bedarf an der Fähigkeit zur ethischen Reflektion besteht (Fregin et al. 2016).

Ethische Aspekte, die Schaffung eines *Verantwortungsbewusstseins* und eine *kritische Reflektion* können hierbei eine verbindende Klammer um die drei Bereiche Lehre, Forschung und Transfer bilden. Sie können somit zum integralen Bestandteil aller Aktivitäten in den drei Bereichen werden, tragen zur Sinnstiftung („Purpose") bei und ermöglichen zugleich das Erzielen positiver Wirkungen im Sinne des „Impact".

Inhaltlich besteht hier ein zentraler Aspekt in der Neuentendeckung und Anwendung der Verantwortungsethik sowie der Technikfolgenabschätzung (Grunwald 2010; Jonas 2012). Die von Albert Schweitzer entwickelte Maxime „Ehrfurcht vor dem Leben" könnte als Ausgangspunkt im Sinne des „Purpose" genutzt werden. Auf diese Weise könnte die häufig (ausschließlich) im Vordergrund stehende technologische Machbarkeit um Fragen des ökonomischen, ökologischen und gesellschaftlichen Nutzens sowie der Menschendienlichkeit erweitert werden.

3.5 Ansatzpunkte zur Implementierung des Orientierungsrahmens

Seit Anfang 2019 werden an der HFT Stuttgart die folgenden Ansatzpunkte zur Implementierung eines entsprechenden Orientierungsrahmens und der ihn umschließenden Aktivitäten diskutiert:

- *Beratung von Studiengängen bei der Überarbeitung ihrer Curricula* hinsichtlich der Integration von Pflichtveranstaltungen z. B. zu den Themen Erkenntnistheorie, Ethik (praktische Philosophie) und Nachhaltigkeit.
- Unterstützung der im Aufbau befindlichen *Weiterbildungsangebote* der HFT durch Beratung und die Entwicklung entsprechender Programminhalte mit Ethikbezug.
- *Erweiterung der Ethikum-Vortragsreihe um themenspezifische Tagungen und Workshops* nach dem Vorbild der erstmalig im November 2018 durchgeführten Tagung „Alexa lacht, Uber kracht, Facebook wacht – Unsere Verantwortung für Anwendungen Künstlicher Intelligenz" in Kooperation mit der Ev. Akademie Bad Boll (Evangelische Akademie Bad Boll 2018, 2019)
- Intensivere *Integration der beruflichen Praxis* durch den Ausbau des Angebots an Case Studies in Lehrveranstaltungen, Unternehmensexkursionen, Blended-Learning-Angeboten (z. B. analog zu der im Studienbereich Wirtschaft eingesetzten Onlinesimulation „Strategic CSR-Simulation" (Chandler und Hendron o. J.) zu unternehmensethischen Fragestellungen).
- *Erweiterung des bestehenden Service Learning-Programms* um Aktivitäten rund um die Themen Social/Sustainable Innovation und Entrepreneurship (Popovic 2019).
- *Erweiterung des Studium Integrale sowie des Interdisziplinären Seminars* im Kontext der Reallabore M4_LAB und i_city durch Initiierung fakultätsübergreifender

Projekttage – bspw. zum Thema autonomes Fahren – bei denen neben Experten zu ethischen Implikationen Studierende z. B. der Informatik, Mathematik, Vermessung, Verkehrs- und Stadtplanung oder der Wirtschaftspsychologie aktiv einbezogen werden.

- *Ergänzung von Formaten zur Förderung des kreativen Denkens* (z. B. Design Thinking, Agile Methoden, Open Innovation, Vernetztes Denken, Umgang mit Komplexität) im Rahmen des *Studium Integrale.*

Entwicklung einer Ethik- und Compliance-Richtlinie für die Hochschulbereiche Lehre, Forschung und Transfer sowie für die Hochschulverwaltung, die Lehrenden, Studierenden und Mitarbeiter der HFT ein klares Leitbild vermittelt; u. a. mittels unterschiedlicher Workshops unter Einbeziehung der relevanten Stakeholder sowie externer Experten. Ebenso erscheint es sinnvoll, nach Fertigstellung der Richtlinie, entsprechende Schulungen zu diesen Themen anzubieten.

4 Fazit und Ausblick

In diesem Beitrag wurde – ausgehend von den komplexen Herausforderungen („Grand Challenges"), denen sich Gesellschaft und Wirtschaft gegenübergestellt sehen – der Frage nachgegangen, welchen Beitrag Hochschulen zur Lösung dieser Herausforderungen im Sinne spürbar positiver Auswirkungen („Impact") leisten können. Es konnte aufgezeigt werden, auf welche Weise sich Hochschulen zu diesem Zweck und aufgrund ihrer Ausgangssituation intensiver in (regionale als auch globale) Innovationsökosysteme einbringen können und müssen („Purpose"). Entlang des Dreischritts von Challenges – Purpose – Impact wurde diskutiert, dass sich Hochschulen hierbei im Sinne eines Ausgangspunkts und zugleich Zielkorridors für die zu entwickelnden Lösungen an den Nachhaltigkeitszielen der Vereinten Nationen orientieren können. Hierbei wird das Forschungsdesign transdisziplinärer Reallabore zugrunde gelegt, bei dem Hochschulen die Funktion eines Netzwerkknotenpunkts übernehmen, der unterschiedliche Stakeholder transdisziplinär miteinander vernetzt. Auf diese wirken sie aktiv an der Gestaltung des jeweiligen Innovationsökosystems und den darin stattfindenden Innovations- und Transferprozessen mit. Ziel ist es, mit Innovationen – bspw. in den Bereichen Sustainable Innovation und Entrepreneurship – die Transformationsprozesse zur Lösung von Grand Challenges mitzugestalten (Transformation durch Innovation). Transformative Wissenschaftsansätze wie transdisziplinäre Reallabore sind hierbei als komplementäre, keinesfalls aber als substituierende Forschungsdesigns zur disziplinären Grundlagenforschung zu verstehen.

In der Hochschulpraxis haben sich folgende Maßnahmen als wichtige Ansatzpunkte herausgestellt: 1.) Nachhaltigkeitswissenschaften als Pflichtfach und roter Faden während des gesamten Studiums in allen Fächern (vgl. z. B. KTH Stockholm) etablieren und somit einen „Nährboden" für ein Ökosystem für Sustainable Innovation und Entrepreneurship anlegen und diesen auch pflegen, 2.) Innovationsmanagement und Entrepreneurship stärker in die Curricula integrieren, 3.) Innovations- und Entrepreneurshipkultur fördern, 4.) Transfer fördern und mit Forschung vernetzen, 5.) forschendes Lehren und Lernen intensivieren.

Darüber hinaus sind Hochschulen, nicht zuletzt durch die Third Mission, gefordert, ihre Beziehungen zu den Stakeholdern in ihren (Innovations-)Ökosystemen zu intensivieren, um somit effektiver zur Lösung urbaner und regionaler Probleme beitragen zu können. In diesem Kontext ist zu beobachten, dass in Europa aber auch weltweit eine Vielzahl von (Campus oder Urban) Living Labs am Entstehen sind, von denen viele in Metropolregionen angesiedelt sind. In einigen Städten und Regionen bringen sie sich bereits aktiv in die jeweiligen Innovationsprozesse ein (z. B. in Stuttgart, Karlsruhe, Amsterdam, etc.) und tragen gleichzeitig zu deren Replikation und Skalierung bei. Hierbei können sie eine Schlüsselrolle spielen, da sie weitgehend unabhängig von Wahlperioden oder Zielen wie Marktanteilssteigerungen oder Gewinnsteigerung sind und grundsätzlich den Ruf genießen, unabhängige, glaubwürdige, neutrale, wissenschaftliche Institutionen zu sein.

Dennoch bringt die Ausgestaltung dieser strategisch wichtigen Schlüsselrolle wiederum eigene Herausforderungen für die Hochschulen sowie das Wissenschaftssystem mit sich. Wie aus dem Reallabor Klimaneutraler Campus an der HFT Stuttgart sowie in weiteren Reallaboren in Baden-Württemberg deutlich wurde stellen die transdisziplinären Projekte erhebliche Anforderungen an die Planung, die Durchführung und die langfristige Finanzierung von Ressourcen. Zudem erweist sich die Vertrauensbildung bei externen Stakeholdern als zeit- und ressourcenintensiv. Demgegenüber steht traditionell ein Wissenschaftssystem, welches primär entlang der Kenngrößen Drittmittelumsatz und Publikationen agiert und welches gleichzeitig keine langfristige Planbarkeit der finanziellen (und damit auch personellen) Ressourcen, insb. bei Hochschulen für Angewandte Wissenschaften, Verfügung ermöglicht. Dies erschwert es den Hochschulen, ihrer Rolle als Impulsgeber für Regionen angemessen Rechnung zu tragen.

Während bereits Ansätze, Instrument und Prozesse in Form von Reallaboren oder Living Labs existieren, um einen positiven Impact zu erzeugen, zu steuern und voranzutreiben, bedarf es auch entsprechender Weichenstellungen durch die Politik. Sollen Reallabore und der Aufbau von Innovationsökosystemen stärker zum Tragen kommen, müssen Strukturen geschaffen werden, welche es den Hochschulen erlauben und sie dazu befähigen, ihre an Relevanz gewinnende Rolle als Impulsgeber für eine Transformation der Gesellschaft wahrzunehmen.

In diesem Kontext bedarf es u. a. eines erheblichen Ausbaus der Hochschulfinanzierung. Es erscheint wenig nachvollziehbar, warum in Deutschland – als einem rohstoffarmen und vom demografischen Wandel stark betroffenen Land – die Ausgaben für Bildung und Forschung seit Jahrzehnten erheblich unterhalb des OECD-Durchschnitts liegen (Potrafke et al. 2019). Gelingen die entsprechenden Weichenstellungen seitens der

Politik, können sich Hochschulen zu langfristig und nachhaltig verlässlichen neutralen Impulsgebern und Netzwerkknotenpunkten regionaler Innovationsökosysteme entwickeln sowie Fach- und Führungskräfte ausbilden, die den entsprechenden „Mindset“ dazu haben, die notwendigen Veränderungen zu initiieren und mitzugestalten. Internationale Beispiele aus Kanada (z. B. Vancouver, Toronto, Montréal), Skandinavien (z. B. Helsinki, Stockholm und Kopenhagen) und den Niederlanden (Amsterdam, Delft, Rotterdam) zeigen anschaulich, dass dies möglich ist.

Literatur

Barnard CI, Kenneth RA (1968) The functions of the executive (30. Aufl.). Harvard University Press, Cambridge

Baumgärtler T, Popovic T (2019a) Genossenschaftliche Innovationsökosysteme. Transformation aus der Kraft der Gemeinschaft. White Paper, Montabaur

Baumgärtler T, Popovic T (2019b) Innovationspotenzial von Genossenschaften revitalisieren: Plattform, Netzwerk, Agilität. Genograph 1:10–13

2018 BMBF (2018) Innovative Hochschule: M4_LAB. https://www.innovative-hochschule.de/de/innovative-hochschulen/m4_lab. Zugegriffen: 2. Aug. 2019

Bossert M, Bronner U, Coors V, Eicker U, Popovic T (2017a) Vorhabenbeschreibung Innovative Hochschule – Metropolregion 4.0 (M4_LAB). Innovation und Transfer aus transdisziplinärer Forschung für energieeffiziente Stadtentwicklung, nachhaltiges Wirtschaften und Produzieren in der Metropolregion Stuttgart, Stuttgart

Bossert M, Hrabal E, Popovic T, Zimmermann S (2017b) Teaching transition: learning to think outside the box. Educating for sustainability: 2017 sustainable campus best practices from ISCN and GULF Universities, Boston

Bundesministerium für wirtschaftliche Zusammenarbeit und Entwicklung (2019) Die Agenda 2030 für nachhaltige Entwicklung. https://www.bmz.de/de/themen/2030_agenda/index.html. Zugegriffen: 3. Nov. 2019

Capdevila I (2015) How can city labs enhance the citizens' motivation in different types of innovation activities? In: Aiello LM, McFarland D (Hrsg) Social Informatics. Springer International Publishing, Cham, S 64–71

Carayannis EG, Barth TD, Campbell DFJ (2012) The Quintuple Helix Innovation Model: global warming as a challenge and driver for innovation. J Innov Entrep 1(1):2

Chandler D, Hendron M (o. J.) Strategic CSR simulation. https://www.strategiccsrsim.com/. Zugegriffen: 4. Aug. 2019

Coors V, Popovic T, Kettemann R, Worm D, Jensen M-P, Fridrihsone A (2017) Mobile App und Web-Service zum nachhaltigen Gebäudebetrieb: Vom RealLabor zur Vermarktung einer Hochschulentwicklung. Horizonte (49):6–8

Evangelische Akademie Bad Boll (2018) Alexa lacht, Uber kracht, Facebook wacht: Unsere Verantwortung für Anwendungen Künstlicher Intelligenz. https://www.ev-akademie-boll.de/tagungsarchiv/621318.html. Zugegriffen: 21. Juli 2019

Evangelische Akademie Bad Boll (2019) Wer hat`s entschieden?: Ethische Konsequenzen KI-basierter Entscheidungen in Wirtschaft und Gesellschaft. https://www.ev-akademie-boll.de/tagung/620719.html. Zugegriffen: 21. Juli 2019

Fregin M-C, Richter P, Schreiber B, Wüstenhagen S, Dietrich J, Frankenberger R, Schmidt U, Walgenbach P (2016) Führungsverantwortung in der Hochschullehre. Zur Situation in den MINT-Fächern und Wirtschaftswissenschaften an Universitäten in Baden-Württemberg,

Rheinland-Pfalz und Thüringen. Materialien zur Ethik in den Wissenschaften, Bd 12. IZEW, Tübingen
Grunwald A (2010) Technikfolgenabschätzung. Eine Einführung (2. Aufl.), Gesellschaft, Technik, Umwelt, N.F. 1, Berlin
HFT Stuttgart (2012) Selbstverständnis und Leitbild. https://www.hft-stuttgart.de/Hochschule/Nachhaltige-Entwicklung/Selbstverstaendnis-Leitbild/index.html/de. Zugegriffen: 4. Aug. 2019
HFT Stuttgart (2017) Educating for sustainable development. https://www.hft-stuttgart.de/Forschung/Aktuell/Nachrichten/Archiv2017/ISCN/de. Zugegriffen: 21. Juli 2019
HFT Stuttgart (2019a) Ethikum-Vorträge: Gesellschaft 4.0 – Ethische Herausforderungen in der digitalen Gesellschaft. https://www.hft-stuttgart.de/Studium/Zusatzangebote/Ethikum/Veranstaltungen/Vortraege-Ethikum-Sommersemester-2018/index.html/de. Zugegriffen: 21. Juli 2019
HFT Stuttgart (2019b) i_city. https://www.hft-stuttgart.de/Forschung/i_city/. Zugegriffen: 2. Aug. 2019
HFT Stuttgart (2019c) Reallabor. https://www.hft-stuttgart.de/Forschung/Reallabor/. Zugegriffen: 2. Aug. 2019
HFT Stuttgart (2019d) Studium Integrale: Akademische Allgemeinbildung für Studierende: die Welt verstehen lernen! https://www.hft-stuttgart.de/Studium/Zusatzangebote/Studium-Integrale/index.html/de. Zugegriffen: 21. Juli 2019
Isenberg D (2010) The big idea: how to start an entrepreneurial revolution. https://hbr.org/2010/06/the-big-idea-how-to-start-an-entrepreneurial-revolution. Zugegriffen: 2. Aug. 2019
Jahns Th, Bergmann M, Keil F (2016) Transdisciplinarity: Between mainstreaming and marginalization. Ecol Econ 79(2012):1–10
Jonas H (2012) Das Prinzip Verantwortung. Versuch einer Ethik für die technologische Zivilisation (1. Aufl., Bd 3492). Suhrkamp-Taschenbuch, Frankfurt a. M.
Mason C, Brown R (2014) Entrepreneurial ecosystems and growth oriented entreprenereurship. Background paper prepared for the workshop organised by the OECD LEED Programme and the Dutch Ministry of Economic Affairs on, Den Haag
Mazzucato M (2017) Mission-oriented innovation policy – challenges and opportunities. London
Meynhardt T (2019) Purpose – mehr als eine Managermode? FAZ, 11 Februar 2019
Polanyi K (2017) The great transformation. Politische und ökonomische Ursprünge von Gesellschaften und Wirtschaftssystemen (13. Aufl.). Suhrkamp-Taschenbuch Wissenschaft, Bd 260. Berlin
Popovic T (2018) Sustainable Finance als Katalysator für die Zukunft des Nachhaltigen Wirtschaftens? In: Rogall H, Binswanger HC, Ekardt F, Grothe A, Hasenclever W-D, Hauchler I, Jänicke M, Kollmann K, Michaelis NV, Nutzinger HG, Scherhorn G (Hrsg) Im Brennpunkt: Zukunft des nachhaltigen Wirtschaftens in der digitalen Welt, Jahrbuch nachhaltige Ökonomie, Marburg, S 201–213
Popovic T (2019) Albert Schweitzer als Prototyp eines Sustainable Entrepreneurs?: Ein Beitrag zur Diskussion über die Wirksamkeit von Entwicklungszusammenarbeit. In: Banke B, Bollin E, Popovic T (Hrsg) Von Brücken, Menschen und Systemen: Festschrift für Prof. Dr. Michael Wörz. Hochschule Reutlingen, Reutlingen, S 130–152
Popovic T, Worm D (2017) Vom Umweltmanagementsystem EMAS zum Startup. https://www.hft-stuttgart.de/Forschung/Aktuell/Nachrichten/Archiv2017/Umweltmanagementsystem_EMAS/de. Zugegriffen: 21. Juli 2019
Potrafke N, Dorn F, Gäbler S (2019) Die Zusammensetzung des öffentlichen Budgets in Deutschland. Studie im Auftrag der Initiative Neue Soziale Marktwirtschaft. München
Referat für Technik- und Wissenschaftsethik (rtwe) (o. J.) Zertifikat Ethikum. https://www.rtwe.de/ethikum.html. Zugegriffen: 21. Juli 2019

Roessler I, Duong S, Hachmeister C-D (2015) Welche Missionen haben Hochschulen? Third Mission als Leitung der Fachhochschulen für die und mit der Gesellschaft, CHE Arbeitspapier, Gütersloh

Sachs J (2016) Director of the Earth Institute Jeffrey Sachs: we need „long-term plans" to tackle climate change. https://unsdsn.org/news/2016/05/26/director-of-the-earth-institute-jeffrey-sachs-we-need-long-term-plans-to-tackle-climate-change/. Zugegriffen: 23. Juni 2019

Schneidewind U (2015) Transformative Wissenschaft – Motor für gute Wissenschaft und lebendige Demokratie. GAIA – Ecol Perspect Sci Soc 24(2):88–91

Schweitzer A (1990) Kultur und Ethik, Beck'sche Sonderausgaben. Beck, München

Spigel B (2017) The relational organization of entrepreneurial ecosystems. Entrep Theor Pract 41(1):49–72

Stam E (2015) Entrepreneurial ecosystems and regional policy: a sympathetic critique. Eur Plan Stud 23(9):1759–1769

Strohschneider P (2014) Zur Politik der Transformativen Wissenschaft. In: Brodocz A (Hrsg) Die Verfassung des Politischen: Festschrift für Hans Vorländer, Bd 1, S 175–192. Springer VS, Wiesbaden

United Nations (2019) Transforming our world: the 2030 agenda for sustainable development. https://sustainabledevelopment.un.org/post2015/transformingourworld. Zugegriffen: 12. Juni 2019

Verhoef L A, Bossert M, Newman J, Ferraz F, Robinson Z P, Agarwala Y, Paul J, Wolff P, Hellinga J, Hellinga C (2019) Towards a learning system for university campuses as living labs for sustainability. In: Leal Filho W, Lange Salvia A, Pretorius R W, Londero Brandli L, Manolas E, Alves F, Azeiteiro U, Rogers J, Shiel C, Do Paco A (Hrsg) Universities as living labs for sustainable development, World sustainability series Bd 67, S 135–149. Berlin

Verhoef L, Bossert M (2019) The University campus as living lab for sustainability. A Practitioners Guide and Handbook, Delft

WBGU – Wissenschaftlicher Beirat der Bundesregierung Globale Umweltveränderungen. Welt im Wandel – Gesellschaftsvertrag für eine Große Transformation, Berlin

Wörz M (2012) Empfehlungen für nachhaltigkeitsspezifische Gestaltungsfelder an Hochschulen: Vorgelegt von der Konferenz der Senatsbeauftragten für Nachhaltige Entwicklung an den Hochschulen für Angewandte Wissenschaften in Baden-Württemberg. https://www.rtwe.de/index.php?eID=tx_nawsecuredl&u=0&file=fileadmin/doc/06-HNE/hne-7-gf.pdf&t=1563788473&hash=8144b73160ba3d367839b8df48aa9afc53808b99. Zugegriffen: 21. Juli 2019

Zürcher Hochschule der Künste (2011) Transdisziplinarität. https://blog.zhdk.ch/trans/. Zugegriffen: 13. Juni 2019

Prof. Dr. Tobias Popović hat eine Professur für Allgemeine BWL, insbesondere Corporate & Sustainable Finance, Financial Markets & Services, CSR im Studienbereich Wirtschaft de HFT Stuttgart inne. Seit 2010 ist er Ethikbeauftragter und von 2010 bis 2017 war er ebenfalls Nachhaltigkeitsbeauftragter der HFT. Seit 2014 ist er Co-Leiter des Zentrums für Nachhaltiges Wirtschaften und Management (ZNWM). Zu seinen bevorzugten Forschungsgebieten zählen Genossenschaftswesen, Sustainable Innovation und Entrepreneurship sowie Sustainable Finance. Für Gastvorlesungen zum Thema Sustainable Finance war er u. a. von der Universidad de Oviedo, der Tatung University in Taipeh sowie der Metropolia University in Helsinki eingeladen. Vor seiner Hochschultätigkeit war er für die DZ BANK in Frankfurt sowie als Verwaltungsratsmitglied bei der Banco Cooperativo Español in Madrid tätig.

Michael Bossert studierte von 2000 bis 2005 Architektur und im Anschluss von 2005 bis 2007 den Studiengang IMIAD an der HFT Stuttgart. Im Rahmen dieses internationalen Studienganges studierte er ein Semester in Lahti (Finnland) Möbelbau und Produktdesign. Während der ganzen Zeit war er Werkstudent im Büro Harrer-Ingenieure in Karlsruhe im Bereich Projektmanagement und Industriebau. Nach dem Studium arbeitete er in Helsinki Finnland im Büro Pekka Salminen. Ende 2008 kehrte er zurück nach Deutschland und arbeitete mit Prof. Andreas Löffler zusammen an interdisziplinären Forschungsprojekten im Bereich Integrale Architektur. Von 2010 bis 2018 war er unter wissenschaftlicher Leitung von Prof. Dr. habil. Ursula Eicker Geschäftsführer des Zentrums für nachhaltige Energietechnik zafh.net, ab 2018 Geschäftsführer des M4_LAB an der HFT Stuttgart. Mitte 2019 wechselte er an die Concordia University in Montréal, als Scientific Research Manager des Canada Excellence Research Chair in Smart, Sustainable and Resilient Communities and Cities.

Erkundungsaufstellungen als innovatives, transdisziplinäres Instrument der Nachhaltigkeitsforschung

Ina Rieck

1 Erkenntnisinteresse

In seiner herkömmlichen Rolle trägt Marketing kaum zu einer nachhaltigen Entwicklung bei. Angesichts der globalen Vielfachkrise zeigen sich jedoch auch Marketer sensibilisiert. Sie fragen, warum ihre Kenntnisse, Erfahrungen und Instrumente, die zur Konsumsteigerung eingesetzt werden, sich nicht auch für nachhaltige Zwecke eignen sollten? Diese Frage zielt unmittelbar auf den Wesenskern von Marketing: Lässt die Tiefenstruktur des Systems eine solche Transformation überhaupt zu; sind Marketing und Nachhaltigkeit grundsätzlich vereinbar?

2 Methode der Erkundungsaufstellung

Ursprünglich vor allem im therapeutischen Bereich als Familienstellen angewandt, hat sich die Aufstellungsmethode ab den 1990er-Jahren in weiteren Anwendungsfeldern zu einer eigenständigen Interventionspraxis entwickelt, wie beispielsweise den Organisationsaufstellungen (Weber und Rosselet 2016; Nazarkiewicz und Kuschik 2015), den Strukturaufstellungen (Varga von Kibéd und Sparrer 2016) sowie weiteren neuen Formen (Übersicht bei Klein und Limberg-Strohmeier 2012, S. 269 ff.; Locker 2018). Ein sehr junges Feld, das an der Universität Bremen im Fachgebiet Nachhaltiges Management untersucht wird, ist der Einsatz von Aufstellungen in Forschung und Lehre.

I. Rieck (✉)
Universität Bremen, Berlin, Deutschland
E-Mail: info@inarieck.de

A. Boos et al. (Hrsg.), *CSR und Hochschullehre,* Management-Reihe Corporate Social Responsibility, https://doi.org/10.1007/978-3-662-62679-5_15

Die Forschungsarbeiten unter der Leitung von Professor Dr. Georg Müller-Christ[1] zeigen das Potenzial von Aufstellungen als höchst effektives, transdisziplinäres Instrument der Nachhaltigkeitsforschung und Wissensvermittlung im universitären Kontext wie auch in Unternehmen (Müller-Christ 2016a; b; Müller-Christ und Pijetlovic 2018, S. 270 ff.).

Mittels Aufstellungen ist es möglich, auch nicht menschliche Elemente bzw. Entitäten eines Systems – wie konkrete und abstrakte Gegenstände, Eigenschaften, Sachverhalte, Ereignisse, Prozesse und Beziehungen – „zum Sprechen zu bringen" (Müller-Christ und Pijetlovic 2018, S. 11). Bei der Methode werden Menschen zu Stellvertretenden von Elementen, die kraft der sogenannten „repräsentierenden Wahrnehmung" (Varga von Kibéd und Sparrer 2016) über Informationen verfügen, die sie vor der Stellvertretung noch nicht auf ihren mentalen Karten hatten. Die Stellvertreter, die mit den Entitäten, die sie repräsentieren, für die Phase der Aufstellung eng verbunden sind, können sehr treffsicher die Beziehungen zueinander beschreiben. Über die repräsentierende Wahrnehmung der Stellvertreter einer Aufstellung wird implizites Wissen eines Systems hörbar und sichtbar.

Die mittels Aufstellungen gewonnenen Informationen sind keine durch rationales Denken vermittelte Fakten, sondern haben – weil sie sich nicht auf ein psychisches Urteilen stützen – eine nach C.G. Jung „irrationale Qualität" (Rafalski 2018). Es ist deshalb nicht einfach, die repräsentierende Wahrnehmung theoretisch zu beschreiben. Die Vorstellung, dass die Erforschung eines Systems nicht nur von außen möglich ist, sondern sich auch nicht menschliche Elemente eines Systems zu einem Selbstausdruck bewegen lassen, wird erst dann umfassend verständlich, wenn Menschen einmal selbst Stellvertreter waren und die Wirkungen von verdeckten Aufstellungen unmittelbar erfahren haben. So beschreibt Varga von Kibéd, dass „...alle mit Aufstellungsprozessen etwas Vertrauten [wissen], dass wir, im Bild stehend und in Abhängigkeit von den anderen RepräsentantInnen, in ganz anderer und erheblich umfassenderer Weise über die aufstellungsspezifischen Empfindungen und Wahrnehmungen verfügen als außerhalb der Aufstellung, z. B. unmittelbar danach" (Varga von Kibéd 2005, S. 208).

Empirische Studien zeigen, dass mittels repräsentierender Wahrnehmung empfangene Informationen weder zufällig noch beliebig sind (Schlötter 2005). Gleichwohl bleibt das, was in Aufstellungen passiert, rätselhaft. Mit herkömmlichen Kausalitätsvorstellungen und Informationsübertragungskonzepten lässt sich das Phänomen der repräsentierenden Wahrnehmung nicht erklären. Die Suche nach Antworten richtet sich vornehmlich auf die moderne Quantenphysik (Görnitz und Görnitz 2016; Klein und Limberg-Strohmeier 2012, S. 55 ff.). Deren Konzepte der Nichtlokalität und Verschränkung lassen die Cartesische Spaltung der Wirklichkeit in Materie und Geist, in „res extensa" und „res cogitans", hinter sich. Damit haben sich nicht nur in der Naturwissenschaft Weltsichten

[1] www.uni-bremen.de/nm/forschung/publikationen; siehe auch Dissertationen von Borchardt-Ramonat (2019); Buhr (2017); Bulling (2019); Deimling (2016); Mussack (2019), Scholtz (2015); Woithe (2018).

verändert; auch in den Geisteswissenschaften; von der Theologie bis zur Philosophie beginnen Wissenschaftler, ein Verständnis für eine ganzheitliche Wirklichkeit (wieder) zu entdecken (Mann und Mann 2017; Weber 2018). In diesem Sinne ist wohl auch ein früherer Vorschlag von Insa Sparrer zu verstehen, die Prozesse, die sich in Aufstellungen zeigen, aus einer anderen Perspektive zu betrachten:

> Vielleicht haben wir einfach die Frage falsch gestellt? Wir gehen immer davon aus, dass wir voneinander getrennt sind und diese Verbindung erst herstellen müssen. Es könnte doch sein, dass wir an sich miteinander verbunden sind und es eher darum geht, diese Verbindung nicht zu stören, sondern sie zu fördern, indem wir gute Bedingungen dafür schaffen, dass sie ungestört wirken kann (Sparrer, zitiert nach Daimler 2008, S. 30).

In der herrschenden Wissenschaftslandschaft nimmt sich Forschung mit der Aufstellungsmethode derweil noch fremd aus. Es steht die Frage im Raum, ob es sich bei der Forschungsarbeit mittels Aufstellungen überhaupt um Wissenschaft im herkömmlichen Sinne handelt. Wenn Müller-Christ und Pijetlovic konstatieren, dass sich Systemaufstellungen als Methode „genauso im vorwissenschaftlichen Zustand [befinden] wie auch die Erkenntnisse, die aus Systemaufstellungen zu ziehen sind“ (Müller-Christ und Pijetlovic 2018, S. 4), so ist dies keineswegs eine Absage an die Wissenschaftlichkeit der Methode, sondern vielmehr ein Appell an die Entdeckerfreude von Forschenden, das wissenschaftliche Potenzial der Methode immer weiter zu ergründen.

3 Steckbrief der Aufstellung „Das innere Wesen des Marketing"

Die Aufstellung „Das innere Wesen des Marketing“ ist mit Teilnehmern eines Fortbildungskurses zur Aufstellungsleitung, also mit in der Aufstellungsarbeit erfahrenen Personen, realisiert worden. Leiter der Aufstellung war Georg Müller-Christ.

Der Ablauf einer Aufstellung im Forschungsbereich wird in der Regel wie folgt strukturiert: Das Setting ist doppelt verdeckt, d. h. die Stellvertretenden kennen weder Kontext noch Rollenzuschreibung. Die Rollenzuweisung geschieht intuitiv, entweder durch die Forschenden (wie in der hier beschriebenen Aufstellung) oder durch die Stellvertretenden selbst, indem sie eine verdeckte Karte wählen. Um die Kommunikation während des Aufstellungsprozesses zu vereinfachen, erhalten die Stellvertretenden jeweils ein Ansteckschild mit einem Buchstaben oder einer Zahl.

Das Format des im Folgenden beschriebenen Beispiels ist eine Impro-Aufstellung, d. h. es wurde kein expliziter Bezugsrahmen, beispielsweise ein kontextspezifisches Spannungsfeld, definiert (Müller-Christ und Pijetlovic 2018, S. 70 ff.).

3.1 Elemente

Das Aufstellungssetting umfasst insgesamt fünf Akteure: *Ethos des Marketing, Marketing* sowie *Marketing für Nachhaltigkeit,* des Weiteren *Glaubwürdigkeit* und *Kunde.*

Ethos steht für jene unverrückbare Tiefenstruktur des Marketingsystems, die unabhängig von wechselnden Kontexten existiert. Die Vorstellung, dass jedes System eine unveränderliche Informationseinheit hat, findet sich in verschiedenen modernen Organisations- und Managementtheorien, z. B. in der Spiral-Dynamics-Theorie (Beck und Cowan 2005), in der Theorie U (Scharmer 2008; Scharmer und Käufer 2014) sowie im Eisberg-Modell, das im Rahmen der Forschung mit Aufstellungen entwickelt worden ist (Müller-Christ und Pijetlovic 2018, S. 83 ff.). Der Eisberg wird in der Managementliteratur oft als Metapher für die Tiefe von Systemen zitiert, um das Verhältnis von dem sichtbaren zu dem viel größeren nicht sichtbaren Teil zu veranschaulichen. Im Kontext von Erkundungsaufstellungen dient das Bild dazu, dem Verborgenen in der Tiefe eines Systems eine erste Struktur zu geben. Auf der tiefsten Ebene des Eisberg-Modells ist das Ethos verortet (Abb. 1).

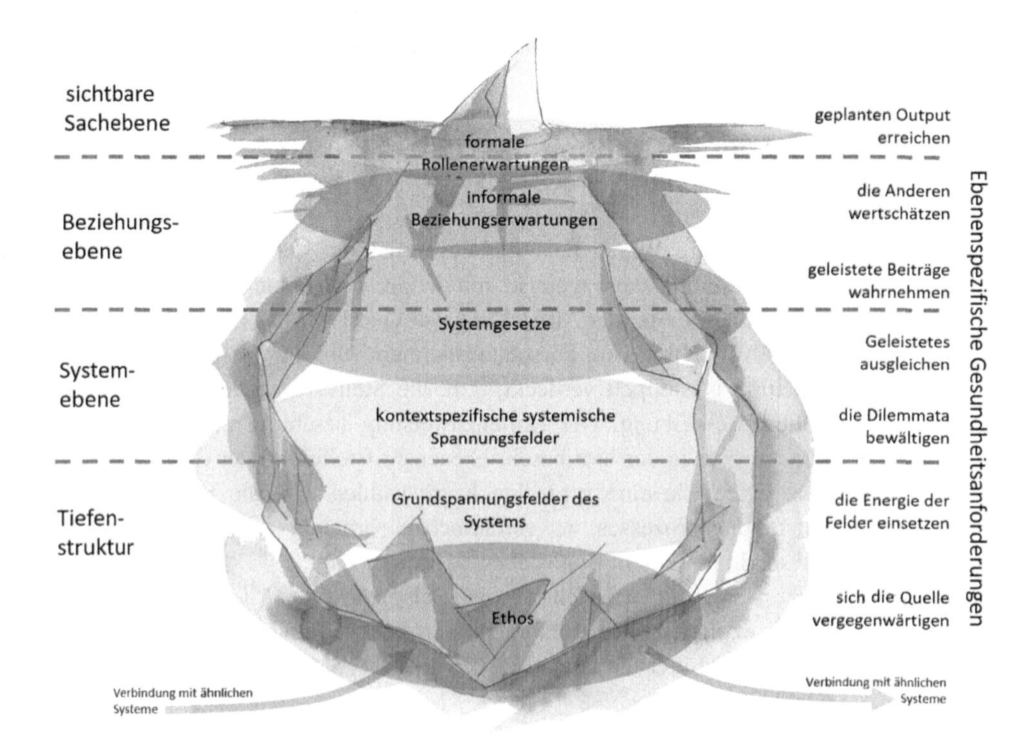

Abb. 1 Das Eisberg-Modell (Müller-Christ 2016c)

Neben dem Ethos des Marketingsystems stehen im Feld zwei Seinsformen: *Marketing* für das herkömmliche unternehmerische Marketing in seiner klassischen, betriebswirtschaftlichen Funktion sowie *Marketing für Nachhaltigkeit* für ein mögliches „anderes" Marketing, das über das Potenzial verfügt, sozialökologische Transformationen zu unterstützen. Das Element Glaubwürdigkeit steht für die von Dritten attribuierte Gültigkeit von Marketingbotschaften. Das Element Kunde ist definiert als prototypische, nicht gewerbliche, private Abnehmer in Konsumgesellschaften.

3.2 Ablauf der Aufstellung

Bei Aufstellungen im Forschungskontext, insbesondere bei Erkundungsaufstellungen, werden die Repräsentanten häufig nicht an eine bestimmte Ausgangsposition gestellt, sondern werden eingeladen, sich innerhalb des freien Raums ihren Platz selbst zu suchen, indem sie nur auf ihre innere Wahrnehmung achten. Aus ihren mentalen Karten können sie nicht ableiten, was eine sinnvolle Position ist, da sie in dem doppelt verdeckten Format der Aufstellung weder Kenntnis darüber haben, welches Element sie repräsentieren, noch darüber, in welchem Kontext sie sich bewegen. Die im Folgenden beschriebene Aufstellung hatte eine Dauer von 60 min.

3.3 Strukturbilder

Aufstellungen im Forschungskontext werden in der Regel gefilmt und anschließend transkribiert (Müller-Christ und Pijetlovic 2018, S. 364 ff.). Bei der Interpretation von Aufstellungen ist die repräsentierende Wahrnehmung der Stellvertretenden zentral, dennoch kann die Analyse, wie sich die Stellvertretenden im Feld und zueinander positionieren, zusätzliche Erkenntnisse hervorbringen. Daher werden die Schlüsselszenen einer Aufstellung immer auch visualisiert und in interdisziplinär les- und interpretierbare 3-D-Bilder übersetzt. Die Strukturbilder (Abb. 2–4) zeigen die jeweiligen Positionen der Stellvertretenden bzw. ihre Ausrichtung im Feld und den Abstand zueinander. Ergänzt sind die Raumbilder durch Kernaussagen der Stellvertretenden, sogenannte In-vivo-Kodes (Corbin und Strauss 2015, S. 50).

Strukturbilder sind eine nützliche Grundlage für den inter- und transdisziplinären Austausch im Rahmen der Forschung mittels Erkundungsaufstellungen. So habe ich die Bilder zur Aufstellung zum Wesen des Marketing u. a. eingesetzt, um die von mir entwickelten Thesen mit Experten aus der Unternehmens- und Marketingpraxis zu reflektieren. Es geht dabei nicht darum, die Beobachtungen als richtig oder falsch zu bewerten, sondern als stimmig oder irritierend zu „subjektiven Axiomen" bzw. dem aktuellen Stand der Forschung.

3.4 Phase 1: Das System entsteht

Der Aufstellungsleiter fordert die Stellvertreter der drei Elemente *Ethos, Marketing* sowie *Marketing für Nachhaltigkeit* auf, sich innerhalb des Aufstellungsraumes eine stimmige Position zu suchen.

Beobachtungen aus dem 1. Aufstellungsbild

Die Elemente stellen sich zunächst als Dreieck auf: *Marketing* steht rechts vom *Ethos. Marketing für Nachhaltigkeit* steht dem *Ethos* gegenüber.

- *Ethos* sieht sich als eine „positive, unabhängige, mit der Erde verbundene Kraft".
- *Marketing* beschreibt sich selbst als „etwas Unterstützendes".
- *Marketing für Nachhaltigkeit* erkennt sich als eine „bewahrende Kraft".
- *Marketing für Nachhaltigkeit* stellt sich neben *Marketing, Ethos* stellt sich beiden gegenüber:
- *Marketing* hegt Misstrauen gegen *Ethos;* zeigt ein „kokettes" Verhalten.
- *Marketing für Nachhaltigkeit* bezeichnet *Ethos* als „Gegenpol": Es sei „wichtig und gleichzeitig gefährlich", denn *Ethos* könne *Marketing für Nachhaltigkeit* „von den eigenen Themen abbringen".
- Durch das Zusammengehen der beiden Marketingelemente fühlt sich *Ethos* geschwächt. Dennoch bezeichnet es das Gespann als „ein hübsches Paar".

Abb. 2 zeigt das 3-D-Raumbild der initialen Phase mit In-vivo-Kodes der Repräsentanten.

Zusammenfassende Beobachtung in Phase 1

Die Elemente zeigen in ihren Selbstbeschreibungen eine große Klarheit. Untereinander sind die Beziehungen eher ambivalent. *Marketing für Nachhaltigkeit* sucht aktiv nach seinem Platz in dem Beziehungsdreieck. *Marketing* scheut hingegen die Auseinandersetzung mit bzw. Reflexion mittels Ethos. Als *Marketing für Nachhaltigkeit* eine Liaison mit *Marketing* eingeht, fühlt sich *Ethos* geschwächt. Dennoch kritisiert *Ethos* die Verbindung nicht.

3.5 Phase 2: Das Element Glaubwürdigkeit kommt hinzu

Der Aufstellungsleiter bittet nun den Stellvertretenden für das Attribut der Glaubwürdigkeit, sich einen stimmigen Platz im Feld zu suchen. Die drei bereits im Aufstellungsraum befindlichen Repräsentanten werden gebeten, zunächst stehen zu bleiben und nachzuspüren, welche Veränderungen sich durch den Neuzugang ergeben.

Beobachtungen aus dem 2. Aufstellungsbild

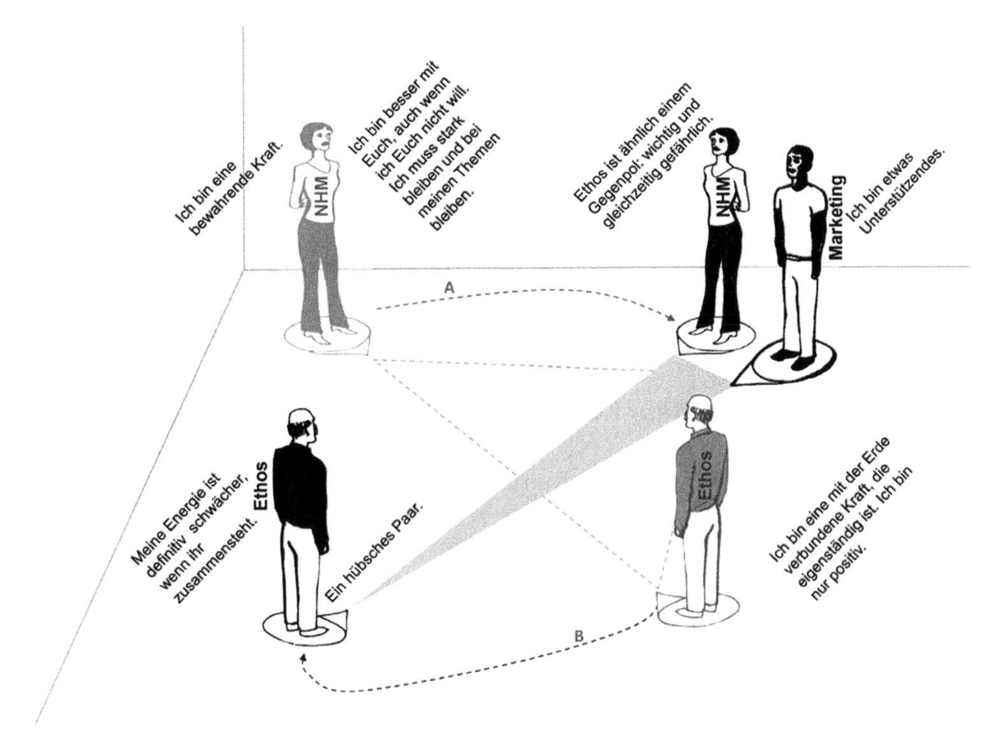

Abb. 2 Die Marketingelemente gehen zunächst in die Klärung ihrer wechselseitigen Beziehungen

Zunächst formieren sich die Elemente als gleichschenkliges Dreieck.

- *Glaubwürdigkeit* erkennt sich als „eine vermittelnde Instanz“. Sie sieht ihre Aufgabe darin, *Ethos* zu schützen. Die Liaison von *Marketing* und *Marketing für Nachhaltigkeit* wird von ihr begrüßt.
- *Glaubwürdigkeit* lädt alle Elemente ein, den Blick auf das „Gemeinsame“ und darüber hinaus zu weiten.
- *Ethos* macht einen großen Schritt in Richtung der beiden Marketingelemente.
- *Glaubwürdigkeit* wünscht sich ein Gegenüber. Allen Elementen ist klar, dass nur *Marketing* diese Position einnehmen kann.

Marketing kommt der Aufforderung nach, sodass ein Rechteck entsteht.

- *Marketing* entdeckt im Gegenüber von *Glaubwürdigkeit* seine Neugier und ist „eher aufgeschlossen für Neues“.
- *Marketing für Nachhaltigkeit* erkennt in seinem Gegenüber *Ethos* Aspekte seines Selbst, „was ich mich nicht traue zu sein.“
- *Ethos* entschuldigt sich für sein starkes Engagement, da dies „normalerweise“ nicht seine Natur sei.

Abb. 3 zeigt das 3-D-Raumbild der zweiten Aufstellungsphase mit In-vivo-Kodes der Repräsentanten.

Zusammenfassende Beobachtung in Phase 2

Glaubwürdigkeit wirkt auf das Beziehungsgefüge als vermittelnde, das gegenseitige Vertrauen fördernde Instanz. Dies ermöglicht den Elementen, ihren Dialog zu vertiefen und sie beginnen, sich selbst als Teil eines Ganzen zu erkennen. In der Formation des Rechtecks finden die beiden Marketingformen im jeweiligen Gegenüber eine bedeutende Reflexionsinstanz. *Marketing für Nachhaltigkeit* angesichts *Ethos* sowie *Marketing* im Gegenüber von *Glaubwürdigkeit.*

3.6 Phase 3: Der Akteur Kunde tritt ins Feld

Der Aufstellungsleiter bittet den Stellvertretenden für den Akteur *Kunde,* sich einen stimmigen Platz im Feld zu suchen. Die bereits im Aufstellungsraum befindlichen Repräsentanten werden wieder gebeten, zunächst stehen zu bleiben und nachzuspüren, welche Veränderungen sich durch den Neuzugang ergeben.

Beobachtungen aus dem 3. Aufstellungsbild

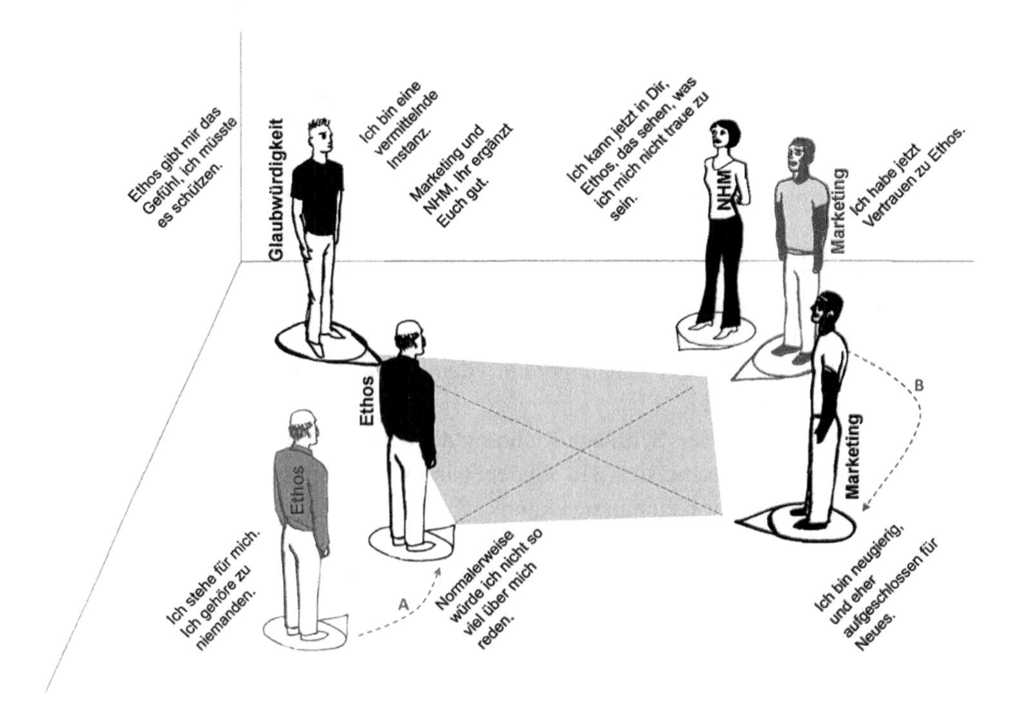

Abb. 3 Mit dem Eintritt von Glaubwürdigkeit gewinnen die Marketingelemente an (Selbst-) Erkenntnis

Der Kunde findet seinen Platz ohne Umweg bei *Marketing für Nachhaltigkeit;* zunächst an dessen rechter Seite und wechselt – nach dessen freundlicher Aufforderung – auf die linke Seite.

- Die Reaktion der anderen Elemente gegenüber dem Kunden ist anfangs sehr verhalten. Auf den Vorschlag des *Kunden,* dass er ja auch wieder gehen könne, intervenieren dann aber alle ohne Zögern und mit größtem Nachdruck.
- Es besteht Einigkeit, dass der *Kunde* über den Plan zum weiteren Vorgehen („die Tagesordnung") verfügt, jedoch nicht zum „Chef" von *Marketing für Nachhaltigkeit* werden dürfe.
- Der *Kunde* betont, dass er selbst nicht die Aufgabe sei („Es geht nicht um mich"), sondern lediglich eine Hilfe, um „Euren Zweck" zu erfüllen.
- Als Entstehungsort jener Aufgabe verweist der *Kunde* ins Feldinnere: „Ja, ich weiß nicht genau, aber das, was dort [Handbewegung in die Mitte des Rechtecks] entsteht."

Das Öffnen des Systems für den Kunden verändert die Positionen und Perspektiven im Feld:

- *Marketing für Nachhaltigkeit* avanciert zur allseits akzeptierten Orientierungsfigur, zum „Muttertier", zum „Rahmen".
- *Marketing* fühlt sich in der neuen Konstellation in seiner Identität gestärkt und als etwas „Eigenständiges".
- *Ethos* bekennt sich dafür zuständig, „der gemeinsamen Aufgabe Kraft zu geben"

Die Abb. 4 zeigt das 3-D-Raumbild der dritten Aufstellungsphase mit In-vivo-Kodes der Repräsentanten.

Zusammenfassende Beobachtung in Phase 3

Der *Kunde* bringt Bewegung ins System. Zugang zum System findet der *Kunde* über *Marketing für Nachhaltigkeit.* Denn *Marketing für Nachhaltigkeit* erkennt im *Kunden* eine wichtige Ressource. Die anderen Elemente sind bereit, den von *Marketing für Nachhaltigkeit* aufgezeigten neuen Rahmen als Orientierung zu nutzen bzw. zu unterstützen. Mit dem veränderten Mindset verschieben sich die jeweiligen Funktionen der Elemente bzw. sie treten jetzt verdeutlicht hervor. Das Systemfeld weitet sich auch insgesamt.

4 Formenanalytische Auswertung

Bei Aufstellungen im Impro-Format ohne expliziten theoretischen Bezugsrahmen ist ein zusätzlicher Analyse-Fokus auf die Raumsprache besonders wertvoll. Die formenanalytische Auswertung hilft, die Aussagen der Stellvertretenden inhaltlich zu verorten und miteinander in Beziehung zu setzen.

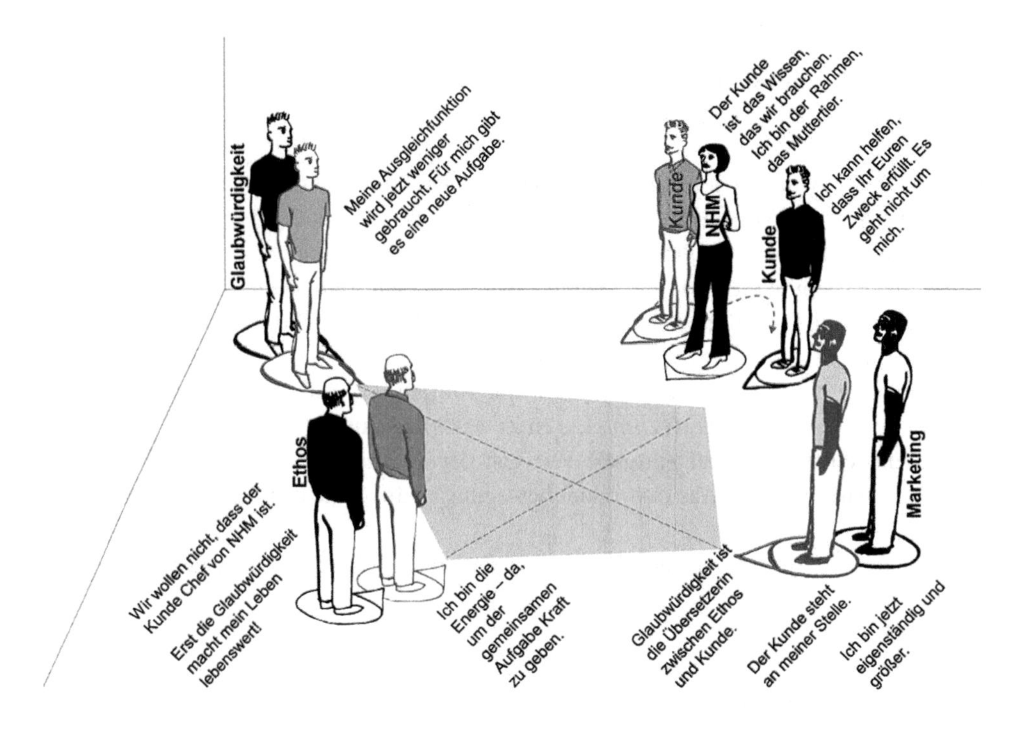

Abb. 4 Das Marketingsystem reagiert auf den Kunden

Tab. 1 zeigt eine Übersicht formanalytischer Lesarten von Aufstellungsbildern, wie sie in der jahrelangen Arbeit im Kontext von Familien- und Organisationsaufstellungen (Rosselet 2012, S. 56 f.) und im Rahmen von Forschungsaufstellungen (Müller-Christ und Pijetlovic 2018, S. 279; Woithe 2018, S. 72 f.) entwickelt worden sind. Die Vorschläge zur raumsprachlichen Analyse von Rechteckformationen basieren auf eigenen Beobachtungen.

5 Interpretationen und erkenntnisleitende Hypothesen

Bei der Interpretation der Aufstellung „Das innere Wesen des Marketing" beziehe ich mich auf die in Tab. 1 ausgeführten Lesarten von Raumbildern. Tab. 2 zeigt meine Auswertungsergebnisse für Schlüsselsequenzen in der Übersicht.

Auf Grundlage der raumsprachlichen Analyse in Tab. 2 sowie der Wortaussagen der Stellvertretenden habe ich Schlüsselsequenzen der drei Aufstellungsphasen ausgewertet und erste erkenntnisleitende Thesen entwickelt. Meine Thesen sind vorläufig und ich belege sie mit dem „notwendigen Zweifel, den jeder hat, der sich nicht täuschen will" (Gadamer 2002). Im Sinne des hermeneutischen Verstehens ist es

Tab. 1 Formanalytische Lesarten von Aufstellungsbildern. (Eigene Darstellung; auf Basis von Müller-Christ und Pijetlovic 2018, S. 279; Rosselet 2012, S. 56 f.; Woithe 2018, S. 72 f. sowie eigener Beobachtungen)

Raumsprache	Perspektive/Positionierung	Qualität der Beziehung
	Ein Element steht auf der rechten Seite eines anderen Elements	Das Element ist eine übergeordnete Funktion oder ein Orientierung stiftender Wert bzw. eine noch zu erschließende Ressource
	Ein Element steht auf der linken Seite eines anderen Elementes	Das Element ist eine untergeordnete/intern regulierende Funktion oder eine Ressource, die tatsächlich in Anspruch genommen wird
	Zwei Elemente blicken in dieselbe Richtung und sind dabei kaum aufeinander bezogen	Zwischen beiden Elementen besteht keine oder eine nur schwache Beziehung
	Zwei Elemente blicken auf gemeinsamen Gegenstand, haben darüber hinaus ein breites Interessensfeld	Zwischen beiden Elementen besteht eine Beziehung mit relativ großer Autonomie
	Zwei Elemente blicken auf gemeinsamen Gegenstand, haben darüber hinaus nur ein eingeschränktes Interessenfeld	Zwischen beiden Elementen besteht eine intensive Beziehung mit gleichzeitig geringem Bezug zur Außenwelt
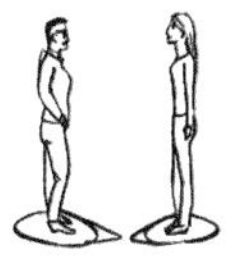	Zwei Elemente sehen sich direkt an (und sind dabei stark aufeinander fokussiert)	Zwei Elemente haben miteinander ein bestimmtes Anliegen zu klären (und stehen darüber im Konflikt/Konfrontation miteinander)
	Ein Element blickt auf ein anderes Element, welches wiederum wegschaut	Es besteht eine einseitige Beziehung; möglicherweise besteht auch eine kontrollierende Beziehung
	Zwei Elemente schauen sich nicht an und haben keinen gemeinsamen Blickraum	Die Elemente pflegen keine Beziehung zueinander, oder sie haben eine ambivalente bzw. kontroverse Beziehung
	Die Elemente stehen im großen Abstand zueinander	Je weiter der Abstand, desto weiter ist die Perspektive der Elemente. Ein großer Abstand deutet möglicherweise auf eine schwache Beziehung

(Fortsetzung)

Tab. 1 (Fortsetzung)

Raumsprache	Perspektive/Positionierung	Qualität der Beziehung
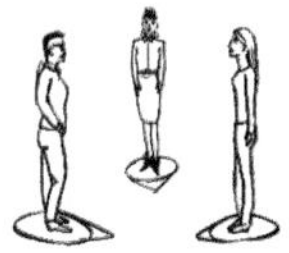	Elemente bilden ein (Sub-)System in Form eines stabilen Dreiecks	Die Elemente fühlen sich miteinander verbunden
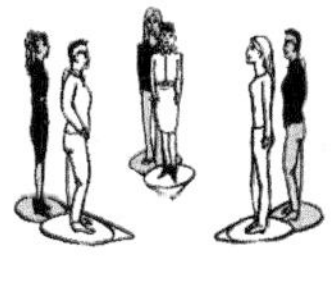	Elemente bilden ein (Sub-)System in Form eines instabilen Dreiecks mit unterschiedlichen Koalitionen	Die Verbundenheit der Elemente und die Bewertung der jeweiligen Qualitäten sind wechselhaft
	Elemente bilden ein (Sub-)System in Form eines gleichschenkligen Dreiecks	Die Elemente wollen unterschiedliche Interessen ausbalancieren
	Elemente bilden ein (Sub-)System in Form eines Dreiecks, in dem ein Element die Beobachterposition einnimmt	Die beiden anderen Elemente sind in der Lage, sich zu reflektieren
	Elemente bilden ein (Sub-)System in Form eines Rechtecks (oder eines Quadrats)	Für Platon („Über das Gute") symbolisiert das Rechteck (als ungleichmäßige Figur) die Irrationalität der (empirischen) Sinnenwelt. Das Quadrat als gleichmäßige Größe steht entsprechend für die absolute Wahrheit der Ideenwelt
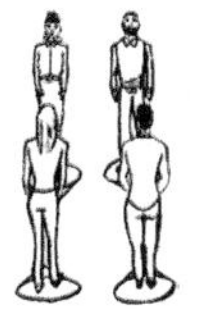	Elemente bilden ein (Sub-)System in Form eines „Goldenen Rechtecks" (Seitenverhältnis 1:1,6)	Nach platonischer Lesart illustriert ein Goldenes Rechteck den idealen Zustand zwischen realer Welt und potenziellen Alternativen. Aus einer systemtheoretischen Perspektive erkenne ich im „Goldenen Rechteck" den raumsprachlichen Ausdruck des „Sinns" eines Systems. Sinn ist nach Niklas Luhmann (1984) die Gesamtheit dessen, was in einem System möglich ist: die „Grundifferenz von Aktualität und Möglichkeitshorizont" (Luhmann 1984, S. 112) bzw. „laufendes Aktualisieren von Möglichkeiten" (ebd., S. 100)
	Die Elemente stehen auf einer Diagonalen eines Rechtecks	Eine Position auf den Diagonalen eines Rechtecks ermöglicht einem Element tiefe (Selbst-)Erkenntnis: Es kann sich selbst als Ganzes im Ganzen erkennen. Denn die Diagonale versinnbildlicht das Ganze; aus ihr ist (mathematisch) das komplette Rechteck rekonstruierbar

Tab. 2 Formenanalytische Auswertung von Schlüsselsequenzen der Aufstellung „Das innere Wesen des Marketing". (Eigene Darstellung)

Beziehungsstruktur	Positionierung zueinander	Kategorien der Beziehungsqualität
ETHOS & MARKETING FÜR NACHHALTIGKEIT	Die Blickrichtung beider Elemente ist (nicht ausschließlich, aber durchgehend) direkt aufeinander bezogen. MARKETING FÜR NACHHALTIGKEIT bezeichnet ETHOS anfänglich als seinen „Gegenpol"	Ambivalenz gegenüber ETHOS Insbesondere seitens MARKETING FÜR NACHHALTIGKEIT besteht anfänglich Misstrauen, von der Energie des ETHOS vereinnahmt zu werden
ETHOS & MARKETING	MARKETING bevorzugt eine seitliche Position zu ETHOS	Ausweichen MARKETING hat eine geringere Bereitschaft zur Reflexion als MARKETING FÜR NACHHALTIGKEIT
Dreieck aus ETHOS & MARKETING-Liaison	ETHOS bildet mit den beiden MARKETING-Elementen ein Dreieck, in dem ETHOS die Beobachterposition einnimmt. MARKETING steht an der linken Seite von MARKETING FÜR NACHHALTIGKEIT	Beobachterrolle von ETHOS; MARKETING-Liaison Die MARKETING-Liaison kann als das in Dreierbeziehungen typische Herstellen einer dualistischen Ich-Du-Perspektive interpretiert werden: als Koalition zum Schutz gegen die große Energie von ETHOS. (Der weitere Aufstellungsverlauf legt jedoch nahe, dass es tiefere systemimmanente Gründe für die Verbindung gibt)
GLAUBWÜRDIGKEIT im Dreieck mit ETHOS & MARKETING-Paar	Nachdem sich GLAUBWÜRDIGKEIT positioniert hat, verändert ETHOS seine Position so, dass zunächst ein gleichschenkliges Dreieck entsteht	Ausgleich GLAUBWÜRDIGKEIT wirkt sich aufs System harmonisierend aus
GLAUBWÜRDIGKEIT & ETHOS	GLAUBWÜRDIGKEIT positioniert sich links vom ETHOS	Ressource für ETHOS GLAUBWÜRDIGKEIT ist eine Ressource, die ETHOS auch in Anspruch nimmt

(Fortsetzung)

Tab. 2 (Fortsetzung)

Beziehungsstruktur	Positionierung zueinander	Kategorien der Beziehungsqualität
GLAUBWÜRDIGKEIT & MARKETING-Liaison	GLAUBWÜRDIGKEIT positioniert sich rechts der beiden MARKETING-Elemente	Orientierung gebende/noch zu erschließende Ressource GLAUBWÜRDIGKEIT ist eine Ressource, die sowohl MARKETING FÜR NACHHALTIGKEIT als auch MARKETING Orientierung bietet (bzw. von diesen noch zu erschließen ist)
Rechteck aus ETHOS & MARKETING FÜR NACHHALTIGKEIT sowie GLAUBWÜRDIGKEIT & MARKETING	MARKETING positioniert sich (auf Wunsch der anderen) gegenüber von GLAUBWÜRDIGKEIT. Dadurch entsteht ein „Goldenes Rechteck" (Seitenverhältnis 1:1,6) aus ETHOS, GLAUBWÜRDIGKEIT sowie den beiden MARKETING-Formen	Aktuelles/Mögliches; „Sinn" Der Wunsch von GLAUBWÜRDIGKEIT nach einem Gegenüber kann zunächst als Ausdruck ihres ausgleichenden Charakters interpretiert werden. Doch darüber hinaus interpretiere ich die Formation als raumsprachlichen Ausdruck von „Sinn" i.S. von Luhmann: die Gesamtheit dessen, was im (Marketing-)System *möglich* ist
Diagonale mit ETHOS & MARKETING FÜR NACHHALTIGKEIT sowie Diagonale mit GLAUBWÜRDIGKEIT & MARKETING	Auf den Diagonalen des Rechtecks stehen sich jeweils ETHOS & MARKETING FÜR NACHHALTIGKEIT sowie GLAUBWÜRDIGKEIT & MARKETING gegenüber	Reflexivität, Selbsterkenntnis Auf den Diagonalen finden die beiden MARKETING-Formen im jeweiligen Gegenüber ihre maßgebende Reflexionsinstanz
KUNDE	KUNDE positioniert sich zunächst rechts vom MARKETING FÜR NACHHALTIGKEIT Auf Wunsch von MARKETING FÜR NACHHALTIGKEIT wechselt der KUNDE an die linke Seite, woraufhin alle anderen Elemente mehrere kleine Schritte nach außen gehen	(Wissens-)Ressource; perspektiverweiternd Dem KUNDEN wird keine übergeordnete „Chef"-Funktion an der rechten Seite von MARKETING FÜR NACHHALTIGKEIT zugestanden. Dieses erkennt im KUNDEN jedoch eine Ressource, der bereitwillig auf die linke Seite wechselt. Diese gegenseitige Offenheit hat zur Folge, dass die anderen Elemente ihre Perspektive erweitern

wesentlich, empfänglich für neue Einsichten und Erkenntnisse zu bleiben. Die Aufstellungsmethode bietet dafür gute Voraussetzungen, denn sie schafft Raum für Irritationen. „Sich verwirrt zu fühlen, ist der Anfang des Wissens", wie Khalil Gibran (1883–1931) formulierte. Irritationen ermöglichen, ganz neue Zusammenhänge herzustellen: Andere Kontinuitäten, Anschlüsse und Bedingtheiten werden plötzlich sichtbar, denkbar – und damit vielleicht auch möglich.

5.1 Interpretation Phase 1

In Abb. 2 erkenne ich, dass sich das Ethos des Marketing-Systems durch eine große Stärke auszeichnet. Diese enorme Wirkkraft des Marketing kann sich hinsichtlich Nachhaltigkeit bzw. sozialökologische Transformationsprozesse ebenso stark unterstützend wie stark hinderlich auswirken. Deshalb, so meine Interpretation, zeigt *Marketing für Nachhaltigkeit* gegenüber dem *Ethos* eine große Ambivalenz. Damit wird deutlich, dass „Nachhaltigkeit" kein bloßes „Add-on" des herkömmlichen Marketing sein darf. Eine Vermengung von betriebswirtschaftlichen Zielen mit Nachhaltigkeit kann schnell zum sogenannten „Greenwashing" werden. Mit dem Begriff werden Marketingkampagnen bezeichnet, die einzelne Produkte, ganze Unternehmen oder politische Strategien als besonders umweltfreundlich, sozialverträglich, ethisch korrekt etc. darstellen. Alle Beteiligten – das Unternehmen, das Konzept „Nachhaltigkeit" sowie auch die Wirkkraft von Marketing insgesamt – würden so geschwächt.

Dennoch scheint in der Liaison von *Marketing* mit *Marketing für Nachhaltigkeit* ein (noch) verborgenes Potenzial zu liegen. So deutet die Positionierung von *Marketing für Nachhaltigkeit* an der rechten Seite von *Marketing* darauf hin, dass in einem Marketing mit Nachhaltigkeitsperspektive eine noch unerschlossene Ressource liegt. Unterstützt wird diese formenanalytische Lesart durch Wortaussagen. So nennt das *Ethos* das Gespann „ein hübsches Paar", obwohl *Ethos* selbst sich durch die Verbindung geschwächt fühlt. (Diese Einschätzung wird – in der zweiten Phase in Abb. 3 – von *Glaubwürdigkeit* unterstützt durch die Aussage, die beiden Marketingelemente ergänzten einander gut.)

These 1: Als Massenmedium prägt Marketing maßgeblich Bilder gesellschaftlicher Wirklichkeit. Die große Wirkkraft des Marketing ist dabei weder genuin negativ noch zerstörerisch. Dies gilt auch hinsichtlich sozialökologischer Transformationsprozesse. Allerdings birgt ein unreflektiertes Vorgehen seitens des Marketing die Gefahr, die Nachhaltigkeitsthematik inhaltlich zu verwässern (Stichwort: Greenwashing) und damit der Sache insgesamt zu schaden. Kurzum: „Nachhaltigkeit" darf kein bloßes „Add-on" des herkömmlichen Marketing sein.

5.2 Interpretation Phase 2

Diese Interpretation bezieht sich auf Abb. 3. *Glaubwürdigkeit* ist die essenzielle Ressource des Marketingsystems. Diese besondere Rolle zeigt sich sowohl in den Aussagen der Stellvertretenden („Ethos gibt mir das Gefühl, ich müsste es schützen") als auch in der Raumsprache: *Glaubwürdigkeit* ist in der Position links vom *Ethos* eine Ressource, die von *Ethos* angenommen wird. Unterstrichen wird diese Beobachtung durch die Formation eines „Goldenen Rechtecks", dem raumsprachlichen Ausdruck von „Sinn" (Luhmann 1984, S. 92 ff.) eines Systems. Glaubwürdigkeit hat demnach eine essenzielle Bedeutung für das Marketingsystem: Erst mit ihr zeigt sich der „Sinn" des Marketing: die Gesamtheit dessen, was in dem System möglich ist. Glaubwürdigkeit ist also weit mehr als ein normatives Postulat von Marketing, sondern hat die Qualität eines basalen Funktionsprinzips. Mit anderen Worten: Glaubwürdigkeit ist ein entscheidender Faktor dafür, ob Kommunikation beim Rezipienten ankommt oder nicht.

These 2: Die Kraftquelle des Marketing – das Ethos – wird durch Glaubwürdigkeit gespeist bzw. geschützt. Voraussetzung für eine zukunftsgerechte Ausdifferenzierung des Marketingsystems ist deshalb das Beachten der essenziellen Funktion von Glaubwürdigkeit.

Mit der Anwesenheit von *Glaubwürdigkeit* beginnen die Akteure, ihren systemischen Möglichkeitshorizont zu reflektieren. Die Rechteckformation ermöglicht den beiden Marketingelementen tiefe (Selbst-)Erkenntnis. Auf den Diagonalen finden sie im jeweiligen Gegenüber ihre maßgebende Reflexionsinstanz. So kann auf der einen Seite das betriebswirtschaftliche *Marketing* über die Auseinandersetzung mit der Instanz Glaubwürdigkeit eine Offenheit „für Neues" entwickeln. Auf der anderen Seite erkennt *Marketing für Nachhaltigkeit* im *Ethos* seine eigene, bisher verdeckte (oder versteckte) Identität und Stärke. In diesem Bild erkenne ich Hinweise auf anstehende Entwicklungsaufgaben bzw. wichtige Evaluierungsthemen im Marketing.

These 3: Ein essenzielles Evaluationsthema des herkömmlichen betriebswirtschaftlichen Marketing heißt Glaubwürdigkeit. Um wieder an Glaubwürdigkeit zu gewinnen, muss sich das betriebswirtschaftliche Marketing wieder öffnen für *tatsächlich* „Neues".

These 4: Eine zentrale Zukunftsaufgabe von Marketern liegt darin, das sozialökologische Wirkpotenzial ihrer Disziplin zu eruieren und ggf. entsprechende anschlussfähige Konzepte zu entwickeln. Wichtig ist zudem, dass Unternehmen (und Menschen), die sich – aus tiefster Überzeugung und innerster Quelle – für Nachhaltigkeitsziele einsetzen, ihr Misstrauen gegen „Marketing, Werbung und Reklame" überwinden und sich für die möglichen Chancen öffnen.

5.3 Interpretation Phase 3

Diese Interpretation bezieht sich auf Abb. 4. Im Wechsel des *Kunden* von der rechten zur linken Seite von *Marketing für Nachhaltigkeit* erkenne ich eine Allegorie des „crossing" (Spencer-Brown 1969, S. 1), das die Beobachtung der anderen Seite ermöglicht. Aus dieser systemtheoretischen Sicht wird der Kunde damit zum Beobachter zweiter Ordnung, der „blinde Flecken" aufdecken kann. Konkret interpretiere ich das Bild als Hinweis auf eine kollaborative Ökonomie; dem Wandel der Verbraucherrolle zum Prosumer bzw. der Weiterentwicklung des Marketingmix im Zuge der Digitalisierung, wie ihn z. B. Philip Kotler et al. beschreiben: In einer vernetzten Welt sollte „[d]er Marketingmix (die vier Ps) … umdefiniert werden in die vier Cs (Co-Creation, Currency, Communal Activation, Conversation)" (Kotler et al. 2017, S. 66).

These 5: Ein „anderes", zukunftsfähiges Marketing ist kollaborativ ausgerichtet. Letztlich geht es um ein Revitalisieren plus ein Transzendieren des paradigmatischen Kerns von Marketing: Kundenzentrierung. Dabei muss die „Customer Centricity", wie sie in Marketingtheorie und Praxis stets postuliert ist, auf eine qualitativ völlig neue Stufe gestellt werden. Zentrale Stichworte hierfür sind Prosuming, kollaborativer Konsum, Ko-Produktion.

Der *Kunde* bringt Bewegung ins System. Er ist jedoch keineswegs der „Chef" der anderen. In diesem Bild zeigt sich „Autopoiesis par excellence" (Luhmann 1984, S. 101): Das System wird nicht von außen gelenkt, sondern es organisiert sich selbst. Auf die veränderten Umweltanforderungen, die über Kunden übermittelt werden, reagiert das System – auf Initiative von *Marketing für Nachhaltigkeit* – selbstreferenziell, gemäß seinen eigenen Strukturen. Der klare Verweis des *Kunden* in die Mitte des Systems als Entstehungsort der neuen Aufgabe unterstreicht die Unterscheidung zwischen Selbstreferenz und Fremdreferenz allzu sinnbildlich: Außenwirkungen erscheinen als „Information, die den inneren Kontext verändert, ohne die Strukturgesetzlichkeit zu beseitigen, daß das System alles, was daraus folgt, mit sich selbst aushandeln muß" (Luhmann 1984, S. 103). Marketing zeigt sich als autopoietisches System: nicht autark, doch autonom.

These 6: Als autopoietisches System ist Marketing in seiner Zielsetzung autonom. Damit ist es grundsätzlich in der Lage, in (unternehmensinternen wie gesellschaftlichen) Transformationsdiskursen eigene, ganz spezifische Akzente zu setzen. Dies schließt die Möglichkeit ein, dass Marketing zukünftig einen anderen Zweck erfüllt als bisher.

Was mag dieser „andere Zweck" eines zukunftsfähigen Marketing sein? Diese Frage kann – so deute ich das Zurücktreten aller Akteure um einen Schritt – aus einem neuen, erweiterten Blickwinkel beantwortet werden: Die bisherige kurzfristige, vorrangig auf Gewinn fokussierte Sicht im Marketing transzendiert zu einer zeitlich und räumlich weiteren Perspektive. Mit dem *Kunden* an seiner (linken) Seite ist *Marketing für Nachhaltigkeit* zum anerkannten „Muttertier" avanciert, das einen anderen „Rahmen" für ein zukunftsfähiges Marketingsystem setzt bzw. vorgibt. Die basale Konzeptionsgrundlage von Marketing sind jetzt nicht mehr ausschließlich betriebswirtschaftliche Daten sondern zuvörderst gesamtgesellschaftliche Kennzahlen. Wird die bisherige „Marktorientierung" (Meffert et al. 2019) also neu gerahmt von einer „Ressourcenorientierung" (Müller-Christ 2014)? – Eine solche Interpretation sehe ich unterstützt durch die Aussage von Marketing „Der Kunde steht an meiner Stelle".

These 7: Ein anderes, zukunftsfähiges Marketing hat sich von den bisherigen, rein betriebswirtschaftlich ausgerichteten Zielkriterien emanzipiert und agiert aus einer erweiterten, ressourcenorientierten Perspektive: Gewinnabsichten rücken in den Hintergrund. Im Fokus stehen stattdessen das (Gemein-)Wohl und der Erhalt materieller als auch immaterieller Ressourcen.

Mit diesem neuen Mindset erscheint die „Janusköpfigkeit" des Marketing in einem neuen Licht. In der bisherigen Lesart (Raffée 1979) ist diese Bezeichnung eher negativ konnotiert und beschreibt die Zwiespältigkeit des Marketing, einerseits zum materiellen Wohlstand beizutragen und andererseits den Raubbau an Natur und Mensch zu forcieren. Im neuen Rahmen wird dieser Dualismus zu einem antagonistischen Prinzip, bei dem beide Seiten funktionell verknüpft sind und wirkungsvoll zusammenspielen. In diesem dritten Bild finde ich somit schlussendlich eine Erklärung für die irritierende Beobachtung aus Phase 1, dass *Ethos* die Liaison der beiden Marketingelemente grundsätzlich befürwortet.

These 8: Ein anderes, zukunftsorientiertes Marketingsystem funktioniert nach einem antagonistischen Wirkprinzip. Die (betriebswirtschaftlich-orientierte) Mikroebene bildet ein unabdingbares Gegenstück zu der (sozialökologisch-orientierten) Makroebene. Letztere übernimmt zwar die Führung und gibt den Rahmen vor; doch ohne betriebswirtschaftlichen Gegenspieler bleibt auch sie wirkungslos.

6 Schlussbetrachtung und Praxisreflektion

Die Forschung mittels Aufstellungen ermöglicht einen wesentlich direkteren Einblick in die Tiefe eines Systems als herkömmliche Methoden der Sozialforschung. Dafür ist die Aufstellung „Das innere Wesen des Marketing" ein anschauliches Beispiel. Statt als Fremdbild Dritter – z. B. via Interview – gezeichnet zu werden, hat sich das Marketingsystem – über die repräsentative Wahrnehmung der Stellvertretenden – *selbst* präsentiert.

In Aufstellungen wirkt ein Phänomen, das weit außerhalb des Alltagsverständnisses liegt, und gegenwärtig gibt es keine wissenschaftlich anerkannte Erklärung für die repräsentative Wahrnehmung. Gleichwohl können wir sie im Aufstellungssetting zuverlässig herbeiführen und als ein nützliches Forschungsinstrument erfahren. So kann die Methode den trans- bzw. interdisziplinären Austausch von Wissenschaftlern untereinander wie auch mit Praktikern erleichtern. Denn die transverbale Raumsprache wird von vielen Menschen sehr ähnlich verstanden, sodass Forschungspartner innerhalb kürzester Zeit in den Dialog einsteigen und über Fachgrenzen hinweg ihre unterschiedlichen Sichtweisen aufeinander beziehen können. Diese Erfahrung machte ich auch in den Experteninterviews, die ich leitfadengestützt entlang der obigen Strukturbilder geführt habe.

Die Gesprächspartner, die ich zu dieser Aufstellung interviewt habe, kommen aus der (Kommunikations-)Beratung und begleiten globalagierende Unternehmen in Transformationsprozessen. Die Experten irritierte das (Aufstellungs-)Bild, Marketing könne notwendige Transformationsprozesse in Unternehmen nicht nur mittragen, sondern auch pro-aktiv anstoßen. In der Praxis dominiere eindeutig die instrumentelle, verkaufs- und imagefördernde Funktion des Marketing. Einen *Mindshift* vollzögen Unternehmen nur – so die Erfahrung der Experten –, weil ein Wandel, z. B. auf dem Hintergrund von Digitalisierung und Globalisierung, wirtschaftlich notwendig sei. Der Auftrag ihrer Unternehmenskunden laute stets: „Wie bleibt unser Unternehmen dauerhaft am Markt?". Aus der hier beschriebenen Aufstellung ist nicht ablesbar, wie sich die sozialökologische Potenzialität von Marketing materialisieren ließe. Allerdings haben die Experten auf Grundlage der Raumbilder vielschichtige Perspektiven entwickelt. So kam im Verlauf des transdisziplinären Austauschs etwa der Gedanke auf, dass die Aufstellungsbilder doch gar nicht so weit von der Realität entfernt seien, wie zunächst angenommen: „Unter den Kunden, deren Innovationsprozesse ich begleite, gibt es ein Unternehmen, in dem die beiden Bereiche – Marketing und Nachhaltigkeit – anfangen, richtig gut zusammenzuarbeiten. Tatsächlich sehr ähnlich, wie in der Aufstellung zu beobachten war".

Die Aussage illustriert, warum Erkundungsaufstellungen samt ihren kraftvollen Raumbildern ein nützliches transdisziplinäres Instrument der transformativen Nachhaltigkeitsforschung sein können. Sie helfen, den Möglichkeitssinn zu entzünden: die Fähigkeit, „alles, was ebenso gut sein könnte, zu denken und das, was ist, nicht wichtiger zu nehmen als das, was nicht ist" (Simon und Weber 2009, S. 47 ff.).

Literatur

Beck DE, Cowan C (2005) Spiral dynamics: mastering values, leadership and change. Wiley, Hoboken

Borchardt-Ramonat M (2019) Nachhaltigkeitsorientiertes Management in Handwerksunternehmen – eine systemische Analyse mithilfe der Aufstellungsmethode. Reihe Nachhaltigkeit und Management . LIT, Münster

Buhr F (2017) Das Potenzial einer Work-Family-Balance für die Entwicklung von Unternehmen. Eine innovative Analyse mithilfe von Systemaufstellungen. Reihe: Nachhaltigkeit und Management. LIT, Münster

Bulling K (2019) The systems constellation as an instrument for change agents: a case study, general conceptual model and exploration of intervention effects. Reihe: Systemaufstellungen in Wissenschaft und Praxis . Springer, Wiesbaden

Corbin J, Strass AL (2015) Basics of qualitative research: techniques and procedures for developing grounded theory. Sage, Thousand Oaks

Daimler R (2008) Basics der Systemischen Strukturaufstellungen: Eine Anleitung für Einsteiger und Fortgeschrittene. Mit Beiträgen von Insa Sparrer und Matthias Varga von Kibéd, 4. Aufl. Kösel, München

Deimling D (2016) Sinnstrukturen und Muster nachhaltiger Unternehmen im Kontext der Wachstumskritik. Eine Untersuchung unter Einsatz einer Systemaufstellung. Reihe: Nachhaltigkeit und Management. LIT, Münster

Gadamer H-G (2002) Suchende sind wir im Grunde alle. Farkas-Zoltán Hajdú's Gespräch mit dem Heidelberger Philosophen. In: Aufklärung & Kritik 2/2002, S 141–149. www.gkpn.de/Resource-2471/gadamer.htm. Zugegriffen: 15. Juli 2020

Görnitz T, Görnitz B (2016) Von der Quantenphysik zum Bewusstsein. Kosmos, Geist und Materie. Springer, Heidelberg

Klein P, Limber-Strohmeier S (2012) Das Aufstellungsbuch: Familienaufstellung, Organisationsaufstellung und neueste Entwicklungen. Braumüller, Wien

Kotler P, Kartajaya H, Setiawan I (2017) Marketing 4.0: Der Leitfaden für das Marketing der Zukunft. Campus, Frankfurt a. M.

Locker M (Hrsg) (2018) Perlen der Aufstellungsarbeit. Tools für systemisch Praktizierende. Carl-Auer, Heidelberg

Luhmann N (1984) Soziale Systeme. Grundriß einer allgemeinen Theorie, 4. Aufl. Campus, Frankfurt a. M.

Mann F, Mann C (2017) Es werde Licht: Die Einheit von Geist und Materie in der Quantenphysik. Fischer, Frankfurt a. M.

Meffert H, Burmann C, Kirchgeorg M, Eisenbeiss M (2019) Marketing – Grundlagen marktorientierter Unternehmensführung. Springer, Wiesbaden

Müller-Christ G (2014) Nachhaltiges Management Einführung in Ressourcenorientierung und widersprüchliche Managementrationalitäten. UTB, Baden-Baden

Müller-Christ G (2016a) Systemaufstellungen als Instrument der qualitativen Sozialforschung. Vier, vielleicht neue Unterscheidungen aus der Sicht der Wissenschaft. In: Weber G, Rosselet C (Hrsg) Organisationsaufstellungen. Grundlagen, Settings, Anwendungsfelder (2. Aufl.). Carl-Auer, Heidelberg, S 72–93

Müller-Christ G (2016b) Wie kann das Neue anders in die Welt kommen? Systemaufstellungen in der universitären Lehre. In: Weber G, Rosselet C (Hrsg) Organisationsaufstellungen. Grundlagen, Settings, Anwendungsfelder, 2. Aufl. Carl-Auer, Heidelberg, S 285–299

Müller-Christ G (2016c) Der vertikale Gesundheitsraum von Systemen und seine Analyse mithilfe von Aufstellungen. In: Hänsel M, Kaz K (Hrsg) CSR und gesunde Führung. Springer, Heidelberg, S 247–264

Müller-Christ G, Pijetlovic D (2018) Komplexe Systeme lesen. Aufstellungen in Wissenschaft und Praxis. Springer, Heidelberg

Mussack E (2019) Systemischer Wandel in Expertenorganisationen. Beobachtungen am Beispiel Nachhaltigkeit in außeruniversitären Forschungseinrichtungen. Reihe: Nachhaltigkeit und Management. Universität Bremen, Münster

Nazarkiewicz K, Kuschik K (Hrsg) (2015) Handbuch Qualität in der Aufstellungsleitung. Vandenhoeck et Ruprecht, Göttingen

Polanyi M (1966, Neuauflage 2009) The Tacit Dimension. University of Chicago press, Chicago

Rafalski M (2018) Empfinden, Intuieren, Fühlen und Denken: Die vier psychischen Grundfunktionen in Psychotherapie und Individuation. Kohlhammer, Stuttgart

Raffée H (1979) Marketing und Umwelt. Gabler, Stuttgart

Rosselet C (2012) Andersherum zur Lösung. Die Organisationsaufstellung als Verfahren der intuitiven Entscheidungsfindung. Versus, Zürich

Scharmer C O (2008) Theory U: leading from the future as it emerges. Berrett-Koehler, Oakland

Scharmer O, Käufer K (2014) Von der Zukunft her führen. Theorie U in der Praxis. Carl-Auer, Heidelberg

Schlötter P (2005) Vertraute Sprache und ihre Entdeckung. Systemaufstellungen sind kein Zufallsprodukt – der empirische Nachweis. Carl-Auer, Heidelberg

Schmidt S J (1991) Werbewirtschaft als soziales System. In: DFG-Sonderforschungsbereich 240 (Hrsg) Ästhetik, Pragmatik und Geschichte der Bildschirmmedien. Schwerpunkt: Fernsehen in der Bundesrepublik Deutschland, Arbeitshefte Bildschirmmedien, Nr. 27

Scholtz A (2015) Das Potenzial der Fleischwirtschaft für Nachhaltigkeit. Eine Beziehungsanalyse mithilfe von Systemaufstellungen. Reihe: Nachhaltigkeit und Management. LIT, Münster

Simon FB, Weber G (2009) Vom Navigieren beim Driften: Post aus der Werkstatt der systemischen Therapie. Carl-Auer, Heidelberg

Spencer-Brown G (1969/1997) Laws of Form – Gesetze der Form. Übersetzung von Thomas Wolf. Bohmeier, Leipzig

Varga von Kibéd M (2005) Ein Metakommentar. In: Simon FB, Schmidt G, Weber G (Hrsg) Aufstellungsarbeit revisited ... nach Hellinger? Mit einem Metakommentar von Matthias Varga von Kibéd, Carl-Auer, Heidelberg, S 200–250

Varga von Kibéd M, Sparrer I (2016) Ganz im Gegenteil. Tetralemmaarbeit und andere Grundformen systemischer Strukturaufstellungen, 9. Aufl. Carl-Auer, Heidelberg

Weber A. (2018) Indigenialität. Springer, Berlin

Weber G, Rosselet C (Hrsg) (2016) Organisationsaufstellungen: Grundlagen, Settings, Anwendungsfelder, 2. Aufl. Carl-Auer, Heidelberg

Woithe A (2018) Transformationspotenziale der Textil- und Bekleidungsindustrie innerhalb einer Ressourcenbetrachtung. Eine Anwendung von Systemaufstellungen für die Forschung im Entdeckungszusammenhang. Reihe: Nachhaltigkeit und Management. LIT, Münster

Ina Rieck arbeitet als PR-Beraterin in Berlin [Marketing anders denken; www.inarieck.de]. Sie hat Politologie, Wirtschaft, Philosophie und Pädagogik studiert. Nach dem Studium folgten zunächst verschiedene Stationen im Eventmanagement und als PR-und Pressereferentin auf Agentur- und Unternehmensseite sowie in Projekten im Auftrag von Ministerien auf Bundes- und Länderebene in Hannover, Hamburg sowie Kairo. Aktuell promoviert sie an der Universität Bremen, Fachbereich Nachhaltiges Management. Ihr Forschungsthema ist das Potenzial von Marketing für sozialökologische Transformationsprozesse. In ihrer Arbeit nutzt sie die sehr inspirierende und wirkungsvolle Methode der Systemaufstellungen.

Transfer oder Dialog in der Lehramtsausbildung? Gestaltung der Schnittstelle im Forschungs-Labor-Kusntakademie-Gymnasien

Annette Hermann, Magdalena Eckes und Claudia Bahmer

1 Einleitung

Im Lehramtsstudium kommen Akteure aus Hochschule und Gesellschaft zusammen. Dabei liegt es nahe, diese Schnittstelle als eine des Transfers von Hochschule zu Schule zu verstehen, ein Konzept, das sich – wie wir in diesem Artikel zeigen möchten – theoretisch infrage stellen lässt. Wie diese Schnittstelle anders verstanden werden kann, wollen wir am Beispiel FLAG (Forschungs-Labor-Kusntakademie-Gymnasien) an der Staatlichen Akademie der Bildenden Künste Stuttgart diskutieren. Das Projekt FLAG ist zwischen einer lehramtsausbildenden Kunstakademie und gymnasialen Partnerschulen angesiedelt und versteht sich als Austauschraum aller Akteure der kunstpädagogischen Lehrerbildung: Hochschuldozenten, Lehramtsstudenten, Kunstlehrer und (indirekt auch) Schüler stehen darin in einem breit angelegten und offenen Austausch über individuelle Fragestellungen rund um schulische Praxis. Ziel des schwerpunktmäßig forschungsorientierten Praxiszugangs ist die Sensibilisierung angehender Kunstlehrer für eine reflexive Haltung gegenüber Schule, Unterricht und eigener Lehrerrolle, und zwar unter Einbezug aller an der Ausbildung beteiligten Akteure. Es sind diese Akteure, die gemeinsam die Schnittstelle, den virtuellen und realen Raum zwischen Schule und

A. Hermann (✉) · M. Eckes · C. Bahmer
Stuttgart, Deutschland
E-Mail: annette.hermann@uni-siegen.de

M. Eckes
E-Mail: magdalena.eckes@abk-stuttgart.de

C. Bahmer
E-Mail: claudiabahmer@aol.com

A. Boos et al. (Hrsg.), *CSR und Hochschullehre,* Management-Reihe Corporate Social Responsibility, https://doi.org/10.1007/978-3-662-62679-5_16

Hochschule, gestalten und bestimmen. Mit ihrer individuellen Sicht, die in diesem Artikel von Hochschullehrern, Lehramtsstudenten und Kunstlehrern formuliert wird, sind sie nicht nur passive Teilnehmer (als Punkte in einem zuvor durch die Hochschule gegebenen Rahmen), sondern legen aktiv fest, wie sich der Austauschraum bildet und entwickelt.

2 Transfer oder Dialog?

In einem klassischen Verständnis von Transfer wäre es die Aufgabe einer lehramtsausbildenden Kunstakademie, Theorien und Erkenntnisse bereitzuhalten, die in der Schule zur praktischen Anwendung kommen. Dieser Transfer gestaltet sich jedoch in dem Moment, wo es nicht um die Umsetzung von Theorie in Technologie geht, sondern um einen Austausch zwischen lernenden und lehrenden Individuen, so komplex, dass er nicht als eine einfache Übertragung gedacht werden kann, denn:

> Lernen ist nicht von außen zu determinieren, es besteht auch nicht in der ‚Verarbeitung' von Informationen oder Wissenselementen, die – von außen bereitgehalten – dann aktiv ‚hineingenommen' werden (Terhart 1999, S. 637).

Wenn wir betrachten, inwieweit eine Kunsthochschule ihrer Rolle an der Schnittstelle zwischen Hochschule und Schule gerecht werden kann, bekommt die gedachte Struktur dieser Schnittstelle eine besondere Bedeutung. Der Begriff Transfer legt zunächst eine relativ klassische unidirektionale Kommunikation entsprechend des technischen Modells von Shannon und Weaver (1964) nahe, in dem es vor allem gilt, das Rauschen und damit den Informationsverlust zwischen Sender und Empfänger zu minimieren. Damit gehen die Vorstellungen einher, dass die Information durch den Empfänger selbst nicht verändert wird und dass das Wissen auf einer Seite – in unserem Fall bei der Hochschule – zu verorten ist. Beide Vorstellungen entsprechen nicht der tatsächlichen Komplexität dieser Schnittstelle. So ist einerseits auch ohne radikal-konstruktivistische Thesen offensichtlich, dass Menschen (Empfänger) keine trivialen Maschinen sind (vgl. z. B. Foerster 2014/EA 1985), die Informationen entsprechend einfacher Zuordnungen verarbeiten, sondern bei denen jeweils auch ihre eigenen Zustände (Interessen, Erkenntnisse, Ausgangslagen) eine Rolle spielen. Andererseits liegt nicht zuletzt deshalb wesentliches Wissen auf der Seite der gedachten Empfänger, hier: der Schule. Hinzu kommt, dass die Schnittstelle nicht nur von zwei Institutionen (Hochschule, Schule) begründet wird, sondern von den jeweiligen Individuen, die Teil dieser Institutionen sind.

Wissenstransfer kann damit nicht als ein unidirektionaler Transport einer Entität (Wissen) von A (Ort, Person) nach B (Ort, Person) entsprechend des einfachen Kommunikationsmodells von Shannon und Weaver verstanden werden. Sobald wir ein komplexeres Kommunikationsmodell zugrunde legen – und das muss kein radikalkonstruktivistisches sein, es reicht eines, das den Empfänger mit seinen Interessen und seinem Vorwissen nicht als leeres, defizitäres Gefäß versteht – wird nicht die Frage nach den geeigneten Inhalten und Medien des Transfers zentral, sondern die Suche nach einem gemeinsamen Dialog (vgl. Spitzmüller 2011). Die Schnittstelle zwischen lehramtsausbildender Kunsthochschule und Schule sollte also in Form eines Dialogs gestaltet sein.

3 Strukturelle und personelle Ausgangslage von FLAG

Die prädestinierte Schnittstelle für einen Austausch zwischen Schule und Hochschule ist in Baden-Württemberg schon lange durch das Schulpraxissemester gegeben. Leider ist diese strukturell so angelegt, dass die eigentliche Betreuung während der Praxisphasen ausschließlich durch die Seminare für Didaktik und Lehrerbildung sowie die Ausbildungsgymnasien erfolgt. Durch den fehlenden direkten Kontakt von Hochschule und Schule war die Schnittstelle vor Beginn des Projekts FLAG im Jahr 2016 durch eine kommunikative Leerstelle geprägt (Hermann und Bader 2018). Abb. 1 visualisiert die strukturelle Ausgangslage: Die beiderseits verschlossenen Türen stehen für einen doppelten Ausschluss – Lehramtsstudenten wurden während schulischer Praxisphasen in der Vergangenheit ausschließlich von den Seminaren für Didaktik und Lehrerbildung sowie den Schulmentoren der Ausbildungsschulen betreut; Hochschuldozenten verblieb lediglich die Aufgabe der Vor- und Nachbearbeitung des Schulpraxissemesters. Auf der anderen Seite fanden wissenschaftliche Veröffentlichungen oder die Kommunikation mit Bildungspolitik weitgehend ohne Praxisvertreter statt und ein direkter Austausch von Experten- und Praktikerwissen fehlte.

Neben der Überwindung dieser strukturellen Lücke sind weitere Erfordernisse auf personeller Ebene zu benennen. Forschungsbefunde einer längsschnittlichen empirischen Untersuchung über Professionalisierungsverläufe von Lehramtsstudenten der Bildenden Kunst an Baden-Württembergischen Kunstakademien (Bader und Hermann 2017; Hermann und Bader 2018) verweisen auf individuelle berufsbiografische Orientierungen von Lehramtsstudenten der Bildenden Kunst und den Bedarf individuell zu bearbeitender

Abb. 1 Ausgangslage

Entwicklungsaufgaben (auch) im Rahmen von Praxisphasen. Darüber hinaus erfordern diverse Studien- und Berufswahlmotivationen und berufsbezogene Überzeugungen eine auf die Einzelne und den Einzelnen bezogene Laufbahnreflexion. Und schließlich bedarf die kunstakademische Lehrerbildung einer besonderen Form der Anbindung an die schulisch-pädagogische Unterrichtspraxis. Die kunstakademische Professionalisierungsstrategie der ‚Entwicklung einer eigenständigen freien künstlerischen Arbeit' ist mit einer ausgeprägten künstlerisch-fachlichen Interessenorientierung von Lehramtsstudenten der Bildenden Kunst verbunden. Strukturell und personell ist ein individueller Dialograum an der Schnittstelle von Fachstudium und schulischen Praxisphasen zu gestalten.

4 Third Spaces als Dialograum

Als Dialograum schiebt sich ein dritter, durchlässiger Raum in die Lücke zwischen Hochschule und Gesellschaft: der sogenannte *Third Space* (Bader und Hermann 2019, s. auch Abb. 2). Der Aufbau hybrider Räume löst die Aufspaltung in eine akademische und eine praktische Ausbildung auf. Fragen der Lehrerbildung und der Lehrtätigkeit werden darin gemeinsam aufgenommen und aus verschiedenen Positionen beleuchtet. Diese Umgebung soll eine forschend-reflexive Haltung von Lehramtsstudenten anregen:

> First, creating a supportive environment in which a supporting research culture is created, where institutional expectations and requirements are explicit, where time, information and support are offered, and cooperation is encouraged. Second, it appears that reporting on one's own research, making it public and receiving forms of remunaration encourages a teacher educator's professional development in the researcher role (Griffiths et al. 2010, zitiert in Dengerink et al. 2015, S. 338).

Vor diesem Hintergrund stellt die Etablierung eines Raums (auch als Ort gedacht) für die Aktivitäten einer *Inquiry Community* eine bedeutsame Maßnahme auf dem Weg zu einer nachhaltigen Praxisforschungskultur dar (Bader und Hermann 2019). Als Dialogmedium

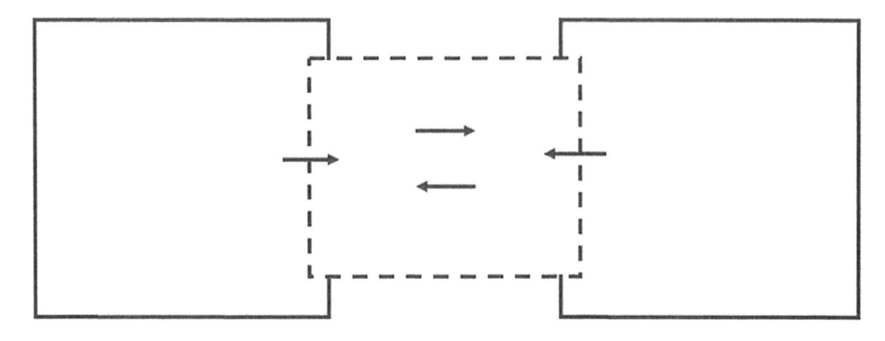

Abb. 2 Third Space

ist ein reales, physisches Zusammenkommen der Akteure aus Hochschule und Schule zu benennen. Durch das Treffen, den Austausch und die gemeinsame Forschung der Akteure schließt sich die Lücke zwischen Hochschule und Gesellschaft.

5 Inhalte des Dialogs

Der Dialog zwischen Praktikern, Studenten und Dozenten beinhaltet im Rahmen von FLAG folglich 1) eine individuelle Standortreflexion über eigene berufsbezogene Überzeugungen, 2) eine Laufbahnreflexion über eigene Interessen und Motive zur Wahl des Lehrberufs, 3) eine Anbindung des künstlerischen Werkprozesses an unterrichtliche Lehrpraxis sowie 4) Praxisforschung zur Sensibilisierung einer reflexiven Grundhaltung gegenüber dem Praxisfeld (Altrichter und Posch 2007). *Ich mache, also kann ich* wird abgelöst durch die Haltung *ich reflektiere, also verstehe ich und entwickle mich weiter.* Inwiefern nun von einem gelingenden Dialog zwischen den wissenschaftlichen Erkenntnissen von Hochschuldozenten und den Erkenntnissen von Lehrern und Lehramtsstudenten gesprochen werden kann, soll nun im folgenden Abschnitt gezeigt werden. Diese wird aus Sicht der jeweiligen Akteure selbst dargestellt.

5.1 „[…] dass es auch eine Utopie geben kann"

In begleitenden Einzelinterviews mit Lehramtsstudenten wurde der Frage nachgegangen, inwiefern durch das Seminarsetting von FLAG ein Transfer im Sinne eines fruchtbaren Dialogs an der Schnittstelle von Hochschule und Schule angeregt wird. Der Befragung lag die Annahme zugrunde, dass die offene Struktur des FLAG-Seminars die Entwicklung, Bearbeitung und Reflexion individueller Fragestellungen begünstigt und das Setting sowohl bei den teilnehmenden Gymnasiallehrern als auch bei den Studenten eine Reflexion über und Veränderung von subjektiven Theorien über Kunstunterricht und Lehrerrolle auslösen kann. Im Rahmen dieser Evaluation wurden vier narrative Einzelinterviews mit Lehramtsstudenten der Bildenden Kunst jeweils vor und direkt im Anschluss an das absolvierte FLAG-Seminar geführt. Damit wurde das Ziel verfolgt, den stattfindenden Dialog im Rahmen von FLAG aus der Perspektive der beteiligten Lehramtsstudenten der Bildenden Kunst triangulierend in die Erkenntnisse aller Akteure mit einzubinden. Der Fokus lag dabei auf prägnanten Veränderungen, die in den Erzählungen der Studenten vor und nach dem Seminar sichtbar werden. Es zeigen sich diverse Perspektivenerweiterungen hinsichtlich Kunstunterricht und Selbstverständnis als zukünftige Kunstlehrer. Ausgelöst durch theoretische Reflexionen über kunstpädagogische Unterrichtskonzepte sowie reflektierte Praxiserfahrungen zeigen sich Veränderungen, die individuell auf unterschiedlichen thematischen Ebenen von den Studenten selbst benannt wurden.

Die Studentin Laura Kuhn beschreibt veränderte Fragestellungen und ein erweitertes gedankliches Spektrum über den Lehrberuf. Sie verknüpft die eigene künstlerische Arbeit im Rahmen ihres Fachstudiums (Theorie) mit Tätigkeiten des Vermittelns von Kunst (Praxis):

> Dass man sich solche Gedanken macht, das kam jetzt irgendwie neu dazu und JA auch für meine eigene Arbeit, [...] dieses Zwischenspiel mit: Was vermittle ich als Lehrer[in]? Und inwieweit tut das, was du irgendwie ZEIGST oder womit du dich gerade auch als Lehrer[in] natürlich beschäftigst, in deine EIGENE Arbeit auch mit einfließen (S1_t2 Z.53–57).

Im Dialog treten bislang implizite Aspekte ins Bewusstsein, die nun als Voraussetzung für die Lehrtätigkeit erkannt werden: Was möchte ich in meiner Rolle als Lehrerin ausstrahlen, mit welchem Rollenverständnis und welcher Haltung möchte ich den Schülern begegnen? Wo verorte ich mich im Feld kunstpädagogischer Konzepte und inwiefern kann sich dies auf das Arbeitsklima innerhalb einer Klasse positiv auswirken?

> [...] Mittlerweile denke ich mir halt, ok, bevor ich mich frage, wie baue ich einen Kunstunterricht auf, sollte ich vielleicht erstmal überlegen, was für einen Kunstunterricht möchte ich überhaupt machen? [...] Wie soll die Arbeitshaltung meiner Klasse sein, was möchte ICH eigentlich ausstrahlen und wenn man das verortet hat, kann man [...] glaube ich [...] rangehen und sagen, ok, WIE kriege ich das hin durch welches Unterrichtskonzept. Aber ich finde, der Schritt davor, der ist dann schon wichtig, bevor man wild irgendwelche Unterrichtskonzepte aufbaut, dass man sich erstmal überlegt, ok, was will ich überhaupt erreichen? (S1_t2 Z. 316–324).

Verinnerlichte subjektive Deutungen eigener berufsbiografischer Erfahrungen werden bei dem Studenten Axel Wolf explizit und hinterfragbar. Auf die Frage nach seinen Vorstellungen über guten Kunstunterricht beschreibt der Student seine früh erworbene Überzeugung, sein ehemals wenig vorbildhaft erlebter Kunstlehrer sei zentraler Motor für ihn gewesen, selbstständig und außerhalb des Unterrichts künstlerisch zu arbeiten.

> [...] Inzwischen glaube ich, dass der Kunstunterricht gar nicht so schlecht war wie ich dachte, weil ich ging dann auch kurzzeitig davon aus, [...] dass der Kunstunterricht schlecht sei und deswegen wäre ich auf die Idee gekommen (...) irgendwie zuhause [...] zu schaffen und dann habe ich [...] gemerkt, dass da so sehr konstant eigentlich was passiert ist. Also ich hab immer irgendwas zuhause gemacht so gezeichnet, gebastelt ähm gemalt und das ist gar nicht abgebrochen. [...]. [Es] ist [...] eigentlich Quatsch gewesen, mit der Annahme. Das war glaube ich auch wichtig, das [...] so am Anfang zu machen, diese [Reflexion] [...] Ich glaube sie war wichtiger tatsächlich als meine Umfrage bei den Schülern (S2_t2; Z.417–433).

Es zeigt sich, dass durch den Dialog im Rahmen des FLAG-Seminars verinnerlichte implizite Denkhaltungen explizit und hinterfragbar bzw. weiterentwickelbar werden.

Die Studentin Martina Schäfer hat sich noch nicht endgültig für den Beruf Kunstlehrer*in entschieden: „[...] Dann habe ich mir (.) wieder so Fragen gestellt so (.), ja soll ich überhaupt Lehramt machen?" (S3_t2; Z. 86–87). Der Dialog setzt bei ihr vor dem Hintergrund der offenen Laufbahnentscheidung weniger an berufspraktischen Fragestellungen des Unterrichtens an. Vielmehr zeigt sich eine Öffnung ihrer Interessenorientierung hin zu forschend-reflexiven Tätigkeiten:

> [...] Aber ich glaube, dass ich allgemein fast mehr Lust auf Forschung (...) bekommen habe, (...) weil es schon spannend (...) war. Ähm (...) ja (...) und ich gerade auch irgendwie an der Uni, ich hab das Gefühl, seitdem ich hier [im Rahmen von FLAG] die Forschung gemacht habe (...) vielleicht ist es auch einfach so, sobald man das einmal auf dem Schirm hat, guckt man da überall mehr hin (S3_t2; Z.690–724).

Der Dialog im Rahmen des Seminars steht offenkundig in einer Wechselbeziehung zu individuellen berufsbiografischen Entwicklungsphasen (z. B. Laufbahnentscheidung/ Berufswahlsicherheit).

Das an Lehrern der eigenen Schulzeit orientierte Selbstverständnis der Studentin Franziska Peters als zukünftige Kunstlehrerin wird im FLAG-Seminar zunehmend fluid und weiter entwickelbar:

> Genau, und das war so voll interessant, [...] weil davor war immer so [...] die Vorstellung auch von sich als Lehrer[in] so FIX. Bisschen ähnlich wie die Lehrer, die man schon hatte, aber, dass hat einem so, bisschen auch durch die Gespräche [mit den Dozenten] so auch ähm die haben einen darin BESTÄRKT, so ja, dass es auch eine Utopie geben kann und dass man die vielleicht auch ausleben kann und gar nicht so weiter machen muss wie alle Lehrer[innen] so bisher und das fand ich eigentlich ne coole ähm Bestärkung, die mir so wieder ein bis/also noch mehr mit Motivation gegeben hat, da vielleicht auch was so dran zu ÄNDERN und nicht ähm irgendwie, wie man es immer hatte, so Apfel abzeichnen Schattenwurf und so weiter (S4_t2; Z.127–136).

Die Studentin befreit sich von einer bloßen Übernahme selbst erfahrenen Unterrichts. Durch die Entfaltung gedanklicher Utopien über guten Unterricht gelingt es ihr, bislang unhinterfragte Erfahrungen durch visionierte Idealvorstellungen zu ersetzen und eigene Zielvorstellungen zu formulieren.

In der Studie zeigt sich, dass der Dialog im Rahmen von FLAG an momentane individuelle berufsbiografische Relevanzen der einzelnen Studenten gebunden ist. Die Themen der Auseinandersetzung hängen von individuellen berufsbiografischen Entwicklungen wie z. B. der Berufswahlsicherheit ab (Laufbahnentscheidung). Der Austausch führt in allen vier Fällen zu erkennbaren Perspektivenerweiterungen. Diese sind relevant für die Entwicklung von Professionalität, aber auf je verschiedenen thematischen Ebenen bzw. professionalisierungsrelevanten Dimensionen angesiedelt. Daraus lässt sich schließen, dass der Dialog inhaltlich möglichst offen gehalten werden sollte, um individuelle Relevanzsetzungen im Professionalisierungsprozess Lehramtsstudierender der Bildenden Kunst zu ermöglichen.

Neben diesem Einblick in die Perspektiven von Lehramtsstudierenden kommt nun eine weitere Akteurin des Trialogs im Rahmen von FLAG zu Wort.

6 Ein sich weit öffnender Möglichkeitsraum

Aus der Perspektive der Kunstlehrer, die am FLAG-Seminar teilnahmen, ergeben sich mehrere, teils überraschende Beobachtungen: In Zusammenarbeit mit Studierenden der Kunstakademie wurden auf Basis individueller Fragestellungen sogenannte Forschungsminiaturen konzipiert und an den Schulen teils als Unterrichtsprojekte durchgeführt und anschließend ausgewertet. Darin wurden wir u. a. dazu angeregt, eigene didaktische Schwerpunktsetzungen neu zu hinterfragen.

Von entscheidender Bedeutung für diesen Prozess erwies sich nicht zuletzt die Zusammensetzung der Forschungsteams selbst: Je nachdem, ob Studierende und Lehrer ihre Forschungsarbeiten in intergenerationalen Teams durchführten oder ob sich deren Zusammenarbeit vor allem auf ein gemeinsames Betrachten der Arbeitsergebnisse bezog, zeigte sich, dass Unterrichtende und Studierende mitunter sehr verschiedene Ansätze in Konzeption und Durchführung der Miniaturen verfolgten. Für viele Studierende, die noch keine oder erst sehr wenig Unterrichtspraxis hatten, standen oft umfassende, grundsätzliche Fragestellungen zur Standortbestimmung des Faches selbst („Was ist Kunst?"/„Wozu Kunstunterricht?") im Vordergrund, während für die teils schon viele Jahre im Beruf stehenden Kunstlehrer wiederum Fragen zur Konzeption und Durchführung des eigenen Unterrichtes wichtig waren. Selbst bei der Überschneidung von Erkenntnisinteressen („Welche Rolle spielt die Betrachtung von Kunst für die eigene künstlerische Erfindung?") mussten intergenerationale Teams somit oft flexibler in der Planung ihrer jeweiligen Forschungsminiaturen sein als homogene Gruppen aus ausschließlich Studierenden oder Unterrichtenden.

Damit stellt sich die Frage nach den Erkenntnisinteressen der jeweiligen Forschungsgruppen und nach der Rolle der Teilnehmer innerhalb des Forschungsprozesses selbst – hierzu sei verwiesen auf die vormals angeführten Interviews mit den Studierenden selbst. Wenn viele Studierende nach einer individuellen Standortbestimmung im Wechselspiel von Kunstproduktion und Kunstvermittlung suchen, ist es für sie wichtig, eine Fragestellung zu entwickeln, die ihre derzeitigen Interessensschwerpunkte mit den Erwartungen an die spätere Tätigkeit verknüpfen kann. Dabei können die Unterrichtenden sie unterstützen, indem sie ihnen die Möglichkeit geben, ihren Fragen als Beobachtende oder als selbst Unterrichtende an den Schulen nachzugehen – je nach Forschungsinteresse können die Studierenden im Unterricht hospitieren oder einen eigenen Lernprozess entwickeln.

Der daraus entstehende Dialog zwischen Studierenden und Unterrichtenden gibt dabei beiden Seiten die Gelegenheit, die eigenen Vorstellungen von Kunstunterricht kritisch zu überprüfen. Doch kann auf diese Weise nicht allein das Lehramtsstudium der Bildenden Kunst enger an die schulische Unterrichtspraxis angebunden werden – auch der umgekehrte Fall trifft zu: Aus dem Austausch mit den Studierenden und ihren Fragestellungen erwächst für Lehrer ein wertvoller Anstoß zur Reflexion der eigenen Lehrtätigkeit und ihrer konzeptuellen Basis sowie ein wertneutraler Blick auf Unterricht als sich weit öffnender Möglichkeitsraum, der sich auch mit fortschreitender Lehrerfahrung nicht schließt. Eingang in diesen Möglichkeitsraum findet nicht zuletzt auch die vierte Gruppe der an der Forschungsminiatur Mitwirkenden: die Schüler selbst.

Ihre aktive Einbindung in einen als solchen transparent gemachten Forschungsprozess vermittelt auch den Schülern einen neuen Blick auf die eigenen Gestaltungsprozesse. Sie erfahren, dass nicht nur die Ergebnisse, sondern schon die Entstehung ihrer künstlerischen Arbeit selbst Bestandteil einer differenzierten Betrachtung werden kann. Motivierend wirkt hier nicht zuletzt die Tatsache, dass jeder Schritt des beobachteten gestalterischen Tuns als Teil eines umfassenden Erkenntnisprozesses gewertet werden kann. Hierdurch fühlen sich alle Teilnehmer ernst genommen und gehen teilweise weit über ihr bislang geäußertes Engagement im Schaffensprozess hinaus. Sie trauen sich, eigene Wege zu beschreiten und gelangen so zu einer im eigentlichen Sinne selbstständigen gestalterischen Erfindung. Zugleich erleben sie ihre Lehrer als Fragende, die nicht vorrangig das Ergebnis eines Arbeitsprozesses, sondern den Prozess selbst als Grundbedingung für die eigene Lehrtätigkeit begreifen. Dadurch, dass die Schüler die Lehrpersonen in dieser Weise wahrnehmen, gelingt es ihnen auch selbst, die eigene Tätigkeit einer permanenten Hinterfragung auszusetzen und somit zu einem für sie relevanten Arbeitsergebnis zu finden, das sich zwar an äußeren Zielsetzungen orientieren mag, sich zugleich aber auch davon emanzipieren kann.

Die Einbindung in eine FLAG-Forschungsminiatur durchbricht hier also eine für viele Schüler im Laufe ihres Schullebens zur Selbstverständlichkeit gewordene Ergebnisfixierung und stärkt zugleich eine im Kunstunterricht unerlässliche Rückbindung an den Arbeitsprozess selbst.

7 Fazit

Anhand von FLAG haben wir eine Möglichkeit vorgestellt, wie eine lehramtsausbildende Kunsthochschule in trialogischer Form ihrer Aufgabe an der Schnittstelle zur Gesellschaft gerecht werden kann. In unserem Beitrag haben wir gezeigt, dass das Sender-Empfänger-Modell den Austausch im Rahmen von FLAG nicht in adäquater Weise abbilden kann. Schule kann nicht defizitär betrachtet werden als Empfängerin, deren Vakuum nach Belieben mit Wissen zu befüllen ist. Im Zentrum steht ein dreifacher Dialog, in den sich die Akteure mit ihren eigenen Bedürfnissen und praktischen Erfahrungen aus der Vermittlungsarbeit einbringen. Durch die Verknüpfung der forschungsorientierten fachdidaktischen und bildungswissenschaftlichen Aus- und Weiterbildung im künstlerischen Lehramt wird eine Verschränkung von Theorie und Praxis ermöglicht. Kunstpädagogische Professionalisierungsprozesse einzelner Subjekte werden in einem Seminar-Setting von größtmöglicher Offenheit hinsichtlich individueller Fragestellungen an Praxis und Themen rund um Praxis angestrebt. Transfer zwischen Hochschule und Schule ist folglich eine Frage des Dialogs zwischen (angehenden) Kunstpädagogen und dem weiteren Dialog in und mit Schule.

Das Vermitteln zwischen Expertenwissen (Hochschule) und Orientierungswissen (Gesellschaft) stellt sich in der Lehrerbildung als adäquat heraus. Es kann davon ausgegangen werden, dass die Spiegelung beider Perspektiven auch in anderen Bereichen relevant sein dürfte. Zum Abschluss dieses Beitrags sei noch angemerkt, dass der dreifache Dialog (hier: Trialog) auch auf Basis des Artikels selbst bemüht wurde, indem alle beteiligten Akteure mit ihrer eigenen Sicht auf die Schnittstelle von Hochschule und Gesellschaft zu Wort gekommen sind.

Literatur

Altrichter H, Posch P (2007) Lehrerinnen und Lehrer erforschen ihren Unterricht. Klinkhardt, Bad Heilbrunn

Bader B, Hermann A (2017) Kunstpädagogische Selbstkonzepte. In: Burkhardt S, Newid M (Hrsg) 1–13 Kunstpädagogische Begriffe. Hochschulverlag Burg Giebichenstein Kunsthochschule Halle, S 24–34

Bader B, Hermann A (2019) Das Forschungs-Labor-Kunstakademie-Gymnasien FLAG. In: Kunz R, Peters M (Hrsg) Der professionalisierte Blick. Forschen im Lehramtsstudium der Kunstpädagogik. Kopäd, München, S 288–303

Dengerink J, Lunenberg M, Korthagen F (2015) The professional teacher educator: six roles (Berufsbild „Lehrerbildnerin/Lehrerbildner“: Sechs Rollen). Beiträge zur Lehrerinnen- und Lehrerbildung 33(3):334–344

Foerster H v (2014, EA 1985) Entdecken oder Erfinden. Wie lässt sich Verstehen verstehen? In: Gumin H, Mohler A (Hrsg) Einführung in den Konstruktivismus. Piper, München, S 41–88

Griffiths V, Thompson S, Hryniewicz L (2010) Developing a research profile: mentoring and support for teacher educators. Prof Dev Educ 36(1–2):74–90

Hermann A, Bader B (2018) Profile der Berufswahlmotivation Gymnasiallehramtsstudierender der Bildenden Kunst. Zwischenbefunde einer empirischen Längsschnittstudie über kunstpädagogische Entwicklungsprofile unter Einfluss des Schulpraxissemesters. In: Biederbeck I, Rothland M (Hrsg) Praxisphasen in der Lehrerbildung im Fokus der Bildungsforschung. BzLB – Beiträge zur Lehrerbildung und Bildungsforschung. Waxmann, Münster

Shannon CE, Weaver W (1964) EA 1949) The mathematical theory of communication. University of Illinois, Urbana, abgerufen am 31.1.2021 unter https://pure.mpg.de/rest/items/item_2383164/component/file_2383163/content

Spitzmüller J (2011) Sprachkritik und ‚Wissenstransfer‘. Wege zu einem kritischen Selbstverständnis. In: Schiewe J (Hrsg) Sprachkritik und Sprachkultur. Konzepte und Impulse für Wissenschaft und Öffentlichkeit. Hempen, Bremen (Greifswalder Beiträge zur Linguistik 6), S. 167–177

Terhart E (1999) Konstruktivismus und Unterricht. Gibt es einen neuen Ansatz in der Allgemeinen Didaktik? Z Pädagogik 45(5):637

Vertr.-Prof. Dr. Annette Hermann ist seit 2020 Vertretungsprofessorin für Kunstpädagogik an der Universität Siegen. Davor war sie Juniorprofessorin für Kunstdidaktik und Bildungswissenschaften an der Staatlichen Akademie der Bildenden Künste Stuttgart und Leiterin des Drittmittelprojekts FLAG (Forschungs-Labor-Kunstakademie-Gymnasien). Sie widmet sich der Forschung zur Entwicklung von Professionalität in der kunstpädagogischen Lehrer*innenbildung im Fach Bildende Kunst im Dialog mit allen beteiligten Akteur*innen.

Prof. Dr. Magdalena Eckes ist seit 2018 Professorin für Kunstdidaktik und Bildungswissenschaften an der Staatlichen Akademie der Bildenden Künste Stuttgart. Neben der Mitarbeit und Betreuung der Drittmittelprojekte FLAG, LehrerbildungPLUS und MakEd_digital widmet sie sich dabei insbesondere der Verhandlung von Theorie-Praxis-Bezügen im Feld der Kunstpädagogik.

Dr. Claudia Bahmer unterrichtet die Fächer Bildende Kunst und Französisch am Stuttgarter Hegel-Gymnasium und wirkt seit 2017 am FLAG-Projekt der ABK Stuttgart mit. Sie studierte die Fächer Kunsterziehung und Romanistik an der Staatlichen Akademie der Bildenden Künste Stuttgart, der Universität Stuttgart und der Université Charles de Gaulle in Lille, danach folgte eine Promotion auf dem Gebiet der Kunstwissenschaft, gefördert durch die Studienstiftung des Deutschen Volkes, mit Forschungsaufenthalten in Bremen und an der École Normale Supérieure Lettres et Sciences Humaines in Lyon.

Studiengangentwicklung und Verstetigung von organisationalen Lernprozessen am Beispiel des Forschungsprojekts Open IT

André von Zobeltitz, Michael Städler, Eva Veldboer und Knut Linke

1 Einleitung

Die akademische Weiterbildung von IT-Fachkräften ist angesichts der fortschreitenden Digitalisierung aller Bereiche und des anhaltenden Fachkräftemangels in diesem Feld eines der großen Zukunftsthemen für Politik und Gesellschaft. Die Hochschule Weserbergland (HSW) positioniert sich mit einem neuartigen Angebot in diesem hochagilen Segment (Städler et al. 2018). Der schnelle Wandel der Anforderungen der Privatwirtschaft – ebenso wie der rapide Fortschritt technischer Entwicklungen – bedürfen eines besonderen Lehr- und Lernmanagements, das von ständiger Anpassung und Korrektur an die sich schnell ändernden Bedingungen gekennzeichnet ist. Die Hochschule analysiert hierbei stets die gesammelten Erfahrungen, um diese in die (Weiter-) Entwicklung von Studienangeboten einfließen zu lassen und dadurch die hohe Attraktivität ihrer Bildungsangebote zu gewährleisten.

A. von Zobeltitz (✉) · M. Städler · E. Veldboer · K. Linke
Hochschule Hameln, Hameln, Deutschland
E-Mail: vonzobeltitz@hsw-hameln.de

M. Städler
E-Mail: staedler@hsw-hameln.de

E. Veldboer
E-Mail: veldboer@hsw-hameln.de

K. Linke
E-Mail: linke@hsw-hameln.de

A. Boos et al. (Hrsg.), *CSR und Hochschullehre*, Management-Reihe Corporate Social Responsibility, https://doi.org/10.1007/978-3-662-62679-5_17

Die Fragestellungen für die Hochschule lauten in diesem Zusammenhang daher:[1]

- Wie können Erfahrungen aus dem Forschungsprojekt verstetigt werden?
- Wie kann die Evaluation an der Hochschule verbessert und effizienter werden, um das Angebot der Lehre zu optimieren?

2 Das Forschungsprojekt Open IT

Die HSW ist eine staatlich anerkannte und vom Wissenschaftsrat akkreditierte private Fachhochschule in Trägerschaft des gemeinnützigen Vereins *Trägerverein Hochschule Weserbergland e. V.* in Hameln. An der HSW studieren zurzeit ca. 500 Studierende. Die meisten von ihnen (ca. 450) absolvieren an der HSW dreijährige duale Studiengänge, welche mit Partnerunternehmen, vornehmlich aus der Privatwirtschaft, realisiert werden. Die HSW bietet duale Studiengänge in folgenden Bereichen an (Hochschule Weserbergland o. D.):

- Betriebswirtschaft (Bachelor of Arts – Vertiefungsrichtungen: Energiewirtschaft, Finanzdienstleistungen, Gesundheitswesen, Industrie und Dienstleistungen)
- Wirtschaftsinformatik (Bachelor of Science – Vertiefungsrichtungen: Anwendungsentwicklung, IT-Consulting, Systemintegration, Cyber Security)
- Wirtschaftsingenieurswesen (Bachelor of Engineering – Vertiefungsrichtungen: Energietechnik, Glastechnik, Produktionstechnik)

Zusätzlich zu den dualen Studiengängen offeriert die HSW akkreditierte berufsbegleitende Studiengänge. Zu den berufsbegleitenden Studienangeboten gehören:

- Master of Business Administration (MBA)
- Bachelor IT Business Management (B.Sc.)

Im Rahmen der Bund-Länder-Initiative „Aufstieg durch Bildung: offene Hochschulen" entwickelt und erprobt die HSW zusammen mit ihrem Projektpartner, dem Institut für Soziologie der Technischen Universität Darmstadt (TUDA), im Vorhaben „Open IT Bachelor and Open IT Master – vom IT-Praktiker zum ‚Bachelor Wirtschaftsinformatik' und vom Operativen Professional zum ‚Master IT Business Management'" spezielle

[1]Die Forschungsfragen ergeben sich aus dem Forschungsprojekt Open IT im Rahmen des Bund-Länder-Wettbewerbs „Aufstieg durch Bildung: offene Hochschulen", gefördert vom Bundesministerium für Bildung und Forschung unter den Förderkennzeichen 16OH21005 (1. Förderphase) und 16OH22005 (2. Förderphase) zur Entwicklung und Erprobung neuartiger Studiengänge.

berufsbegleitende Anrechnungsstudiengänge für IT-Fachkräfte und IT-Spezialisten mit IHK IT-Erst- und Aufstiegsausbildung. Diese Form der Anrechnungsstudiengänge, in welchen die Anrechnung beruflicher Vorqualifikationen im Studiengang berücksichtigt wird, ist die erste dieser Art für die IT-Branche in der Bundesrepublik Deutschland. Der „Bachelor IT Business Management“ ist hierbei der erste Studiengang, welcher aus dem Forschungsprojekt erfolgreich hervorgegangen ist.

Hauptanliegen des Forschungsprojekts ist es, berufliche Kompetenzen der Teilnehmenden in der Form zu berücksichtigen, „dass keine unnötigen – weil bekannten – Themen ‚noch einmal‘ im Studium wiederholt werden und dass dadurch eine substanzielle Studienzeitverkürzung erzielt werden kann, ohne dass die Befähigung zum analytisch-wissenschaftlichen Arbeiten darunter leidet“ (Städler und von Zobeltitz 2018, S. 1).

Das Forschungsprojekt verfolgt dabei folgende Ziele:

- Steigerung der Durchlässigkeit und Akzeptanz von beruflichen Bildungsangeboten durch Anerkennung von Ausbildung und beruflichen Kompetenzen im hochschulischen Kontext
- Entwicklung zielgruppenorientierter Lern- und Lehrangebote
- Transfer aus dem Projekt in die Praxis und den Wettbewerb

2.1 Die Anrechnungsstudiengänge von Open IT

Das im Forschungsprojekt entwickelte Portfolio beinhaltet im Bereich der Studienangebote zwei Bachelorstudiengänge und einen Masterstudiengang. Die berufsbegleitenden Bachelorprogramme (B.Sc.) sind auf zwei Jahre („IT Business Management“) bzw. auf drei Jahre („Wirtschaftsinformatik“) ausgelegt. Das Masterprogramm (M.Sc.) im Bereich „IT Business Management“ soll in maximal weiteren 1,5 Jahren zum Abschluss führen. Beide Bachelor-Studiengänge sind im Wintersemester 2016/2017 an der Hochschule Weserbergland mit jeweils 20 Teilnehmenden als Zertifikatsstudiengänge gestartet. Im Sommersemester 2018 konnte der Zertifikatsstudiengang „IT Business Management“ mit dreizehn Teilnehmenden erfolgreich beendet werden. Zum Wintersemester 2018/2019 startete das Masterprogramm „IT Business Management“ mit 14 Teilnehmenden. Dazu gehören auch Personen, welche vorher nicht am „IT Business Management“-Zertifikatsstudium auf Bachelorniveau teilgenommen haben, sondern über einen anderweitig erworbenen Bachelor verfügen. Die Teilnehmenden des Zertifikatsstudiums auf Masterlevel sollen das Studienangebot bis Projektende abschließen. Nach erfolgreicher Akkreditierung des Studienprogramms können die Teilnehmenden der Zertifikatsstudiengänge sich ihre Zertifikate auf das Studienprogramm anrechnen lassen und erhalten dann ihren jeweiligen Abschluss.

Der Level der beiden Studienprogramme unterscheidet sich dabei in ihrer Zielorientierung:

> Im Bachelorprogramm werden die Studierenden die für WirtschaftsinformatikerInnen üblichen Kompetenzen erwerben, welche ihnen vor dem Hintergrund ihrer bisherigen Bildungskarriere ggf. noch fehlen. Hierbei wird insbesondere ein Fokus auf die Entwicklung analytischer und wissenschaftlicher Kompetenzen gelegt. Die MasterabsolventInnen sollen auf Führungspositionen in der Informations- und Kommunikationstechnik-Branche (IKT-Branche) bzw. auf die Geschäftsführung in KMU (Anmerkung des Verf.: kleinen und mittelständischen Unternehmen) aus der IKT-Branche vorbereitet werden (Städler et al. 2018, S. 3).

Ein notwendiges Kriterium für die Teilnahme an den Studiengängen ist die Berufserfahrung inklusive einer formalen beruflichen Aus- und/oder Fortbildung: Für den dreijährigen „Bachelor Wirtschaftsinformatik" müssen Studieninteressierte mit einer IT-Erstausbildung ein Jahr Berufserfahrung vorweisen können. Für den zweijährigen Bachelor „IT Business Management" müssen Studieninteressierte sowohl eine IT-Erstausbildung sowie eine IT-Weiterbildung zum „Operative Professional" und mindestens eine dreijährige, einschlägige IT-Berufserfahrung vorweisen können (von Zobeltitz und Linke 2018, S. 63).

2.1.1 Anrechnungsstudiengang „Bachelor Wirtschaftsinformatik"

Der Anrechnungsstudiengang zum „Bachelor of Science Wirtschaftsinformatik" richtet sich an Personen mit einer IHK-IT-Erstausbildung als Fachinformatiker mit einer Vertiefung im Bereich Anwendungsentwicklung oder Systemintegration sowie an Informatikkaufleute, IT-System-Kaufleute und IT-System-Elektroniker.

Bei den in Abb. 1 genannten Anrechnungsmodulen handelt es sich um individuelle und doch standardisierte Studieninhalte, welche z. T. die Kohärenz zwischen den verschiedenen Ausbildungsberufen aufzeigen. Im Detail sind verschiedene Module für die verschiedenen IT-Ausbildungsberufe über eine passende Niveaubewertung der außerhochschulischen Qualifikations- und Lernziele im Rahmen des European Qualifications Framework (EQF) (Seger und Städler 2018) anrechenbar. Zusätzlich bietet das Projekt die Möglichkeit von individuellen Anrechnungsoptionen.

Für die verschiedenen IHK-IT-Ausbildungsberufe zeigten sich unterschiedliche Anrechungspotenziale. Tab. 1 zeigt die jeweiligen (Grundlagen-)Module des „Bachelors Wirtschaftsinformatik" sowie deren Anrechenbarkeit aus den verschiedenen Ausbildungsberufen.

In Abb. 2 ist der weitere Studienverlauf sowie das erste Studienjahr für die Ausbildungsberufe Fachinformatiker Anwendungsentwicklung bzw. Systemintegration, Informatikkaufmann/-frau, IT-Systemkaufmann/-frau sowie IT-System-Elektroniker/in dargestellt. Die drei Studienjahre sind für die Teilnehmenden, bis auf das erste Semester, gleich gestaltet. Im ersten Semester werden nicht anrechenbare Studieninhalte spezifisch für die jeweilige Berufsgruppe vermittelt.

Die in diesem Kapitel beschriebenen Anrechnungen von IHK-IT-Erstausbildungen bilden die Basis für den Anrechnungsstudiengang „Bachelor Wirtschaftsinformatik".

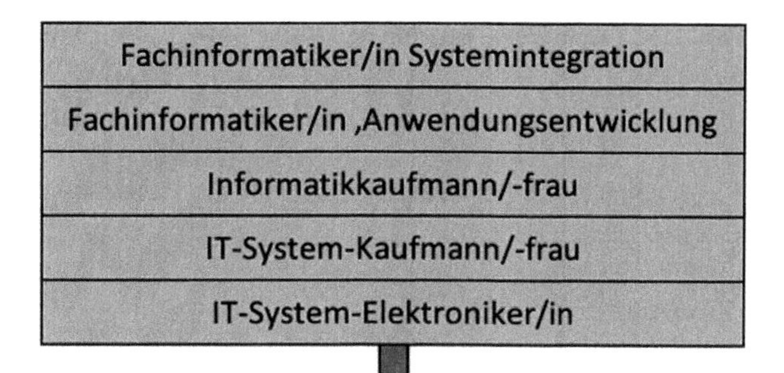

Abb. 1 Aufbau Anrechnungsstudiengang „Bachelor Wirtschaftsinformatik" (von Zobeltitz und Linke 2018)

2.1.2 Anrechnungsstudiengänge Bachelor sowie Master „IT Business Management"

Im Forschungsprojekt wurden unter anderem Anrechnungsstudiengänge entwickelt, welche sich an Teilnehmende richten, die zusätzlich zur IT-Erstausbildung über eine IT-Aufstiegsfortbildung – den sogenannten Operative Professional (IT-Meister) – verfügen. Der Operative Professional wird von der IHK in vier Vertiefungsrichtungen angeboten. Im Forschungsprojekt wurden die Vertiefungsrichtungen „IT Business Manager", „IT Business Consultant", sowie „IT Systems Manager" berücksichtigt. Die vierte Vertiefungsrichtung, die des „IT Marketing Manager", wurde nicht berücksichtigt, da dieser Abschluss aktuell am Markt nicht mehr nachgefragt wird.

Für die Zulassung zum Operative Professional ist vornehmlich eine IHK-IT-Erstausbildung notwendig. Allerdings kann die Fortbildung auch von Personen absolviert werden, welche eine andere Ausbildung absolviert haben und über eine mehrjährige Berufserfahrung im Bereich der IT verfügen. Hier wird die Beruflichkeit für die Zulassung herangezogen. Gleiches gilt auch für das entwickelte Studienangebot, in welchem in Ausnahmefällen auch Personen zugelassen werden, welche ihre Ausbildung nicht im Bereich der IT absolviert haben (Linke et al. 2018). Der Aufbau der Studienangebote im Bereich „IT Business Management" ist in Abb. 3 dargestellt.

Tab. 1 Auschalisierte Anrechnung „Bachelor Wirtschaftsinformatik" (Städler et al. 2018, S. 8)

Modul	Fach-informatiker System-integration	Fach-informatiker Anwendungs-entwicklung	Informatik-kaufmann/-frau	IT-System-Kauf-mann/-frau	IT-System-Elektroniker/in	ECTS je Modul
Netzwerktechnik	X	X	X	X	X	4
Hardware und System-architekturen	X		X	X		3
Betriebssysteme	X	X	X	X		5
Grundlagen VWL	X	X	X	X	X	3
Rhetorik und Präsentation	X	X	X	X	X	5
Grundlagen Projekt-management	X	X	X	X	X	3
Grundlagen der Programmierung	X	X	X	X		6
Informatik-praktikum	X	X	X	X	X	8
Grundlagen der Informatik	X	X	X	X	X	4
Datenbanken	X	X	X	X		6
Berufspraxis					X	8
IT-System-elektronik	X	X	X	X	X	6
Summe ECTS Anrechnung	53	50	53	53	41	61

Die Besonderheit in dem Studienangebot des Masters ist die Anerkennung von beruflichen Leistungen aus der aktiven beruflichen Tätigkeit während der Bachelorphase der Teilnehmenden (36 ECTS – pauschale Anrechnungsoption: Studienleistung während des Bachelorstudiums zu erbringen). Die Teilnehmenden müssen dazu berufs- und studienbegleitend Berichte zur „Berufsintegration und Praxis" (BuP) anfertigen (Zobeltitz et al. 2019a, b). Diese Berichte orientieren sich in der Schwerpunktsetzung an dem jeweiligen Arbeitsumfeld der Teilnehmenden und beinhalten eine Reflexion der aktuellen Arbeits- und Projekttätigkeit im Kontext des im Studium erworbenen Wissens. Die sich nach Semester unterscheidenden Anforderungslevel sind in Tab. 2 dargestellt.

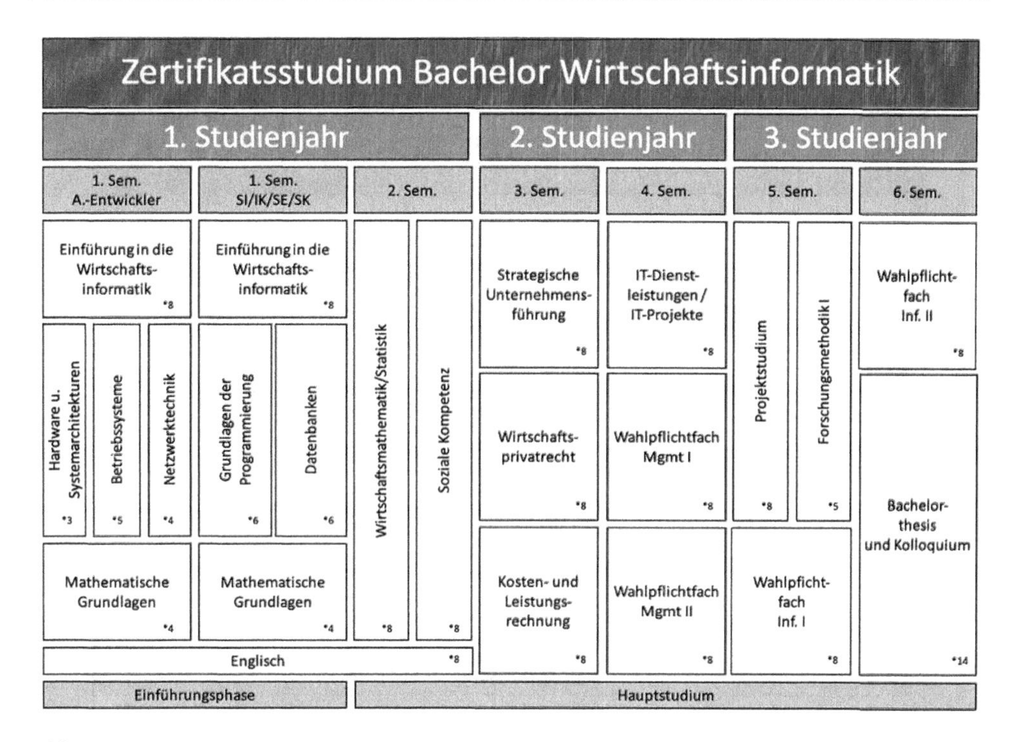

Abb. 2 Studienganginhalte „Bachelor Wirtschaftsinformatik" (Hochschule Weserbergland 2019)

Die Anrechnungsoptionen für das zweijährige Bachelorprogramm orientieren sich an den Anrechnungsoptionen des dreijährigen Bachelorprogramms („Wirtschaftsinformatik") sowie an den Ausbildungsinhalten des Operative Professional. Hierbei bilden die Spezialisierungen der Aufstiegsausbildung das Vertiefungsfach des Bachelorstudiums (Abb. 4).

Die Studieninhalte der verbleibenden zwei Studienjahre beinhalten neben der Vermittlung von wissenschaftlichen Grundlagen und Analysefähigkeiten vornehmlich betriebswirtschaftliche Fähigkeiten, da der Bereich der Informatik bereits großenteils durch die beruflichen Ausbildungen im Vorfeld abgedeckt werden kann (Abb.5).

Das dargestellte Studienangebot wurde im Mai 2019 seitens der Zentralen Evaluations- und Akkreditierungsagentur Hannover (ZEvA) für fünf Jahre ohne Auflagen akkreditiert.

Aufbauend auf dem Bachelorstudiengang „IT Business Management" wird aktuell ein Master mit Fokus auf IT Business Management innerhalb des Forschungsprojekts erprobt. In diesem sind die Studienhalte aus dem Bereich der Betriebswirtschaft und der IT gleichermaßen berücksichtigt (Abb. 6).

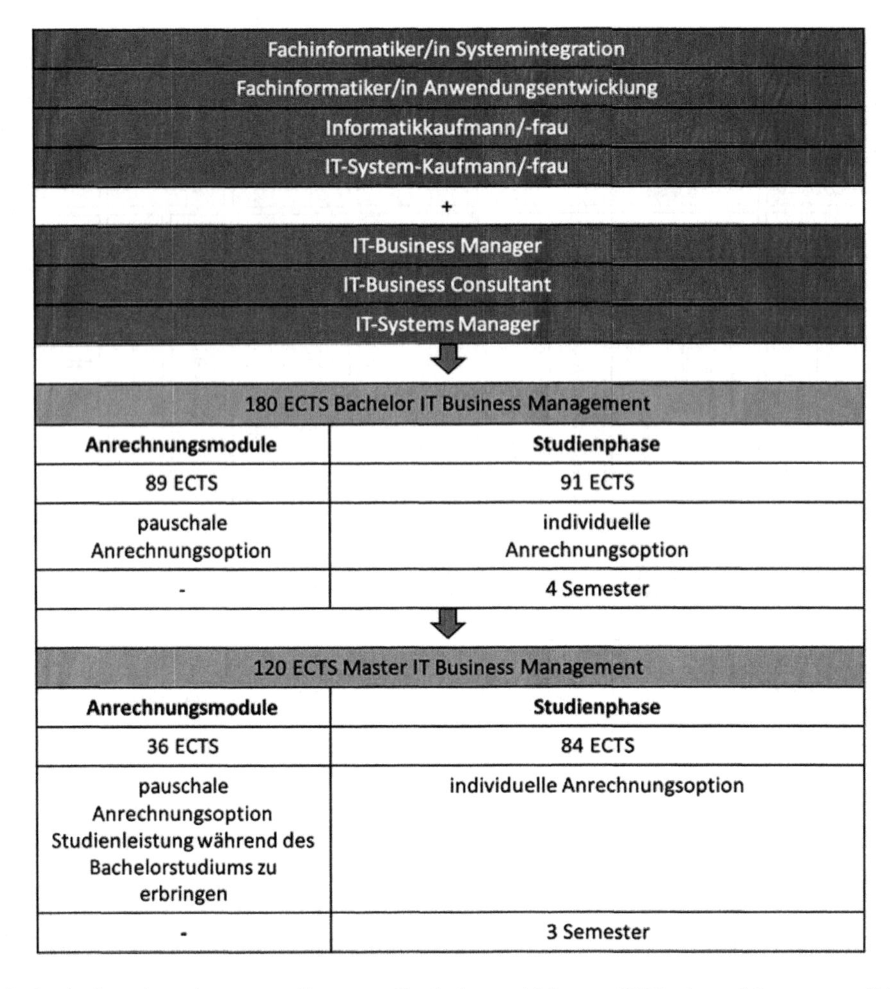

Abb. 3 Aufbau Anrechnungsstudiengänge Bachelor und Master „IT Business Management" (von Zobeltitz und Linke 2018)

Tab. 2 Anforderungen an den BuP (von Zobeltitz et al. 2019a, b)

Semester	Phase	Anforderung bzgl. des EQR-Levels	Umfang der Reflexionsarbeit
1	Bachelor	5	8 Seiten
2		5	8 Seiten
3		6	10 Seiten
4		6	10 Seiten
5	Master	7	15 Seiten
6		7	15 Seiten
7		Entfällt, kein BuP	-/-

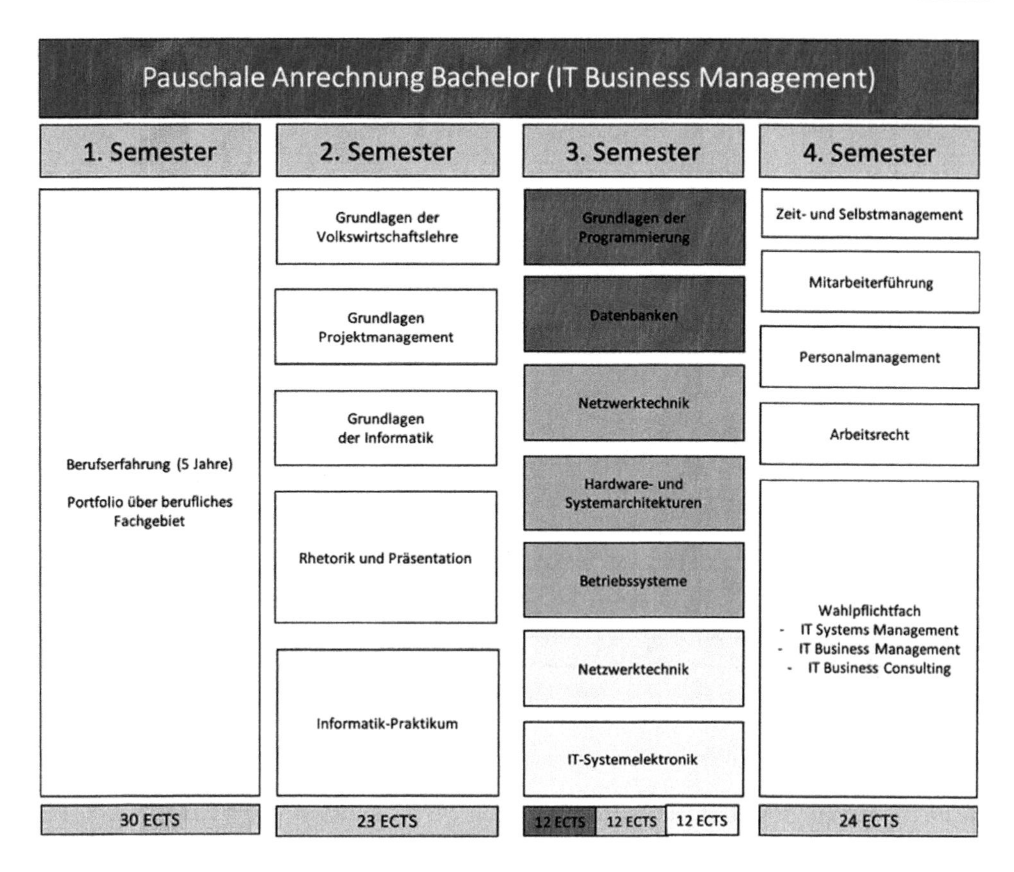

Abb. 4 Studienganginhalte „Bachelor IT Business Management" (Städler et al. 2018, S. 9)

2.2 Die rechtliche Gestaltung von Anrechnungsstudiengängen

Die Anrechnung außerhochschulischer Kompetenzen und die Anerkennung hochschulischer Kompetenzen waren insbesondere in den letzten Jahren auch und gerade in rechtlicher Perspektive einer großen Dynamik unterworfen. Die Themenbereiche bewegen sich in einem äußerst komplexen Feld aus Gesetzgebungen und Regelungen. Dabei spielen unter anderem die Lissabon-Konvention, eine Regelung der Europäischen Union, das nationale Hochschulrahmengesetz sowie das niedersächsische Landeshochschulgesetz eine entsprechende Rolle (Städler et al. 2018). Nicht immer sind alle Regelungen eindeutig bzw. aufeinander abgestimmt. Zusätzlich wurde in dem Beschluss der Kultusministerkonferenz (KMK) vom 28.06.2002 Folgendes dargelegt:

> 1. Außerhalb des Hochschulwesens erworbene Kenntnisse und Fähigkeiten können im Rahmen einer – ggf. auch pauschalisierten – Einstufung auf ein Hochschulstudium angerechnet werden, wenn

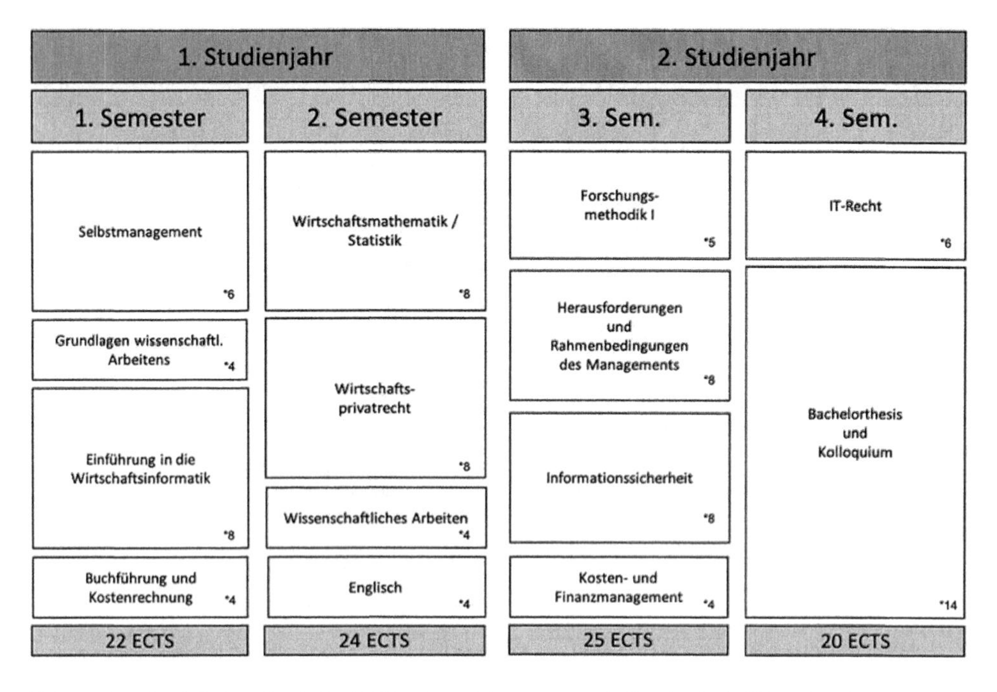

Abb. 5 Studieninhalte „Bachelor IT Business Management" (Hochschule Weserbergland 2018a)

> 1.1 die für den Hochschulzugang geltenden Voraussetzungen – ggf. auch über die Möglichkeiten des Hochschulzugangs für besonders qualifizierte Berufstätige – gewährleistet werden;
>
> 1.2 sie nach Inhalt und Niveau dem Teil des Studiums gleichwertig sind, der ersetzt werden soll;
>
> 1.3 entsprechend den Grundsätzen des neuen Qualitätssicherungssystems im Hochschulbereich die qualitativ-inhaltlichen Kriterien für den Ersatz von Studienleistungen durch außerhalb des Hochschulwesens erworbene Kenntnisse und Fähigkeiten im Rahmen der Akkreditierung überprüft werden.
>
> 2. Außerhalb des Hochschulwesens erworbene Kenntnisse und Fähigkeiten können höchstens 50 % eines Hochschulstudiums ersetzen (Kultusministerkonferenz 2002, S. 2).

Dieses Zitat zeigt, dass eine pauschalisierte Anrechnung möglich ist, wenn bestimmte Voraussetzungen erfüllt sind. Außerdem ist hervorzuheben, dass eine Gleichwertigkeit notwendig ist und maximal 50 % des Studiums aufgrund beruflicher Kompetenzen angerechnet werden können.

In der praktischen Umsetzung der rechtlichen Rahmenbedingungen bei der Gestaltung der Studiengänge besteht die Herausforderung darin, eine Vergleichbarkeit zwischen den verschiedenartigen, vorherigen Ausbildungen und den verschiedenen Praxiserfahrungen einerseits und den rein akademischen Ausbildungen in den Bachelor- und Masterstudiengängen andererseits herzustellen (Seger et al. 2009).

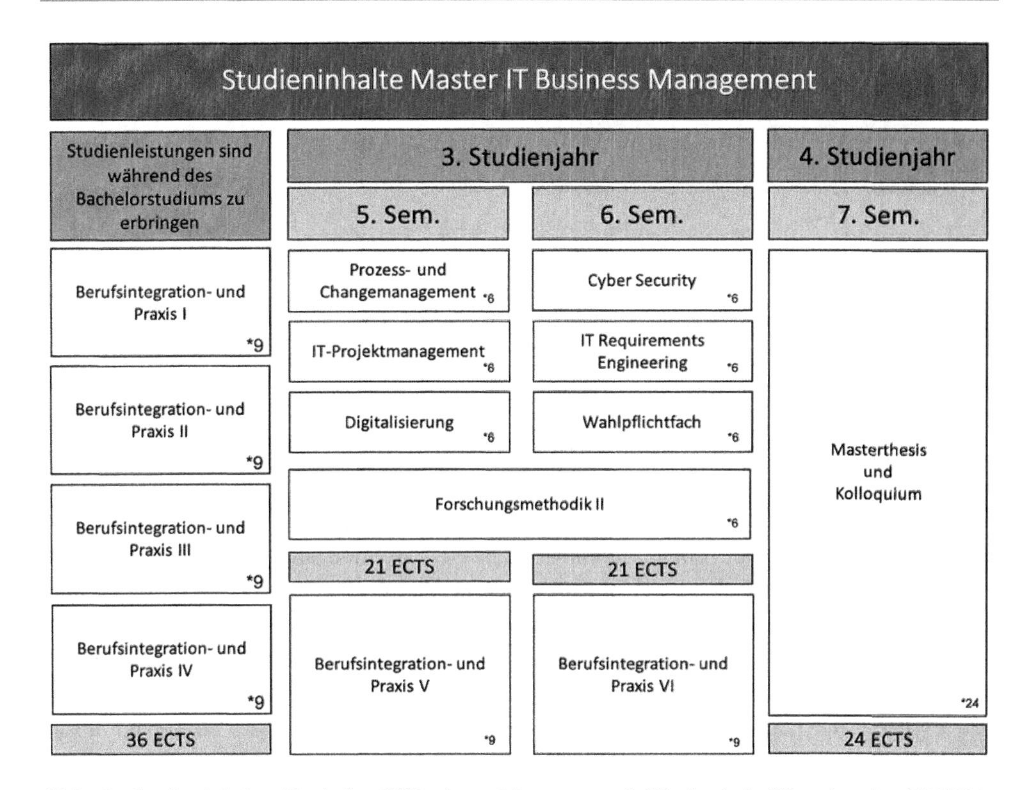

Abb. 6 Studieninhalte „Bachelor IT Business Management" (Hochschule Weserbergland 2018b)

Im Rahmen des lebenslangen Lernens sollte das „Doppellernen" vermieden werden, sodass schon vorhandene, gleichwertige Kenntnisse und Fähigkeiten aus vorherigen Aus- oder Weiterbildungen genutzt werden (vgl. Linke et al. 2017, S. 36 ff.).

3 Das Deutero-Konzept als Grundlage für die Forschungsbegleitung

Eine Zielsetzung dieses Beitrags ist es, zu reflektieren, wie Erfahrungen aus dem Forschungsprojekt verstetigt und sowohl für die Organisation ‚Hochschule' als auch für einen Transfer in die allgemeine Forschungsgemeinde nutzbar gemacht werden können. Die Kontrolle eines kollektiven Lernens stellt hierbei eine ungleich größere Herausforderung als die Kontrolle des Lernerfolgs eines Individuums dar. Der Überprüfung liegen zwei Handlungstheorien zugrunde. Die Espoused Theory („vertretene Theorie") beschreibt die erklärenden oder rechtfertigenden Grundlagen des kollektiven Handelns. Die Theory-in-Use („handlungsleitende Theorie") beschreibt hingegen jene Aktionsmuster, die dem Handeln stillschweigend zugrunde liegen. Die handlungsleitende Theorie kann dabei nicht als gegeben angenommen werden, sondern muss als solche

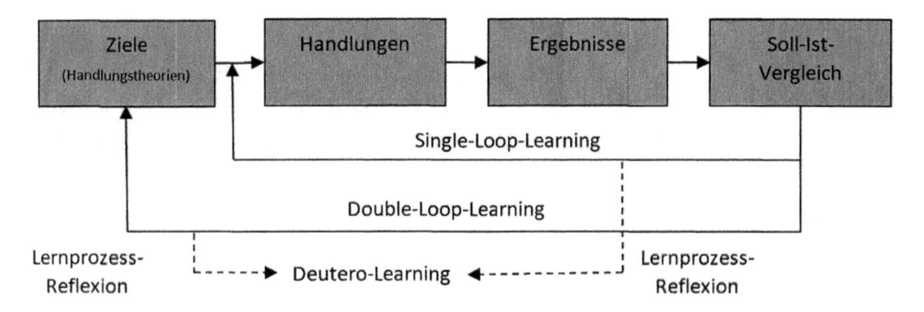

Abb. 7 Lernniveaus. (In Anlehnung an Argyris und Schön 2006)

zunächst identifiziert bzw. konstruiert werden. Häufig spiegelt sich in diesem Handeln auch die soziale bzw. kommunikative Struktur der Organisation oder von Gruppen wider. Nicht selten weichen in Organisationen die impliziten handlungsleitenden Theorien von den vertretenen Theorien einer Organisation ab. So können sich etwa Organisationspläne, Zielformulierungen oder Arbeitsplatzbeschreibungen nicht mit den tatsächlichen, aktuellen Aktivitäten decken. Organisationales Lernen findet dann statt, wenn etwa bei der Beobachtung problematischer Situationen überraschende Nichtübereinstimmungen zwischen erwarteten und tatsächlichen Aktionsmustern bzw. ein Abweichen zwischen Erwartungen und Ergebnissen erkannt werden. Dies führt dazu, dass sich Verständnisse von organisationalen Annahmen oder Aktivitäten neu ordnen (Argyris und Schön 2006, S. 19–35).

Um dies durch das Forschungsprojekt Open IT zu unterstützen, sind Erhebungen und Maßnahmen in der Form gestaltet, dass verschiedene Niveaus des organisationalen Lernens erreicht werden sollen (siehe Abb. 7).

3.1 Praktische Umsetzung der begleitenden Forschung

3.1.1 Single-Loop-Learning

Das Single-Loop-Learning (auch „Einschleifen-Lernen“) ist ein Soll-Ist-Vergleich von Handlungsergebnissen und Erwartungen. Infolge einer einzigen Rückkopplungsschleife korrigieren die Individuen ihr Handeln, sofern ein Nichtübereinstimmen zwischen Handlungsergebnissen und -erwartungen identifiziert wird. Es wird somit lediglich das Resultat geprüft und die zugrunde liegende handlungsleitende Theorie bleibt unverändert. Ein Praxisbeispiel ist die Qualitätskontrolle, bei welcher fehlerhafte Produkte identifiziert werden (Argyris und Schön 2006, S. 34 ff.). Die Korrektur und Bewältigung von identifizierten Irrtümern erfolgt auf Basis bestehender Problemlösungspraktiken oder aus in der Vergangenheit gewonnenen Routinen. Die Wertvorstellungen und Normen bleiben dabei unverändert (Nerdinger 2014; Argyris und Schön 2006, S. 34 ff.).

Im Rahmen des Forschungsprojekts „Open IT“ wird diese Form des Lernens durch (quantitative) Kursevaluationen und (qualitative) Feedbackgespräche berücksichtigt. Ziel dieser Maßnahmen ist, wie in der Literatur vorgesehen, die Qualitätskontrolle innerhalb der entwickelten Module. Bei den Kursevaluationen handelt es sich um ein hochschulübliches Instrument, in welcher sowohl die Studierenden als auch die Lehrenden die Rahmenbedingungen und Inhalte jedes einzelnen Moduls anonym evaluieren. Mögliche Kritikpunkte können so kursbezogen identifiziert und behoben werden. Die Feedbackgespräche finden einmal im Semester als Semesterverlaufsbesprechung statt. Hierbei haben in einem offenen Gespräch die Studierenden die Gelegenheit, dem Studiengangsleiter von ihren Erfahrungen zu berichten. Es soll so ein intensiverer Austausch ermöglicht werden, wobei der Studiengangsleiter dann auch bemächtigt ist, mögliche Änderungen durchsetzen zu können. So beinhaltet das Single-Loop-Learning-Konzept sowohl eine qualitative als auch eine quantitative Perspektive.

3.1.2 Double-Loop-Learning

Während die Ziele der Organisation bzw. des Forschungsprojekts auf der ersten Ebene nicht hinterfragt werden, ist genau dies durch Reflexion und Überprüfung von Grundvariablen ein Ziel des Double-Loop-Learning (oder Doppelschleifen-Lernens). Es ändert sich somit durch den Lernprozess des Double-Loop-Learning der Bezugsrahmen für Single-Loop-Learning-Aktivitäten und damit einhergehend ein möglicher Wertewechsel (Argyris und Schön 2006, S. 36 ff.). Ziel ist die Restrukturierung alter sowie die Etablierung neuer Standards und damit eine Veränderung der Aktionsmuster, die dem Handeln stillschweigend zugrunde liegen, also der „Theory-in-Use“. Künftiges Handeln soll also auf Basis neuer „Soll-Werte“ erfolgen (Schreyögg und Koch 2015, S. 302 ff.).

Im Forschungsprojekt „Open IT“ erfolgt dies unter anderem über eine Längsschnittanalyse (Städler et al. 2018) mit ganzheitlichen Fragestellungen: Welche Inhalte sind zielführend? Verändert sich die Bewertung von Modulen und Inhalten mit einem längeren zeitlichen Abstand? Ziel dieser Längsschnittanalyse ist es, das Studiengangskonzept selbst zu hinterfragen und mögliche Fehler bei der Konzeption und Modulabfolge zu identifizieren. Es soll unter anderem ermittelt werden, ob „die richtigen Inhalte“ vermittelt werden, und nicht nur, ob innerhalb der Module „die Inhalte richtig“ vermittelt werden. Hierbei kommen sowohl qualitative als auch quantitative Instrumente zum Einsatz.

Eine zweite Maßnahme im Rahmen des Double-Loop-Learning ist die gezielte wissenschaftliche Begleitung durch einen Projektbeirat aus Fachexperten aus Praxis und Wissenschaft. Diesem werden in regelmäßigen Abständen das Forschungskonzept, die entwickelten Inhalte sowie die Evaluationsergebnisse vorgestellt, um mögliche Implikationen für das Studiengangsdesign diskutieren zu können. Wie schon beim Single-Loop-Learning Konzept wird so auch beim Double-Loop-Learning sowohl eine qualitative als auch eine quantitative Perspektive (im Rahmen der Längsschnittanalyse) sichergestellt.

3.1.3 Deutero-Learning

Das Deutero-Learning wird von Argyris und Schön (2006) als Lernen zweiter Ordnung bezeichnet. Lernen soll also in einem Lernsystem erfolgen, in welchem die bestehenden organisationalen Irrtums- und Untersuchungsprozesse neu definiert und verändert werden können. Deutero-Learning bildet dabei keine „dritte Schleife" neben dem Single- und Double-Loop-Learning, sondern stellt vielmehr eine Meta-Ebene dieser beiden dar. Es handelt sich hierbei um eine Art „Lernen des Lernens" (Argyris und Schön 2006, S. 44 ff.; Schreyögg und Koch 2015, S. 302 ff.). Es soll also der Lernprozess selber reflektiert werden, damit Erkenntnisse aus dieser Reflexion in die Veränderung von Single- und Double-Loop-Learning-Prozessen einfließen und in andere Organisationsbereiche übertragen werden können.

Das Forschungsprojekt „Open IT" dient dabei als Impulsgeber in der Hochschule. So wurden im Rahmen des Qualitätsmanagements (Single-Loop) und der Entwicklung neuer Studiengänge (Double-Loop) unter anderem interdisziplinäre Teams mit Mitgliedern des Forschungsprojekts besetzt, um Erkenntnisse aus dem Forschungsprojekt in die Hochschule zu transferieren und so einen organisationalen Lernprozess zu unterstützen. Im Rahmen der regelmäßigen Abstimmungsrunden zwischen den Professoren des für das Projekt zuständigen Fachbereichs wurde darüber hinaus einige Male über den Fortgang und die Erkenntnisse aus dem Projekt diskutiert. Dabei gab es insbesondere bezüglich der Konzepte „Gleichartigkeit" versus „Gleichwertigkeit" im Hinblick auf beruflich erworbene versus hochschulisch erworbene Kompetenzen erheblichen Klärungsbedarf.

Gleichzeitig wurden die Forschungsergebnisse sowie das Erhebungsdesign fortlaufend veröffentlicht und sowohl mit Wissenschaftlern als auch Praktikern diskutiert und auf Basis dieser Reflexionen angepasst. So sollte eine Diskussion auf der Metaebene angestoßen werden, ob die konkrete Konzeption anrechnungsbasierter Studiengänge grundsätzlich sinnvoll ist und welche Anforderungen an die inhaltliche und organisatorische Gestaltung gestellt werden. Diese Erkenntnisse sind wiederum in die Überarbeitung des aus dem Forschungsprojekt hervorgegangenen Studiengangs „Bachelor IT Business Management" sowie in der Hochschule in die Konzeption weiterer Studienformate eingeflossen.

3.2 Ausgewählte empirische Ergebnisse

3.2.1 Single-Loop-Learning

Die Evaluationen und Semesterbesprechungen haben im Studienverlauf zum einen Wissenslücken aufseiten der Studierenden identifiziert, was zu einer Umgestaltung von Studienmodulen führte. So wurde beispielsweise das Modul „Buchführung und Kostenrechnung" zusätzlich integriert, um für das spätere Modul „Kosten- und Finanzmanagement" grundlegende Kenntnisse zu vermitteln. Zum anderen wurde der Wunsch nach einer Vertiefung, insbesondere von Managementkenntnissen, durch eine Ausweitung des Moduls „Herausforderungen und Rahmenbedingungen des Managements" berücksichtigt. Auch konnten tendenziell für dieses Format eher unpassende Fächer identifiziert werden. So wurde ein berufsbegleitendes Projektstudium als weniger sinnhaft als in anderen Studienformaten evaluiert, da durch die umfassende praktische Tätigkeit der Studierenden bereits Kenntnisse im Umgang mit Projekten vorlagen sowie die Projektorganisation aufgrund der unterschiedlichen Arbeitgeber und der unterschiedlichen Tätigkeitsarten der Studierenden sich als kaum machbar erwies. Gleichzeitig konnten Lernmethoden wie beispielsweise Hausarbeiten und Präsentationen für diese Zielgruppe als besonders praxisnah identifiziert werden, während (fiktive) Fallstudien und Klausuren als eher unpassend für die Berufspraxis beurteilt wurden. Auf Basis der Evaluationen kam es also, wie im Modell auch vorgesehen, zur Korrektur und Bewältigung von identifizierten Irrtümern hinsichtlich der Studiengangkonzeption.

3.2.2 Double-Loop-Learning

Wie zuvor dargestellt, sollte unter anderem identifiziert werden, ob die Module als inhaltlich zielführend beurteilt wurden. Dies muss hinsichtlich des praktischen Nutzens für den Berufsalltag nach der Erhebung für einige Fächer (wie beispielsweise wissenschaftliches Arbeiten, Module mit einem rechtlichen Schwerpunkt) verneint werden. Gleichzeitig wurde den Modulen aber attestiert, die Abstraktionsfähigkeit und Fähigkeit zum analytischen Denken zu unterstützen. Nicht bestätigt werden konnte die Vermutung, dass Studierende die praktische Bedeutung von Modulen im Zeitverlauf später anders beurteilen als direkt nach dem Modulende. Es konnte hier weder eine positive noch eine negative Tendenz identifiziert werden. Ein weiteres Ziel der Reflexion des Studiengangkonzepts war es darüber hinaus, mögliche Konzeptionsfehler hinsichtlich der Schwerpunktsetzung und der Modulreihenfolge zu identifizieren. Die Erkenntnisse führten schließlich zu neuen Vertiefungsfächern im Erprobungsstudiengang „Bachelor Wirtschaftsinformatik" (Städler et al. 2018), neuen Betreuungsarten, z. B. die Förderung von Peer-Group-Learning über soziale Netzwerke (von Zobeltitz et al. 2018), sowie eine überarbeitete Studieneingangsphase, um den Studienstart und die Vereinbarkeit von Beruf, Studium und Familie weiter zu verbessern (Bönick et al. 2018). In diesem neuen Eingangskonzept wurde auch berücksichtigt, dass der Belastungsumfang durch das Studium in allen Modulen als sehr hoch beurteilt wurde. Die Studierenden sollen vor dem Studienstart und auch direkt zu dessen Beginn für die besonderen Herausforderungen der Mehrfachbelastung sensibilisiert werden.

3.2.3 Deutero-Learning

Hinsichtlich der Metaanalyse können zwei Ansatzpunkte herausgestellt werden. Zum einen wurden in der Praxis der HSW durch die Verzahnung von interdisziplinären Projektteams mit Mitarbeitern aus dem Forschungsprojekt „Open IT" gewonnene Kenntnisse in die Überarbeitung des Curriculums des dualen Studienangebots der Hochschule übertragen. Sowohl inhaltliche als auch konzeptionelle Erfahrungen konnten so im Sinne eines organisationalen Lernens in der Organisation umgesetzt werden. Gleichzeitig können die Erkenntnisse auch für die zukünftige Konzeption von berufsbegleitenden Studiengängen genutzt werden („das Beispiel Projektstudium zeigt, dass etwas, das im dualen Studium erfolgreich ist, nicht zwingend auf berufsbegleitende Studierende übertragbar ist“). Neben diesen praktischen Implikationen wurden im Rahmen des Forschungsprojekts in der Metareflexion neue Forschungsfragen aufgeworfen. So stellt sich insbesondere vor dem Hintergrund der Reflexion der Double-Loop-Erkenntnisse die Frage, inwieweit Studierende tatsächlich in der Lage sind, den Nutzen von Modulen für die berufliche Praxis langfristig abzuschätzen. Ebenso ergab sich die Fragestellung, ob Unternehmen und Studierende andere Erwartungen an ein berufsbegleitendes Studium haben, als dies in Hochschulen üblicherweise der Fall ist. Als dritter Themenkomplex stellte sich die Frage, ob bei der Erhebung bzgl. „relevanter Vorlesungsinhalte für die berufliche Zukunft“ bei Unternehmen und Studierenden tatsächlich Anforderungen genannt werden, welche in der Zukunft benötigt werden und nicht etwa Themenfelder, welche aktuell als besonders relevant beurteilt werden. Dies führt zu der Frage, inwiefern Anforderungen an „zukünftige Arbeit“ überhaupt in einem Hochschulstudium operationalisiert werden können.

Nicht zuletzt gab und gibt es auch kritische Stimmen, bezüglich der Vergleichbarkeit eines anrechnungsbasierten Studiengangs mit traditionellen Studiengängen und dementsprechend Diskussionen in der Professorenschaft, ob denn ein Anrechnungsstudiengang im Hinblick auf den wissenschaftlichen Anspruch „seriös“ sein könne. Dabei konnte im Projektverlauf durch einen regelmäßigen Informationsaustausch innerhalb der Professorenschaft der Unterschied zwischen „gleichartigen“ und „gleichwertigen“ Kompetenzen verdeutlicht und trotz dieser Unterschiedlichkeit eine breite Akzeptanz für das neue Studienformat herbeigeführt werden. Insbesondere der Blick in die Bachelorarbeiten der Probanden konnte die Professoren davon überzeugen, dass die analytische Kompetenz und die Sprachmächtigkeit der Probanden derjenigen der traditionellen Studierenden in nichts nachsteht.

4 Fazit

Wissenschaftlich fundierte Anrechnungsstudiengänge für IT-Praktiker, die auf Erstausbildungs- oder auf Meisterebene basieren, zeigen aufgrund des Fachkräftemangels auf dem Arbeitsmarkt großes Potenzial (Städler und Seger 2018). Außerdem ermöglichen diese den „Aufstieg durch Bildung“, in dem nicht-lineare Lebensläufe im Studienkonzept berücksichtigt werden können (Städler und Seger 2018).

Bezogen auf die eingangs gestellte Frage

- Wie kann die Evaluation an der Hochschule verbessert und effizienter werden, um das Angebot der Lehre zu optimieren?

ist zu konstatieren: Um den Anforderungen des wachsenden und sich rasch wandelnden Marktes, der zwischen beruflichen, privaten und hochschulischen Belangen balancierenden Studierenden und des „volatilen“ Lernstoffes gerecht zu werden, ist ein angepasstes Lehr- und Lernmanagement anzuraten, das zeitnah und flexibel auf die sich permanent ändernden Anforderungen an ein IT-bezogenes, berufsbegleitendes Studienprogramm reagieren kann. Das regelmäßige Feedback und dessen Analyse sind ein immanenter Bestandteil dieses neuen Segments. Die Erschließung und Implementierung dieser Analyseprozesse sind nach Meinung der Autorinnen und Autoren eng mit dem Erfolg solcher Studiengangtypen verknüpft. Dabei ist jedes Feedback sorgfältig daraufhin zu bewerten, inwieweit der Feedbackgeber nachvollziehbar und belastbar die Feedbacksituation einschätzen kann.

Bezogen auf die eingangs gestellte Frage

- Wie können Erfahrungen aus dem Forschungsprojekt verstetigt werden?

ist folgender Aspekt hervorzuheben: Eine Differenzierung der Kompetenzstufen war wesentlich bei der Definition von „Anrechnungsmodulen“. Eine Analyse der für den Studiengang relevanten beruflichen Erstausbildungen und Fortbildungen ergab, dass in einigen Themengebieten die Zielgruppe zwar grundlegende Kompetenzen bereits erworben hatte, allerdings nicht immer in der gewünschten Tiefe. Hochschulen sind an dieser Stelle gefordert, einen unverklärten Blick auf ihre bestehenden, traditionellen Studienprogramme zu werfen. Um einen akademischen Grad zu erwerben, sei es einen Bachelor oder einen Master, wird jeder Studierende zwingend einen Entwicklungsprozess durchlaufen müssen. Das bedeutet, dass in aller Regel die Studienmodule am Anfang des Studiums nicht den wissenschaftlichen Anspruch der Module höherer Semester aufweisen. Um ein Beispiel zu geben: Kaum ein Studierender wird bereits am Anfang eines Bachelorstudiums in der Lage sein, eine Bachelorarbeit zu schreiben. Es ist gerade das Ziel eines Studiengangs, einen Studierenden dahin zu entwickeln, am Ende des Studiums eine definierte Kompetenzstufe zu erreichen. Diese liegt naturgemäß zu Beginn des Studiums in den meisten Wissensgebieten bei den Studierenden noch nicht vor. Daher ist es sachgerecht, Anrechnungsmodule zu definieren, deren Kompetenzniveau unterhalb eines Bachelors liegen. Hilfreich sind dabei zwei Fragestellungen: Ist die beruflich nachgewiesene Kompetenz wesentlich und passend für das zu entwickelnde Studienangebot? Dann kann daraus ein potenzielles Anrechnungsmodul entstehen? Und: Reicht die beruflich nachgewiesene Kompetenz für das Absolvieren des Studiengangs aus? Wenn nicht, muss im Rahmen des Studiengangs ein Zusatzerwerb der Kompetenz ermöglicht werden.

Literatur

Argyris C, Schön DA (2006) Die lernende Organisation: Grundlagen, Methode, Praxis. Schäffer-Poeschel, Stuttgart

Bönick L, Huck S, von Zobeltitz A (2018) Die zeitliche Abfolge und Ausrichtung der ersten Semester für berufsbegleitende Anrechnungsstudiengänge. In: Städler M, von Zobeltitz A (Hrsg) Akademische Weiterbildung für IT-Fachkräfte. Schriftenreihe Hochschule Weserbergland, Hamburg, S 81–92

Hochschule Weserbergland (o. D.) Internetangebot der Hochschule Weserbergland. https://www.hsw-hameln.de. Zugegriffen: 15. Juli 2020

Hochschule Weserbergland (2018a) 20181101 Modulplan Bachelor IT Business Management inkl Credits. https://offene-hochschule.org/wp-content/uploads/2018/07/Studieninhalte_Bachelor_IT_Business_Management-1.pdf. Zugegriffen: 15. Juli 2020

Hochschule Weserbergland (2018b) 20180604 Modulplan Master IT Business Management inkl Credits. https://offene-hochschule.org/wp-content/uploads/2019/02/Moduluebersicht-Master-IT-Business-Management.pdf. Zugegriffen: 15. Juli 2020

Hochschule Weserbergland (2019) 20190108 Modulplan Bachelor Wirtschaftsinformatik inkl Credits. https://offene-hochschule.org/wp-content/uploads/2018/07/Studieninhalte_Bachelor_Wirtschaftsinformatik_Anrechnung-1.pdf. Zugegriffen: 15. Juli 2020

Kultusministerkonferenz (2002) Anrechnung von außerhalb des Hochschulwesens erworbene Kenntnisse und Fähigkeiten auf ein Hochschulstudium (I), Beschluss der Kultusministerkonferenz vom 28.06.2002, Bonn. https://www.kmk.org/fileadmin/Dateien/veroeffentlichungen_beschluesse/2002/2002_06_28-Anrechnung-Faehigkeiten-Studium-1.pdf. Zugegriffen: 15. Juli 2020

Linke K, Blanke K, Salzbrunn R (2018) Individuelle und pauschale Anrechnung und Anerkennung – Erfahrungen der Hochschule Weserbergland und aus den „Open IT" Anrechnungsstudiengängen. In: Städler M, von Zobeltitz A (Hrsg) Akademische Weiterbildung für IT-Fachkräfte. Schriftenreihe Hochschule Weserbergland, Hamburg, S 35–56

Linke K, von Zobeltitz A, Klassen J (2017) Datenhandbuch: Open IT Bachelor und Open IT Master – vom IT-Praktiker zum Bachelor Wirtschaftsinformatik und zum Master IT Business Management, Forschungsdatenzentrum Betriebs- und Organisationsdaten

Nerdinger FW (2014) Organisationsentwicklung. In: Nerdinger FW, Blickle G, Schaper N (Hrsg) Arbeits- und Organisationspsychologie, 3. Aufl. Springer, Berlin, S 159–169

Seger MS, Beuthel R, Schmiede R (2009) Wege zum Lifeling-Learning. Shaker, Aachen

Schreyögg G, Koch J (2015) Grundlagen des Managements: Basiswissen für Studium und Praxis, 3. Aufl. Springer, Berlin

Städler M, von Zobeltitz A (2018) Vorwort. In: Städler M, von Zobeltitz A (Hrsg) Akademische Weiterbildung für IT-Fachkräfte. Schriftenreihe Hochschule Weserbergland, Hamburg, S 1–2

Städler M, von Zobeltitz A, Linke K (2018) Das Forschungsprojekt „Open IT" und die Bedeutung für IT-PraktikerInnen mit abgeschlossener IT-Erst- und Zweitausbildung. In: Städler M, von Zobeltitz A (Hrsg) Akademische Weiterbildung für IT-Fachkräfte. Schriftenreihe Hochschule Weserbergland, Hamburg, S 3–12

Städler M, Seger MS (2018) Entwicklung eines Anrechnungsstudiengangs. In: Cendon E, Elsholz U, Maschwitz A, Speck K, Wilkesmann U, Nickel S (Hrsg) Webinar Recap – Reflexion und Dokumentation der Webinar-Reihe „Anrechnung und Anerkennung". Spriger, Berlin, S 26–38

von Zobeltitz A, Linke K (2018) Anrechnungsstudiengänge – eine Herausforderung für berufsausgebildete PraktikerInnen und Hochschulen? In: Städler M, von Zobeltitz A (Hrsg) Akademische Weiterbildung für IT-Fachkräfte. Schriftenreihe Hochschule Weserbergland, Hamburg, S 57–66 von Zobeltitz A, Linke K, Blochberger E (2018) Development and implementation of a self-study roadmap for part-time students. J Educ Train 5(2):190–204

von Zobeltitz A, Blochberger E, Städler M (2019a) Nutzung von beruflich erworbener Kompetenz durch die Anrechnung innercurricularer Praxisanteile im berufsbegleitenden Studiengang „IT Business Management“. In: Städler M, von Zobeltitz A (Hrsg) Erkenntnisse aus der akademischen Weiterbildung von IT-Fachkräften. Schriftenreihe Hochschule Weserbergland, Hamburg, S 37–52

von Zobeltitz A, Schulz O, Blochberger E, Linke K (2019b) Vom Längsschnitt zur Metaebene: Studierendenbefragung in der multiperspektivischen Betrachtung. In: Stadler M, von Zobeltitz A (Hrsg) Erkenntnisse aus der akademischen Weiterbildung von IT-Fachkräften. Schriftreihe Hochschule Weserbergland, Hamburg, S 119–127

Prof. Dr. André von Zobeltitz ist Professor für Marketing und Methodenkompetenz an der Hochschule Weserbergland. Er ist Projektleiter des Open-IT-Projekts sowie Dekan des Fachbereichs Wirtschaft an der Hochschule Weserbergland. Arbeits- und Forschungsgebiete: Marketing, insb. Stadt- und Regionalmarketing, Methodenkompetenz, Didaktik sowie E-Learning.

Prof. Dr. Michael Städler ist Professor für Wirtschaftsinformatik, insb. Wissensmanagement an der Hochschule Weserbergland. Er ist wissenschaftlicher Leiter des Open-IT-Projekts sowie Leiter des Instituts für Wissensmanagement an der Hochschule Weserbergland. Seine Forschungsschwerpunkte liegen im Bereich IT- und Prozessmanagement, Wissensmanagement und IT-Consulting.

Eva Veldboer, Betriebswirtin (M. Sc.), ist wissenschaftliche Hilfskraft im Open-IT-Projekt der Hochschule Weserbergland. Ihr Tätigkeitsbereich liegt in der Unterstützung von wissenschaftlichen Veröffentlichungen. Außerdem beschäftigt sie sich mit Lern- und Lehrmethoden.

Knut Linke arbeitet als wissenschaftlicher Mitarbeiter an der Hochschule Weserbergland im Open-IT-Projekt. Neben seiner Arbeit im Forschungsprojekt begleitete er den Aufbau des E-Learning Centers der Hochschule.